C.F. Müller

W0044806

Ihr kostenloses Schwerpunkte-ebook exklusiv unter
www.cfmueller.de/ebook-download

Mit dem Kauf dieses Buches erwerben Sie gleichzeitig ohne weiteres Entgelt das integrierte ebook. Es besteht aus:

- **dem vollständigen Lehrbuchtext verlinkt** mit
- **höchstrichterlichen Entscheidungen im Volltext**

So erhalten Sie Ihr ebook:

Unter **www.cfmueller.de/ebook-download** geben Sie den unten stehenden Code, Ihren Namen und Ihre E-Mail-Adresse ein. Sie erhalten einen Download-Link und können das ebook nach dem Herunterladen auf Ihrem Endgerät (Tablet, Laptop/PC, Smartphone) nutzen.

Code: 8AW7F-WYW9H-X8C8L

Für PC oder Notebook benötigen Sie einen Reader (z.B. Calibre, Adobe Digital Editions). Sofern auf Ihrem Smartphone/Tablet PC noch keine App vorinstalliert sein sollte (Apple Books, Bluefire Reader), suchen Sie bitte den App Store auf, in dem Sie zahlreiche EPUB Reader zum Download finden. Bei Fragen informieren Sie sich bitte unter **www.cfmueller.de/FAQ/**. Sollten Sie bei Ihrem ebook-Download auf Probleme stoßen, wenden Sie sich bitte an ebook-support@cfmueller.de.

`Kingreen GrundR`

Vorwort

Für die 37. Auflage wurden die Abschnitte zu den allgemeinen Grundrechtslehren und der Struktur der Grundrechtsfunktionen weitgehend neu bearbeitet. Daraus ergaben sich auch Veränderungen für die Schemata der Fallbearbeitung, die ebenfalls von Grund auf erneuert wurden. Neben diesen strukturellen Änderungen enthält die Neuauflage auch eine Reihe von inhaltlichen Überarbeitungen. Hervorzuheben sind eine Neukonzeption der Ausgestaltungsfunktion der Grundrechte, die es besser als bislang ermöglicht, Grundrechtsausgestaltungen von Eingriffen zu unterscheiden, und weiterentwickelte Überlegungen zum Grundsatz der Verhältnismäßigkeit, die es besser als bislang erlauben, die zum Teil von ihm dominierte Rechtsprechung des Bundesverfassungsgerichts einzuordnen. Entsprechend der Anlage des Lehrbuchs haben die Neuerungen im allgemeinen Teil stellenweise erhebliche Anpassungen der Darstellung auch der einzelnen Grundrechte nach sich gezogen. Gerade auch in diesem Zusammenspiel von allgemeinem und besonderem Teil hat sich die Anlage des Lehrbuchs auch für die Autoren bewährt. Wir wurden so immer wieder gezwungen, neue Überlegungen zum allgemeinen Teil anhand der Einzelgrundrechte zu überprüfen, anzupassen und wo nötig auch auszudifferenzieren.

Den Mitarbeiterinnen und Mitarbeitern unserer Lehrstühle danken wir sehr für die engagierte Unterstützung: in Regensburg *Petra Bettinger, Georg Freiß, Zacharias Hussendörfer, Anna Rambach, Katharina Reichert, Katharina Reitzer* und *Sabina Schmidt* sowie in Freiburg *Lukas Landerer, Laura Wallenfels* sowie *Amelie Becher, Marc Bovermann, Ines Hofmann, Katharina John, Jakob Mutter, Caroline Schaeffer, Anika Stork, Max Thalmaier, Tanja Tippach, Isabelle Weiss, Freya Wolfers.* Wir danken zudem *Alexandra Burrer* und *Michael Schmidt* sehr für die Bewältigung der bei dieser Auflage besonders großen verlegerischen Herausforderungen.

Wir freuen uns über Hinweise und Kritik unserer Leserinnen und Leser.

Freiburg/Regensburg, Juli 2021

Thorsten Kingreen
Ralf Poscher

Hinweis zum ebook

Die vorliegende 37. Auflage erscheint wiederum mit **integriertem ebook**. Diese elektronische Fassung enthält den **vollständigen Text des Buches** und die besonders ausbildungsrelevanten **höchstrichterlichen Entscheidungen** im Volltext. Jeder Leserin und jedem Leser wird so die Lektüre der Entscheidungen mittels PC, Tablet oder Smartphone ermöglicht. Die **Hinweise** auf der ersten Seite des Buches erläutern Download und Nutzung des ebooks.

Die nach didaktischen Gesichtspunkten ausgewählten, für die Grundrechtsauslegung wegweisenden Entscheidungen des Bundesverfassungsgerichts sind mit freundlicher Genehmigung der *juris GmbH* veröffentlicht.

Vorwort zur 29. Auflage

Das Lehrbuch von *Bodo Pieroth* und *Bernhard Schlink* ist erstmals 1985 erschienen. In den vergangenen fast drei Jahrzehnten hat es viele Generationen von Studierenden begleitet. Es erleichtert den Zugang zu den Grundrechten durch ihre hier erstmals durchgängig geleistete dogmatische Strukturierung. Es versteht sich nicht nur als Lernbuch, sondern auch als Anleitung zum kritischen Mit- und selbstständigen Weiterdenken. Mit diesem Anliegen hat es auch die Rechtswissenschaft und die Rechtsprechung zu den Grundrechten nachhaltig geprägt.

Wir danken unseren akademischen Lehrern *Bodo Pieroth* und *Bernhard Schlink* ganz herzlich dafür, dass sie uns die Verantwortung für ein Lehrbuch überlassen haben, das uns die Grundrechte schon als Studenten erschlossen hat und uns seither auf unserem akademischen Weg begleitet. Diese 29. Auflage steht erstmals in unserer Verantwortung. Sie berücksichtigt die bis Juni 2013 neu erschienene Rechtsprechung und Literatur.

Wir danken den Mitarbeiterinnen und Mitarbeitern unserer Lehrstühle sehr für die engagierte Unterstützung und freuen uns über Hinweise und Kritik unserer Leserinnen und Leser.

Regensburg/Freiburg, Juni 2013 *Thorsten Kingreen*
Ralf Poscher

Aus dem Vorwort zur japanischen Ausgabe (2018)

Bei allen Unterschieden, die freiheitliche, rechtsstaatliche, demokratische Verfassungen bei der Organisation des Staates aufweisen – in der Gewährleistung von Grundrechten sind sie einander verwandt. Sie schützen die Freiheit und Gleichheit der Menschen und Bürger mal mehr und mal weniger ausgreifend, aber sie alle schützen sie; sie erlauben dem Staat Eingriffe in Freiheit und Gleichheit unter mal engeren und mal weiteren Voraussetzungen, aber sie alle erlauben sie; sie haben für die Prüfung der Voraussetzungen mal strengere und mal weichere Standards, aber sie alle verbieten Eingriffe, die den Standards nicht genügen. Dieser Verwandtschaft verdankt sich der Austausch, in dem die Wissenschaften von den Grundrechten zwischen Deutschland und Japan und weltweit stehen.

Wir haben die erste Auflage unseres Lehrbuchs in den 1980er Jahren konzipiert und geschrieben. Damals wurden in den Lehrbüchern des Staats- und Verfassungsrechts die grundrechtlichen Bestimmungen nicht anders behandelt als die organisationsrechtlichen; unter Verwendung der Rechtsprechung des Bundesverfassungsgerichts wurden sie Satz um Satz, Begriff um Begriff erläutert. Die Struktur, die allen Grundrechten gemeinsam ist, wurde dabei nicht deutlich sichtbar. Unser Ziel war, der gemeinsamen Struktur durch einen einheitlichen dogmatischen Zugriff gerecht zu werden. Alle Grundrechte haben einen Schutzbereich, in alle Grundrechte kann eingegriffen werden, und bei allen Eingriffen stellt sich die Frage der Rechtfertigung. Der einheitliche dogmatische Zugriff führte uns zum einen zu den allgemeinen Grundrechtslehren des ersten Teils des Lehrbuchs; er setzt sich im zweiten Teil im einheitlichen Aufbau der Behandlung der einzelnen Grundrechte fort.

Die allgemeinen Grundrechtslehren wie die Lehren der einzelnen Grundrechte haben wir in Auseinandersetzung mit der Rechtsprechung des Bundesverfassungsgerichts entfaltet – wie die deutsche Rechtswissenschaft traditionell die Dogmatik im Verbund mit der Rechtsprechung entwickelt. Zwar hat die Wissenschaft von den Grundrechten mit der Zunahme von Menge und Bedeutung der bundesverfassungsgerichtlichen Rechtsprechung vieles vom Charakter einer Case-law-Wissenschaft angenommen, in deren Tradition die amerikanische Rechtswissenschaft steht. Aber wir haben uns nie auf die Wiedergabe und Erläuterung der Cases beschränkt. Wir haben sie dogmatisch eingeordnet und, wenn nötig, kritisch dogmatisch rekonstruiert. Das Festhalten an der dogmatischen Bearbeitung und Darstellung der Grundrechte erscheint uns unverzichtbar. Nur in methodisch disziplinierter dogmatischer Beschäftigung mit den Grundrechten können die Wissenschaft von und die Rechtsprechung zu den Grundrechten ihre Selbständigkeit gegenüber politischen Versuchungen und Vereinnahmungen behaupten; nur in dogmatischer Aufbereitung sind die Grundrechte für die Studenten und Studentinnen wirklich begreif- und lernbar; gerade mit ihrer Grundrechtsdogmatik leistet die deutsche Rechtswissenschaft ihren Beitrag zum weltweiten Austausch der Wissenschaften von den Grundrechten. Das Interesse, das unser Lehrbuch in Japan, Brasilien und Portugal findet, gilt denn auch gerade seinem dogmatischen Zugriff auf die Grundrechte und der aus dem Zugriff folgenden Bearbeitung von Grundrechtsfällen in den drei Schritten der Schutzbereichsbestimmung, Eingriffsbestimmung und Eingriffsrechtfertigung, einem Prüfungsschema, das inzwischen auch die Rechtsprechung des Bundesverfassungsgerichts übernommen hat.

Unser Lehrbuch will ein Lernbuch sein und Studenten und Studentinnen den Stoff klar, fasslich, eingängig und so präsentieren, dass ihnen die Beschäftigung mit den Grundrechten zur zwar anspruchsvollen, aber reizvollen Aufgabe wird. Im Staats- und Verfassungsrecht soll die Lehre überdies den Sinn für den Wert von Freiheit, Rechtsstaat und Demokratie schärfen, für die Bedeutung der Regeln und Institutionen des freiheitlichen, rechtsstaatlichen, demokratischen Verfassungsstaats und für den Einsatz, ohne den der Verfassungsstaat nicht gedeiht.

Mittlerweile haben wir unser Lehrbuch unseren Schülern Thorsten Kingreen und Ralf Poscher anvertraut. Wir wissen es bei ihnen in guten Händen. Dogmatik und Methode, Freiheit, Rechtsstaat und Demokratie sind ihnen so wichtig wie uns, und sie greifen neuere Entwicklungen der Grundrechtsdogmatik wie die Europäisierung und Internationalisierung des Grundrechtsschutzes mit demselben systematischen Ansatz und Anspruch auf, der uns immer wichtig war. Unser Lehrbuch wird auch als ihr Lehrbuch seinen Beitrag zum Austausch zwischen der deutschen und der japanischen Wissenschaft von den Grundrechten leisten.

Berlin/Münster im Juli 2018

Bodo Pieroth
Bernhard Schlink

Inhaltsübersicht

X

Teil II
Die einzelnen Grundrechte

XVI

Verzeichnis der abgekürzt zitierten Literatur

AK   Kommentar zum Grundgesetz für die Bundesrepublik Deutschland
                      (Reihe Alternativkommentare), 3 Bände (Loseblatt), Stand: August
                      2002

BK   Kommentar zum Bonner Grundgesetz (Bonner Kommentar),
                      25 Bände (Loseblatt), Stand: April 2021

Bumke/Voßkuhle   Casebook Verfassungsrecht, 8. Aufl. 2020

Classen, StR II   *C.-D. Classen*, Staatsrecht II. Grundrechte, 2018

Degenhart, StR I   *C. Degenhart*, Staatsrecht I. Staatsorganisationsrecht, 37. Aufl.
                      2021

DR   *H. Dreier* (Hrsg.), Grundgesetz. Kommentar, Bd. I, 3. Aufl. 2013
                      Bd. II, 3. Aufl. 2015, Bd. III, 3. Aufl. 2018

E   Amtliche Sammlung der Entscheidungen des Bundesverfassungs-
                      gerichts

EH   *V. Epping/C. Hillgruber* (Hrsg.), Beck'scher Online-Kommentar
                      Grundgesetz. Kommentar, 46. Edition, Stand: 15.02.2021

Epping, GrundR   Grundrechte, 8. Aufl. 2019

FH   *K. H. Friauf/W. Höfling* (Hrsg.), Berliner Kommentar zum Grund-
                      gesetz, 5 Bände (Loseblatt), Stand: Dezember 2020

Hdb. GR   *D. Merten/H.-J. Papier* (Hrsg.), Handbuch der Grundrechte in
                      Deutschland und Europa, 2004–2018, 12 Bände

Hdb. StR   *J. Isensee/P. Kirchhof* (Hrsg.), Handbuch des Staatsrechts der Bun-
                      desrepublik Deutschland, 3. Aufl. 2003–2015, 12 Bände und ein
                      Gesamtregisterband

Hesse, VerfR   *K. Hesse*, Grundzüge des Verfassungsrechts der Bundesrepublik
                      Deutschland, 20. Aufl. 1999

Hufen, StR II   *F. Hufen*, Staatsrecht II, Grundrechte, 8. Aufl. 2020

JK   Juristische Ausbildung Karteikarten (Monat/Jahr)

JP   *H. D. Jarass/B. Pieroth*, Grundgesetz für die Bundesrepublik
                      Deutschland. Kommentar, 16. Aufl. 2020

Kloepfer, VerfR   *M. Kloepfer*, Verfassungsrecht, 2 Bände, 2010/2011

Lang/Wilms, StR II *H. Lang/H. Wilms*, Staatsrecht II. Grundrechte, 2. Aufl. 2020

Manssen, StR II   *G. Manssen*, Staatsrecht II. Grundrechte, 18. Aufl. 2021

Maurer/Waldhoff   *H. Maurer/C. Waldhoff*, Allgemeines Verwaltungsrecht, 20. Aufl.
                      2020

Maurer, StR   *H. Maurer*, Staatsrecht I, 6. Aufl. 2010

MD   *T. Maunz/G. Dürig* (Begr.), Grundgesetz. Kommentar, 7 Bände
                      (Loseblatt), Stand: Oktober 2020

Michael/Morlok, GR *L. Michael/M. Morlok*, Grundrechte, 7. Aufl. 2020

MKS   *H. v. Mangoldt/F. Klein/C. Starck* (Begr./Hrsg.), Das Bonner
                      Grundgesetz. Kommentar, 3 Bände, 7. Aufl. 2018

MüK   *I. v. Münch/P. Kunig* (Hrsg.), Grundgesetz-Kommentar, 2 Bände,
                      7. Aufl. 2021

SA   *M. Sachs* (Hrsg.), Grundgesetz. Kommentar, 9. Aufl. 2021

Sachs, VerfR II   *M. Sachs*, Verfassungsrecht II, Grundrechte, 3. Aufl. 2017

Schlaich/Korioth, BVerfG	*K. Schlaich/S. Korioth,* Das Bundesverfassungsgericht. Stellung, Verfahren, Entscheidungen, 12. Aufl. 2021
Stern, StR	*K. Stern,* Das Staatsrecht der Bundesrepublik Deutschland, 5 Bände, 1./2. Aufl. 1980–2011
StudK	*C. Gröpl/K. Windthorst/C. von Coelln,* Grundgesetz. Studienkommentar, 4. Aufl. 2019
UC	*D. C. Umbach/T. Clemens* (Hrsg.), Grundgesetz. Mitarbeiterkommentar und Handbuch, 2 Bände, 2002
Volkmann, StR II	*U. Volkmann,* Staatsrecht II. Grundrechte, 3. Aufl. 2020

§ 1 Einführung

I. Über das Arbeiten mit diesem Buch

Die vorliegende Darstellung lehrt die Grundrechte in der Breite und Tiefe, in der sie   **1**
Gegenstand der ersten juristischen Prüfung sind. Sie behandelt alle für die Falllösung
im Studium und auch in der Praxis wichtigen Themen der allgemeinen Grundrechtslehren (Erster Teil), sämtliche einzelne Grundrechte (Zweiter Teil) und mit der Verfassungsbeschwerde das dazugehörige Verfahrensrecht (Dritter Teil). Sie ist an der
Rechtsprechung des Bundesverfassungsgerichts (BVerfG) orientiert, vermittelt aber
das methodische und dogmatische Instrumentarium, das es erlaubt, andere als die
schon entschiedenen Fälle selbstständig zu lösen.

Zumeist werden die Grundrechte am Anfang des Studiums gelesen. Daher ist die vor-   **2**
liegende Darstellung auch an die *Studienanfänger* adressiert und bemüht sich um besondere Anschaulichkeit. Allerdings ist der Stoff der Grundrechte komplex und die
Beschäftigung mit ihnen voraussetzungsvoll. Die Grundrechte des Grundgesetzes
wirken in enger Verzahnung mit den Grundrechten der Europäischen Union und der
Europäischen Menschenrechtskonvention, die herkömmlicherweise erst in den europarechtlichen Vorlesungen behandelt werden; hinzu treten zunehmend völkerrechtliche Grundrechtsverpflichtungen. Zudem durchdringen sie das einfache Recht und
können häufig erst im Zusammenhang mit diesem voll verstanden werden.

Die *Literaturhinweise* am Ende der einzelnen Paragraphen sind bewusst knapp gehal-   **3**
ten. Sie beschränken sich auf die grundlegenden, die aktuellen und die für das Studium besonders geeigneten Aufsätze und Bücher; soweit sie Büchern gelten, werden
diese im vorausgehenden Paragraphen nur durch den Autor, dh ohne Titel, nachgewiesen. Umfassende Literaturhinweise finden sich in den großen Kommentaren zum
Grundgesetz und in den Handbüchern des Staats- und Verfassungsrechts und der
Grundrechte. Diese Werke und auch die aktuellen Lehrbücher des Staatsrechts sind
im Verzeichnis der abgekürzt zitierten Literatur zusammengestellt und werden daher
in den Literaturhinweisen nicht mehr eigens aufgeführt. Entscheidungen des BVerfG
und des BVerwG werden, wo möglich, nach der amtlichen Sammlung nachgewiesen.
Der Nachweis erfolgt mit Band, Anfangsseite der Entscheidung und Seite der Fund-
stelle; für das BVerfG ab Band 132 mit Band, Anfangsseite und Randnummer.

II. Grundrechte und Auslegung

Rechtsnormen können sehr unterschiedlichen Aufwand an Auslegungsarbeit erfor-   **4**
dern. Auf der einen Seite stehen eindeutig formulierte Frist-, Form- und Verfahrensvorschriften. Auf der anderen Seite gibt es Generalklauseln und unbestimmte Rechtsbegriffe, die erst nach und nach durch Rechtswissenschaft und Rechtsprechung
(Richterrecht) handhabbar gemacht werden. Die Grundrechte enthalten zwar einige
Form- und Verfahrensvorschriften, zB Art. 104; überwiegend sind sie aber sehr
knapp und weit formuliert (zB „Kunst und Wissenschaft ... sind frei", „das Eigentum
... [wird] gewährleistet") und wirken *generalklauselartig*. Daher spielen das Richter-

recht und die es vorbereitende und fortentwickelnde Dogmatik zu den Grundrechten eine große Rolle. Mehr als in anderen Rechtsgebieten gehört daher die Beschäftigung mit wichtigen Leitentscheidungen besonders des BVerfG, zunehmend aber auch des Gerichtshofs der Europäischen Union (EuGH) und des Europäischen Gerichtshofs für Menschenrechte (EGMR) zum Studium der Grundrechte. Die wichtigsten aktuellen Entscheidungen werden in der Ausbildungszeitschrift *Jura* im Gutachtenstil aufbereitet. Auf diese Kurzdarstellungen wird mit der Abkürzung JK verwiesen.

5   Als Teil der Verfassung sind die Grundrechte gegenüber dem Gesetzesrecht und dem Recht der Verwaltung (Rechtsverordnungen, Satzungen) samt allen Einzelakten der vollziehenden und rechtsprechenden Gewalt *höherrangig*. Das heißt, dass alles Unterverfassungsrecht mit den darauf gestützten Einzelakten sich an der Verfassung messen lassen muss. Soweit es mit einer Verfassungs-, besonders einer Grundrechtsnorm nicht vereinbar ist, ist es verfassungswidrig und im Regelfall nichtig. Dabei liegt eine zusätzliche Schwierigkeit darin, dass der Inhalt der Grundrechte selbst durch das Unterverfassungsrecht geprägt sein kann; man spricht insoweit von rechts- oder normgeprägten Grundrechten.

6   **Beispiele:** Der Gesetzgeber ist an die verfassungsrechtliche Garantie des Eigentums (Art. 14 Abs. 1 S. 1) gebunden (Art. 1 Abs. 3). Was aber Eigentum ist, muss vom Gesetzgeber erst bestimmt werden, und Art. 14 Abs. 1 S. 2 ermächtigt den Gesetzgeber denn auch dazu, den Inhalt des Eigentums unter Berücksichtigung auch seiner Sozialpflichtigkeit (Art. 14 Abs. 2) zu bestimmen. Wie kann der Gesetzgeber dann aber noch an die Verfassung gebunden sein? – Wenn dem Bürger gegen Rechtsverletzungen durch die öffentliche Gewalt der Rechtsweg offen steht (Art. 19 Abs. 4), setzt dies die Einrichtung von Gerichten voraus, was wiederum nur durch den Gesetzgeber geschehen kann.

7   Es kommt hinzu, dass die Grundrechte historisch und aktuell eine besondere *Nähe zur Politik* haben. Grundrechte mussten politisch erkämpft werden, und ihre Auslegung und Anwendung gerät immer wieder in politischen Streit. Die großen Auseinandersetzungen um Volkszählung, Schwangerschaftsabbruch, Kruzifixe in öffentlichen Schulen, Hochschul- und Schulreform, Demonstrationsrecht, Mitbestimmung, Asylrecht, Lauschangriff oder Online-Durchsuchung belegen dies deutlich. Das führt gelegentlich sogar zu der Fehleinschätzung, Verfassungs- und besonders Grundrechtsauslegung sei gar nichts anderes als Politik, und das BVerfG betreibe keine Rechtsprechung im eigentlichen Sinne. Aber neben der demokratischen Herleitung der Herrschaft ist es die größte Errungenschaft des neuzeitlichen Verfassungsstaats, die Ausübung von Herrschaft verrechtlicht zu haben. Im Verhältnis des Einzelnen zum Staat gelten durch die Grundrechte die Maßstäbe des Rechts.

8   Diese Maßstäblichkeit setzt voraus, dass die Auslegung des Rechts festen *methodischen Regeln* folgt, über die allgemeine Übereinstimmung besteht. Nun wird aber gerade über das Methodenproblem im Verfassungsrecht wie im Recht insgesamt viel gestritten. Eine Übereinstimmung, welche Regeln die Auslegung methodisch leiten sollen, ist nur ansatzweise erkennbar.[1] Das verschafft den sog klassischen Ausle-

---

1 Vgl *Alexy*, Theorie der juristischen Argumentation, 3. Aufl. 1996; *Engisch*, Einführung in das juristische Denken, 11. Aufl. 2010; *Larenz/Canaris*, Methodenlehre der Rechtswissenschaft, 5. Aufl. 2008; *F. Müller/R. Christensen*, Juristische Methodik, Bd. I, 11. Aufl. 2013; *Schlink*, Staat 1980, 73; *Schmalz*, Methodenlehre für das juristische Studium, 4. Aufl. 1998; *J. Vogel*, Juristische Methodik, 1998.

gungsgesichtspunkten ihre fortdauernde Bedeutung: dem grammatischen (Wortlaut der Regelung), systematischen (Regelungszusammenhang), genetischen (Entstehungsgeschichte der Regelung), historischen (frühere Regelungen) und teleologischen (Regelungszweck) Auslegungsgesichtspunkt. Es verschafft auch dem BVerfG eine beträchtliche Freiheit bei der Auslegung und Fortbildung des Verfassungsrechts. Das BVerfG arbeitet an einzelnen Fällen und entwickelt seine Grundrechtsinterpretation von einzelnen Fällen her. Auch für den Lernenden gilt daher, dass aus dem Zusammenhang gerissene Aussagen des BVerfG nicht kanonisiert werden dürfen und dass die Entscheidungsbegründungen und -ergebnisse stets der methodischen Überprüfung bedürfen, ehe sie, zuweilen nur modifiziert und korrigiert, der Lösung eines Problems zu Grunde gelegt werden.

Von einem besonderen Fall der systematischen Interpretation handelt das Gebot **9** *grundrechtskonformer Auslegung.* Über das Gebot wirken die Grundrechte auf die Auslegung und Anwendung des einfachen Rechts durch Rechtsprechung und Verwaltung ein. Immer wieder lässt die methodisch korrekte Bemühung um die Auslegung einer Vorschrift des einfachen Rechts verschiedene Auslegungen zu, und bei Generalklauseln und unbestimmten Rechtsbegriffen haben Rechtsprechung und Verwaltung einen besonders großen Spielraum der Auslegung. Hier verlangt die Bindung an die Grundrechte (Art. 1 Abs. 3), dass die Entscheidung für die eine oder andere Auslegung an den Grundrechten orientiert wird. Sie muss die Grundrechte zur Geltung bringen, das einfache Recht grundrechtsschützend, freiheitsschonend und -fördernd auslegen.

Beispiele: Jemandem wird das Verteilen von Flugblättern auf einem öffentlichen Platz unter- **10** sagt, weil er nicht über die erforderliche Sondernutzungserlaubnis verfügt. Diese Auslegung der straßenrechtlichen Vorschriften verstößt gegen Art. 5 Abs. 1, denn es ist auch eine Auslegung möglich, die das Verteilen von Flugblättern auf dem öffentlichen Platz erlaubnisfrei zulässt, weil sie den Verkehr, dem der öffentliche Platz dient, nicht nur als Fortbewegungs-, sondern in Orientierung an Art. 5 Abs. 1 auch als kommunikativen Verkehr versteht (vgl BVerfG, NVwZ 1992, 53; *Enders*, VerwArch 1992, 527; *Dietz*, AöR 2008, 556; zum Verkauf von Zeitungen auf öffentlichen Plätzen vgl BVerfG, NVwZ 2007, 1306). – Das Tatbestandsmerkmal der häuslichen Gemeinschaft im Sozialrecht könnte für Kinder und die von ihnen getrennt lebenden Elternteile verneint werden. Im Lichte von Art. 6 Abs. 1 und 2 ist es aber dann zu bejahen, wenn der getrennt lebende Elternteil regelmäßig längeren Umgang mit seinem Kind pflegt und das Kind auch bei ihm ein Zuhause hat (E 127, 263/286 ff). Ebenso müssen die Vollstreckungsgerichte bei der Anwendung der vollstreckungsrechtlichen Verfahrensvorschriften die Gefahren für Leben und Gesundheit des Schuldners berücksichtigen, die aus einer Räumung von Wohnraum herrühren können (E 52, 210/220 f; NJW 2013, 290/290 f).

Diese grundrechtskonforme ist ein Unterfall der sog *verfassungskonformen Ausle-* **11** *gung,* nach der von mehreren möglichen Auslegungen diejenige den Vorzug verdient, die der Verfassung besser entspricht. Für beide gilt, dass die Auslegung den normativen Gehalt der Vorschrift nicht grundlegend neu bestimmen darf. Verlangen die grundrechtlichen Vorgaben eine grundlegend neue Bestimmung der Vorschrift, muss diese als verfassungswidrig abgelehnt werden und „dem Gesetzgeber vorbehalten bleiben, ob er die verfassungswidrige Regelung durch eine verfassungsmäßige ersetzen will"[2].

---

2   E 8, 71/79; 54, 277/299 f.

III. Zur Lösung von Grundrechtsfällen

12 Der Kern eines Grundrechtsfalls ist meistens die Frage, ob eine bestimmte staatliche Maßnahme, die ein Einzelner von sich abwehren will, mit einem Grundrecht vereinbar ist oder gegen ein Grundrecht verstößt. Diese Kernfrage kann in *zwei Teilfragen* aufgeteilt werden: Wird durch die staatliche Maßnahme in das Grundrecht eingegriffen? Wenn nein, liegt kein Verstoß vor; wenn ja, muss weiter gefragt werden: Ist dieser Eingriff verfassungsrechtlich gerechtfertigt? Wenn ja, liegt wieder kein Verstoß vor; wenn nein, liegt ein Verstoß vor. Häufig ist es zweckmäßig, die erste Frage zu unterteilen nach einerseits Schutzbereich und andererseits Eingriff in den Schutzbereich. So ergibt sich die allgemein anerkannte[3] *Drei-Schritt-Prüfung*, die in § 6 noch näher erläutert und im Zweiten Teil der systematischen Darstellung aller Freiheitsgrundrechte zu Grunde gelegt wird. Erst bei (1) Betroffenheit des Schutzbereichs durch (2) einen staatlichen Eingriff, der (3) nicht verfassungsrechtlich gerechtfertigt werden kann, liegt ein Verstoß gegen das Grundrecht vor.

13 Diese Kernfrage kann zwei Modifikationen erfahren. Zum einen geht es bei *Gleichheitsgrundrechten* nicht um einen Eingriff in den Schutzbereich, sondern um die Frage, ob eine Ungleichbehandlung vonseiten des Staats gerechtfertigt ist oder nicht.[4] Hier bleibt es also bei der Zwei-Schritt-Prüfung: (1) Liegt eine Ungleichbehandlung vor? Wenn nein, liegt kein Verstoß vor; wenn ja, muss weitergefragt werden: (2) Ist diese Ungleichbehandlung verfassungsrechtlich gerechtfertigt? Wenn ja, liegt wieder kein Verstoß vor, wenn nein, ist der Gleichheitssatz in seiner allgemeinen Fassung (Art. 3 Abs. 1) oder in einer seiner besonderen Ausprägungen (Art. 3 Abs. 2 und 3, Art. 6 Abs. 5, Art. 33 Abs. 1–3, Art. 38 Abs. 1 S. 1) verletzt.

14 Die zweite Modifikation kann auftauchen, wenn der Einzelne nicht oder jedenfalls nicht nur einen Eingriff in ein Freiheits- oder Gleichheitsgrundrecht abwehren, sondern erreichen will, dass eine bestimmte Handlung vom Staat *vorgenommen* wird. Einige Grundrechte sind ausdrücklich als Leistungsrechte formuliert, zB Art. 6 Abs. 4 mit dem Anspruch der Mutter auf Schutz und Fürsorge der Gemeinschaft und Art. 103 Abs. 1 mit dem Anspruch auf rechtliches Gehör. Aber auch andere Grundrechte können Leistungsrechte begründen (Rn 449 ff). Hier verlangt die Prüfung wieder drei Schritte, in denen danach gefragt wird, ob (1) ein Verhalten, für das Schutz begehrt wird, in den Schutzbereich fällt, (2) eine Pflicht des Staats zum Schutz des Verhaltens besteht und (3) dieser Schutzpflicht vom Staat genügt wird.

15 Die Kernfrage der Grundrechtsprüfung wird vor allem durch die *Normenhierarchie* kompliziert. Bei einem Gesetz kann die Grundrechtsprüfung unmittelbar ansetzen und fragen, ob das Gesetz mit einem Grundrecht vereinbar ist oder nicht. Geht es dagegen um auf Gesetze gestützte Rechtsverordnungen und Satzungen oder um auf Gesetze und Rechtsverordnungen oder Satzungen gestützte Einzelakte der vollziehenden und rechtsprechenden Gewalt, dann ist auf jeder Stufe der Normenhierarchie eine Grundrechtsprüfung denkbar, also bezüglich des Gesetzes als solchen, der auf das Gesetz gestützten Rechtsverordnung oder Satzung als solcher und des auf eine oder

---

3 *Volkmann*, JZ 2005, 261.
4 *Manssen*, StR II, Rn 44.

4

mehrere Rechtsnormen gestützten Einzelakts als solchen. Häufig wird sich die Grundrechtsprüfung allerdings auf die Stufe konzentrieren können, die der Sache nach den Grundrechtseingriff enthält.

Beispiel: In ein Juristenausbildungsgesetz wird eine Vorschrift neu aufgenommen, wonach 16 vorbestrafte Studenten von der Ersten juristischen Staatsprüfung ausgeschlossen sind (vgl Bay-VerfGH, BayGVBl. 1973, 151). Daraufhin wird ein vorbestrafter Student durch Bescheid des Justizprüfungsamts nicht zur Prüfung zugelassen. Hier liegt der Grundrechtseingriff zwar zunächst in dem Bescheid. Dieser vollzieht aber nur das Gesetz, das den Grundrechtseingriff der Sache nach schon selbst enthält. Nur das Gesetz braucht anhand des Art. 12 Abs. 1 (Berufs- und Ausbildungsfreiheit) überprüft zu werden. Anders wäre es, wenn der Verwaltung ein Handlungsspielraum eingeräumt wäre, zB dadurch, dass es in der Vorschrift heißt, vorbestrafte Studenten können von der Ersten juristischen Staatsprüfung ausgeschlossen werden. Dann liegt in der entsprechenden Maßnahme des Justizprüfungsamts ein gegenüber dem Gesetz eigenständiger Grundrechtseingriff, und die Vereinbarkeit des Verwaltungsakts mit Art. 12 Abs 1 ist neben der Verfassungsmäßigkeit des Gesetzes zu prüfen.

Die Normenhierarchie führt noch aus einem zweiten Grund zu Komplikationen: 17 Wenn bei einem Gesetz nach seiner *Rechtmäßigkeit* gefragt ist, kann dies nur seine Verfassungsmäßigkeit bedeuten. Anders bei Rechtsverordnungen, Satzungen und Einzelakten der vollziehenden und rechtsprechenden Gewalt. Hier ist zunächst die richtige Anwendung der rangniedrigeren Norm zu prüfen. Wenn sich aus der rangniedrigeren Norm schon die Rechtswidrigkeit des Verwaltungsakts oder der Rechtsverordnung ergibt, braucht – außer wenn danach gefragt ist – nicht mehr die Verfassungsmäßigkeit der höherrangigen Norm geprüft zu werden. Auf diese kommt es erst an, wenn die fragliche Maßnahme durch das rangniedrigere Recht gedeckt ist.

Beispiel: Es wird nach der Rechtmäßigkeit des Handelns eines Polizeibeamten gefragt, der 18 den Hausflur von Mietshäusern betritt, um zu kontrollieren, ob eine Polizeiverordnung eingehalten wird, die unter Androhung von Bußgeld Beleuchtungspflichten statuiert. Hier ist zunächst die Ermächtigungsgrundlage im Polizei- und Ordnungsrecht zu überprüfen. Erst wenn eine solche überhaupt existiert und das Handeln des Polizeibeamten deckt, ist zu fragen, ob diese Ermächtigungsgrundlage ihrerseits verfassungsmäßig ist oder gegen die Unverletzlichkeit der Wohnung (Art. 13) verstößt.

Schließlich wird die Grundrechtsprüfung häufig durch eine *prozessuale Fragestel-* 19 *lung* erweitert, indem neben der inhaltlichen Recht- oder Verfassungsmäßigkeit nach der Zulässigkeit eines oder mehrerer Rechtsbehelfe gefragt wird. Inhaltliche und prozessuale Fragestellungen werden verbunden, wenn die Aufgabe darin besteht, die Erfolgsaussichten eines Rechtsbehelfs, im vorliegenden Zusammenhang vor allem einer Verfassungsbeschwerde, zu begutachten. Regelmäßig liegt bei der inhaltlichen Recht- oder Verfassungsmäßigkeit der Schwerpunkt von Übungs- und Examensarbeiten.

Literatur: Die „Arbeitstechnik im Öffentlichen Recht" behandeln *Butzer/Epping*, 3. Aufl. 20 2006; über „Juristische Arbeitstechnik und wissenschaftliches Arbeiten" unterrichtet *Möllers*, 10. Aufl. 2021; in die Methodik der Fallbearbeitung führen *Schwerdtfeger/Schwerdtfeger*, Öffentliches Recht in der Fallbearbeitung, 15. Aufl. 2018, S. 315 ff ein. Aus den Falllösungsbänden sind *Degenhart*, Klausurenkurs im Staatsrecht I, 5. Aufl. 2019, Klausurenkurs im Staatsrecht II, 9. Aufl. 2021 und *Hartmann* (Hrsg.), Hausarbeit im Staatsrecht, 4. Aufl. 2020, hervorzuheben, da sie auf dieses Lehrbuch abgestimmt sind.

Fälle und Lösungen zu den Grundrechten enthalten des Weiteren *Höfling/Augsberg*, Fälle zu den Grundrechten, 3. Aufl. 2021; *Haug*, Fallbearbeitung im Staats- und Verwaltungsrecht, 9. Aufl. 2018; *Heimann/Kirchhof/Waldhoff*, Verfassungsrecht und Verfassungsprozessrecht, 3. Aufl. 2021; *Kilian/Eiselstein*, Grundfälle im Staatsrecht, 5. Aufl. 2011; *Schmalz*, Verfassungsrecht, 3. Aufl. 2003; *Schoch*, Übungen im Öffentlichen Recht I, 2000; *Volkmann*, Staatsrecht II. Grundrechte, 3. Aufl. 2020. Viele Fälle mit Musterlösungen werden von den Ausbildungszeitschriften JuS, Jura, JA und ZJS sowie den Verwaltungsblättern der Länder veröffentlicht.

Teil I
Allgemeine Grundrechtslehren

§ 2   Geschichte und Entwicklung der Grundrechte

I.   Einführung

Recht ist *geschichtlich gewordenes* Recht und ohne seine Geschichte nicht zu verstehen. Rechtliche Regelungen können einen längeren Atem haben als die politischen Ordnungen, unter denen sie entstehen, wenn sie auf gleich bleibenden sozialen und ökonomischen Verhältnissen beruhen oder auf gleich bleibende menschliche Grundfragen Antwort geben. Sie können aber auch mit den politischen Ordnungen vergehen. Die Grundrechte sind als Teil des Staats- und Verfassungsrechts politisches Recht und dem Wandel der politischen Ordnungen unterworfen. Zugleich sind die Grundrechte aber auch eine Antwort auf die gleich bleibende Grundfrage des Verhältnisses zwischen individueller Freiheit und politischer Ordnung. **21**

Die Herausbildung von Grundrechten steht im Zusammenhang mit dem *bürgerlichen Verfassungsstaat der Moderne*, der seine ersten Ausformungen durch die Nordamerikanische und die Französische Revolution gefunden hat. Diese Rechtsentwicklungen hatten aber keinen unmittelbaren Einfluss auf das staatsrechtliche Denken in Deutschland. Auch im Jahr 1848 war hier die Zeit noch nicht reif für eine dauerhafte Einrichtung eines grundrechtlich fundierten Verfassungsstaats. Er wurde erst durch die deutsche Revolution von 1918 erreicht und hat nach dem Rückschlag zwischen 1933 und 1945 in Gestalt des Grundgesetzes für die Bundesrepublik Deutschland Stabilität gewonnen. **22**

II.   Grundrechte in Nordamerika und Frankreich

Die erste gesamthafte und verfassungskräftige Positivierung von Grundrechten im modernen Sinn war die *Bill of Rights von Virginia* (1776). In deren Art. 1 heißt es, alle Menschen sind „von Natur aus gleichermaßen frei und unabhängig und besitzen gewisse ihnen innewohnende Rechte, deren sie, wenn sie in den Staat einer Gesellschaft eintreten, ihre Nachkommenschaft durch keinen Vertrag berauben oder entkleiden können, nämlich den Genuss von Leben und Freiheit, mit den Mitteln zum Erwerb von Besitz und Eigentum und zum Streben und der Erlangung von Glück und Sicherheit". Art. 8 bis 11 enthalten verfahrensrechtliche Normen zum Schutze des Angeklagten im Strafprozess; Art. 12 erklärt die Pressefreiheit zu einem „der großen Bollwerke der Freiheit"; Art. 16 bestimmt, dass alle Menschen gleichermaßen zur freien Ausübung der Religion gemäß den Geboten des Gewissens berechtigt sind. **23**

Diese Bill of Rights von Virginia diente als unmittelbares Vorbild für eine Reihe weiterer, zumeist ausführlicherer *Rechteerklärungen* in anderen Staaten Nordamerikas. Während sie noch neben der Verfassung von Virginia stand, wurde schon die Rechteerklärung in Pennsylvania (1776) mit einem Abschnitt, genannt „Frame of Govern- **24** ment", zur „Constitution of the Commonwealth of Pennsylvania" zusammengefasst. Dies war somit die erste Verfassung im neuzeitlichen Sinn, bestehend aus einem Grundrechts- und einem Organisationsteil. Für die weitere verfassungsrechtliche Entwicklung in den Vereinigten Staaten am wichtigsten geworden sind sodann die Grundrechte der ersten zehn Amendments der Bundesverfassung (1791), die auch als „Federal Bill of Rights" bezeichnet worden sind. Sie wurden nach dem Bürgerkrieg (1861–1865) durch die sog Reconstruction Amendments ergänzt, die die Sklaverei abschafften und erstmals eine Garantie der Rechtsgleichheit etablierten.

25   Im Zusammenhang mit der Konstitutionalisierung von Individualrechten steht die erstmalige Ausbildung des *Vorrangs der Verfassung*, der die Verfassungswidrigkeit von Gesetzen zur Folge haben kann. Darin haben sich die Erfahrungen niedergeschlagen, die in den Kolonien mit dem Mutterland England gemacht worden waren: Auch ein Parlament kann Unrecht tun. Die Bill of Rights bedeutet so gesehen nicht nur eine Beschränkung der Regierung, sondern auch der einfachen Mehrheit des souveränen Volkes. Gesichert wurde diese Bindung des Gesetzgebers an die Verfassung zudem durch das richterliche Prüfungsrecht, das erstmals durch Gerichte der Staaten und 1803 in der Entscheidung Marbury v. Madison durch den Supreme Court in Anspruch genommen wurde.[1]

26   Die *Déclaration des droits de l'homme et du citoyen* von 1789 ist der wichtigste Markstein der Geschichte der Grundrechte. Der um 1770 entstandene Begriff der „droits fondamentaux", also der Grundrechte ist zwar universell, deckt aber auch und gerade die politischen Ansprüche des sich als soziale Kraft und wirtschaftliche Macht entfaltenden Bürgertums. Dessen Potenzial, Gegnerschaft gegen den königlichen Despotismus und Begeisterung über das Vorbild, das die nordamerikanische Revolution gegeben hatte, bereiteten den Boden für die Französische Revolution und ihren Beginn, die Erklärung der Menschenrechte.

27   Deren Art. 1 stellt in einem ersten Satz fest, dass die Menschen *frei und gleich an Rechten* geboren sind und bleiben. Art. 2 erklärt die Erhaltung der natürlichen und unabdingbaren Menschenrechte zum Endzweck jeder politischen Vereinigung; diese Rechte sind die Freiheit, das Eigentum, die Sicherheit, der Widerstand gegen Unterdrückung. Nach Art. 4 und 5 besteht die Freiheit darin, alles tun zu können, was einem anderen nicht schadet; die Grenzen, die nur darin bestehen können, den übrigen Gliedern der Gesellschaft ebenfalls den Genuss dieser Rechte zu sichern, können nur durch das Gesetz bestimmt werden. Art. 10 proklamiert Religions- und Gewissensfreiheit im Rahmen der durch das Gesetz errichteten öffentlichen Ordnung. Art. 11 garantiert die Gedanken- und Meinungsfreiheit als „eines der kostbarsten Rechte des Menschen", wobei hier ein Vorbehalt der Verantwortlichkeit für den Missbrauch dieser Freiheit in den durch das Gesetz bestimmten Fällen gemacht wird. Art. 16 verkündet: „Eine Gesellschaft, in der weder die Gewährleistung der Rechte zugesichert, noch die Gewaltenteilung festgelegt ist, hat keine Verfassung." Nach dem letzten Art. 17 darf das Eigentum als ein geheiligtes und unverletzliches Recht nur bei gesetzlich festgestellter öffentlicher Notwendigkeit und unter der Bedingung vorheriger und gerechter Entschädigung angetastet werden.

---

1   5 U. S. 137 (1803), vgl *Kingreen*, Hdb. StR[3] XII, § 263 Rn 11 ff.

Diese Erklärung ist zum Bestandteil der *Verfassung von 1791* gemacht worden. Sie **28** verbürgte weitere „natürliche und bürgerliche Rechte": Freizügigkeit, Versammlungs- und Petitionsrecht sowie Meinungs- und Kultusfreiheit in präziserer Form als in Art. 10 und 11 der Erklärung der Menschenrechte. Noch ausführlicher war die der (jakobinischen) *Verfassung von 1793* vorangestellte Rechteerklärung. Sie enthielt auch soziale Rechte: freie Berufs- und Arbeitswahl, Recht auf Arbeit oder auf Unterstützung bei Arbeitsunfähigkeit, Anspruch auf Unterricht. Die Verfassung von 1793 trat allerdings nie in Kraft. Ein neues Stadium lässt die *Verfassung von 1795* samt ihrer Rechteerklärung erkennen. Nachdem die alte Stände- und Privilegienordnung beseitigt war, kam den Menschenrechten die neue Funktion zu, die nunmehr etablierte bürgerliche Ordnung zu legitimieren. Es wurden demgemäß nicht mehr natürliche und unveräußerliche Menschenrechte verkündet; vielmehr war von den Rechten innerhalb der Gesellschaft die Rede. Der Satz, dass die Menschen frei und gleichberechtigt geboren werden, wurde durch die formale Gleichheit vor dem Gesetz ersetzt. Rechtsstaatliche Garantien des Gerichtsverfahrens wurden verstärkt; Pflichten gegenüber der Gesellschaft traten hinzu. Für die weitere kontinentaleuropäische Entwicklung der Grundrechte sind dann vor allem die französische *Verfassung von 1815* (Charte Constitutionnelle) und die *belgische Verfassung von 1831* mit ihren Grundrechtskatalogen wichtig geworden.

III. Grundrechte im deutschen Konstitutionalismus des 19. Jahrhunderts

In Deutschland wird erst 1848 der Anschluss an die bisher dargestellte Entwicklung **29** der Grundrechte in der westlichen Welt erreicht. Die von der *Paulskirchenversammlung* verabschiedeten Grundrechte des deutschen Volkes waren auf den Gedanken der Volkssouveränität gegründet und standen in der geschilderten Tradition demokratischen Verfassungsdenkens. Unter den gegebenen politischen Verhältnissen konnten sie nur kurze Zeit Wirkung entfalten. Die Forderung politischer Freiheit von 1848 ist erst in der Revolution von 1918 voll zum Durchbruch gekommen; wichtige entstehungsgeschichtliche Verbindungslinien führen daher von 1848 direkt zu den Grundrechten der Weimarer Reichsverfassung.

Die sonstigen Grundrechtsgewährleistungen im Deutschland des 19. Jahrhunderts **30** sind von anderer Qualität. *Verfassungen süddeutscher Staaten* enthielten während des ersten Drittels des 19. Jahrhunderts Garantien staatsbürgerlicher Rechte – von Grundrechten war nirgends die Rede. Als erste gewährleistete die bayerische Verfassung von 1818 im Titel IV unter der Überschrift „Von allgemeinen Rechten und Pflichten" die Sicherheit der Person und das Eigentum (§ 8), ferner gleichen Amtszugang (§ 5), Gewissensfreiheit (§ 9) und die Freiheit der Presse und des Buchhandels (§ 11), letztere allerdings nur nach den Bestimmungen eines besonderen Ediktes. Ähnliche Bestimmungen enthielten die Verfassungen von Baden (1818) und Württemberg (1819).

Damit waren keine dem Staat vorausliegenden Grundrechte, sondern lediglich Rechte **31** der Untertanen verbürgt. Hier wirkten ältere deutsche Überlieferungen fort, wonach Freiheit nur als vom Staat gewährleistet vorstellbar war. Die genannten Rechte waren eingebettet in die *konstitutionelle Monarchie*. Die Verfassungen waren von den Monarchen oktroyiert oder mit den (ständischen) Vertretungsorganen vereinbart. Die Staatsgewalt war nicht durch das Volk legitimiert, sondern durch den Monarchen von Gottes Gnaden. Die Einflussnahme der Ständeversammlungen auf Gesetzgebung und Steuererhebung trat lediglich *neben* die weiterbestehenden monarchischen Befugnisse.

32 Dabei passte sich die Monarchie an die *wirtschaftlichen Bedürfnisse des Bürgertums* an. Auch in Deutschland ging es zu dieser Zeit um die Auflösung der ständischen Lebensordnungen zu Gunsten rechtlicher Gleichstellung und Emanzipation, um die Ablösung des ständisch gebundenen Rechts durch ein allgemeines, Rechtsgleichheit und Erwerbsfreiheit verwirklichendes bürgerliches Recht. Dieser Prozess war aber in Deutschland nicht das Werk einer Revolution, sondern das Ergebnis monarchischer Reformen. Die Rechtswissenschaft hatte daran einen gewissen Anteil, indem sie zB die „wohlerworbenen Rechte" durch Überführung in das bürgerliche Eigentum brach.[2]

33 Die *rechtliche Wirkung der Grundrechte* war dabei sehr begrenzt. Das ihnen entgegenstehende Recht war nicht etwa nichtig. Die Rechtsordnung musste ihnen erst angepasst, die Grundrechte mussten durch (neue) Gesetze erst verwirklicht werden. Gegenüber der Gesetzgebung hatten die Grundrechte keine rechtliche Bindungswirkung. So bedeutete der Gleichheitssatz nur die Gleichheit vor dem Gesetz; gesetzliche Privilegien des Adels blieben dadurch ebenso erhalten wie gesetzliche Diskriminierungen der Juden. Die Grundrechte verbürgten gegenüber der Verwaltung lediglich deren Gesetzmäßigkeit. Im politischen Prozess waren sie allerdings nicht funktionslos: Ihnen kam eine „dirigierende und richtungsweisende"[3] Funktion zu. In ihnen war das Programm einer Fortentwicklung der rechtlichen und gesellschaftlichen Ordnung festgeschrieben.

34 Die nach dem Scheitern der Revolution von 1848 und der Aufhebung der Grundrechte der Paulskirchenversammlung folgende Reaktion hielt die Fortentwicklung der Grundrechte auf. Zwar war namentlich in der *Preußischen Verfassungsurkunde von 1850*, die bis 1918 galt, im Titel II („Von den Rechten der Preußen") ein umfänglicher Rechtekatalog enthalten. Dieser hatte sogar einige zukunftsweisende Bestimmungen der Grundrechte von 1848, wie die Freiheit von Wissenschaft und Lehre, übernommen (Art. 20); auch finden sich politische Freiheitsrechte wie Meinungsfreiheit, Pressefreiheit, Vereins- und Versammlungsfreiheit. Doch lautete der einleitende Art. 3 dieses Titels: „Die Verfassung und das Gesetz bestimmen, unter welchen Bedingungen die Eigenschaft eines Preußen und die staatsbürgerlichen Rechte erworben, ausgeübt und verloren werden." Damit waren die einzelnen Freiheitsgewährleistungen überwiegend als für die nähere gesetzliche Bestimmung oder Ausgestaltung offen erklärt. Die Gesetze aber wurden vom König, dem Herrenhaus und einem Abgeordnetenhaus gemacht, das auf Grund des „Drei-Klassen-Wahlrechts" zusammengesetzt war. Insgesamt ist die *Zeit der Reaktion* nach 1850 dadurch gekennzeichnet, dass politische Freiheit unterdrückt, wirtschaftliche Freiheit dagegen gefördert wurde.

35 Die *Norddeutsche Bundes-* bzw *Reichsverfassung von 1867/1871* verzichtete ganz auf einen Grundrechtskatalog; lediglich die Niederlassungs- und Gewerbefreiheit

---

2 *Lübbe-Wolff*, Sav. ZRG germ. Abt. 1986, 104.
3 *Wahl*, Staat 1979, 321/333.

wurden von ihr garantiert (Art. 3). Manche klassischen Freiheitsgarantien sind der Sache nach durch reichsgesetzliche Regelung verwirklicht worden; so hat die *Reichs-justizgesetzgebung* der 70er-Jahre das Rückwirkungsverbot, die Unabhängigkeit der Gerichte, die Gewährleistung des ordentlichen Rechtswegs, das Recht auf den gesetz-lichen Richter, die Unverletzlichkeit der Wohnung und die Freiheit der Person aner-kannt. Andere klassische Garantien wie die Gleichheit vor dem Gesetz, die Eigen-tumsgarantie, das Selbstbestimmungsrecht der Religionsgesellschaften und die Wis-senschaftsfreiheit fehlten, und Kulturkampf- und Sozialistengesetzgebung waren durch Freiheitsrechte nicht beschränkt.

Diese begrenzte Bedeutung der Grundrechte erklärt sich aus dem Fortbestand des *po-litischen Systems des Konstitutionalismus.* Der preußische Verfassungskonflikt (1861–1866) hatte den Beweis erbracht, dass im Zweifel die Krone die Oberhand über die Volksvertretung behalten würde. Für die Volkssouveränität oder nur schon für eine durch die Verfassung auch gegen die Krone gesicherte umfassende politische Freiheit war im Deutschland der zweiten Hälfte des 19. Jahrhunderts kein Raum. Vor allem aus nationalen Gründen arrangierte sich ein Großteil des Bürgertums mit dem monarchischen Staat. **36**

Nachdem etwa in der Mitte des Jahrhunderts die Beseitigung ständisch-feudaler Rechte zu einem gewissen Abschluss gekommen war, stand der Ausbau der *liberalen Wirtschafts- und Gesellschaftsordnung* im Vordergrund. Vor allem ging es um die Abwehr von Eingriffen der monarchischen Verwaltung in die bürgerliche Wirt-schafts- und Verkehrsgesellschaft. Gegen den Gesetzgeber war der Schutz der Grund-rechte zwar schon denkbar, aber so lange nicht dringend, als in der Gesetzgebung das Bürgertum selbst repräsentiert war. Eingriffe galt es dem Gesetzgeber vorzubehalten und damit der Verwaltung vorzuenthalten. Kein Eingriff in Freiheit und Eigentum oh-ne Gesetz – unter dieser grundrechtlichen Parole wurde der *Vorbehalt des Gesetzes* die rechtliche Errungenschaft des Bürgertums im Konflikt mit der Krone und deren Verwaltung. **37**

In der *spätkonstitutionellen Staatsrechtslehre* wurde entsprechend Freiheit als Negati-on des Staates, als staatsfreie Sphäre verstanden, freilich nicht im Sinne vorstaatlicher Freiheitsrechte, sondern eines vom Staat gewährleisteten Freiraums. Grundrechte wa-ren hier nicht Konstitutions-, sondern vielmehr Organisationsprinzip des Staates. **38**

IV. Die Grundrechte in der Weimarer Reichsverfassung

Nach der Niederlage des Deutschen Reichs im Ersten Weltkrieg und der Revolution von 1918 konstituierte die *Weimarer Reichsverfassung* von 1919 die erste deutsche Republik. Ihr zweiter Hauptteil war überschrieben „Grundrechte und Grundpflichten der Deutschen" und umfasste die Art. 109–165. Er knüpfte an die Grundrechte des deutschen Volkes von 1848 an und ging zugleich auf die neuen sozialen Probleme ein. Seine Grundrechte und Grundpflichten verkündeten das Programm einer *demo-kratischen, rechts- und sozialstaatlichen* Republik. **39**

Von den fünf Abschnitten (Die Einzelperson, Das Gemeinschaftsleben, Religion und Religionsgesellschaften, Bildung und Schule, Das Wirtschaftsleben) enthielten die **40** ersten beiden überwiegend die klassisch-liberalen, bürgerlichen *Freiheitsrechte*: Gleichheitssatz, Freizügigkeit, Auswanderungsfreiheit, Freiheit der Person, Unverletzlichkeit der Wohnung, Briefgeheimnis, Meinungs-, Versammlungs-, Vereinigungsfreiheit, Petitionsrecht. Im dritten Abschnitt trat neben die Glaubens- und Gewissensfreiheit eine Regelung des Verhältnisses von Staat und Kirche, die zwar einerseits klar mit Traditionen brach („Es besteht keine Staatskirche", Art. 137 Abs. 1), andererseits aber auch gewisse kompromisshafte Züge trug (Religionsgesellschaften als Körperschaften des öffentlichen Rechts, Kirchensteuerhoheit, Staatsleistungen an die Religionsgesellschaften). Im vierten und noch mehr im fünften Abschnitt trat nach vereinzelten entsprechenden Bestimmungen in den vorangegangenen Abschnitten eine neue *soziale und ökonomische Dimension* der Grundrechte zu Tage. Hier wurde der Staat als Gestalter in Pflicht genommen; er sollte die bürgerliche Gesellschaft in einer Weise fortentwickeln, die auch die Arbeiterschaft am gesellschaftlichen Fortschritt angemessen partizipieren und in den Genuss der Freiheit kommen lässt. Beispiele sind die Garantie der Sozialversicherung und Arbeitslosenunterstützung, die Bestimmungen über die Unentgeltlichkeit der Schulen, auch der weiterführenden Schulen, und die Regelung über die Bindung des Eigentums.

41   Insgesamt war dies ein bemerkenswerter *Versuch zeitgemäßer Fortschreibung* des Grundrechtskatalogs. Grundrechte sollten nicht nur der Verteidigung des status quo im Interesse des Bürgertums dienen, sondern zugleich die durch dessen ungehinderte Entfaltung zulasten der Arbeiterschaft entstandenen Ungleichheiten und Herrschaftsverhältnisse aufheben. Mit diesem doppelten Anliegen zeigt sich die Weimarer Reichsverfassung als Versuch eines „Klassenkompromisses"[4], den allerdings Grundrechtsrechtsprechung und -lehre nicht vertieft haben: Den Grundrechtsnormen, die individuelle Freiheitspositionen zum Inhalt hatten, wurde über das zunehmend anerkannte richterliche Prüfungsrecht eine verstärkte Geltungskraft zuteil,[5] während die wirtschaftlichen und sozialen Rechte überwiegend als bloße Programmsätze bagatellisiert wurden. Dies war zwar teilweise durch den Verfassungstext nahegelegt; da die liberalen Freiheitsrechte eine lange Tradition und eine ausgebaute Dogmatik besaßen, waren sie präziser gefasst und konnten leichter angewendet werden als die neuartigen Bestimmungen, die mangels solcher Voraussetzungen eher deklaratorisch wirkten. Darüber hinaus wurden aber weder von der Rechtsprechung noch von der Rechtslehre größere Anstrengungen unternommen, diese Verfassungsbestimmungen angemessen umzusetzen. Schließlich erwies sich die unterverfassungsrechtliche Rechtsmasse ganz überwiegend als veränderungsresistent.

42   Die Weimarer Reichsverfassung ist durch die nationalsozialistische Machtergreifung im Jahr 1933 faktisch außer Kraft gesetzt worden. Der staatliche und verfassungsrechtliche *Neubeginn nach 1945* in der Bundesrepublik war von diesen Erfahrungen beeinflusst. Während in Fragen des Staatsorganisationsrechts Weimar verschiedentlich ein negatives Vorbild lieferte, knüpften die unmittelbar nach Kriegsende entstandenen Landesverfassungen verbreitet an die Grundrechte der Weimarer Reichsverfassung an. Auch die Entwürfe eines Grundrechtekataloges des Herrenchiemseer Verfassungskonvents (1948) und des Parlamentarischen Rats (1949) schrieben die Wei-

---

4   *Anschütz*, Drei Leitgedanken der Weimarer Reichsverfassung, 1923, S. 26.
5   Vgl *Gusy*, Richterliches Prüfungsrecht, 1985.

marer Grundrechtsgewährleistungen fort, verzichteten aber auf die als nicht durchsetzbar geltenden sozialen Grundrechte. Der Herrenchiemseer Entwurf enthielt zudem – insoweit die negativen Weimarer Erfahrungen aufnehmend – einen Vorschlag zur prozessualen Durchsetzung der Grundrechte in Form einer Verfassungsbeschwerde, die allerdings erst 1951 zunächst einfach-rechtlich und 1969 in das Grundgesetz (Art. 93 Abs. 1 Nr. 4a, Rn 1382 ff) übernommen werden sollte.

V.   Grundrechtsentwicklungen nach 1949

Die geschichtliche Entwicklung erweist die Grundrechte als *dem Staat vorausliegen-*   **43**
de (Menschen-)Rechte mit Verfassungsrang. Mit ihnen wurden wesentliche Gedanken der Naturrechtstradition positiviert („positiviertes Naturrecht"[6]). Vorstaatlich ist an den Grundrechten die mit ihnen verbundene Rechtfertigungsstruktur (Rn 12 ff, 277 ff). Ihr Gebrauch muss gegenüber dem Staat *nicht gerechtfertigt* werden; hingegen muss der Staat seine Beschränkung der Grundrechte rechtfertigen.[7] Die deutsche Entwicklung hat dieses Prinzip seit den Landesverfassungen des frühen 19. Jh. (Rn 30) durchaus anerkannt; sie hat lediglich den Umfang, in dem die staatliche Gewalt dem Rechtfertigungserfordernis unterlag, nur zögernd ausgeweitet. Während in Nordamerika die Gesetzgebung schon früh an den Grundrechten gemessen wurde (Rn 25), hat Deutschland ihnen lange lediglich die Verwaltung unterworfen (Vorbehalt des Gesetzes; vgl Rn 37). Erst Art. 1 Abs. 2 und 3 macht die Grundrechte zur Grundlage und zum Maßstab für die Ausübung aller Staatsgewalt.[8] Ihr *Verfassungsrang* bekräftigt diese Maßstäblichkeit auch für das einfache Recht und Art. 79 stärkt sie in ihrem Bestand. In maßgeblicher Prägung durch die Rechtsprechung des BVerfG beeinflussen die Grundrechte Gesetzgebung und Rechtsprechung, Theorie und Praxis auf allen Gebieten des Rechts, anders als unter der Weimarer Reichsverfassung auch auf dem Gebiet des Privatrechts. Sie haben entscheidend zur Freiheitlichkeit von Staat und Gesellschaft der Bundesrepublik Deutschland beigetragen. Mit ihnen verbindet sich einerseits die Vorstellung von Beständigkeit, andererseits aber auch die Erwartung, soziale Veränderungen aufzugreifen. In der Geschichte der Grundrechte des Grundgesetzes ist dieses Spannungsverhältnis zwischen Stabilität und Flexibilität nur selten durch formelle Verfassungsänderungen, meist aber durch evolutive interpretatorische Weiterentwicklung der Grundrechte aufgelöst worden.[9]

1.   Formelle Verfassungsänderungen

Von den zahlreichen Verfassungsänderungen haben nur wenige die Grundrechte betroffen. Die Wiederbewaffnungsnovelle von 1956 und die sog Notstandsverfassung   **44**
von 1968 haben Beschränkungen der Grundrechte im Wehr- und Ersatzdienst (Art. 12a) und zur Ermöglichung bestimmter für notwendig erachteter verfassungsschützender und nachrichtendienstlicher Tätigkeiten (Art. 10 Abs. 2 S. 2) eingeführt.

---

6   *Dreier*, DR, Vorb Rn 69.
7   *Pieroth*, Hdb. GR II, § 25 Rn 68 f.
8   Vgl *Isensee*, Hdb. GR II, § 26 Rn 103.
9   *Volkmann*, JZ 2018, 265/266 f, 269.

Im Gegenzug ist aber die Koalitionsfreiheit auch im Notstandsfall abgesichert (Art. 9 Abs. 3 S. 3) und ein Widerstandsrecht (Art. 20 Abs. 4) geschaffen worden. 1993 ist durch die Einführung des Art. 16a an Stelle des schrankenlosen Art. 16 Abs. 2 S. 2 das Asylrecht für politisch Verfolgte beträchtlich eingeschränkt worden. 1998 ist das Wohnungsgrundrecht (Art. 13) geändert worden, um den sog großen Lauschangriff zur Strafverfolgung zu ermöglichen. 2000 ist das Auslieferungsverbot (Art. 16 Abs. 2 S. 1) unter einen qualifizierten Gesetzesvorbehalt gestellt worden, um die justizielle Zusammenarbeit in Europa und im Völkerstrafrecht zu fördern.

45 Die deutsche Vereinigung hat den Charakter des Grundrechtskataloges nicht wesentlich verändert. Die im Verfassungsentwurf des Runden Tisches von 1990 vorgeschlagene *Einführung sozialer Grundrechte* wurde im Einigungsvertrag (EVertr) nicht aufgegriffen, der Verfassungsänderungen „insbesondere" (Art. 5 EVertr) für den staatsorganisationsrechtlichen Teil des GG vorsah. Gleichwohl hat die aufgrund des Einigungsvertrages eingerichtete Gemeinsame Verfassungskommission außerparlamentarische Initiativen zur Fortschreibung der Gleichheitsrechte aufgegriffen: 1994 wurden ein Auftrag zur tatsächlichen Durchsetzung der Gleichberechtigung von Frauen und Männern (Art. 3 Abs. 2 S. 2) sowie ein Verbot der Benachteiligung von Menschen mit Behinderung (Art. 3 Abs. 3 S. 2) in das GG eingefügt.

2. Inkrementelle Fortbildung der Grundrechte

46 **a)** Weitaus mehr als die wenigen Änderungen des Grundgesetzes hat das BVerfG in Auseinandersetzung mit der Staatsrechtslehre[10] die Grundrechtsentwicklung durch fallweise und damit inkrementelle Rechtsfortbildung (Rn 8) geprägt. Das BVerfG bekennt sich zu einer am Wortlaut orientierten dynamischen Auslegung der Grundrechte, die sich bemüht, die Leitidee der einzelnen Garantien in den sich wandelnden gesellschaftlichen Verhältnissen zur Geltung zu bringen.[11] Es grenzt sich damit von originalistischen Interpretationsansätzen ab, die zur Auslegung maßgeblich auf den Willen des historischen Verfassungsgebers abstellen.[12] Dieser methodische Grundansatz – Berufung auf einen häufig nur wenig aussagekräftigen Wortlaut in Verbindung mit einer meist unergiebigen und teilweise zurückgestellten Entstehungsgeschichte – war die Grundlage für wegweisende **Grundsatzentscheidungen in der Gründungsphase**, die sich weder mit dem Wortlaut noch mit der Entstehungsgeschichte der Grundrechte begründen ließen. Schon in den 1950er Jahren hat das BVerfG die „freie Entfaltung der Persönlichkeit" (Art. 2 Abs. 1) zu einer allgemeinen Handlungsfreiheit ausgebaut, die dem Einzelnen über ein weites Verständnis der Schranke der verfassungsmäßigen Ordnung einen grundrechtlichen Anspruch auch auf Beachtung der staatsorganisationsrechtlichen Bestimmungen des GG einräumt.[13] Einen wesentlichen Beitrag zur Konstitutionalisierung der gesamten Rechtsordnung bedeutete das Verständnis der Grundrechte als Grundsatznormen auch für die Auslegung des einfachen Rechts, wodurch sie auch in Beziehungen zwi-

---

10 *Bumke*, AöR 2019, 1 ff; sowie die Beiträge in *Grimm* (Hrsg.), Vorbereiter – Nachbereiter, 2019.
11 E 1, 299 Ls. 2.
12 Dafür *Jestaedt*, Grundrechtsentfaltung im Gesetz, 1999, S. 332 ff; zu den unterschiedlichen Formen des Originalismus in der US-amerikanischen Diskussion *Solum*, 91 Notre Dame L. Rev. 1 (2015).
13 E 6, 32/38 ff; dazu Rn 503.

schen Privaten relevant wurden.[14] Das BVerfG hat ferner die Bindung an Art. 3 Abs. 1 sogar gegen den Wortlaut („Gleichheit *vor* dem Gesetz") auch auf den Gesetzgeber erstreckt[15] und Art. 12 Abs. 1 S. 2 einen auch die Berufswahl einschließenden Gesetzesvorbehalt entnommen, obwohl er sich nach seinem Wortlaut nur auf die „Berufs*ausübung*" bezieht.[16] Schließlich ergibt sich der Grundsatz der Verhältnismäßigkeit als wichtigster Maßstab für alle Grundrechteingriffe nicht aus dem Text des GG, sondern ist interpretatorische Schöpfung des BVerfG.[17]

b) Seit den 1980er Jahren und verstärkt seit den 2000er Jahren sieht sich die Interpretation der Grundrechte des GG mit der Herausforderung konfrontiert, **Veränderungen der sozialen Wirklichkeit** aufzugreifen. Auf der einen Seite können die Grundrechte ihre Funktion als „ruhender Pol" im politischen Prozess nur entfalten, wenn sie auf eine spezifisch dogmatische Weise ausgelegt werden[18] und ihre Interpretation nicht einfach der Volatilität eines Zeitgeistes folgt. Auf der anderen Seite muss ihre Auslegung reale Veränderungen verarbeiten, die 1949 noch nicht absehbar waren; sonst verkämen die Grundrechte zu „totem Recht", das mit der sozialen Wirklichkeit nicht mehr viel zu tun hat. Es sind im Wesentlichen drei Vorgänge, die die Grundrechtsinterpretation nach wie vor herausfordern: die Pluralisierung, die Digitalisierung und die Europäisierung.[19] Das BVerfG begegnet ihnen, indem es das GG nicht auf seine einzelnen Sätze beschränkt, sondern ihm über den Text hinausgreifende, rechtsdogmatisch stabilisierte Grundsätze und Leitideen entnimmt,[20] die es im Hinblick auf die Veränderungen der sozialen Wirklichkeit behutsam fortschreibt.

47

aa) Besonders deutlich wird diese Methode im Umgang mit der **Pluralisierung** der Gesellschaft.[21] Das BVerfG hält zwar an der traditionellen Auffassung fest, dass die Ehe iSv Art. 6 eine formalisierte Verbindung von Frau und Mann ist und stellt sich damit gegen die Beliebigkeit eines (vermeintlichen) Verfassungswandels. Es sieht aber zugleich, dass es auch nichteheliche menschliche Beziehungen gibt, die Funktionen erfüllen wie sie früher (und namentlich im Parlamentarischen Rat) ausschließlich der Ehe zugedacht wurden: Auch in nichtehelichen Lebensgemeinschaften gibt es ein gegenseitiges Einstehen in den Not- und Wechselfällen des Lebens und auch gleichgeschlechtliche Partner haben ein Bedürfnis nach Formalisierung ihrer Beziehung (Rn 828) und können Eltern von Kindern sein (Rn 626, 830). – Ebenso sieht das BVerfG zwar die Aufzählung der persönlichen Merkmale in Art. 3 Abs. 3 als abschließend an. Es legt aber die gemeinsame Leitidee der aufgezählten Merkmale frei, die teilweise historische Diskriminierungserfahrungen abbilden und für den Einzelnen nicht oder nur begrenzt beeinflussbar sind. Das ermöglicht es ihm, auch Benachteiligungen wegen anderer nicht verfügbarer Merkmale wie der sexuellen Orientierung, der Staatsangehörigkeit und des Alters einem strengeren Prüfungsmaßstab zu unterwerfen (Rn 610).

48

---

14 E 7, 198/204 ff; s. Rn 125 ff.
15 E 1, 14/52; dazu Rn 587.
16 E 7, 377/401; dazu Rn 1014.
17 E 7, 377/405 ff; s. Rn 1056.
18 *Pieroth*, FS Schlink, 2014, 3 ff. Zum spezifisch juristischen Charakter der Rechtsfortbildung auch in Fällen rechtlicher Unbestimmtheit *Poscher*, in: Giltrow/Stein, The Pragmatic Turn in Law, 2017, S. 307 ff.
19 *Kingreen*, Staat 2020, 195/199 ff.
20 Schon E 2, 380 Ls. 4, später etwa E 141, 1 Rn 78.
21 *Voßkuhle*, JuS 2019, 417/418 f.

49 **bb)** Das BVerfG hat zudem die 1949 noch nicht einmal ansatzweise absehbare **Digitalisierung** und die mit ihr einhergehenden neuen Kommunikationsformen und Gefährdungen frühzeitig aufgegriffen. Im Volkszählungsurteil hat es die Leitidee des Allgemeinen Persönlichkeitsrechts (Art. 2 Abs. 1 iVm Art. 1 Abs. 1), selbst über die Offenlegung persönlicher Lebenssachverhalte zu entscheiden, bereits 1983 von der analogen in die digitale Welt übertragen und Art. 2 Abs. 1 iVm Art. 1 Abs. 1 in einem Recht auf informationelle Selbstbestimmung weiter konkretisiert (Rn 517). Im Zuge des weiteren Fortschreitens der digitalen Entwicklung hat es später noch ein Grundrecht auf Gewährleistung der Vertraulichkeit und Integrität informationstechnischer Systeme hinzugefügt, das die systemische Bedeutung der neuen Informationstechnologien für den Persönlichkeitsschutz profiliert (Rn 518). – Selbstverständlich schützt zudem Art. 5 Abs. 1 auch die Kommunikation im Internet (Rn 730), ohne dass das BVerfG bislang so weit gegangen wäre, die historisch-technologisch begründete Unterscheidung zwischen Presse- und Rundfunkfreiheit in einem übergeordneten Mediengrundrecht zusammenzuführen (Rn 749). Hingegen hat es die überkommenen Begrifflichkeiten bei Art. 10 Abs. 1 („Brief-, Post- und Fernmeldegeheimnis") mittlerweile in einem Telekommunikationsgeheimnis (Rn 966) aufgelöst, wiederum vor dem Hintergrund der übergeordneten Leitidee des Grundrechts, der besonderen Gefahrgeneigtheit des Vorgangs der Kommunikation Rechnung zu tragen.

50 **cc)** Schließlich hat das BVerfG die zunehmende Überformung der Grundrechte des GG durch die **Europäisierung** und Internationalisierung des Grundrechtsschutzes nachvollzogen. Während internationale Menschenrechtspakte, insbesondere die EMRK und die dazu ergangene Rechtsprechung des EGMR, zwar zunehmend, aber lediglich punktuell die Auslegung der Grundrechte des GG beeinflussen (Rn 51 f, 57 ff), haben die europäischen Unionsgrundrechte wegen des Vorrangs des Unionsrechts strukturelle Auswirkungen auf den Grundrechtsschutz des GG. Obwohl die Grundrechte nach Art. 1 Abs. 3 alle (deutsche) staatliche Gewalt binden und diese Bindung durch eine Verfassungsbeschwerde uneingeschränkter gerichtlicher Überprüfung unterliegt, hat das BVerfG schon vor Einfügung von Art. 23 Abs. 1 S. 1 in das GG akzeptiert, dass deutsche Hoheitsakte, die auf europäischem Unionsrecht beruhen, grundsätzlich nicht am Maßstab der Grundrechte des GG und nicht durch das BVerfG überprüft werden, solange auf der Ebene des Unionsrechts ein gleichwertiger Grundrechtsschutz gewährleistet ist (Rn 271 ff, 1391). Dies ist wiederum vor dem Hintergrund einer über die einzelnen Sätze des GG hinausgehenden Leitidee zu sehen: Weil die Grundrechte die in Deutschland unmittelbar wirkende Hoheitsgewalt bändigen sollen, muss es auch Grundrechtsschutz gegen europäische Hoheitsgewalt geben, die wegen des Vorrangs des europäischen Unionsrechts unmittelbar in Deutschland wirkt (Rn 79 ff).

VI. Überstaatliche Grundrechtsnormierungen

51 Der Impuls für die Schaffung von überstaatlichen Grundrechten ging von den Vereinten Nationen aus. Die Generalversammlung der Vereinten Nationen hatte „die Nichtanerkennung und Verachtung der Menschenrechte" als eine der Ursachen für den nationalsozialistischen Terror nach innen wie außen erkannt und deshalb am 10.12.1948 die Allgemeine Erklärung der Menschenrechte der Vereinten Nationen verkündet; hinzu kamen 1966 die beiden Menschenrechts-Pakte (Pakt über bürgerliche und politische Rechte, Pakt über wirtschaftliche, soziale und kulturelle Rechte). Für den Grundrechtsschutz in Europa sollte sich aber vor allem die vom *Europarat* erarbeitete, 1953 in Kraft getretene Europäische Konvention zum Schutz der Menschenrechte und Grundfreiheiten (EMRK) als wirkmächtig erweisen (Rn 71). Sie enthält einen Katalog an (Grund-)Rechten und Freiheiten und zugleich mit dem Europäischen Gerichtshof für Menschenrechte (EGMR) mit Sitz in Straßburg ein Organ zur völkerrechtlichen Durchsetzung dieser für alle Vertragsstaaten verbindlichen Grundrechte.

Die 1957 als Europäische Wirtschaftsgemeinschaft gegründete und zunächst in erster **52** Linie die wirtschaftliche Zusammenarbeit bezweckende *Europäische Union* enthielt in ihren vertraglichen Grundlagen, dem Primärrecht, zunächst keinen geschriebenen Grundrechtskatalog. Ihrem Recht, einschließlich der von ihren Organen erlassenen Verordnungen und Richtlinien, dem Sekundärrecht, wuchs jedoch Verbindlichkeit gegenüber den Bürgern der Mitgliedstaaten und damit eine der staatlichen vergleichbare Hoheitsgewalt zu. Daraus entstand das Bedürfnis nach vergleichbarer Begrenzung und Rechtfertigung dieser Unionsgewalt. Der Europäische Gerichtshof (EuGH) mit Sitz in Luxemburg entwickelte überstaatliche Unionsgrundrechte (Rn 79 ff) im Wege der Rechtsfortbildung aus den gemeinsamen Verfassungsüberlieferungen der Mitgliedstaaten sowie aus den völkerrechtlichen Verträgen über den Schutz der Menschenrechte, insbesondere aus der EMRK. Der so gewährleistete überstaatliche Grundrechtsschutz hat im Laufe der Zeit ein Maß erreicht, das dem Grundrechtsstandard des Grundgesetzes im Wesentlichen gleich zu achten ist (vgl Rn 271 ff), erst recht nachdem die EU seit 1992 mit dem Vertrag von Maastricht durch Art. 6 EUV (a.F.) zur Achtung der EMRK und der gemeinsamen Verfassungsüberlieferungen der Mitgliedstaaten verpflichtet war. Seit dem Inkrafttreten des Vertrags von Lissabon am 1.12.2009 gehört die *Charta der Grundrechte der Europäischen Union* (GRCh) zum primären Unionsrecht. Diese enthält nicht nur einen eigenständigen Grundrechtskatalog; gem. Art. 52 Abs. 3 S. 1 GRCh wird außerdem die EMRK zu einem Mindeststandard erklärt, hinter dem die Unionsorgane bei der Anwendung der GRCh nicht zurückbleiben dürfen.

Literatur: *G. Birtsch* (Hrsg.), Grund- und Freiheitsrechte im Wandel von Gesellschaft und **53** Geschichte, 1981; *ders.* (Hrsg.), Grund- und Freiheitsrechte von der ständischen zur spätbürgerlichen Gesellschaft, 1987; *C. Bumke*, Die Entwicklung der Grundrechtsdogmatik in der deutschen Staatsrechtslehre unter dem Grundgesetz, AöR 2019, 1; *D. Grimm* (Hrsg.), Vorreiter – Nachbereiter, 2019; *C. Gusy*, Die Grundrechte in der Weimarer Republik, Zeitschrift für neuere Rechtsgeschichte 1993, 163; *J. Hilker*, Grundrechte im deutschen Frühkonstitutionalismus, 2005; *H. Hofmann*, Zur Herkunft der Menschenrechtserklärungen, JuS 1988, 841; *ders.*, Die Grundrechte 1789–1949–1989, NJW 1989, 3177; *F. Hufen*, Entstehung und Entwicklung der Grundrechte, NJW 1999, 1504; *T. Kingreen*, Das gute alte Grundgesetz und wir Nachkonstitutionellen, Staat 2020, 195; *J.-D. Kühne*, Die französische Menschen- und Bürgerrechtserklärung im Rechtsvergleich mit den Vereinigten Staaten und Deutschland, JöR 1990, 1; *ders.*, Zum Ringen um unmittelbare Grundrechtsgeltung in der Weimarer Nationalversammlung, FS Wendt, 2015, S. 237; *G. Oestreich*, Geschichte der Menschenrechte und Grundfreiheiten im Umriss, 2. Aufl. 1978; *B. Pieroth*, Die Grundrechte des Grundgesetzes in der Verfassungstradition, Hdb. GR II, § 25; *K. Stern*, Idee der Menschenrechte und Positivität der Grundrechte, Hdb. StR³ IX, § 184; *R. Suppé*, Die Grund- und Menschenrechte in der deutschen

Staatslehre des 19. Jahrhunderts, 2004; *U. Volkmann*, Verfassungsänderung und Verfassungswandel, JZ 2018, 265; *A. Voßkuhle*, Der Wandel der Verfassung und seine Grenzen, JuS 2019, 417; *R. Wahl*, Der Vorrang der Verfassung, Staat 1981, 485; *C. Walter*, Geschichte und Entwicklung der Europäischen Grundrechte und Grundfreiheiten, in: D. Ehlers (Hrsg.), Europäische Grundrechte und Grundfreiheiten, 4. Aufl. 2014, § 1; *C. E. Wolgast*, Geschichte der Menschen- und Bürgerrechte, 2009; *M. Wrase*, Zwischen Norm und sozialer Wirklichkeit, 2016.

§ 3 Mehrebenensystem des Grundrechtsschutzes

54 **Fall 1: Der Streit um das Sorgerecht (nach E 111, 307)**

G ist Vater eines nicht-ehelich geborenen Kindes. Ohne den G von der Geburt des Kindes zu informieren, gab die Mutter das Kind zur Adoption frei und überließ es Pflegeeltern. Als G hiervon erfuhr, beantragte er die Übertragung der elterlichen Sorge an sich. Das AG entsprach dem Antrag, seine Entscheidung wurde aber vom OLG aufgehoben. Hiergegen legte G Individualbeschwerde nach Art. 34 EMRK beim EGMR ein. Der EGMR stellte in seinem Urteil eine Verletzung von Art. 8 EMRK durch die Sorgerechtsentscheidung des OLG fest. Die Vertragsstaaten treffe aus Art. 8 EMRK die Pflicht, auf die Zusammenführung eines leiblichen Elternteils mit seinem Kind hinzuwirken, und dem G sei mindestens der Umgang mit seinem Kind zu ermöglichen. Daraufhin übertrug das AG dem G die alleinige elterliche Sorge und erließ eine einstweilige Anordnung, die dem G bis zum rechtskräftigen Abschluss des Sorgerechtsverfahrens den Umgang mit seinem Sohn erlaubte. Diese Umgangsregelung wurde vom OLG aufgehoben, wogegen G Verfassungsbeschwerde vor dem BVerfG erhob. Mit Erfolg? **Rn 94**

55 **Fall 2: Das Kopftuch am Arbeitsplatz (nach EuGH, EU:C:2017:203 – Achbita = JK 7/2017)**

G ist ein in Belgien ansässiges Unternehmen, das für Kunden aus dem öffentlichen und privaten Sektor ua Rezeptions- und Empfangsdienste erbringt. 2003 trat Frau Achbita (A), die muslimischen Glaubens ist, mit einem unbefristeten Arbeitsvertrag als Rezeptionistin in den Dienst von G. Bei G galt zu dieser Zeit eine ungeschriebene Regel, wonach Arbeitnehmer am Arbeitsplatz keine sichtbaren Zeichen ihrer politischen, philosophischen oder religiösen Überzeugungen tragen durften.

Im April 2006 kündigte A ihren Vorgesetzten an, dass sie beabsichtige, künftig aus Glaubensgründen während der Arbeitszeiten ein Kopftuch zu tragen. Die Geschäftsleitung antwortete A, dass das Tragen eines Kopftuchs nicht geduldet werde, da das sichtbare Tragen politischer, philosophischer oder religiöser Zeichen der von G angestrebten Neutralität widerspreche. Da A an ihrer Absicht, am Arbeitsplatz ein Kopftuch zu tragen, festhielt, wurde sie entlassen. Sie sieht in der Kündigung einen Verstoß gegen Art. 2 II RL 2000/78/EG. Zu Recht? **Rn 95**

56 **Fall 3: Das Landesgrundrecht auf Streik (nach StGH Hessen, NZA 2017, 727 = JK 2/2018)**

C ist eine Gewerkschaft, in der Cockpitbesatzungspersonal der zivilen Luftfahrt organisiert ist. Sie verhandelte mit dem zuständigen Arbeitgeberverband erfolglos über den Abschluss neuer Tarifverträge, die ua Regelungen der Übergangsversorgung des Cockpitpersonals enthalten sollten. Nachdem die Mehrheit ihrer Mitglieder in einer Urabstimmung dafür gestimmt hatte, die Forderungen mit Arbeitskampfmaßnahmen durchzusetzen, fanden mehrere Streiks statt.

Kurze Zeit später stellte die Lufthansa (L) der Öffentlichkeit ein Konzept zum Konzernumbau vor. Danach sollte eine bereits existierende ausländische Tochtergesellschaft von L Interkontinentalflüge auf niedrigem Kostenniveau anbieten. C kritisierte dieses Konzept, da es mit dem Abbau von Arbeitsplätzen, deren regionaler Verlagerung zu schlechteren Bedingungen und der Schaffung konzerninterner Konkurrenz mit dem Zweck ihrer Schwächung als Tarifpartei verbunden sei. C führte in der Folge weitere Streiks durch. Das LAG Hessen (NZA 2015, 1337) erklärte diese für rechtswidrig, weil es C neben ihrem offen verlautbarten Ziel des Abschlusses eines neuen Tarifvertrags zur Übergangsversorgung auch darum gegangen sei, Druck auf L aufzubauen, um diese von ihren Plänen zum Konzernumbau abzubringen. Dies sei unzulässig, da der Arbeitskampf um ein tariflich regelbares Ziel geführt werden müsse. L habe daher einen Unterlassungsanspruch nach den §§ 823, 1004 BGB.

C erhebt gegen die Entscheidung des LAG Hessen Grundrechtsklage zum Hessischen Staatsgerichtshof; zugleich legt sie Verfassungsbeschwerde zum BVerfG ein. Hat die Grundrechtsklage (Art. 131 Abs. 1 HessVerf) Aussicht auf Erfolg? **Rn 96**

Die vorliegende Darstellung behandelt die Grundrechte des Grundgesetzes. Die inter- und supranationalen Menschenrechte sowie die Grundrechte in den Landesverfassungen werden zwar nicht eigens dargestellt. Sie bilden aber mit den Grundrechten des Grundgesetzes ein Mehrebenensystem, dessen verschiedene Regelungsschichten sich zunehmend verzahnen und beeinflussen. Die Grundrechtsgarantien der einzelnen Ebenen dieses Systems teilen einen gemeinsamen Kernbestand an Gewährleistungen, können aber in der Ausgestaltung einzelner Aspekte des Grundrechtsschutzes zum Teil erheblich voneinander abweichen und verfügen jeweils über andere institutionelle Mechanismen zu ihrer Durchsetzung. Zudem können die inter- und supranationalen Menschenrechte auf unterschiedliche Weise auf das nationale Recht einwirken und für die Auslegung und Anwendung der Grundrechte des Grundgesetzes von Bedeutung sein. **57**

I. Internationaler Menschenrechtsschutz

Der internationale Menschenrechtsschutz beruht auf Völkergewohnheitsrecht sowie auf universellen und regionalen Menschenrechtsabkommen. **58**

1. Universelles Völkergewohnheitsrecht

Die grundlegendsten Menschenrechtsgarantien finden sich im allgemeinen Völkergewohnheitsrecht, das die Staaten der Völkerrechtsgemeinschaft unabhängig von ihren völkervertraglichen Verpflichtungen bindet. Zu den völkergewohnheitsrechtlich anerkannten Menschenrechten gehören besonders grundlegende Garantien wie das Verbot der Sklaverei oder der Rassendiskriminierung.[1] Manche Autoren sehen aber auch bereits Kerngehalte sozialer Menschenrechte als völkergewohnheitsrechtlich anerkannt.[2] Zur Durchsetzung der gewohnheitsrechtlich anerkannten Menschenrechte **59**

---

1 IGH, Urteil vom 5.2.1970, Barcelona Traction, ICJ Rep. 1970, 3, § 34.
2 Für das Recht auf Bildung etwa *de la Vega*, Harv. BlackLetter Law J., 1994, 37/44 ff.

sieht das Völkerrecht keine besonderen Mechanismen vor. Lediglich soweit sich Staaten dem IGH unterworfen haben, ist es denkbar, dass ein Staat einen anderen vor dem IGH verklagt, da die universell völkergewohnheitsrechtlich anerkannten Menschenrechte als Erga-omnes-Rechte in dem Sinn verstanden werden, dass ihre Verletzung von jedem Staat vor dem IGH geltend gemacht werden kann.[3] Nach Art. 25 sind die Menschenrechte, die im allgemeinen Völkergewohnheitsrecht anerkannt sind, als „allgemeine Grundsätze des Völkerrechts" unmittelbar Bestandteil des Bundesrechts und gehen einfachen Bundesgesetzen vor. Da die allgemeinen völkergewohnheitsrechtlich anerkannten Menschenrechte lediglich einen Mindeststandard schützen, kommt ihnen in Bezug auf die im Grundgesetz geregelten Grundrechte, die einen weitergehenden Schutz gewährleisten, keine Bedeutung zu. Selbst soweit sie bereits soziale Rechte beinhalten sollten, hätten sie allenfalls in extremen Ausnahmefällen Relevanz, da sie nur basalen Grundbedürfnissen gelten, über deren Schutz das einfache Recht in Deutschland regelmäßig hinausgeht.

2. Universelle Menschenrechtsverträge

60 Im universellen Völkervertragsrecht finden sich eine ganze Reihe von Konventionen, die dem Schutz der Menschenrechte gelten. Inhaltliche Grundlage vieler Menschenrechtsverträge ist die Allgemeine Erklärung der Menschenrechte von 1948 (AEMR). Bei der AEMR handelt es sich um eine Resolution der Generalversammlung der Vereinten Nationen. Nach ganz überwiegender Ansicht kommt ihr daher keine Rechtsverbindlichkeit zu, da die Generalversammlung nach Art. 10, 13 Abs. 1b der UN-Charta lediglich über eine Empfehlungskompetenz verfügt.[4] An die AEMR knüpfen besonders die Pakte über bürgerliche und politische Rechte (IPbpR) und über wirtschaftliche, soziale und kulturelle Rechte (IPwskR) an, die 1966 von der Generalversammlung ratifiziert wurden und 1976 in Kraft traten. Neben diesen allgemeinen universellen Menschenrechtsverträgen steht eine ganze Reihe besonderer Konventionen, die einzelnen Aspekten des Menschenrechtsschutzes gelten. Älter ist etwa das internationale Übereinkommen zur Beseitigung jeder Form der Rassendiskriminierung, später hinzu kamen etwa die Kinderrechts-, Frauenrechts- und Antifolterkonvention. Die jüngste Ergänzung des beachtlichen Korpus universeller Menschenrechtsverträge bildet die Behindertenrechtskonvention (BRK), die 2006 verabschiedet wurde und 2008 in Kraft trat.

61 Anders als das universelle Völkergewohnheitsrecht, das lediglich menschenrechtliche Mindeststandards garantiert, enthalten besonders der IPbpR und der IPwskR umfassende Menschrechtskataloge nicht nur klassischer liberaler Freiheits- und Gleichheitsrechte, sondern auch – zum Teil ambitionierter – sozialer und kultureller Menschenrechte. Im Hinblick auf die Grundrechte des Grundgesetzes ist zum einen von Bedeutung, dass universelle völkervertragliche Garantien zum Teil andere Schutzkonzeptionen verfolgen. Zum anderen gehen sie hinsichtlich der wirtschaftlichen, sozialen und kulturellen Rechte zum Teil über die Grundrechte des Grundgesetzes hinaus.

---

3 IGH, Urteil vom 5.2.1970, Barcelona Traction, ICJ Rep. 1970, 3, § 33 f.
4 *Kau*, in: Graf Vitzthum/Proelß, Völkerrecht, 8. Aufl. 2019, III Rn 235.

Beispiele: Die Rassendiskriminierungskonvention verlangt das staatliche Vorgehen gegen die **62**
bloße Äußerung rassistischer Meinungen, was mit dem Gebot der Meinungsneutralität staatlicher Eingriffe aus Art. 5 Abs. 2 (Rn 769) nur schwer vereinbar ist. – Der Menschenrechtsausschuss der Vereinten Nationen hat aus Art. 17 IPbpR hohe Anforderungen für geheimdienstliche Massendatenspeicherungen abgeleitet (Rn 521). Der IPwskR garantiert etwa in Art. 6 IPwskR ein Recht auf Arbeit, in Art. 11 ein Recht auf einen angemessenen Lebensstandard und in Art. 24 ein Recht auf Bildung.

Allerdings ist besonders hinsichtlich der sozialen und kulturellen Menschenrechte **63**
zwischen unterschiedlichen Dimensionen und Arten der Verpflichtung zu differenzieren. Menschenrechtlichen Garantien werden zum einen unterschiedliche Verpflichtungsdimensionen zugewiesen. Eingebürgert hat sich die Unterscheidung zwischen Respektierungs-, Schutz- und Erfüllungspflichten (duties to respect, to protect, to fulfill). In der deutschen Grundrechtsdogmatik entsprechen ihnen Abwehr-, Schutz- und Leistungsdimension der Freiheitsrechte (Rn 130 ff). Während die Respektierungspflichten verlangen, dass die Vertragsstaaten die Menschenrechte nicht selbst verletzen, verlangen Schutzpflichten, dass sie sie vor Verletzungen durch Dritte schützen und Erfüllungspflichten, dass die Staaten regulative, institutionelle und materielle Ressourcen zur Verfügung stellen, um die Verwirklichung eines Menschenrechts zu fördern.[5] Hinsichtlich der Erfüllungspflichten muss noch weiter zwischen unmittelbar und lediglich progressiv zu verwirklichenden Menschenrechtsstandards differenziert werden. Besonders soziale und kulturelle Menschenrechte enthalten häufig Erfüllungspflichten, deren Zielvorgaben nur progressiv zu verwirklichen sind.

Beispiel: So verpflichtet Art. 2 Abs. 2 IPwskR den jeweiligen Vertragsstaat „unter Ausschöp- **64**
fung aller seiner Möglichkeiten Maßnahmen zu treffen, um *nach und nach* mit allen geeigneten Mitteln, vor allem durch gesetzgeberische Maßnahmen, die volle Verwirklichung der in diesem Pakt anerkannten Rechte zu erreichen". Wenn Art. 13 Abs. 2 lit. c IPwskR etwa dazu verpflichtet, auch den kostenlosen Zugang zu Hochschulen zu gewährleisten, sind die Vertragsstaaten nicht dazu verpflichtet, Studiengebühren unmittelbar abzuschaffen; sie müssen lediglich Schritte unternehmen, die auf eine kostenfreie Hochschulausbildung zielen. Die Vertragsstaaten haben dabei einen Spielraum, welche Schritte sie unternehmen und wie sie sie in ein Verhältnis zu anderen Zielen der Konvention wie etwa einem hohen Bildungsstandard setzen. Selbst die Wiedereinführung von Studiengebühren muss daher nicht gegen Art. 13 Abs. 2 lit. c IPwskR verstoßen.[6]

Auf internationaler Ebene werden viele Menschrechtskonventionen zum einen durch **65**
Gremien wie dem Menschenrechtsrat der Vereinten Nationen überwacht und fortentwickelt, in denen die Vertragsstaaten repräsentiert sind. Zum anderen werden sie durch mit Experten besetzte Menschrechtsausschüsse und ein Berichtswesen abgesichert. Nach dem IPbpR und dem IPwskR müssen die Vertragsstaaten dem Menschrechtsausschuss der Vereinten Nationen regelmäßig über die Menschenrechtsentwicklung in ihrem Land Bericht erstatten. Der Ausschuss kann aufgrund der Berichte und weiterer ihm – häufig durch sogenannte Schattenberichte von Nicht-Regierungsorganisationen – zukommende Informationen Empfehlungen aussprechen. Zusatzprotokolle zu einigen Menschrechtsverträgen sehen darüber hinaus vor, dass sich Individuen mit Beschwerden an die Vertragsausschüsse wenden können und erlauben

---

5   Zu deren Bedeutung für den Gesetzgeber etwa E 132, 134 Rn 68.
6   BVerwGE 134, 1/19 ff; dazu auch E 134, 1 Rn 43 ff.

den Ausschüssen zum Teil sogar vorläufige Maßnahmen zu empfehlen, um drohende Menschenrechtsverletzungen abzuwenden (etwa Art. 5 ZP IPwskR). Ferner erweitern die Zusatzprotokolle die Befugnisse der Ausschüsse teilweise dahin, dass sie bei zuverlässigen Angaben über systematische oder schwerwiegende Menschenrechtsverletzungen ein Untersuchungsverfahren – mit Zustimmung des Vertragsstaates sogar auf dessen Hoheitsgebiet – durchführen können (etwa Art. 11 ZP IPwskR). Die Vertragsstaaten müssen die Empfehlungen der Ausschüsse berücksichtigen, darüber hinaus sind sie aber für den Vertragsstaat nicht völkerrechtlich verbindlich.[7] Allerdings können Feststellung und Empfehlung, die Menschenrechtsverletzungen eines Vertragsstaats zum Gegenstand haben, erhebliche politische Wirkung haben (blaming and shaming).

66   In der deutschen Rechtsordnung entfalten die allgemeinen völkervertraglichen Menschenrechtsverträge anders als die allgemeinen Grundsätze des Völkerrechts keine unmittelbare Wirkung, sondern werden im Rahmen ihrer Ratifikation durch das Zustimmungsgesetz nach Art. 59 Abs. 2 im Rang einfachen Bundesrechts in die innerstaatliche Rechtsordnung überführt, soweit der Bundesgesetzgeber über die Gesetzgebungskompetenz verfügt. Soweit menschenrechtliche Verpflichtungen die Gesetzgebungskompetenz der Länder betreffen – wie etwa die Schulbildung – obliegt die Überführung den Ländern. Die in das innerstaatliche Recht überführten menschenrechtlichen Verpflichtungen können jedoch gegenüber der Verwaltung und vor Gerichten nur insoweit geltend gemacht werden, wie sie „unmittelbar anwendbar" sind. Die unmittelbare Anwendbarkeit einer völkerrechtlichen Garantie setzt voraus, dass „sie nach Wortlaut, Zweck und Inhalt geeignet und hinreichend bestimmt ist, wie eine innerstaatliche Vorschrift rechtliche Wirkung zu entfalten, also dafür keiner weiteren normativen Ausfüllung bedarf"[8]. Das Kriterium der unmittelbaren Anwendbarkeit dient der Aufrechterhaltung der Gewaltenteilung bei der Umsetzung des Völkervertragsrechts. Wären die rechtsanwendenden Gewalten dazu verpflichtet, noch nicht hinreichend bestimmte völkerrechtliche Verpflichtungen anzuwenden, entschieden sie über die politisch offene Umsetzung völkerrechtlicher Zielvorgaben, die in die Zuständigkeit des Gesetzgebers fällt. Dies gilt besonders für die auf schrittweise Umsetzung durch den Gesetzgeber angelegten sozialen und kulturellen Erfüllungspflichten. Erst ihre gesetzliche Konkretisierung kann gegenüber der Verwaltung und vor den Gerichten geltend gemacht werden.

67   **Beispiel:** Art. 24 Abs. 2 BRK verpflichtet dazu, ein inklusives Schulsystem einzurichten. Aus Art. 24 Abs. 2 BRK ergibt sich aber kein einklagbarer Anspruch von Schülern mit Behinderungen, nicht in einer Sonderschule unterrichtet zu werden. Einklagbar sind erst die Rechte auf inklusiven Schulunterricht, die die Landesgesetzgeber in Erfüllung der völkerrechtlichen Verpflichtung aus Art. 24 Abs. 2 BRK einräumen.[9]

68   Auch soweit menschenrechtliche Verpflichtungen des universellen Völkervertragsrechts nicht unmittelbar anwendbar sind, sind sie – jenseits ihrer völkerrechtlichen Verbindlichkeit – für die Anwendung des innerstaatlichen Rechts aber nicht ohne Bedeutung. Vielmehr versteht sich das Grundgesetz als völkerrechtsfreundliche Rechts-

---

7   Vgl *Keller/Ulfstein*, in: dies, UN Human Rights Treaty Bodies, 2012, 1/4; *Ulfstein*, ebd 73/94 ff, 115.
8   BVerwGE 87, 11/13; vgl auch E 29, 348/360.
9   BVerwG, B. v. 18.1.2010 – 6 B 52. 09, Rn 8.

ordnung, die grundsätzlich eine völkerrechtskonforme Auslegung und Anwendung ihrer Normen verlangt.[10] Die Rechtsanwendungsorgane sollen zwar keine politischen Gestaltungsentscheidungen zur Umsetzung nur schrittweise zu erfüllender völkerrechtlicher Verpflichtungen treffen. Soweit der Gesetzgeber aber bereits Gestaltungsentscheidungen getroffen hat, sollen sie die Rechtsanwendungsorgane aber – soweit methodisch vertretbar – im Einklang mit den völkerrechtlichen Verpflichtungen Deutschlands auslegen. Dies gilt auch für die Grundrechte des Grundgesetzes. So hat das BVerfG mit Bezug auf das Übereinkommen über die Rechte von Menschen mit Behinderungen angenommen, dass die „UN-Behindertenrechtskonvention ... als Auslegungshilfe für die Bestimmung von Inhalt und Reichweite der Grundrechte herangezogen werden kann"[11].

Für die Auslegung der Grundrechte können auch internationale Standards mit Menschenrechtsbezug, die keinen völkervertraglichen Verpflichtungscharakter haben (soft law), herangezogen werden. Das BVerfG hält nationale Gerichte für verpflichtet, sich mit diesen Standards auseinanderzusetzen und hat diesen im Einzelfall sogar Indizwirkung für einen Verstoß gegen die Grundrechte des Grundgesetzes beigemessen;[12] eine Pflicht, diese zu übernehmen, sieht es aber nicht.   **69**

Beispiel: Das BVerfG folgt aus Art. 2 Abs. 2 S. 1, dass der Gesetzgeber in Ausnahmefällen eine ärztliche Zwangsbehandlung vorsehen muss (Rn 560). Der nach Art. 34 BRK zuständige Ausschuss für die Rechte von Menschen mit Behinderungen lehnt aber jegliche medizinische Zwangsbehandlung ab und hat die deutsche Praxis in seinen Empfehlungen kritisiert. Anders als die BRK selbst (Rn 67) sind die die BRK interpretierenden Empfehlungen des Ausschusses nicht rechtsverbindlich. Aufgrund der Völkerrechtsfreundlichkeit des Grundgesetzes verlangt das BVerfG zwar, dass sich deutsche Behörden und Gerichte mit den Erwägungen des Ausschusses in „gutem Glauben argumentativ auseinandersetzen" (E 142, 313 Rn 90 = JK 3/2017). Es sieht sie aber bei der Auslegung von Art. 2 Abs. 2 S. 1 nicht an diese gebunden (krit *Uerpmann-Wittzack*, FamRZ 2016, 1746/1746 f). Vgl auch Rn 632 zum Wahlrechtsausschluss von Menschen unter Betreuung und wegen Schuldunfähigkeit untergebrachten Straftätern.   **70**

3. Regionale Menschenrechtsgarantien: Die EMRK

Neben den universellen Menschenrechtsverträgen stehen regionale Menschenrechtskonventionen für Afrika, Amerika, den arabischen Raum und Europa. Sie weisen regelmäßig inhaltliche Besonderheiten und besondere institutionelle Vorkehrungen auf, die auf der Ebene des Völkerrechts die Durchsetzung der Menschenrechte gewährleisten sollen. Der auch für die Auslegung der Grundrechte des Grundgesetzes bedeutendste europäische Menschenrechtsvertrag ist die EMRK. Zu ihrer Durchsetzung ist nach dem 11. Zusatzprotokoll zur EMRK der Europäische Gerichtshof für Menschenrechte berufen, der von jedem Bürger der Vertragsstaaten in einem individuellen Beschwerdeverfahren angerufen werden kann. Seine Urteile haben nicht nur empfehlenden Charakter, sondern sind für die Vertragsstaaten gem. Art. 46 Abs. 1 EMRK völkerrechtlich verbindlich. Dabei ist der EGMR nicht nur auf eine Feststellung einer Menschenrechtsverletzung beschränkt, sondern kann die Vertragsstaaten nach Art. 41   **71**

---

10 E 58, 1/34; 59, 63/89.
11 E 128, 282/306.
12 E 116, 69/90; BVerfG, NJW 2015, 2100 Rn 34.

EMRK auch zu Entschädigungszahlungen verpflichten. Damit gehen die völkerrechtlichen Mechanismen zur Durchsetzung der EMRK weit über das Berichts- und Empfehlungssystem der universellen Menschenrechtsverträge hinaus.

71a Durch das Zustimmungsgesetz vom 7.8.1952 steht die EMRK als innerstaatliches Recht im *Rang eines einfachen Bundesgesetzes*.[13] Als einfaches Bundesgesetz bindet die EMRK nach Art. 20 Abs. 3 die vollziehende Gewalt und die Rechtsprechung, anders als die Grundrechte des Grundgesetzes (vgl Rn 253 ff) aber nicht auch die Gesetzgebung. Der bloß einfach-rechtliche Rang der EMRK ist zum *Problem* geworden: Zum einen konnte sich die EMRK nicht gegen spezielleres und gegen späteres Bundesrecht durchsetzen. Das ist aber mit ihrer menschenrechtlichen Herkunft und dem daraus abgeleiteten Vorranganspruch, der übrigens in vielen europäischen Rechtsordnungen anerkannt ist, schwer vereinbar. Zum anderen findet die EMRK und finden die Entscheidungen des EGMR in der Rechtsprechung der deutschen Gerichte oft keine oder nur zögerliche Berücksichtigung. Daher stellt sich die Frage, wie die Bundesrepublik ihrer völkerrechtlichen Verpflichtung nachkommen und einen im einzelnen Fall über die deutschen Grundrechte hinausgehenden Schutz eines EMRK-Grundrechts im innerstaatlichen Recht verwirklichen und absichern kann.

71b Den allgemeinen Grundsätzen zur Völkerrechtsfreundlichkeit des Grundgesetzes folgend (Rn 63) betont das BVerfG gestützt auf den in Art. 1 Abs. 2 besonders verbürgten Schutz eines Kernbestands an internationalen Menschenrechten iVm Art. 59 Abs. 2 S. 1 die verfassungsrechtliche Pflicht, bei der Anwendung der deutschen Grundrechte die EMRK als Auslegungshilfe für die Bestimmung von Inhalt und Reichweite der Grundrechte heranzuziehen und darüber hinaus das einfache Recht EMRK-konform auszulegen.[14] Damit zieht das BVerfG die EMRK als *Kontrollmaßstab* unmittelbar gegenüber Judikative und Exekutive und mittelbar auch gegenüber der Gesetzgebung heran und stellt sie in der Normenhierarchie über das einfache Recht. Des Weiteren entnimmt das BVerfG dem deutschen Transformationsgesetz die Pflicht, bei der Rechtsanwendung die Entscheidungen des EGMR auch über den konkret entschiedenen Einzelfall hinaus zu berücksichtigen, und misst ihnen daher eine „jedenfalls faktische Orientierungs- und Leitfunktion" bei.[15] Den auf völkerrechtlicher Ebene ergehenden Entscheidungen des EGMR kommt also dadurch innerstaatliche Bedeutung zu, dass sie den Gehalt der EMRK konkretisieren und fortentwickeln.[16] Das BVerfG verlangt aber keine „schematische Parallelisierung der Aussagen des Grundgesetzes mit denen der Europäischen Menschenrechtskonvention"[17], sondern eine „ergebnisorientierte" Auslegung, die der Vermeidung von Völkerrechtsverletzungen diene.[18] Damit ist gemeint, dass sich die Anwendungsbereiche der ja textlich nicht übereinstimmenden Grundrechte unterscheiden können (Rn 1348), wenn dadurch gleichwohl das durch die EMRK geforderte Grundrechtsniveau im Einzelfall nicht unterschritten wird. Bei Entscheidungen des EGMR zu ausländischen Rechtsordnungen muss aber deren Kontext berücksichtigt und geprüft werden, ob

---

13   E 111, 307/315, 317; 128, 326/367.
14   E 111, 307/329; 128, 326/367 ff; 148, 296 Rn 130 f.
15   E 128, 326/368.
16   *Michael/Morlok*, GR, Rn 116.
17   E 128, 326/366; 131, 268/295; 134, 242 Rn 266 (= JK 5/2014).
18   E 128, 326/370.

und inwieweit die Regelungsinhalte vergleichbar sind.[19] Die Auslegung der EMRK-Grundrechte durch den EGMR spielt daher vor allem in der Verhältnismäßigkeitsprüfung durch das BVerfG eine bedeutende Rolle (Rn 582, 695, 779, 960). Das BVerfG behält sich unter Hinweis auf Art. 53 EMRK vor, dass die Berücksichtigung der EMRK und der Rechtsprechung des EGMR nicht dazu führen darf, dass der Grundrechtsstandard des Grundgesetzes unterschritten wird; diese Gefahr sieht es vor allem bei mehrpoligen Grundrechtsverhältnissen, in denen das „Mehr" an Freiheit für einen Grundrechtsträger zugleich ein „Weniger" für einen anderen bedeutet.[20]

Die Berücksichtigung der EMRK ist nicht nur eine objektiv-rechtliche Pflicht der deutschen öffentlichen Gewalt; auf sie besteht ein subjektiv-rechtlicher Anspruch, der prozessual durchsetzbar ist: „Das BVerfG hält es für geboten, dass ein Beschwerdeführer gestützt auf das einschlägige Grundrecht mit der *Verfassungsbeschwerde* rügen können muss, dass ein staatliches Organ eine Konventionsbestimmung oder eine Entscheidung des EGMR missachtet oder nicht berücksichtigt hat"[21]. Begründen lässt sich das damit, dass die Rechtsanwendung ohne Berücksichtigung der EMRK die verfassungsrechtliche Pflicht zur Berücksichtigung der EMRK bei der Auslegung der Grundrechte des Grundgesetzes verletzt.[22]   **71c**

Lösungstechnischer Hinweis: Für Übungsarbeiten ist es erforderlich, diese generelle Bedeutung der EMRK und von Entscheidungen des EGMR für die Auslegung der Grundrechte des GG, nicht aber die Dogmatik der EMRK-Grundrechte geschweige denn Einzelheiten der Judikatur zu kennen. In diesem Lehrbuch wird die Rechtsprechung des EGMR daher nur herangezogen, wo sie für die Auslegung der Grundrechte des GG Bedeutung entfalten kann.   **71d**

II. Supranationale Gewährleistungen

Die neben der EMRK zweite bedeutende Rechtsquelle des europäischen Grundrechtsschutzes ist heute die Charta der Grundrechte der Europäischen Union (Rn 52). Die 1957 abgeschlossenen Gründungsverträge der damaligen Europäischen Gemeinschaften hatten, vom Sonderfall der Gleichbehandlung von Frauen und Männern im Arbeitsleben (Art. 119 EWGV; heute: Art. 157 AEUV, Rn 89) abgesehen, noch keine Grundrechte enthalten. Die sechs Gründungsstaaten waren davon ausgegangen, dass sie völkerrechtliche Verträge abschließen, die nach dem damaligen Verständnis allein die Mitgliedstaaten berechtigen und verpflichten, aber keine unmittelbaren Rechtswirkungen gegenüber dem Bürger entfalten sollten. Gefahren für den Grundrechtsschutz gingen daher, so die damalige Vorstellung, nur von den Mitgliedstaaten aus. Schon in den ersten Jahren nach der Gründung der Europäischen Gemeinschaften hat der EuGH aber entschieden, dass das europäische Recht Vorrang vor nationalem Recht hat[23] und die Bürger zudem unmittelbar berechtigen und verpflichten kann[24].   **72**

---

19 E 148, 296 Rn 173.
20 E 137, 273 Rn 129; s. aber Rn 705 als Beispiel für eine Rezeption der Abwägungskriterien des EGMR durch das BVerfG.
21 BVerfG, NVwZ 2007, 808/811.
22 Vgl E 111, 307/328 f.
23 EuGH, EU:C:1964:66 – Costa/ENEL.
24 EuGH, EU:C:1963:1 – van Gend & Loos.

Vorrang und unmittelbare Geltung des Gemeinschaftsrechts waren notwendige Voraussetzung für die Errichtung eines Binnenmarktes, der vor allem durch die Europäischen Grundfreiheiten durchgesetzt wurde (Rn 74 ff). Aus diesen beiden richterrechtlich entwickelten und nach wie vor nicht kodifizierten Prinzipien ergab sich aber auch die Notwendigkeit eines Grundrechtsschutzes gegenüber Rechtsakten der Europäischen Gemeinschaften. Ein Schutz durch die Grundrechte der mitgliedstaatlichen Verfassungen kam nicht in Betracht, weil es die einheitliche Anwendung des Gemeinschaftsrechts in Frage gestellt hätte, wenn nationale Gerichte das europäische Recht in einem Mitgliedstaat wegen Grundrechtsverstoßes für unanwendbar erklärt hätten. Daraus erklärt sich die allmähliche Entwicklung eines eigenständigen supranationalen Grundrechtsschutzes (Rn 79 ff), der allerdings zunächst funktionalistisch der Stabilisierung des Vorrangs und der unmittelbaren Anwendbarkeit des Gemeinschaftsrechts diente, also keinen eigenständigen menschenrechtlichen Schutzanspruch verfolgte. In seinem allmählichen Ausbau und seiner Positivierung in der Charta der Grundrechte zeigt sich der Übergang von einer primär auf die ökonomische Integration ausgerichteten Europäischen Gemeinschaft hin zur Europäischen Union als eines auch politischen Verbunds, der den Schutz der Menschenrechte als ein eigenständiges Anliegen verfolgt. Ausdruck des nicht mehr nur ökonomischen, sondern auch menschenrechtlichen Integrationsanspruchs der EU ist es zudem, dass auch das Sekundärrecht grundrechtsähnliche Gewährleistungen enthält (Rn 89 f).

73 **Lösungstechnischer Hinweis:** Anders als die Grundrechte der EMRK (Rn 71) gehören die supranationalen Gewährleistungen in den Grundzügen zum Pflichtfachstoff, werden aber meist in den Vorlesungen und Lehrbüchern zum Europarecht behandelt. In Übungsarbeiten für Anfänger muss daher nur ihre grundsätzliche Bedeutung für die Auslegung der Grundrechte des GG bekannt sein. In Übungsarbeiten für Fortgeschrittene sowie in Examensprüfungen werden dann auch Grundkenntnisse insbesondere über die Grundfreiheiten und die Unionsgrundrechte vorausgesetzt.

1. Europäische Grundfreiheiten

74 Die europäischen Gründungsverträge enthielten zwar keine Grundrechte, mit der Warenverkehrs-, der Arbeitnehmer-, der Niederlassungs- und der Dienstleistungsfreiheit (heute in den Art. 34, 45, 49 und 56 AEUV) aber sog Grundfreiheiten; später sind noch die Freiheiten des Zahlungs- und des Kapitalverkehrs (Art. 63 AEUV) hinzugetreten. Die Grundfreiheiten sind keine Menschenrechte. Aber sie waren für die Verwirklichung des Binnenmarktes von zentraler Bedeutung, der nach Art. 26 Abs. 2 AEUV einen Raum ohne Binnengrenzen umfasst, in dem der freie Verkehr von Waren, Personen, Dienstleistungen und Kapital gewährleistet ist. Ein Binnenmarkt setzt nämlich voraus, dass das Recht seiner Mitgliedstaaten harmonisiert oder zumindest koordiniert wird.

75 **Beispiele:** Wenn ein französisches Unternehmen in Deutschland Bier vertreiben möchte, das nicht dem deutschen Reinheitsgebot entspricht, muss entweder das einschlägige Lebensmittelrecht europaweit vereinheitlicht werden oder Deutschland muss die lebensmittelrechtlichen Kontrollen in Frankreich so anerkennen als seien sie in Deutschland durchgeführt worden. Und wenn sich ein in Italien ausgebildeter Arzt in Spanien niederlassen möchte, setzt das entweder ein einheitliches Ausbildungsrecht voraus oder zumindest die Anerkennung der italienischen Befähigungsnachweise durch Spanien.

Man kann dieses Ziel der Harmonisierung oder zumindest Koordinierung des Rechts   76
der Mitgliedstaaten durch aktiv gestaltende Politik, also dadurch erreichen, dass im
Sekundärrecht gemeinsame Standards festgesetzt werden (sog *positive Integration*).
Aber gerade in den Anfangsjahren der europäischen Gemeinschaft waren die Ent-
scheidungsverfahren schwerfällig, weil es im Rat, der seinerzeit noch das Hauptrecht-
setzungsorgan war, stets einstimmiger Entscheidungen bedurfte. Diese Funktions-
schwäche der Legislative begünstigte das Voranschreiten der *negativen Integration*
durch die Grundfreiheiten.[25] Damit ist gemeint, dass sich jeder Bürger unter Berufung
auf seine Grundfreiheiten gegen Beschränkungen des Handels innerhalb der Union
zur Wehr setzen kann.

Beispiele: Das französische Unternehmen, das dem deutschen Reinheitsgebot widerspechen-   77
des Bier in Deutschland nicht verkaufen durfte, hat sich dagegen erfolgreich unter Hinweis auf
die Warenverkehrsfreiheit berufen, weil nicht erkennbar ist, warum Bier, das in Frankreich verkauft werden kann, in Deutschland gesundheitsschädlich sein sollte (EuGH, EU:C:1987:126 –
Kommission/Deutschland). Bei den Personenverkehrsfreiheiten kann es komplizierter sein,
weil die Koordination von Anforderungen an Personen (insbesondere deren Ausbildung) häufig anspruchsvoller ist als bei Produkten. Wenn sich etwa der in Italien ausgebildete Arzt in
Spanien niederlassen möchte, kann er sich zwar, wenn ihn das spanische Recht daran hindert,
auf die Niederlassungsfreiheit (Art. 49 AEUV) berufen. Aber dieser Eingriff könnte gerechtfertigt sein, wenn Spanien geltend macht, durch eine umfangreichere praktische Ausbildung einen
höheren Gesundheitsschutz zu gewährleisten. In solchen Fällen bedarf es dann doch des Sekun-
därrechts (hier der RL 2005/35/EG), das gemeinsame Mindeststandards festlegt, die verhindern, dass sich ein Mitgliedstaat zur Rechtfertigung auf die noch höheren Standards in seinem
nationalen Recht beruft.

Die Rechtsprechung des EuGH zu den Grundfreiheiten war in vielen Fällen eine Initi-   78
alzündung für den Erlass von Sekundärrecht. Nachdem etwa der EuGH seit 1998 in
einer Vielzahl von Fällen entschieden hatte, dass Versicherte aufgrund der Art. 34
und 56 AEUV Gesundheitsleistungen ohne Genehmigung der Krankenkassen auch in
anderen Mitgliedstaaten in Anspruch nehmen können,[26] ist eine Richtlinie (RL 2011/
24/EU) erlassen worden, die diese Rechtsprechung kodifiziert hat. Diese Verrechtlichung führt zu einem allmählichen Bedeutungsverlust der Grundfreiheiten, denn Prüfungsmaßstab für Beschränkungen sind dann nicht mehr die Grundfreiheiten selbst,
sondern das zu ihrer Konkretisierung ergangene Sekundärrecht.[27] Parallel dazu steigt
die Bedeutung der Unionsgrundrechte als Maßstab für das Sekundärrecht, weil das
Sekundärrecht zwar den Binnenmarkt verwirklicht, aber – etwa durch die Setzung
von Mindeststandards (Rn 77) – auch mit Freiheitseinschränkungen einhergeht.

2. Unionsgrundrechte

a) Weil das Vorrang und unmittelbare Geltung beanspruchende Sekundärrecht   79
grundrechtlich gebunden sein musste, hat der EuGH die Grundrechte, beginnend
1969, als „allgemeine Rechtsgrundsätze der Gemeinschaftsrechtsordnung"[28] aner-

---

25 *Scharpf*, in: Jachtenfuchs/Kohler-Koch, Europäische Integration, 1996, S. 109 ff.
26 EuGH, EU:C:1998:167, Rn 35 f – Decker; EU:C:1998:171, Rn 34 f – Kohll.
27 *Kingreen*, FS Jarass, S. 57 ff.
28 EuGH, EU:C:1969:57, Rn 7 – Stauder.

kannt und zunächst richterrechtlich fortentwickelt, wobei wesentliche Rechtserkenntnisquelle neben den Grundrechten der mitgliedstaatlichen Verfassungen vor allem die EMRK (Rn 71) war. Die im Jahre 2000 proklamierte und seit 2009 rechtsverbindlich geltende **Charta der Grundrechte der Europäischen Union** hat den bis dahin nur richterrechtlichen Grundrechtskatalog kodifiziert und weiterentwickelt. Sie hat unterschiedliche Staats- und Grundrechtsverständnisse zusammengeführt. Daher enthält sie wie das Grundgesetz klassische Freiheits- und Gleichheitsrechte, aber im Abschnitt „Solidarität" auch soziale Grundrechte, wie sie etwa dem französischen republikanischen Ideal der Brüderlichkeit entsprechen. Diese könnten zwar auch in einem leistungsrechtlichen Sinne interpretiert werden, reichen aber bislang nicht über die in Deutschland anerkannten Grundrechtswirkungen hinaus (Rn 184). Das schließt allerdings andere Akzentuierungen in der Grundrechtsdogmatik, wie bei der Drittwirkung der Grundrechte (Rn 266), nicht aus.

80 **b)** Die Unionsgrundrechte sollen die **einheitliche Anwendung des** in den Mitgliedstaaten **unmittelbar geltenden Unionsrechts** gewährleisten. Als allein verbindliche Maßstäbe für die Rechtsakte der Union verdrängen sie daher mit grundsätzlicher Billigung des BVerfG (Rn 271 ff) auch die Grundrechte des GG; sie gehen damit über die Rechtswirkungen völkerrechtlicher Grundrechtsgarantien (Rn 66) hinaus. Allerdings verdrängen sie die Grundrechte des GG nicht umfassend, sondern nur insoweit, als dies für die einheitliche Anwendung des Unionsrechts in den Mitgliedstaaten erforderlich ist. Nach Art. 51 Abs. 1 GRCh binden die Unionsgrundrechte daher zwar stets die Unionsorgane, die Mitgliedstaaten aber nur bei der „Durchführung" von Unionsrecht. Das BVerfG unterscheidet demgemäß danach, ob das deutsche Recht und seine Anwendung durch Unionsrecht determiniert ist oder nicht:[29]

81 **aa)** Die Mitgliedstaaten sind an die Unionsgrundrechte gebunden, wenn sie primäres und sekundäres Unionsrecht umsetzen und anwenden (**unionsrechtlich determiniertes Recht**).[30] Es würde nämlich den Anwendungsvorrang und die einheitliche Geltung des Unionsrechts in den Mitgliedstaaten in Frage stellen, wenn mitgliedstaatliche Gerichte Rechtsnormen, die das Unionsrecht durchführen, wegen Verstoßes gegen die mitgliedstaatlichen Grundrechte für nicht anwendbar erklären könnten. Die Grundrechte des GG sind nur ausnahmsweise anwendbar, wenn im Einzelfall die durch Art. 1 Abs. 1 verbürgte grundrechtliche Identität beeinträchtigt wird (Rn 273). Aus dieser materiell-rechtlichen Verdrängung der Grundrechte des GG folgte in prozessualer Hinsicht, dass Grundrechtsschutz nur durch den EuGH und nicht durch das BVerfG gewährleistet wurde. Es bestand eine Akzessorietät zwischen materiell-rechtlichem Prüfungsmaßstab und prozessualer Zuständigkeit: So wie der EuGH nicht nationale Grundrechte anwendet, war das BVerfG nicht für die Prüfung der Unionsgrundrechte zuständig; insbesondere waren Verfassungsbeschwerden unzulässig, weil die Unionsgrundrechte nicht zu den rügefähigen Rechten iSv Art. 93 Abs. 1 Nr. 4a gehörten[31] (Rn 1395). Das BVerfG möchte aber an dieser Abhängigkeit seiner verfassungsgerichtlichen Zuständigkeit vom materiell-rechtli-

---

29 E 152, 152 Rn 49 ff (= JK 4/2020) und 152, 216 Rn 32 ff (= JK 5/2020); abw neuerdings BVerfG, NVwZ 2021, 1211 Rn 58 ff (= JK 11/2021), dazu Rn 88.

30 E 147, 364 Rn 46.

31 E 115, 276/299 f; 125, 260/306; für die konkrete Normenkontrolle E 129, 186/198.

chen Prüfungsmaßstab nicht mehr festhalten: Es betont zwar, dass die Grundrechte des GG bei unionsrechtlicher Determinierung wegen des Anwendungsvorrangs des Unionsrechts nicht anwendbar seien, prüft aber die Durchführung des Unionsrechts durch deutsche Stellen nunmehr selbst am Maßstab der Unionsgrundrechte. Zur Vermeidung von Rechtsprechungsdivergenzen muss es die Unionsgrundrechte aber nach Maßgabe der Rechtsprechung des EuGH auslegen und bei Auslegungszweifeln die Rechtsfrage dem EuGH vorlegen (Rn 86). Es begründet diese Rechtsprechungswende mit seiner aus Art. 23 Abs. 1 folgenden Integrationsverantwortung, die es durch die Prüfung der Unionsgrundrechte im Verfahren der Verfassungsbeschwerde wahrnehme. Damit möchte es gewährleisten, dass die Verletzung von Unionsgrundrechten durch die Fachgerichte verfassungsgerichtlich gerügt werden kann; dies sei ohne seine Mitwirkung nicht möglich, weil das Unionsrecht keine Verfassungsbeschwerde kenne.[32]

Beispiel: Eine Arbeitgeberin klagte gegen einen Suchmaschinenbetreiber auf Auslistung eines **82** Fernsehbeitrags, in welchem ihr unter dem Titel „Die fiesen Tricks der Arbeitgeber" unfairer Umgang mit einem Mitarbeiter vorgeworfen wurde. Ihre zivilrechtliche Klage blieb letztinstanzlich erfolglos, weshalb sie Verfassungsbeschwerde erhob. Der Anspruch auf Auslistung richtet sich nach Rechtsvorschriften der Europäischen Datenschutz-Grundverordnung (Rn 89); einen Ausgestaltungsspielraum haben die Mitgliedstaaten insoweit nicht. Aus diesem Grunde gelten die Grundrechte des GG nicht; in seiner früheren Rechtsprechung hätte das BVerfG eine auf die Verletzung von Art. 2 Abs. 1 iVm Art. 1 Abs. 1 („Recht auf Vergessenwerden", s. Rn 520) gestützte Verfassungsbeschwerde daher für unzulässig erklärt. Die Beschwerdeführerin hätte sich auf die Rüge beschränken müssen, dass das letztinstanzliche Fachgericht Art. 101 Abs. 1 S. 2 verletzt habe, weil es die Frage der Vereinbarkeit der Datenschutz-Grundverordnung mit Unionsgrundrechten nicht dem EuGH als gesetzlichem Richter vorgelegt habe, wofür aber hohe Anforderungen bestehen (Rn 251, 1333). In dieser aus seiner Sicht unzureichenden Grundrechtskontrolle fachgerichtlicher Entscheidungen sieht das BVerfG eine Rechtsschutzlücke. Diese möchte es durch die Prüfung der Art. 7 und 8 GRCh schließen, die es im Hinblick auf die Meinungsfreiheit des Inhalteanbieters und die Informationsfreiheit der Internetnutzer (Art. 11 GRCh) aber nicht als verletzt ansieht (E 152, 216 Rn 44 ff = JK 5/2020; *Hussendörfer*, Jura 2021, 705).

bb) Soweit das Unionsrecht den Mitgliedstaaten keine zwingenden Vorgaben **83** macht (**unionsrechtlich nicht determiniertes Recht**), gelten die mitgliedstaatlichen Grundrechte (Rn 274). Der EuGH war allerdings stets der Ansicht, dass auch die Unionsgrundrechte anwendbar sind, soweit eine Richtlinie[33] oder die europäischen Grundfreiheiten (Art. 34, 45, 49, 56, 63 AEUV)[34] den Mitgliedstaaten Gestaltungsspielräume einräumen. Er geht sogar so weit, dass er auch solches nationales Recht als „Durchführung des Unionsrechts" (Art. 51 GRCh) ansieht, das von dem europäischen Rechtsakt noch nicht einmal thematisch erfasst wird, sondern nur das allgemeine nationale verfahrens-, vollstreckungs- und sanktionsrechtliche Umfeld des europäischen Rechtsakts bildet.[35] Das BVerfG hat dem zunächst sehr dezidiert widersprochen und im nicht determinierten Bereich die alleinige Anwendung der Grund-

---

32 E 152, 216 Rn 44 ff (= JK 5/2020); BVerfG, NJW 2021, 1518 Rn 41.
33 EuGH, EU:C:2006:429, Rn 110 f – Parlament/Rat.
34 EuGH, EU:C:1991:254, Rn 43 – ERT; EU:C:1997:325, Rn 24 – Familiapress.
35 EuGH, EU:C:2013:105, Rn 24 ff – Fransson; etwas differenzierter EuGH, EU:C:2014:2055, Rn 37 ff – Hernández.

rechte des GG postuliert.[36] Diese sog Alternativitätsthese, die von zwei separierten Grundrechtsräumen ausging,[37] hat es zwar wieder aufgegeben und kann sich die Anwendung der Unionsgrundrechte auch im nichtdeterminierten Bereich zumindest vorstellen, wenn der den Mitgliedstaaten eingeräumte Spielraum „erkennbar auch unter Beachtung der Unionsgrundrechte konkretisiert werden soll.“[38] Es möchte aber grundsätzlich und primär nur die deutschen Grundrechte anwenden, weil es davon ausgeht, dass der durch das Unionsrecht eingeräumte Gestaltungsspielraum auch für den insoweit nicht zwingend einheitlich auszugestaltenden Grundrechtsschutz gilt. Es äußert zwar die Bereitschaft, die Grundrechte des GG grundsätzlich im Lichte der Charta auszulegen, um sicherzustellen, dass auch im nichtdeterminierten Bereich das Schutzniveau der Unionsgrundrechte gewahrt bleibt.[39] Aber in der Regel bleibt es im nichtdeterminierten Bereich wie schon zuvor dabei, dass allein die Grundrechte des GG geprüft werden.

84 **Beispiel:** Ein 1982 rechtskräftig wegen Mordes zu einer lebenslangen Freiheitsstrafe verurteilter Beschwerdeführer hatte vor den Zivilgerichten vergeblich versucht, einem Nachrichtenmagazin zu verbieten, ihn namentlich in Artikeln im frei zugänglichen Online-Archiv des Magazins zu erwähnen. Anders als für Suchmaschinenbetreiber (Rn 82) gilt für die Verbreitung von Presseberichten das sog Medienprivileg der Datenschutz-Grundverordnung, für dessen Ausgestaltung den Mitgliedstaaten ein Gestaltungsspielraum bleibt. Davon ausgehend erwähnt das BVerfG (E 152, 152 Rn 69 ff = JK 4/2020; *Fickentscher*, Jura 2021, 718) weder die Unionsgrundrechte noch die einschlägige Rechtsprechung des EuGH. Vielmehr prüft es allein die Beeinträchtigung von Art. 2 Abs. 1 iVm Art. 1 Abs. 1 durch die Abweisung der Unterlassungsklage und eine (hier verneinte) Rechtfertigung, die sich auf den Schutz der grundgesetzlichen Meinungs- und Pressefreiheit (Art. 5 Abs. 1 S. 1 und 2) stützt.

85 **Lösungstechnischer Hinweis:** In Hausarbeiten und Klausuren können im nichtdeterminierten Bereich nach wie vor allein die Grundrechte des GG ohne Einbeziehung der Unionsgrundrechte geprüft werden. Das gesteht das BVerfG grundsätzlich auch den Fachgerichten zu und praktiziert es auch selbst (E 152, 152 Rn 69 ff = JK 4/2020). Die (regelmäßig erst in europarechtlichen Vorlesungen behandelten) Unionsgrundrechte sind daher nur zu prüfen, wenn der Sachverhalt oder die europäischen Rechtsakte selbst darauf hinweisen, dass die zu prüfende Maßnahme einer deutschen Stelle unionsrechtlich determiniert ist.

86 cc) In seinem **Verhältnis zum EuGH und zu den nationalen Fachgerichten** erschließt sich das BVerfG mit einer neuen Rechtsprechung zusätzliche grundrechtliche Kontrollmöglichkeiten, ohne bestehende Prüfungszuständigkeiten aufzugeben:

87 (1) Auf der einen Seite schließt das BVerfG im **nichtdeterminierten Bereich** die Anwendbarkeit der Unionsgrundrechte neben den Grundrechten des GG entgegen seiner früheren Rechtsprechung nicht mehr aus (Rn 83), leitet aber aus unionsrechtlich gewährleisteten Gestaltungsspielräumen die Vermutung ab, dass es die Grundrechte des GG wie bisher zwar unter Berücksichtigung der Rechtsprechung des EuGH, aber doch eigenständig auslegen kann. Das führt dazu, dass identische Probleme mit unterschiedlichen dogmatischen Konstruktionen gelöst werden, etwa im Be-

---

36 E 133, 277 Rn 91.
37 Zu ihr krit schon *Bäcker*, EuR 2015, 389/410 ff; *Kingreen*, JZ 2013, 801/806 und *Thym*, NVwZ 2013, 889/892.
38 E 152, 152 Rn 44 (= JK 4/2020).
39 E 152, 152 Rn 49 ff (= JK 4/2020).

reich der Drittwirkung, wo das BVerfG im determinierten Bereich den unionsrechtlichen Ansatz der unmittelbaren Drittwirkung zugrunde legt, im nichtdeterminierten
Bereich hingegen mit der deutschen Figur der mittelbaren Drittwirkung arbeitet[40]
(Rn 263, 337, s. auch Rn 266). Im nichtdeterminierten Bereich schätzt das BVerfG
zudem den Eigenstand der Grundrechte des GG gegenüber den Unionsgrundrechten
und der Rechtsprechung des EuGH sogar ausdrücklich größer ein als gegenüber denen der EMRK und dem EGMR, da die Unionsgrundrechte nach Art. 51 Abs. 1 S. 1
GRCh im Gegensatz zu denen der EMRK nur einen beschränkten Anwendungsbereich haben.[41]

(2) Auf der anderen Seite hat sich das BVerfG im **determinierten Bereich** mit den 38
Unionsgrundrechten neue Kontrollmaßstäbe erschlossen. Diese dienen vor allem dazu, die Interpretation der Unionsgrundrechte auf innerstaatlicher Ebene nicht allein
den Fachgerichten zu überlassen und fachgerichtliche Entscheidungen, die unionsrechtlich determiniertes Recht betreffen, der Verfassungsbeschwerde zugänglich zu
machen. Die dadurch bewirkte Zentralisierung der Prüfung der Unionsgrundrechte in
Deutschland beim BVerfG[42] geht aber mit einer Dezentralisierung der Grundrechtskontrolle in der EU einher: Die Anwendung der Unionsgrundrechte durch mitgliedstaatliche Gerichte ist an sich zunächst einmal nicht ungewöhnlich. Die deutschen
Fachgerichte müssen seit jeher prüfen, ob unionsrechtlich determiniertes deutsches
Recht mit den Unionsgrundrechten vereinbar ist und bei Zweifeln den EuGH anrufen
(Art. 267 UAbs. 1 a) AEUV). Anders als in Deutschland sind Fachgerichtsbarkeit
und Verfassungsgerichtsbarkeit in einigen Mitgliedstaaten integriert,[43] dh es gibt kein
eigenständiges Verfassungsgericht wie es das BVerfG ist, das in besonderen Verfahren allein die Normen der Verfassung prüft (Rn 1443 ff). Zu den Prüfungsmaßstäben
dieser integrierten Verfassungsgerichte gehören daher seit jeher auch die Unionsgrundrechte. Auch der EuGH ist funktional nicht nur Verfassungs-, sondern auch und
vorwiegend Fachgericht. Aus der Perspektive des BVerfG als eines eigenständigen
Verfassungsgerichts, das die Grundrechte wesentlich über das Institut der Verfassungsbeschwerde geprägt hat (Rn 46 ff), mag das als unzureichende Fokussierung
und Spezialisierung auf die Grundrechte und daher eine eigenständige Übernahme
der grundrechtlichen Integrationsverantwortung (Art. 23 Abs. 1 S. 1) als vernünftig
angesehen werden.[44] Aber diese allein teleologische Begründung für die Anwendung
der Unionsgrundrechte ist methodisch fragwürdig (Rn 1396), und die Konsequenzen
für die einheitliche Geltung des Unionsrechts und die einheitliche Interpretation der
Unionsgrundrechte sind jedenfalls noch unsicher. Eine Gefahr besteht darin, dass die
weitgehend autonome Auslegung der deutschen Grundrechte im nichtdeterminierten
Bereich auf die Interpretation der Unionsgrundrechte im determinierten Bereich
durchschlägt, wenn das BVerfG sich nun auch der Auslegung der Unionsgrundrechte
annimmt. Darauf deutet die von der Rechtsprechung des EuGH abweichende Gewichtung von Persönlichkeits- und Kommunikationsrechten durch das BVerfG im
determinierten Bereich hin (Rn 520). Während gegen die fachgerichtliche Nichtbe-

---

40 *Thym*, JZ 2020, 1017/1025.
41 E 152, 152 Rn 62 (= JK 4/2020).
42 *Wendel*, JZ 2020, 157/161.
43 *Wieland*, DR, Art. 93 Rn 33.
44 *Britz*, NJW 2021, 1489/1493 f; vgl auch *Karpenstein/Kottmann*, EuZW 2020, 185/188.

achtung der Unionsgrundrechte wegen der Verletzung der unionsrechtlichen Vorlagepflicht (Art. 267 Abs. 3 AEUV) immerhin noch im Wege der auf Art. 101 Abs. 1 S. 2 gestützten Verfassungsbeschwerde vorgegangen werden kann (Rn 1327, 1333), gibt es gegen die Missachtung der Unionsgrundrechte durch das BVerfG (und damit auch seiner eigenen Vorlagepflicht) keinen individuellen Rechtsschutz.[45] Wenn alle Verfassungsgerichte eine derart eigenständige Integrationsverantwortung für die Unionsgrundrechte für sich reklamieren sollten, könnten Einheitlichkeit der Geltung und der Dogmatik der Unionsgrundrechte in Mitleidenschaft gezogen werden.[46] Daher ist es problematisch, dass der 2. Senat des BVerfG die Unterscheidung zwischen determiniertem und nichtdeterminiertem Bereich neuerdings für unerheblich erklärt, weil die Grundrechtskataloge im Wesentlichen übereinstimmten.[47] Damit verbindet sich zum einen die Gefahr einer Nivellierung unterschiedlicher Grundrechtsdogmatiken und Rechtsprechungstraditionen. Zum anderen räumt sich der 2. Senat mit dieser bislang singulären Entscheidung die Befugnis ein, die Unionsgrundrechte auf der Grundlage seiner eigenen Rechtsprechung zu den Grundrechten des GG auszulegen. Würden alle Verfassungsgerichte der Mitgliedstaaten ähnlich verfahren, wäre die einheitliche Auslegung und Anwendung der Unionsgrundrechte gefährdet.

3. Grundrechtsähnliche Gewährleistungen im Sekundärrecht

89 Auch das Sekundärrecht enthält individuelle Gewährleistungen, die die Grundrechte der Grundrechtecharta thematisch aufgreifen. Sie haben einen doppelten Grundrechtsbezug: Einerseits gestalten sie die Grundrechte der Grundrechtecharta inhaltlich näher aus. Anderseits wirken sie gegenüber dem nationalen Recht grundrechtsähnlich, weil sie ebenso wie die Grundrechte der Grundrechtecharta am Vorrang des Unionsrechts teilhaben. Dabei erstreckt sich ihr Vorrang auch auf die Grundrechte des GG. Die sekundärrechtlichen Ausgestaltungen der Grundrechte der Grundrechtecharta sind daher auch bei der Interpretation der Grundrechte des GG zu berücksichtigen. Ein wichtiger Regelungsschwerpunkt ist das Datenschutzrecht (Rn 519 f), wo die Union von ihrer aus Art. 16 Abs. 2 AEUV folgenden Kompetenz mit der Datenschutz-Grundverordnung VO(EU) 2016/679 Gebrauch gemacht hat. Auf der Grundlage von Art. 19 Abs. 1 AEUV sind zudem mehrere Richtlinien zum Antidiskriminierungsrecht ergangen, die der deutsche Gesetzgeber einfach-rechtlich im Allgemeinen Gleichbehandlungsgesetz (AGG) umgesetzt hat (Rn 266). In allen diesen Rechtsakten bringt sich der politische Integrationsanspruch der EU zur Geltung, indem sie nicht nur die den Binnenmarkt behindernden Ungleichbehandlungen wegen der Staatsangehörigkeit, sondern auch andere verbotene Differenzierungskriterien (etwa das Alter, die sexuelle Orientierung und die Religion) aufgreifen. Wesentlich älter als diese Rechtsakte ist das auf den heutigen Art. 157 Abs. 3 AEUV zurückzuführende Verbot der Diskriminierung wegen des Geschlechts im Arbeitsleben in der RL 2006/54/EG; diese 1976 erstmals erlassene Richtlinie ist etwa Maßstab für Frauenquoten im Öffentlichen Dienst (Rn 616). Mit allen diesen sekundärrechtlichen Gewährleistungen

---

45   Zum grundsätzlich möglichen Vertragsverletzungsverfahren gegen gerichtliche Entscheidungen *Cremer*, in: Calliess/Ruffert, EUV/AEUV, 6. Aufl. 2021, Art. 258 AEUV Rn 28.
46   Krit auch *Klein*, DÖV 2020, 341/345 f.
47   BVerfG, NVwZ 2021, 1211 Rn 58 ff (= JK 11/2020).

betritt das Unionsrecht in mehrfacher Hinsicht Neuland. Nach traditionellem Verständnis sind die Grundrechte Bestandteil von Verfassungen, die Vorrang vor einfachem Recht beanspruchen (Rn 5); hier sind sie Teil des einfachen Rechts und damit kein Verfassungsrecht im formellen Sinne. Die grundrechtsähnlichen Gewährleistungen nehmen zudem nicht an der durch Art. 51 GRCh angeordneten, auf die Durchführung von Unionsrecht begrenzten Bindung der Mitgliedstaaten (Rn 83) teil, sondern binden diese als sekundäres Unionsrecht umfassend. Die Richtlinien zum Antidiskriminierungsrecht verpflichten zudem nicht nur öffentliche Stellen, sondern auch Privatpersonen, namentlich Arbeitgeber. Sie haben damit, entgegen der deutschen Doktrin, den Weg für die Anerkennung einer unmittelbaren Drittwirkung der entsprechenden Unionsgrundrechte geebnet (Rn 266).

Beispiele: Die RL 2000/43/EG zur Anwendung des Gleichbehandlungsgrundsatzes ohne Unterscheidung der Rasse oder der ethnischen Herkunft verbietet Diskriminierungen wegen dieser Kriterien in wichtigen Lebensbereichen (insbesondere Einstellung von Arbeitnehmern, Vermietung von Wohnraum). Der EuGH hat daher die Ankündigung eines Unternehmens, Angehörige bestimmter ethnischer Herkunft nicht einzustellen, weil die Kunden diese angeblich ablehnten, als rechtswidrig verworfen (EuGH, EU:C:2008:397 – Feryn) – Die RL 2000/78/EG zur Verwirklichung der Gleichbehandlung in Beschäftigung und Beruf verbietet Ungleichbehandlungen aus Gründen der Religion oder der Weltanschauung, einer Behinderung, des Alters oder der sexuellen Orientierung. Sie ist sachlich auf das Arbeitsleben beschränkt, reicht also insoweit weniger weit als die RL 2000/43/EG. Gegen das Verbot der Altersdiskriminierung können insbesondere Altersgrenzen verstoßen; allerdings sieht Art. 6 RL 2000/78/EG hier anders als bei den anderen Kriterien die Möglichkeit der Rechtfertigung vor. Beispielsweise waren kürzere Kündigungsfristen für jüngere als für ältere Arbeitnehmer (EuGH, EU:C:2010:21 – Kücükdeveci) und Altersgrenzen für Vertragsärzte (EuGH, EU:C:2010:4 – Petersen) und für Piloten (EuGH, EU:C:2011:573 – Prigge ua) mangels kohärenter Begründung nicht zu rechtfertigen. Legitim sind hingegen Altersgrenzen im öffentlichen Dienst, um dort eine ausgewogene Altersstruktur zu gewährleisten (EuGH, EU:C:2011:508 – Fuchs). Gegen das Verbot der Diskriminierung wegen der sexuellen Orientierung kann die Ungleichbehandlung von Lebenspartnerschaften gegenüber der Ehe verstoßen (EuGH, EU:C:2008:179 – Maruko, s. Rn 626) und gegen das Verbot der Diskriminierung wegen der Religion die Praxis der Religionsgemeinschaften, nur Personen einzustellen, die Mitglieder dieser Gemeinschaften sind (EuGH EU:C:2018:257 – Egenberger, s. Rn 695). Zum Verbot, am Arbeitsplatz religiöse Symbole bzw. Kopfbedeckungen zu tragen, s. Rn 55, 95.

90

III. Grundrechte der Landesverfassungen

Auch die Grundrechte der Landesverfassungen sind für das BVerfG nicht Maßstab; sie gelten nur innerhalb der betreffenden Länder. Allerdings können sie im Wege systematischer Interpretation für die Auslegung eines Grundrechts des Grundgesetzes herangezogen werden.

91

Beispiele: Der Satz, dass alle Menschen vor dem Gesetz gleich sind (vgl Art. 3 Abs. 1), wurde früher dahin verstanden, dass der Gesetzgeber selbst nicht an den Gleichheitssatz gebunden sei. Für das heutige gegenteilige Verständnis berief sich das BVerfG auf die Vorschriften von acht Landesverfassungen (E 2, 237/262).

92

Für das *Verhältnis* der Landesgrundrechte zu den Grundrechten des GG gilt gem. Art. 142, dass „Bestimmungen der Landesverfassungen auch insoweit in Kraft (blei-

93

ben), als sie in Übereinstimmung mit den Artikeln 1 bis 18 dieses Grundgesetzes Grundrechte gewährleisten". Da im Bundesstaat des GG gem. Art. 28 Abs. 1 Homogenität, nicht Uniformität geboten ist, bedeutet „Übereinstimmung", dass kein Widerspruch vorliegen darf.[48] Danach bleiben nicht nur inhaltsgleiche, sondern auch weitergehenden Schutz und sogar geringeren Schutz als die Grundrechte des GG gewährende Landesgrundrechte in Kraft. Denn in beiden Fällen widersprechen die Landesgrundrechte nicht den Grundrechten des GG, weil zum einen die Landesstaatsgewalt größeren Bindungen gegenüber dem Bürger unterworfen werden darf und zum andern ein geringerer Schutz des Bürgers durch die Landesgrundrechte seinen weitergehenden Schutz durch die auch die Landesstaatsgewalt bindenden Bundesgrundrechte nicht ausschließt. Das Inkraftbleiben gem. Art. 142 verhindert allerdings nicht, dass sich kompetenzgemäßes Bundesrecht einem kollidierenden Landesgrundrecht gegenüber durchsetzt; die Rechtfertigung hierfür findet die hL in den Kompetenzbestimmungen, die sie als leges speciales zu Art. 31 ansieht.[49]

94 **Lösungsskizze zum Fall 1 (Rn 54):** Durch die Entscheidung des OLG wurde G in seinem Grundrecht aus Art. 6 iVm Art. 20 Abs. 3 verletzt. Denn das OLG hat in seiner Entscheidung die EMRK und das Urteil des EGMR nicht hinreichend berücksichtigt, obwohl es verpflichtet war, Art. 8 EMRK in der Auslegung des EGMR zur Kenntnis zu nehmen und auf den von ihm zu entscheidenden Fall anzuwenden. Dazu hätte es insbesondere die vom EGMR in seinem Urteil berücksichtigten Aspekte in die eigene (verfassungs)rechtliche Würdigung, namentlich die Verhältnismäßigkeitsprüfung einstellen und den bei der Entscheidung über das Umgangsrecht des G mit seinem Sohn evident betroffenen Art. 6 darauf untersuchen müssen, ob er in einer der Verpflichtung der Bundesrepublik aus Art. 8 EMRK entsprechenden Weise hätte ausgelegt und angewandt werden können. Daher hatte die Verfassungsbeschwerde des G Erfolg.

95 **Lösungsskizze zum Fall 2 (Rn 55):** Das von G ausgesprochene Verbot, am Arbeitsplatz keine sichtbaren religiösen Symbole zu tragen, könnte gegen Art. 2 Abs. 2 RL 2000/78/EG verstoßen.

1. Anwendungsbereich der Richtlinie. Der in Art. 1 RL 2000/78/EG verwendete Begriff der Religion ist wie in Art. 10 GRCh auszulegen, der wiederum nach Art. 52 Abs. 3 GRCh in Anlehnung an Art. 9 Abs. 1 EMRK zu interpretieren ist. Er umfasst sowohl das ‚forum internum', dh den Umstand, Überzeugungen zu haben, als auch das ‚forum externum', dh die Bekundung des religiösen Glaubens in der Öffentlichkeit (EuGH, aaO Rn 27 f).

2. Diskriminierung wegen der Religion.

a) Eine **unmittelbare Diskriminierung** liegt nicht vor. Denn die interne Arbeitsordnung beziehe sich „auf das Tragen sichtbarer Zeichen politischer, philosophischer oder religiöser Überzeugungen und gilt damit unterschiedslos für jede Bekundung solcher Überzeugungen. Daher ist davon auszugehen, dass nach dieser Regel alle Arbeitnehmer des Unternehmens gleich behandelt werden, indem ihnen allgemein und undifferenziert ua vorgeschrieben wird, sich neutral zu kleiden, was das Tragen solcher Zeichen ausschließt" (EuGH, aaO Rn 30).

b) Mittelbare Diskriminierung. Eine mittelbare Diskriminierung ist nach Art. 2 Abs. 2 lit. b) RL 2000/78/EG gegeben, wenn dem Anschein nach neutrale Vorschriften, Kriterien oder Verfahren Personen mit einer bestimmten Religion oder Weltanschauung in besonde-

---

48 E 96, 345/365; krit *Merten*, Hdb. GR VIII, § 232 Rn 37.
49 Vgl *Jarass*, JP, Art. 31 Rn 3.

rer Weise faktisch benachteiligen, es sei denn, es liegt einer der in der Richtlinie genannten Rechtfertigungsgründe vor. Während unmittelbare Diskriminierungen nur nach Art. 4 RL 2000/78/EG gerechtfertigt werden können, wird die Rechtfertigungsprüfung bei mittelbaren Diskriminierungen – für die deutsche Prüfung von Gleichheitssätzen ungewohnt – so in den Begriff der mittelbaren Diskriminierung integriert. Das Verbot betrifft faktisch vor allem muslimische Frauen, weil keine anderen ArbeitnehmerInnen ersichtlich sind, für die das Tragen eines sichtbaren Zeichens religiöser Überzeugung eine vergleichbare Verpflichtung darstellt (so wohl auch GA Kokott, Schlussantrag Rs. C-157/15, Ziff. 57). Es kann gerechtfertigt werden, wenn es zur Erreichung eines legitimen Ziels verhältnismäßig ist (Art. 2 Abs. 2 lit. b) i) RL 2000/78/EG):

aa) Der „Wille, im Verhältnis zu den öffentlichen und privaten Kunden eine Politik depolitischen, philosophischen oder religiösen Neutralität zum Ausdruck zu bringen", ist ein **legitimes**, auch durch Art. 16 GRCh geschütztes **Ziel** (EuGH, aaO Rn 37 f mit Verweis auf das Urteil des EGMR, No. 48420/10 [Eweida ua/Vereinigtes Königreich]).

bb) **Erforderlich** und **angemessen** ist das Verbot aber nur, wenn es sich an die mit Kunden in Kontakt tretenden Arbeitnehmer von G richtet und wenn bei diesen Arbeitnehmern erfolglos eine beiden Seiten zumutbare Versetzung in Bereiche ohne Kundenkontakt versucht wurde (EuGH, Rn 42 f).

3. Ergebnis: Soweit ein gescheiterter interner Versetzungsversuch unternommen wurde, war die Kündigung rechtmäßig.

Ergänzender Hinweis: Das Kopftuch spaltet die obersten Gerichte: Während das BAG (NJW 2003, 1685) und der U.S.-amerikanische Supreme Court (Urt. v. 1.6.2015, EEOC v. Abercrombie & Fitch Stores, Inc. 575 U.S. [2015]) die Kopftuchverbote in Unternehmen generell für grundrechtswidrig erklärt haben, lässt sie der EuGH in Anlehnung an das zitierte EGMR-Urteil nunmehr unabhängig von einer konkreten Gefahr für den Unternehmensfrieden zu (krit *Steinbach*, Staat 2017, 621/631 ff). Im öffentlichen Schuldienst erlaubt sie das BVerfG hingegen nur bei einer konkreten Gefährdung für den Schulfrieden. Wohingegen sie in der Justiz zulässig sein sollen (Rn 715). Es wird ein Testfall für den europäischen Grundrechtsverbund, wie sich das EuGH-Urteil auf die deutsche Rechtsprechung auswirken wird (dazu *Klein*, NVwZ 2017, 920; *Schubert*, NJW 2017, 2582/2587 f; *Wagner*, EuR 2018, 724/737 ff).

Lösungsskizze zum Fall 3 (Rn 56): Gemäß Art. 13 Abs. 1 HessVerf entscheidet der Staatsgerichtshof Hessen ua über Grundrechtsklagen. Die Grundrechtsklage ist nach § 43 Abs. 1 S. 2 StGHG unzulässig, wenn in derselben Sache Verfassungsbeschwerde zum BVerfG erhoben ist. Dies gilt aber nicht, wenn die hessische Verfassung weiterreichende Grundrechte als das Grundgesetz gewährleistet (§ 43 Abs. 1 S. 3 StGHG). Es kommt also schon für die Zulässigkeit der Grundrechtsklage beim hessischen Staatsgerichtshof auf die Frage an, ob das Landesgrundrecht weiterreicht als das Bundesgrundrecht.

1. Grundrechtsklage wie Verfassungsbeschwerde wenden sich gegen das Urteil des LAG Hessen. Zwar sind die Prüfungsmaßstäbe nicht identisch, denn mit der Grundrechtsklage wird die Verletzung des in Art. 29 Abs. 4 HessVerf gewährleisteten Streikrechts, mit der Verfassungsbeschwerde die Verletzung von Art. 9 Abs. 3 gerügt, der die Koalitionsfreiheit gewährleistet. Diese umfasst aber auch das Streikrecht (Rn 934 f).

2. Fraglich ist aber, ob Art. 29 Abs. 4 HessVerf einen – gemessen am GG – weiterreichenden Grundrechtsschutz gewährleistet und ob dieser weiterreichende Schutz hier überhaupt zum Tragen kommen dürfte. Diese Frage war innerhalb des Staatsgerichtshofs umstritten:

a) Die Senatsmehrheit lässt offen, ob sich aus Art. 29 Abs. 4 HessVerf ein über Art. 9 Abs. 3 hinausreichendes Streikrecht ableiten lässt. Zwar bliebe Art. 29 Abs. 4 HessVerf

96

nach Art. 142 auch dann in Kraft, wenn er einen weiterreichenden Grundrechtsschutz garantieren würde als Art. 9 Abs. 3 Das kann aber uneingeschränkt nur gelten, wenn sie Prüfungsmaßstab für Landesrecht sind. Art. 142 betrifft aber nur das Verhältnis von Bundes- zu Landesgrundrechten, aber nicht die Frage, ob ein Landesgrundrecht Prüfungsmaßstab für Bundesrecht sein kann. Das regelt allein die bundesstaatliche Kompetenzordnung bzw. Art. 31 (Rn 93). Weiterreichende Landesgrundrechte kommen daher als Prüfungsmaßstab für *Bundesrecht* nur in Betracht, wenn das Bundesrecht insoweit einen Spielraum belässt, in dem sich das Landesgrundrecht entfalten kann (vgl auch *Kaiser/Lindner*, DVBl. 2017, 1329/1333). Ist das nicht der Fall, darf die Anwendung von Bundesrecht nur am Maßstab von Landesverfassungsrecht überprüft werden, das mit Grundrechten des Grundgesetzes inhaltsgleich ist. Hier geht es um die Anwendung eines bundesrechtlich aus den §§ 823, 1004 BGB ableitbaren Unterlassungsanspruchs gegen Streikmaßnahmen. Dabei ist zu berücksichtigen, dass hier ein mehrpoliger Grundrechtskonflikt vorliegt. Im Rahmen der Auslegung dieser zivilrechtlichen Bestimmungen kommt es daher nicht nur auf den Vergleich zwischen Art. 29 Abs. 4 HessVerf und Art. 9 Abs. 3 an, sondern es muss auch das kollidierende Grundrecht von L aus Art. 12 Abs. 1 einbezogen werden. Ein landesverfassungsrechtlicher Grundrechtsschutz aus Art. 29 Abs. 4 HessVerf, der über das grundgesetzliche Schutzniveau hinausginge, würde daher zugleich die Grundrechte der Berufs- und Eigentumsfreiheit über das bundesgrundrechtlich garantierte Maß hinaus beschränken.

b) Die Senatsminderheit kritisiert, dass die Senatsmehrheit einen Konfliktfall annehme, der so gar nicht existiere, weil es keine bundesrechtliche Norm gebe, die explizit definiere, wann Streikmaßnahmen zulässig sind und wann nicht. Es bestehe daher ein landesrechtlicher Spielraum, in dem die Landesgrundrechte zur Geltung kommen könnten (ebenso *Kaiser/Lindner*, DVBl. 2017, 1329/1334 f). Doch kommt es darauf nicht an. Entscheidend ist, dass mehrpolige Grundrechtsverhältnisse nicht von Land zu Land unterschiedlich beurteilt werden können, schon gar nicht bei Streikmaßnahmen, die über ein Bundesland hinausreichen. Im Konfliktfall setzt sich damit immer das Bundesgrundrecht durch; das erklärt die weitgehende Bedeutungslosigkeit der Landesgrundrechte.

Ergebnis: Folgt man daher der Senatsmehrheit, ist die Grundrechtsklage unzulässig.

Ergänzender Hinweis: Es handelt sich bei dieser „Doppelbindung" damit um die gleiche Problematik, die sich bei der Auslegung von Art. 51 GRCh im Verhältnis zwischen europäischem und deutschem Grundrechtsschutz stellt, s. Rn 80 f.

97 **Literatur: Zu III.** und **IV.:** *G. Britz*, Kooperativer Grundrechtsschutz in der EU. Aktuelle Entwicklungen im Lichte neuerer Rechtsprechung des BVerfG, NJW 2021, 1489; *C.-D. Classen*, Schwierigkeiten eines harmonischen Miteinanders von nationalem und europäischem Grundrechtsschutz, EuR 2017, 347; *B. Daiber*, Der Einfluss der EGMR-Rechtsprechung auf die Rechtsprechung des Bundesverfassungsgerichts, DÖV 2018, 957; *A. Edenharter*, Die EU-Grundrechte-Charta als Prüfungsmaßstab des Bundesverfassungsgerichts, DÖV 2020, 349; *D. Ehlers* (Hrsg.), Europäische Grundrechte und Grundfreiheiten, 4. Aufl. 2014; *C. Franzius*, Grundrechtsschutz in Europa, ZaöRV 2015, 383; *R. Hofmann/A. Heger*, Zur neuen Grundrechte-Architektur im europäischen Mehrebenensystem, EuGRZ 2021, 1; *J. M. Hoffmann*, Unionsgrundrechte als verfassungsrechtlicher Maßstab, NVwZ 2020, 33; *H. D. Jarass*, Die Bedeutung der Unionsgrundrechte unter Privaten, ZEuP 2017, 310; *W. Kahl/M. Schwind*, Europäische Grundrechte und Grundfreiheiten – Grundbausteine einer Interaktionslehre, EuR 2014, 170; *U. Karpenstein/M. Kottmann*, Vom Gegen- zum Mitspieler – Das BVerfG und die Unionsgrundrechte, EuZW 2020, 185; *T. Kingreen*, Die Grundrechte des Grundgesetzes im europäischen Grundrechtsföderalismus, JZ 2013, 801; *ders.*, Der Abstieg der Grundfreiheiten und der Aufstieg der Unionsgrundrechte, in: M. Kment (Hrsg.), Festschrift für Jarass, 2015, S. 51; *E. Klein*, Kompetenzielle Würdigung und verfassungsprozessuale Würdigung der „Recht auf

Vergessen"-Entscheidungen, DÖV 2020, 341; *T. Kleinlein*, Grundrechtsföderalismus, 2020; *J. Kühling*, Das Recht auf Vergessenwerden vor dem BVerfG – November(r)evolution für die Grundrechtsarchitektur im Mehrebenensystem, NJW 2020, 275; *M. Ludwigs*, Kooperativer Grundrechtsschutz zwischen EuGH, BVerfG und EGMR, EuGRZ 2014, 273; *ders./P. Sikora*, Grundrechtsschutz im Spannungsfeld von Grundgesetz, EMRK und Grundrechtecharta, JuS 2017, 385; *J. Lorenzen*, Grundlagen des Europarechts (Teil I): Europäische Grundrechte, Jura 2021, 482; *N. Marsch*, Kontrafakturen und Cover-Versionen aus Karlsruhe, ZEuS 2020, 597; *J. Masing*, Einheit und Vielfalt des Europäischen Grundrechtsschutzes, JZ 2015, 477; *W. Michl*, Die Neuausrichtung des Bundesverfassungsgerichts in der digitalisierten Grundrechtelandschaft, Jura 2020, 479; *E. Neumann/F. S. Eichberger*, Die Unionsgrundrechte vor dem Bundesverfassungsgericht, JuS 2020, 502; *M. Ruffert/F. Grischek/M. Schramm*, Europarecht im Examen – Die Grundrechte, JuS 2020, 1022; *D. Thym*, Vereinigt die Grundrechte!, JZ 2015, 53; *ders.* Freundliche Übernahme, oder: die Macht des „ersten Wortes" – „Recht auf Vergessen" als Paradigmenwechsel, JZ 2020, 1017; *F. Toros/M. Weiß*, Echte Kooperation?! – Wandel des Grundrechtsschutzes im Mehrebenensystem, ZJS 2020, 100; *R. Uerpmann-Wittzack*, Die Bedeutung der EMRK für den deutschen und unionalen Grundrechtsschutz. Jura 2014, 916; *M. Wendel*, Das Bundesverfassungsgericht als Garant der Unionsgrundrechte, JZ 2020, 157. – **Zu V.:** *R. Kaiser/J. F. Lindner*, Zur Anwendung von Art. 142 und Art. 31 GG bei mehrpoligen Grundrechtsverhältnissen, DVBl. 2017, 1329; *J. F. Lindner*, Landesgrundrechte, JuS 2018, 233; *D. Merten/H.-J. Papier* (Hrsg.), Handbuch der Grundrechte in Deutschland und Europa Bd. VIII (Landesgrundrechte in Deutschland), 2017.

§ 4 Grundrechtstheorie und Grundrechtsfunktionen

I. Grundrechtstheorie und Grundrechtsdogmatik

Die Grundrechte begegnen Juristinnen und Juristen vor allem in der Rechtsanwendung durch Behörden, Gerichte und Anwaltschaft. Diese anwendungsbezogene Perspektive auf die Grundrechte ist Gegenstand der Grundrechtsdogmatik, die den Hauptgegenstand des Lehrbuchs bildet. Sie widmet sich der Systematisierung und Fortbildung der Grundrechtsnormen, zielt auf gerichtliche und behördliche Entscheidungen von Grundrechtsfragen und ist primärer Gegenstand juristischer Prüfungen. **98**

Grundrechte sind aber auch Teil unserer Rechtskultur und damit Gegenstand historischer (s.o. Rn 21 ff) und theoretischer Betrachtung. Die Grundrechtstheorie widmet sich der Beschreibung und Charakterisierung der Grundrechte, die zwar ihren Ausgang bei Grundrechtsgewährleistungen eines bestimmten Rechtssystems nehmen können, aber auf allgemeinere Erkenntnisse zielen. Sie nimmt als Teil der Verfassungstheorie für sich in Anspruch, allgemeine Strukturen von Grundrechtsgewährleistungen aufzudecken, die nicht nur für die Grundrechte des Grundgesetzes von Bedeutung sind. Anders als die Grundrechtsdogmatik gibt sie nicht unmittelbar Auskunft darüber, wie die Grundrechte eines bestimmten Rechtssystems anzuwenden sind. Gleichwohl können ihre Erkenntnisse über Charakter und Strukturen von Grundrechtsgewährleistungen auf die Grundrechtsdogmatik zurückwirken. Aufgrund ihrer großen textlichen Interpretationsoffenheit sind Grundrechtsbestimmungen sogar **99** zumeist auf eine theoretisch geleitete Erschließung angewiesen, um sie dogmatisch handhabbar zu machen. Die Grundrechtstheorie leitet die Grundrechtsinterpretation dabei an, die Grundrechtsnormen eines bestimmten Rechtssystems auf ihnen gemeinsame Charakteristika und Strukturen zu befragen.

100 **Beispiele:** Die Grundrechtstheorie kann etwa ein bestimmtes Gerüst für die Prüfung von Grundrechtsnormen entwickeln, das Fragen des Schutzbereichs, des Eingriffs und der Eingriffsrechtfertigung (Rn 12 ff, 277 ff) unterscheidet. Ob ein solches Schema für die grundrechtsdogmatische Erschließung konkreter Grundrechte eines konkreten Rechtssystems hilfreich ist, ist hingegen eine Frage der Interpretation des positiven Rechts. Für Grundrechte, die bereits in ihrem Text davon sprechen, dass in sie „durch oder aufgrund eines Gesetzes" eingegriffen werden darf, bietet sich ein solches Schema etwa eher an als für Grundrechte, die wie die Menschenwürdegarantie als absolute Rechte formuliert sind.

101 Einige Grundrechtstheorien betrachten den Zusammenhang zwischen der Ausprägung der Grundrechte und unterschiedlichen Gesellschafts- und Staatsverständnissen. Der Staatstheorie des 19. und frühen 20. Jahrhunderts war die Vorstellung geläufig, der Einzelne, der Besitz- und Bildungsbürger, sei als Glied der bürgerlichen Gesellschaft autark und autonom. Seine Freiheit sei *Freiheit vom Staat*; die Gesellschaft könne für ihre ökonomischen und kulturellen Belange allein sorgen und brauche den Staat nur zur Abwehr äußerer und innerer Gefahren, als Armee, Polizei und Justiz. Grundrechte waren nach dieser Vorstellung allein Abwehrrechte gegenüber dem Staat. Das Gesellschaftsbild, das dieser Vorstellung zugrunde lag, wurde schon seinerzeit weder der Wirklichkeit gerecht, noch war es allseits anerkannt. Nachhaltig diskreditiert wurde es in den Kriegs- und Nachkriegsgesellschaften der beiden Weltkriege. Beide Male zeigte sich, dass der Einzelne auf staatliche Vorkehrungen, Einrichtungen, Zuteilungen und Umverteilungen fundamental angewiesen ist, dass seine Freiheit gesellschaftliche und staatliche Bedingungen hat, die er selbst nicht gewährleisten kann. An die Stelle der Fiktion des selbstgenügsamen Individuums der bürgerlichen Gesellschaft trat das Bild eines zugleich bedürftigen und verantwortlichen Individuums in sozialer Gemeinschaft. Die Vorstellung, der Rechtsstaat dürfe als liberaler Staat in die Freiheit des Einzelnen möglichst wenig eingreifen, wurde um die Vorstellung ergänzt, er müsse als sozialer Staat überhaupt erst die *Bedingungen der Freiheit schaffen und sichern*.[1]

102 In der Weimarer Reichsverfassung fand diese Vorstellung einen ersten Niederschlag: Sie enthielt nicht nur Grundrechte, die die Freiheit vom Staat gewährleisteten, sondern auch zahlreiche detaillierte soziale Gewährleistungen, die den Staat verpflichten sollten, auch die realen Bedingungen der Freiheit zu garantieren. Sie versprachen jedoch mehr, als sie halten konnten, und blieben bloße Programmsätze (vgl Rn 39 ff). Im Grundgesetz wurden soziale Gewährleistungen daher nur äußerst sparsam aufgenommen; das Grundgesetz konzentriert sich auf die Kennzeichnung der Bundesrepublik Deutschland als einen *sozialen Bundesstaat* (Art. 20 Abs. 1) bzw. *sozialen Rechtsstaat* (Art. 28 Abs. 1 S. 1). Aber damit war das Problem, dass vor aller Abwehr von Eingriffen in die Freiheit erst einmal die Bedingungen der Freiheit geschaffen und gesichert werden müssen, natürlich nicht gelöst.

---

1 *Kingreen*, Das Sozialstaatsprinzip im europäischen Verfassungsverbund, 2003, S. 22 ff.

Die im Grundgesetz ihren Ausgang nehmende Verfassungstheorie hat sich des Problems auf verschiedene Weise angenommen. *Ernst-Wolfgang Böckenförde* unterschied zwischen liberalen, wertesystematischen, institutionellen, demokratisch-funktionalen und sozialstaatlichen Grundrechtstheorien – je nachdem ob die Grundrechte als Schutz einer vorstaatlich gedachten Freiheit vor staatlichen Eingriffen, als rechtsgestaltungs- und auslegungsleitende Werte zur Sicherung der Bedingungen der Freiheit, als Anforderungen an Institutionen, als Schutz der Bedingungen des demokratischen Prozesses oder als Garantien der Verwirklichung sozialer Gerechtigkeit verstanden werden.[2] Alle diese theoretischen Perspektiven haben ihren Niederschlag in der Rechtsprechung des BVerfG gefunden. **103**

Beispiele: Das BVerfG versteht die Versammlungsfreiheit in einem demokratisch-funktionalen Sinn und schränkt ihren Schutzbereich auf Versammlungen ein, die öffentliche Angelegenheiten zum Gegenstand haben (s.u. Rn 887). – Für die Anwendung der Grundrechte im Privatrecht hat das BVerfG die Grundrechte als Wertordnung bemüht, um ihre Ausstrahlung auch auf das Privatrecht zu begründen (s.u. Rn 125). Im Rahmen von Art. 12 Abs. 1 hat das BVerfG sogar einmal erwogen, ob aus der Berufsfreiheit nicht auch ein Anspruch auf die Einrichtung von staatlichen Studienplätzen folgen kann (s.u. Rn 180), und aus Art. 1 Abs. 1 i.V.m. Art. 20 Abs. 1 leitet es ein Grundrecht auf ein menschenwürdiges Existenzminimum ab (Rn 489, 494, 497). **104**

Seit *Böckenfördes* Bestandsaufnahme haben besonders *Dieter Suhr* und *Robert Alexy* weitere, sehr unterschiedlich ansetzende Grundrechtstheorien vorgestellt. *Suhr* entwickelt ein bereits im Ansatz soziales Grundrechtsverständnis, das Freiheit als Freiheit eines geselligen und verantwortungsvollen Miteinanders begreift. Durch die Grundrechte geschützt werden nicht Einzelne vor staatlichen Eingriffen, sondern menschliche Beziehungen. Nach *Suhr* verpflichten die Grundrechte den Staat, die adäquaten rechtlichen Bedingungen für die Entfaltung der sozialen Natur des Menschen zur Verfügung zu stellen.[3] Seine Grundrechtstheorie weist daher eine große Nähe zum institutionellen Grundrechtsdenken auf. **105**

Nicht gesellschafts-, sondern rechtstheoretisch inspiriert ist die Prinzipientheorie der Grundrechte von *Alexy*. Für *Alexy* sind Normen entweder Regeln oder Prinzipien. Während Regeln nur der schlichten Subsumtion bedürften, sollen Prinzipien nur im Wege der optimierenden Abwägung angewandt werden können. Da Grundrechte sich aufgrund ihrer generalklauselartigen Fassung nicht durch einfache Subsumtion anwenden ließen, seien sie Prinzipien. Aus rechtstheoretischen Gründen seien daher Grundrechtsfragen durch optimierende Abwägung zu lösen.[4] Wegen ihrer Verbindung von Rechtstheorie und Grundrechtsdogmatik hat die Prinzipientheorie der Grundrechte auch im Ausland viel Zustimmung gefunden.[5] Rechtstheoretisch ist es ihr allerdings bislang nicht gelungen, einen Prinzipienbegriff zu formulieren, der nicht lediglich auf die graduell unterschiedliche Abstraktheit und Unbestimmtheit von Normen hinweist.[6] Die Rechtstheorie gibt den Grundrechten keine Optimierungsdogmatik vor. Tatsächlich zeigt die Rechtsentwicklung, dass die Grundrechte **106**

---

2 *Böckenförde*, NJW 1974, 1529.
3 *Suhr*, Entfaltung des Menschen durch die Menschen, 1976; *ders.*, Gleiche Freiheit, 1988.
4 *Alexy*, Theorie der Grundrechte, 1994, S. 71 ff; anknüpfend an *Dworkin*, Taking Rights Seriously, 1977, S. 90.
5 *Olivera* et al. (eds.), Alexy's Theory of Law, ARSP Beiheft 144 (2015).
6 *Poscher*, Ratio Juris, 2020, 134 ff mwN

trotz ihrer Unbestimmtheit durch die allgemeinen Methoden juristisch interpretiert und dogmatisch konturiert werden können. Ein Verständnis der Grundrechte als Optimierungsgebote ist auch im Hinblick auf die Gewaltenteilung problematisch.[7] Wenn die Grundrechte der Politik nicht lediglich einen freiheitlichen Rahmen setzen, sondern jeweils das Optimum an Freiheit verlangen, dann bleibt kein Raum mehr für politische Gestaltung. Politik wird hier allein zu einer Frage der Grundrechtsabwägung, die letztlich dem BVerfG obliegt. Jenes kann der Gesetzgebung allenfalls noch einen epistemischen Einschätzungsspielraum belassen, der dem demokratischen Gestaltungsauftrag des Parlaments jedoch nicht gerecht wird.

II. Grundrechtsfunktionen

1. Begriff

107 Ein wichtiger Teilbereich der Grundrechtstheorie ist die Lehre von den Grundrechtsfunktionen, in denen sich zum Teil auch die unterschiedlichen Grundrechtsverständnisse spiegeln. Grundrechte beziehen sich auf unterschiedliche Themen: in Art. 2 Abs. 2 auf die körperliche Unversehrtheit und das Leben, in Art. 5 Abs. 3 auf Kunst und Wissenschaft, in Art. 38 Abs. 1 auf das Wahlrecht oder in Art. 19 Abs. 4 auf den Rechtsschutz. Sie betreffen aber nicht nur diese unterschiedlichen Lebensbereiche, sondern adressieren sie auch auf unterschiedliche Weise.

108 **Beispiele:** Das Leben, die körperliche Unversehrtheit und die Kunst werden in erster Linie geschützt, indem dem Staat aufgegeben wird, etwas zu unterlassen – nämlich Eingriffe in das Leben, die körperliche Unversehrtheit und künstlerische Ausdrucksformen. Beim Wahlrecht geht es hingegen weniger um ein staatliches Unterlassen, sondern darum, dass der Staat politische Teilhabe entsprechend den grundrechtlichen Maßgaben organisiert, dh freie, gleiche und direkte Wahlen veranstaltet. Bei der Rechtsschutzgarantie geht es zwar nicht um politische Beteiligung, aber auch hier muss der Staat nicht lediglich etwas unterlassen, sondern Gerichte und Rechtswege einrichten, damit der Grundrechtsträger seine Grundrechte auch effektiv geltend machen kann.

109 Mit den Grundrechten werden also unterschiedliche Rollen des Staates in Verbindung gebracht, in denen er mal zu einem Unterlassen, mal aber auch zu bestimmten Handlungen verpflichtet wird, um die Gegenstände grundrechtlicher Freiheit zu schützen. Diese unterschiedlichen Modi, in denen einzelne Grundrechte über verschiedene normative Gehalte grundrechtliche Themen adressieren, werden als *Grundrechtsfunktionen* bezeichnet.

2. Entwicklung

110 Versuche, die unterschiedlichen Grundrechtsfunktionen zu systematisieren, haben keine normative, sondern eine heuristische Funktion. Die Lehren von den Grundrechtsfunktionen geben nicht die Art und Weise des Grundrechtsschutzes vor, sondern dieser bestimmt sich allein nach der jeweiligen Grundrechtsgarantie. Bei den

---

7 *Jestaedt*, Grundrechtsentfaltung im Gesetz, 1999, S. 239 ff; *Reimer*, Verfassungsprinzipien, 2001, S. 333; *Poscher*, Grundrechte als Abwehrrechte, 2003, S. 82 f.

verschiedenen Systematisierungen der Grundrechtsfunktionen geht es daher auch nicht darum, zu bestimmen, welche die richtige ist, sondern wie leistungsfähig sie sind – gemessen daran, wie gut es ihnen gelingt, die unterschiedlichen Dimensionen des Grundrechtsschutzes zu erfassen, die die einzelnen Grundrechte vorgeben. Die verschiedenen Systematisierungsversuche müssen sich daher auch nicht ausschließen, sondern können einander ergänzen, indem sie auf unterschiedliche Aspekte des Grundrechtsschutzes abheben. Dies erklärt, warum sich auch im aktuellen Grundrechtsdiskurs noch verschiedene Systematisierungen überlagern. Die verschiedenen Typisierungen lassen sich ihrerseits am besten historisch ordnen. Die frühen – klassischen – Einteilungen der Grundrechtsfunktionen entstanden im Spätkonstitutionalismus um die Wende zum 20. Jh. und unter der Weimarer Verfassung. Spätere Typisierungen gingen dann maßgeblich auf die Rechtsprechung des BVerfG in der Frühphase des GG zurück.

a) Die klassischen Grundrechtsfunktionen

111 In seinem „System der subjektiven öffentlichen Rechte" unterschied *Georg Jellinek* zwischen dem *status negativus*, *status positivus* und *status activus*.[8] Bezogen auf die Grundrechte bezeichnet status jeweils das Verhältnis eines einzelnen Menschen zum Staat, der in verschiedenen Grundrechten ausgeformt und gesichert ist. Klassisch ist auch das später zu den Grundrechten der Weimarer Verfassung entwickelte Verständnis bestimmter Grundrechte als Einrichtungsgarantien.

112 **aa)** Der **status negativus** ist der Zustand der Freiheit vom Staat, in dem der Einzelne seine individuellen Probleme ohne den Staat lösen, sein gesellschaftliches Zusammenleben ohne den Staat regeln und seine Geschäfte ohne den Staat abwickeln kann. Dieser Zustand wird ausgeformt und gesichert durch die Grundrechte, wenn und soweit sie als Abwehrrechte bestimmte Freiheiten oder Rechtsgüter gegen staatliche Eingriffe oder Verletzungen schützen Unter dem Aspekt der Abwehr kann verlangt werden, Eingriffe, wenn sie geschehen sind, zu beseitigen und, wenn sie bevorstehen, zu unterlassen.[9] Die Staatsrechtslehre des 19. Jahrhunderts hat diese Funktion der Grundrechte auf die Formel gebracht, dass die Grundrechte Eingriffe in Freiheit und Eigentum abwehren.

113 **bb)** Der **status positivus** ist der Zustand, in dem der Einzelne seine *Freiheit nicht ohne den Staat* haben kann, sondern für die Schaffung und Erhaltung seiner freien Existenz auf staatliche Vorkehrungen angewiesen ist. Dieser Zustand ist in den Grundrechten ausgeformt und gesichert, wenn und soweit sie *Anspruchs-, Schutz-, Teilhabe-, Leistungs- und Verfahrensrechte* sind. Dabei zeigen die verschiedenen Bezeichnungen allerdings nicht verlässlich auch verschiedene Berechtigungen an: Wenn von Schutzrechten die Rede ist, kann im Sinn eines Leistungsrechts der Schutz durch staatliche Leistungen und im Sinn eines Verfahrensrechts der Schutz durch und in staatlichen Verfahren gemeint sein, und Teilhabe gibt es an staatlichem Schutz, an staatlichen Leistungen und an staatlichen Verfahren. Der sachlich entscheidende Unterschied besteht bei den Rechten des status positivus darin, ob sie sich auf schon vor-

---

8   *Jellinek*, System der subjektiven öffentlichen Rechte, 2. Aufl. 1919, S. 87, 94 ff.
9   Vgl *Laubinger*, VerwArch 1989, 261/299.

handene staatliche Vorkehrungen beziehen oder ob sie auf deren Schaffung gerichtet sind. Die Frage ist also, ob sie dem Einzelnen einen Anspruch auf Schutz durch und in schon bestehenden Einrichtungen, Leistungen und Verfahren gewähren oder ob sie ihm einen Anspruch auf Schutz durch deren Bereitstellung verbürgen. Gelegentlich wird entsprechend nach *derivativen*, dh vom Bestehenden abgeleiteten, und *originären*, dh das noch nicht Vorhandene hervorbringenden Rechten unterschieden.[10]

114   **Beispiele:** Nur wenige Grundrechte des Grundgesetzes geben sich im Text als Anspruchsrechte im Sinne des status positivus zu erkennen: Art. 6 Abs. 4 formuliert den Anspruch der Mutter auf Schutz und Fürsorge der Gemeinschaft, Art. 19 Abs. 4 eröffnet das Recht auf Rechtsschutz durch gerichtliches Verfahren und gerichtliche Entscheidung, verstärkt in Art. 101 Abs. 1 S. 2 durch das Recht auf den gesetzlichen Richter und in Art. 103 Abs. 1 durch den Anspruch auf rechtliches Gehör. Für *Jellinek* (System der subjektiven öffentlichen Rechte, 2. Aufl. 1919, S. 124) ist der Anspruch auf Rechtsschutz der „bedeutsamste gleichsam aus dem Zentrum des positiven Status entspringende Anspruch". Daneben verbürgen die Gleichheitsrechte die gleiche Teilhabe an staatlichen Vorkehrungen; sie sind die derivativen Rechte des status positivus (vgl u. Rn 177 f). Allerdings ist damit nicht mehr gesagt, als dass der Staat einzelne Personen oder Gruppen nicht willkürlich ausschließen darf; fördern muss er nur nach Maßgabe des Art. 3 Abs. 2 S. 2. Ferner wird aus der Menschenwürdegarantie (Art. 1 Abs. 1 S. 2) ein Anspruch auf Gewährleistung eines menschenwürdigen Existenzminimums abgeleitet (vgl Rn 489, 494, 497). Einen expliziten Anspruch auf Schutz und Fürsorge für Mütter enthält auch Art. 6 Abs. 4 (vgl Rn 857).

115   **cc)** Der **status activus** ist der Zustand, in dem der Einzelne seine *Freiheit im und für den Staat* ausübt, diesen mitgestaltet und an ihm teilnimmt.[11] Er wird durch die staatsbürgerlichen Rechte ausgeformt und gesichert. Individuelle Freiheit und staatliche Ordnung werden funktional aufeinander bezogen.

116   **Beispiele:** Staatsbürgerliche Rechte sind dem Einzelnen im Grundgesetz als Wähler und als Wahlbewerber und beim Zugang zum öffentlichen Dienst und in dessen Ausübung gewährleistet (Art. 33 Abs. 1–3 und 5, 38 Abs. 1 S. 1). Schließlich dient das Recht, Petitionen vorzulegen (Art. 17), das auch das Recht auf ihre Bescheidung umfasst (Rn 1234), der Teilhabe an der Staatsgewalt.

117   Auch bei den Rechten des status activus ist der *textliche Befund* karger, als dies modernem Grundrechtsverständnis zuweilen angemessen erscheint. Da der demokratische Staatsbürger nicht nur im status activus, sondern mit seinen Meinungen, als Zeitungsleser und -verleger, als Vereins- und Parteimitglied, auf Versammlungen und Demonstrationen auch im status negativus den demokratischen Staat mittrage und mitgestalte, müsse auch bei den entsprechenden Grundrechten des status negativus in der *Auslegung* die objektive demokratische Funktion der Grundrechtsausübung berücksichtigt werden (Rn 125 ff).

118   **dd)** Einige Grundrechte verbürgen nicht nur subjektive Rechte, sondern gewährleisten auch objektive **Einrichtungsgarantien.** Sie verbürgen in der Terminologie, die auf *Carl Schmitt* zurückgeht,[12] als sog *Institutsgarantien* privatrechtliche und als

---

10   Vgl *Kloepfer*, VerfR II, § 48 Rn 22 ff.
11   Vgl *Starck*, Hdb. GR II, § 41 Rn 1 ff.
12   *Schmitt*, Verfassungsrechtliche Aufsätze, 2. Aufl. 1973, S. 140 ff; zur Aktualisierung der Einrichtungsgarantien unter dem Grundgesetz *Mager*, Einrichtungsgarantien, 2003.

sog *institutionelle Garantien* öffentlich-rechtliche Einrichtungen und entziehen sie damit der Disposition des Gesetzgebers. Gelegentlich wird dies unter Ablehnung der Begriffe der Instituts- und institutionellen Garantie aus Art. 1 Abs. 3 und 19 Abs. 2 abgeleitet.[13]

Beispiele: Der Gesetzgeber darf die Ehe und Familie (Art. 6 Abs. 1), die Privatschule (Art. 7   **119**
Abs. 4), das Eigentum und das Erbrecht (Art. 14 Abs. 1) und das Berufsbeamtentum (Art. 33 Abs. 5) nicht abschaffen. Die genannten Artikel verbürgen zugleich aber auch die subjektiven Rechte, Ehen und Familien zu gründen, Eigentum zu haben und zu vererben, Privatschulen zu errichten usw.

Bei manchen Artikeln ist *umstritten,* ob sie neben subjektiven Rechten auch objektiv   **120**
Einrichtungen gewährleisten. So wird zuweilen in Art. 5 Abs. 1 das Institut der freien Presse als garantiert angesehen.[14] Aber die freie Presse ist ein gesellschaftlicher Befund und weder privatrechtliches Institut noch öffentlich-rechtliche Institution.

b) Objektive Grundrechtsfunktionen

Wesentliche Impulse für die Typologie der Grundrechtsfunktionen hat das BVerfG   **121**
mit der Betonung objektiver Grundrechtsfunktionen gesetzt. Diese greifen teilweise Kategorien der Statuslehren auf, liegen aber teilweise auch quer zu ihnen.

aa)   Eine objektiv-rechtliche Funktion haben die Grundrechte bereits dadurch, dass   **122**
sie den Handlungs- und Entscheidungsspielraum des Staats *begrenzen.* Von seinen Gesetzgebungs-, Verwaltungs- und Rechtsprechungskompetenzen kann der Staat keinen beliebigen, sondern nur den Gebrauch machen, den die Grundrechte zulassen. Indem sie ihm Pflichten zur Beachtung der Grundrechte bei der Ausübung seiner Kompetenzen auferlegen, sind sie Grenze oder Negation seiner Kompetenzen und insofern **negative Kompetenznormen.**[15]

Beispiele: Der Bund hat die ausschließliche Kompetenz für das Postwesen und die Telekom-   **123**
munikation (Art. 73 Abs. 1 Nr. 7). Die Kompetenz endet da, wo eine Beschränkung des Brief-, Post- und Fernmeldegeheimnisses mit Art. 10 Abs. 2 unvereinbar ist.

Dabei bleiben die Grundrechte subjektive Rechte des Einzelnen. Nur die *Perspektive*   **124**
wechselt: Was die Grundrechte dem Einzelnen an Entscheidungs- und Handlungsspielraum geben, das nehmen sie dem Staat, und sie nehmen es ihm objektiv, dh unabhängig davon, ob der Einzelne es geltend macht oder auch nur wahrnimmt.

bb)   Der Gedanke der objektiven Funktion der Grundrechte wurde vom BVerfG   **125**
aber auch aufgegriffen, um den Grundrechtsschutz gegenüber traditionellen Verständnissen einzelner Grundrechte auszuweiten. Bereits in den 1950er Jahren wurde das Gericht mit Fallkonstellationen konfrontiert, die traditionell nicht mit dem Grundrechtsschutz in Verbindung gebracht wurden, aber gerade auch in der Nachkriegsordnung, die sich von dem Verfall der Rechtsordnung im Nationalsozialismus abgrenzen wollte, nach einer grundrechtlichen Betrachtung verlangten. Die Fallkonstellationen waren im Privatrecht angesiedelt, das traditionell nicht mit den an den Staat gerichte-

---

13   *Maurer,* StR, § 6 Rn 21; *Obermeyer,* KritV 2003, 142/162.
14   Vgl *Degenhart,* BK, Art. 5 Abs. 1 u. 2 Rn 40, 71 f.
15   *Hesse,* VerfR, Rn 291; *Kloepfer,* VerfR II, § 48 Rn 37; krit *Gärditz,* Hdb. StR³ IX, § 189 Rn 23 f

ten Grundrechten in Verbindung gebracht wurde. Nicht nur Stimmen in der Literatur, sondern mit dem Bundesarbeitsgericht sogar ein oberstes Bundesgericht verlangten insoweit, die Grundrechtsbindung jedenfalls für Teile des Zivilrechts auf die Grundrechtsträger zu erstrecken (unmittelbare Drittwirkung, Rn 261).[16] Dies schien wiederum unabsehbare Folgen für die Privatautonomie zu haben, die in der damaligen Literatur auch ausgiebig perhorresziert wurden.[17] Das BVerfG befand sich damit in einer schwierigen Situation, die von ihm einerseits die Ausweitung des Grundrechtsschutzes verlangte, es aber andererseits mit einer Gefahr für die Fundamente des Privatrechts konfrontierte. Einen Ausweg fand das BVerfG schließlich im Lüth-Urteil, das eine unmittelbare Bindung Privater an die Grundrechte zurückwies, den **Grundrechten als objektiven Wertentscheidungen** aber trotzdem im Privatrecht Geltung verschaffte.

126 **Beispiel:** Erich Lüth hatte im Jahr 1950 als Vorsitzender des Hamburger Presseklubs zum Boykott des Films „Unsterbliche Geliebte" von *Veit Harlan*, der während des Dritten Reichs den antisemitischen Film „Jud Süß" gedreht hatte, aufgerufen. Die Produktions- und die Verleihfirma des Films „Unsterbliche Geliebte" klagten daraufhin erfolgreich gegen Lüth auf Unterlassung des Boykottaufrufs unter Berufung auf § 826 BGB.

127 Um die Grundrechte in dieser Konstellation ins Spiel zu bringen, berief sich das BVerfG darauf, dass die Grundrechte nicht nur subjektive Abwehrrechte gegen den Staat, sondern auch objektive Wertentscheidungen, Wertmaßstäbe, Grundsatznormen oder Prinzipien seien. Mit den Grundrechten gebe das Grundgesetz zu erkennen, dass Leib und Leben, Meinungsvielfalt, Kunst und Wissenschaft, Berufsbetätigung, Eigentumsgebrauch usw wertvoll seien – auch über das Interesse des Einzelnen hinaus, Eingriffe in seine entsprechenden Freiheiten abzuwehren. Sie seien objektiv wertvoll, seien die Wertordnung oder das Wertsystem des Gemeinwesens, und der Staat sei für sie verantwortlich. In dieser Funktion strahlten sie auf die gesamte Rechtsordnung und damit auch auf das Privatrecht aus.[18] Die sog Ausstrahlungswirkung der Grundrechte verlange, dass das gesamte einfache Recht „im Lichte" der Grundrechte ausgelegt werde. „Hier wirkt der Rechtsgehalt der Grundrechte über das Medium der das einzelne Rechtsgebiet unmittelbar beherrschenden Vorschriften, insbesondere der Generalklauseln und sonstigen auslegungsfähigen und auslegungsbedürftigen Begriffe, die im Sinn dieses Rechtsgehalts ausgelegt werden müssen"[19]; die Generalklauseln und unbestimmten Rechtsbegriffe werden deshalb als „Einbruchstellen" der Grundrechte in das Bürgerliche Recht bezeichnet. Die Lehre wurde auch mittelbare Drittwirkungslehre genannt, da sich nach ihr die Grundrechte in ihrer objektiven Wertentscheidungsfunktion – vermittelt über eine verfassungskonforme Auslegung des Privatrechts – nicht nur auf das Verhältnis zwischen Staat und Bürger, sondern auch auf das Verhältnis des Bürgers zu Dritten auswirken. Im Beispielsfall (Rn 126) verlangte das BVerfG daher, § 826 BGB „im Geiste" des Art. 5 Abs. 1 S. 1 dahingehend auszulegen, dass Lüths Aufruf rechtmäßig war.[20]

---

16 BAG, NJW 1957, 1688/1689.
17 *Schmidt-Rimpler/Gieseke/Friesenhahn/Knur*, AöR 1950–51, S. 165/169 ff; *Apelt*, JZ 1953, 353/358; *Dürig*, Festschrift Nawiasky, 1956, S. 157/164.
18 Zur Bedeutung der objektiven Grundrechtsfunktion für die Entwicklung der Abwägungsdogmatik *Rusteberg*, Der grundrechtliche Gewährleistungsgehalt, 2009, S. 32 ff.
19 E 73, 261/269.
20 E 7, 198/205 ff.

Die mittelbare Drittwirkung der Grundrechte leitet das BVerfG zwar aus ihrer objek-   **128**
tiv-rechtlichen Bedeutung ab; es hat dieser aber von Anfang an zugleich *subjektiv-*
rechtliche Wirkungen beigemessen: Lässt der Richter den verfassungsrechtlichen
Einfluss auf die bürgerlich-rechtlichen Normen außer Acht, „so verstößt er nicht nur
gegen objektives Verfassungsrecht, indem er den Gehalt der Grundrechtsnorm (als
objektiver Norm) verkennt, er verletzt vielmehr als Träger öffentlicher Gewalt durch
sein Urteil das Grundrecht, auf dessen Beachtung auch durch die rechtsprechende Gewalt der Bürger einen verfassungsrechtlichen Anspruch hat"[21].

Auch wenn die Entwicklung der objektiven Wertentscheidungsfunktion der Grund-   **129**
rechte zu einer erheblichen Ausweitung des Grundrechtsschutzes führte, hatte sie
auch defensiven Charakter. Sie diente nämlich der Zurückweisung einer unmittelbaren Grundrechtsbindung von Privatpersonen (Rn 261 ff). Ferner war das mit der objektiven Wertentscheidungsfunktion der Grundrechte in Verbindung gebrachte Bild
der „Ausstrahlungswirkung" der Grundrechte als Werte zwar wirkmächtig, aber als
metaphorisches Attribut einer Grundrechtsfunktion theoretisch und dogmatisch un-
scharf, wenn nicht sogar widersprüchlich. Die neue Grundrechtsfunktion wurde objektiv genannt; gleichwohl sollten sich die Grundrechtsträger auf sie berufen können.
Über sie wurden Konstellationen grundrechtlich erschlossen, die zuvor nicht unter
dem Blickwinkel der Grundrechte betrachtet wurden. Doch auch in diesen Konstellationen sind die Grundrechte objektives Recht und subjektive Rechte zugleich (vgl etwa Rn 1247). Wieso sollten die Grundrechte nur über zivilrechtliche Generalklauseln
ihren Anspruch erheben? Wie sollte man die Ausstrahlungswirkung der Grundrechte
genau bestimmen oder prüfen? Verlangten die Grundrechte in ihrer Ausstrahlungswirkung weniger oder doch anderes als im klassischen status negativus? Diese Un-
stimmigkeiten und Unschärfen begünstigen eine Fortschreibung der Funktionstypologie, die nicht mehr nach subjektiven und objektiven Gehalten unterscheidet, sondern
die unterschiedlichen Rollen des Staates als Gefährder ebenso wie als Garant von
Freiheit in den Blick nimmt.

3. Aktuelle Typisierung

Die heutige Typisierung knüpft an die historischen Systematisierungen an. Sie nimmt   **130**
dementsprechend ihren Ausgang an der historischen Funktion der Grundrechte in Europa als Transformatoren der traditionellen feudalen Ordnung. Die Grundrechte richteten sich auf die Etablierung bürgerlicher Freiheit und Gleichheit. Dazu schützten sie
in erster Linie die negative Freiheit, nicht durch den Staat beschränkt zu werden. Sie
verpflichteten den Staat zu einem Unterlassen. Das freiheitliche Versprechen der
Grundrechte zielte jedoch immer schon auf die positive Freiheit der realen persönlichen Entfaltung, der realen Ausübung eines Berufs oder des realen Verfügens über
eine Wohnung. Die Abwehrfunktion der Grundrechte trat historisch lediglich so in
den Vordergrund, weil der Liberalismus des 19. Jahrhunderts noch davon überzeugt
war, dass sich die positive Freiheit in der bürgerlichen Gesellschaft unabhängig vom
Staat realisieren werde, wenn der Staat seinen Bürgern bloß Freiheit von Eingriffen
gewähre. Spätestens nach dem Ersten Weltkrieg wurde jedoch deutlich, in welcher

---

21 E 7, 198/206 f; 89, 214/229 f; aA *H. Klein*, Staat 1971, 145/172; *Merten*, NJW 1972, 1799.

vielfachen Weise positive Freiheit nicht nur auf staatliches Unterlassen, sondern auch auf staatliche Leistungen angewiesen ist. Entsprechend sollten Grundrechte den Staat nicht nur zu einem Unterlassen, sondern mittels *weiterer Grundrechtsfunktionen* auch zu einem Handeln verpflichten können.

131 Die handlungstheoretisch grundlegende Unterscheidung zwischen Handeln und Unterlassen würde nahelegen, von zwei Grundrechtsfunktionen auszugehen: einer Abwehr- und einer Leistungsfunktion. Dafür spräche auch die jeweils einheitliche Struktur dieser beiden Grundrechtsfunktionen (Rn 278 ff; 449 ff). Doch sind die Leistungen vielgestaltig, die der Staat für die Gewährleistung realer Freiheit erbringt: Er kann vor Zugriffen Dritter schützen, durch die Ausgestaltung der Rechtsordnung überhaupt erst die rechtlichen Bedingungen mancher Freiheiten schaffen oder sie durch die Bereitstellung von Ressourcen unterstützen. Neben der Abwehrfunktion unterscheiden aktuelle Funktionstypologien der Grundrechte daher hinsichtlich der Leistungsfunktionen zwischen Schutz-, Ausgestaltungs- und Leistungsfunktion ieS, die auf staatliche Sach- oder Geldleistungen zur Verwirklichung realer Freiheit gerichtet ist. Die Funktionstypologien werden dadurch auch an die in der internationalen Menschenrechtsdiskussion (Rn 58) zugrunde gelegten Funktionsbeschreibungen anschlussfähig, die neben der abwehrrechtlichen „duty to respect" zwischen der „duty to protect" und „duty to fulfill" unterscheiden (s.o. Rn 63). Diese Funktionstypologie hat die Lehre von der objektiven Wertentscheidungsfunktion der Grundrechte weitgehend abgelöst, ohne dass dies ausschließt, dass die objektive Grundrechtsfunktion im Zusammenhang mit und zur Rechtfertigung von anderen Grundrechtsfunktionen in Rechtsprechung und Literatur noch Erwähnung findet.[22]

a) Abwehrfunktion

132 Die abwehrrechtliche Grundrechtsfunktion entspricht im Wesentlichen dem status negativus der Statuslehre *Jellineks*. Die Abwehrfunktion prägt auch die Grundrechte des Grundgesetzes[23], die Unionsgrundrechte[24] und die EMRK[25]. Auch für das BVerfG sind die Grundrechte „in erster Linie Abwehrrechte"[26], und es warnt davor, „die Funktion der Grundrechte als objektiver Prinzipien ... von dem eigentlichen Kern [zu] lösen und zu einem Gefüge objektiver Normen [zu] verselbstständigen, in denen der ursprüngliche und bleibende Sinn der Grundrechte zurücktritt"[27].

133 **Beispiele:** Die meisten Grundrechte des Grundgesetzes geben sich daher bereits im Text als Abwehrrechte zu erkennen. Sie schützen gegen Verletzungen (zB Art. 4 Abs. 1, 10 Abs. 1, 13 Abs. 1) oder sie formulieren Anforderungen, ohne die der Staat weder die Rechtsstellung des Einzelnen beschränken oder einschränken (Art. 5 Abs. 2, 8 Abs. 2, 10 Abs. 2, 11 Abs. 2, 13 Abs. 7, 14 Abs. 1 S. 2, 17a Abs. 1) noch in sie eingreifen (Art. 2 Abs. 2 S. 3, 13 Abs. 7) darf. Auch ohne explizit von Verletzung, Beschränkung, Einschränkung oder Eingriff zu sprechen,

---

22 S. etwa E 121, 317/356 ff; 133, 59 Rn 45; 142, 313 Rn 70.
23 Vgl *Poscher*, Grundrechte als Abwehrrechte, 2003; *Isensee*, Hdb. StR³ IX, § 191 Rn 16 ff; *Schlink*, EuGRZ 1984, 457.
24 *Kingreen*, in: Calliess/Ruffert, EUV/AEUV, 6. Aufl. 2021, Art. 51 GRCh Rn 28 ff.
25 *Ehlers*, in: Ehlers, Europäische Grundrechte und Grundfreiheiten, 4. Aufl. 2014, § 2 Rn 26.
26 E 7, 198; vgl aus dem Parlamentarischen Rat: *Zinn*, 3. Sitzung des Ausschusses für Grundsatzfragen, 21.9.1948, in: Der Parlamentarische Rat, Bd 5/1, 1993, S. 37: „keine andere Bedeutung haben als eine Beschränkung der Staatsgewalt".
27 E 50, 290/337.

können sie sich mit diesen Aspekten befassen; so ist zB die Trennung der Kinder von den El-tern gegen deren Willen ein Eingriff in das Elternrecht (Art. 6 Abs. 3).

aa)   Ihrem Inhalt nach verlangen die Grundrechte als Abwehrrechte vom Staat ein **Unterlassen**. Bei einer idealtypischen Betrachtung hat die Abwehrfunktion damit den Vorzug, sowohl in ihrer Rechtsfolge grundsätzlich leicht bestimmbar als auch immer erfüllbar zu sein, da sie nur fordert, dass der Staat etwas unterlässt, aber nicht, dass er noch konkret zu bestimmende Ressourcen zur Verfügung stellt. Der Meinungsfreiheit als Abwehrrecht etwa kann der Staat einfach dadurch Genüge tun, dass er das in Aus-sicht genommene Verbot einer Meinungsäußerung unterlässt, wofür er keine Mittel aufbringen muss. Die Abwehrfunktion der Grundrechte wird daher häufig als die Grundrechtsfunktion erachtet, die strukturell den politischen Entscheidungsprozess und die staatlichen Haushalte am wenigsten belastet.   **134**

bb)   Sowohl hinsichtlich der Schlichtheit der Rechtsfolge als auch hinsichtlich der Kostenneutralität können die Folgerungen aus der Abwehrfunktion allerdings kom-plexer werden, als dies die idealtypische Betrachtung nahelegt. So können spezifische Regelungskonstellationen dazu führen, dass die Rechtsfolge der Abwehrfunktion der Grundrechte zu **akzessorischen Leistungsrechten** führt. Wenn als Schranke eines Grundrechts ein Verbot erlassen wird, das nach Durchführung eines administrativen Kontroll- oder Überwachungsverfahrens durch eine Erlaubnis oder Befreiung aufge-hoben werden kann, und wenn sich im Verfahren zeigt, dass das Verbot im konkreten Fall nicht gerechtfertigt ist, dann hat die betroffene Person aus dem Abwehrrecht einen Anspruch auf Erteilung der Erlaubnis oder Befreiung.   **135**

Beispiele: Grundsätzlich besteht Gewerbefreiheit (Art. 12 Abs. 1), die im Interesse der Allge-meinheit jedoch Schranken unterworfen ist. Im Verfahren der Erteilung der Gewerbeerlaubnis wird überprüft, ob die Schranken einschlägig sind, also zB ob Gewerbetreibende zuverlässig sind. Das zunächst bestehende Verbot, ohne Gewerbeerlaubnis ein Gewerbe zu eröffnen, hat den Zweck, die Durchführung des Verfahrens der Erteilung der Gewerbeerlaubnis zu gewähr-leisten. Wenn sich in diesem Verfahren zeigt, dass die Voraussetzungen für die Erteilung der Gewerbeerlaubnis vorliegen, hat der Gewerbetreibende einen Anspruch auf Erteilung der Gewerbeerlaubnis. Aus dem Abwehrrecht folgt ein Leistungsrecht, um dem ursprünglichen Unterlassungsanspruch zu genügen.   **136**

Eine besondere Regelungskonstellation betreffen auch abwehrrechtliche Handlungs-pflichten, die sich aus beitragspflichtigen Zwangsmitgliedschaften in Sozialversiche-rungssystemen ergeben. Indem der Gesetzgeber die Grundrechtsträger zwingt, für ein bestimmtes Lebensrisiko Beiträge in eine gesetzliche Versicherung zu zahlen, schränkt er ihre Möglichkeit einer privaten Vorsorge ein, da die Mittel der Grund-rechtsträger für die Risikovorsorge begrenzt sind. Werden die Leistungen der gesetz-lichen Versicherung beschränkt, so liegt darin ein Eingriff in die allgemeine Hand-lungsfreiheit.[28] Betreffen die Beschränkungen potenziell existenzielle Leistungen bei lebensbedrohlichen Erkrankungen, so ist die Beschränkung regelmäßig nicht zu rechtfertigen und kann – unter Berücksichtigung des besonderen grundrechtlichen Schutzes von Leib und Leben und des Sozialstaatsprinzips – zu einem Anspruch auf die entsprechende Leistung führen (Rn 558).   **137**

---

28   E 115, 25/42.

138 Auch die grundrechtlich fundierten *Beseitigungs- und Kompensationsansprüche* gegen den Staat haben ihre Basis in den Grundrechten als freiheits- und gleichheitsrechtlichen Abwehrrechten. Wenn rechtswidrige Eingriffe oder auch die Aufbürdung rechtmäßiger Sonderopfer nicht unterlassen wurden bzw werden konnten, schlagen die Freiheit und Gleichheit wahrenden Abwehransprüche von Unterlassungs- in Beseitigungs- und Kompensationsansprüche um.[29] Zum Teil sind diese Kompensationsansprüche in den Grundrechten selbst vorgesehen. So ist der Eigentumseingriff der Enteignung nach Art. 14 Abs. 3 nur gegen Zahlung einer Entschädigung zulässig (s.u. Rn 1157 f). Aber auch sonst wird im Staatshaftungsrecht etwa der Vollzugsfolgenbeseitigungsanspruch oder der allgemeine Folgenbeseitigungsanspruch gegenüber den Folgen rechtswidriger Grundrechtseingriffe aus der Abwehrfunktion der Grundrechte abgeleitet.[30] In strafprozessualen Beweisverwertungsverboten kann ebenfalls eine Kompensation von Grundrechtsverstößen bei der Beweiserhebung gesehen werden – soweit nicht auf die Vertiefung der Verletzung abgestellt wird.

139 **Beispiele:** Die rechtswidrige Durchsuchung einer Wohnung führt bei schwerwiegenden Verfahrensverstößen zu einem Beweisverwertungsverbot (E 113, 29/61; 125, 260/339 f; 130, 1/31 BVerwGE 132, 100/106 f; krit *Schwabenbauer*, AöR 2012, 1/35 ff). Hingegen darf der Anfangsverdacht einer Steuerhinterziehung auf im Ausland rechtswidrig beschaffte Daten gestützt werden (BVerfG, NJW 2011, 2417 Rn 48 ff).

140 Ferner können sich aus den Abwehrrechten in Verbindung mit dem Verhältnismäßigkeitsgrundsatz Handlungspflichten des Staates im Hinblick auf die Organisation und das Verfahren ergeben, in die die Grundrechtseingriffe eingebettet sind. Insoweit ist vom *Grundrechtsschutz durch Organisation und Verfahren* die Rede, der sich gerade auch auf die Abwehrfunktion der Grundrechte bezieht, zum Teil aber auch als eigene Grundrechtsfunktion verstanden wird.[31] Der Staat muss einen Eingriff nicht notwendigerweise unterlassen, muss ihn aber durch grundrechtsschützende Organisation und Verfahren begleiten. Ein klassisches Element des Organisations- und Verfahrensschutzes ist der Richtervorbehalt, den einzelne Grundrechte explizit vorsehen (zB Art. 13, Art. 104), den das BVerfG aber auch für andere, besonders schwere Grundrechtseingriffe, wie die Telekommunikationsüberwachung[32], aus dem Verhältnismäßigkeitsgrundsatz abgeleitet hat.

141 Bereits die Tatsache, dass die Grundrechte als Abwehrrechte zum Teil nicht nur Unterlassungen, sondern auch Handlungen, Kompensationen und die Einrichtung von Organisationsstrukturen und Verfahren verlangen, macht deutlich, dass sie nicht immer kostenneutral gewährleistet werden können.[33] Hinzu kommt aber besonders, dass sie als Abwehrrechte auch gegen Maßnahmen staatlicher Mittelbeschaffung durch Steuern, Beiträge und sonstige Abgaben in Stellung gebracht werden können. Werden etwa Steuergesetze als Eingriffe in Grundrechtspositionen für verfassungswidrig erklärt, können dem Staat dadurch auf der Einnahmeseite erhebliche Mittel zur Erfül-

---

29   Vgl *Röder*, Die Haftungsfunktion der Grundrechte, 2002, S. 199 ff; *Sachs*, Hdb. GR II, § 39 Rn 38 ff; krit *Haack*, DVBl. 2010, 1475.
30   BVerwGE 151, 228 Rn 25.
31   *Häberle*, Wesensgehaltsgarantie des Art. 19 Abs. 2 GG, (1962) 1993, S. 373 ff; *Goerlich*, Grundrechte als Verfahrensgarantien, 1981, S. 57 ff; *Bethge*, NJW 1982, S. 1 ff.
32   E 125, 260/337 f.
33   Dazu *Wischmeyer*, Die Kosten der Freiheit, 2015.

lung seiner Leistungsaufgaben entzogen werden. Auch die Kostenneutralität der Grundrechte als Abwehrrechte ist daher allenfalls bei einer idealtypischen Betrachtung gegeben. Richtig ist lediglich, dass die Abwehrfunktion nicht notwendigerweise staatliches Handeln und staatliche Ressourcen fordert.

cc) Umstritten und in der Rechtsprechung des BVerfG nicht eindeutig ist, inwieweit **142** die Abwehrfunktion der Grundrechte in den **Dreieckskonstellationen** trägt, die das Gericht zur Entwicklung der mittelbaren Drittwirkung (Rn 125 ff) veranlasst haben. In ihnen stehen sich zwei Grundrechtsträger, deren grundrechtlich geschützte Interessen kollidieren, und der Staat in einem Dreieck von Rechtsverhältnissen gegenüber. Staatliche Maßnahmen dienen häufig dazu, Freiheitskonflikte zwischen diesen Grundrechtsträgern zu regeln; zum Teil wird sogar angenommen, dass sich rechtliche Regelungen ganz überwiegend als Freiheitsverteilungsentscheidungen verstehen lassen.[34]

Beispiele: In der *Lüth*-Entscheidung (Rn 125 ff) hatten Gerichte den Konflikt zwischen dem **143** Senator *Lüth* und dem Regisseur *Harlan* um den Boykottaufruf zu regeln. – Anwohner richteten sich gegen die aufgrund der Luftverkehrszunahme gestiegene Lärmbelastung durch einen Flughafen und verlangten eine staatliche Neuregelung der Immissionsgrenzen (E 56, 54/73 ff). – Ein Karikaturist berief sich gegenüber einer strafrechtlichen Verurteilung wegen Beleidigung des damaligen bayerischen Ministerpräsidenten Franz Josef Strauß auf seine Kunstfreiheit (E 75, 369/371 ff).

In diesen Dreieckskonstellationen ist zu klären, wie sich die Grundrechte auf das **144** Rechtsverhältnis zwischen den Grundrechtsträgern auswirken. Einigkeit besteht darin, dass die Grundrechte die Grundrechtsträger grundsätzlich nicht verpflichten, dass also Grundrechte grundsätzlich keine unmittelbare Drittwirkung haben (Rn 125 ff, 261 f). Einigkeit besteht weiterhin darin, dass die Grundrechte den Staat wegen der umfassenden Grundrechtsbindung in Art. 1 Abs. 3 bei der Regelung des Rechtsverhältnisses zwischen den Grundrechtsträgern binden und in diesem Sinn mittelbare Drittwirkung entfalten. Der Staat ordnet die Dreieckskonstellationen, indem er den einen Grundrechtsträger verpflichtet, bei seinem belastenden Verhalten gewisse Grenzen einzuhalten, während er den anderen verpflichtet, das belastende Verhalten innerhalb dieser Grenzen zu dulden.[35] Die Abwehrfunktion kann an beide Verpflichtungen der Grundrechtsträger anknüpfen und sie als Eingriffe erfassen. Gleichwohl wird für denjenigen, der sich gegen die Verpflichtung wendet, das belastende Verhalten eines Dritten hinnehmen zu müssen, häufig die Schutzfunktion der Grundrechte für erforderlich erachtet, da er Schutz gegenüber dem Dritten begehre. Es besteht daher Uneinigkeit darüber, mit welchen Grundrechtsfunktionen die mittelbare Drittwirkung der Grundrechte erfasst wird (Rn 334 ff).

Im *internationalen Menschenrechtsschutz* (Rn 58 ff) entspricht der abwehrrechtli- **145** chen Grundrechtsfunktion die „duty to respect".[36] Die Respektierungspflicht verlangt

---

34 Dazu *Poscher*, Grundrechte als Abwehrrechte, 2003, S. 101 f.
35 *Poscher*, Grundrechte als Abwehrrechte, 2003, S. 167 ff; vgl bereits *Schwabe*, Die sogenannte Drittwirkung der Grundrechte, 1971; *ders.*, AcP 1985, 1 ff.
36 *Steiner/Alston/Goodmann*, International Human Rights in Context, 3. Aufl. 2008. S. 185 ff; krit *Koch*, Dichotomies, Trichotomies or Waves of Duties, Human Rights Law Review 2005, 81 (84 f); *Poscher*, in: Cremer/Ennuschat/Poscher/Rux/Wißmann, Selektion und Gerechtigkeit in der Schule, 2012, S. 39 ff.

wie das Abwehrrecht von den Vertragsstaaten zunächst und vordringlich, dass sie selbst die Menschenrechte durch ihr Handeln nicht verletzen, dh eigene Menschenrechtsverletzungen unterlassen. Sie steht im Vordergrund besonders der Menschenrechtspakte, die dem Schutz der klassischen bürgerlichen und politischen Rechte gelten. Sie kann sich aber auch auf soziale und kulturelle Menschenrechte beziehen. So gilt das Recht auf Bildung als soziales und kulturelles Menschenrecht, hat aber als soziales Recht eine Respektdimension, die etwa verlangt, dass die Vertragsstaaten Bildungsverbote für bestimmte Bevölkerungsgruppen – etwa Frauen oder ethnische Minderheiten – unterlassen. Wegen der Eindeutigkeit der Rechtsfolge, die schlicht in dem Unterlassen der Menschenrechtsverletzung liegt, gelten die Respektierungspflichten völkerrechtlich als unmittelbar zu erfüllende Verpflichtungen.[37] Im Hinblick auf die Inkorporation in die deutsche Rechtsordnung sind Respektierungspflichten daher auch immer unmittelbar anwendbar und werden so mit der Ratifikation und Inkorporation der Verträge für deutsche Behörden und Gerichte bindendes Recht.

b) Schutzfunktion

146 Eine erste Ausdifferenzierung einer besonderen Grundrechtsfunktion aus den bis dahin eher nur metaphorisch entwickelten objektiven Wertentscheidungen war die grundrechtliche Schutzfunktion. Einige Normtexte benennen die Pflicht des Staates zum Schutz der Grundrechte ausdrücklich. So verpflichtet Art. 1 Abs. 1 nicht nur zur Achtung, sondern auch zum Schutz der Würde. Art. 6 stellt in Abs. 1 Ehe und Familie unter den besonderen Schutz der staatlichen Ordnung und räumt in Abs. 4 jeder Mutter einen Anspruch auf den Schutz und die Fürsorge der Gemeinschaft ein.

147 **aa)** Das BVerfG generalisiert die Schutzfunktion der Grundrechte, indem es aus der objektiven Wertentscheidungsfunktion auch für solche Grundrechte staatliche Schutzpflichten ableitet, die im Text des Grundgesetzes als solche keine Erwähnung gefunden haben. In seiner ersten Entscheidung über die Regelung des Schwangerschaftsabbruchs von 1975 folgert es aus Art. 2 Abs. 2 S. 1 eine objektive Wertentscheidung für den Schutz des Lebens, die es neben die abwehrrechtliche Pflicht des Staates stellt, Eingriffe in das Leben zu unterlassen. Aus dieser Wertentscheidung leitet es ab, dass sich der Staat auch „schützend und fördernd" vor das werdende Leben stellen müsse. Für den Schwangerschaftsabbruch folgerte das BVerfG aus der grundrechtlichen Schutzpflicht zunächst sogar, dass ihn der Staat notwendigerweise unter Strafe stellen müsse.[38] Zwei Jahre später beriefen sich dann die Angehörigen des durch die Rote-Armee-Fraktion entführten Arbeitgeberpräsidenten *Hanns Martin Schleyer* auf die grundrechtliche Schutzpflicht für das Leben. Sie verlangten die von den Entführern geforderte Freilassung der inhaftierten Terroristen. Zwar bestätigte das BVerfG das grundsätzliche Bestehen einer Schutzpflicht, räumte der Bundesregierung aber einen weiten Entscheidungsspielraum darüber ein, wie sie der Schutzpflicht nachkomme, da diese nicht nur gegenüber dem Entführungsopfer, sondern auch gegenüber den potentiellen Opfern der freizulassenden Terroristen bestehe.[39]

---

37 E/1991/23, 14.12.1990, CESCR, General Comment Nr. 3: The Nature of States Parties, Obligations, § 5.
38 E 39, 1; s.a. E 88, 203.
39 E 46, 160/165.

Gerade die *Schleyer*-Entscheidung macht deutlich, dass es bei der grundrechtlichen **148**
Schutzpflicht zunächst darum ging, die Grundrechtsträger vor *rechtswidrigen* Verletzungen grundrechtlich geschützter Güter durch Dritte zu bewahren. Dieser Schutz ist
mit der staatsgerichteten Abwehrfunktion der Grundrechte nicht zu leisten, da der
Staat an der Beeinträchtigung der grundrechtlich geschützten Interessen durch rechtswidrig handelnde Dritte weder faktisch noch normativ beteiligt ist. Im Gegenteil, er
hat das Verhalten des Dritten ja bereits für rechtswidrig erklärt. Der durch die rechtswidrigen Handlungen betroffene Grundrechtsträger ist daher grundsätzlich auch nicht
zu deren Duldung verpflichtet und kann staatlichen Rechtsschutz suchen. Soll der
Staat aber darüber hinaus zu einer bestimmten Reaktion auf den Rechtsverstoß – etwa
die Freilassung der Geiseln oder zur strafrechtlichen Sanktion des Schwangerschaftsabbruchs – verpflichtet werden, ist die Annahme grundrechtlicher Schutzpflichten erforderlich. Gleiches gilt für den Schutz vor Schicksalsschlägen und Gefahren, die
durch die Natur, den Klimawandel[40] oder ausländische Staaten[41] drohen. Auch an ihnen ist der Staat nicht beteiligt. Weder gehen sie faktisch von ihm aus, noch verpflichtet er den Betroffenen sie hinzunehmen. Auch diese Gefahren lassen sich nur durch
die Annahme von Schutzpflichten grundrechtlich erfassen, die den Staat zum Schutz
vor Schicksalsschlägen, Naturereignissen und Übergriffen ausländischer Staaten verpflichten. So soll zB der Ausschluss einer medizinisch notwendigen staatlichen
Zwangsbehandlung für Betreute, die zu einer freien Willensbildung nicht in der Lage
sind, gegen die grundrechtliche Schutzpflicht für Leib und Leben verstoßen.[42] Ebenso
bezieht sich das Gericht bei der grundrechtlichen Beurteilung von Leistungsgrenzen
bei der Erstattung von Behandlungskosten durch die gesetzliche Krankenversicherung auch auf die staatliche Schutzpflicht für das Leben und die Gesundheit.[43] Diese
durch andere Grundrechtsfunktionen nicht substituierbaren Grundrechtsgehalte, die
am Ursprung der Schutzfunktion stehen, kann man als **echte Schutzpflichten** bezeichnen. Echte Schutzpflichten beziehen sich auf den staatlichen Schutz vor rechtswidrigem Verhalten Dritter oder vor Schicksalsschlägen.

Echte Schutzpflichtenkonstellationen betreffen staatliches Handeln, bei dem bereits **149**
das „Ob" eine Frage politischer Gestaltung ist. Ob der Staat gegen bestimmte Rechtsverletzungen mit dem Mittel des Strafrechts vorgeht oder ob er Leistungen erbringt,
um die Folgen von Schicksalsschlägen abzufedern, ist ihm in der Regel nicht verfassungsrechtlich vorgegeben. Entsprechend werden echte Schutzpflichten in der Rechtsprechung des Bundesverfassungsgerichts auch hauptsächlich als Abwägungsgesichtspunkt herangezogen, um Grundrechtseingriffe zu rechtfertigen[44] (s. auch
Rn 555). Die Grundrechte mutieren so zu Legitimationsgrundlagen für Freiheitsbeschränkungen.

Beispiel: Eine Infektionsschutz-Verordnung sieht Ausgangsbeschränkungen vor, um Infektio- **150**
nen mit dem Corona-Virus, die durch soziale Kontakte entstehen, zu unterbinden. Dabei handelt es sich um Eingriffe in Art. 2 Abs. 2 S. 2 (Rn 573), die sich aber grundsätzlich durch die
echte Schutzpflicht des Staates für die körperliche Unversehrtheit und das Leben (Art. 2 Abs. 2

---

40 BVerfG, NJW 2021, 1723 Rn 147 ff (= JK 9/2021).
41 BVerfG, NJW 2018, 2312 Rn 31 f.
42 E 142, 313 Rn 66 ff (= JK 3/2017).
43 E 115, 25/44 f.
44 E 12, 274/319; 115, 320/357 f.

S 1) rechtfertigen lassen (BVerfG, NVwZ 2020, 876 Rn 8 ff [= JK 10/2020]; *Kingreen*, Jura 2020, 1019/1026 ff).

151 Eine Verletzung der Schutzfunktion hat das BVerfG hingegen in echten Schutzpflichtkonstellationen fast ausnahmslos abgelehnt.[45]

152 **Beispiel:** Ein älterer Beschwerdeführer, der sich zur „Risikogruppe" für eine Infektion mit dem Corona-Virus zählte, machte gegen Lockerungen der Ausgangs- und Kontaktbeschränkungen geltend, diese verletzten die staatliche Schutzpflicht für die körperliche Unversehrtheit und das Leben (Art. 2 Abs. 2 S. 1). Das BVerfG (NVwZ 2020, 1823 Rn 5 ff = JK 10/2020) lehnte dies unter Hinweis auf den weiten Einschätzungs-, Wertungs- und Gestaltungsspielraum des Verordnungsgebers ab.

153 Die prominenteste Ausnahme von der Zurückhaltung bei der Annahme einer echten Schutzpflichtverletzung bilden die Urteile des BVerfG zum Schwangerschaftsabbruch, in denen das Gericht den Gesetzgeber als zur Aufrechterhaltung einer strafrechtlichen Sanktion verpflichtet erachtet hat.[46] Für manche zeigen aber gerade diese Entscheidungen, dass die dogmatische Annahme echter grundrechtlicher Schutzpflichten die Gefahr birgt, dass die Rechtsprechung mit ihnen punktuell Zugriff auf Entscheidungen nimmt, die besser dem politischen Prozess zu überlassen sind.[47] Dies rät zur Zurückhaltung bei der Annahme oder jedenfalls den Anforderungen „echter" Schutzpflichten und spricht uU dafür, sie nur dort anzunehmen, wo das Grundgesetz sie ausdrücklich vorsieht. Wird die rechtliche Regulierung von Dreieckskonstellationen mithilfe der Abwehrfunktion erfasst (Rn 335 ff), hat die Schutzfunktion dann überhaupt nur für diese Grundrechte Bedeutung.

154 **bb)** Neben den an ihrem Ursprung stehenden echten Schutzpflichten wird die Schutzfunktion der Grundrechte häufig aber auch mit den rechtlich geordneten Dreieckskonflikten in Verbindung gebracht, die Anlass für die Entwicklung der mittelbaren Drittwirkung waren (Rn 125 ff). In ihnen wendet sich ein Grundrechtsträger gegen das *Recht* eines anderen, ihn in seinen grundrechtlich geschützten Interessen zu beeinträchtigen. Aufgrund seines Gewaltmonopols kann der Staat die in den Dreieckskonstellationen angelegten Konflikte nicht ungeregelt lassen und dem Faustrecht der Beteiligten überantworten.

155 **Beispiel:** Der Gesetzgeber kann den Nachbarn eines Musikers vor akustischen Emissionen zu unterschiedlichen Uhrzeiten, an unterschiedlichen Tagen, durch unterschiedliche Regelungen schützen. Er kann den Konflikt zwischen dem Nachbarn und dem Musiker aber nicht ungeregelt lassen.

156 Wird hier aber nicht auf die staatliche Regelung des Verhältnisses als grundrechtlicher Eingriff abgestellt (s.o. Rn 335 ff), können solche Konstellationen nur durch die Annahme von Schutzpflichten gegenüber dem belastenden Handeln des Dritten in den grundrechtlichen Blick geraten. Man kann sie als **unechte Schutzpflichten** bezeichnen. Sie unterscheiden sich von den echten Schutzpflichten, bei denen keine Anknüpfung an eine staatliche Regelung möglich ist, dadurch, dass sie sich gegen ein im

---

45 E 46, 160/164 f; BVerfG, NJW 2015, 150 Rn 18; NJW 2015, 3500 Rn 16.
46 E 39, 1; 88, 203; vgl ferner E 142, 313 Rn 67.
47 *Hain*, DVBl. 1993, 982 ff; *Hermes/Walther*, NJW 1993, 2337/2339; *Hesse*, FS Mahrenholz, 1994, S. 541/550 ff; skeptisch auch *Stern*, Staatsrecht III/2, S. 813 f.

einfachen Recht als *rechtmäßig* ausgewiesenes Handeln des Dritten richten. Unechte Schutzpflichten richten sich damit nicht nur gegen das Verhalten eines Dritten, sondern auch gegen die staatliche Erlaubnis des Verhaltens des Dritten. Unechte Schutzpflichten fordern – anders als echte –, dass der Staat gegen den Staat selbst schützt. Unechte Schutzpflichten hat das Bundesverfassungsgericht erstmals 1978 in der Entscheidung zum „schnellen Brüter" in Kalkar in einer Dreieckskonstellation bemüht.[48] Es hat nicht danach gefragt, ob die Pflicht der Anwohner des Kernkraftwerks, die von ihm ausgehenden Gefahren zu dulden, als staatlicher Eingriff gerechtfertigt werden kann, sondern ob der Staat bei der staatlichen Genehmigung der Anlage seiner grundrechtlichen Pflicht zum Schutz der Anwohner in ausreichendem Maße nachgekommen ist. Die unechte Schutzpflicht richtet sich danach auf den Schutz vor der staatlichen Genehmigung. Später hat das Bundesverfassungsgericht den Gedanken des staatlichen Schutzauftrags auch auf die grundrechtliche Bewertung zivilrechtlicher Konflikte angewandt.[49] In der Literatur sind die unechten grundrechtlichen Schutzpflichten ebenfalls besonders zur Rekonstruktion der mittelbaren Drittwirkung der Grundrechte (Rn 263) im Privatrecht aufgegriffen worden.[50]

Beispiel: Eine junge Frau, die über kein eigenes Vermögen verfügte und in wirtschaftlichen Fragen unerfahren war, unterzeichnete bei einer Bank eine Bürgschaftserklärung über einen hohen Betrag für ihren Vater. Als die Bank ihre Forderungen bei ihrem Vater nicht eintreiben konnte, nahm sie die Frau aus dem Bürgschaftsvertrag in Anspruch. Der Bundesgerichtshof war der Meinung, Bürgschaftsverträge seien selbst dann nicht sittenwidrig, wenn sie in eine ausweglose Verschuldung führten. Dem ist das BVerfG entgegengetreten und hat aus der objektiven Grundrechtsfunktion die Pflicht abgeleitet, in Fällen strukturell gestörter Vertragsparität die schwächere Partei vor übermäßig nachteiligen vertraglichen Verpflichtungen zu schützen (E 89, 214/232 ff; ferner schon E 81, 242/256 für ein Wettbewerbsverbot für Handelsvertreter; s auch BVerfG, NJW 2018, 2542/2545 zum Schutz der strukturell unterlegenen Arbeitnehmerinnen und Arbeitnehmer). **157**

Ob und inwieweit eine rechtliche Regelung innerhalb entsprechender Dreieckskonstellationen von der Abwehr- oder der Schutzfunktion erfasst wird, ist auch eine Frage der Struktur und der Maßstäbe der Grundrechtsposition. Während die Abwehrfunktion auch in Dreieckskonstellationen der Struktur des Abwehrrechts folgt (Rn 278 ff), weist die Schutzfunktion die Struktur grundrechtlicher Leistungsrechte (Rn 449 ff) auf, die dem Staat wesentlich größere Regelungsspielräume eröffnen. **158**

Unabhängig davon, ob sie mit ihrer Abwehr- oder Schutzfunktion in Anschlag gebracht werden, folgt die Maßstäblichkeit der Grundrechte, auch soweit die Dreiecksverhältnisse privatrechtlich geregelt sind, aus Art. 1 Abs. 3.[51] Für bürgerlich-rechtliche Gesetze gilt nichts anderes als für andere Gesetze: Sie müssen gem. Art. 1 Abs. 3 mit den Grundrechten vereinbar sein, und auch die Rechtsprechung der Zivilgerichte unterliegt gem. Art. 1 Abs. 3 der Grundrechtsbindung; sie zählt zur öffentlichen Ge- **159**

---

48 E 49, 89.
49 E 81, 242/256.
50 *Canaris*, AcP 1984, S. 201/225 ff; *Herdegen*, MD, Art. 1 Abs. 3 Rn 64 f; *Floren*, Grundrechtsdogmatik im Vertragsrecht, 1999, S. 39; *Calliess*, JZ 2006, 321 ff; krit für das Deliktsrecht *Müller-Franken*, in: FS Bethge, 2009, S. 223/245 ff.
51 So bereits *Schwabe*, Die sogenannte Drittwirkung der Grundrechte, 1971, S. 26; ferner *Michl*, Jura 2017, 1062.

walt iSd Art. 93 Abs. 1 Nr. 4a, sodass auch gegen Gerichtsentscheidungen der Zivilgerichte Verfassungsbeschwerde erhoben werden kann. Über die Anforderungen der Grundrechte an die staatliche Regelung der Verhältnisse zwischen Privatpersonen wirken die Grundrechte mittelbar auf das Zivilrecht ein. Dies ist der richtige Sinn der Rede von der „mittelbaren" Drittwirkung (Rn 144).

160 Die *Bedeutung* der so realisierten mittelbaren Drittwirkung der Grundrechte im Privatrecht liegt auch darin, dass sie unter den Bedingungen der modernen hochkomplexen Industriegesellschaft Freiheit und Gleichheit wahren hilft. Diese setzen nämlich nach ihrem geschichtlichen Verständnis (vgl Rn 29 ff) einen Zustand *faktischer Symmetrie* voraus, in dem jeder Bürger die gleichen Chancen der Verfolgung und Durchsetzung seiner Interessen hat. Diese Symmetrie ist nicht nur durch die Macht des Staates, sondern auch durch private wirtschaftliche und soziale Macht, durch Konzerne und Verbände, Standes- und Interessenorganisationen oft bereits beseitigt oder gefährdet. Machtausübung ist zwar in gewissem Umfang selbst grundrechtlich abgesichert (vgl die Vertrags- und Eigentumsfreiheit), und im Übrigen ist der demokratische Gesetzgeber legitimiert, die gesellschaftlichen Verhältnisse in den Grenzen der Verfassung auch asymmetrisch zu gestalten, solange er dadurch nicht einseitige Privilegien schafft bzw Bürger wehr- oder hilflos stellt. So können die Interessen von Mietern und Vermietern durch den Gesetzgeber durchaus unterschiedlich gewichtet werden. Hieran ist die Rechtsprechung grundsätzlich gebunden. Wenn aber die eine Seite von der anderen faktisch abhängig ist, wenn zwischen den Parteien ein Ungleichgewicht besteht oder es um gesellschaftlich bedeutsame Leistungen geht, verlangen die Grundrechte, dass der Staat der Abhängigkeit, dem Ungleichgewicht oder der sozialen Relevanz bei der Regelung der Rechtsbeziehungen zwischen den Parteien Rechnung trägt. Er muss dann faktische Symmetrie jedenfalls soweit sicherstellen, dass Selbstbestimmung nicht in eine Fremdbestimmung verkehrt wird.[52]

161 **Beispiele:** Die kleine Hamburger Wochenzeitung „Blinkfüer" druckte auch nach dem Bau der Berliner Mauer am 13.8.1961 noch Rundfunkprogramme aus der DDR ab. Darauf wurde sie vom großen Springer-Verlag wie folgt boykottiert: Der Springer-Verlag richtete an alle Zeitschriftenhändler ein Rundschreiben, worin er ihnen drohte, sie nicht mehr zu beliefern, wenn sie weiterhin Blinkfüer vertrieben. Der Umsatz von Blinkfüer ging erheblich zurück. Vor dem BGH unterlag Blinkfüer mit seiner Schadensersatzforderung gegen den Springer-Verlag. Das BVerfG hob die Entscheidung des BGH wegen Verletzung von Art. 5 Abs. 1 S. 1 auf: Seine wirtschaftliche Überlegenheit dürfe der Springer-Verlag im Wettbewerb der Meinungen nicht derart ausspielen; die verschiedenen Meinungen müssten mit geistigen Waffen konkurrieren und die gleiche Chance geistigen Wirkens haben (E 25, 256/264 ff). – Einem Fußballverein darf zwar die privatrechtliche Möglichkeit eingeräumt werden, auch mit Wirkung für alle anderen Vereine der Bundes- und Regionalligen ein Stadionverbot zu verhängen, er muss dabei aber die gesellschaftliche Bedeutung des Besuchs von Fußballspielen berücksichtigen und daher einen sachlichen Grund für das Verbot haben, der sich mit verfahrensrechtlichen Anforderungen (Anhörung, Begründung, vgl Rn 263) verbindet (E 148, 267 Rn 39 ff, 45 ff = JK 10/2018; krit *Hellgardt*, JZ 2018, 901/908).

162 Im *internationalen Menschenrechtsschutz* (Rn 58 ff) entspricht der grundrechtlichen Schutzpflicht die „duty to protect". Anders als die „duty to respect" gilt die men-

---

[52] Vgl E 81, 242/261 ff; 89, 214/232 f; 103, 89/100 f; dazu *Hermes*, NJW 1990, 1764; *Hillgruber*, AcP 1991, 69; ferner *Hesse*, VerfR, Rn 357; *Schlink*, Abwägung im Verfassungsrecht, 1976, S. 214 ff.

schenrechtliche Schutzpflicht völkerrechtlich grundsätzlich nicht unmittelbar, sondern zielt zunächst darauf, dass die Vertragsstaaten rechtliche Grundlagen für den Schutz der Menschenrechte vor Beeinträchtigungen durch Dritte schaffen. Lediglich für einen Mindestschutzstandard wird angenommen, dass er unmittelbar aus den Menschenrechtsverträgen folgt.[53] So hat der EGMR in Fällen häuslicher Gewalt eine Verletzung der Art. 2 und 3 EMRK angenommen, wenn die Vertragsstaaten Opfer häuslicher Gewalt lediglich mit offensichtlich inadäquaten Mitteln geschützt oder die rechtlich vorgesehenen Schutzmechanismen keine praktische Wirksamkeit erlangt haben.[54] – Auch für die *europäischen Grundfreiheiten* erkennt der EuGH eine Schutzpflicht an, die er auch aus der allgemeinen Verpflichtung der Mitgliedstaaten ableitet, alle Maßnahmen zu unterlassen, die die Ziele der Union gefährden (Art. 4 Abs. 3 EUV).[55]

Von der Schutzdimension einzelner Menschenrechte ist die „responsibilty to protect" (R2P) zu unterscheiden, die im Rahmen des Rechts der Vereinten Nationen darauf angelegt ist, das traditionelle Souveränitätsverständnis durch eine humanitäre Dimension einerseits zu ergänzen und andererseits zu begrenzen. Die „responsibility to protect" soll den Gedanken stärken, dass Souveränität nicht nur mit Rechten, sondern auch mit Verantwortung für die Menschen verbunden ist, die ihr unterworfen sind. Sie zielte zunächst auf eine Verantwortung für die Wahrung der Menschenrechte allgemein.[56] In der Fassung, in der sie in einer einstimmig verabschiedeten, aber nicht völkerrechtlich bindenden Resolution der Vollversammlung der Vereinten Nationen anerkannt wurde, ist sie auf den Schutz vor Völkermord, Kriegsverbrechen, ethnischen Säuberungen und Verbrechen gegen die Menschlichkeit beschränkt. Die „responsibility to protect" kommt nach dieser Resolution auch der internationalen Gemeinschaft zu und soll als letztes Mittel den Sicherheitsrat auch zu militärischen Interventionen berechtigen, wenn einzelne Staaten ihrer Verantwortung offensichtlich nicht gerecht werden.[57] Damit zielt die „responsibility to protect" auf die wohl bedeutendste Modifikation des Souveränitätsverständnisses seit dem Westfälischen Frieden.[58]

163

c) Ausgestaltungsfunktion

Grundrechtliche Freiheiten schützen Gegenstände wie Leib und Leben, die persönliche Bewegungsfreiheit, das Äußern von Meinungen oder das Eigentum. Viele dieser Güter existieren auch unabhängig von einer Rechtsordnung. Leib und Leben haben wir unabhängig davon, ob es eine Rechtsordnung gibt, auch wenn sie innerhalb einer vernünftigen Rechtsordnung wesentlich besser geschützt sind als ohne einen solchen Schutz. Manche Gegenstände, die die Grundrechte unter ihren Schutz stellen, sind aber nicht nur für ihren Schutz, sondern für ihre Existenz auf rechtliche Regelungen angewiesen. Am deutlichsten bringt das Grundgesetz diese Einsicht in Art. 14 Abs. 1 S. 2 zum Ausdruck, demzufolge der Gesetzgeber „*Inhalt* und *Schranken*" des Eigen-

164

---

53 CESCR/GenC No. 3, § 10.
54 EGMR, No. 33401/02, Rn 170 (Opuz/Türkei); No. 41237/14, Rn 95–108 (Talpis/Italien).
55 EuGH, EU:C:1997:595, Rn 32 – Kommission/Frankreich; EU:C:2003:333, Rn 59 – Schmidberger.
56 ICISS Report 2001, Art. 2.15.
57 United Nations General Assembly, 2005 World Summit Outcome, Sixtieth session, items 48 and 121 of the provisional agenda, A/60/L.1., arts. 138–140.
58 *Slaughter*, The American Journal of International Law 2005, 619/627 ff.

tums bestimmt. Eigentum ist mehr als tatsächliche Sachherrschaft, die wir über Dinge auch ohne Rechtsordnung haben können. Eigentum umfasst die rechtliche Befugnis, andere vom Gebrauch einer Sache ausschließen und über sie verfügen zu können. Das, was Eigentum gegenüber dem bloßen Besitz auszeichnet, sind gerade die rechtlichen Befugnisse. Diese setzen aber entsprechende Regelungen des einfachen Rechts voraus. Daher ordnet Art. 14 Abs. 1 S. 2 an, dass der Gesetzgeber den Inhalt des Eigentums bestimmen muss. Das Eigentumsgrundrecht ist nicht nur normgeprägt, sondern wird erst durch Normen des einfachen Rechts konstituiert. Ähnlich normkonstituiert wie das Eigentum sind etwa die Vertragsfreiheit, die in Art. 2 Abs. 1 angesiedelt wird, die Ehefreiheit, die Vereinigungs- und die Koalitionsfreiheit sowie die Rechtsschutzgarantie in Art. 19 Abs. 4.

165   Ausgestaltungsbedürftig sind auch diejenigen Freiheiten, die gleichsam in staatliche Obhut genommen worden sind. Rundfunk und Wissenschaft sind einerseits natürliche Freiheiten – es braucht keine rechtliche Regelung, damit man funken oder forschen kann. Wegen der hohen institutionellen Anforderungen an die erfolgreiche Ausübung dieser Freiheiten hat der Staat aber sowohl ein System des staatlichen Rundfunks als auch der staatlichen Hochschulen eingerichtet. Die entsprechenden Organisationsnormen haben oft keinen direkten Bezug zu der Ausübung von Wissenschaft und Rundfunk durch den einzelnen Grundrechtsträger. Wie der Senat einer Universität besetzt ist und wer dort welche Stimmrechte hat,[59] betrifft die Forschungstätigkeit des einzelnen Wissenschaftlers nur mittelbar. In ihrer Ausgestaltungsfunktion verlangen Rundfunk- und Wissenschaftsfreiheit aber, dass die Institutionen so angelegt sind, dass sich in ihnen die natürlichen Freiheiten des Funkens und Forschens auch wirksam zur Geltung bringen können.

166   Dass normkonstituierte und normgeprägte Grundrechte besondere Fragen aufwerfen, liegt auf der Hand. Dabei geht es auf der einen Seite um die Frage, was der Gesetzgeber tun *muss*, also um das „Ob" der Ausgestaltung. Beispielsweise gibt Art. 14 Abs. 1 S. 2 dem Gesetzgeber auf, eine Eigentumsordnung zu schaffen, die Eigentum an Dingen ermöglicht. Die Ausgestaltungsfunktion enthält somit zunächst ein Recht auf eine rechtliche Regelung, die den Vorgaben des Grundrechts genügt, das Eigentum also privatnützig ausgestaltet (Art. 14 Abs. 1 S. 2) und zugleich seine soziale Bindung realisiert (Art. 14 Abs. 2). Auf der anderen Seite geht es bei der Ausgestaltung um die Frage, wie weit der Gesetzgeber bei der Ausgestaltung gehen *darf*. Wie sollen Grundrechte, die gerade auch gegen Eingriffe des Gesetzgebers schützen, diesen Schutz leisten, wenn der Gesetzgeber doch den Gegenstand ihres Schutzes konstituiert? Weder die Abwehr- noch die Schutzfunktion der Grundrechte können darauf eine Antwort geben, da sie beide immer schon einen Schutzgegenstand voraussetzen, der vor staatlichen Eingriffen oder vor Beeinträchtigungen Dritter geschützt werden soll. Mit dieser Unterscheidung zwischen dem „Ob" und dem „Wie" der Ausgestaltung des Grundrechts liegt die Ausgestaltungsfunktion quer zu der Differenzierung zwischen der Abwehr- und der Leistungsfunktion der Grundrechte.

167   **aa)** Das **„Ob" der Ausgestaltung**, der rechtliche Leistungsaspekt des Grundrechts, ist selten virulent geworden, weil das Grundgesetz eine vollständige, ausdifferenzier-

---

59   Dazu VerfGH BW, NVwZ 2017, 403.

te Rechtsordnung übernommen hat (Art. 123 Abs. 1). Mit dem Erlass des Grundgesetzes wurde gleichzeitig eine Rechtsordnung in Kraft gesetzt, die ein ausgebildetes Eigentums-, Vertrags-, Ehe-, Gesellschafts- und Tarifrecht enthielt. Ganz im Sinn des Gedankens der Einrichtungsgarantien (s.o. Rn 118 ff) schützt die Ausgestaltungsfunktion der Grundrechte insoweit in erster Linie davor, dass der Gesetzgeber das Eigentums-, Vertrags-, Ehe-, Gesellschafts- oder Tarifrecht beseitigt – auch dies bislang keine realistischen Szenarien. Relevant wird die Ausgestaltungsfunktion hinsichtlich des „Ob" des Schutzes in erster Linie dann, wenn sich neue gesellschaftliche Entwicklungen ergeben, die noch nicht unter den Schutz der einfach-rechtlichen Rechtsordnung stehen, bei denen sich aber die Frage stellt, ob sie nicht ebenfalls im Sinn eines Grundrechts ausgestaltet werden müssten. In diesen seltenen Fällen hat *die Ausgestaltungsfunktion die Struktur eines grundrechtlichen Leistungsrechts*, das auf eine rechtliche Leistung des Staates gerichtet ist (Rn 454).

Beispiele: Bloße Datensammlungen standen zunächst unter keinem urheberrechtlichen Schutz. **168** Mit der Digitalisierung wurden Datenbanken aber zu einem bedeutenden Wirtschaftsgut, das wie anderes geistiges Eigentum behandelt wurde. Dem trug der Gesetzgeber mit den §§ 87a ff UrhG[60] Rechnung. Er kam damit seiner Ausgestaltungspflicht aus Art. 14 Abs. 1 nach. Bedeutung könnte die Ausgestaltungsfunktion auch im Hinblick auf die Datenökonomie haben. So wird überlegt, Nutzungsrechte Dritter an den Rohdaten großer IT-Dienste vorzusehen. Jedenfalls bislang sind diese Rohdaten, die zu wesentlichen Teilen aus Nutzerdaten bestehen, nicht als Eigentum ausgestaltet (*Michl*, NJW 2019, 2729 ff; *Wischmeyer/Herzog*, NJW 2020, 288/290 f).

bb) Beim **„Wie" der Ausgestaltung** geht es hingegen vor allem darum, zwischen **169** Ausgestaltung und Eingriff zu unterscheiden. Griffe der Gesetzgeber in die Rechtsschutzgarantie (Art. 19 Abs. 4) ein, wenn er Klagefristen verkürzt oder bislang eingeräumte Rechtsmittelinstanzen nicht mehr vorsieht, oder in die Vereinigungsfreiheit (Art. 9 Abs. 1), wenn er die Anforderungen an die finanzielle Mindestausstattung von Kapitalgesellschaften verschärft?

Welche Änderungen des einfachen Rechts als Ausgestaltung und welche als Eingriff **170** gelten, wird unterschiedlich beurteilt.[61] Beim Eigentum versucht eine Ansicht, zeitlich zu differenzieren. Ihr zufolge liegt in jeder Verkürzung einer einmal eingerichteten Rechtsposition jedenfalls auch ein Eingriff.[62] Nimmt der Gesetzgeber etwa eine Eigentumsposition zurück, so liegt darin für alle, die bereits Eigentum begründet hatten, ein Eingriff, für zukünftige Erwerber hingegen eine bloße Inhaltsbestimmung (Art. 14 Abs. 1 S. 2). Andere kommen zu einem ähnlichen Ergebnis, indem sie aus der einfach-rechtlichen Ausgestaltung eine idealtypische Freiheit ableiten und jede Verkürzung des Idealtyps als Eingriff behandeln.[63] Dagegen wenden sich wiederum die Befürworter einer eigenständigen Dogmatik der Ausgestaltungsfunktion. Sie befürchten eine Verzerrung der spezifischen Ausgestaltungsmaßstäbe, wenn Ausgestal-

---

60 Urheberrechtlich handelt es sich um ein Leistungsschutzrecht. Zum verfassungsrechtlichen Eigentumscharakter von Leistungsschutzrechten E 142, 74 Rn 69 (= JK 11/2016).
61 *Bumke*, Die Ausgestaltung der Grundrechte, 2009, S. 4 ff.
62 *Lübbe-Wolff*, Die Grundrechte als Eingriffsabwehrrechte, 1988, S. 150 f; *Gellermann*, Grundrechte in einfachgesetzlichem Gewande, 2000, S. 429 ff.
63 So noch *Poscher*, Grundrechte als Abwehrrechte, S. 137 ff.

tungen grundsätzlich wie Eingriffe behandelt werden.[64] Beim Eigentum privilegiere dies etwa die Privatnützigkeit zu Lasten der Sozialbindung.[65]

171 Dass jede Norm, die das in der Vergangenheit geschaffene einfach-rechtliche Fundament eines normgeprägten Grundrechts mit Wirkung für die Zukunft verändert, allein deshalb als Eingriff anzusehen sein soll, weil sie damit den Status-quo-ante ändert, leuchtet nicht ein. Die Abgrenzung von Ausgestaltung und Eingriff erfolgt nicht entlang einer Zeitachse. Vielmehr ist für die Unterscheidung grundsätzlich auf die unterschiedlichen Zwecke abzustellen, die mit einer staatlichen Regelung verfolgt werden. Insoweit lässt sich zwischen *ausgestaltungsinternen und -externen Regelungen unterscheiden*[66] (s auch Rn 346 ff, zu den Besonderheiten bei Art. 14 Rn 1131). Will die Regelung die bisherige Form der Ausgestaltung eines ausgestaltungsbedürftigen Grundrechts ändern oder ergänzen, verfolgt sie einen *internen Zweck und ist Ausgestaltung*. Sie muss sich dann daran messen lassen, ob sie den Ausgestaltungsvorgaben des jeweiligen Grundrechts genügt. Ausgestaltungsregelungen, die diese Vorgaben verletzen, sind verfassungswidrige Ausgestaltungen, aber keine Eingriffe.

172 **Beispiele:** Der Gesetzgeber kann den Rundfunk zwar außen- oder binnenplural organisieren, muss dabei aber unmittelbar aus der Rundfunkfreiheit abgeleitete Vorgaben insbesondere für das Organisationsrecht beachten, um etwa die notwendige Staatsferne bei der Finanzierung sicherzustellen (Rn 753 f). – Die Neuregelung universitärer Gremien gestaltet die Wissenschaftsfreiheit neu aus, muss aber die Ausgestaltungsvorgabe beachten, dass die individuelle Freiheit der Forschung geschützt wird (Rn 815). – Verfehlen die Regelungen diese Vorgaben, handelt es sich um verfassungswidrige Ausgestaltungen.

173 Um einen Eingriff handelt es sich hingegen bei Regelungen, die einen Zweck verfolgen, der *gegenüber der Ausgestaltung des Grundrechts extern* ist, weil sie nicht auf das grundrechtliche Schutzgut bezogen sind, sondern anderen Zwecken – wie etwa der öffentlichen Sicherheit oder sonstigen Allgemeinwohlzwecken – dienen, die nicht Gegenstände des grundrechtlichen Schutzes sind. Als Grundrechtseingriffe müssen sie nach den allgemeinen Maßstäben des Abwehrrechts gerechtfertigt werden.

174 **Beispiel:** Die Vorgabe, dass auch Forscher an Universitäten die Gefahrstoffverordnung beachten müssen, ist keine Ausgestaltung der Wissenschaftsfreiheit, sondern uU mit Eingriffen in diese verbunden, die vor Schäden im Umgang mit gefährlichen Stoffen schützen sollen. Der bezweckte Schutz von Leib und Leben ist ein gegenüber der Wissenschaft externer Zweck.

175 Die Diskussion im *internationalen Menschenrechtsschutz* (Rn 58 ff) ist noch nicht so ausdifferenziert, dass sie die Besonderheiten normgeprägter Menschenrechte mit einer eigenständigen Menschenrechtsfunktion erfasst (s.o. Rn 63). Da auch die Vertragsstaaten regelmäßig bereits über eine ausdifferenzierte Rechtsordnung verfügen, werden staatliche Maßnahmen im Bereich der normkonstituierten und -geprägten Menschenrechte mit der „duty to respect" erfasst, die dem grundrechtlichen Abwehrrecht entspricht. Soweit es um die Pflicht zur Einrichtung- und Aufrechterhaltung rechtlicher Strukturen geht, kommt auch eine Thematisierung als „duty to protect" oder „duty to fulfill", der Leistungsdimension der Menschenrechte, in Betracht.

---

64 *Cornils*, Die Ausgestaltung der Grundrechte, 2005, S. 633 ff; *Lenz*, Vorbehaltlose Freiheitsrechte, 2006, 119 ff.
65 *Bumke*, Der Grundrechtsvorbehalt, 1998, S. 188.
66 *Kingreen*, NZA 2021, 1 (5 f).

d) Leistungsfunktion ieS

Schon mit der Abwehrfunktion der Grundrechte können sich auch Leistungselemente **176** verbinden (Rn 135 ff). Die grundrechtlichen Schutzpflichten und die Ausgestaltungsfunktion der Grundrechte, die den Staat besonders zum Erlass von Regelungen und im Fall der echten Schutzpflichten grundsätzlich auch zu bestimmten tatsächlichen Handlungen verpflichten können, bestehen im Kern aus spezifischen Leistungsrechten. Neben diesen Leistungselementen anderer Grundrechtsfunktionen werden aber auch noch selbstständige Leistungsfunktionen der Grundrechte ieS diskutiert. Sie richten sich auf die Zurverfügungstellung staatlicher Mittel für die Gewährleistung nicht nur rechtlicher, sondern realer Freiheit.

aa) Wo der Staat Einrichtungen oder Systeme der Förderung und Leistung geschaf- **177** fen hat, die den Grundrechtsgebrauch erleichtern oder zu allererst ermöglichen, ist Grundrechtsschutz für den Einzelnen Teilhabe. Bei den **Teilhaberechten** geht es vor allem um Art. 3: Was der Einzelne begehrt, ist regelmäßig die *gleiche, chancengleiche und qualifikationsgerechte Zuteilung* von Ansprüchen. Das Recht auf gleiche Teilhabe wird dabei oft zum Verfahrensrecht: Die Einräumung gleicher Chancen und die gerechte Bewertung und Berücksichtigung von Qualifikationen kann bei mehreren Interessenten nur in einem Verfahren stattfinden; dieses Verfahren muss fair und bei hinreichender Bedeutung durch Rechtssatz geregelt sein, die Positionen des Einzelnen im Verfahren müssen gesichert sein.

Beispiele: Art. 12 Abs. 1 fordert für die Vergabe von Notarstellen ein Verfahren, in dem von **178** allen potenziellen Bewerbern derjenige gefunden wird, der am ehesten den gesetzten Anforderungen entspricht; dazu gehört auch die Pflicht zur Stellenausschreibung (E 73, 280/296). – Subtil ausgebildet ist die Teilhabe als Verfahrensrecht bei der Vergabe von Studienplätzen; vgl Rn 1075.

bb) Von den gleichheitsrechtlich begründeten Teilhaberechten sind **originäre Leis- 179 tungsrechte** zu unterscheiden, die den Staat unabhängig davon, ob er bereits eine Leistung anbietet, zu einer Leistung verpflichten. Aufgrund der Entscheidung gegen die Aufnahme sozialer Grundrechte in das Grundgesetz (Rn 42, 45, 113 f) gibt es wenige Ansatzpunkte für die Annahme verfassungsunmittelbarer Leistungsrechte. Neben dem ausdrücklichen Fürsorgeauftrag gegenüber Müttern aus Art. 6 Abs. 4 hat das BVerfG besonders aus Art. 1 Abs. 1 iVm Art. 20 Abs. 1 einen Anspruch auf staatliche Leistungen zur Sicherung des Existenzminimums abgeleitet (s.u. Rn 489, 494, 497).

Gelegentlich ist das BVerfG aber auch noch darüber hinausgegangen und hat erwo- **180** gen, ob es ein Recht auf Teilhabe nicht nur an vorhandenen, sondern auch an zu schaffenden Einrichtungen, dh ob es einen originären *Anspruch auf die Schaffung von Einrichtungen* geben könne. Es hat im ersten Numerus-clausus-Urteil gefragt, „ob aus den grundrechtlichen Wertentscheidungen […] ein objektiver sozialstaatlicher Verfassungsauftrag zur Bereitstellung ausreichender Ausbildungskapazität für die verschiedenen Studienrichtungen folgt" und „ob sich aus diesem Verfassungsauftrag unter besonderen Voraussetzungen ein einklagbarer Individualanspruch des Staatsbürgers auf Schaffung von Studienplätzen herleiten ließe"[67]. Beide Fragen hat es jedoch

---

67 E 33, 303/333.

in seinem ersten Numerus-clausus-Urteil nicht beantwortet und in den folgenden Entscheidungen[68] nicht wieder aufgegriffen.

181   **Beispiele:** Das BVerfG hat zwar eine objektiv-rechtliche Pflicht des Staates statuiert, „ein freiheitliches Kunstleben zu erhalten und zu fördern", aber aus Art. 5 Abs. 3 keinen Anspruch auf Kunstförderung abgeleitet (E 36, 321/331 f; 81, 108/116; BVerfG, NJW 2005, 2843; krit *Geißler*, Staatliche Kunstförderung nach Grundgesetz und Recht der EG, 1995, S. 46 ff); ebenso erkennt auch das BVerwG (NJW 1980, 718) keinen Anspruch auf Theatersubventionen an. – Die Pressefreiheit des Art. 5 Abs. 1 S. 2, 1. Var. verpflichtet den Staat objektiv-rechtlich zur Erteilung von Auskünften, normiert aber nicht, ob und unter welchen Voraussetzungen im Einzelfall ein Anspruch auf Auskunft besteht (BVerwGE 70, 310/314).

182   Das BVerfG hat im Numerus-clausus-Urteil auch ausgesprochen, ein allfälliger originärer Anspruch stehe jedenfalls „unter dem *Vorbehalt des Möglichen* im Sinne dessen, was der Einzelne vernünftigerweise von der Gesellschaft beanspruchen kann"[69]. Das ist nicht unbedenklich, weil die normative Kraft der Grundrechte durch derartige Relativierungen gefährdet wird. Aber auch Schutz und Förderung eines Grundrechts können dessen normative Kraft gefährden, wenn sie die Freiheit, die ihre Grenze eigentlich erst im rechtswidrigen Freiheitsgebrauch findet, als mehr oder weniger wertvoll und förderungswürdig beurteilt.

183   **Beispiel:** Wenn der Staat die Kunst nach Qualität und Niveau subventioniert, läuft er Gefahr, sich zum Kunstrichter aufzuschwingen, obwohl die Kunstfreiheit einen staatlichen Kunstrichter nicht zulässt (*v. Arnauld*, BK, Art. 5 Abs. 3 Rn 213; *Pieroth*, Kunstfreiheit im Verfassungswandel, 2021, 251).

184   Anders als das Grundgesetz ist der *inter- und supranationale Menschenrechtsschutz* (Rn 58 ff) gegenüber der Garantie sozialer Grundrechte weit weniger zurückhaltend. Nicht nur die Sozialrechtscharta der Vereinten Nationen, sondern auch die Sozialrechtscharta des Europarats und eine ganze Reihe von besonderen Menschrechtsrechtskonventionen, wie die Kinder- oder Behindertenrechtskonvention, verpflichten die Vertragsstaaten auch zu sozialen Leistungen. Auch die EU-Grundrechtecharta enthält ein mit „Solidarität" überschriebenes Kapitel (Art. 27–38 GRCh), dessen Garantien auch leistungsrechtlich gedeutet werden könnten, bislang aber nicht so gedeutet worden sind.[70] In der Systematik des internationalen Menschenrechtsschutzes werden diese Verpflichtungen als „duty to fulfill" bezeichnet. Zumeist handelt es sich um progressiv zu erfüllende Pflichten der Vertragsstaaten, im Rahmen ihrer Möglichkeiten Anstrengungen zu unternehmen, die sozialen Leistungen bereitzustellen. Aufgrund ihrer gesetzlichen Konkretisierungsbedürftigkeit finden sie keine unmittelbare Anwendung durch Behörden und Gerichte (s.o. Rn 66 ff).

185   **Literatur:** *R. Alexy*, Theorie der Grundrechte, 2. Aufl. 1994; *E.-W. Böckenförde*, Grundrechtstheorie und Grundrechtsinterpretation, NJW 1974, 1529; *M. Borowski*, Grundrechte als Prinzipien, 3. Aufl. 2018; *C. Bumke*, Der Grundrechtsvorbehalt, 1998; *ders.*, Die Ausgestaltung von Grundrechten, 2009; *M. Cornils*, Die Ausgestaltung der Grundrechte, 2005; *W. Cremer*,

---

68   S. etwa E 147, 253.
69   E 33, 303/333.
70   *Iliopoulos-Strangas*, Soziale Grundrechte in Europa nach Lissabon, 2010; *dies.*, Soziale Grundrechte in den „neuen" Mitgliedstaaten der Europäischen Union, 2019; *Kingreen*, in: Ehlers, Europäische Grundrechte und Grundfreiheiten, 4. Aufl. 2014, § 22 Rn 10 ff, 23 ff.

Freiheitsgrundrechte, 2003; *E. Denninger*, Staatliche Hilfe zur Grundrechtsausübung durch Verfahren, Organisation und Finanzierung, Hdb. StR³ IX, § 193; *J. Dietlein*, Die Lehre von den grundrechtlichen Schutzpflichten, 2. Aufl 2005; *A. Dietz*, Mittelbare Drittwirkungsnormen im Sachenrecht? DÖV 2021, 147; *H. Dreier*, Subjektiv- und objektiv-rechtliche Grundrechtsgehalte, Jura 1994, 505; *M. Gellermann*, Grundrechte in einfachgesetzlichem Gewande, 2000; *G. Hager*, Von der Konstitutionalisierung des Zivilrechts zur Zivilisierung der Konstitutionalisierung, JuS 2006, 769; *A. Hellgardt*, Wer hat Angst vor der unmittelbaren Drittwirkung?, JZ 2018, 901; *K. Hesse*, Verfassungsrecht und Privatrecht, 1988; *J. Isensee*, Das Grundrecht als Abwehrrecht und als staatliche Schutzpflicht, Hdb. StR³ IX, § 191; *H. D. Jarass*, Funktionen und Dimensionen der Grundrechte, Hdb. GR II, § 38; *W. Krebs*, Rechtliche und reale Freiheit, Hdb. GR II, § 31; *A. Kulick*, Horizontalwirkung im Vergleich, 2020; *S. Lenz*, Vorbehaltlose Freiheitsrechte, 2006; *U. Mager*, Einrichtungsgarantien, 2003; *F. Michl*, Die Bedeutung der Grundrechte im Privatrecht, Jura 2017, 1062; *C. Möllers*, Wandel der Grundrechtsjudikatur, NJW 2005, 1973; *D. Murswiek*, Grundrechte als Teilhaberechte, soziale Grundrechte, Hdb. StR³ IX, § 192; *J. Neuner*, Das BVerfG im Labyrinth der Drittwirkung, NJW 2020, 1851; *J. Pietzcker*, Drittwirkung – Schutzpflicht – Eingriff, in: FS Dürig, 1990, S. 345; *R. Poscher*, Grundrechte als Abwehrrechte, 2003; *M. Ruffert*, Vorrang der Verfassung und Eigenständigkeit des Privatrechts, 2001; *W. Rüfner*, Leistungsrechte, Hdb. GR II, § 40; *B. Schlink*, Freiheit durch Eingriffsabwehr – Rekonstruktion der klassischen Grundrechtsfunktion, EuGRZ 1984, 457. *J. Schwabe*, Die sogenannte Drittwirkung der Grundrechte, 1971.

§ 5 Grundrechtsberechtigung und -bindung

Als subjektive Rechte räumen die Grundrechte demjenigen, der durch sie berechtigt wird, die Rechtsmacht ein, von demjenigen, der durch sie verpflichtet wird, ein Unterlassen, möglicherweise auch ein Tun oder Dulden, zu verlangen. Diese allgemeine Umschreibung der Wirkungsweise der Grundrechte führt zu der Frage, wer durch sie *berechtigt* und wer durch sie *verpflichtet* wird. Gleichbedeutend mit „Grundrechtsberechtigung" werden auch die Begriffe der Grundrechtsfähigkeit und Grundrechtsträgerschaft verwendet. Statt von „Verpflichtung" spricht das Grundgesetz von „Bindung" (vgl Art. 1 Abs. 3). **186**

Auf den ersten Blick scheinen diese Fragen schnell beantwortet zu sein. Das neuzeitliche Verfassungsdenken (Rn 23 ff) ist geprägt durch die Vorstellung, dass Private Freiheit und Staaten Macht haben. Grundrechtsberechtigt wären danach allein Privatpersonen, grundrechtsverpflichtet allein der Staat. Das BVerfG formuliert dementsprechend, der Staat könne „nicht gleichzeitig Träger und Adressat von Grundrechten sein";[1] wer grundrechtsgebunden ist, soll also nicht zugleich grundrechtsberechtigt sein. Dieses sog Konfusionsargument (Grundrechtsberechtigung und -bindung sollen nicht konfundiert, dh verwechselt werden) bildet die Unterscheidung zwischen Staat und Gesellschaft grundrechtsdogmatisch ab. Aber es hat erhebliche Unschärfen an den Rändern und wird daher verbreitet abgelehnt.[2] Auf der einen Seite können näm- **187**

---

1 E 15, 256/262; ferner E 21, 362/369 f; E 143, 246 Rn 188 (= JK 5/2017); stets aber nur zur Begründung einer fehlenden Grundrechtsberechtigung.
2 *Becker*, Jura 2019, 496/508; *Goldhammer*, JuS 2014, 891/894 f; *Kingreen*, JöR 2017, 1/6 ff; *Merten*, DÖV 2019, 41; differenzierend *Kahl/Hilbert*, BK, Art. 19 Abs. 3 Rn 225 ff.

lich auch rechtlich verselbstständigte Hoheitsträger Berechtigte der Grundrechte sein, wenn ihnen vergleichbar mit Privaten Freiheitsräume zugewiesen werden (etwa staatliche Universitäten und öffentlich-rechtliche Rundfunkanstalten); auf der anderen Seite können auch Private, etwa international operierende Medienkonzerne, Macht ausüben, die zwar keinen hoheitlichen Charakter hat, aber Freiheitsräume ähnlich effektiv beschränken kann wie staatlicher Zwang. Inwieweit Grundrechtsberechtigung und Grundrechtsbindung in einem materiell-rechtlichen Ausschließlichkeitsverhältnis untereinander stehen, kann daher schwierige grundrechtliche Zuordnungsfragen aufwerfen.

188 **Lösungstechnischer Hinweis:** Die Fragen der Grundrechtsberechtigung und Grundrechtsbindung sind solche des materiellen Verfassungsrechts. Im Rahmen der Prüfung einer Verfassungsbeschwerde gehören sie folgerichtig zur Begründetheit: Die Grundrechtsberechtigung betrifft den persönlichen im Unterschied zum sachlichen Schutzbereich und die Grundrechtsbindung den Eingriff. Die Fragen werden aber schon für die Zulässigkeit einer Verfassungsbeschwerde bedeutsam: Eine Verfassungsbeschwerde kann nur von einem Grundrechtsberechtigten erhoben (vgl Rn 1388) und nur gegen den Akt eines Grundrechtsverpflichteten gerichtet werden (vgl Rn 1391 ff).

189 Die Grundrechte sind *höchstpersönlich*, dh sie können weder zur eigenen noch zur stellvertretenden Wahrnehmung an Dritte übertragen werden.[3] Dem entspricht der grundsätzliche Ausschluss der Prozessstandschaft bei der Verfassungsbeschwerde (vgl Rn 1403 ff).

I. Grundrechtsberechtigung

1. Jedermannsrechte und Deutschenrechte

190 Als *Jedermannsrechte* werden diejenigen Grundrechte bezeichnet, die keine Eingrenzung der Berechtigung in persönlicher Hinsicht vorsehen, die also jedermann zustehen. Diese Grundrechte lauten etwa: „Jeder hat das Recht …" (Art. 2 Abs. 1 und 2 S. 1, Art. 5 Abs. 1 S. 1), „Jedermann hat das Recht …" (Art. 17; vgl auch Art. 103 Abs. 1), „Alle Menschen …" (Art. 3 Abs. 1), „Niemand darf …" (Art. 3 Abs. 3 S. 1, 4 Abs. 3 S. 1, 12 Abs. 2, 101 Abs. 1 S. 2, 103 Abs. 3). Das Gleiche gilt dort, wo eine Freiheit ohne personale Eingrenzung gewährt wird, wie in Art. 4 Abs. 1 und 2, 5 Abs. 3, 6 Abs. 1 und 2, 10 Abs. 1, 13 Abs. 1, 14 Abs. 1 S. 1 und 104.

191 Als *Deutschenrechte* werden diejenigen Grundrechte bezeichnet, die nur Deutschen zustehen. Es sind dies Art. 8, 9 Abs. 1, 11, 12 Abs. 1, 16, 20 Abs. 4 und 33 Abs. 1–2. Als Deutschenrecht wird auch das Grundrecht der allgemeinen, unmittelbaren, freien, gleichen und geheimen Wahl zum Bundestag (Art. 38 Abs. 1 S. 1) angesehen. Das kommt zwar nicht im Wortlaut zum Ausdruck, soll sich aber aus Art. 20 Abs. 2 ergeben: Die Wahlen sind nach Meinung des BVerfG als Ausdruck der Volkssouveränität ein Recht des Staatsvolkes der Bundesrepublik Deutschland. Dieses Staatsvolk umfasst aber nur die Deutschen, nicht dagegen Ausländer und Staatenlose. Das BVerfG sieht daher in der Zuerkennung des Wahlrechts an Ausländer einen Verstoß gegen

---

3 Vgl E 16, 147/158.

Art. 20 Abs. 2. Es hat diese Beurteilung wegen des Homogenitätsgebots des Art. 28 Abs. 1 S. 1 und 2 auch auf die Wahlen zu den anderen Volksvertretungen erstreckt.[4] In Bezug auf Kommunalwahlen ist diese Rechtsprechung partiell überholt. Nach Art. 22 Abs. 1 AEUV haben Unionsbürger (Art. 20 AEUV) das Wahlrecht bei Kommunalwahlen an ihrem Wohnort; daher erweitert Art. 28 Abs. 1 S. 3 die Wahlberechtigung über deutsche Staatsangehörige hinaus auch auf Unionsbürger (s. auch Rn 201).

Den *Begriff des Deutschen* bestimmt Art. 116 Abs. 1. Er verbindet die deutschen **192** Staatsangehörigen mit Flüchtlingen und Vertriebenen deutscher Volkzugehörigkeit, die als sog Status-Deutsche wegen der Unübersichtlichkeit ihrer Kriegs- und Nachkriegsschicksale zunächst weder als deutsche Staatsangehörige noch als Ausländer qualifiziert werden sollten. Erst seit 2000 sind die Status-Deutschen deutsche Staatsangehörige (§§ 7, 40a StAG). – Die deutsche Staatsangehörigkeit besaßen ungeachtet ihrer DDR-Staatsbürgerschaft auch die Bürger der DDR.[5]

Die Unterscheidung zwischen In- und Ausländern widerspricht zwar einem universalistischen Verständnis der Menschenrechte; völkerrechtliche Menschenrechtsgarantien wie die EMRK (Rn 71) differenzieren dementsprechend bei der Grundrechtsberechtigung nicht nach der Staatsangehörigkeit. Aber die Unterscheidung ist typisch **193** für nationalstaatliche Verfassungen, die politische Zugehörigkeit über die Staatsangehörigkeit definieren und ihr in Rechten Ausdruck verleihen, die nur die eigenen Staatsangehörigen berechtigen.[6] Auch das supranationale Unionsrecht hat mit der Unionsbürgerschaft (Art. 20 AEUV) eine qualifizierte Form politischer Zugehörigkeit geschaffen, an die einzelne Unionsgrundrechte hinsichtlich der Grundrechtsberechtigung anknüpfen (Art. 15 Abs. 2, 39, 45, 46 GRCh).[7]

Die Differenzierung zwischen In- und Ausländern hinsichtlich der Grundrechtsberechtigung wird durch das Verständnis von Art. 2 Abs. 1 als Auffanggrundrecht **194** relativiert. Indem dieser die Freiheit allgemein und damit stets dann schützt, wenn die speziellen Freiheitsrechte mit ihren Schutzbereichen nicht einschlägig sind (vgl Rn 504 ff), schützt er als „allgemeines Menschenrecht"[8] Ausländer auch in den durch die besonderen Freiheitsrechte gewährleisteten Lebensbereichen.[9] Die allgemeine Möglichkeit der Berufung auf ihre Jedermannsrechte verschafft ihnen allerdings kein Recht auf Einreise und Aufenthalt; dieses haben sie nur, wenn sie sich speziell auf das Asylrecht berufen können (vgl Rn 1215 ff). Zudem gelten nicht die ggfs strengeren Rechtfertigungsanforderungen der qualifizierten Gesetzesvorbehalte, sondern nur der allgemeine Gesetzesvorbehalt der „verfassungsmäßigen Ordnung" in Art. 2 Abs. 1.

Beispiel: Ausländer werden durch die Ausweisung in ihrer Freizügigkeit beschränkt, weil sie **195** sich nicht mehr in Deutschland aufhalten dürfen. Obwohl die Freizügigkeit auf Deutsche und auf das Bundesgebiet beschränkt ist, ist auf das Aufenthaltsrecht von Ausländern in Deutschland Art. 2 Abs. 1 anzuwenden. Für den in der Ausweisung liegenden Grundrechtseingriff gilt

---

4   E 83, 37 und E 83, 60; aA *Meyer*, Hdb. StR[3] III, § 46 Rn 7 ff.
5   Vgl E 36, 1/30 f; 77, 137/149.
6   *Gundel*, Hdb. StR[3] IX, § 198 Rn 4.
7   *Kingreen*, in: Calliess/Ruffert (Hrsg), EUV/AEUV, 6. Aufl. 2021, Art. 52 GRCh Rn 52.
8   E 35, 382/399.
9   E 35, 382/399; 50, 290/353; 78, 179/196 f.

aber nicht der qualifizierte Grundrechtsvorbehalt des Art. 11 Abs. 2, sondern der einfache Gesetzesvorbehalt des Art. 2 Abs. 1 (E 35, 382/399).

196 Über Art. 2 Abs. 1 haben die Ausländer einen grundrechtlichen Anspruch darauf, dass die öffentliche Gewalt sämtliche Normen des *objektiven Verfassungsrechts* auch ihnen gegenüber einhält (Elfes-Doktrin, Rn 354). Auch Ausländer können also unter Berufung auf Art. 2 Abs. 1 Verletzungen des Rechtsstaatsprinzips und insbesondere seiner Ausprägungen (Vorbehalt des Gesetzes, Verhältnismäßigkeit, Vertrauensschutz) mit der Verfassungsbeschwerde geltend machen.[10]

197 **Beispiel:** Wenn die Aufenthaltserlaubnis für einen Ausländer mehrfach uneingeschränkt und vorbehaltlos verlängert wurde, so wird dadurch ein Vertrauenstatbestand geschaffen, der die allein mit der Befristung begründete Ablehnung der Verlängerung verbietet (E 49, 168/185).

198 Der Ausschluss von Ausländern von der Grundrechtsberechtigung bei den Deutschen-Grundrechten hindert den Gesetzgeber nicht daran, die dort geschützten Freiheiten im einfachen Recht zu gewährleisten. Er berücksichtigt damit auch die Auffangwirkung von Art. 2 Abs. 1 in diesen Lebensbereichen.

199 **Beispiel:** Gem. § 1 Abs. 1 VersG und § 1 VereinsG haben auch Ausländer Versammlungs- und Vereinsfreiheit. Diese Gewährleistungen haben aber nur den Rang eines einfachen Gesetzes. Daher können §§ 14, 15 VereinsG für Ausländer- und ausländische Vereine Verbotsgründe über die Schranken des Art. 9 Abs. 2 hinaus vorsehen, ohne dass dies gegen Art. 9 Abs. 1 verstoßen würde (BVerfG, DVBl. 2000, 1515/1516) und kann nach § 47 AufenthG die Versammlungsfreiheit für Ausländer weiter eingeschränkt werden als für Deutsche (vgl *Kaltenborn*, DÖV 2001, 55).

200 Aus dem europäischen Unionsrecht kann sich die Notwendigkeit eines noch weitergehenden Grundrechtsschutzes ergeben, insbesondere für Unionsbürger (Art. 20 AEUV). Soweit das Unionsrecht (insbesondere das allgemeine Diskriminierungsverbot in Art. 18 Abs. 1 AEUV und die Grundfreiheiten, Art. 34, 45, 49, 56, 63 AEUV) eine Gleichbehandlung aller Unionsbürger verlangen, müssen wegen des Anwendungsvorrangs des Unionsrechts entweder alle Deutschenrechte für Unionsbürger geöffnet[11] oder Art. 2 Abs. 1 dahin verstanden werden, dass er EU-Ausländern einen den Deutschenrechten gleichwertigen Schutz verbürgt.[12] Eine Gleichbehandlung im Grundrechtsschutz ist allerdings nur erforderlich, soweit das Unionsrecht diese auch tatsächlich verlangt. Daran fehlt es, wenn sein Anwendungsbereich nicht eröffnet ist, so beim Auslieferungsschutz nach Art. 16 Abs. 2.[13] Es ist aber fraglich, ob es überhaupt Sachgebiete gibt, die generell aus dem Anwendungsbereich des Unionsrechts herausfallen.[14] Maßgeblich ist idR, ob das konkret einschlägige Unionsrecht materiell eine Gleichbehandlung fordert. Daher ist auf der einen Seite selbst die Grundrechtsberechtigung von Drittstaatsangehörigen nicht ausgeschlossen, wenn und soweit das Unionsrecht deren Gleichbehandlung vorschreibt.[15] Auf der anderen Seite erlauben es

---

10 E 35, 382/400; 78, 179/197; BVerfG, NJW 2008, 1369.
11 *Ehlers*, JZ 1996, 776/781; *Wernsmann*, Jura 2000, 657/659.
12 Dafür tendenziell BVerfG, NJW 2016, 1436 Rn 11 (= JK 10/2016).
13 BVerfG, NJW 2014, 1945 Rn 21.
14 *Kingreen*, in: Ehlers, Europäische Grundrechte und Grundfreiheiten, § 13 Rn 13; zweifelnd daher im Hinblick auf Art. 16 Abs. 2 *Weiß*, Hdb. StR X, § 207 Rn 17.
15 BVerfG, NJW 2020, 905 Rn 187 (= JK 7/2020).

Art. 18 Abs. 1 AEUV und die Grundfreiheiten in bestimmten Fällen, Unionsbürger schlechter zu stellen als Inländer. Dementsprechend fordert auch das sekundäre Unionsrecht nicht durchgängig, Unionsbürger aus anderen Mitgliedstaaten mit Inländern gleichzustellen. Der Grundrechtsschutz reicht daher jeweils zumindest so weit, wie es das Unionsrecht materiell fordert.

Beispiele: Unionsbürger haben nach Art. 21 Abs. 1 AEUV auch unionsrechtlich ein Freizügig- **201** keitsrecht nur nach Maßgabe der in den Verträgen und im Sekundärrecht vorgesehenen Beschränkungen und Bedingungen; dementsprechend beschränken die Art. 6 ff RL 2004/38/EG ihr Aufenthaltsrecht und gewähren es nach drei Monaten Aufenthalt für Nichterwerbstätige nur dann, wenn sie für sich und ihre Angehörigen über ausreichende Existenzmittel verfügen (Art. 7 Abs. 1 lit. b) RL 2004/38/EG). Weiter müssen daher auch das Grundrecht der Freizügigkeit nach Art. 11 Abs. 1 und der Auslieferungsschutz nach Art. 16 Abs. 2 nicht gehen. – Art. 22 AEUV fordert Gleichbehandlung beim Kommunalwahlrecht, aber keine Wahlberechtigung auf Landes- und Bundesebene; daher kann sich das Wahlrecht nach Art. 38 Abs. 1 S. 1 auf Deutsche beschränken (Rn 191).

2. Grundrechtsberechtigung vor der Geburt und nach dem Tod

Soweit natürliche Personen durch die Grundrechte berechtigt sind, versteht sich, dass **202** dies für *Lebende* gilt. Es versteht sich umso mehr, als auch das einfache Recht die Rechtsfähigkeit des Menschen mit der Vollendung der Geburt beginnen lässt (vgl § 1 BGB). Die Rechtsfähigkeit endet grundsätzlich mit dem Tod, der von der medizinischen Wissenschaft und auch vom Gesetzgeber (vgl § 3 Abs. 2 Nr. 2 TPG) angenommen wird, wenn das Hirn irreversibel funktionsunfähig geworden ist.[16]

Es spricht viel dafür, dass die Grundrechte auch *nur Lebende* berechtigen können: **203** Weder der noch nicht geborene Mensch noch der Tote können eine Meinung äußern (Art. 5 Abs. 1), sich versammeln (Art. 8), einen Verein gründen (Art. 9 Abs. 1), einen Beruf ergreifen (Art. 12 Abs. 1) usw.

Doch erkennt das BVerfG nach beiden Richtungen hin mit Blick auf den sachlichen **204** Gehalt einzelner Grundrechte *Ausnahmen* an: Es lässt die Verpflichtung, dem Einzelnen Schutz gegen Angriffe auf seine Menschenwürde zu gewähren, nicht mit dem Tod enden, lehnt aber einen weitergehenden Grundrechtsschutz des Verstorbenen und damit einen Schutz seiner Entscheidungsfreiheit aus Art. 2 Abs. 1 ab.[17]

Gelegentlich wird dieses mit der Zeit abnehmende „Fortwirken" des Art. 1 Abs. 1 **205** über den Tod hinaus auch als bedeutsam für die Frage nach der Zulässigkeit von *Organentnahmen* von Toten angesehen.[18] Das Transplantationsgesetz hat die Frage dahin beantwortet, dass es auf die Entscheidung des noch Lebenden und bei deren Fehlen auf die Entscheidung des nächsten Angehörigen ankommt. Wenn die Ablehnung der Organentnahme durch den noch Lebenden nach dessen Tod respektiert wird, wird weniger seiner Menschenwürde, als vielmehr seiner Entscheidungsfreiheit gem.

---

16   Zur kontroversen Diskussion *Heyers*, Jura 2016, 709.
17   E 30, 173/194; BVerfG, NVwZ 2008, 549 Rn 7 f; für einen weitergehenden postmortalen Grundrechtsschutz *Spilker*, DÖV 2014, 637 ff.
18   Vgl *Herdegen*, MD, Art. 1 Abs. 1 Rn 58.

Art. 2 Abs. 1 und – sofern die Entscheidung glaubens- oder gewissensgeleitet ist – Art. 4 Abs. 1 und 2 Rechnung getragen.[19]

206 Auf den noch *nicht geborenen* Menschen (Embryo, nasciturus) ist vom BVerfG zunächst Art. 2 Abs. 2 S. 1[20] und später auch Art. 1 Abs. 1 angewendet worden.[21] Dabei ließ das BVerfG offen, „ob, wie es Erkenntnisse der medizinischen Anthropologie nahe legen, menschliches Leben (erst mit Nidation oder) bereits mit der Verschmelzung von Ei und Samenzelle entsteht".[22] Das Gericht hat aber nicht entschieden, „ob der nasciturus selbst Grundrechtsträger ist oder aber wegen mangelnder Rechts- und Grundrechtsfähigkeit nur von den objektiven Normen der Verfassung in seinem Recht auf Leben geschützt wird".[23] Entschieden hat es aber, dass „künftige Generationen weder in ihrer Gesamtheit noch als Summe der einzelnen erst künftig lebenden Menschen aktuell grundrechtsfähig sind",[24] obschon sie an einer aus Art. 20a abgeleiteten objektivrechtlichen intergenerationellen Schutzverpflichtung des Staates für Leben und Gesundheit gegenüber den Gefahren des Klimawandels teilhaben.

3. Grundrechtsmündigkeit

207 *Altersgrenzen* im Zusammenhang der Grundrechte enthält das Grundgesetz nur in Art. 12a Abs. 1 und Art. 38 Abs. 2. Andere Altersgrenzen sind im einfachen Recht enthalten. So beginnt gem. § 106 BGB die beschränkte Geschäftsfähigkeit mit Vollendung des 7. Lebensjahres, nach Vollendung des 12. Lebensjahres kann ein Kind gem. § 5 S. 2 RelKErzG nicht zu einem neuen Bekenntnis gezwungen werden, und nach Vollendung des 14. Lebensjahres kann es selbst entscheiden, an welchem Bekenntnis es sich orientieren will.

208 Als Problem der Grundrechtsmündigkeit wird diskutiert, ob bzw wann Minderjährige in der Ausübung von Grundrechten beschränkt sind. Dazu werden zwei Möglichkeiten erwogen: Entweder stellt man auf die Einsichts- und Entscheidungsfähigkeit (Grundrechtsreife) der individuellen Person *(gleitende Altersgrenze)* oder auf die Grenzen ab, die der Gesetzgeber generell gezogen hat *(starre Altersgrenze)*. Letzteres führt dazu, bei Grundrechten, die an die menschliche Existenz anknüpfen (Art. 1, 2 Abs. 2 S. 1 und 2, Art. 104), stets Grundrechtsmündigkeit anzunehmen; bei Grundrechten, deren Ausübung mit privatrechtlichen Rechtsgeschäften verbunden ist (Art. 12 Abs. 1, 14 Abs. 1), die Grundrechtsmündigkeit entsprechend den Altersgrenzen für die Geschäftsfähigkeit im BGB eintreten zu lassen; bei den Grundrechten aus Art. 4 Abs. 1 und 2 an die Altersgrenzen im RelKErzG anzuknüpfen und schließlich bei Grundrechten, die erst in einem bestimmten Alter relevant werden (Art. 4 Abs. 3,

19 Vgl *Kübler*, Verfassungsrechtliche Aspekte der Organentnahme zu Transplantationszwecken, 1977, S. 42 f, 66 ff; *Maurer*, DÖV 1980, 7.
20 E 39, 1/36 f; krit *Hoerster*, JuS 1989, 172.
21 E 88, 203/251 f; krit *Dreier*, DR, Art. 1 I Rn 66 ff; *Michael/Morlok*, GR, Rn 155, 162.
22 E 88, 203/251; für Entstehung mit Verschmelzung *Herdegen*, MD, Art. 1 Abs. 1 Rn 61 f; *Schulze-Fielitz*, DR, Art. 2 II Rn 29; für Entstehung ab Nidation *Anderheiden*, KritV 2001, 353/380; für Entstehung ab der noch etwas später liegenden Individuation *Heun*, JZ 2002, 517/520.
23 E 39, 1/41; für eine Grundrechtsträgerschaft des nasciturus *Herdegen*, MD, Art. 1 Abs. 1 Rn 59, 61; *Kloepfer*, VerfR II, § 49 Rn 6; dagegen *Siehr*, VVDStRL 78 (2018), 393/427 f; *Hartleb*, Grundrechtsschutz in der Petrischale, 2006.
24 BVerfG, NJW 2021, 1723 Rn 146 (= JK 9/2021).

6 Abs. 1, 12a), die Grundrechtsmündigkeit mit der entsprechenden Altersgrenze (§ 1 Abs. 1 WPflG, § 1303 Abs. 1, 2 BGB) eintreten zu lassen.

In dieser Diskussion um die Grundrechtsmündigkeit vermischen sich *drei unterschiedliche Sachprobleme*: das unmittelbare Verhältnis Minderjähriger zur öffentlichen Gewalt, das Zusammentreffen von Grundrechten Minderjähriger mit dem elterlichen Erziehungsrecht und die Geltendmachung von Grundrechten durch Minderjährige vor Gericht. **209**

a) Im Verhältnis eines Minderjährigen zur **öffentlichen Gewalt**, zB in der Schule oder im Heim, gibt es für eine generelle altersmäßige Einschränkung der Grundrechtsausübungsberechtigung keine normative Grundlage.[25] Eingriffe sind nach den allgemeinen Maßstäben zulässig. Dass der Jugendschutz als besondere Eingriffsermächtigung in Art. 5 Abs. 2, 11 Abs. 2 und 13 Abs. 7 ausdrücklich genannt wird, zeigt, dass Minderjährige zur Grundrechtsausübung berechtigt und gegen ungerechtfertigte Eingriffe geschützt sind. **210**

b) Wichtiger als ihr Verhältnis zur öffentlichen Gewalt ist für Minderjährige ihr Verhältnis zu den Eltern. Dabei kann das **elterliche Erziehungsrecht** (Art. 6 Abs. 2) mit der zunehmenden Selbstständigkeit des Minderjährigen kollidieren. Art. 6 Abs. 2 ist keine Eingriffsermächtigung der Eltern gegenüber den Grundrechten der Kinder, weil die Eltern gegenüber den Kindern nicht Träger öffentlicher Gewalt sind. Der Gesetzgeber trifft aber für entsprechende Konflikte Regelungen und muss sie wegen des Vorbehalts des Gesetzes (vgl Rn 352 ff) auch treffen: in § 5 RelKErzG zum Wechsel des religiösen Bekenntnisses durch Minderjährige, in §§ 1626 ff BGB zur Innehabung und Ausübung des elterlichen Sorgerechts usw. Er muss dabei sowohl den Kindesrechten als auch dem elterlichen Erziehungsrecht gerecht werden. **211**

Die Besonderheit des elterlichen Erziehungsrechts besteht darin, dass es sich um ein subjektives Recht der Eltern *im Interesse der Kinder* handelt. Es enthält einerseits Entscheidungskompetenzen und ist andererseits zeitlich und inhaltlich beschränkt, zeitlich bis zur Fähigkeit des Kindes zur Selbstbestimmung in der jeweiligen Sachfrage, inhaltlich auf die der Erziehung förderlichen Mittel (vgl Rn 837, 848). Angesichts dessen ist es unproblematisch, wenn § 5 S. 1 RelKErzG schon den Vierzehnjährigen das alleinige Entscheidungsrecht über den Wechsel des religiösen Bekenntnisses einräumt. In allen anderen Fragen gilt dagegen grundsätzlich das aus der elterlichen Sorge (§§ 1626 ff BGB) fließende Entscheidungsrecht der Eltern, das aber, zumal bei Fragen von größerer Bedeutung, wie Aufenthaltsbestimmung und Berufswahl, dadurch begrenzt ist, dass die das Kindeswohl gefährdenden Entscheidungen der Eltern durch das Familiengericht ersetzt werden können. **212**

Beispiel: Das elterliche Erziehungsrecht und die genannten einfach-gesetzlichen Regelungen decken das Verbot gegenüber einem Dreizehnjährigen, aus der Kirche aus- und in einen Fußballverein einzutreten sowie Artikel in der Schülerzeitung zu veröffentlichen. Ein entsprechendes Verbot des Klassenlehrers ist dadurch nicht gerechtfertigt. **213**

c) Von den unter a) und b) genannten materiell-rechtlichen Problemen ist das **prozessuale** der Geltendmachung von Grundrechten durch Minderjährige im Rahmen **214**

---

25 *Hesse*, VerfR, Rn 285; *Hohm*, NJW 1986, 3107; vgl auch E 47, 46/74; 75, 201/215.

eines gerichtlichen Verfahrens einschließlich der Verfassungsbeschwerde zu unterscheiden. Es betrifft die Zulässigkeitsvoraussetzung der Prozessfähigkeit (vgl Rn 1389 f). Hier sind gewisse altersmäßige Grenzziehungen aus Gründen einer geordneten Rechtspflege unabdingbar; auch hier kann wieder eine das Kindeswohl gefährdende Entscheidung der Eltern durch das Familiengericht ersetzt werden.

215   Unabhängig davon, ob der Begriff der Grundrechtsmündigkeit enger oder weiter gefasst wird – er darf keinesfalls den *Unterschied* zwischen den drei Konstellationen verwischen. Sinnvollerweise sollte er nur noch als Synonym der Prozessfähigkeit verwendet werden.[26]

4.   Grundrechtsverzicht

216   Fraglich ist, ob und inwieweit die Grundrechtsberechtigung zur Disposition des Einzelnen steht bzw welche Bedeutung sein Einverständnis für die Zulässigkeit staatlichen Eingreifens in den Schutzbereich seiner Grundrechte hat. Dieses Problem wird unter dem Begriff des Grundrechtsverzichts diskutiert.

217   **Beispiele:** Jemand gestattet der Polizei die Durchsuchung seiner Wohnung, ohne dass ein richterlicher Durchsuchungsbefehl vorliegt (vgl Art. 13 Abs. 2). – Ein alleinstehender Untersuchungshäftling möchte vermeiden, dass sein Bekanntenkreis von seiner Verhaftung erfährt und verzichtet auf die in Art. 104 Abs. 4 vorgesehene Benachrichtigung. – Ein gesunder Häftling stellt sich für medizinische Versuche im Anstaltskrankenhaus zur Verfügung (vgl Art. 2 Abs. 2 S. 1). – Ein Wahlberechtigter füllt den Stimmzettel öffentlich statt geheim aus (vgl Art. 38 Abs. 1 S. 1).

218   Keine Frage eines Grundrechtsverzichts, sondern der sog negativen Seite der Freiheitsrechte (Rn 286) ist es, wenn ein Berechtigter *tatsächlich* von einem Grundrecht keinen Gebrauch macht, zB an keiner Versammlung teilnimmt (Art. 8), keinem Verein beitritt (Art. 9) oder den Rechtsweg nicht beschreitet (Art. 19 Abs. 4). Wenn er hingegen rechtlich bindend auf Versammlungsteilnahme, Vereinsbeitritt und Klage verzichtet, stellt sich die Frage der Erheblichkeit des Grundrechtsverzichts.

219   Die Kennzeichnung als Grundrechtsverzicht führt verfassungsrechtlich noch zu *keiner Rechtsfolge,* dh der Verzicht macht die staatliche Maßnahme weder stets verfassungsmäßig noch ist er stets unerheblich. Das zeigt sich schon daran, dass in den wenigen Fällen, wo der Text des Grundgesetzes zur Frage eines Grundrechtsverzichts Aufschluss gibt, teils seine Zulässigkeit, teils aber auch seine Unzulässigkeit angeordnet wird:

– Art. 16 Abs. 1 macht die Schutzwirkung dieses Grundrechts ausdrücklich vom Willen des Bürgers abhängig; denn der Verlust der deutschen Staatsangehörigkeit darf, wie sich aus Satz 2 ergibt, mit Willen des Staatsangehörigen erfolgen. Weitere Fälle dieser Art finden sich in Art. 6 Abs. 3 und 7 Abs. 3 S. 3.
– Art. 9 Abs. 3 S. 2 erklärt die das Grundrecht der Koalitionsfreiheit behindernden Abreden für unwirksam. Die aus Art. 9 Abs. 3 S. 1 Berechtigten können also nicht vertraglich über ihre Grundrechtsposition verfügen bzw auf sie verzichten.

---

26   Zust. *Dreier,* DR, Vorb. Rn 114.

In den meisten Fällen jedoch gibt der Text des Grundgesetzes keinen Anhaltspunkt   220
für die Erheblichkeit des Grundrechtsverzichts. Das klassische Grundrechtsverständnis betont die Funktion der Grundrechte als subjektive Freiheitsrechte des Bürgers gegen den Staat (vgl Rn 101) und sieht den Verzicht auf Grundrechtspositionen als
einen Akt der Freiheitsausübung: Grundrechtsverzicht als Grundrechtsgebrauch.[27]
Soweit daher ein Grundrecht der persönlichen Entfaltungsfreiheit dient, spricht eine
Vermutung für die Erheblichkeit des Verzichts, wenn er deutlich erkennbar und freiwillig geleistet wird, dh nicht unter Druck oder Täuschung zu Stande gekommen ist.[28]
Eine gewisse Rolle spielt unter dem Aspekt der Entscheidungsfreiheit auch, ob der
Verzicht revisibel ist.[29] Soweit dagegen ein Grundrecht für den Prozess der staatli-
chen Willensbildung wichtig ist, indiziert dies die Unerheblichkeit des Verzichts.
Auch auf die Menschenwürde des Art. 1 Abs. 1 einschließlich des Menschenwürde-
gehalts anderer Grundrechte (vgl Rn 478) kann nicht mit rechtlich nachteiligen Auswirkungen verzichtet werden.

Beispiele: Im Bereich der Berufs- und Eigentumsfreiheit sind Verträge zwischen dem Bürger   221
und der öffentlichen Gewalt in weitem Umfang zulässig (vgl §§ 54 ff VwVfG) und in diesem
Zusammenhang auch der Verzicht auf bestimmte Schutzwirkungen aus diesen Grundrechten
(vgl E 30, 65; 42, 331). Grundsätzlich zulässig ist auch der Verzicht auf den grundrechtlichen
Schutz der Wohnung, des Post- und Fernmeldegeheimnisses und anderer personenbezogener
Daten (vgl E 85, 386/398; 106, 28/44 ff; krit *Hoffmann-Riem*, AöR 2009, 513/529 f). Der Ver-
zicht auf Rechtsbehelfe und Rechtsmittel wird als zulässig anerkannt, wenn die betreffende
Entscheidung erlassen oder jedenfalls in ihrem konkreten Inhalt absehbar ist (E 9, 194/199). –
Der Bürger kann demgegenüber nicht auf sein Wahlrecht und dessen geheimen Gebrauch ver-
zichten (vgl OVG Lüneburg, DÖV 1964, 355; OVG Münster, OVGE 14, 257).

Lösungstechnischer Hinweis: Im grundrechtlichen Prüfungsschema (Schutzbereich – Ein-   222
griff – verfassungsrechtliche Rechtfertigung, vgl Rn 469 ff) ist die Frage eines Grundrechtsverzichts regelmäßig bei der Prüfung des Eingriffs zu erörtern: Eine staatliche Maßnahme, die mit
zulässigem Einverständnis des Betroffenen erfolgt, stellt keinen Eingriff in das Grundrecht dar.

5. Grundrechtsberechtigung von Personenmehrheiten und Organisationen

Grundrechtsberechtigt sind in erster Linie natürliche Personen („jeder", „alle Men-   223
schen", „alle Deutschen", „Männer und Frauen" usw). Sie bleiben auch dann grundrechtsberechtigt, wenn sie sich mit anderen zu Organisationen zusammenschließen.
Wenn sie im Zusammenschluss ihre Grundrechte ausüben und dabei durch eine Maßnahme der öffentlichen Gewalt beeinträchtigt werden, kann jeder Einzelne Verfassungsbeschwerde erheben. Es fragt sich aber, ob nicht auch der Zusammenschluss
selbst grundrechtsberechtigt ist und Verfassungsbeschwerde erheben kann. Die Frage
stellt sich für jede Art von Personenmehrheiten und Organisationen. Die Antwort gibt
Art. 19 Abs. 3. Indem er die *Grundrechtsgeltung auch für inländische juristische
Personen* gewährleistet, spricht er auch ihnen die Grundrechtsberechtigung zu. Als

---

27 E 142, 313 Rn 79 (= JK 3/2017); NJW 2020, 905 Rn 204 ff (= JK 7/2020). Vgl schon *Dürig*, AöR
    1956, 117/152; *Merten*, in: FS Schmitt Glaeser, 2003, S. 53/60.
28 Vgl *Stern*, StR III/2, S. 912 ff.
29 *Sachs*, VerfR II, Kap 8 Rn 83.

Voraussetzung verlangt er, dass die Grundrechte ihrem Wesen nach auf die inländischen juristischen Personen anwendbar sind.

224 **a)** Den Begriff der **juristischen Person** hat das einfache Recht ausgeprägt. Er bezeichnet die Personenmehrheiten und Organisationen, denen das Privatrecht oder das öffentliche Recht Rechtspersönlichkeit und *Rechtsfähigkeit* zuspricht, dh die Fähigkeit, Träger von Rechten und Pflichten zu sein (juristische Personen des Privat- bzw des öffentlichen Rechts). Er schließt auch die Fähigkeit ein, zu klagen und verklagt zu werden (Partei- oder Beteiligtenfähigkeit).

225 **Beispiele:** Juristische Personen des Privatrechts sind etwa der rechtsfähige Verein, die Gesellschaft mit beschränkter Haftung, die Aktiengesellschaft, der Versicherungsverein auf Gegenseitigkeit, die rechtsfähige Stiftung; juristische Personen des öffentlichen Rechts sind etwa Bund, Länder, Gemeinden, Kirchen, öffentlich-rechtliche Rundfunkanstalten, Sozialversicherungsträger und staatliche Universitäten.

226 Das einfache Recht erkennt Personenmehrheiten und Organisationen zuweilen die Rechtsfähigkeit nicht umfassend, sondern auf bestimmte Rechtsgebiete und Rechtsnormen beschränkt zu. Dadurch wird nicht die volle Rechtsfähigkeit begründet, die das einfache Recht den juristischen Personen zuschreibt, aber eine so genannte *Teilrechtsfähigkeit*.[30]

227 **Beispiele:** § 54 BGB und § 50 Abs. 2 ZPO sprechen dem nichtrechtsfähigen Verein bestimmte Rechte und Pflichten zu (als nichtrechtsfähige Vereine sind ua Parteien und Gewerkschaften organisiert); der Betriebsrat besitzt eine Teilrechtsfähigkeit auf dem Gebiet des Betriebsverfassungsrechts; das öffentliche Recht kennt als teilrechtsfähige Verwaltungseinheiten etwa die Fakultäten der staatlichen Universitäten.

228 Art. 19 Abs. 3 erkennt die Grundrechtsberechtigung allen Personenmehrheiten zu, die entweder *voll- oder teilrechtsfähig* sind.[31] Der verfassungsrechtliche Begriff der juristischen Person ist also weiter als der einfach-rechtliche. Da Art. 19 Abs. 3 die Funktion hat, Rechtsfähigkeit des einfachen Rechts zur Grundrechtsberechtigung zu verstärken, ist er nicht einschlägig, wenn eine „schlichte" Personenmehrheit, zB die Essensrunde oder das Streichquartett, keinerlei Rechtsfähigkeit genießt.

229 **b)** Eine juristische Person ist **inländisch** iSd Art. 19 Abs. 3, wenn sie ihren Sitz in Deutschland hat; auf die Staatsangehörigkeit der zusammengeschlossenen Personen kommt es nicht an.[32] Den Sitz einer juristischen Person möchte das BVerfG nach ihrem tatsächlichen Aktionszentrum bestimmen. Das ist entweder der satzungsmäßige Sitz der Hauptverwaltung oder der Ort, an dem die grundlegenden Entscheidungen der Unternehmensleitungen fallen.[33]

230 **Beispiel:** Eine in den USA registrierte Rechtsanwaltskanzlei mit drei Standorten in Deutschland wurde als nicht grundrechtsberechtigt angesehen (BVerfG, NJW 2018, 2329 Rn 30 ff); ob anders zu entscheiden gewesen wäre, wenn allein der deutsche Kanzleistandort als Beschwerdeführer aufgetreten wäre, ist offengeblieben (vgl *Becker*, Jura 2019, 496/500).

---

30 Grundlegend *Bachof*, AöR 1958, 208.
31 E 3, 383/391 ff; *Dreier*, DR, Art. 19 III Rn 44 ff; *Jarass*, JP, Art. 19 Rn 16; *Remmert*, MD, Art. 19 Abs. 3 Rn 37 ff.
32 BVerfG, NJW 2018, 2392 Rn 28; *Becker*, Jura 2019, 496/499 f.
33 BVerfG, NJW 2018, 2392 Rn 29.

Die Beschränkung der Grundrechtsberechtigung auf inländische juristische Personen gilt nicht im *Anwendungsbereich des Unionsrechts*. Dabei sind zwei Fälle zu unterscheiden: Wenn ein konkreter Sachverhalt unionsrechtlich determiniert ist, wendet das BVerfG die europäische Grundrechtecharta an (Rn 81), die nicht zwischen in- und ausländischen juristischen Personen unterscheidet.[34] Sind hingegen die Grundrechte des GG anwendbar, weil der Sachverhalt nicht unionrechtlich determiniert ist (Rn 83), müssen sie durch Anwendungserweiterung von Art. 19 Abs. 3 auch für juristische Personen mit Sitz in einem anderen Mitgliedstaat gelten.[35] Selbst der Schutz von juristischen Personen mit Sitz in einem Drittstaat ist vorstellbar, wenn das Unionsrecht deren Gleichstellung fordert[36] (vgl auch Rn 200). **231**

Das BVerfG billigt zudem die *Prozessgrundrechte* der Art. 101 Abs. 1 S. 2 und 103 Abs. 1 auch *ausländischen juristischen Personen* zu. Denn sie enthalten „Verfahrensgrundsätze, die für jedes gerichtliche Verfahren gelten und daher auch jedem zugutekommen müssen".[37] **232**

c)   Das Problem der **wesensmäßigen Anwendbarkeit** bezieht sich sowohl auf den Inhalt des wahrgenommenen Rechts als auch auf den Rechtsträger:[38] **233**

aa)   Das **in Anspruch genommene Grundrecht** darf nicht an natürliche Qualitäten des Menschen anknüpfen, die juristischen Personen fehlen. Knüpft es an Qualitäten an, über die nur bestimmte juristische Personen verfügen, so kann es auch nur bei diesen juristischen Personen wesensmäßig anwendbar sein. Die Rechtsprechung des BVerfG ist uneinheitlich, weil sie vielfach nicht zwischen der wesensmäßigen Anwendung des Grundrechts und derjenigen seines Rechtsträgers unterscheidet. Zudem kann die Elfes-Rechtsprechung des BVerfG (Rn 354 ff), die den subjektiv-rechtlichen Anspruch begründet, dass staatliche Maßnahmen dem Grundgesetz entsprechen, zu einer Ausweitung des Prüfungsmaßstabs auch auf solche Grundrechte führen, die nicht wesensmäßig auf die juristische Person anwendbar sind. **234**

Beispiele: Die juristische Person kann sich beruflich (Art. 12) betätigen, und sie kann Eigentümerin (Art. 14) sein. Ihr fehlt aber die Menschenwürde, sie hat weder Leben noch Gesundheit, und sie schließt auch keine Ehen. Zwar hat das BVerfG (E 13, 290/298) zugunsten eines Unternehmens maßgeblich mit Art. 6 Abs. 1 argumentiert, um die durch das Arbeitsverhältnis mit dem Ehegatten eines Gesellschafters bedingte steuerrechtliche Schlechterstellung des Unternehmens für verfassungswidrig zu erklären. Dadurch wird das Unternehmen aber nicht selbst Träger von Art. 6 Abs. 1; vielmehr hat es nur aufgrund der Elfes-Rechtsprechung einen Anspruch darauf, dass die Ungleichbehandlung nicht den Zweck verfolgen darf, die Grundrechte Dritter zu verletzen (Rn 360). – Jedenfalls in einzelnen Aspekten wie dem Recht der Selbstdarstellung und besonders der informationellen Selbstbestimmung (vgl Rn 515 ff) hat die juristische Person auch das allgemeine Persönlichkeitsrecht (E 106, 28/42 f; BVerfG, NJW 2005, 883 f; *Becker*, Jura 2019, 496/502 f; anders aber im Hinblick auf das Recht, sich nicht selbst bezichtigen zu müssen: E 95, 220/241 f). – Inkohärent ist die Rechtsprechung im Bereich des **235**

34   E 152, 216 Rn 104 (= JK 5/2020).
35   E 129, 78/94 ff.
36   BVerfG NJW 2020, 905 Rn 187 (= JK 7/2020); *Kahl/Hilbert*, BK, Art. 19 Abs. 3 Rn 362; weitergehend *Müller-Terpitz*, JZ 2020, 1080/1082 ff.
37   E 21, 362/373; 64, 1/11; BVerfG NJW 2020, 905 Rn 186 (= JK 7/2020).
38   *Schoch*, Jura 2001, 201/203; *Volkmann*, StR II, § 10 Rn 10 ff; vgl auch *Kahl/Hilbert*, BK, Art. 19 Abs. 3 Rn 158 f.

Art. 4 Abs. 1, 2: Zwar sind hier juristische Personen geschützt, wenn ihr Zweck religiös oder weltanschaulich ist (vgl Rn 692 ff). Unternehmen ohne diese Zwecksetzung können sich aber nicht unter Hinweis auf Art. 4 Abs. 1, 2 gegen die Heranziehung zur Kirchensteuer (E 19, 206) und auch nicht dagegen wehren, dass sie Lohnfortzahlungen im Hinblick auf Krankheiten leisten müssen, die Folge rechtmäßiger Schwangerschaftsabbrüche sind (BVerfG, NJW 1990, 241); einschlägig ist jeweils nur Art. 2 Abs. 1. Warum aber Art. 4 Abs. 1, 2 im Rahmen der Prüfung der Verhältnismäßigkeit eines Eingriffs in Art. 2 Abs. 1 trotz seiner zuvor behaupteten fehlenden Einschlägigkeit ergänzend heranzuziehen sein soll, wenn sich eine von Metzgern muslimischen Glaubens getragene OHG gegen ein Verbot des Schächtens (Rn 690, 706) wehrt (BVerfG, NJW 2002, 1485), wird nicht erklärt (*Kingreen*, JöR 2017, 1/19 f). Mittlerweile sieht das BVerfG die Frage, ob sich juristische Personen auf Art. 4 Abs. 1, 2 berufen können, als klärungsbedürftig an (BVerfG, NVwZ 2018, 1635/1636 f; grds krit gegenüber der Ausweitung der wesensmäßigen Anwendbarkeit *Groß*, KJ 2019, 76/87 ff).

236 **bb)** Die „wesensmäßige Anwendbarkeit" iSv Art. 19 Abs. 3 bezieht sich zugleich auf bestimmte **Eigenschaften des Rechtsträgers**, der das Grundrecht in Anspruch nimmt. Hier kommen unterschiedliche Verständnisse über den Sinn und Zweck des Grundrechtsschutzes juristischer Personen zum Tragen: Soll sie eher individualistisch gedeutet oder soll ihre Grundrechtsberechtigung unabhängig von den sie tragenden Personen bestimmt werden?

237 **(1)** Das **BVerfG** verfolgt mit dem Erfordernis eines **personalen Substrats** einen individualistischen Ansatz, der die Grundrechtsberechtigung von den die juristische Person tragenden natürlichen Personen her bestimmt. Die Einbeziehung juristischer Personen in den Schutzbereich der Grundrechte sei nur gerechtfertigt, „wenn ihre Bildung und Betätigung Ausdruck der freien Entfaltung der natürlichen Personen sind, besonders wenn der ‚Durchgriff' auf die hinter den juristischen Personen stehenden Menschen dies als sinnvoll und erforderlich erscheinen lässt".[39] Das BVerfG lehnt daher insbesondere die Grundrechtsberechtigung *juristischer Personen des öffentlichen Rechts* grundsätzlich ab.[40] Denn hinter diesen stünden nicht natürliche Personen, sondern stehe stets der Staat. Die verschiedenen staatlichen Funktionsträger seien vom Einzelnen her gesehen nur besondere Erscheinungsformen der einheitlichen Staatsgewalt. Das BVerfG bemüht dabei auch das Konfusionsargument (Rn 187). Juristische Personen des öffentlichen Rechts seien als Hoheitsträger grundrechtsverpflichtet und könnten daher nicht zugleich grundrechtsberechtigt sein. „Eingriffe und Übergriffe" im Verhältnis verschiedener staatlicher Funktionsträger seien immer nur „Kompetenzkonflikte im weiteren Sinne".[41] Dabei soll es auch nicht darauf ankommen, ob die juristische Person des öffentlichen Rechts hoheitlich handelnd öffentliche Aufgaben wahrnimmt oder nicht hoheitlich tätig wird[42] und ob sie in der Staatsverwaltung rechtlich mehr oder weniger verselbstständigt ist. Das BVerfG sieht sich auch nicht aufgrund der Rechtsprechung des EuGH[43] gehalten, eine Grundrechtsberechtigung zumindest öffentlicher Unternehmen anzuerkennen.[44]

---

39 E 21, 362/369; ähnlich E 61, 82/101: „Durchblick". Dem BVerfG folgend *Huber*, MKS, Art. 19 Rn 206 ff; *Remmert*, MD, Art. 19 Abs. 3 Rn 30 ff.
40 E 21, 362/369 ff; 68, 193/205 ff; E 143, 246 Rn 187 ff (= JK 5/2017).
41 E 21, 362/368 ff; vgl auch E 61, 82/100 ff.
42 E 61, 82/103 f, 105.
43 EuGH:EU:C:2016:96, Rn 49 (Rat/Bank Saderat Iran) zu Art. 47 GRCh.
44 BVerfG, NVwZ 2020, 1500 Rn 29 ff (= JK 4/2021); krit *Gundel*, NVwZ 2020, 1504/1505.

Beispiele: Mit dem Fehlen eines personalen Substrats begründet das BVerfG, dass sich ein Sozialversicherungsträger nicht auf den allgemeinen Gleichheitssatz (E 21, 362/327 ff) und eine Gemeinde nicht auf Art. 14 Abs. 1 S. 1 berufen kann (E 61, 82/101 ff; 98, 17/47) sowie ein Jugendhilfeträger nicht auf Art. 6 Abs. 2, um sich gegen die Aufhebung einer sorgerechtlichen Entscheidung zur Wehr zu setzen (BVerfG, NJW 2021, 1665 Rn 33 ff = JK 7/2021). Auch privatwirtschaftliche Unternehmen sind danach nicht grundrechtsberechtigt, sofern der Staat mehr als 50% der Anteile an ihnen hält (E 128, 226/244, 246 f; 143, 246 Rn 190 = JK 5/2017; NVwZ 2020, 1500 Rn 9 ff = JK 4/2021). **238**

In bestimmten Fällen sieht das BVerfG das *personale Substrat auch bei juristischen Personen des öffentlichen Rechts* gegeben. Wenn „Einrichtungen des Staates [...] Grundrechte in einem Bereich verteidigen, in dem sie vom Staat unabhängig sind", sind sie „unmittelbar dem durch die Grundrechte geschützten Lebensbereich zuzuordnen".[45] Die Rede ist insoweit auch von der juristischen Person des öffentlichen Rechts als „Sachwalter" des Einzelnen bei der Wahrnehmung seiner Grundrechte".[46] Anders als Personenmehrheiten des Zivilrechts, die durch autonome Entscheidungen von Individuen entstehen, existieren und vergehen, sind juristische Personen des öffentlichen Rechts in ihrem Bestand allerdings von staatlichen Entscheidungen abhängig. Eine öffentlich-rechtliche Körperschaft, Anstalt oder Stiftung beruht ausschließlich auf einem staatlichen Organisationsakt, existiert und agiert zulässigerweise nur in einem staatlich zugewiesenen Funktions- und Aufgabenbereich, und kann durch staatlichen Akt auch wieder aufgelöst werden. Daraus folgt, dass sich die Erstreckung der Grundrechtsberechtigung auf juristische Personen des öffentlichen Rechts nur auf den *zugewiesenen Funktions- und Aufgabenbereich* beziehen kann.[47] **239**

Eine Sondersituation sieht das BVerfG darüber hinaus bei Unternehmen, die von einem ausländischen Staat getragen werden. Sie übten in Deutschland keine Hoheitsgewalt aus und seien damit nicht grundrechtsgebunden, weshalb das Konfusionsargument (Rn 187) ihrer Grundrechtsberechtigung nicht entgegenstehe. Es sei weder mit der europarechtlichen Niederlassungsfreiheit aus Art. 49 iVm 54 AEUV noch mit dem in Art. 13 EMRK garantierten Beschwerderecht vereinbar, den Unternehmen wegen ihrer öffentlich-rechtlichen Trägerschaft den Rechtsschutz durch die Verfassungsbeschwerde zu versagen.[48] Nicht grundrechtsberechtigt sind hingegen Repräsentanten anderer Staaten, denn ihre Rechtsstellung bemisst sich nach den diplomatischen Regeln des Völkerrechts.[49] **240**

Beispiele: Die staatlichen Universitäten und deren Fakultäten können sich auf die Wissenschaftsfreiheit (E 15, 256/262), die öffentlich-rechtlichen Rundfunkanstalten auf die Rundfunkfreiheit (E 59, 231/255; 78, 101/102 f) und auf das mit ihr in funktionellem Zusammenhang stehende Fernmeldegeheimnis (E 107, 299/310) sowie zur gerichtlichen Kontrolle der Einhaltung dieser Grundrechte auf Art. 19 Abs. 4 (E 107, 299/310 f) berufen, aber jeweils nur darauf. Die Religionsgemeinschaften sind wegen ihrer Sonderstellung unter den Körperschaften des öffentlichen Rechts (vgl Rn 696) umfassend grundrechtsberechtigt. – Ein zu 100% vom schwedischen Staat getragenes Unternehmen ist berechtigt, sich unter Berufung auf Art. 14 **241**

---

45 E 31, 314/322; 39, 302/314.
46 E 61, 82/103.
47 *Pieroth*, Störung, Streik und Aussperrung an der Hochschule, 1976, S. 197 ff.
48 E 143, 246 Rn 196 ff (= JK 5/2017).
49 OVG Münster, NVwZ 2017, 648/649.

Abs. 1 gegen den beschleunigten Ausstieg aus der friedlichen Nutzung der Kernenergie zu wehren (E 143, 246 Rn 191 ff = JK 5/2017).

242 Wie auf die ausländischen juristischen Personen (vgl Rn 232) dehnt das BVerfG den Schutz der Prozessgrundrechte aus Art. 101 Abs. 1 S. 2 und 103 Abs. 1 auch auf juristische Personen des öffentlichen Rechts aus.

243 **Beispiele:** Allgemeine Ortskrankenkassen (E 39, 302/312), Kassenärztliche Vereinigungen (E 62, 354/369), öffentlich-rechtliche Sparkassen und in fachgerichtlichen Verfahren passivlegitimierte Behörden (E 138, 64 Rn 56) können „sich jedenfalls auf die grundrechtsähnlichen Rechte des Art. 101 Abs. 1 S. 2 und Art. 103 Abs. 1 berufen" (E 75, 192/200), nicht aber auf einen durch materielle Grundrechte vermittelten Schutz (Art. 3 Abs. 1, Art. 20 Abs. 3) gegen die Überschreitung der Grenzen richterlicher Rechtsfortbildung (BVerfG, NJW 2019, 351 Rn 25, 28).

244 **(2)** In weiten Teilen des **Schrifttums** wird der individualistische Ansatz des BVerfG zu Recht abgelehnt, weil er die rechtliche Verselbstständigung der juristischen Person gegenüber den sie tragenden natürlichen Personen nicht nachvollzieht. Art. 19 Abs. 3 begründet für juristische Personen eine eigenständige Grundrechtsberechtigung, ist also rechtlich etwas anderes als nur die Summe seiner natürlichen Mitglieder. Entscheidend ist daher nicht das personale Substrat der juristischen Person, sondern die *grundrechtstypische Gefährdungslage*, dh ob die Lage der juristischen Person der Lage einer natürlichen Person, die gegen den freiheitsgefährdenden Staat den Schutz der Grundrechte genießt, vergleichbar ist.[50] Dafür muss ihr Verhalten den sog *Außen- im Unterschied zu den Innenrechtsbeziehungen*[51] zugehören: Eine grundrechtstypische Gefährdungslage besteht danach, wenn sich die juristische Person hinsichtlich ihres konkreten Verhaltens in einem für natürliche Personen typischen Außenrechtsverhältnis zum Staat befindet, also nicht über Weisungsabhängigkeit voll in die Staatsorganisation eingebunden ist, sondern ihm vergleichbar der natürlichen Person als selbstständiges Rechtssubjekt gegenübertritt.[52] Eine grundrechtstypische Gefährdungslage liegt daher nicht vor, soweit Maßnahmen gegenüber juristischen Personen des öffentlichen Rechts auf die staatliche Kompetenzordnung gestützt werden.

245 **Beispiele:** Bei der Beschlagnahme von Akten in einer staatlichen Universität durch die Staatsanwaltschaft befindet sich eine Universität in einer grundrechtstypischen Gefährdungslage, weil sie sich insoweit in einer mit einer privaten Universität vergleichbaren Lage befindet. Anders ist es, wenn der Landesrechnungshof, der gegenüber den staatlichen Universitäten die Kompetenz für die haushaltsrechtliche Kontrolle hat, die Akten herausverlangt.

246 Das BVerfG hat den Begriff der grundrechtstypischen Gefährdungslage zwar sogar aufgegriffen, ihn aber dahin gewendet, dass bei Fehlen des personalen Substrats von einer grundrechtstypischen Gefährdungslage eben schlechterdings keine Rede sein könne.[53] Daher werden die beiden Ansätze im Schrifttum teilweise für austauschbar gehalten.[54] Doch wird die Gleichsetzung des personalistischen Ansatzes mit der an

---

50 *Becker*, Jura 2019, 496/507; *Dreier*, DR, Art. 19 III Rn 34; *Kingreen*, JöR 65 (2017), 1/27 ff; *Michael/Morlok*, GR, Rn 458; *Muckel*, JA 2020, 411/413 f.
51 Vgl *Maurer/Waldhoff*, § 21 Rn 26 ff.
52 Grundlegend *Bettermann*, NJW 1969, 1321/1324 ff.
53 E 45, 63/79; E 61, 82/101, 105.
54 So *Kahl/Hilbert*, BK, Art. 19 Abs. 3 Rn 170 ff.

ihm geübten Kritik der unterschiedlichen Herangehensweise nicht gerecht. Denn das Kriterium der grundrechtstypischen Gefährdungslage stellt nicht auf die Berechtigung der hinter der juristischen Person stehenden natürlichen Person ab, sondern auf die *Vergleichbarkeit mit der Grundrechtsgefährdung einer natürlichen Person.*

Diese Interpretation von Art. 19 Abs. 3 kann die Grundrechtsberechtigung juristischer Personen auch dort erklären, wo der „Durchblick"[55] auf natürliche Personen faktisch unmöglich ist.[56] So konzediert das BVerfG bei Großunternehmen zwar, dass der personale Zug hier „nahezu gänzlich verloren" geht. Es möchte aber Art. 19 Abs. 3 dennoch anwenden, weil „Großunternehmen und auch Konzerne […] wesentliche Elemente einer hochentwickelten und leistungsfähigen Volkswirtschaft" seien.[57] In Ermangelung eines personalen Substrats kommt es also doch auf den Verband selbst und seine Grundrechtsgefährdung an. Der individualistische Ansatz kann etwa auch nicht erklären, dass Stiftungen grundrechtsberechtigt sind,[58] obwohl sie gar nicht von natürlichen Personen getragen werden. Er passt schließlich auch nicht zur Interpretation von „inländisch" Art. 19 Abs. 3, für die es nicht auf die Staatsangehörigkeit der die juristische Person tragenden natürlichen Person ankommt, sondern auf den Sitz des Verbandes (Rn 229); für das Kriterium einer grundrechtstypischen Gefährdungslage ist das konsequent, denn die juristische Person hat keine Staatsangehörigkeit.

247

Der Vergleich mit der Grundrechtsberechtigung einer natürlichen Person vermag auch die Fälle zu erklären, die das BVerfG als Ausnahmen von der fehlenden Grundrechtsberechtigung juristischer Personen des öffentlichen Rechts (Rn 239) ansieht. Diese Vergleichbarkeit reicht aber nur so weit, wie das einfache Recht sie in eine mit natürlichen Personen vergleichbare Gefährdungslage bringt. Öffentlich-rechtliche Rundfunkanstalten und öffentliche Universitäten sind daher in der gleichen Gefährdungslage gegenüber dem Staat wie private Rundfunkbetreiber und Privatuniversitäten nur insoweit, als ihr Verhalten in die Schutzbereiche der Rundfunk- und der Wissenschaftsfreiheit fällt. Sie müssen daher insoweit, aber nur insoweit, gleich behandelt werden.

248

Beispiele: Zwar schützen die Grundrechte nicht Amtshandlungen durch einen hoheitlich handelnden Amtswalter (Rn 251). Wenn aber Steuerfahnder Geldhäuser ohne richterliche Durchsuchungsbeschlüsse durchsuchen, ist es nicht einsichtig, warum sich dagegen zwar die privaten Banken, nicht aber die öffentlich-rechtlichen Sparkassen verfassungsrechtlich unter Berufung auf Art. 13 zur Wehr setzen können (*Schoch*, Jura 2001, 201/206 f). Wenig einsichtig ist auch, dass sich ein Arbeitgeberverband, dessen Mitglieder überwiegend von der öffentlichen Hand beherrscht werden, nicht auf Art. 9 Abs. 3 berufen kann (so aber BVerwGE 167, 202 Rn 20 ff = JK 8/2020), obwohl er von einer staatlichen Tariftreuenorm nicht anders betroffen wird als ein privater Arbeitgeberverband. Mit dem Argument grundrechtsanaloger Gefährdung hätte das BVerfG (E 143, 246 = JK 5/2017) auch die Grundrechtsfähigkeit eines zu 100% von einem ausländischen Staat getragenen Unternehmens im Hinblick auf den Ausstieg aus der Atomenergie bejahen können, weil das Unternehmen insoweit in der gleichen eigentumsgefährdenden Lage war wie seine privaten Wettbewerber (s. Rn 240).

249

---

55 E 61, 82/101.
56 *Schoch*, Jura 2001, 201 (205).
57 E 50, 290 (363 f).
58 So E 46, 73 (82 f).

250 Stellt man statt auf das personale Substrat auf die grundrechtstypische Gefährdungslage ab, so ist auch die vom BVerfG bejahte Grundrechtsträgerschaft juristischer Personen des öffentlichen Rechts bei den Prozessgrundrechten (Art. 101 Abs. 1 S. 2, 103 Abs. 1, s. Rn 242) keine Ausnahme, sondern konsequent, weil alle juristischen Personen unabhängig von ihrer Rechtsform der Rechtsprechungsgewalt eines Staatsorgans unterliegen.

251 Von der Frage der Grundrechtsberechtigung juristischer Personen des öffentlichen Rechts ist die Frage des Grundrechtsschutzes der dort tätigen Amtswalter zu unterscheiden. Zur Rechtfertigung von Amtshandlungen kann sich der Amtswalter nicht auf seine Grundrechte berufen. Soweit Amtswalter jedoch im Rahmen ihrer amtlichen Tätigkeit als Grundrechtsträger betroffen sind, genießen sie grundrechtlichen Schutz.[59] Sie müssen jedoch Einschränkungen ihrer Grundrechte hinnehmen, die mit ihrer amtlichen Stellung verbunden sind. So müssen etwa Staatsanwälte und Anwälte die Nennung ihrer Namen in einer Prozessberichterstattung dulden, auch wenn sie dadurch in ihrem Persönlichkeitsrecht betroffen sind. Dies gilt indes nicht für den Urkundsbeamten, soweit an der Nennung seines Namens kein Informationsinteresse besteht[60].

II. Grundrechtsbindung

1. Art der Bindung

252 Die Grundrechte binden Gesetzgebung, vollziehende Gewalt und Rechtsprechung als *unmittelbar geltendes Recht* (Art. 1 Abs. 3). Das ist eine bewusste Abkehr von der Weimarer Reichsverfassung, bei der die Grundrechte nur die Verwaltung, nicht aber die Gesetzgebung banden (vgl Rn 33) und viele Grundrechte überhaupt nur als unverbindliche Programmsätze betrachtet wurden, deren Verletzung ohne rechtliche und gerichtliche Sanktion blieb.[61] Unter dem Grundgesetz darf kein Grundrecht zum Programmsatz relativiert und kann jede Grundrechtsverletzung sanktioniert werden.

2. Staatliche Adressaten der Grundrechtsbindung

253 Art. 1 Abs. 3 verpflichtet Gesetzgebung, vollziehende Gewalt und Rechtsprechung. Diese drei Gewalten werden auch einfach als Staat, „staatliche Gewalt" (Art. 1 Abs. 1 S. 2) oder „öffentliche Gewalt" (Art. 93 Abs. 1 Nr. 4a) bezeichnet. Die Grundrechtsbindung der Gesetzgebung und der Rechtsprechung ist unproblematisch. Dagegen wirft die Grundrechtsbindung der vollziehenden Gewalt wegen der Vielgestaltigkeit ihrer Aufgaben, Organisations- und Handlungsformen *Abgrenzungsprobleme* auf.

254 **Beispiele:** Wenn eine öffentliche Schule einem Schüler das Abiturzeugnis und damit die Hochschulzugangsberechtigung nicht erteilt, greift sie in dessen Grundrecht auf freie Wahl der

---

59 Vgl zur Abgrenzung von privatem und amtlichen Handeln bei Äußerungen E 138, 102 Rn 50 ff, *Gröpl/Zembruski*, Jura 2016, 268.
60 BVerwG, NJW 2015, 807/809 f.
61 Vgl *Anschütz*, Die Verfassung des Deutschen Reichs, 14. Aufl. 1933, S. 505 ff; *Thoma*, in: Grundrechte und Grundpflichten der Reichsverfassung, Bd. I, 1929, S. 1 ff.

Ausbildungsstätte gem. Art. 12 Abs. 1 ein. Liegt aber ein Eingriff auch dann vor, wenn eine Privatschule gehandelt hat, die ein Rechtssubjekt des Privatrechts und vom Staat mit der Ausstellung von Zeugnissen nur betraut ist? Macht es einen Unterschied für die Grundrechtsbindung der Stadt, ob sie die Versorgung der Bevölkerung mit Trinkwasser von einem städtischen Wasserwerk in der Rechtsform der nichtrechtsfähigen Anstalt des öffentlichen Rechts oder von einer Aktiengesellschaft betreiben lässt, deren Anteile sie hält? Kommt es bei der Wasserversorgung durch eine städtische Anstalt weiter darauf an, ob sie Gebühren auf Grund einer gemeindlichen Satzung erhebt oder mit den Benutzern privatrechtliche Verträge abschließt? Ist die Verwaltung beim Abschluss eines Werkvertrags gem. §§ 631 ff BGB über die Errichtung eines Verwaltungsgebäudes mit einem Bauunternehmer an die Grundrechte gebunden, obwohl es ein privater Auftraggeber im gleichen Fall nicht wäre? Ist der Träger öffentlicher Gewalt, der eine eigene unternehmerische Tätigkeit entfaltet, zB eine Bierbrauerei betreibt oder Anteile einer Aktiengesellschaft hält, hierbei an Grundrechte gebunden?

a) Da Art. 1 Abs. 3 unbedingt und umfassend formuliert ist, kann es nicht darauf ankommen, **durch wen** die vollziehende Gewalt ihre Aufgaben erfüllt. Auch soweit sie ihre Aufgaben nicht durch eigene Organe wahrnimmt, muss der Grundrechtsschutz greifen. Daher unterliegen auch private Rechtssubjekte insoweit der Grundrechtsbindung, als sie *„Beliehene"* sind, dh mit der hoheitlichen Wahrnehmung von Verwaltungsaufgaben im eigenen Namen betraut sind. In diesem Umfang zählen die Privaten zur mittelbaren Staatsverwaltung und sind somit „vollziehende Gewalt" iSd Art. 1 Abs. 3.[62]   **255**

Beispiele: Privatschulen sind da, wo sie von der Befugnis, „mit gleicher Wirkung wie öffentliche Schulen Zeugnisse zu erteilen" (§ 100 Abs. 4 S. 1 nwSchG), Gebrauch machen, an die Grundrechte der Schüler gebunden. Entsprechendes gilt für andere Beliehene, wie den Jagdaufseher, den Fleischbeschauer, den Prüfingenieur für Baustatik, den Bezirksschornsteinfeger.   **256**

b) Wegen der umfassenden und unbedingten Grundrechtsbindung kann es auch nicht darauf ankommen, **in welchen Organisations- und Handlungsformen** die vollziehende Gewalt tätig wird. Für die in privatrechtlichen Formen tätig werdende Verwaltung wurde dies allerdings teilweise differenzierend gesehen. Hier wirkte die im 18. Jahrhundert entwickelte Fiskustheorie fort, die den privatrechtlich handelnden Staat als selbstständiges Privatrechtssubjekt neben dem Monarchen konstruierte.[63]   **257**

Heute kommt eine Anwendung des Privatrechts durch die Verwaltung in drei Bereichen vor,[64] nämlich bei   **258**

– Wahrnehmung von genuinen Verwaltungsaufgaben (sog *Verwaltungsprivatrecht*) – vor allem bei der Erbringung von Leistungen der Daseinsvorsorge und bei Subventionen wird die Verwaltung wahlweise öffentlich-rechtlich und privatrechtlich tätig, wobei sich die Wahlfreiheit sowohl auf die Organisationsform der Einrichtung als auch auf die Ausgestaltung der Leistungs- oder Benutzungsverhältnisse bezieht,

– *Bedarfsdeckung* – die Beschaffung der für die Verwaltung erforderlichen Sachmittel, vom Büromaterial bis zum Verwaltungsgebäude, erfolgt durch privatrechtliche Verträge, und

---

62 Vgl *Kunig/Kotzur*, MüK, Art. 1 Rn 73; aA *Rupp*, Privateigentum an Staatsfunktionen?, 1963, S. 24 ff.
63 Vgl *Burmeister*, DÖV 1975, 695.
64 Vgl *Maurer/Waldhoff*, Allg. VwR, § 3 Rn 18 ff.

– *erwerbswirtschaftlicher Betätigung* – gelegentlich entfaltet ein Träger staatlicher Gewalt entweder eigene unternehmerische Tätigkeit oder besitzt Anteile an Unternehmen.

259 Die Grundrechtsbindung der Verwaltung ist in allen drei Fallgruppen mittlerweile unbestritten.[65] Allerdings unterliegt ein privatrechtliches Unternehmen der Grundrechtsbindung nur für den Fall, dass der Träger öffentlicher Gewalt mehr als die Hälfte der Anteile hält;[66] andernfalls kann die Grundrechtsbindung für ihn nur bedeuten, seinen rechtlichen Einfluss so auszuüben, dass durch das privatrechtliche Unternehmen keine Grundrechtsverstöße begangen werden.[67] Ist ihm das einfach-rechtlich verwehrt, muss er seine Anteile veräußern.[68]

3. Private Adressaten der Grundrechtsbindung

260 **a)** Wenn Art. 1 Abs. 3 *nur den Staat* an die Grundrechte bindet, nicht aber private Rechtssubjekte – außer in dem Fall, dass sie als „Beliehene" selbst punktuell öffentliche Gewalt ausüben –, dann ist das eine deutliche Aussage gegen eine Drittwirkung der **Grundrechte des Grundgesetzes**. Hierunter versteht man die Geltung der Grundrechte über das klassische Zweierverhältnis zwischen Bürger und Staat hinaus auch im Verhältnis des einen zum anderen Bürger (als Dritten).

261 Eine sog *unmittelbare Drittwirkung*, bei der die Grundrechte den einen Bürger bei seinem Verhalten gegenüber dem anderen Bürger ebenso unmittelbar an die Grundrechte binden, wie sie den Staat binden, wurde früher vom Bundesarbeitsgericht gefordert; der Bedeutungswandel der Grundrechte im Zug der Entwicklung vom liberalen zum sozialen Rechtsstaat (vgl Rn 101 f) spreche „für die unmittelbare privatrechtliche Wirkung der Grundrechtsbestimmungen, die für den Verkehr der Rechtsgenossen untereinander in einer freiheitlichen und sozialen Gemeinschaft unentbehrlich sind".[69]

262 Rechtsprechung und herrschende Lehre wenden sich aber gegen eine unmittelbare Drittwirkung der Grundrechte des GG. Dafür kann angeführt werden, dass der *Wortlaut* des Art. 1 Abs. 3 nur die drei Staatsgewalten nennt. Nach der *Entstehungsgeschichte* „sahen die Beteiligten ihre Aufgabe darin, die Grundrechte im Sinne der alten klassischen Grundrechte zu gestalten. […] In den Grundrechten sollte also das Verhältnis der Einzelnen zum Staat geregelt werden, der Allmacht des Staates Schranken gesetzt werden".[70] In der Tat hat die *Geschichte* der Grundrechte gezeigt, dass sie als Abwehrrechte des Einzelnen gegen den Staat entstanden und erfochten worden sind (vgl Rn 101). Die *systematische* Auslegung belegt, dass nur bei wenigen Grundrechten oder grundrechtsgleichen Rechten die Wirkung ausdrücklich auf Private bzw ein privates Rechtsverhältnis erstreckt wird (vgl Art. 9 Abs. 3 S. 2, 20 Abs. 4,

---

65 BVerfG, NJW 2016, 3153 Rn 29 (= JK 1/2017); BVerwG, SächsVBl. 2017, 71/71 f; BGH, NJW 2015, 2892/2893.
66 E 128, 226/244 ff; krit *Goldhammer*, JuS 2014, 891/893 f.
67 *Höfling*, SA, Art. 1 Rn 108; *Herdegen*, MD, Art. 1 Abs. 3 Rn 111.
68 *Kersten/Meinel*, JZ 2007, 1127/1130.
69 BAGE 1, 185/193 f; vgl BAGE 48, 122/138 f.
70 Anlage zum stenographischen Bericht der 9. Sitzung des Parlamentarischen Rates am 6.5.1949, S. 6.

38 Abs. 1 S. 1 iVm Art. 48 Abs. 2); das legt den Schluss nahe, dass dies im Normalfall, dh bei allen anderen Grundrechten, nicht so ist. Eine Grundrechtsbindung aller
gegenüber allen würde im Ergebnis auch den *Sinn und Zweck* der Grundrechte ins
Gegenteil verkehren: Rechte gegenüber dem Staat würden zu Pflichten gegenüber allen Mitbürgern werden; eine weitgehende Freiheitsbeschränkung wäre das unver-
meidliche Resultat.

Von der unmittelbaren Drittwirkung ist die *mittelbare Drittwirkung* der Grundrechte **263**
in Dreieckskonstellationen zu unterscheiden, in denen Freiheitskonflikte zwischen
Grundrechtsträgern staatlich reguliert werden (Rn 125 ff). Die staatliche Regulierung
der Dreieckskonflikte unterliegt nach Art. 1 Abs. 3 – auch soweit sie durch das Privatrecht erfolgt – der Grundrechtsbindung, wobei lediglich unterschiedlich beurteilt
wird, inwieweit diese Bindung über die Abwehr- oder die Schutzfunktion der Grundrechte aktualisiert wird (Rn 334 ff). Die staatliche Grundrechtsbindung bei der Regulierung von privaten Konflikten kann einer unmittelbaren Grundrechtsbindung der
Grundrechtsträger nahekommen. Das BVerfG schließt es nicht aus, dass Private „im
Wege der mittelbaren Drittwirkung […] unbeschadet ihrer eigenen Grundrechte […]
ähnlich oder auch genauso weit wie der Staat durch die Grundrechte in Pflicht genommen werden, insbesondere, wenn sie in tatsächlicher Hinsicht in eine vergleichbare Pflichten- oder Garantenstellung hineinwachsen wie traditionell der Staat".[71] Die
Grundrechte von Nutzern von Einrichtungen von großer sozialer Bedeutung können
daher verlangen, dass Privatpersonen vor Ausübung ihres Hausrechts einem Verwaltungsverfahren vergleichbare Anhörungs- und Begründungspflichten auferlegt werden[72] (vgl Rn 161). Für Betreiber marktbeherrschender sozialer Netzwerke erwägt
das BVerfG auch eine mittelbare Drittwirkung von Art. 3 Abs. 1 bei der Zulassung
von Nutzern.[73] Für eine mittelbare Drittwirkung von Art. 3 Abs. 3 S. 2 kommt es dem
Gericht auf eine besondere Stellung des Privaten hingegen nicht an.[74] Dass Privaten
insoweit weniger Pflichten auferlegt werden können als dem Staat, beruht dann weniger auf Unterschieden in der Grundrechtsbindung als vielmehr darauf, dass sie sich
anders als der Staat auf entgegenstehende Grundrechte berufen können. Eine unmittelbare Drittwirkung der Grundrechte lehnt das BVerfG aber nach wie vor ab.[75]

b) Im **europäischen Unionsrecht** (Rn 74 ff) wird nicht zwischen unmittelbarer und **264**
mittelbarer Drittwirkung unterschieden:

Die *Grundfreiheiten* sind nach ständiger Rechtsprechung des EuGH jedenfalls für so- **265**
zial wirkmächtige Akteure unmittelbar drittwirkend. Hintergrund ist, dass das Unionsrecht vom Grundsatz der Rechtsformneutralität geprägt ist, dh die Anwendbarkeit
von Normen darf nicht von der Rechtsform abhängen, weil sich anderenfalls die Mitgliedstaaten durch die ihnen frei stehende Rechtsformwahl der Anwendung des Unionsrechts entziehen könnten („keine Flucht aus dem Unionsrecht").[76] Dementspre-

---

71 BVerfG, NJW 2015, 2485 Rn 6 (= JK 3/2016); krit *Michl*, Jura 2017, 1062.
72 E 148, 267 Rn 45 ff (= JK 10/2018); vgl auch *Hellgardt*, JZ 2018, 901/909: unmittelbare Drittwirkung
    für private Betreiber „lebensnotwendiger" Infrastrukturen.
73 BVerfG, NJW 2019, 1935 Rn 15 ff.
74 BVerfG, NJW 2020, 1282 Rn 37 ff.
75 BVerfG, NJW 2019, 3769 Rn 5 ff, zu den Gleichheitsrechten.
76 Vgl etwa für das Kartellrecht EuGH, ECLI:EU:C:1991:161, Rn 21 – Höfner und Elser.

chend sind etwa die nationalen Sportverbände im Rahmen privatautonomer Rechtsetzung[77] ebenso an die Arbeitnehmerfreizügigkeit (Art. 45 AEUV), die Niederlassungsfreiheit (Art. 49 AEUV) und die Dienstleistungsfreiheit (Art. 56 AEUV) gebunden wie etwa Gewerkschaften im Rahmen von kollektiven Maßnahmen gegen Unternehmen.[78] Tragend ist insoweit die Begründung, dass die private der staatlichen Normsetzung funktional entspricht. Die Verwirklichung der Grundfreiheiten sei gefährdet, „wenn die Beseitigung der staatlichen Schranken dadurch in ihren Wirkungen wieder aufgehoben würde, dass privatrechtliche Vereinigungen oder Einrichtungen kraft ihrer rechtlichen Autonomie derartige Hindernisse aufrichteten".[79]

266 Auch die unionsrechtlichen Freiheitsrechte wirken grundsätzlich im Verhältnis zwischen Privaten, worin das BVerfG keinen grundlegenden Unterschied zu der von ihm vertretenen mittelbaren Drittwirkung sieht.[80] Für einzelne Unionsgrundrechte bejaht der EuGH allerdings explizit eine unmittelbare Drittwirkung, insbesondere für die Diskriminierungsverbote in Art. 21 GRCh.[81] Das ist unproblematisch, soweit die Unionsgrundrechte den ohnehin unmittelbar drittwirkenden Rechten im *Sekundärrecht* (Rn 79) entsprechen, ist aber darüber hinaus nur deshalb haltbar, weil bei den unionsrechtlichen Diskriminierungsverboten anders als bei Art. 3 Abs. 3 (Rn 609 ff) entgegenstehende Freiheitsrechte berücksichtigt werden. Die sekundärrechtlichen Diskriminierungsverbote wurden in den Bestimmungen des Allgemeinen Gleichbehandlungsgesetzes (AGG) umgesetzt, das Diskriminierungen etwa wegen der Rasse und des Geschlechts verbietet (§§ 1, 19 AGG). Im Anwendungsbereich des AGG erübrigt sich dann eine Anwendung auch der deutschen Grundrechte über die mittelbare Drittwirkung. Sie bleibt aber von Bedeutung, soweit das AGG die Ungleichbehandlung nicht erfasst.[82]

4. Inter- und supranationale Aspekte der Grundrechtsbindung

267 **a)** Wenn in Art. 1 Abs. 3 von der Grundrechtsbindung der staatlichen Gewalt die Rede ist, versteht sich, dass die **deutsche** staatliche Gewalt gemeint ist. Akte ausländischer staatlicher Gewalt sind nicht grundrechtsgebunden. Sie dürfen allerdings von der deutschen staatlichen Gewalt nicht um- und durchgesetzt werden, wenn dies zu einer Verletzung von Grundrechten führen würde. Das bedeutet keine Pflicht der deutschen staatlichen Gewalt, grundrechtsbeeinträchtigende Akte ausländischer Gewalt gegenüber Deutschen zu kompensieren.

268 **Beispiele:** Ausländische Rechtsnormen dürfen von der deutschen Rechtsprechung gem. Art. 6 S. 2 EGBGB nicht in Widerspruch zu den Grundrechten angewendet werden (vgl *Stern*, StR III/1, S. 1238 ff). Die Bindung an Art. 14 verlangte von der deutschen staatlichen Gewalt nicht,

---

77 EuGH, EU:C:1974:140, Rn 16/19 – Walrave und Koch; EU:C:1976:115, Rn 17/18 – Donà; EU:C:1995:463, Rn 82 ff – Bosman; EU:C:2000:199, Rn 47 – Deliège; EU:C:2000:201, Rn 9 f – Lehtonen und Castors Braine.
78 EuGH, EU:C:2007:772, Rn 42 ff – International Transport Workers, Association.
79 So EuGH, EU:C:1974:140, Rn 16/19 – Walrave und Koch.
80 E 152, 216 Rn 96 f (= JK 5/2020).
81 EuGH, EU:C:2018:257, Rn 76 – Egenberger (= JK 10/2018); EU:C:2019:43, Rn 85 – Achatzi (= JK 6/2019). Vgl auch *Kainer*, NZA 2018, 894/897 ff.
82 BGH, NJW 2012, 1725/1726 f; vgl auch *Lehner*, NVwZ 2012, 861.

die Enteignungen durch die sowjetische Besatzungsmacht rückgängig zu machen oder zu entschädigen.

b) Die umfassende Grundrechtsbindung der deutschen staatlichen Gewalt ist aufgrund der universellen Geltung der Grundrechte (Art. 1 Abs. 3) **nicht territorial begrenzt.** Deutsche staatliche Gewalt ist daher an die Grundrechte gebunden, gleichgültig wo sie ausgeübt wird und ob ihre Wirkungen im In- oder Ausland eintreten.[83] Allerdings ist das BVerfG bereit, bei Sachverhalten mit starkem internationalen Bezug „eine Minderung des Grundrechtsstandards in Kauf zu nehmen", wenn anders die Grundrechte noch weniger verwirklicht würden.[84] Begründen lässt sich das mit der in Art. 25 GG anerkannten Einbindung in die Völkerrechtsordnung, die sich auf Beeinflussbarkeit von grundrechtsbeeinträchtigenden Vorgängen durch deutsche Staatsorgane auswirken kann.[85] Im Rahmen der Verhältnismäßigkeit ist bei informationellen Maßnahmen zu berücksichtigen, dass sie wegen der beschränkten operativen Möglichkeiten deutscher Staatsgewalt im Ausland weniger eingriffsintensiv sind.[86] Die Bindung kann sich auch auf grundrechtliche Schutzpflichten (Rn 146 ff) erstrecken. Allerdings sollen diese aufgrund der fehlenden Einwirkungsmöglichkeiten des deutschen Staates auf Auslandssachverhalte lediglich verlangen, dass er überhaupt Anstrengungen unternimmt, die nicht völlig ungeeignet sind. Dass sie auch nicht erheblich hinter dem Schutzziel zurückbleiben dürfen, wird hingegen nicht verlangt.[87]

269

Beispiele: Der Bundesnachrichtendienst ist bei der Überwachung von Kommunikationen im Ausland zwischen Ausländern an Art. 10 Abs. 1 gebunden (E 154, 152 Rn 88 ff). Die Bundeswehr ist auch bei ihren Auslandseinsätzen grundsätzlich an die Grundrechte gebunden (vgl. *Werner*, Die Grundrechtsbindung der Bundeswehr bei Auslandseinsätzen, 2005). Bei Schiffen, die unter deutscher Flagge, aber mit ausländischer Mannschaft fahren, durfte der Gesetzgeber den Grundrechtsstandard reduzieren, da die deutschen Reeder die Schiffe andernfalls unter ausländischer Flagge mit noch stärker reduziertem Grundrechtsstandard fahren ließen (E 92, 26/ 42; zum Richtervorbehalt bei der Inhaftierung von Piraten auf hoher See VG Köln, JZ 2012, 366). Eine Pflicht zum Schutz vor den Gefahren des Klimawandels ist auch gegenüber im Ausland lebenden Menschen denkbar; eine Verletzung hat das BVerfG (NJW 2021, 1723 Rn 174 ff = JK 9/2021) aber insoweit nicht feststellen können.

270

c) An die Grundrechte gebunden sind zwar grundsätzlich auch solche **supranationalen Organisationen,** denen die Bundesrepublik nach Art. 23, 24 Hoheitsgewalt mit Wirkung auf ihrem Hoheitsgebiet übertragen hat. Das Grundgesetz verlangt aber nicht, dass der Grundrechtsschutz in diesen Fällen gerade durch das BVerfG gewährleistet wird. Das BVerfG nimmt seinen grundrechtlichen Kontrollanspruch daher insbesondere im Verhältnis zur Europäischen Union zurück, um den Anwendungsvorrang des Unionsrechts und dessen einheitliche Anwendung nicht zu gefährden. Allerdings betont es auch, dass die Unionsgewalt von den Mitgliedstaaten abgeleitet ist. Daher müssen das Unionsrecht und seine Auslegung den Integrationsschranken des Art. 23 Abs. 1 S. 1 und 3 genügen. Deshalb muss die Europäische Union *einen dem*

271

---

83 E 6, 290/295; 57, 9/23; 100, 313/362 ff; 154, 152 Rn 88 ff; BVerfG, NJW 2021, 1723 Rn 174 ff (= JK 9/2021); *Uerpmann-Wittzack*, Jura 2020, 953/954 f.
84 E 92, 26/42.
85 *Herdegen*, MD, Art. 1 Abs. 3 Rn 80 f.
86 E 154, 152 Rn 104, 149; dazu *Gärditz*, JZ 2020, 825/829 und *Schmahl*, NVwZ 2020, 2221/2223 f.
87 BVerfG, NJW 2021, 1723 Rn 174, 181 (= JK 9/2021).

GG im Wesentlichen vergleichbaren Grundrechtsschutz vorsehen (*grundrechtlicher Niveauschutz*, Art. 23 Abs. 1 S. 1, Rn 50) und diesen Standard auch im Einzelfall gewährleisten (*grundrechtlicher Identitätsschutz*, Art. 23 Abs. 1 S. 3).

272 Mit der Anforderung eines dem Grundgesetz im Wesentlichen vergleichbaren Grundrechtsschutzes nimmt Art. 23 Abs. 1 S. 1 die Rechtsprechung des BVerfG auf, das dem damaligen Gemeinschaftsrecht Anwendungsvorrang auch gegenüber den Grundrechten eingeräumt hatte, wenn die Gemeinschaft einen „nach Konzeption, Inhalt und Wirkungsweise" dem Grundrechtsstandard des GG im Wesentlichen gleichen Grundrechtsschutz gewährleistet.[88] Das BVerfG sieht sich insoweit in einem Kooperationsverhältnis mit dem EuGH, der den Grundrechtsschutz im Einzelfall gewährleistet, während es selbst nur beansprucht zu prüfen, ob die Grundrechtsstandards des GG generell gewährleistet werden.[89] Dieser grundrechtliche Niveauschutz wird nur aktiviert, wenn nicht nur im Einzelfall der Grundrechtsschutz des GG unterschritten wird, sondern aus dem Einzelfall auf ein generelles Grundrechtsdefizit geschlossen werden kann. Das erscheint zunehmend unwahrscheinlich, nachdem die Charta der Grundrechte der EU in Kraft getreten ist und das BVerfG sich befugt sieht, die Unionsgrundrechte zu prüfen und damit auch den Standard des EU-Grundrechtsschutzes mitzugestalten (Rn 80 ff).

273 Ist die in Art. 1 Abs. 1 verbürgte *grundrechtliche Identität* beeinträchtigt, die nach Art. 23 Abs. 1 S. 3 iVm Art. 79 Abs. 3 auch im Prozess der europäischen Integration nicht verfügbar ist, kann der Anwendungsvorrang des Unionsrechts nicht gelten. Insoweit ist es nicht erforderlich, dass der Einzelfall auf ein generelles Grundrechtsdefizit schließen lässt. Zur grundrechtlichen Identität gehört Art. 1 Abs. 1. Deshalb hat das BVerfG die auf einen europäischen Haftbefehl gestützte Auslieferung eines in Abwesenheit Verurteilten für verfassungswidrig erklärt, weil diese gegen das Schuldprinzip verstoße, das das BVerfG unmittelbar aus der Menschenwürde ableitet;[90] an dieser Identitätskontrolle hält es trotz der Kompetenz zur Prüfung der Unionsgrundrechte fest.[91] Das BVerfG prüft auch, ob die Union ihre Rechtsetzungskompetenzen überschritten hat oder der EuGH übertragene Kompetenzen in einer aus Sicht des BVerfG nicht mehr vertretbaren Weise auslegt. Diese sog *Ultra-vires-Kontrolle* hat auch Bedeutung für den Schutz der Grundrechte des Grundgesetzes insofern, als das BVerfG aus Art. 38 Abs. 1 S. 1 einen grundrechtlichen Anspruch der Wahlberechtigten darauf ableitet, dass die Übertragung von Hoheitsrechten demokratischen Grundsätzen iSv Art. 79 Abs. 3 iVm Art. 20 Abs. 2 genügt (Rn 1302). Strukturell bedeutsame Überschreitungen der Kompetenzen beeinträchtigen daher auch das Demokratieprinzip[92] und damit zugleich das Grundrecht des Art. 38 Abs. 1 S. 1. Denn für das BVerfG endet der Rechtsprechungsauftrag des EuGH aus Art. 19 Abs. 1 S. 2 EUV dort, wo eine Auslegung der übertragenen Kompetenzen nicht mehr nachvollziehbar und daher objektiv willkürlich ist. Die Ultra-vires-Kontrolle soll aber zurückhaltend und europafreundlich durchgeführt werden, weil sie sonst den Vorrang des Unionsrechts und da-

---

88 E 73, 339/378; strenger noch E 37, 271/280 ff.
89 E 89, 155/175; 123, 267/353 f.
90 E 140, 317 Rn 51 ff.
91 BVerfG, NJW 2021, 1518 Rn 57 ff.
92 BVerfG, NJW 2020, 1647 Rn 110 (= JK 11/2020).

mit die Grundlage der Europäischen Union als Rechtsgemeinschaft gefährdet. Von den Auslegungsmethoden des EuGH kann daher nicht erwartet werden, dass sie denen der nationalen Gerichte entsprechen. Vielmehr können die Eigentümlichkeiten des Unionsrechts beträchtliche Abweichungen bedingen. Zudem wird dem EuGH bei der Auslegung des Unionsrechts eine Fehlertoleranz zugestanden.[93] Die grundrechtliche Identitäts- und Ultra-vires-Kontrolle steht gleichwohl in einem Spannungsverhältnis zur Rechtsprechung des EuGH, der die Mitgliedstaaten dazu anhält, den Vorrang und die einheitliche Anwendung des Unionsrechts zu achten und auf seiner Kompetenz zur einheitlichen und letztverbindlichen Auslegung des Unionsrechts besteht.[94]

d) Die nach Art. 23 Abs. 1 S. 1 zurückgenommene Grundrechtsbindung gilt auch für **274** den deutschen Vertreter im Rat bei der Mitwirkung an der Setzung von Rechtsakten der EU und bei der **Umsetzung** und **Vollziehung** von Maßnahmen der Union soweit das Unionsrecht den Mitgliedstaaten zwingende Vorgaben macht.[95] Räumt hingegen das Unionsrecht den deutschen Organen bei der Umsetzung – wie etwa im Fall von Richtlinien – einen *Spielraum* ein, steht die deutsche Maßnahme nicht unter zwingenden unionsrechtlichen Vorgaben. Es besteht dann eine uneingeschränkte Grundrechtsbindung nach Maßgabe der Art. 1 Abs. 3 nachfolgenden Grundrechte,[96] die allerdings ggfs unter Berücksichtigung der Unionsgrundrechte auszulegen sind (Rn 83).

5. Grundpflichten?

Bei der Beschäftigung mit den Grundrechten wird auch über Grundpflichten nachgedacht.[97] Dafür bieten Art. 5 Abs. 3 S. 2 und Art. 14 Abs. 2 einen Anhalt: Mit der Verfassungstreueklausel könnte dem wissenschaftlichen Lehrer und mit der Gemeinwohlformel dem Eigentümer eine Pflicht auferlegt sein. Aber erst durch ein Handeln des Staats werden diese Pflichten *aktualisiert* und entfalten rechtliche Wirkungen. Bei der Pflicht der Eltern zur Pflege und Erziehung der Kinder gem. Art. 6 Abs. 2 S. 1 spricht das BVerfG zwar von einer „unmittelbar" gegenüber den Kindern bestehenden Pflicht (vgl Rn 835); aber auch diese Pflicht entfaltet sich in den Aktualisierungen des einfachen Rechts. Keine verfassungstextliche Grundlage haben die zuweilen als Grundpflichten angeführten Steuer- und Schulpflicht; zwar lässt sich sagen, dass die Bundesrepublik Deutschland auf sie angewiesen ist, aber darum bedarf es doch des Gesetzgebers, der sie einführt und ausgestaltet. Nachdem er es getan hat, stehen diese Pflichten auch nicht als Grundpflichten neben den Grundrechten, sondern sind Eingriffe wie alle anderen gesetzlich auferlegten Pflichten.

Literatur: Zu I.: *P. M. Huber*, Natürliche Personen als Grundrechtsträger, Hdb. GR II, § 49; **276** *W. Rüfner*, Grundrechtsträger, Hdb. StR³ IX, § 196. – **Zu I. 1.:** *J. Gundel*, Der grundrechtliche Status der Ausländer, Hdb. StR³ IX, § 198; *A. Siehr*, Die Deutschenrechte des GG, 2001. – **Zu I. 2.:** *W. Brohm*, Humanbiotechnik, Eigentum und Menschenwürde, JuS 1998, 197; *E. Iliadou*,

---

93 BVerfGE 126, 286/302 ff; 134, 366 Rn 22 ff; 142, 123 Rn 143 ff; BVerfG, NJW 2020, 1647 Rn 112 ff (= JK 11/2020).
94 Zur grundrechtlichen Identitätskontrolle EuGH, EU:C:2013:107, Rn 60 – Melloni; dazu E 140, 317 Rn 77 ff.
95 E 118, 79/95 ff; 125, 260/306; 129, 78/90 f.
96 E 142, 74 Rn 115 f; 148, 40 Rn 19 ff (= JK 11/2018).
97 *Hofmann*, Hdb. StR³ IX, § 195; *Kloepfer*, VerfR II, § 53 Rn 1 ff; *Randelzhofer*, Hdb. GR II, § 37.

Forschungsfreiheit und Embryonenschutz, 1999; *I. Klinge*, Todesbegriff, Totenschutz und Verfassung, 1996. – **Zu I. 3.:** *W. Roth*, Die Grundrechte Minderjähriger im Spannungsfeld selbstständiger Grundrechtsausübung, elterlichen Erziehungsrechts und staatlicher Grundrechtsbindung, 2003. – **Zu I. 4.:** *P. S. Fischinger*, Der Grundrechtsverzicht, JuS 2007, 808; *D. Merten*, Grundrechtsverzicht, Hdb. GR III, § 73. – **Zu I. 5.:** *U. Becker*, Grundrechtsberechtigung juristischer Personen (Art. 19 Abs. 3 GG), Jura 2019, 496; *D. Ehlers*, Grundrechtsbindung und Grundrechtsschutz von Unternehmen im deutschen und europäischen Recht, DVBl. 2019, 397; *M. Goldhammer*, Grundrechtsberechtigung und -verpflichtung gemischtwirtschaftlicher Unternehmen, JuS 2014, 891; *ders./F. Sieber*, Juristische Person und Grundrechtsschutz in Europa, JuS 2018, 22; *T. Groß*, Die expansive Anwendung der Grundrechte zugunsten von Wirtschaftsunternehmen, KJ 2019, 76; *J. Isensee*, Anwendung der Grundrechte auf juristische Personen, Hdb. StR[3] IX, § 199; *J. Kater*, Grundrechtsbindung und Grundrechtsfähigkeit gemischtwirtschaftlicher Aktiengesellschaften, 2016; *T. Kingreen*, Das Verfassungsrecht der Zwischenschicht. Die juristische Person zwischen grundrechtsgeschützter Freiheit und grundrechtsgebundener Macht, JöR 2017, 1; *A. Kulick*, Vom Kopf auf die Füße. Die juristische Person des Privatrechts und die wesensmäßige Anwendbarkeit der Grundrechte, JöR 2017, 57; *ders.*, Horizontalwirkung im Vergleich, 2020; *S. Muckel*, Grundrechtsberechtigung und Grundrechtsverpflichtung – Wer kann sich auf Grundrechte berufen und wer wird durch sie verpflichtet?, JA 2020, 411; *J. Rauber*, Zur Grundrechtsberechtigung fremdstaatlich beherrschter juristischer Personen: Art. 19 Abs. 3 GG unter dem Einfluss von EMRK, EU-Grundrechtecharta und allgemeinem Völkerrecht, 2019; *F. Schnapp*, Zur Grundrechtsberechtigung juristischer Personen des öffentlichen Rechts, Hdb. GR II, § 52; *F. Schoch*, Grundrechtsfähigkeit juristischer Personen, Jura 2001, 201; *S. Tonikidis*, Die Grundrechtsfähigkeit juristischer Personen nach Art. 19 III GG, Jura 2012, 517; *H. Wißmann*, Grundrechtsbindung im Gewährleistungsstaat. Zur Verortung juristischer Personen des Privatrechts im Öffentlichen Recht, JöR 2017, 41. – **Zu II.:** *M. Eifert/J. Gerberding*, Verfassungsbeschwerde und Unionsgewalt, Jura 2016, 628; *K. F. Gärditz*, Die Rechtsbindung des Bundesnachrichtendienstes bei Auslandstätigkeiten, DV 2015, 463; *H.-D. Horn*, Die Grundrechtsbindung der Verwaltung, in: FS Stern, 2012, 353; *W. Höfling*, Die Grundrechtsbindung der Staatsgewalt, JA 1995, 431; *M. Payandeh*, Entterritorialisierung des Öffentlichen Rechts, DVBl 2016, 1073; *W. Rüfner*, Grundrechtsadressaten, Hdb. StR[3] IX, § 197; *F. Schnapp/M. Kaltenborn*, Grundrechtsbindung nichtstaatlicher Institutionen, JuS 2000, 937; *R. Uerpmann-Wittzack*, Der offene Rechtsstaat und seine Freunde, Jura 2020, 953. S. teilw. auch I. 5.; Schrifttum zur Drittwirkung bei § 4.

§ 6   Struktur der Grundrechte

277 Bei aller inhaltlichen Verschiedenheit lassen sich die Grundrechte für die systematische Fallbearbeitung jeweils einheitlich strukturieren (Rn 12 ff). Die Prüfungsstruktur der Grundrechte folgt dabei ihren unterschiedlichen Funktionen (Rn 107 ff). Daher stand die Entwicklung einer einheitlichen Struktur des grundrechtlichen *Abwehrrechts* historisch und systematisch im Vordergrund (**Aufbauschemata I und III**, Rn 469, 471). Aber auch für die grundrechtlichen Leistungsrechte, die sich aus der *Schutz-, Leistungs- und teilweise auch der Ausgestaltungsfunktion* ergeben können, lässt sich eine allgemeine Struktur aufzeigen, die die Fallbearbeitung anleiten kann (**Aufbauschemata II und III**, Rn 470 f). Die Gleichheitsrechte weisen hingegen eine abweichende Prüfungsstruktur auf (**Aufbauschema IV**, Rn 671); für sie gelten daher die nachfolgenden Ausführungen nicht.

I. Struktur des Abwehrrechts

Die Grundrechte garantieren den Schutz des Einzelnen in verschiedenen Lebensbereichen. Zugleich räumen sie dem Staat in diesen Lebensbereichen Regelungs- und damit auch Eingriffsbefugnisse ein. Indem sie aber das Schutzversprechen an die Spitze der Textaussagen rücken, garantieren sie als Abwehrrechte, dass *nicht der Gebrauch der Freiheit, sondern deren Einschränkung gerechtfertigt werden* muss. Daher bürden die Grundrechte dem Staat und nicht dem Bürger eine Rechtfertigungslast auf (*rechtsstaatliches Verteilungsprinzip*[1]). Die abwehrrechtliche Prüfung der Grundrechte beginnt folglich mit der Bestimmung eines grundrechtlich geschützten Lebensbereichs, dem *Schutzbereich*. Sie wechselt sodann die Perspektive und richtet den Blick auf den Staat, indem sie mit der Prüfung des *Eingriffs* in den Schutzbereich die Auswirkungen seines Handelns auf diesen Schutzbereich benennt. Im dritten Schritt geht es um die *verfassungsrechtliche Rechtfertigung* dieses Eingriffs, für die es neben speziellen Vorgaben bei einzelnen Grundrechten allgemeine, für alle Grundrechte gleichermaßen geltende Maßstäbe gibt. Durch diese drei Schritte erhalten die Grundrechte in der Abwehrfunktion eine gemeinsame Struktur,[2] die auch ihrer Einzeldarstellung in Teil II dieses Lehrbuchs zugrunde gelegt wird. Sie hat sich nicht nur in der Rechtsprechung des BVerfG zu den Grundrechten des GG, sondern auch bezüglich der Unionsgrundrechte[3] und der EMRK[4] durchgesetzt. Zu beachten ist schließlich, dass die Prüfung von Art. 1 Abs. 1 nur zweistufig erfolgt, weil Eingriffe in die Menschenwürde niemals verfassungsrechtlich zu rechtfertigen sind (Rn 498 f) | **278**

1. Schutzbereich

Beim Schutzbereich ist zu prüfen, *was* das Grundrecht schützt und *wen* es schützt. Dementsprechend unterscheidet man zwischen dem sachlichen und dem persönlichen Schutzbereich. Beim sachlichen Schutzbereich geht es darum, welches Verhalten geschützt ist, beim persönlichen Schutzbereich um die Grundrechtsberechtigung (Rn 190 ff). | **279**

Lösungstechnischer Hinweis: Es gibt keine logisch zwingende Reihenfolge zwischen beiden Prüfungspunkten (*Classen*, StR II, § 5 Rn 2). Zum sachlichen Schutzbereich sollte stets etwas ausgeführt werden, zum persönlichen Schutzbereich nur, wenn der Sachverhalt dies veranlasst. Wenn allerdings der persönliche Schutzbereich nicht erfüllt ist (etwa, weil sich ein Nicht-Unionsbürger auf ein Deutschen-Grundrecht beruft), erübrigen sich Ausführungen zum sachlichen Schutzbereich des Grundrechts. – Die Prüfung des Schutzbereichs endet mit der Feststellung, dass der Schutzbereich „(nicht) berührt" ist; ob er beeinträchtigt wurde, ist hingegen erst Gegenstand der Prüfung des Eingriffs. | **280**

---

1 *Schmitt*, Verfassungslehre, 1928, S. 126.

2 Grundlegend: *Pieroth/Schlink*, Grundrechte. Staatsrecht II, 1. Aufl. 1985, Rn 10, 225 ff.

3 *Gärditz*, in: Grabenwarter, Enzyklopädie Europarecht Bd. 2, § 4; *Jarass/Kment*, EU-Grundrechte, 2. Aufl. 2019, § 6; *Kingreen*, in: Calliess/Ruffert, EUV/AEUV, 6. Aufl. 2021, Art. 52 GRCh Rn 4 ff; ausführlich *Riedel*, Die Grundrechtsprüfung durch den EuGH, 2020, S. 180 ff, 349 ff.

4 *Grabenwarter/Pabel*, Europäische Menschenrechtskonvention, 7. Aufl. 2021, § 18; *Peters/Altwicker*, Europäische Menschenrechtskonvention, 2. Aufl. 2012, § 3.

a) Sachlicher Schutzbereich

281 Der sachliche Schutzbereich beschreibt einen bestimmten thematischen Ausschnitt aus der Lebenswirklichkeit.[5] Die Formulierungen sind uneinheitlich: Einige Grundrechte gewährleisten sachbezogen die grundsätzliche Unverletzlichkeit eines bestimmten *Schutzguts*, ohne die darauf bezogenen geschützten Verhaltensweisen zu benennen, etwa das Leben (Art. 2 Abs. 2 S. 1), die Ehe (Art. 6 Abs. 1) und die Wohnung (Art. 13 Abs. 1). Andere formulieren hingegen handlungsbezogen und schützen ein konkretes *Verhalten*, etwa „das Recht, seine Meinung in Wort, Schrift und Bild frei zu äußern und zu verbreiten" (Art. 5 Abs. 1 S. 1 Var. 1), „Vereine und Gesellschaften zu gründen" (Art. 9 Abs. 1) und Freizügigkeit zu „genießen" (Art. 11 Abs. 1). Aber ebenso wie die sachbezogen formulierten Schutzbereiche meist auch ein konkreten Verhalten schützen (zu leben, zu heiraten, die eigene Wohnung zu nutzen), muss bei den handlungsbezogenen Grundrechten das Schutzgut definiert, also geprüft werden, was eine Meinung ist, was einen Verein ausmacht und was Freizügigkeit ist. Regelmäßig ist daher im sachlichen Schutzbereich sowohl das Schutzgut als auch das darauf bezogene geschützte Verhalten anzusprechen. Nur vereinzelt werden lediglich bloße Zu- und Gegenstände benannt, die sich nicht in geschützten Verhaltensweisen abbilden lassen. Die körperliche Unversehrtheit (Art. 2 Abs. 2 S. 1) ist kein Verhalten, sondern ein Zustand, und Art. 14 Abs. 1 schützt vor allem den Bestand des Eigentums und nur beim Grundeigentum auch dessen Nutzung (Rn 1123 ff).

282 **aa)** Die **Schutzgüter** der Grundrechte können danach unterschieden werden, ob sie natürliche Sachverhalte regeln oder durch die einfache Rechtsordnung geprägt oder zumindest mitgeprägt werden. Es gibt Schutzgüter wie Leib und Leben, Glauben und Meinung, die keine rechtliche Regelung voraussetzen, weil sie dem Menschen kraft seiner Natur zur Verfügung stehen. Andere Schutzgüter sind hingegen keine natürlichen Gegebenheiten, sondern werden erst im Recht erschaffen, wie das Eigentum und die Ehe. Man spricht insoweit von *normkonstituierten bzw -geprägten Schutzbereichen* (Rn 164 ff).

283 **Beispiele:** Erst durch das einfache Zivilrecht wird aus der tatsächlichen Beziehung eines Menschen zu einem Gegenstand eine rechtliche Zuordnung in Gestalt des Eigentums (Art. 14 Abs. 1, Rn 1112) und wird aus der Beziehung zweier Menschen die Rechtsform der Ehe (Art. 6 Abs. 1, Rn 824). Der Rundfunk (Art. 5 Abs. 1 S. 2) ist zwar kein rechtliches Konstrukt, aber die Rundfunk*freiheit* setzt detaillierte Anforderungen an seine Veranstaltung voraus (Rn 754) – hingegen leben, glauben und meinen wir auch unabhängig davon, ob es dazu rechtliche Regelungen gibt.

284 Für die Bestimmung des Schutzguts ist die Normkonstituierung und -prägung insofern von Bedeutung, als man dem einfachen Recht Aussagen über seine Inhalte entnehmen kann. Das einfache Recht kann das verfassungsrechtliche Schutzgut aber schon aus Gründen der Normenhierarchie nicht abschließend vorgeben. Die Verfassungsgarantie kann daher weitergehen als das einfache Recht, das aber seinerseits nicht das verfassungsrechtliche Schutzgut verändern darf.

285 **Beispiele:** Die in den §§ 903 ff. BGB geschützte Nutzung des privaten Sacheigentums ist aufgrund von Art. 14 Abs. 1 S. 2 der wesentliche Inhalt auch der Verfassungsgarantie. Aber deren

---

5 *Hesse*, VerfR, Rn 46, 69.

Inhalt wird nicht allein durch die Gesetze bestimmt. Vielmehr garantiert Art. 14 Abs. 1 S. 1 eine eigenständige verfassungsrechtliche Begriffsbildung, die das Eigentum über die zivilrechtliche Garantie des Sacheigentums hinaus auch auf sonstige privatnützige vermögensrechtliche Rechtspositionen erstreckt (Rn 1112 f, 1117 ff). – Auf der Linie der Rechtsprechung des BVerfG zu Art. 6 Abs. 1 liegt es, dass das einfache Recht den Begriff der Ehe abweichend von Art. 6 Abs. 1 bestimmen und auch gleichgeschlechtliche Partnerschaften einschließen kann; es darf und kann aber den verfassungsrechtlichen Rechtsbegriff der Ehe nicht verändern (Rn 824, 828).

bb) Das durch die Grundrechte **geschützte Verhalten** kann nicht nur in einem Handeln (sog positive Freiheit), sondern auch in einem Unterlassen (sog *negative Freiheit*) bestehen. Umstritten ist aber, ob die gleichen Freiheitsrechte, die die positive Freiheit schützen, gewissermaßen spiegelbildlich und gleichrangig auch die negative Freiheit schützen, etwas nicht zu tun, oder ob die negative Freiheit lediglich durch die allgemeine Handlungsfreiheit (Art. 2 Abs. 1) gewährleistet wird. Die Frage des Schutzes negativer Freiheit ist rein tatsächlicher Natur und damit etwas anderes als der Grundrechtsverzicht (Rn 216 ff), der die rechtliche Gestattung eines staatlichen Eingriffs durch den Grundrechtsträger bezeichnet und damit erst bei der Frage des Grundrechtseingriffs ansetzt.   **286**

Einzelne Freiheitsrechte wie Art. 7 Abs. 3 S. 3 schützen die negative Freiheit sogar explizit. Bei den Kommunikationsgrundrechten (Art. 4, 5 und 8) folgt schon aus der staatlichen Neutralitätsverpflichtung, dass man nicht glauben, meinen und sich versammeln muss. Aber auch bei allen anderen Freiheitsrechten lässt sich durch genaue Bestimmung des negativen Spiegelbilds der positiven Freiheit zeigen, dass es stets zur geschützten Freiheit gehört, nicht von ihr Gebrauch machen zu müssen. Was dann nicht spiegelbildlich der positiven Freiheit entspricht, ist kein Fall der negativen Freiheit und wird durch Art. 2 Abs. 1 geschützt. Die Rechtsprechung folgt dem überwiegend, aber nicht durchgängig.   **287**

Beispiele: Zur Glaubensfreiheit (Art. 4 Abs. 1, 2) gehört auch, nicht daran gehindert zu werden, aus der Kirche auszutreten (BVerfG, NJW 2008, 2978 Rn 20; s. Rn 691), zur Meinungsfreiheit (Art. 5 Abs. 1 S. 1 Hs. 1) auch das Recht einer Rundfunkanstalt, nicht zur öffentlichen Äußerung einer Meinung verpflichtet zu werden, die sie nicht teilt (BGH, NJW 2018, 3254 Rn 18, Rn 733 ff), und die Versammlungsfreiheit (Art. 8 Abs. 1) schützt auch das Recht, einer öffentlichen Versammlung fernzubleiben (E 69, 315/343, Rn 900). – Dem aus der positiven Freizügigkeit folgenden Recht, sich in Deutschland aufzuhalten, entspricht spiegelbildlich das Recht, genau das nicht tun zu müssen. Aber dem positiven Aufenthaltsrecht entspricht nicht negativ die Ausreisefreiheit, die daher nicht von der negativen Freizügigkeit umfasst ist und aus Art. 2 Abs. 1 folgt (E 6, 32/35). Dem Grundrecht, zu heiraten (Art. 6 Abs. 1), entspricht spiegelbildlich das Recht, dies nicht tun zu müssen; es schützt daher vor staatlichem Ehezwang, aber nicht davor, eine nichteheliche Lebensgemeinschaft zu führen, die daher unter Art. 2 Abs. 1 fällt (E 82, 6/16, Rn 828). Die Entscheidung, nicht leben zu wollen, wird allerdings, wohl weil der Aspekt der Selbstbestimmung und Gestaltung des eigenen Lebensendes im Vordergrund steht, nicht anhand der negativen Freiheit aus Art. 2 Abs. 2 S. 1, sondern des allgemeinen Persönlichkeitsrechts diskutiert (E 153, 182 Rn 202 ff).   **288**

Dass die Schutzbereiche der Freiheitsrechte die negative Gewährleistung, etwas nicht tun zu müssen, ebenso umfassen wie die positive Freiheit, etwas zu tun, bedeutet nicht, dass beide auf den weiteren Stufen der Grundrechtsprüfung den gleichen Regeln folgen. Etwas nicht zu tun, führt meist nicht zu Konflikten mit anderen Rechts-   **289** gütern, weshalb sich Einschränkungen seltener als notwendig erweisen als bei der positiven Freiheit. Bedeutung hat die Unterscheidung zwischen positiver und negativer Freiheit zudem bei den sog ausgestaltungsbedürftigen Grundrechten (Rn 164 ff), die wichtige gesellschaftliche Institutionen schützen, die den aktiven Gebrauch der Freiheit voraussetzen. Vereine und Koalitionen existieren nur, weil Menschen von ihren Freiheiten aus Art. 9 Abs. 1 und Abs. 3 aktiv Gebrauch machen. Die Rechtsprechung berücksichtigt das, indem sie nur die positive Freiheit für ausgestaltungsbedürftig erklärt.

290   **Beispiele:** Zwar verortet das BVerfG (E 50, 290/367) die negative Koalitionsfreiheit im Sinne eines Rechts auf Fernbleiben aus einer Koalition bei Art. 9 Abs. 3. Aber es setzt damit die negative und die positive Freiheit nicht gleich. Weil sich die Ordnungsfunktion, die das Tarifvertragssystem für das Arbeitsleben hat, nur durch Mitgliedschaft und nicht durch Fernbleiben aus einer Koalition gewährleisten lässt, ist der Gesetzgeber nach Meinung des BVerfG zur Ausgestaltung nur der positiven Koalitionsfreiheit nicht nur berechtigt, sondern auch verpflichtet (Rn 934).

291   cc)   Die Schutzgüter, denen die Schutzbereiche gelten, sind sehr voraussetzungsvoll. Was Würde, Glaube, Meinung, Kunst und Wissenschaft sind, ist keine nur und noch nicht einmal vorwiegend juristische Frage. Ihre Bestimmung und damit **die Auslegung der Schutzbereiche** hängt von individuellen, vielfach geschichtlich geprägten Vorverständnissen ab. Sie lassen sich daher interpretatorisch nicht so einfach in juristischen Definitionen verdichten wie Tatbestandsmerkmale des einfachen Rechts. Mit Blick auf Art. 5 Abs. 3 S. 1 spricht das BVerfG sogar von der „Unmöglichkeit, Kunst generell zu definieren"[6]. Aber auch wo Definitionen angeboten werden, verbleiben sie auf einem hohen Abstraktionsniveau, das Subsumtionen schwierig macht, wie bei der Würde des Menschen (Rn 479 ff).

292   Wenn es so schwierig ist, die grundrechtlichen Schutzbereiche objektiv zu bestimmen, könnte man daran denken, sie vom subjektiven Selbstverständnis des jeweiligen Grundrechtsträgers abhängig zu machen.[7] Man könnte argumentieren, dass es gerade dort, wo es an Gewissheit fehlt, unabdingbar zur grundrechtlichen Freiheit gehöre beispielsweise, zu bestimmen, was Kunst ist und welches Handeln glaubensgeleitet ist. Wenn der Staat vorgebe, was eine schützenswerte Glaubensäußerung und welches Werk Kunst ist, verlöre die Freiheit ihren Wert. Aber dann verlören auch die Schutzbereiche ihre Kontur: Geschützt wäre alles, was der Grundrechtsträger für schützenswert hielte. Auch für die grundrechtlichen Schutzbereiche gilt daher, dass Rechtsbegriffe einer vom Einzelfall abstrahierenden Definition zugänglich sein müssen.

293   **Beispiele:** Ein weiter Begriff des Gewissens und der Gewissensfreiheit könnte jedes Handeln, das von festen Überzeugungen geleitet ist, unter den Schutz von Art. 4 Abs. 1 ziehen. Schon das Überqueren der Straße bei roter Ampel kann von der festen Überzeugung geleitet sein, man könne die Gefahren des Verkehrs selbst am besten beurteilen. Letztlich müssten für unendlich viele Situationen Eingriffsrechtfertigungen ersonnen werden, die bei Art. 4 Abs. 1 noch nicht einmal explizit vorgesehen sind. Das BVerfG löst das Problem, indem es dem Selbstverständnis zwar Bedeutung zumisst, aber eine Plausibilisierung der Glaubens- und Gewissensgeleitetheit des Handelns (Rn 685 ff, 699) verlangt.

---

6   E 67, 213/225.
7   *Höfling*, Offene Grundrechtsinterpretation, 1987; *Morlok*, Selbstverständnis als Rechtskriterium, 1993.

Zwischen der Bestimmung des Schutzbereichs und den weiteren Prüfungsschritten **294**
besteht damit ein Zusammenhang: Je weiter die Schutzbereiche der Grundrechte verstanden werden, desto mehr erscheint staatliches Handeln als Eingriff, je enger sie
verstanden werden, desto weniger gerät der Staat mit den Grundrechten in Konflikt.

Beispiele: Ob die Polizei, die einem Künstler das Abhalten eines Happenings auf der Straßen- **295**
kreuzung verwehrt, in die Kunstfreiheit eingreift, ist nicht mit der Frage gleichzusetzen, ob das
Verwehren immer ein Eingriff oder ob es dann kein Eingriff ist, wenn es freundlich, ohne
Zwang und durch bloßen Hinweis auf die drohenden Gefahren erfolgt. Vielmehr ist schon die
Frage, ob das Happening, das Happening auf der Straßenkreuzung, das Happening auf der verkehrsreichen Straßenkreuzung in den Schutzbereich der Kunstfreiheit fallen. Ein enges Kunst-
und Kunstfreiheitsverständnis gibt der Polizei mehr Handlungsspielraum als ein weites.

Ein weites Schutzbereichsverständnis scheint insbesondere dort an seine Grenzen zu **296**
stoßen, wo mit der Grundrechtsausübung der Übergriff auf Grundrechte anderer verbunden ist.

Beispiele: Soll das Besprühen einer im Eigentum eines anderen stehenden Wand mit Farbe in **297**
den Schutzbereich der Kunstfreiheit fallen (verneinend BVerfG, NJW 1984, 1293/1294; bejahend BVerfG, NJW 2021, 1939 Rn 21 [= JK 10/2021], Rn 800 f; 818) oder der Auftragsmörder
durch Art. 12 Abs. 1 geschützt sein?

Dass diese Verhaltensweisen grundrechtlich geschützt sein sollen, wirkt zunächst **298**
kontraintuitiv. Warum sollten überhaupt Handlungen grundrechtlich geschützt sein,
die gesetzlich verboten sind? Grundsätzlich lässt sich fragen, ob das Konzept einer
natürlichen, von Gesellschaft und Staat abstrahierten Freiheit der Komplexität der
modernen Gesellschaft mit ihren vielen Grundrechtskonflikten noch angemessen ist.
Das Anliegen, grundrechtliche Freiheit im Kontext der Freiheit anderer zu interpretieren, schlägt sich in dem Vorschlag nieder, den Schutzbereich auf einen *Gewährleistungsgehalt* zu beschränken, der die Notwendigkeit staatlicher Einhegung von Freiheit als Teil des grundrechtlichen Schutzversprechens versteht. Grundrechtliche
Schutzbereiche sollen danach vom Staat zwar nicht zu störende, aber doch von ihm
zu beeinflussende Lebensbereiche sein.[8] Bei allen Grundrechten müsse dementsprechend zwischen dem allgemeinen Sach- und Lebensbereich (Kunst, Beruf etc.) und
dem konkreten Gewährleistungsinhalt unterschieden werden, der besage, was und in
welchem Umfang, bezogen auf diesen Einzugsbereich, gewährleistet sei (nicht das
Besprayen einer fremden Wand oder der Auftragsmord).[9] Der Schutzbereich soll also
schon mit Blick auf staatliche Regeln geprüft werden, die dann aber nicht als Eingriff,
sondern als notwendige Ausgestaltung des auf den Gewährleistungsgehalt reduzierten
Schutzbereichs verstanden wird.[10] Dadurch würden alle und nicht nur die ohnehin
normgeprägten Schutzbereiche (Rn 164, 282 ff) eine stärkere einfach-rechtliche Aus-
oder jedenfalls Vorformung erfahren.[11] Dabei geht es zwar auch darum, die offensichtlich nicht schutzwürdigen Verhaltensweisen aus den Schutzbereichen herauszu-
halten; im Wesentlichen soll jedoch die Bedeutung der Ausgleichsfunktion staatlichen Handelns in den grundrechtlichen Lebensbereichen betont werden.

---

8   *Merten*, Hdb. GR III, § 56 Rn 76.
9   *Böckenförde*, Staat 2003, 165/174 ff; *Hoffmann-Riem*, Staat 2004, 203/226 ff; grundsätzliche Kritik
    dagegen bei *Kahl*, Staat 43 (2004), 167 ff.
10   *Volkmann*, JZ 2005, 261/264 f.
11   *Möllers*, NJW 2005, 1973/1975.

299 **Beispiele:** Das BVerfG sieht bei Warnhinweisen der Bundesregierung vor mit Glykol belastetem Wein den Schutzbereich von Art. 12 Abs. 1 nicht als berührt an, weil die Berufsfreiheit nicht vor der Bekanntmachung von zutreffenden und sachlich gehaltenen Informationen schütze (E 105, 252/265; ähnlich im Hinblick auf Art. 4 Abs. 1, 2 BVerfGE 105, 279/294; tendenziell anders aber wieder E 148, 40 Rn 28 f = JK 11/2018). Auch sieht das BVerfG bei sozialversicherungsrechtlichen Festbeträgen für Arzneimittel, die für die Unternehmen faktisch als Preisbindung wirken, keine Berührung des Schutzbereichs von Art. 12 Abs. 1, weil die Reichweite des Freiheitsschutzes auch durch die rechtlichen Regeln mitbestimmt werde, die den Wettbewerb ermöglichen und begrenzen (E 106, 275/298). Die Gewährleistungsfunktion des Staates besteht bei dieser Sichtweise hier darin, die Funktionsbedingungen eines auch durch Interessen von Verbrauchern und Sozialversicherten geprägten Marktes zu sichern; daher kann die durch Art. 12 Abs. 1 gewährleistete Freiheit nur nach Maßgabe sachgerechter Bestimmungen des Verbraucherschutz- und des Sozialrechts gewährleistet werden.

300 Die Reduzierung des Schutzbereichs auf einen Gewährleistungsgehalt verfolgt das nachvollziehbare Anliegen, ein Prüfungsprogramm zu schaffen, das die notwendige staatliche Mitgestaltung in den grundrechtlichen Lebensbereichen anerkennt, statt sie als rechtfertigungsbedürftig aus dem Schutzbereich auszugrenzen. Aber sie läuft Gefahr, die Beschränkung von Freiheit durch staatliches Handeln gar nicht mehr zu erkennen oder die rechtsstaatlich-demokratischen Voraussetzungen für Eingriffe in Freiheitsrechte nicht mehr zur Geltung kommen zu lassen.[12] So unbestreitbar notwendig es ist, dass der Staat vor Gesundheitsgefahren warnt und Arzneimittelpreise reguliert, so unbestreitbar ist es auch, dass diese Maßnahmen die betroffenen Unternehmen erheblich beeinträchtigen. Wenn diese Maßnahmen aber noch nicht einmal mehr den Schutzbereich tangieren sollen, wird die Prüfung wichtiger Anforderungen an Grundrechtseingriffe abgeschnitten. Es war nicht zufällig, dass ausgerechnet in den Beispielsfällen (Rn 299) prekär war, ob es eine hinreichend konkrete parlamentsgesetzliche Grundlage für die Maßnahmen gab – was allerdings erst im Rahmen der verfassungsrechtlichen Rechtfertigung zu prüfen gewesen wäre, zu der man nicht mehr gelangt, wenn man schon den Schutzbereich auf einen Gewährleistungsgehalt verkürzt. Zudem erscheint der Mehrwert dieser stärkeren Einhegung der Schutzbereiche begrenzt, wenn gleichzeitig die allgemeine Handlungsfreiheit als Auffanggrundrecht eben den Rechtfertigungsbedarf auslöst, der durch die Spezifizierung auf Gewährleistungsinhalte vermieden werden soll.[13]

301 Insgesamt spricht daher *keine Vermutung* dafür, die Schutzbereiche *eng* zu ziehen; insbesondere darf staatlichen Maßnahmen nicht vorschnell die Belastung grundrechtlich geschützten Verhaltens abgesprochen werden. Allerdings spricht auch keine Vermutung dafür, die Schutzbereiche *weit* zu ziehen; anderenfalls würden sie konturlos und beliebig, und Grundrechtsprüfungen würden nur noch aus Einzelfallabwägungen im Rahmen der verfassungsrechtlichen Rechtfertigung bestehen. Die Schutzbereiche jedes einzelnen Grundrechts müssen mit den üblichen juristischen Auslegungsmitteln einfach richtig bestimmt werden.[14]

---

12 *Dreier*, DR, Vorb. Rn 120, 122; *Kahl*, AöR 2006, 579 (607); s. schon *Höfling*, Jura 1994, 169/170; *Schlink*, EuGRZ 1984, 457/467 f.

13 *Bäumerich*, DÖV 2015, 374/380; *Classen*, StR II, § 5 Rn 14 f; *Kahl*, Staat 2004, 167 (188).

14 Vgl *Hoffmann-Riem*, Staat 2004, 203/229; *Merten*, Hdb. GR III, § 56 Rn 80; *Volkmann*, JZ 2005, 261/267.

Bei der Auslegung darf das Reden vom Bereich ferner *nicht zu falschem räumlichen Denken verleiten*. Es muss nicht der eine Raum sein, der verschiedenes Verhalten zum Inhalt desselben Schutzbereichs verbindet. Vielmehr kann dieselbe Funktion, dieselbe Rolle, dasselbe Thema den identischen Inhalt des Schutzbereichs ausmachen. **302**

Beispiel: Zwar bezeichnet der Begriff Wohnung einen Raum, aber Art. 13 stellt den Raum der Wohnung nicht mit allem darin stattfindenden Verhalten frei. Er tut dies nicht nur darum nicht, weil er in Abs. 2–5 und 7 bestimmte Eingriffe und Beschränkungen ausdrücklich vorsieht; vielmehr hat er schon einen anderen Schutzbereich: Er schützt die Wohnung in ihrer Funktion, dem Einzelnen die Möglichkeit der Abschirmung und des räumlichen Rückzugs für sein persönliches und möglicherweise auch geschäftliches Verhalten zu bieten. Wann dieses Verhalten selbst rechtmäßig und wann es rechtswidrig ist, ist nicht an Art. 13, sondern an den anderen Grundrechten zu messen; zB gelten die mit den anderen Grundrechten vereinbaren Straf- und Zivilrechtsnormen innerhalb ebenso wie außerhalb der Wohnung. An Art. 13 ist nur das Eindringen des Staats in die Wohnung zu messen. **303**

Dass die Schutzbereiche der Grundrechte mit den allgemeinen Mitteln juristischer Interpretation zu ermitteln sind, zeigt sich etwa auch daran, dass der Schutzbereich eines Grundrechts oft nicht mit isoliertem Blick auf dieses Grundrecht, sondern nur in systematischer Zusammenschau mit anderen Grundrechten und sonstigen Verfassungsnormen bestimmt werden kann. **304**

Beispiele: Das Nebeneinander von Art. 4 Abs. 1 und Art. 5 Abs. 1 zeigt, dass unter religiösem Bekenntnis nicht einfach religiöse Meinungen zu verstehen sind. – Das Nebeneinander von Grundrechten und Art. 38 Abs. 1 S. 2 lässt die Äußerung des Abgeordneten in der Bundestagsdebatte aus dem Schutzbereich von Art. 5 Abs. 1 herausfallen. **305**

Bisweilen lässt sich auch aus der Nennung von Eingriffen und Rechtfertigungsmöglichkeiten darauf schließen, was ein Grundrecht schützen soll. **306**

Beispiele: Indem Art. 5 Abs. 2 Beeinträchtigungen zum Schutz der persönlichen Ehre zulässt, stellt er zugleich klar, dass auch ehrverletzende Äußerungen in den Schutzbereich von Art. 5 Abs. 1 fallen. – Ein Sonderfall ist Art. 1 Abs. 1, dessen Schutzbereich wegen der Schwierigkeit einer Definition von Würde sogar ausschließlich von deren Beeinträchtigungen her bestimmt wird (vgl Rn 486 ff). **307**

b) Konkurrenzen

aa) Eine Konkurrenz liegt vor, wenn das Verhalten **eines Grundrechtsträgers** dem ersten Anschein nach durch **mehrere Grundrechte** geschützt wird. **308**

Beispiel: Ein Redakteur hat Presse zum Beruf und steht damit grundsätzlich unter dem Schutz sowohl von Art. 5 Abs. 1 S. 1 Hs. 2 als auch von Art. 12 Abs. 1. Wird er in seiner Arbeit behindert, scheinen daher zunächst beide Grundrechte einschlägig zu sein. Aber oft kann und muss unterschieden werden, ob die Behinderung presse- oder berufsspezifisch ist, ob ihm zB eine Recherche wegen ihres Inhalts oder durch Verhängung eines vom Richter in seiner berufsregelnden Wirkung erkannten und gewollten Fahrverbots erschwert wird. **309**

bb) Besonders **Freiheits- und Gleichheitsrechte** sind dem ersten Anschein nach oft nebeneinander einschlägig. Wenn in die Freiheit eines Grundrechtsträgers eingegriffen wird, wird dieser gegenüber den anderen Grundrechtsträgern, in deren Freiheit nicht eingegriffen wird, ungleich behandelt. Aber dem Grundrechtsträger, in dessen **310**

Freiheit eingegriffen wird, geht es nicht um die Gleichbehandlung mit den anderen Grundrechtsträgern. Die Gleichbehandlung könnte auch dadurch hergestellt werden, dass nicht nur in seine, sondern auch in die Freiheit der anderen eingegriffen wird. Der Grundrechtsträger will nicht dies erreichen, sondern den Eingriff in seine Freiheit als nicht gerechtfertigt abwehren, und er will ihn nicht anders abwehren, als wenn der Eingriff nicht nur ihm, sondern auch den anderen Grundrechtsträgern gälte.

311   Nur wenn der Eingriff in seine Freiheit gerechtfertigt ist, kann es ihm *allein um die Gleichbehandlung* gehen, dh dann, wenn mit derselben Rechtfertigung, mit der in seine Freiheit eingegriffen wird, auch in die Freiheit der anderen Grundrechtsträger eingegriffen werden könnte, aber nicht eingegriffen wird. Auch hier kann die Gleichbehandlung zwar nicht nur dadurch hergestellt werden, dass er mit den anderen vom Eingriff verschont wird, sondern auch dadurch, dass in die Freiheit der anderen ebenso wie in seine Freiheit eingegriffen wird. Aber dieses Risiko muss er tragen; mehr als die Hoffnung, dass die Gleichbehandlung in der ihm günstigen Weise hergestellt wird, bleibt ihm nicht. Meistens wird die Hoffnung enttäuscht; die Rechtfertigung eines spezifischen Freiheitseingriffs ist meistens so spezifisch, dass in ihr auch die Rechtfertigung der Ungleichbehandlung gegenüber anderen Grundrechtsträgern angelegt ist.

312   **Beispiel:** Nachdem das BVerfG das strafbewehrte Verbot des Umgangs mit Cannabis vor Art. 2 Abs. 1 gerechtfertigt hatte, prüfte es unter Art. 3 Abs. 1 die Zulässigkeit der Ungleichbehandlung zwischen dem strafbedrohten Umgang mit Cannabis und dem straffreien Umgang mit Alkohol (E 90, 145/195 ff) und fand die Ungleichbehandlung ebenfalls gerechtfertigt (vgl auch E 89, 69/82 ff).

313   Die Freiheitsrechte und der allgemeine Gleichheitssatz werden aber nicht nur als in Idealkonkurrenz stehende, jeweils selbstständige Maßstäbe nebeneinander geprüft; vielmehr stellt sie das BVerfG auch in ein *Verhältnis gegenseitiger Verstärkung*. Dabei ist weiter zu unterscheiden: Zum einen soll die Einschlägigkeit von besonderen Freiheitsrechten die Anforderungen an die Rechtfertigung von Ungleichbehandlungen steigern (Rn 602). Zum anderen werden aber Freiheitsrechte auch in einem Verbund mit („i.V.m.")[15] dem allgemeinen Gleichheitssatz geprüft. Dabei geht es vor allem darum, die teilhaberechtliche Dimension der Freiheitsrechte (Rn 177) zu entfalten.[16]

314   **Beispiel:** Das BVerfG (E 33, 303/332) hat aus Art. 3 Abs. 1 iVm Art. 12 Abs. 1 ein grundrechtliches Teilhaberecht abgeleitet, das vor allem für die Verteilung knapper Studienplätze Bedeutung erlangt hat. Im „freiheitlichen Rechts- und Sozialstaat" könne es „nicht mehr der freien Entscheidung der staatlichen Organe überlassen bleiben, den Kreis der Begünstigten nach ihrem Gutdünken abzugrenzen und einen Teil der Staatsbürger von den Vergünstigungen auszuschließen, zumal dies im Ergebnis auf eine Berufslenkung hinauslaufen würde." Dieser Prüfungsverbund ist beim Teilhaberecht etabliert, das als Gleichheitsrecht geprüft werden kann. Im Übrigen ist von der Prüfung „i.V.m." abzuraten, weil sie zu einer Vermischung unterschiedlicher Prüfungsmaßstäbe führt (Rn 320).

---

15   *Meinke*, In Verbindung mit, 2006, S. 34 ff; *Sachs*, in: Kempny/Reimer (Hrsg.), Gleichheitssatzdogmatik heute, 2017, 107 (112 ff); *Sandner*, Verstärkungswirkung unter Grundrechten, 2019, S. 194 ff.
16   Näher *Kingreen*, BK, Art. 3 Rn 300 ff.

cc) Fällt ein Verhalten in den Schutzbereich zweier Freiheitsrechte, zwischen denen ein Spezialitätsverhältnis besteht, so bestimmt sich sein Schutz allein nach dem **speziellen Grundrecht**. Dies folgt aus dem Vorrang, den allgemein die spezielle vor der generellen Norm genießt. **315**

Beispiele: Der staatliche Umgang mit einer Koalition beurteilt sich nicht nach der allgemeinen Vereinigungsfreiheit in Art. 9 Abs. 1, sondern dem speziell Koalitionen schützenden Art. 9 Abs. 3. – Zum Verhältnis zwischen speziellen Gleichheitssätzen und dem allgemeinen Gleichheitssatz vgl Rn 672. **316**

Bedeutung hat der Spezialitätsgrundsatz vor allem für die als allgemeines Freiheitsrecht konzipierte *allgemeine Handlungsfreiheit* (Art. 2 Abs. 1), die nur zu prüfen ist, wenn kein anderer Schutzbereich eines Freiheitsrechts betroffen ist (Rn 505 ff). Sie ist allerdings schon dann einschlägig, wenn ein Verhalten zwar das Regelungsthema eines Grundrechts betrifft, aber nicht in seinen Schutzbereich fällt.[17] Der Ausschluss eines thematischen Aspekts aus dem Schutzbereich eines besonderen Grundrechts erzeugt keine Sperrwirkung hinsichtlich des Gewährleistungsumfangs der allgemeinen Handlungsfreiheit. **317**

Beispiele: Eine unfriedliche Versammlung fällt in den Regelungs-, nicht aber in den Schutzbereich des Art. 8 Abs. 1; sie ist durch Art. 2 Abs. 1 geschützt. – Art. 6 Abs. 1 schützt zwar nur die Ehe von Frau und Mann; dies schließt aber den generellen Grundrechtsschutz von gleichgeschlechtlichen Lebensgemeinschaften durch Art. 2 Abs. 1 und nach dem BVerfG auch einen gleichwertigen Schutz von gleichgeschlechtlichen Partnerschaften und Ehen (Rn 828) nicht aus. **318**

dd) Fällt ein Verhalten in die Schutzbereiche zweier Freiheitsrechte, zwischen denen kein Spezialitätsverhältnis besteht, dann bestimmt sich der Schutz des Verhaltens nach **beiden Grundrechten** (sog Idealkonkurrenz). Wenn die Schutzwirkung beider Grundrechte unterschiedlich stark ist, dann bedeutet der doppelte Schutz, dass ein Eingriff nur gerechtfertigt ist, wenn er auch vor dem Grundrecht mit dem stärkeren Schutz gerechtfertigt werden kann.[18] Dabei sind, ebenso wie im Verhältnis zwischen Freiheits- und Gleichheitsrechten (Rn 310 ff), beide Grundrechte grundsätzlich getrennt zu prüfen,[19] wenn es sich nicht – wie bei Art. 2 Abs. 1 iVm Art. 1 Abs. 1 (Rn 509) – um ein Grundrecht handelt, das seine Schutzwirkungen erst aus dem Zusammenwirken zweier Grundrechtsnormen bezieht. **319**

Beispiel: Die Prozession unter freiem Himmel verwirklicht die vorbehaltlose Glaubensfreiheit und die unter Gesetzesvorbehalt stehende Versammlungsfreiheit. Nimmt sie einen Weg, der in einer bestimmten religiösen Tradition wurzelt, dann muss sich ein Eingriff in die Wegführung auch an Art. 4 Abs. 2, nicht nur an Art. 8 Abs. 2 messen lassen. Andernfalls sind die Wegführung und ihre Beschränkung allein am Maßstab des Art. 8 zu beurteilen. Die gemeinsame Prüfung zweier oder mehrerer Grundrechte, die sich gelegentlich beim BVerfG findet (*Hofmann*, Jura 2008, 667; *Spielmann*, JuS 2004, 371; vertiefend: *Breckwoldt*, Grundrechtskombinationen, 2015), sollte in der Falllösung vermieden werden, die – anders als Urteile des BVerfG – möglichst große gutachterliche Präzision aufweisen muss (*Bumke/Voßkuhle*. Rn 67 ff; aA *Michael/Morlok*, GR, Rn 58). **320**

---

17 Vgl *Lorenz*, BK, Art. 2 Abs. 1, Rn 74.
18 *Berg*, Hdb. GR III, § 71 Rn 47.
19 *Manssen*, StR II, Rn 216.

2. Eingriff

321 Ein unbeschränkter Freiheitsgebrauch würde zu *Konflikten* mit den Interessen der Allgemeinheit und dem Freiheitsgebrauch anderer Grundrechtsberechtigter führen. Um solche Konflikte zu verhindern, muss der Staat in die Schutzbereiche der Grundrechte eingreifen. Die Normtexte setzen diese Befugnis des Staates voraus, indem sie es erlauben, dass in Grundrechte „eingegriffen werden" (etwa Art. 2 Abs. 2 S. 3) darf, aber auch dadurch, dass auf „Schranken" (zB Art. 5 Abs. 2, ähnlich Art. 8 Abs. 2: „beschränkt werden" und Art. 12 Abs. 1 S. 2: „geregelt werden") der Grundrechte hingewiesen wird.

322 **Lösungstechnischer Hinweis:** Der Prüfungspunkt „Eingriff" dient in der abwehrrechtlichen Konstellation dazu, den Akt der öffentlichen Gewalt (er entspricht prozessual dem Beschwerdegegenstand, Rn 1391 ff) zu bestimmen, der den Schutzbereich *beeinträchtigt*. Es geht also allein um die rechtliche Einordnung einer staatlichen Maßnahme, aber noch nicht darum, ob der Eingriff auch erlaubt ist. Erst wenn bei der Prüfung der verfassungsrechtlichen Rechtfertigung des Eingriffs festgestellt wird, dass der Eingriff nicht gerechtfertigt ist, ist das Grundrecht *verletzt*.

a) Klassischer Eingriffsbegriff

323 Weil die Grundrechte insbesondere über das Auffanggrundrecht des Art. 2 Abs. 1 Freiheit umfassend schützen, ist kaum ein staatliches Handeln denkbar, das grundrechtliche Schutzbereiche nicht beeinträchtigt. Wie schon bei der Prüfung des Schutzbereichs wird daher versucht, den Tatbestand des Eingriffs begrifflich einzuschränken, damit nicht jedes staatliche Handeln grundrechtlichen Rechtfertigungsbedarf auslöst.

324 **Beispiele:** (1) Der Übungstiefflug eines Kampfjets der Bundeswehr über einer Versammlung gegen den G8-Gipfel verschreckt aufgrund der ohrenbetäubenden Lautstärke und der bedrohlichen Nähe deren Teilnehmer. (2) Die der Verhinderung des Organhandels dienende Regel, dass die Entnahme von Organen, die sich nicht wieder bilden können, nur zum Zweck einer Übertragung auf Verwandte, Ehegatten, Verlobte oder andere Personen, die dem Spender in besonderer persönlicher Verbundenheit offenkundig nahestehen, erlaubt ist (§ 8 Abs. 1 S. 2 TPG), richtet sich zwar nur an den potenziellen Spender, betrifft aber faktisch auch den nicht mit dem Spender persönlich verbundenen Empfänger. (3) Wenn Behörden darüber informieren, dass das Fleisch eines bestimmten Betriebs gesundheitsgefährdend ist, wird sich das negativ auf die Marktchancen des Unternehmens auswirken.

325 Der sog klassische Eingriffsbegriff schränkt den Kreis der rechtfertigungsbedürftigen staatlichen Maßnahmen durch vier einander zum Teil überschneidende Merkmale ein. Er verlangt, dass ein Eingriff

- gezielt erfolgt und nicht bloß unbeabsichtigte Folge eines auf andere Ziele gerichteten Staatshandelns ist,
- unmittelbare und nicht bloß zwar beabsichtigte, aber mittelbare Folge des Staatshandelns ist,
- Rechtsakt mit rechtlicher und nicht bloß tatsächlicher Wirkung ist und
- mit Befehl und Zwang angeordnet bzw durchgesetzt wird.[20]

---

20   Vgl E 105, 279/300.

Diese Definition erfasst nur das imperativ-rechtsförmige Staatshandeln.[21] Der Eingriff erfolgt danach entweder *individuell* durch einen an einen konkreten Adressaten gerichteten Verwaltungsakt oder ein entsprechendes Gerichtsurteil oder *generell* durch Gesetz, Rechtsverordnung oder Satzung. In diesem normativen Sinne werden Grundrechte nicht nur beschränkt, wenn die Regelung die Grundrechtsposition unmittelbar entzieht, wie etwa bei der Legalenteignung (Rn 1150), sondern auch dann, wenn ein Gesetz andere Gewalten zur Beschränkung von Grundrechten ermächtigt. Die Freiheit wird in diesen Fällen dadurch normativ verkürzt, dass sie zuvor nicht unter dem Vorbehalt einer Entscheidung der Verwaltung oder der Gerichte stand. Aber der klassische Eingriffsbegriff vermag das nicht-rechtsförmige Staatshandeln mit seinen zum Teil weichen Steuerungsinstrumenten ebenso wenig zu erfassen wie seine nur mittelbaren, zum Teil unbeabsichtigten Nebenfolgen.

Beispiele: Legte man an die Beispielsfälle (Rn 324) den klassischen Eingriffsbegriff an, so läge jeweils kein Eingriff vor: (1) Das Verschrecken der Versammlungsteilnehmer ist eine unbeabsichtigte Folge eines auf andere Ziele (= Sicherheit des G8-Gipfels) gerichteten Staatshandelns; er erfolgt zudem nicht rechtsförmig. (2) Es ist zwar beabsichtigt, dass § 8 Abs. 1 S. 2 TPG auch den potenziellen Empfänger eines Spenderorgans betrifft, aber dies geschieht nur mittelbar, weil die Norm nur an den Spender adressiert ist. (3) Eine behördliche Information ist nicht rechtsförmig; es wird einfach nur informiert. Sie wird zudem nicht mit Befehl und Zwang angeordnet bzw durchgesetzt.

b) Moderner Eingriffsbegriff

Der sog klassische Eingriffsbegriff vermag die Auswirkungen nicht-imperativen und nicht-rechtsförmigen Staatshandelns auf den Grundrechtsschutz nicht zu erfassen. Der daher notwendigen Erweiterung zum sog modernen Eingriffsbegriff liegt dieselbe *Entwicklung vom liberalen zum sozialen Rechtsstaat* zu Grunde, die auch die subjektiv-rechtlichen Gewährleistungsgehalte der Grundrechte erweitert und um Schutz-, Ausgestaltungs- und Leistungsansprüche ergänzt hat (vgl Rn 101 ff, 125 ff). Diese Abhängigkeit verringert aber nicht die Rechtfertigungsbedürftigkeit staatlichen Handelns, sondern erhöht sie: In immer mehr Lebenslagen auf den Staat angewiesen, erfährt der Einzelne in immer mehr Lebenslagen sogar sozialstaatliches Handeln als nicht nur existenzsichernd, sondern auch -gefährdend, nicht nur freiheitsfördernd, sondern auch -beeinträchtigend. Je mehr Berührungspunkte Staat und Einzelner haben, desto mehr Konfliktmöglichkeiten wachsen auch zwischen ihnen. Und je mehr Bedeutungen die Grundrechte auch für Organisation, Verfahren, Teilhabe und Leistung gewinnen, desto mehr Fragen nach der Eingriffsqualität auch von Organisationsakten, Verfahrensgestaltungen, Teilhabe- und Leistungsregelungen stellen sich.

aa) Die moderne **Definition** des Eingriffs erweitert alle vier klassischen Kriterien: Eingriff ist jedes staatliche Handeln, das dem Einzelnen ein Verhalten, das in den Schutzbereich eines Grundrechts fällt, *ganz oder teilweise unmöglich macht*, gleichgültig ob diese Wirkung final oder unbeabsichtigt, unmittelbar oder mittelbar, rechtlich oder tatsächlich (faktisch, informell), mit oder ohne Befehl und Zwang eintritt.[22]

326

327

328

329

---

21 *Dreier*, DR, Vorb. Rn 124; *Michael/Morlok*, GR, Rn 493.
22 BVerfG, NVwZ 2018, 1224 Rn 29 (= JK 4/2019); BVerwGE 160, 169 Rn 32 (= JK 9/2018); ferner *Kloepfer*, VerfR II, § 51 Rn 31; *Lang/Wilms*, StR II, Rn 209 ff; *Peine*, Hdb. GR III, § 57 Rn 29 ff; *Starke*, DVBl. 2018, 1469/1472 f; krit *Sachs*, JuS 2018, 731/732 f.

Neben dem rechtlichen wird auch das diesem gleichkommende faktische Staatshandeln erfasst und neben dem unmittelbaren Adressaten auch der Drittbetroffene imperativer Maßnahmen[23] einbezogen. Ein Eingriff liegt daher auch vor, wenn das Verhalten oder der Genuss des Rechtsgutes – wie etwa bei Lenkungsabgaben – mit einer belastenden Rechtsfolge verknüpft wird.[24] Ferner werden auch die als Verwaltungsmittel immer wichtiger werdenden negativen öffentlichen Äußerungen, Hinweise und Warnungen des Staates einschließlich der ihnen vorausgehenden und sie vorbereitenden Beobachtungen als Eingriffe angesehen, wenn sie in ihrer Zielsetzung und ihren Wirkungen eine staatliche Maßnahme ersetzen, die als Grundrechtseingriff im klassischen Sinne zu qualifizieren wäre.[25] Entsprechendes gilt für gezielte staatliche Förderungen entsprechender privater Tätigkeiten. Noch weitergehend werden sogar nicht reversible eingriffsähnliche Vorwirkungen auf die zukünftige Ausübung grundrechtlich geschützter Freiheiten, die von gegenwärtigen staatlichen Regelungen zum Klimaschutz ausgehen, denselben Rechtfertigungsanforderungen wie Eingriffe unterstellt.[26]

330 **Beispiele:** Am Maßstab des erweiterten Eingriffsbegriffs hat die Rechtsprechung in allen Beispielsfällen (Rn 324) einen Eingriff bejaht: (1) Ein faktischer Eingriff in die Versammlungsfreiheit liegt vor, wenn das staatliche Handeln einschüchternd oder abschreckend wirkt bzw geeignet ist, die freie Willensbildung und die Entschließungsfreiheit derjenigen Personen zu beeinflussen, die an Versammlungen teilnehmen wollen; dies ist bei einem Tiefflug aufgrund der Lautstärke, der bedrohlichen Nähe und der Überraschungswirkung des Überflugs zu bejahen (BVerwGE 160, 169 Rn 32, 36 = JK 9/2018). (2) Der potenziell Begünstigte einer Organspende ist zwar nicht selbst Adressat von § 8 Abs. 1 S. 2 TPG, aber er wird von diesem „über eine reine Reflexwirkung hinaus" in rechtlich erheblicher Weise betroffen, weil die verbotene Organentnahme seiner Gesundheit gedient hätte (BVerfG, NJW 1999, 3399). (3) Die an Verbraucher gerichtete behördliche Information über gesundheitsgefährdendes Fleisch berührt zwar die Berufstätigkeit des Unternehmens nicht unmittelbar, sie verändert aber die Rahmenbedingungen der Berufsausübung und kommt in ihrer Zielsetzung und ihren mittelbar-faktischen Wirkungen einem Eingriff als funktionales Äquivalent gleich, denn die Information der Verbraucher erfolgt gerade zu dem Zweck, ihre Konsumentscheidung zu beeinflussen (BVerfGE 148, 40 Rn 28 f = JK 11/2018).

331 Auch nach der modernen Begriffsbestimmung fehlt es an einem Eingriff bei *marginalen Beeinträchtigungen*[27] oder bei *fehlender Zurechenbarkeit* staatlichen Handelns zu einer individuellen Belastung.[28]

332 **Beispiele:** Die Polizeikontrolle auf der Autobahn ist ein Eingriff gegenüber dem, dem sie gilt, gehört aber für den, der ihretwegen im Stau stecken bleibt, zu den alltäglichen Lästigkeiten. – Die subjektive Empfindlichkeit des Pazifisten, der sich durch die Werbeaktion der Bundeswehr beeinträchtigt sieht, ist unbeachtlich. – Ein Eingriff in das allgemeine Persönlichkeitsrecht (Art. 2 Abs. 1 iVm Art. 1 Abs. 1) liegt aufgrund der Marginalität der Beeinträchtigung nicht vor, wenn „Daten ungezielt und allein technikbedingt zunächst miterfasst, aber unmittelbar

---

23 Vgl *Koch*, Der Grundrechtsschutz des Drittbetroffenen, 2000, S. 211 ff.
24 E 86, 122/128; 98, 106/117; BVerfG NJW 2019, 3567 Rn 18.
25 E 148, 40 Rn 28 f (= JK 11/2018); mit noch etwas anderem Akzent E 105, 252/273; 105, 279/300 f; 113, 63/76 f; BVerwGE 151, 228/243; krit insbesondere gegenüber dieser älteren Rechtsprechung *Starke*, DVBl. 2018, 1469/1471 ff.
26 BVerfG, NJW 2021, 1723 Rn 183 ff (= JK 9/2021).
27 *Kloepfer*, VerfR II, § 51 Rn 36; aA *Stern*, StR III/2, S. 204 ff.
28 Vgl *Jarass*, JP, Vorb. vor Art. 1 Rn 26.

nach der Erfassung technisch wieder anonym, spurenlos und ohne Erkenntnisinteresse für die Behörden ausgesondert werden"; nicht mehr marginal ist die Beeinträchtigung aber, wenn sich das behördliche Erkenntnisinteresse an den Daten bereits dadurch „verdichtet" hat, dass die Daten erst nach der Feststellung eines „Nichttreffers" gelöscht werden (E 150, 244 Rn 43 ff = JK 7/2019, s. Rn 526). – Die Abschaffung des Kindergelds würde zwar dazu führen, dass Familien weniger finanzielle Gestaltungsmöglichkeiten haben, aber die finanziellen Einbußen eines Inhabers eines Spielzeugwarengeschäfts können dieser Entscheidung wegen der allenfalls entfernten und diffusen Zusammenhänge nicht zugerechnet werden.

Lösungstechnischer Hinweis: Da der moderne Eingriffsbegriff weitgehend anerkannt ist, muss auf den klassischen nur noch dann eingegangen werden, wenn der Sachverhalt entsprechende Hinweise enthält (aA *Michael/Morlok*, GR, Rn 500).   **333**

bb) Zum klassischen Eingriffsverständnis zählte auch, dass das Abwehrrecht nur in bipolaren Staat-Bürger-Verhältnissen zur Anwendung kommt. Doch besteht heute Einigkeit darüber, dass es auch in sog **Dreieckskonstellationen** (Rn 142 ff) wirkt, die ihren Ursprung in Konflikten zwischen Privaten haben. Diese regelt der Staat, indem er den einen Grundrechtsträger verpflichtet, sein belastendes Verhalten in gewissem Umfang einzuschränken, während er den anderen verpflichtet, das belastende Verhalten innerhalb dieser Grenzen zu dulden. Die grundrechtsdogmatische Einordnung dieser Dreieckskonflikte ist jedoch umstritten: **334**

Eine Ansicht geht dahin, dass sich alle *Dreieckskonstellationen durchgängig abwehrrechtlich* beurteilen lassen. Die dem Ausgleich dieses Konflikts dienenden staatlichen Regelungen seien nämlich sowohl gegenüber dem einen als auch gegenüber dem anderen Grundrechtsträger Eingriffe in grundrechtliche Abwehrrechte. Sowohl die zur Regelung des Konfliktes zwischen den Grundrechtsträgern erlassenen Verhaltensbeschränkungen als auch die Duldungspflichten sind danach als normative Grundrechtseingriffe an den Abwehrrechten zu messen. Dabei wird es für gleichgültig erachtet, ob die Beschränkungen und Duldungspflichten zivil- oder öffentlich-rechtlich geregelt werden. Aufgrund von Art. 1 Abs. 3 seien auch der Zivilrechtsgesetzgeber und die Zivilgerichte bei der Entscheidung von Konflikten in Dreieckskonstellationen an die Grundrechte gebunden.[29] Sowohl der Gesetzgeber, der im Interesse der Grundrechte eines anderen eine Regelung mit dem Inhalt erlasse, eine Belastung zu dulden, als auch die Gerichte und die Verwaltung, die diese Regelung auslegen, greifen nach dieser Auffassung durch ihre Entscheidungen in das Grundrecht ein.   **335**

Beispiele: Ganz gleich, ob in einem Konflikt zwischen einem Musiker und seinem Nachbarn zivilrechtliche Unterlassungsansprüche oder öffentlich-rechtliche Lärmschutzregeln geltend gemacht werden, kann der Musiker sich gegen die Beschränkung seiner Kunstfreiheit wehren, wenn er den Lärmschutz für zu restriktiv erachtet, während der Nachbar einen Eingriff in sein Recht auf körperliche Unversehrtheit geltend machen kann, wenn er die Ruhezeiten für zu knapp und seine Pflicht, den „Lärm" zu dulden, für zu weitgehend erachtet.   **336**

Die mittelbare Drittwirkung der Grundrechte (Rn 263) folgt daher nach dieser Auffassung der Struktur des Abwehrrechts. Der richtige Sinn des Begriffs der mittelbaren Drittwirkung liegt dann darin, dass die Grundrechte nicht unmittelbar die Grundrechtsträger binden, sondern – vermittelt über die Grundrechtsbindung des Staates be-   **337**

29 *Poscher*, Grundrechte als Abwehrrechte, 2003, S. 167 ff; vgl bereits *J. Schwabe*, Die sogenannte Drittwirkung der Grundrechte, 1971; *ders.*, AcP 1985, 1 ff.

der Regelung der Rechtsverhältnisse zwischen den Grundrechtsträgern – auch Einfluss auf das Privatrecht und seine Auslegung nehmen. Dies gelte grundsätzlich auch für vertragliche Verpflichtungen, die jedoch jenseits struktureller Vertragsdisparitäten (Rn 160) regelmäßig durch den Regelungszweck der Gewährleistung der Privatautonomie gerechtfertigt sind.[30] Die staatlichen Regelungen von Dreieckskonstellationen kann man dann sowohl gegenüber dem einen als auch gegenüber dem anderen Grundrechtsträger als Eingriffe in grundrechtliche Abwehrrechte prüfen. Entsprechendes gilt für gerichtliche Entscheidungen, die diese Regelungen zu Lasten eines der Beteiligten anwenden. Die Prüfung folgt immer der abwehrrechtlichen Struktur.

338 Die Gegenansicht lehnt eine einheitliche Bearbeitung besonders der zivilrechtlichen Dreieckskonstellationen anhand des Abwehrrechts ab. Während die rechtlichen Verbote, die den Einwirkungen des einen Grundrechtsträgers auf die grundrechtlich geschützten Interessen des anderen Grenzen setzen, auch nach dieser Ansicht abwehrrechtlich thematisiert werden, stößt die abwehrrechtliche Beurteilung der Duldungspflichten des anderen Grundrechtsträgers auf Widerstand. Die *Duldungspflichten* seien *nicht eingriffsartig normiert*, sondern ergäben sich aus einem Bündel allgemeiner Rechtspflichten und ließen sich daher von der allgemeinen Rechtsgehorsamspflicht, die nicht in spezifische Grundrechte eingreife, nicht unterscheiden. Mit Blick auf denjenigen, der eine Beeinträchtigung durch einen anderen Grundrechtsträgers zu dulden habe, gehe es vielmehr um den Schutz eines Grundrechtsträgers vor einem anderen, der sich nicht mehr mit der Abwehrfunktion, sondern erst mit der Schutzfunktion der Grundrechte (Rn 146) einfangen lasse.[31] Da sich diese Konstellationen von denjenigen unterscheiden, in denen es notwendigerweise des Rückgriffs auf die Schutzpflichtfunktion bedarf, handelt es sich um eine Konstellation *unechter Schutzpflichten*. Wird auf unechte Schutzpflichten zur grundrechtlichen Bewältigung von Dreieckskonstellationen zurückgegriffen, folgen sie nach dieser Auffassung nicht mehr der abwehrrechtlichen, sondern der leistungsrechtlichen Struktur (Rn 449 ff). Auch das Bundesverfassungsgericht neigt bisweilen zu dieser Perspektive. Allerdings ist die Rechtsprechung auch nicht konsistent, da in ihr auch immer wieder Duldungspflichten in Dreieckskonstellationen abwehrrechtlich beurteilt werden.

339 **Beispiel:** Die Pflicht von privaten Rundfunkveranstaltern, Kurzberichterstattungen von öffentlich-rechtlichen Rundfunkanstalten zu dulden, wird grundrechtlich als Beeinträchtigung der Berufsfreiheit des Veranstalters angesehen und anhand des Verhältnismäßigkeitsgrundsatzes überprüft (E 97, 228/261 f; vgl auch E 90, 27/33 zur zivilrechtlichen Verurteilung des Eigentümers eines Mietshauses, „eine Empfangsanlage an seinem Eigentum zu dulden").

340 Ob eine rechtliche Regelung innerhalb entsprechender Dreieckskonstellationen mithilfe des Abwehrrechts oder der grundrechtlichen Schutzpflicht behandelt wird, ist nicht nur eine Frage der grundrechtsdogmatischen Konstruktion, sondern auch eine der grundrechtsdogmatischen Maßstäbe.[32] Wird die staatliche Regelung des Konflikts als Eingriff in ein Abwehrrecht thematisiert, unterliegt dieser wie alle Grundrechtseingriffe den Schranken-Schranken und damit besonders dem Verhältnismäßigkeits-

---

30 *Poscher*, Grundrechte als Abwehrrechte, 2003, S. 346 ff.
31 *Alexy*, Theorie der Grundrechte, 1986, S. 417 ff; *Hermes*, Schutz von Leben und Gesundheit, S. 73; *Klein*, DVBl. 1994, 489/496.
32 BVerfG, NJW 2021, 1723 Rn 152 (= JK 9/2021).

grundsatz (Rn 391 ff). Für grundrechtliche Schutzpflichten, die der Struktur der Leistungsrechte folgen, gilt hingegen nur das sog Untermaßverbot (Rn 462 ff).

Lösungstechnischer Hinweis: In der Grundrechtsprüfung kann die zutreffende grundrechtsdogmatische Einordnung einer Dreieckskonstellation nach der Erörterung des Schutzbereichs diskutiert werden. Hier ist dann zu entscheiden, ob ein staatlicher Eingriff durch die Regelung einer Handlungs- oder Duldungspflicht angenommen wird oder ob die Grundrechte nur mit ihrer Schutzfunktion einschlägig sind. Bei einer Entscheidung für das Vorliegen eines Grundrechtseingriffs folgt die weitere Prüfung der abwehrrechtlichen Struktur (Rn 279 ff) und dem abwehrrechtlichen Aufbau (Rn 469). Bei einer Entscheidung für die Schutzpflichtfunktion ist hingegen ein Eingriff in das Abwehrrecht abzulehnen und entsprechend der leistungsrechtlichen Struktur (Rn 449 ff) zu prüfen, ob eine Schutzpflicht besteht und, wenn dies bejaht wird, ob sie verletzt wurde (Rn 470). Inzident ist dann die Verfassungsmäßigkeit der Schutzmaßnahme, die in vielen Fällen in Grundrechte des anderen Grundrechtsträgers eingreift, zu prüfen, da das GG nicht zu verfassungswidrigen Schutzmaßnahmen verpflichtet. **341**

cc) Von den Dreieckskonstellationen zu unterscheiden ist die **Leistungskonstellation**. Hier wird dem Staat abverlangt, einen Grundrechtsträger vor dem rechtswidrigen Verhalten eines anderen zu schützen oder ihn vor Schicksalsschlägen zu bewahren (*echte Schutzpflichten*, Rn 148 ff) oder ihm eine Leistung zu gewähren, die er für die Grundrechtsausübung benötigt (*Leistungsfunktion ieS*, Rn 449 ff). Anders als bei den unechten Schutzpflichten können dem Staat diese Beeinträchtigungen bzw Nichtleistungen nicht zugerechnet werden; man kann ihm allenfalls vorwerfen, hinreichenden bzw noch weitergehenden Schutz unterlassen zu haben. Dazu muss man allerdings zunächst einmal klären, ob der Staat überhaupt zum Schutz verpflichtet ist. Es wird daher nicht ein „Eingriff durch Unterlassen", sondern das Bestehen und ggfs die Verletzung einer Schutzpflicht geprüft (Rn 451, 460 ff). Entsprechendes gilt für die Leistungsfunktion der Grundrechte ieS. **342**

c) Abgrenzung zur Ausgestaltung

Die Ausweitung des klassischen zum modernen Eingriffsbegriff hat zwar die Grenzen aufgelöst, die die klassische Definition gezogen hatte; gleichwohl bedeutet dies nicht, dass jedes staatliche Handeln oder Unterlassen einen Eingriff darstellt. Vom Eingriff zu unterscheiden ist die Ausgestaltung der sog normgeprägten Grundrechte. Die Ausgestaltungsfunktion hat zwei Dimensionen (Rn 164 ff): Einerseits kann fraglich sein, ob der Gesetzgeber seiner Pflicht zur Ausgestaltung überhaupt nachgekommen ist; dies ist ein leistungsrechtliches Problem, das sich daher nur anhand der leistungsrechtlichen Struktur (Rn 449 ff) bewältigen lässt. Andererseits kann sich die Frage stellen, ob staatliches Handeln im Bereich der normgeprägten Grundrechte eine Ausgestaltung oder einen Eingriff darstellt und welche Maßstäbe gelten, wenn der Gesetzgeber ein Grundrecht ausgestaltet. Diese Frage lässt sich im Rahmen der abwehrrechtlichen Prüfungsstruktur abarbeiten; allein um sie geht es daher im Folgenden. **343**

Die Abgrenzung zwischen Grundrechtsausgestaltung und -eingriff ist intrikat, da die Ausgestaltung der Grundrechtsausübung auch Grenzen setzt. Indem der Staat grundrechtliche Schutzbereiche durch Rechtsnormen näher ausgestaltet, eröffnet er zwar einerseits überhaupt erst die Möglichkeit, dass der Einzelne vom Grundrecht Gebrauch machen kann; andererseits geht die Ermöglichung von Freiheit praktisch immer mit ihrer Begrenzung einher. **344**

345　**Beispiele:** Das Gesellschaftsrecht stellt bestimmte Organisationsformen wie die AG und die GmbH zur Verfügung und regelt beispielsweise das aufzubringende Mindestnenn- bzw -stammkapital (§ 7 AktG, § 5 Abs. 1 GmbHG), um die Gläubiger der Gesellschaft zu schützen. Oder: § 903 S. 1 BGB garantiert es den Haus- und Wohnungseigentümern zwar, nach Belieben mit ihren Immobilien zu verfahren, dennoch sind sie an die Kündigungsfristen des Mietrechts gebunden. In beiden Fällen geht also mit der Ausgestaltung zugleich eine Begrenzung einher: Die Gesellschaftsformen sind notwendige Grundlage für das Gebrauchmachen von der Vereinigungsfreiheit, aber wer das notwendige Kapital nicht aufbringen kann, kann keine Gesellschaft gründen, also insoweit nicht von Art. 9 Abs. 1 Gebrauch machen. § 903 BGB verrechtlicht die Beziehung einer Person zu einer Sache; er konstituiert damit zugleich das Eigentum iSv Art. 14 Abs. 1 S. 2. Aber der Eigentümer muss auf die existentiellen Interessen der Wohnungsmieter aufgrund der Sozialbindung iSv Art. 14 Abs. 2 Rücksicht nehmen.

346　Von solchen mit der Ausgestaltung der normgeprägten Grundrechte notwendig verbundenen Begrenzungen sind Eingriffe zu unterscheiden, die außerhalb der Ausgestaltung liegenden Zwecken dienen. *Ausgestaltung und Eingriff lassen sich daher grundsätzlich danach unterscheiden, ob sie internen oder externen Zwecken dienen* (Rn 171 ff; zu den Besonderheiten bei Art. 14 Rn 1131).[33] Interne Zwecke verfolgen alle Regelungen, die sich darauf richten, Ausgestaltungsvorgaben des normgeprägten Grundrechts umzusetzen; externe Zwecke adressieren Regelungen, die dem Schutz von Interessen dienen, die außerhalb dieser Vorgaben liegen.

347　**Beispiel:** Das eheliche Güterrecht (§§ 1363 ff. BGB) kann im Falle der Scheidung der Ehe erhebliche finanzielle Belastungen auslösen. Aber es dient dazu, das grundrechtliche Schutzgut der Ehe auszugestalten, der finanzielle Beistandspflichten immanent sind. Dem externen Ziel, die ordnungsgemäße Ausübung der staatlich angeordneten Dienstpflichten sicherzustellen, dienten die überkommenen Eheverbote für Lehrerinnen und Angehörige des Militärs.

348　Auch wenn die Rechtsprechung die Differenzierung zwischen Ausgestaltung und Eingriff nicht explizit an der Unterscheidung von grundrechtsinternen und -externen Zwecken festmacht, arbeitet sie der Sache nach mit dieser Unterscheidung.

349　**Beispiele:** *(1) Ausgestaltung:* Nach dem Tarifeinheitsgesetz sind bei mehreren nicht inhaltsgleichen Tarifverträgen verschiedener Gewerkschaften für einen Betrieb nur die Rechtsnormen des Tarifvertrags derjenigen Gewerkschaft anwendbar, die zum Zeitpunkt des Abschlusses des zuletzt vereinbarten kollidierenden Tarifvertrags im Betrieb die meisten in einem Arbeitsverhältnis stehenden Mitglieder hat. Diese Regelung beschränkt die Koalitionsfreiheit (Art. 9 Abs. 3) kleiner Einzelgewerkschaften, für die es sich nicht mehr lohnt, eigene Tarifverträge zu erstreiten. Aber der Gesetzgeber möchte dadurch die Tariffähigkeit der Arbeitnehmerseite stärken. Er möchte verhindern, dass kleine Gewerkschaften, die Arbeitnehmer in Schlüsselpositionen vertreten (etwa Lokführer, Piloten) ihre Interessen zu Lasten anderer Arbeitnehmer durchsetzen. Das BVerfG hat die Regelung als Ausgestaltung von Art. 9 Abs. 3 akzeptiert, weil sie das interne Ziel verfolge, das grundrechtliche Schutzgut der Tarifautonomie zu stärken. Zur Ausgestaltungsbefugnis gehöre, die Rahmenbedingungen der Tarifautonomie zu ändern, sei es, um gestörte Paritäten wiederherzustellen, sei es zur Sicherung eines fairen Ausgleichs auf nur einer Seite der sich gegenüberstehenden Koalitionen (E 146, 71 Rn 149 = JK 10/2017). *(2) Eingriff:* Eine Bestimmung des Bundesurlaubsgesetzes sieht vor, dass bestimmte Kuren in begrenztem Umfang auf den Erholungsurlaub angerechnet werden können. Dagegen wenden sich tarifgebundene Arbeitnehmer und eine Gewerkschaft, weil die gesetzliche Regelung die tarif-

---

33　*Kingreen*, NZA 2021, 1/5 f; vgl auch *Volkmann*, StR II, § 17 Rn 89: „Schutzgutkonformität".

vertragliche Einigung zu ihren Lasten verändere. Das BVerfG hat in der Bestimmung einen Eingriff gesehen, weil die Regelung nicht die Tarifautonomie stärken sollte, sondern das externe Ziel verfolgte, zu einem hohen Beschäftigungsstand und zur finanziellen Stabilität der Sozialversicherung beizutragen (E 103, 293/306 f).

3. Verfassungsrechtliche Rechtfertigung

Dass eine staatliche Maßnahme in ein Grundrecht *eingreift*, bedeutet noch nicht, dass sie das Grundrecht *verletzt*. Eingriffe in die Grundrechte sind vielmehr gerechtfertigt, wenn sie auf einer ausreichenden gesetzlichen Grundlage beruhen *(Gesetzesvorbehalt)* und den verfassungsunmittelbaren Anforderungen an Grundrechtseingriffe, den sog *Schranken-Schranken*, genügen (Rn 388 ff). Dabei verwenden Grundrechtstexte unterschiedliche Regelungstechniken: **350**

Für die Grundrechte des GG leitet sich die Struktur der Rechtfertigungsprüfung teilweise aus dem Abschnitt I des Grundgesetzes („Die Grundrechte"), teilweise aber auch aus den grundlegenden Anforderungen ab, die der demokratische Rechtsstaat (Art. 20 Abs. 2 und 3) an Grundrechtseingriffe stellt. Für die *Ausgestaltung* eines Grundrechts muss sich der Staat hingegen zwar grundsätzlich nicht rechtfertigen, sie unterliegt aber ebenfalls bestimmten Anforderungen, die denjenigen an Grundrechtseingriffe teilweise entsprechen (Rn 440 ff). **350a**

Auch die europäischen Grundrechtsgewährleistungen kennen Rechtfertigungen für Grundrechtseingriffe. Für Eingriffe in die Grundrechte der EMRK folgen sie aus den einzelnen Grundrechtstatbeständen (etwa Art. 8 Abs. 2, Art. 9 Abs. 2 EMRK); die Charta der Grundrechte der EU enthält hingegen in den Art. 51–54 GRCh „Allgemeine Bestimmungen", die für alle Grundrechte maßgebend sind. Zu ihnen zählt mit Art. 52 Abs. 1 GRCh auch eine Bestimmung, die die Struktur der Rechtfertigungsprüfung umfassend und abschließend normiert. Im Gegensatz dazu ist die Ausgestaltungsfunktion in den europäischen Grundrechtsordnungen bislang nicht entfaltet worden (Rn 175). **351**

a) Der Gesetzesvorbehalt

Der Gesetzesvorbehalt erfordert für Grundrechtseingriffe der Verwaltung eine gesetzliche Ermächtigung. Er hat seinen historischen Ursprung im konstitutionellen Dualismus des 19. Jahrhunderts. In ihm standen sich die durch ihr Gottesgnadentum legitimierten Monarchen mit ihren Exekutiven und das in den jedenfalls proto-demokratisch legitimierten Landtagen und Parlamenten repräsentierte Bürgertum gegenüber. Bereits nach den frühen Verfassungen des 19. Jahrhunderts bedurften Eingriffe in Freiheit und Eigentum einer gesetzlichen Grundlage (etwa Art. 65 Badische Verfassung von 1818). Anders als heute zielten die Verfassungen nicht auf einen rechtlichen, sondern auf einen demokratisch-politischen Schutz der Grundrechte. Durch das Erfordernis einer gesetzlichen Grundlage wurden die Landtage und Parlamente als die politischen Vertretungen des Bürgertums an Entscheidungen über Grundrechtsbeschränkungen beteiligt. Mit der Überwindung der Monarchie und dem Übergang zur Demokratie hat sich die Funktion der Grundrechte und damit auch die des Gesetzesvorbehalts verändert. Beide richten sich nicht mehr gegen eine monarchisch legitimierte Exekutive, sondern gegen demokratisch legitimierte Staatsgewalt. Aber auch **352** nach dem Wegfall des konstitutionellen Dualismus hat es seinen guten Sinn, die Verwaltung bei Grundrechtseingriffen an das Erfordernis der gesetzlichen Ermächtigung zu binden. Auch in der Demokratie hat die zwar mittelbar demokratisch legitimierte, aber auch nur mittelbar demokratisch kontrollierte Verwaltung ein so starkes Eigenleben und -gewicht, dass sie bei Grundrechtseingriffen an das Erfordernis einer unmittelbar parlamentarisch legitimierten Ermächtigung gebunden werden muss. Aus der Entgegensetzung zwischen mittelbar demokratisch legitimierter Verwaltung und unmittelbar demokratisch legitimiertem Parlament leitet sich damit die nach wie vor aktuelle Funktion des Gesetzesvorbehalts ab, eine möglichst hohe demokratische Legitimation von Grundrechtseingriffen zu gewährleisten.

353 Das BVerfG hat die Anforderungen an den Gesetzesvorbehalt in zwei Entwicklungsschritten sogar noch verschärft:

354 **aa)** Bereits 1957 hat das BVerfG im Elfes-Urteil den Vorbehalt des Gesetzes zu einem **Vorbehalt eines verfassungsmäßigen Gesetzes** weiterentwickelt. In dieser Entscheidung hat es nicht nur Art. 2 Abs. 1 im Sinn einer umfassenden Handlungsfreiheit interpretiert (Rn 503 ff), sondern auch den Grundrechtsschutz auf die Wahrung objektiven Rechts erstreckt. „Jedermann kann im Wege der Verfassungsbeschwerde geltend machen, ein seine Handlungsfreiheit beschränkendes Gesetz gehöre nicht zur verfassungsmäßigen Ordnung, weil es (formell oder inhaltlich) gegen einzelne Verfassungsbestimmungen oder allgemeine Verfassungsgrundsätze verstoße; deshalb werde sein Grundrecht aus Art. 2 Abs. 1 verletzt."[34] Auch wenn das Gericht im Elfes-Urteil mit dem Bezug auf die „verfassungsmäßige Ordnung" an den Wortlaut von Art. 2 Abs. 1 anknüpft, hat es den Gedanken auf alle anderen Grundrechte erstreckt. Ein Grundrecht kann nur durch ein Gesetz eingeschränkt werden, das den formellen und materiellen Anforderungen an die Gesetzgebung genügt.[35] Ein Gesetz, das in ein Grundrecht eingreift und etwa unter Verstoß gegen die Kompetenzordnung oder das Gesetzgebungsverfahren zustande gekommen ist, verstößt daher nicht nur gegen die Kompetenz- oder Verfahrensregelungen, sondern verletzt zugleich auch das Grundrecht.[36] Prozessual bedeutet dies, dass eine Verfassungsbeschwerde auch darauf gestützt werden kann, dass das einem Eingriff zugrunde liegende Gesetz formell verfassungswidrig zustande gekommen ist.

355 Besonders anfänglich war diese Entwicklung der Rechtsprechung erheblicher Kritik ausgesetzt. Es wurde befürchtet, dass sie im Zusammenspiel mit dem weiten Verständnis der allgemeinen Handlungsfreiheit auf einen allgemeinen Normenkontrollanspruch hinauslaufe.[37] Mittlerweile wird die Rechtsprechung aber weitgehend akzeptiert. Zu einer allgemeinen Subjektivierung des objektiven Verfassungsrechts kommt es schon deshalb nicht, weil objektive verfassungsrechtliche Maßstäbe nur

---

34 BVerfGE 6, 32/41.
35 Zu der verwandten Frage der unrichtigen Auslegung einer verfassungs*gemäßen* Ermächtigungsgrundlage s. Rn 1340.
36 Etwa E 68, 319/327 für Art. 12; E 93, 85/94 f für Art. 5 Abs. 3.
37 *Peters*, Das Recht auf freie Entfaltung der Persönlichkeit in der höchstrichterlichen Rechtsprechung1963, S. 31; *Ehmke*, VVDStRL 1963, S. 53/85; *Hesse*, Die Bindung des Gesetzgebers an das Grundrecht des Art. 2 I GG bei der Verwirklichung einer „verfassungsmäßigen Ordnung", 1968 S. 113; s. auch noch abw Meinung *Grimm*, BVerfGE 80, 137/168.

geltend gemacht werden können, soweit eine subjektive Betroffenheit in einem Grundrecht vorliegt.[38]

Nicht abschließend geklärt ist allerdings, auf welche Vorschriften sich die Elfes-Rechtsprechung im Einzelnen erstreckt. Man kann zwischen einem rechtsstaatlichen und einem freiheitsschützenden Ansatz unterscheiden.[39] Nach dem rechtsstaatlichen Verständnis der Elfes-Rechtsprechung folgt aus ihr ein subjektives Recht auf diese umfassende Verfassungsmäßigkeit eines Gesetzes, soweit die eigenen Grundrechte betroffen sind. Grundsätzlich ist danach jeder Verstoß gegen objektives Verfassungsrecht relevant.[40] Nach dem alternativen Verständnis muss hingegen ein Bezug der verletzten Vorschrift zu dem freiheitsschützenden Zweck der Grundrechte bestehen.[41] Dies entspricht der historischen Funktion des Gesetzesvorbehalts. Aufgrund des auch freiheitsschützenden Charakters vieler verfassungsrechtlicher Vorgaben führen beide Ansätze häufig zu demselben Ergebnis. Die bundesstaatlichen Kompetenzvorschriften schützen grundrechtliche Freiheit durch föderative Gewaltenteilung,[42] die Organkompetenzen in der Gesetzgebung durch die Sachkompetenz der Organe[43] und das Gesetzgebungsverfahren durch die Strukturierung des politischen Diskurses und die daraus abgeleitete prozedurale Legitimität.[44] Als grundsätzlich freiheitssichernd gelten auch das Rechts-[45] und das Sozialstaatsprinzip[46] sowie das Gebot des Schutzes der natürlichen Lebensgrundlagen aus Art. 20a[47]. So hat das BVerfG über die allgemeine Handlungsfreiheit etliche rechtsstaatliche Garantien wie die Unschuldsvermutung,[48] die Verfahrensfairness[49] oder auch den Vertrauensschutz[50] in den Grundrechtsschutz einbezogen. Über Art. 20a entfaltet auch der Klimaschutz grundrechtliche Relevanz. Regelungen, die es in Zukunft nicht mehr erlauben würden, einen Art. 20a entsprechenden Klimaschutz zu erreichen, können damit auch gegen Grundrechte verstoßen.[51]

356

Rechtsstaatlicher und freiheitsschützender Ansatz unterscheiden sich im Ergebnis in der Beurteilung von Grundrechten Dritter. Während nach dem rechtsstaatlichen Verständnis auch Grundrechte Dritter zur verfassungsmäßigen Ordnung im Sinn des Elfes-Urteils gehören,[52] lehnt der freiheitsschützende Begründungsansatz dies ab, weil die Grundrechte nur ihren jeweiligen Träger schützten.[53]

357

---

38   *Bethge*, in: FS Isensee, S. 613/618 f; *Breckwoldt*, Grundrechtskombinationen, 2015, S. 199 f.
39   *Alexy*, Theorie der Grundrechte, 1986, S. 347 ff.
40   *Bethge*, in: FS Isensee, S. 613/619; *Breckwoldt*, Grundrechtskombinationen, 2015, S. 193.
41   *Alexy*, Theorie der Grundrechte, 1986, S. 347 ff; ähnlich *Kube*, DVBl. 2005, 721/724 f.
42   *Pieroth*, AöR 1990, S. 33/39 f; *Kube*, DVBl. 2005, 721, 724; aus der Rechtsprechung etwa E 13, 181/190; 80, 137/153; BayVerfGH, NJW 2020, 3429 Rn 86 (= JK 12/2020).
43   *Erichsen*, Jura 1987, S. 367/372 f; *Kube*, DVBl. 2005, 721/724; *Starck*, MKS, Art. 2 I Rn 26, 28; aus der Rechtsprechung etwa E 75, 108/149 f.
44   *Hutzelmann*, Die prozessuale Bedeutung des Elfes-Urteils des Bundesverfassungsgerichts (BVerfGE 6, 32), 1970, S. 54 f; *Pieroth*, AöR 1990, S. 33/39 f; aus der Rechtsprechung etwa E 75, 108/149 f.
45   E 9, 83/87 f; 13, 237/239.
46   E 35, 202/235 f; ferner *Pieroth*, AöR 1990, 33/37 f.
47   BVerfG, NJW 2021, 1723 Rn 189 f (= JK 9/2021).
48   E 74, 358/369; 133, 168/202.
49   E 26, 66/71; 122, 248/279.
50   E 74, 129/152 ff; 57, 361/391 f.
51   BVerfG, NJW 2021, 1723 Rn 189 f (= JK 9/2021).
52   Wohl hL etwa *Dreier*, DR, Art. 2 I Rn 44; *Breckwoldt*, Grundrechtskombinationen, 2015, S. 193.
53   *Alexy*, Theorie der Grundrechte, 1986, S. 355 f; *Kube*, DVBl. 2005, 721/724 ff.

358　**Beispiel:** Eine Abgabenregelung, die für einige Betroffene zu einer verhältnismäßigen und für andere zu einer unverhältnismäßigen Belastung führt, kann durch die verhältnismäßig Betroffenen nicht mit Hinweis auf die Härten für Dritte angegriffen werden. Auch wenn die Abgabe auf diese Härten zielt, ist dieser Regelungszweck nach dem freiheitsrechtlichen Ansatz für die verhältnismäßig Betroffenen nicht relevant. Der rechtsstaatliche Ansatz müsste hingegen auch hier eine Grundrechtsverletzung annehmen.

359　Das BVerfG hat die Frage bislang nicht eindeutig entschieden[54] und musste es auch nicht, weil es die Verfassungsbeschwerde auch als Rechtsschutzinstrument des objektiven Verfassungsrechts versteht (Rn 1439), die es ihm erlaubt, die Grundrechte Dritter unabhängig davon zu prüfen, ob ihre Verletzung auch zu einer Verletzung der Grundrechte des Beschwerdeführers führt.[55]

360　Keine Frage der Geltendmachung von Grundrechten Dritter sind Fälle, in denen hinsichtlich der Betroffenheit des eigenen Grundrechts Grundrechte Dritter als Zweckverbote im Rahmen der Verhältnismäßigkeit relevant sind. Der Zweck eines Eingriffs darf nicht darin bestehen, die Grundrechte Dritter zu verletzen.

361　**Beispiele:** Zielt die gesetzliche Verpflichtung eines Arbeitgebers zur Zahlung eines Zuschusses zum Mutterschaftsgeld auf einen Schutz von Arbeitnehmerinnen, der faktisch diskriminierend wirkt (Art. 3 Abs. 3 S. 1), verstößt die Verpflichtung des Arbeitgebers gegen dessen Berufsfreiheit (E 109, 64/89). Doch kommt es darauf an, dass der grundrechtswidrige Zweck für den Eingriff relevant ist. S. auch Rn 235 zu E 13, 290/298.

362　**Lösungstechnischer Hinweis:** Mit der Elfes-Doktrin nicht verwechselt werden darf die Frage nach dem Kontrollmaßstab des BVerfG. Diese zielt darauf, wann ein Verstoß gegen verfassungs*mäßiges* einfaches Recht auch Verfassungsrecht verletzt und wird mit dem Verweis auf die Verletzung spezifischen Verfassungsrechts beantwortet (Rn 1440 ff).

363　Soweit völkerrechtliche Normen in innerstaatliches Recht transformiert wurden, sind auch sie Teil der verfassungsmäßigen Ordnung. Dabei wird allgemeinen Regeln des Völkerrechts in Art. 25 S. 1 ein Vorrang vor dem einfachen Recht eingeräumt. Wird gegen sie verstoßen, können Gesetze Grundrechte verletzen, soweit es sich um individualschützende allgemeine Regeln des Völkerrechts handelt.[56] Wenn der Gesetzgeber vorrangiges freiheitsschützendes Unionsrecht missachtet, gelten hingegen ohnehin nicht die Grundrechte des GG, sondern Unionsgrundrechte (Rn 79 ff).

364　**bb)**　Ein weiterer Entwicklungsschritt lässt sich als Übergang **vom Gesetzes-** zum **Parlamentsvorbehalt** umschreiben. Das Grundgesetz verlangt in seinen Gesetzesvorbehalten ausdrücklich nur, dass eine gesetzliche Ermächtigung vorliegt. Es lässt Eingriffe der Verwaltung „auf Grund eines Gesetzes" zu, wobei das Gesetz, von dem es in dieser und ähnlichen Wendungen spricht, wie überall im Grundgesetz das vom Parlament beschlossene *förmliche Gesetz* meint. Dass dieses förmliche Gesetz die Verwaltung zu eigenen grundrechtseingreifenden Regelungen ermächtigt, ist dabei nicht ausgeschlossen, sondern in Art. 80 Abs. 1 sogar ausdrücklich vorgesehen. Kein Eingriff ohne gesetzliche Ermächtigung – das bedeutet nur, dass kein Eingriff seine Grundlage allein im Gewohnheitsrecht finden kann,[57] dass aber jeder Eingriff seine

---

54　Offengelassen in E 96, 357/398.
55　*Alexy*, Theorie der Grundrechte, 1986, S. 355 f.
56　E 66, 39/64 f; 60, 175/209; 96, 231/242.
57　Vgl *Jarass*, JP, Vorb. vor Art. 1 Rn 42.

Grundlage im Zwischenglied einer Rechtsverordnung oder Satzung finden darf, solange diese sog *materiellen Gesetze* ihrerseits ihre Grundlage in förmlichen Gesetzen haben. Ist ein Gesetzesvorbehalt qualifiziert, dann muss die Qualifikation durch die Zwischenglieder der ermächtigten materiellen Gesetze ebenso wie durch das ermächtigende förmliche Gesetz erfüllt werden. Will das Grundgesetz Zwischenglieder ausnahmsweise ausschließen, ordnet es dies ausdrücklich an; gem. Art. 13 Abs. 2 oder Art. 104 Abs. 1 S. 1 müssen bei Durchsuchungen und Freiheitsbeschränkungen die handelnden Organe und zu beachtenden Formen im förmlichen Gesetz selbst geregelt sein. Sonst aber lassen auch die Gesetzesvorbehalte des Grundgesetzes dem Gesetzgeber die Möglichkeit, die Regelungsverantwortung weitgehend an die Verwaltung zu delegieren.

Den Gesetzgeber in seiner Verantwortung festzuhalten, ist zunächst die Aufgabe von **365** *Art. 80*: Eine Ermächtigung zum Erlass einer Rechtsverordnung muss im Gesetz nach Inhalt, Zweck und Ausmaß bestimmt sein. Aber Inhalt, Zweck und Ausmaß können bestimmt und zugleich doch so weit gefasst sein, dass die eigentliche Entscheidung über die Voraussetzungen von Grundrechtseingriffen bei der ermächtigten Verwaltung liegt. Das BVerfG verhindert dies mit seiner sog *Wesentlichkeitslehre*. Danach muss der Gesetzgeber „in grundlegenden normativen Bereichen, zumal im Bereich der Grundrechtsausübung, soweit diese staatlicher Regelung zugänglich ist, alle wesentlichen Entscheidungen selbst [...] treffen"[58], dh er darf sie nicht an die Verwaltung delegieren. Der Gesetzesvorbehalt erstarkt insoweit zum *Parlamentsvorbehalt*: „Er stellt sicher, dass die Grenzen zwischen zulässigem und unzulässigem Grundrechtsgebrauch, zwischen zulässiger und unzulässiger Grundrechtseinschränkung nicht fallweise nach beliebiger Einschätzung von beliebigen Behörden oder Gerichten, sondern primär – in der Form eines allgemeinen Gesetzes – durch den Gesetzgeber gezogen werden"[59].

Die *Wesentlichkeitslehre* bedeutet danach, dass **366**

– die wesentlichen Entscheidungen über die Voraussetzungen, Umstände und Folgen von Eingriffen vom Gesetzgeber selbst getroffen werden müssen und nicht an die Verwaltung delegiert werden dürfen und
– die Wesentlichkeit der Entscheidungen sich nach der Intensität bemisst, mit der die Grundrechte betroffen sind.

Beispiele: Für das an Lehrkräfte gerichtete Verbot, im Unterricht ein Kopftuch zu tragen, **367** reicht die allgemeine gesetzliche Anforderung der beamtenrechtlichen Eignung nicht aus (E 108, 282/306 ff). Die Länder, die dies verbieten wollten, haben daher speziellere Rechtsgrundlagen mit einem expliziten Verbot geschaffen (Rn 715). – § 4 Abs. 3 S. 2 SG, der es erlaubt, die Uniform und die Kleidung der Soldaten festzulegen, ist keine Rechtsgrundlage für den in einer internen Dienstvorschrift der Bundeswehr geregelten Erlass über die Haar- und Barttracht der Soldaten (BVerwGE 164, 304 Rn 20 ff = JK 10/2019; anders noch BVerwGE 149, 1 Rn 49 = JK 6/2015).

Darüber hinaus beurteilen Rspr und Literatur nicht nur die Reichweite des Gesetzes- **368** vorbehalts, sondern auch die Anforderungen an die *Regelungsdichte des Gesetzes*

---

58 E 61, 260/275; 88, 103/116.
59 E 133, 112 Rn 53.

mithilfe der Wesentlichkeitslehre: Je intensiver die Grundrechte betroffen sind, desto genauer und differenzierter muss das Gesetz sein.[60] Besonders intensiv sind Eingriffe, die gleich mehrere Verhalten, die in den Schutzbereich eines Grundrechts fallen, unmöglich machen; die ein Verhalten nicht nur kurz, sondern lange verwehren; die den Grundrechtsgebrauch nicht nur von subjektiven Voraussetzungen, die der Einzelne erfüllen kann, sondern von objektiven, vom Einzelnen unbeeinflussbaren Voraussetzungen abhängig machen. So wird die Wesentlichkeit zugleich zum Kriterium rechtsstaatlicher Klarheit und Bestimmtheit[61] (vgl Rn 436 f).

369   Zum Teil scheint das BVerfG die Wesentlichkeitslehre auch für das Verhältnis von Gesetzgeber und Rechtsprechung fruchtbar zu machen. Auch soweit Gerichte ohne vorheriges Handeln der Verwaltung zur Streitentscheidung berufen sind, sollen sie dies nur auf der Grundlage eines der Wesentlichkeitslehre entsprechenden Gesetzes dürfen.[62] Doch eine solche Ausweitung des Gesetzesvorbehalts stieße in richterrechtlich geprägten Teilen der Rechtsordnung wie dem Arbeitskampfrecht[63] oder dem Staatshaftungsrecht auf große praktische Schwierigkeiten. Sie würde zudem dem unterschiedlichen Schutzbedürfnis der Legislative gegenüber der Exekutive auf der einen und der Judikative auf der anderen nicht Rechnung tragen. Die wie die Gesetzgebung an politischen Programmen orientierte und zentral gesteuerte Exekutive kann in eine direkte Konkurrenzsituation mit dem Parlament treten, in die die dezentral organisierte und dogmatisch arbeitende Rechtsprechung nicht gerät.[64]

370   cc)   Nach Art und Umfang, wie sie Eingriffe vorsehen, können die Grundrechte anhand einer **Typologie der Gesetzesvorbehalte** eingeteilt werden:
– Grundrechte mit einfachem Gesetzesvorbehalt,
– Grundrechte mit qualifiziertem Gesetzesvorbehalt und
– Grundrechte ohne Gesetzesvorbehalt.

371   (1)   Einen **einfachen Gesetzesvorbehalt** haben die Grundrechte, bei denen das Grundgesetz für Eingriffe lediglich verlangt, dass sie durch Gesetz oder auf Grund eines Gesetzes erfolgen. Der einfache Gesetzesvorbehalt stellt an das eingreifende Gesetz keine besonderen Anforderungen.

372   **Beispiele:** In Art. 2 Abs. 2 heißt es vom Grundrecht auf körperliche Unversehrtheit einfach, dass in dieses „nur auf Grund eines Gesetzes eingegriffen werden" darf; in Art. 10 Abs. 2 S. 1 heißt es zum Grundrecht des Brief-, Post- und Fernmeldegeheimnisses, dass „Beschränkungen […] nur auf Grund eines Gesetzes angeordnet werden" dürfen.

373   (2)   Einen **qualifizierten Gesetzesvorbehalt** haben die Grundrechte, bei denen das Grundgesetz nicht nur fordert, dass die Eingriffe durch Gesetz oder auf Grund eines Gesetzes erfolgen, sondern außerdem verlangt, dass das Gesetz an bestimmte Situationen anknüpft, bestimmten Zwecken dient oder bestimmte Mittel benutzt.

374   **Beispiele:** In Art. 11 Abs. 2 heißt es, dass die Freizügigkeit „nur durch Gesetz oder auf Grund eines Gesetzes und nur für die Fälle eingeschränkt werden (darf), in denen eine ausreichende

---

60   Vgl E 49, 168/181; 59, 104/114; 86, 288/311; *Maurer*, StR, § 8 Rn 21 f.
61   Vgl *Jarass*, JP, Art. 20 Rn 82.
62   E 138, 377 Rn 35 ff; anders hingegen E 88, 103/115 ff.
63   E 88, 103/115 ff.
64   *Lassahn*, Rechtsprechung und Parlamentsgesetz, 2017, 139 ff, 263 ff.

Lebensgrundlage nicht vorhanden ist und der Allgemeinheit daraus besondere Lasten entstehen würden oder in denen es zur Abwehr einer drohenden Gefahr [...] erforderlich ist".

Lösungstechnischer Hinweis: Die Qualifikationen können entweder bereits im Zusammenhang mit der Wahrung des qualifizierten Gesetzesvorbehalts erörtert werden oder, da die Qualifikationen zumeist Zweckgebote enthalten oder als solche reformuliert werden können, im Rahmen des Verhältnismäßigkeitsgrundsatzes bei der Prüfung des zulässigen Zwecks (Rn 398). Für Ersteres spricht, dass die Qualifikationen anders als der Verhältnismäßigkeitsgrundsatz explizit im Grundgesetz statuiert sind, historisch vor der Einführung des Verhältnismäßigkeitsgrundsatzes in die Grundrechtsdogmatik Geltung beansprichten und systematisch nicht auf die Anerkennung des Verhältnismäßigkeitsgrundsatzes angewiesen sind. Für Letzteres spricht, dass sich damit Dopplungen bei der Erörterung des Zwecks vermeiden lassen. **375**

(3) Bei den Grundrechten **ohne Gesetzesvorbehalt** sieht das Grundgesetz überhaupt keine Eingriffe durch Gesetz oder auf Grund eines Gesetzes vor. **376**

Beispiele: Art. 5 Abs. 3 S. 1 gewährleistet freie Kunst und Wissenschaft, Forschung und Lehre, ohne Eingriffsmöglichkeiten durch Gesetz oder auf Grund eines Gesetzes einzuräumen. **377**

Dass einige Grundrechte nicht mit einem Gesetzesvorbehalt versehen sind, bedeutet nicht, dass sich in ihren Schutzbereichen im Fall eines wildwüchsigen Freiheitsgebrauchs nicht auch die Gefahr von Grundrechtskonflikten ergeben kann. Diese durch Eingriffe zu regeln, ist der Gesetzgeber bei den anderen Grundrechten durch die Gesetzesvorbehalte befugt. Wo die Gesetzesvorbehalte fehlen, fehlt dem Gesetzgeber die Freiheit zur Eindämmung der Kollisionen. **378**

Zur Lösung dieses Problems wurde vorgeschlagen, die Schranken anderer Grundrechte zu übertragen.[65] Dies negiert jedoch die Besonderheit der einzelnen Gewährleistungen und wird daher vom BVerfG abgelehnt.[66] Auch eine genauere systematische Interpretation der Schutzbereiche der vorbehaltlos geschützten Grundrechte kann das Problem nur verringern, aber nicht lösen. **379**

Beispiele: Eine einschränkende Interpretation der Glaubens- und Gewissensfreiheit stellt nicht jede feste Überzeugung unter ihren Schutz, sondern nur die als religiös oder moralisch verpflichtend empfundene; doch auch dies kann zu Konflikten führen (Rn 715). **380**

Ein weiterer Vorschlag ging daher dahin, dass die Schutzbereiche der vorbehaltlosen Grundrechte stets nur soweit reichen sollen, wie es ein iS praktischer Konkordanz[67] erfolgender Ausgleich mit kollidierenden anderen Grundrechten oder Verfassungsgütern jeweils erlaubt (**kollidierendes Verfassungsrecht als Schutzbereichsbegrenzung**). Dagegen spricht jedoch, dass die Schutzbereiche ihre Bestimmtheit verlören sowie, dass Kollisionen vielfältig sind und ihre Lösungen den konkreten Umständen des Einzelfalls Rechnung tragen müssen.[68] **381**

Durchgesetzt hat sich eine systematische Interpretation, die auf der Ebene der Rechtfertigung ansetzt. Sie versteht kollidierendes Verfassungsrecht (Grundrechte und Verfassungsgüter) als (immanente) Schranken und sieht Eingriffe in die vorbehaltlos **382**

---

65 Vgl zB *Lücke*, DÖV 2002, 93.
66 E 30, 173/192; 32, 98/107.
67 Vgl *Hesse*, VerfR, Rn 72.
68 Vgl auch *Lege*, DVBl. 1999, 569/571.

gewährleisteten Grundrechte dann als verfassungsrechtlich gerechtfertigt an, wenn sie Kollisionen mit anderen Grundrechten oder Verfassungsgütern iS praktischer Konkordanz ausgleichen (**kollidierendes Verfassungsrecht als Eingriffsrechtfertigung**).

383 Damit der Rückgriff auf das kollidierende Verfassungsrecht zur Rechtfertigung der Beschränkung der durch das Grundgesetz besonders geschützten vorbehaltlosen Grundrechte den Gesetzesvorbehalt nicht unterläuft, sind folgende Punkte zu beachten:

384 – Dort, wo das Grundgesetz *Gesetzesvorbehalte* enthält, hat es die Kollisionsgefahren gesehen und die Eingriffsmöglichkeit so geschaffen, wie es auch die Eingriffsnotwendigkeit bejaht hat. Bei den Grundrechten mit Gesetzesvorbehalten besteht zu Überlegungen über kollidierendes Verfassungsrecht kein Anlass.[69]

385 – Dort, wo das Grundgesetz keine Gesetzesvorbehalte enthält, hat es grundsätzlich keine Kollisionsgefahren gesehen. Die Lösung eines Kollisionsproblems betrifft daher zunächst die Frage, ob das kollidierende Verhalten überhaupt in den Schutzbereich fällt bzw ob es die präzise Bestimmung der *Reichweite des Schutzbereichs* betrifft.

386 – Wenn Eingriffe auch dort möglich sein sollen, wo das Grundgesetz ihre Notwendigkeit grundsätzlich nicht gesehen hat, dann gewiss *nicht unter geringeren Voraussetzungen* als dort, wo es die Notwendigkeit gesehen und die Möglichkeit explizit geschaffen hat. Der Eingriff in ein vorbehaltloses Grundrecht, der nicht durch Gesetz oder auf Grund eines Gesetzes erfolgt, ist verfassungsrechtlich nicht zu rechtfertigen.[70]

387 – Weil das Grundgesetz bei den vorbehaltlosen Grundrechten Eingriffe grundsätzlich nicht vorsieht, dürfen sie nur unter einer besonderen Qualifikation erfolgen. Sie besteht darin, dass ein anderes Grundrecht oder ein anderes Verfassungsgut mit der Ausübung eines vorbehaltlos geschützten Grundrechts kollidiert. Zur Rechtfertigung unter Berufung auf kollidierendes Verfassungsrecht kann daher entgegen gelegentlichen Tendenzen in der Rspr des BVerfG[71] nicht alles taugen, was das Grundgesetz für den Alltag des Verfassungslebens als Gegenstand von Gesetzgebungs- und Verwaltungskompetenzen (Art. 70 ff, 83 ff) benennt.[72] Was als Kompetenz benannt wird, ist darum nicht schon Verfassungsgut. Im Ergebnis stehen vorbehaltlos geschützte Grundrechte unter einem besonders qualifizierten Gesetzesvorbehalt, dessen Qualifikation darin besteht, dass das beschränkende Gesetz nicht einfach jeden Zweck verfolgen darf, der nicht verboten ist. Das Gesetz muss vielmehr gerade dem Schutz eines kollidierenden Verfassungsguts dienen.

---

69 AA E 66, 116/136; 111, 147/157; BVerwGE 87, 37/45 f; krit *Schoch*, DVBl. 1991, 667/671 ff; diff. *Michael/Morlok*, GR, Rn 712 ff.

70 Vgl E 107, 104/120; *Böckenförde*, Zur Lage der Grundrechtsdogmatik nach 40 Jahren Grundgesetz, 1989, S. 21.

71 E 53, 30/56; 105, 279/301 ff; krit *Lege*, DVBl. 1999, 569.

72 Vgl abwM E 69, 57/58 ff; *Bamberger*, Verfassungswerte als Schranken vorbehaltloser Freiheitsgrundrechte, 1999, S. 145 ff; *Gärditz*, Hdb StR³ IX, § 189 Rn 18 ff; *Kloepfer*, VerfR II, § 51 Rn 65.

b) Die sog Schranken-Schranken

Die Gesetzesvorbehalte erlauben dem Gesetzgeber, selbst in die Grundrechte einzu-greifen bzw die Verwaltung zu Eingriffen in die Grundrechte zu ermächtigen. Sie er-lauben ihm damit, dem Grundrechtsgebrauch *Schranken* zu ziehen. Der Begriff der Schranken-Schranken bezeichnet die Beschränkungen, die *für den Gesetzgeber gel-ten*, wenn er dem Grundrechtsgebrauch Schranken setzt. **388**

aa) Schranken-Schranken ergeben sich teilweise schon aus den **Grundrechten selbst**. Sogar grundrechtliche Verbürgungen, die wie eigene Grundrechte aussehen, können Schranken-Schranken sein. So ist Art. 104 Abs. 1 S. 2 Schranken-Schranke zum Recht auf körperliche Unversehrtheit (vgl Rn 546), Art. 5 Abs. 1 S. 3 Schran-ken-Schranke zu den Grundrechten des Art. 5 Abs. 1 S. 1 und 2 (vgl Rn 786), Art. 12 Abs. 2 und 3 Schranken-Schranke zur allgemeinen Handlungsfreiheit (vgl Rn 1078) und Art. 16 Abs. 2 Schranken-Schranke zur Freizügigkeit (vgl Rn 1181). Wenn diese Verbürgungen mit der Verfassungsbeschwerde geltend gemacht werden, handelt es sich also, grundrechtsdogmatisch genau genommen, um die Geltendmachung von Art. 2 Abs. 2, Art. 2 Abs. 1 und Art. 11 iVm den genannten Verbürgungen. Eine Schranken-Schranke, die nicht wie ein eigenes Grundrecht aussieht, ist in der Verbür-gung von Art. 8 enthalten, dass Versammlungen ohne Anmeldung oder Erlaubnis stattfinden können (vgl Rn 909). **389**

Auch die Qualifizierungen der Gesetzesvorbehalte und die Einrichtungsgarantien sind *grundrechtsdogmatisch* als Schranken-Schranken zu kennzeichnen: Jene be-schränken den Gesetzgeber, der in den entsprechenden Schutzbereich eingreifen will, indem sie ihn auf bestimmte Zwecke oder bestimmte Mittel verpflichten; diese ent-ziehen bestimmte Einrichtungen ganz der Disposition des Gesetzgebers. **390**

bb) Die in der Rspr des BVerfG bedeutsamste Schranken-Schranke ist der **Grund-satz der Verhältnismäßigkeit** (Übermaßverbot). Er ist zwar weder im Ab-schnitt über die Grundrechte noch sonst irgendwo im Grundgesetz explizit verankert, aber an ihm lässt sich exemplarisch die Funktion der Schranken-Schranken erklären. Diese lösen nämlich ein Problem, das bereits die Grundrechtsdiskussion in Weimar beschäftigt hatte. Wie sollen die Grundrechte einen Gesetzgeber einerseits binden, der andererseits durch die Gesetzesvorbehalte zu ihrer Beschränkung oder, wie es in Art. 14 Abs. 1 S. 2 heißt, sogar zur Bestimmung von „Inhalt und Schranken" des Grundrechts ermächtigt wird? Während dieses Problem in der Weimarer Diskussion zum Teil dazu geführt hat, die Bindung des Gesetzgebers an die Grundrechte in Frage zu stellen (vgl Rn 41), hat sich das Grundgesetz mit Art. 1 Abs. 3 ausdrücklich für eine Bindung auch des Gesetzgebers an die Grundrechte entschieden. Zumindest für Grundrechte, die lediglich einen einfachen Gesetzesvorbehalt kennen, führt dies zu einem Problem für die systematische Interpretation: Wie können Art. 1 Abs. 3 auf der einen und die scheinbar unbeschränkte Zugriffsmöglichkeit des Gesetzgebers auf je-denfalls einige Grundrechte auf der anderen Seite in Einklang gebracht werden?[73] Wie kann das Grundrecht auf Gesundheit oder Leben den Gesetzgeber binden, wenn doch Art. 2 Abs. 2 S. 3 bestimmt, dass auf Grund eines Gesetzes in das Grundrecht eingegriffen werden darf? **391**

---

73 *Schlink*, in: FS 50-Jahre BVerfG, S. 445/448.

392 In der wohl folgenreichsten Entscheidung seiner gesamten Rechtsprechung hat das BVerfG 1958 im *Apotheken-Urteil*[74] den Grundsatz der Verhältnismäßigkeit als Schranken-Schranke in die Grundrechtsdogmatik eingeführt, um das mit Art. 1 Abs. 3 gegebene Versprechen einzulösen, dass das Grundgesetz „‚leerlaufende' Grundrechte im früheren Sinne nicht mehr kennt".[75] Ursprünglich entwickelt wurde der Verhältnismäßigkeitsgrundsatz vom Preußischen Oberverwaltungsgericht im Verwaltungsrecht zur Begrenzung umfassender Polizeibefugnisse.[76] Das BVerfG bedient sich seiner aber auch im Verfassungsrecht, um scheinbar umfassende Eingriffsbefugnisse des Gesetzgebers zu begrenzen. Der Verhältnismäßigkeitsgrundsatz hat sich seit dem Apotheken-Urteil zum zentralen Kontrollmaßstab für Grundrechtseingriffe entwickelt. International ist diese Rechtsprechungsinnovation von einer Vielzahl von Verfassungsgerichten und internationalen Menschenrechtsorganen rezipiert worden.[77]

393 Der Grundsatz der Verhältnismäßigkeit verlangt, dass

- der vom Staat verfolgte *Zweck* als solcher verfolgt werden darf,
- das vom Staat eingesetzte *Mittel* als solches eingesetzt werden darf,
- der Einsatz des Mittels zur Erreichung des Zwecks *geeignet* ist,
- der Einsatz des Mittels zur Erreichung des Zwecks *erforderlich (notwendig)* ist,
- die Intensität des Grundrechtseingriffs in einem *angemessenen* Verhältnis zu dem Grad der staatlichen Zweckerreichung steht (Verhältnismäßigkeit ieS).

394 Obwohl er zur Begrenzung der dem Gesetzgeber durch die Gesetzesvorbehalte eingeräumten Eingriffsmöglichkeiten in das Verfassungsrecht eingeführt wurde, findet der Verhältnismäßigkeitsgrundsatz nicht nur auf Gesetze, sondern auf alle Grundrechtseingriffe Anwendung. Für Grundrechtseingriffe der Verwaltung bedeutet dies, dass sie nur dann verfassungsmäßig sind, wenn einerseits das Gesetz, auf das der Eingriff der Verwaltung gestützt wird, verhältnismäßig ist und andererseits die konkrete Maßnahme selbst dem Verhältnismäßigkeitsgrundsatz genügt. Aufgrund von Interpretations- und Ermessensspielräumen, die Eingriffsgesetze der Verwaltung bei ihrer Anwendung eröffnen, kann auch ein Eingriff, der auf einem verhältnismäßigen Gesetz beruht, unverhältnismäßig sein.

395 **Beispiele:** Die polizeiliche Generalklausel erlaubt der Polizei, „Maßnahmen" zur Abwehr von Gefahren für die öffentliche Sicherheit zu ergreifen. Der Begriff der Maßnahme eröffnet ein weites Auswahlermessen. Gegenüber einer satirischen Zeitschrift, die bereits häufiger strafbare Äußerungen veröffentlicht hat, könnte sich auch eine polizeiliche Vorzensur der Zeitschrift als effektiv erweisen. Auch die Vorzensur wäre eine Maßnahme zur Abwehr der Gefahr weiterer Straftaten und damit von der polizeilichen Generalklausel erfasst. Während die Verhältnismäßigkeit der polizeilichen Generalklausel nicht in Frage steht, wäre die auf sie gestützte Zensuranordnung indes unverhältnismäßig, weil es sich um ein grundsätzlich unzulässiges Mittel (Art. 5 Abs. 1 S. 3) handelt.

396 Die Kriterien der Geeignetheit und der Erforderlichkeit haben für Gesetzgebung und Verwaltung *unterschiedliche Bedeutung*. Der Gesetzgeber hat gegenüber der Verwal-

---

74 *Michl*, JöR 2020, 323.
75 E 7, 377/403 f; vgl bereits E 6, 32/40 f.
76 Zu den historischen Grundlagen *Remmert*, Verfassungs- und verwaltungsrechtsgeschichtliche Grundlagen des Übermaßverbotes, 1995.
77 Grafische Übersicht bei *Barak*, Proportionality, 2012, S. 182.

tung eine Einschätzungsprärogative, genießt gewissermaßen einen Vertrauensvorsprung bei der oft schwierigen Beurteilung des komplexen empirischen Zusammenhangs zwischen dem Zustand, der durch das Mittel des Eingriffs geschaffen wird, und dem Zustand, in dem der Zweck erreicht werden soll. Auf eben diesen Zusammenhang beziehen sich die Kriterien der Geeignetheit und der Erforderlichkeit.

Lösungstechnischer Hinweis: Bei der grundrechtlichen Prüfung von individuell-konkreten Maßnahmen (Urteile, Verwaltungs- und Realakte), aber auch von Verordnungen und Satzungen muss eine doppelte Verhältnismäßigkeitsprüfung erfolgen: Zum einen muss das Gesetz, auf dem die Maßnahmen beruhen, verhältnismäßig sein; zum anderen muss auch die Maßnahme, die auf das Gesetz gestützt wird, ihrerseits dem Verhältnismäßigkeitsgrundsatz genügen (Rn 469).   **397**

(1) Der demokratische Verfassungsstaat kennt keine ihm vorausliegenden Staatszwecke. Grundsätzlich ist der Gesetzgeber bei der Wahl seiner **Zwecke und Mittel** politisch frei. Entsprechend kennt das Grundgesetz nur wenige Zweck- oder Mittelverbote für den Gesetzgeber. Ein explizites Zweckverbot enthält aber etwa Art. 26 Abs. 1 mit dem Verbot eines Angriffskriegs. Zweckgebote enthalten auch die Qualifikationen der Gesetzesvorbehalte (Rn 375) und die besonderen Diskriminierungsverbote (Rn 614). Für vorbehaltlose Grundrechte kommt als zulässiger Zweck nur der Schutz von anderen Verfassungsgütern in Betracht (Rn 382). Implizit folgt aus den Grundrechten, dass ihre Beschränkung niemals Selbstzweck sein darf.[78] So dürfte der Staat etwa nicht die Anzahl von Versammlungen kontingentieren, weil diese Form außerparlamentarischer Aktivität als störend empfunden wird. Die Grundrechte selbst enthalten auch einige explizite Mittelverbote. Neben dem Verbot der Vorzensur in Art. 5 Abs. 1 S. 3 (Rn 786) verbietet etwa Art. 102 die Todesstrafe (Rn 548).   **398**

Während der Gesetzgeber die von ihm verfolgten Zwecke und eingesetzten Mittel weitgehend frei wählen kann, sind der Verwaltung ihre Eingriffszwecke und die dafür zur Verfügung stehenden Mittel durch die Gesetze, die zu Eingriffen ermächtigen, vorgegeben. Bei hochgradig konkretisierungsbedürftigen Staatszielbestimmungen will das BVerfG aber auch den Gesetzgeber an einfach-gesetzliche Zielvorgaben binden, die noch weiter gesetzlich konkretisiert werden müssen. Der Gesetzgeber soll sich nicht dadurch einer parlamentarischen Diskussion über eine Änderung der gesetzlichen Zielvorgaben entziehen können, dass er sie in weiteren gesetzlichen Konkretisierungen unterläuft.[79]   **399**

(2) Geeignetheit bedeutet, dass das Mittel den Zweck zumindest fördern muss. Der Zustand, den der Staat durch das Mittel des Eingriffs schafft, und der Zustand, in dem der verfolgte Zweck als verwirklicht zu betrachten ist, müssen in einem durch bewährte Hypothesen über die Wirklichkeit vermittelten kausalen Zusammenhang stehen.   **400**

Beispiel: Eine Geschwindigkeitsbegrenzung auf Autobahnen zum Zweck des Aufhaltens oder Verlangsamens des Waldsterbens ist unter dem Aspekt der Geeignetheit nur dann verhältnismäßig, wenn bewährte Hypothesen einen kausalen Zusammenhang zwischen der Verminderung des Schadstoffausstoßes (Zustand, der durch das Mittel des Eingriffs geschaffen wird) und   **401**

---

78 E 124, 300/331; *Hohnerlein,* Der Staat 56 (2017), 227/246 f.
79 BVerfG, NJW 2021, 1723 Rn 208 ff (= JK 9/2021) zur Bindung des Gesetzgebers an das Zwei-Grad-Ziel in § 1 S. 3 KSG zur Konkretisierung von Art. 20a.

der Verbesserung des Waldes (Zustand, in dem der Zweck als verwirklicht zu betrachten ist) herstellen.

402 (3) **Erforderlichkeit** bedeutet, dass der Zweck nicht durch ein gleich wirksames, aber weniger belastendes und in diesem Sinn milderes Mittel erreichbar sein darf. Es darf also keinen anderen Zustand geben, den der Staat ohne großen Aufwand ebenfalls schaffen kann, der für den Bürger weniger belastend ist und der mit dem Zustand, in dem der verfolgte Zweck als verwirklicht zu betrachten ist, ebenfalls in einem durch bewährte Hypothesen über die Wirklichkeit vermittelten Zusammenhang steht.

403 **Beispiel:** Die Geschwindigkeitsbegrenzung wäre unter dem Aspekt der Erforderlichkeit dann unverhältnismäßig, wenn die ohnehin anstehenden Aufforstungen, so sie bestimmte Baumarten bevorzugten, eine bestimmte Waldlandschaft herstellten und bewährte Hypothesen einen Zusammenhang zwischen dieser Waldlandschaft (der andere Zustand, den der Staat ebenfalls ohne großen Aufwand schaffen kann und der für die Bürger weniger belastend ist) und derselben Verbesserung der Waldstruktur (Zustand, in dem der Zweck als verwirklicht zu betrachten ist) herstellen.

404 Bekanntlich sind die Bedingungen des Waldsterbens komplex und ist die Beurteilung der entscheidenden empirischen Zusammenhänge schwierig. Hier bedeutet die *gesetzgeberische Einschätzungsprärogative* oder der Prognosespielraum des Gesetzgebers, dass Zweifel zu Gunsten des Gesetzgebers gehen, während die Verwaltung nur dann im Zweifel zu Lasten des Einzelnen handeln darf, wenn sie gesetzlich zur Gefahrenabwehr ermächtigt ist, der stets ein Ungewissheitsmoment innewohnt.[80]

405 Die Anforderung der Erforderlichkeit verschärft das Geeignetheitskriterium. Ein Eingriff, der nicht geeignet ist, ist auch nicht erforderlich, aber nicht jeder geeignete Eingriff ist auch das für den Bürger mildeste Mittel. Die Geeignetheit verlangt einen empirischen Zusammenhang zwischen Zweck und Mittel; die Erforderlichkeit einen normativen Vergleich zwischen alternativen gleich geeigneten und aufwändigen Mitteln, der das für den Grundrechtsträger mildere Mittel privilegiert.

406 (4) Während Geeignetheit und Erforderlichkeit lediglich die instrumentelle Rationalität des Eingriffs fordern, indem sie ausschließlich verlangen, dass Grundrechte nicht mehr als nötig beeinträchtigt werden, stellt das **Angemessenheit**skriterium auf eine normative Abwägung zwischen der Intensität der Grundrechtsbeeinträchtigung und der Bedeutung sowie dem Grad der staatlichen Zweckerreichung ab. Intensität des Grundrechtseingriffs und Bedeutung sowie Grad der staatlichen Zweckerreichung sollen in einem angemessenen Verhältnis zueinander stehen. Obwohl das Kriterium der Angemessenheit des Eingriffs in der Rechtsprechung seit dem Apotheken-Urteil zunehmend an Bedeutung gewonnen hat und gerade einige neuere Entscheidungen des BVerfG fast ausschließlich Überlegungen zur Angemessenheit anstellen,[81] steht es seit Langem in der Kritik.

---

[80] Vgl näher *Ossenbühl*, in: FS BVerfG, 1. Bd., 1976, S. 458; vertiefend *Raabe*, Grundrechte und Erkenntnis, 1998.

[81] Etwa E 141, 220/267 ff: 236 von 244 Randnummern zur Grundrechtsprüfung widmen sich der Angemessenheit.

Schon begrifflich setzt die Ang*emessen*heit einen Vergleich zwischen mindestens **407** zwei Gegenständen anhand einer metrischen Eigenschaft voraus. So kann danach gefragt werden, ob der Preis einer Ware angemessen ist, weil sich sowohl der Preis der Ware als auch ihr Wert in einem Geldbetrag messen lassen. Ähnliches gilt etwa für die Größe einer Wohnung und dem Wohnbedarf einer Familie, weil sich beide in Quadratmetern messen lassen. Angemessen ist das Verhältnis zwischen zwei Vergleichsgegenständen idR, wenn der metrische Wert für beide gleich oder jedenfalls ähnlich ist, also etwa der Geldbetrag des Preises dem ihres Wertes in etwa entspricht. Für den Vergleich von Eingriffsintensität und staatlicher Zweckerreichung wird jedoch häufig in Frage gestellt, dass es eine metrische Eigenschaft gibt, anhand derer sich beide vergleichen lassen. Anhand welcher metrischen Eigenschaft sollten sich die Intensität der Beeinträchtigung des Grundrechts auf informationelle Selbstbestimmung durch einen Datenabgleich der Polizei und das Maß der damit beabsichtigen Förderung der nationalen Sicherheit vergleichen lassen? Der verfassungsrechtliche Angemessenheitsmaßstab gilt vielen als rational nicht rekonstruierbar, weil er den Vergleich von Gegenständen verlange, für die es keinen einheitlichen Maßstab gebe. Der US-amerikanische Verfassungsrichter *Antonin Scalia* brachte dieses Inkommensurabilitätsproblem plastisch in der Frage zum Ausdruck „whether a particular line is longer than a particular rock is heavy"[82]. Der Vorwurf geht dann dahin, dass ein Verfassungsgericht bei der Beurteilung der Angemessenheit lediglich die subjektiven politischen Wertungen seiner Mitglieder an die Stelle derjenigen des Gesetzgebers setze.[83]

Andere hingegen sehen es genau umgekehrt. Für sie ist die Inkommensurabilität nicht **408** das Problem des Verhältnismäßigkeitsgrundsatzes, sondern die Verhältnismäßigkeit die Lösung des Inkommensurabilitätsproblems.[84] Gerade weil wir nicht in der Lage sind, die beiden Rechtspositionen anhand eines konventionellen gemeinsamen Maßstabs miteinander zu vergleichen, bleibt uns nur, auf ihre proportionale Realisierung abzustellen und die Realisierungsgrade zu vergleichen. Der Vergleich der Realisierungsgrade erlaubt dann die Abwägung von sonst Inkommensurablem.[85]

Beispiele: Bei einer Hundeschau wird „der beste Hund" gekürt, obwohl dafür auch Zwergpin- **409** scher mit Schäferhunden verglichen werden. Der Vergleich gelingt, weil danach gefragt wird, bis zu welchem Grad der jeweilige Hund das Ideal seiner Rasse erfüllt, wobei für das Ideal des Zwergpinschers ganz andere Eigenschaften relevant sein können als für das Ideal des Schäferhunds. Im Zehnkampf können wir sogar Zeiten und Weiten vergleichen und, wenn Gewichtheben eine Disziplin wäre, könnten wir – entgegen *Scalia* (Rn 407) – auch Längen und Gewichte vergleichen. Der Vergleich von Zeiten und Weiten hat im Zehnkampf sogar nummerische Präzision, weil für jede Disziplin Punktwerte berechnet werden, die sich nach dem Grad der Annäherung an einen Referenzwert bestimmen.

Das Beispiel des Zehnkampfes[86] veranschaulicht auch, welche Elemente für einen **410** solchen Vergleich der Realisierungsgrade von Bedeutung sind. Zum einen muss ein

---

82 Bendix Autolite v. Midwesco Enterprises, Inc., 486 U.S. 888, 897 (1988).
83 Vgl *Schlink*, Abwägung im Verfassungsrecht, 1975, S. 210 ff; *ders.*, in: FS 50 Jahre BVerfG, 2001, Bd. II, S. 445/460 ff; *Groß*, DÖV 2006, 856/858 f.
84 *Chapman*, University of Pennsylvania Law Review 146 (1998), 1487.
85 *Veel*, LEHR 4 (2010), 177 (195 ff); dazu *Petersen*, Verhältnismäßigkeit, 2015, S. 65 ff.
86 *MacKay*, Arrow's Theorem of Social Choice, 1980, S. 71 ff; s.a. *Lübbe*, Nonaggregationismus, 2015, S. 28.

Referenzwert bestimmt sein, anhand dessen sich die proportionale Realisierung messen lässt. Im Zehnkampf werden die Referenzwerte für die einzelnen Disziplinen aus einer Vielzahl von Weltbestleistungen errechnet.[87] Dann muss eine Messmethode mit einem hinreichend hohen Auflösungsgrad zur Verfügung stehen, mit der sich der Grad der Realisierung im Verhältnis zum Referenzwert bestimmen lässt. Beim Zehnkampf sind dies Stoppuhren und Maßbänder, die mit einem Auflösungsgrad von Hundertstel- oder gar Tausendstelsekunden Zeiten bzw zentimetergenau Weiten und Höhen ermitteln. Schließlich muss noch die Wertigkeit des jeweiligen Referenzwerts bestimmt werden. Beim Zehnkampf ist er für alle Disziplinen identisch, da alle Disziplinen gleich gewichtet werden sollen. Denkbar wäre aber auch, eine Disziplin als Königsdisziplin zu küren und sie mit dem zweifachen Punktwert zu versehen.

411 Im Verfassungsrecht sind die einzelnen Elemente eines Vergleichs der Realisierungsgrade wesentlich weniger eindeutig bestimmt als für den Zehnkampf. Bereits die idealen Referenzwerte der Grundrechte und gesetzlichen Zwecke, an denen die Intensität des staatlichen Eingriffs und der Grad der staatlichen Zweckerfüllung abgetragen werden soll, werden nicht wie im Zehnkampf explizit festgelegt, sondern eher implizit durch intuitive Urteile über die Eingriffsintensität vorausgesetzt, wobei diese Intuitionen intersubjektiv wohl erheblich variieren können. Ferner verfügen wir für die Messung der Realisierungsgrade nicht über annähernd so auflösungsscharfe Maßstäbe wie in der Leichtathletik. In seinem Apotheken-Urteil differenziert das BVerfG etwa lediglich zwischen drei Eingriffsstufen.[88] Dies entspräche für den 100-Meter-Lauf etwa einer Stoppuhr, die nur in Einheiten von zehn Sekunden messen kann. Viele Athleten liefen dann dieselbe Zeit; nur sehr große Differenzen in den Zeiten führten zu unterschiedlichen Punktwerten. Ebenfalls im Apotheken-Urteil unterscheidet das BVerfG auch nur drei Wertigkeiten von staatlichen Zwecken: vernünftige Aspekte des Allgemeinwohls, wichtige Gemeinschaftsgüter und überragend wichtige Gemeinschaftsgüter.[89] Dieser grobe, nur dreistufige Auflösungsgrad entspricht etwa auch einer von *Robert Alexy* vorgeschlagenen Gewichtungsformel, die gleichfalls auf einer lediglich dreistufigen Metrik der Realisierungsgrade und Bewertung der Grundrechtspositionen und staatlichen Zwecke beruht.[90]

412 Aufgrund des sehr grobkörnigen Auflösungsgrads der – zudem intersubjektiv schwankenden – intuitiven Einschätzungen der Realisierungsgrade werden sich nach dieser Metrik erhebliche Unterschiede nur bei sehr eindeutigen Disbalancen zwischen Gewicht und Intensität der Beschränkung der Grundrechtsposition auf der einen Seite und dem Gewicht und dem Realisierungsgrad des staatlichen Zwecks auf der anderen feststellen lassen.[91] Zu Lasten der Grundrechtsposition werden solche eindeutigen Missverhältnisse eine seltene Ausnahme sein. Entweder werden sich die Realisierungsgrade nach den groben intuitiven Maßstäben die Waage halten oder auch der staatliche Zweck eindeutig überwiegen. Geschwindigkeitsbegrenzungen auf öffentlichen Straßen schränken zwar die allgemeine Handlungsfreiheit ein, aber der Grad der

---

87 *Fröhlich/Gassmann/Becker ua*, Leipziger Sportwissenschaftliche Beiträge 2016, 81.
88 E 7, 377/405 ff.
89 E 7, 377/405 ff.
90 *Alexy*, GS Sonnenschein, 2003, S. 771/777 ff.
91 *Poscher*, in: Herdegen/Masing/Poscher/Gärditz, Handbuch des Verfassungsrechts, 2021, § 3 Rn 74 ff.

Beeinträchtigung ist wesentlich geringer als der Grad und die Bedeutung des Lebens- und Gesundheitsschutzes, der damit erreicht wird. Ihre Angemessenheit sowie die der ganz überwiegenden Zahl der geeigneten und notwendigen Grundrechtseingriffe wird daher nicht bezweifelt. Dies bedeutet aber nicht, dass es nicht dennoch gerade auch in Einzelfällen zu eindeutigen Disproportionalitäten zu Lasten einer Grundrechtsposition kommen kann.

Beispiele: Wird eine die körperliche Unversehrtheit stark belastende und gefährdende Liquor- 413 untersuchung zur Klärung der Schuldfähigkeit wegen eines geringfügigen Delikts angeordnet, ist sie unverhältnismäßig ieS, weil der Grad der Beeinträchtigung des Betroffenen in einer hoch-rangigen Grundrechtsposition (Leib und Leben) den Grad, in dem das allenfalls gleichrangige Strafverfolgungsinteresse des Staates gefördert wird, deutlich überwiegt (E 16, 194/202; s. auch E 17, 108/117 ff). Ebenso ist die Zwangsvollstreckung einer Wohnungsräumung wegen miet-vertraglich unzulässiger Hundehaltung unverhältnismäßig, wenn dem Mieter dadurch schwer-wiegende Gesundheitsbeeinträchtigungen oder gar der Tod drohen (E 52, 214/221 f; s. auch BVerfG NJW 1994, 1719 f; NZM 2005, 657/658 f). In dem Verbot der Beihilfe zum Suizid, das dessen Möglichkeit in vielen Fällen praktisch ausschließt, sah das BVerfG ein Missverhältnis zu dem Zweck, nicht eigenverantwortete Suizide zu verhindern (E 153, 182 Rn 273 ff).

Soll in der *Fallbearbeitung* für die Unangemessenheit eines Eingriffs im Sinne eines 414 Vergleichs der Realisierungsgrade argumentiert werden, sind die einzelnen Faktoren möglichst genau anzugeben und in ein Verhältnis zu setzen. Zum einen müssen die gesetzlichen Zwecke benannt, in ihrer Bedeutung gewichtet und das Maß ihrer Förde-rung durch den Grundrechtseingriff erörtert werden. Zum anderen sind die betroffe-nen Grundrechtspositionen, ihre Bedeutung und die Intensität ihrer Beeinträchtigung genau zu beschreiben. Besonders soweit dabei Prognosen über zukünftige unsichere Geschehensverläufe in Frage stehen, können auch die Wahrscheinlichkeitsgrade, mit denen bestimmte Effekte erwartet werden, von Bedeutung sein. Lediglich, wenn ein deutliches Überwiegen der Intensität der Grundrechtsbeeinträchtigung plausibel ge-macht werden kann, sollte von der Unangemessenheit eines geeigneten und erforder-lichen Grundrechtseingriffs aufgrund einer Abwägung von Eingriffsintensität und staatlichem Zweck ausgegangen werden.

Längst nicht alle Entscheidungen des BVerfG zur Unangemessenheit von Grund- 415 rechtseingriffen beruhen auf einem groben Missverhältnis zwischen Freiheitsbe-schränkung und staatlichem Zweck. Für einen Teil dieser Entscheidungen dürften da-her die gegen das Angemessenheitskriterium geäußerten Bedenken zutreffen. Diese wiegen besonders gegenüber dem Gesetzgeber schwer. Während der Gesetzgeber die Verwaltung und die sie kontrollierenden Gerichte zu letztlich subjektiv bleibenden Abwägungen ermächtigen kann, fehlt es für einen nicht objektivierbaren Zugriff des BVerfG auf die politischen Abwägungen des Gesetzgebers an einer entsprechenden Legitimation.[92] Doch neben dem Vergleich der Realisierungsgrade hat das Angemes-senheitskriterium in der Rechtsprechung noch eine andere Funktion. Das BVerfG nimmt es häufig zum Anlass, für ein bestimmtes Grundrecht spezifische dogmatische Standards zu entwickeln. Es reichert das jeweilige Grundrecht um dogmatische Ele-mente an. Damit greift es im Rahmen der Angemessenheit das ursprüngliche herme-neutische Problem wieder auf, dem bereits die Einführung des Verhältnismäßigkeits-

---

92 *Schlink*, in: FS 50-Jahre BVerfG, S. 445/460 ff.

grundsatzes in die Grundrechtsdogmatik galt: Wie lässt sich die in Art. 1 Abs. 3 geforderte Bindung des Gesetzgebers angesichts der Gesetzesvorbehalte überhaupt denken?

416 Darauf gibt der Verhältnismäßigkeitsgrundsatz für alle Grundrechte eine allgemeine Teilantwort. Im Zusammenhang mit dem Verhältnismäßigkeitsgrundsatz ieS wird die ursprüngliche Frage dann noch einmal für einzelne Grundrechte um weitere einzelgrundrechtsspezifische Teilantworten ergänzt.[93] Dass es sich bei den dogmatischen Elementen, die das BVerfG im Rahmen seiner Angemessenheitsüberlegungen entwickelt, nicht um Ergebnisse des Vergleichs von Realisierungsgraden handelt, zeigt sich zum einen daran, dass die so entwickelten dogmatischen Elemente häufig ganz unabhängig von der Intensität des Grundrechtseingriffs oder der Bedeutung des staatlichen Zwecks Geltung beanspruchen.

417 **Beispiele:** Die umfangeichen verfahrensrechtlichen Sicherungen, die das BVerfG für das Recht auf informationelle Selbstbestimmung aus der Verhältnismäßigkeit ieS abgeleitet hat, gelten ganz unabhängig davon, wie sensibel die Daten sind, die erhoben werden (Rn 529). Der Grundsatz der wohlwollenden Auslegung von Meinungsäußerungen, der sich für das BVerfG aus der Berücksichtigung der Verhältnismäßigkeit ieS im Rahmen seiner Wechselwirkungslehre zu Art. 5 Abs. 1 S. 1 ergibt (Rn 779 ff), gilt ganz unabhängig davon, welche Bedeutung die Äußerung für den Grundrechtsträger hat und welches Interesse ihr entgegensteht.

418 Zum anderen zeigt es sich daran, dass die Anknüpfungspunkte für die dogmatischen Anreicherungen des jeweiligen Grundrechts nicht in einer Güterabwägung, sondern im Text des jeweiligen Grundrechts zu finden sind. Es handelt sich um interpretatorische Fortentwicklungen der Einzelgrundrechte.

419 **Beispiele:** Die Stufentheorie zur Berufsfreiheit knüpft an die im Text von Art. 12 Abs. 1 angelegte Unterscheidung von Berufswahl und -ausübung an; die Figur der ausgleichspflichtigen Inhaltsbestimmung an die in Art. 14 Abs. 3 verbürgte Wertgarantie des Eigentums; die besonderen verfahrensrechtlichen Anforderungen an schwerwiegende Eingriffe in die körperliche Unversehrtheit an den Richtervorbehalt, der für besonders schwerwiegende Eingriffe in die körperliche Bewegungsfreiheit vorgesehen ist (Art. 104 Abs. 2), die in demselben Grundrechtsartikel garantiert wird.

420 Die im Rahmen der Angemessenheit entwickelten Figuren und Elemente reichern die Dogmatik der Einzelgrundrechte an und stärken so, wie der Verhältnismäßigkeitsgrundsatz selbst, die in Art. 1 Abs. 3 geforderte unmittelbare Grundrechtsbindung aller Gewalten. Die im Rahmen der Angemessenheit präsentierten dogmatischen Ausgestaltungen gehen in die Interpretation des jeweiligen Grundrechts ein.

421 **cc)** Die Schranken-Schranke der **Wesensgehaltsgarantie** (Art. 19 Abs. 2) muss bei jedem einzelnen Grundrecht gesondert bestimmt werden.[94] Hier kann nur angegeben werden, wonach zu fragen und zu suchen ist, wenn der Wesensgehalt bestimmt werden soll.

422 Nach der vielfach vertretenen *Theorie vom relativen Wesensgehalt*[95] muss der Wesensgehalt nicht nur für jedes einzelne Grundrecht, sondern sogar für jeden einzelnen Fall gesondert bestimmt werden. Erst das Gewichten und Abwägen der im einzelnen

---

93 *Poscher*, in: Herdegen/Masing/Poscher/Gärditz, Handbuch des Verfassungsrechts, 2021, § 3 Rn 77 ff.
94 E 22, 180/219; 109, 133/156; *Kerkemeyer*, MüK, Art. 19 Rn 50.
95 *Häberle*, S. 234 ff.

Fall beteiligten öffentlichen und privaten Güter und Interessen erlaube die Feststellung, ob der Wesensgehalt angetastet ist. Eine Antastung soll ausscheiden, wenn dem Grundrecht „das geringere Gewicht für die konkret zu entscheidende Frage beizumessen ist"[96], und muss entsprechend angenommen werden, wenn ihm das größere Gewicht für die konkret zu entscheidende Frage zukommt. Damit wird nur der Grundsatz der Verhältnismäßigkeit und dieser überdies im fragwürdigen Kriterium der Verhältnismäßigkeit ieS wiederholt.

Die *Theorie vom absoluten Wesensgehalt*[97] versteht demgegenüber den Wesensgehalt **423** als eine feste, vom einzelnen Fall und von der konkreten Frage unabhängige Größe. Sie ist mit den Begriffen des Wesenskerns, des Grundrechtskerns, der Grundsubstanz, des Mindestinhalts, der Mindestposition etc. nur vage angedeutet. Was genau unangetastet bleiben soll, musste bisher aber auch noch nicht präziser bestimmt werden. Denn nach dem zu fragen, was von einem Grundrecht keinesfalls preisgegeben werden darf, besteht nur dann Anlass, wenn die Eingriffe in das Grundrecht so intensiv werden, dass dessen Preisgabe droht. Die Eingriffe mussten aber solange nicht von äußerster Intensität sein, solange in Zeiten des Wachstums, des Wohlstands und des politischen Konsenses die harten gesellschaftlichen Konflikte, die nur durch harte Eingriffe hätten geregelt werden können, ausblieben und der Staat Alternativen für Grundrechtseingriffe finanzieren und Grundrechtseingriffe durch Gewährung von Leistungen und Teilhaben abfedern konnte. Erst die Corona-Pandemie, die zu weitreichenden und flächendeckenden Grundrechtseingriffen geführt hat, warf erstmals ernsthaft die Frage nach der Wesensgehaltsgarantie auf.[98]

Beispiele: Gestützt auf das Infektionsschutzgesetz wurden zum Teil landesweite Ausgangs-, **424** Aufenthalts-, Betretungs- und Kontakt- sowie Versammlungs- und Gottesdienstverbote erlassen, die die Freiheitsrechte in einem bislang nicht gekannten Ausmaß beeinträchtigt und vor allem für Bewohner von Alten- und Pflegeheimen zum Teil zu einer die Menschenwürde gefährdenden Isolation geführt haben. Besonders die in der ersten Welle verhängten Ausgangs- und Kontaktverbote wurden teilweise als Verletzung der Wesensgehaltsgarantie angesehen (*Schmitt*, NJW 2020, 1226/1229 f; vgl auch *Schmitz/Neubert*, NVwZ 2020, 666/669).

Aus der *Rechtsprechung des BVerfG* zu Art. 19 Abs. 2 ist bislang nicht mehr festzu- **425** halten, als dass vom Grundrecht trotz aller Eingriffe noch etwas bleiben muss. Für wen es bleiben muss, ist dabei wieder offen: Das BVerfG hat gefragt, „ob Art. 19 Abs. 2 die restlose Entziehung eines Grundrechtskerns im Einzelfall verbietet oder ob er nur verhindern will, dass der Wesenskern des Grundrechts als solcher, zB durch praktischen Wegfall der im Grundgesetz verankerten, der Allgemeinheit gegebenen Garantie angetastet wird"[99]. Das eine Mal käme es darauf an, dass jeder Einzelne noch vom Grundrecht Gebrauch machen kann, das andere Mal, dass überhaupt noch und im Allgemeinen vom Grundrecht Gebrauch gemacht werden kann.

Beispiele: Der gezielte polizeiliche Todesschuss entzieht dem, den er trifft, das Leben restlos. **426** Als allgemeine Gewährleistung wird das Recht auf Leben (Art. 2 Abs. 2 S. 1) dadurch aber nicht grundsätzlich angetastet.

---

96 BVerwGE 47, 330/358.
97 *Stern*, StR III/2, S. 865 ff.
98 Etwa *Kingreen*, Jura 2020, 1019/1028, *Guckelberger*, NVwZ-Extra 2020, 1/8.
99 E 2, 266/285.

427   Art. 19 Abs. 2 gibt auf die Frage nach dem Für-Wen keine Antwort. Zwar spricht er aus, dass der Wesensgehalt eines Grundrechts „in keinem Fall" angetastet werden darf. Aber dies kann die unterschiedlichen Fälle sowohl der verschiedenen Grundrechte als auch der verschiedenen Individuen und Situationen meinen.

428   **Beispiele:** Art. 2 Abs. 2 S. 3 sieht Eingriffe auch in das Recht auf Leben vor. Da der Eingriff in das Leben stets den Entzug des Lebens bedeutet, kann der Wesensgehalt von Art. 2 Abs. 2 S. 1 nicht dahin gehen, dass keinem Einzelnen das Leben genommen werden darf. Hier also ist der Wesensgehalt in der Gewährleistung für die Allgemeinheit zu suchen. – Anders steht es schon beim Recht auf körperliche Unversehrtheit, in das anders als in das Recht auf Leben nicht nur ganz oder gar nicht, sondern mehr oder weniger eingegriffen werden kann. Hier besteht kein Grund, den Wesensgehalt in der Gewährleistung für die Allgemeinheit zu suchen.

429   Im Zweifel ist der Wesensgehalt in der Gewährleistung nicht für die Allgemeinheit, sondern *für den Einzelnen* zu suchen. Dem Einzelnen sind die Grundrechte verbürgt, und wenn er von seinen Grundrechten keinen Gebrauch mehr machen kann, dann nützt es ihm nichts, dass ein anderer es noch kann.

430   Gelegentlich wird behauptet, der Wesensgehalt eines Grundrechts sei mit seinem *Menschenwürdegehalt* (vgl Rn 478) identisch. Dagegen spricht schon die Überlegung, dass dann Art. 19 Abs. 2 funktionslos wäre, denn seine Schutzwirkung wäre in Art. 79 Abs. 3 vollständig enthalten. Außerdem stehen durchaus nicht alle Grundrechte im Zusammenhang mit der Menschenwürde. Wo allerdings ein Grundrecht einen Menschenwürdegehalt hat, dürfte er häufig mit dem Wesensgehalt dieses Grundrechts übereinstimmen.[100]

431   **dd)**   Art. 19 Abs. 1 S. 1 enthält das **Verbot des einschränkenden Einzelfallgesetzes**, indem er verlangt, dass ein (grundrechts-)einschränkendes Gesetz *allgemein* und nicht nur für den Einzelfall gilt. Das soll zum einen den Gesetzgeber daran hindern, in den Bereich der Verwaltung einzudringen und in der Form des Gesetzes derart konkret und individuell tätig zu werden, wie dies Sache der Verwaltung ist; insofern hat Art. 19 Abs. 1 S. 1 Bezug zur Lehre von der Gewalten- oder Funktionenteilung.[101] Zum anderen soll das Verbot verhindern, dass bei Grundrechtseinschränkungen in der einen oder anderen Richtung Ausnahmen gemacht und dadurch Grundrechtsprivilegierungen bzw -diskriminierungen geschaffen werden.

432   Damit beschränkt Art. 19 Abs. 1 S. 1 den einschränkenden Gesetzgeber *nicht anders*, *als* Art. 3 ihn schon beschränkt. Schon Art. 3 verbietet Privilegierungen und Diskriminierungen. Immerhin kann über Art. 19 Abs. 1 S. 1 unter gewissen Voraussetzungen einem Gesetz die verfassungsrechtliche Rechtfertigung *leichter* abgesprochen werden als bei Art. 3. Bei einschränkenden Gesetzen, die einen oder mehrere Adressaten namentlich individualisieren oder die Adressaten zwar abstrakt-generell bezeichnen, damit aber ausschließlich bestimmte Individuen umschreiben und auch umschreiben wollen (sog getarntes oder verdecktes Individualgesetz),[102] bedarf es keiner Überlegung zu Art. 3. Allerdings verstößt es nicht schon gegen Art. 19 Abs. 1 S. 1,

---

100   Vgl *Brenner*, Staat 1993, 493/499 ff; *Remmert*, MD, Art. 19 Abs. 2 Rn 44.
101   *Stern*, StR III/2, S. 731; krit *Remmert*, MD, Art. 19 Abs. 1 Rn 15.
102   Vgl E 99, 367/400; *Kloepfer*, VerfR II, § 51 Rn 75; *Lege*, Hdb. GR III, § 66 Rn 116.

wenn die Gesetzesmaterialien Einzelfälle als Begründung für die Notwendigkeit einer Regelung herausgreifen.[103]

ee)   Gem. dem **Zitiergebot** des Art. 19 Abs. 1 S. 2 kann ein Gesetz nur dann verfassungsrechtlich gerechtfertigt sein, wenn es das eingeschränkte Grundrecht unter Angabe des Artikels *nennt*. Das Zitiergebot soll für die Gesetzgebung eine Warn- und Besinnungsfunktion und für die Gesetzesauslegung und -anwendung eine Klarstellungsfunktion haben; die Gesetzgebung soll die Auswirkung eines Gesetzes auf die Grundrechte bedenken, und die Gesetzesauslegung und -anwendung soll wissen, in welche Grundrechte das Gesetz allein einzugreifen ermächtigt. Das BVerfG prüft das Zitiergebot teilweise im Rahmen der formellen,[104] teilweise im Rahmen der materiellen Verfassungsmäßigkeit als Schranken-Schranke.[105]   **433**

Lösungstechnischer Hinweis: Beide Prüfungsstandorte sind nachvollziehbar. Für eine Prüfung im Rahmen der formellen Verfassungsmäßigkeit kann sprechen, dass das Zitiergebot keine Anforderung an den materiellen Regelungsgehalt des Gesetzes stellt. Aber es betrifft nicht wie andere Formerfordernisse lediglich die äußere Form des Gesetzes. Für den Gutachtenaufbau hat die Einordnung als materielle Schranken-Schranke den Vorzug, dass sie inzidente Erörterungen von Schutzbereich und Eingriff vermeidet, wenn die Prüfungsfrage nicht der Verletzung eines Grundrechts (**Aufbauschema I**, Rn 469), sondern der Verfassungsmäßigkeit eines Gesetzes (**Aufbauschema III**, Rn 471) gilt.   **434**

Das BVerfG legt Art. 19 Abs. 1 S. 2 eng aus, damit das Zitiergebot nicht den „Gesetzgeber in seiner Arbeit unnötig behindert"[106]. Für eine *enge Auslegung* kann der enge Wortlaut angeführt werden, der Zitierung nur da verlangt, wo „ein Grundrecht durch Gesetz oder auf Grund eines Gesetzes eingeschränkt werden kann". Bei den vorbehaltlosen Grundrechten ist von einschränkenden Gesetzen gar nicht, bei Art. 2 Abs. 1, Art. 3, Art. 5 Abs. 2, Art. 12 und Art. 14 Abs. 1 und 3 S. 2 jedenfalls nicht ausdrücklich davon die Rede, dass sie „durch Gesetz oder auf Grund eines Gesetzes eingeschränkt werden". Das BVerfG hat denn auch bei allen diesen Grundrechten, bei denen ein Gesetzesvorbehalt fehlt oder anders als in Art. 19 Abs. 1 S. 2 formuliert ist, auf die Beachtung des Zitiergebots verzichtet.[107] Es wendet das Zitiergebot außerdem dann nicht an, wenn ein Eingriff nur ein Reflex des gegen einen anderen Adressaten gerichteten, gezielten und gewollten Eingriffs ist.[108] Ferner sieht es von seiner Beachtung ab, wenn der Eingriff in das Grundrecht offensichtlich ist, da die Warnfunktion des Zitiergebots dann leerlaufe.[109] Darüber hinaus kann das Zitiergebot keine Anwendung bei vorkonstitutionellen Gesetzen finden. Schließlich hat das BVerfG Art. 19 Abs. 1 S. 2 nicht angewendet, wenn ein Gesetz bereits geltende Grundrechtsbeschränkungen unverändert oder mit geringen Abweichungen vorschreibt.[110] Es verlangt aber die Zitierung eines Grundrechts auch im Änderungsgesetz, wenn die Änderung zu neuen Einschränkungen des Grundrechts führt,[111] obwohl das geänderte Gesetz das Grundrecht schon zitiert.   **435**

---

103   E 134, 33 Rn 131 = JK 1/2014.
104   So E 150, 309 Rn 60 f.
105   E 130, 1/39.
106   E 35, 185/188.
107   Vgl *Dreier*, DR, Art. 19 I Rn 22 ff; krit *Axer*, Hdb. GR III, § 67 Rn 25 f.
108   BVerfG, NJW 1999, 3399/3400.
109   BVerfG, NStZ 2021, 348 Rn 341.
110   E 130, 1/39; für vorkonstitutionelle Gesetze schon E 35, 185/189; 61, 82/113.
111   E 113, 348/366 f; 129, 208/237.

436 **ff)** Ob das rechtsstaatliche Gebot in Tatbestand und Rechtsfolge klar und bestimmt gefasster Gesetze (**Bestimmtheitsgebot**) über die spezielle Vorschrift des Art. 103 Abs. 2 (vgl Rn 1348 f) hinaus noch eine eigene Schranken-Schranke errichtet, kann bezweifelt werden. Denn ein unklares und unbestimmtes Gesetz würde mehr Eingriffe eröffnen, als zur Erreichung des Gesetzeszwecks erforderlich sind, und dadurch den Grundsatz der Verhältnismäßigkeit verletzen. Das Gebot rechtsstaatlicher Klarheit und Bestimmtheit setzt jedoch insofern einen eigenen Akzent, als es auf die *Perspektive des Einzelnen*, dh darauf abstellt, was dieser vorhersehen und berechnen kann. Ist das Gesetz hierfür zu unklar und zu unbestimmt, dann kann es ohne Verhältnismäßigkeitsprüfung schon daran scheitern.

437 **Beispiele:** § 9 Abs. 1 S. 1 des Volkszählungsgesetzes 1983 gestattete den Gemeinden, bestimmte Angaben aus den Erhebungsunterlagen mit den Melderegistern zu vergleichen, zu deren Berichtigung zu verwenden und auch weiterzugeben. Ausgewählte Personendaten konnten so nicht nur zu statistischen Zwecken, sondern zusätzlich zu einem Verwaltungsvollzug verwandt werden, dem keine konkrete Zweckbindung entsprach. Das führte zur „Unverständlichkeit der gesamten Regelung" sowie „dazu, dass der auskunftspflichtige Bürger die Auswirkungen dieser Bestimmung nicht mehr zu übersehen vermag" (E 65, 1/65). Auch Änderungen der Zweckbindung bedürfen einer „hinreichend normenklaren" gesetzlichen Grundlage (E 100, 313/360). – Für einen verurteilten Straftäter kann in bestimmten Fällen als Maßregel der Besserung und Sicherung vom Gericht Führungsaufsicht angeordnet werden, die mit Weisungen für dessen Verhalten verbunden werden kann. Ein darauf gestütztes fünfjähriges Publikationsverbot für die Verbreitung rechtsextremistischen oder nationalsozialistischen Gedankenguts war „unbestimmt und schon deswegen unverhältnismäßig" (BVerfG, v. 8.10.2010, 1 BvR 1106/08, Rn 19).

438 **gg)** Art. 103 Abs. 2 (vgl Rn 1348 f) verweist auch insoweit auf eine allgemeinere Schranken-Schranke, als ihm ein **Rückwirkungsverbot** entnommen wird.[112] Das allgemeine, aus Art. 20 Abs. 3 abgeleitete rechtsstaatliche Rückwirkungsverbot hat seine Wurzel im Vertrauensschutz. Der Einzelne soll grundsätzlich darauf vertrauen können, dass die Rechtslage, die er seinem Handeln zugrunde gelegt hat, nicht rückwirkend geändert wird. Gesetze, die grundrechtlich geschützte Rechtspositionen in unzulässiger Weise rückwirkend ändern, verletzen auch das einschlägige Grundrecht. Eine *echte Rückwirkung* liegt vor, wenn eine Neuregelung in einen bereits abgeschlossenen Lebenssachverhalt eingreift und Rechtsfolgen für einen Zeitpunkt rückbewirken will, der vor ihrem Inkrafttreten liegt. Sie ist grundsätzlich unzulässig. Ausnahmen gelten nur, wenn auf die Rechtslage kein Vertrauen gestützt werden konnte, etwa weil die Regelungsänderung bereits sicher absehbar war[113] oder bei gänzlich verworrenen Rechtslagen. Das Rückwirkungsverbot gilt hingegen nicht für Bagatellbelastungen. Außerdem sollen zwingende Gründe des Allgemeinwohls eine echte Rückwirkung rechtfertigen können.[114] Eine *unechte Rückwirkung* liegt demgegenüber vor, wenn die Neuregelung lediglich tatbestandlich an einen noch nicht abgeschlossenen lebensweltlichen Vorgang anknüpft, der bereits vor dem Inkrafttreten des Gesetzes in Gang gesetzt wurde. Unechte Rückwirkungen sind dem Gesetzgeber nicht grundsätzlich ver-

---

112 *Möller/Rührmair*, NJW 1999, 908/910 f, zum Verhältnis von Grundrechten und Rückwirkungsverbot.

113 E 127, 31/50; 143, 246 Rn 302; 148, 217 Rn 148 ff.

114 E 11, 139/145 f; 30, 367/387; 72, 200/249 ff; BVerfG, NJW 2021, 1222 Rn 137 ff (= JK 8/2021).

wehrt. Der Vertrauensschutz ist aber im Rahmen der Verhältnismäßigkeit zu berücksichtigen, besonders muss sich die Enttäuschung investierten und schützenswerten
Vertrauens im Hinblick auf den Zweck der Regelung als erforderlich und angemessen
erweisen.[115] Besondere Bedeutung gewinnt der Vertrauensschutz im Rahmen der
Verhältnismäßigkeit dann, wenn die unechte Rückwirkung der echten nahekommt.[116]
Das allgemeine rechtsstaatliche Rückwirkungsverbot bezieht sich zunächst nur auf
die Gesetzgebung. Eine Ausweitung auf Rechtsprechungsänderungen wird bislang lediglich in der Literatur erwogen[117] (zu Art. 103 Abs. 2 s. Rn 1360).

Beispiele: Eine Änderung des Einkommenssteuergesetzes, mit der eine Erhöhung der Steuer-
pflicht für einen vor dem Inkrafttreten des Änderungsgesetzes liegenden Veranlagungszeit-
raum eingeführt wird, enthält eine echte Rückwirkung und verstößt damit gegen das Rückwirkungsverbot (E 72, 200/249 ff). Wird hingegen durch das Änderungsgesetz lediglich an eine in
der Vergangenheit liegende Verlegung des Wohnsitzes ins Ausland angeknüpft und eine höhere Steuerbelastung nur für die Zukunft angeordnet, liegt darin lediglich eine unechte Rückwirkung, die grundsätzlich verfassungsrechtlich zulässig ist (E 72, 200/241 ff). Auch eine rückwirkende „Klarstellung" der Rechtslage durch den Gesetzgeber ist am Rückwirkungsverbot zu
messen, da sie Auslegungsalternativen ausschließt und damit den Normbestand rückwirkend
verändert (E 131, 20/37 f; *Buchheim/Lasschn*, NVwZ 2014, 562 ff). Jedoch hat das Gericht in
einer Reihe sozialrechtlicher Fälle deutlich gemacht, dass ein unklarer Normbestand selbst bei
einer höchstrichterlichen Entscheidung, die sich noch nicht zu einer ständigen Rechtsprechung
verfestigt hat, keine ausreichende Vertrauensgrundlage bietet (E 126, 369/394 ff; 131, 20/
41 ff). Für das Steuerrecht scheint das Gericht diese Qualifikation nun zu Lasten des Gesetzgebers deutlich zurückgenommen zu haben (E 135, 1 Rn 64 ff). Geschützt wird dann nicht mehr
das Vertrauen in die Klarheit einer Rechtslage, sondern das Vertrauen in den Normbestand als
Grundlage einer vorteilhaften Rechtsauslegung (krit abwM E 135, 1/29 ff; *Lepsius*, JZ 2014,
488 ff; aA *Grupp*, FS Wendt, 115/121 ff).

439

c) Besonderheiten bei der Ausgestaltung

Die Grundrechtsausgestaltung (Rn 343 ff) ist ein Aliud zum Grundrechtseingriff. Sie
unterliegt nicht dem rechtsstaatlichen Verteilungsprinzip (Rn 278), weil der Staat sich
für die Ausgestaltung der normgeprägten Grundrechte nicht rechtfertigen muss, sondern zu ihr verpflichtet ist. Dementsprechend folgt die Legitimation zur Ausgestaltung nicht aus einem grundrechtlichen Gesetzesvorbehalt (Rn 352), sondern bereits
aus dem Schutzgut selbst, das normativer Ausgestaltung bedarf. Dies bedeutet jedoch
nicht, dass der Staat bei der Ausgestaltung der Grundrechte keinen verfassungsrechtlichen Bindungen unterliegt:

440

aa) Bei der Ausgestaltung sind zum einen die **gewährleistungsspezifischen Vorgaben des jeweiligen Grundrechts** zu beachten. Diese ergeben sich teilweise, wie
bei etwa bei Art. 14 Abs. 1 S. 1 und Abs. 2, bereits unmittelbar aus dem Text des
Grundrechts. Bei anderen Grundrechten hat das BVerfG bereichsspezifische Ausgestaltungsvorgaben entwickelt, die es den Funktionsbedingungen des auszugestaltenden Grundrechts[118] entnimmt.

441

---

115 E 95, 64/86; 101, 239/263; 122, 374/394 f (st. Rspr.).
116 E 132, 302 Rn 45 f.
117 *Grzeszick*, MD, Art. 20 und die allgemeine Rechtsstaatlichkeit, Rn 101 ff.
118 *Bumke*, Die Ausgestaltung von Grundrechten, 2009, S. 52 ff.

442   **Beispiele:** Zur Rundfunkfreiheit und zur Wissenschaftsfreiheit hat das BVerfG bereichsspezifische Vorgaben für die Regelung der Organisation und des Verfahrens entwickelt (Rn 755, 815). Bei der Koalitionsfreiheit hat es das gesetzliche Verbot des Einsatzes von Leiharbeitnehmern bei Streiks als Ausgestaltung des Grundrechts angesehen und die Grenzen der Ausgestaltungsbefugnis aus dem Schutzgut selbst abgeleitet: Die Tarifautonomie müsse als ein Bereich gewahrt bleiben, in dem die Tarifvertragsparteien ihre Angelegenheiten grundsätzlich selbstverantwortlich und ohne staatliche Einflussnahme regeln können, ihre Funktionsfähigkeit dürfe nicht gefährdet werden, was insbesondere ein ungefähres Kräftegleichgewicht zwischen ihnen voraussetze, und ihre Fähigkeit, einen wirksamen Arbeitskampf zu führen, müsse gewahrt bleiben. Diesen Vorgaben genügte das Verbot (BVerfG, NZA 2020, 1186/1187 f = JK 2/2021). Vgl ferner zur Rechtsschutzgarantie Rn 1268 ff.

443   Weil die Ausgestaltung dem Schutzgut dienen soll, ist zudem dessen überkommene Struktur ein wichtiges Element der gewährleistungsspezifischen Vorgaben. Jedenfalls eine Regelung, die *mit der Tradition bricht* und die durch den überkommenen Regelungsbestand ermöglichte Freiheitsbetätigungen verkürzt, verfehlt die Ausgestaltungsvorgaben.

444   **Beispiel:** Die Ehescheidungsreform, die das Verschuldens- durch das Zerrüttungsprinzip ablöste, hielt an der Tradition der monogamischen, einverständlich begründeten und grundsätzlich lebenslangen Ehe fest und gestaltete diese nur neu aus. Ein Eherecht, das alle Ehen nach fünf Jahren auslaufen ließe und für die Fortdauer eine Neubegründung verlangte, wäre hingegen eine unzulässige Ausgestaltung.

445   **bb)**   Maßstab für die Ausgestaltung sind im Übrigen die allgemeinen Anforderungen des Grundgesetzes, die auch bei Grundrechtseingriffen maßgebend sind, insbesondere der **Grundsatz der Verhältnismäßigkeit.**[119] Lässt sich der Verhältnismäßigkeitsgrundsatz auf einen internen Zweck beziehen, muss auch eine Ausgestaltung geeignet, erforderlich und angemessen zu diesem internen Zweck sein. Allerdings gilt der Verhältnismäßigkeitsgrundsatz nur ausgestaltungsimmanent. Eine Ausgestaltung wird nicht dadurch unverhältnismäßig, dass sich eine ganz andere denken ließe, die für einzelne Betroffene günstiger ausfiele. Daher ist die Einschätzungsprärogative des Gesetzgebers bei der Ausgestaltung tendenziell größer als bei externen Zwecken dienenden Eingriffen.[120]

446   **Beispiele:** Nach dem Tarifeinheitsgesetz (Rn 953) haben tarifvertragliche Regelungen der in einem Betrieb mehrheitlich vertretenen Gewerkschaft Vorrang vor den Tarifverträgen anderer Gewerkschaften. Gegenüber diesem Tarifvertragssystem, das auf einheitliche Tarifverträge in einem Betrieb setzt, können sich kleinere Gewerkschaften nicht darauf berufen, dass eine andere Systementscheidung für sie günstiger und damit ein milderes Mittel gewesen wäre (vgl E 146, 71 Rn 149 = JK 10/2017). Gemessen an dem Ausgestaltungszweck der Tarifeinheit wäre es aber etwa unverhältnismäßig, den kleineren Gewerkschaften den Abschluss von Tarifverträgen zu verbieten, da der Geltungsvorrang des Vertrages der Mehrheitsgewerkschaft für diesen internen Zweck ausreicht.

447   Daneben gelten auch für Ausgestaltungsregelungen die allgemeinen rechtsstaatlichen Garantien. Auch grundrechtsausgestaltende Regelungen müssen ausreichend be-

---

119   E 77, 275/284; krit *Gellermann,* Grundrechte in einfachgesetzlichem Gewande, 2000, S. 336 ff; *Cornils,* Die Ausgestaltung der Grundrechte, 2005, S. 650 ff; *Lenz,* Vorbehaltlose Freiheitsrechte, 2006, 141 f.
120   E 146, 71 Rn 149 (= JK 10/2017); *Bumke/Voßkuhle,* Rn 227.

stimmt sein sowie das Rückwirkungsverbot und die Grundsätze der Wesentlichkeitslehre beachten. Die Wesensgehaltsgarantie entfaltet ihnen gegenüber hingegen keine
eigenständige Bedeutung. Die Ausgestaltung, die den Wesensgehalt eines Grundrechts verfehlt, verfehlt auch seinen Ausgestaltungsauftrag.

Lösungstechnischer Hinweis: Bei normgeprägten Grundrechten ist nach der Erörterung des
Schutzbereichs zunächst zu prüfen, ob die staatliche Maßnahme einen internen oder einen externen Zweck verfolgt. Wird ein interner Zweck verfolgt, liegt eine Ausgestaltung vor und es
ist zu prüfen, ob die gewährleistungsspezifischen und sonstigen verfassungsrechtlichen Vorgaben beachtet wurden. Dabei kann sich die Struktur der Prüfung an derjenigen der Rechtfertigung des Eingriffs orientieren, wobei jedoch die Besonderheiten der Ausgestaltung vor allem
hinsichtlich des Gesetzesvorbehalts und der Verhältnismäßigkeitsprüfung zu berücksichtigen
sind.

448

II. Struktur grundrechtlicher Leistungsrechte

Während das Abwehrrecht auf die Unterlassung eines Grundrechtseingriffs zielt, zielen die anderen Grundrechtsfunktionen (Rn 146 ff) auf eine staatliche Leistung in
Form einer Handlung. Dies gilt nicht nur, soweit die Grundrechte ausnahmsweise Ansprüche auf staatliche Mittel wie etwa zur Sicherung des Existenzminimums gewährleisten, sondern auch soweit der Anspruch sich bei der echten Schutzpflicht auf den
Schutz vor rechtswidrigem Verhalten Dritter oder vor Schicksalsschlägen bezieht
(Rn 342). Auf eine Leistung zielen auch die unechten Schutzpflichten, soweit sie für
die Bearbeitung von Dreieckskonstellationen als erforderlich erachtet werden
(Rn 338). Auch die Ausgestaltungsfunktion kann ein Leistungselement beinhalten,
soweit der Staat nicht lediglich verkürzend in eine bereits rechtlich ausgestaltete Freiheit eingreift, sondern eine verfassungsrechtlich gebotene rechtliche Ausgestaltung
unterlässt. Der in äußerst seltenen Fällen aus der Ausgestaltungsfunktion folgende
Leistungsanspruch richtet sich auf eine rechtliche Leistung in Form der Bereitstellung
eines Rechtsrahmens, der eine Grundrechtsposition konstituiert (Rn 343). Wie für das
Abwehrrecht lässt sich für grundrechtliche Leistungspflichten eine allgemeine grundrechtliche Struktur aufzeigen (= **Aufbauschema II**, Rn 470).

449

1. Schutzbereich

Auch für die grundrechtlichen Leistungsansprüche muss zunächst geklärt werden,
welchen Schutzbereich die von dem Grundrechtsträger begehrte Leistung betrifft. Bei
den originären Leistungsrechten ieS ist der Schutzbereich des Grundrechts einschlägig, dessen Förderung die begehrten staatlichen Mittel dienen sollen. Bei den echten
Schutzpflichten ist es das Grundrecht, das etwa durch Dritte rechtswidrig bedroht
wird. Die Bestimmung des Schutzbereichs entspricht dabei derjenigen für das Abwehrrecht. Die grundrechtlichen Schutzbereiche unterscheiden sich nicht im Hinblick
auf die Art der Grundrechtsfunktion, die mit ihnen in Verbindung gebracht wird. Soweit ein Grundrecht auch eine Leistungsfunktion hat, bestimmt sich für diese der
Schutzbereich daher ebenso wie für die Abwehrfunktion.

450

2. Leistungspflicht

451 Die Strukturen von Abwehrrecht und Leistungsrechten unterscheiden sich aber im Hinblick auf die Art und Weise, wie der Schutzbereich betroffen sein muss. Das Äquivalent für den Grundrechtseingriff beim Abwehrrecht ist für die grundrechtlichen Leistungsrechte die Frage danach, ob eine Leistungspflicht besteht.

452 a) Eine Leistungspflicht kann aus einem Grundrecht nur folgen, soweit ihm überhaupt eine **Leistungsfunktion** zugeordnet ist. Dies ist hinsichtlich des Typs der jeweiligen Leistungspflicht gesondert zu begründen. So sind nur wenigen Grundrechten originäre grundrechtliche Ansprüche auf die Bereitstellung staatlicher Mittel zugeordnet, mit denen die Grundrechte ein Mindestmaß an realer Freiheit verbürgen. Eine dieser Ausnahmen betrifft etwa die Menschenwürdegarantie iVm dem Sozialstaatsprinzip, die staatliche Leistungen zur Sicherung des Existenzminimums garantieren (Rn 489, 494, 497).

453 Auch grundrechtliche Schutzpflichten bestehen nur dort, wo sie ausdrücklich vorgesehen sind (etwa Art. 1 Abs. 1 S. 2) oder sich aus einer Interpretation eines Grundrechts ergeben. So leitet das BVerfG aus Art. 2 Abs. 2 S. 1 eine staatliche Schutzpflicht für das Leben und die körperliche Unversehrtheit ab (Rn 555 ff), die aber nur aktualisiert wird, wenn die Schutzgüter auch tatsächlich bedroht sind.

454 Ausgestaltungspflichten bestehen immer dort, wo die Existenz des grundrechtlichen Schutzguts auf eine rechtliche Regelung angewiesen ist, wie etwa beim Eigentumsrecht aus Art. 14. Angesichts einer umfassenden und ständig aktualisierten Rechtsordnung sind Konstellationen äußerst selten, in denen es an einer originären Ausgestaltung eines ausgestaltungsbedürftigen grundrechtlich geschützten Lebenssachverhalts fehlt. Nur in diesen äußerst seltenen Fällen erlangt die Leistungsdimension der Ausgestaltungsfunktion (Rn 167 f) Relevanz. Soweit der Gesetzgeber die grundrechtliche Position allerdings bereits ausgestaltet hat, wird in der abwehrrechtlichen Struktur geprüft, ob die neuerliche Ausgestaltung den Maßstäben an die Ausgestaltung genügt (Rn 440 ff).

455 b) Häufig wird sich die **Geeignetheit der begehrten Leistung** von selbst verstehen. Eine Hilfe zum Lebensunterhalt lindert existenzielle Not. Doch die Geeignetheit der begehrten Leistung ist nicht immer so offensichtlich. So ist etwa in Bezug auf das strafrechtliche Verbot des Schwangerschaftsabbruchs fraglich, ob es tatsächlich geeignet ist, den Schutz des ungeborenen Lebens zu bewirken, oder Schwangere in die Illegalität zwingt, damit Unterstützungs- und Beratungsangeboten entzieht und dadurch das ungeborene Leben gefährdet. Im Rahmen der Ausgestaltungsfunktion sind die begehrten rechtlichen Leistungen nur dann geeignet, wenn sie den grundrechtlichen Vorgaben für die Ausgestaltung genügen. Würde eine Ausgestaltung eines Eigentumsrechts an den Rohdaten großer IT-Dienste gefordert (Rn 168), die eine ausschließliche Privatnützigkeit vorsähe, wäre sie etwa nicht geeignet, der Vorgabe der Sozialbindung aus Art. 14 Abs. 2 zu genügen.

456 c) Dem Staat muss die begehrte Leistung **tatsächlich und rechtlich möglich** sein. Das Erfordernis der tatsächlichen Möglichkeit folgt aus dem Rechtsgrundsatz, dass Unmögliches nicht geschuldet werden kann.

Beispiele: In der Corona-Pandemie konnte auf der Grundlage der staatlichen Schutzpflicht für **457**
die Gesundheit kein Impfstoff verlangt werden, den es noch gar nicht gab oder der auf dem
Markt nicht in ausreichender Menge erhältlich war.

Die Leistungsfähigkeit des Staates ist jedoch nicht nur durch faktische Zwänge be- **458**
grenzt, sondern auch durch rechtliche. Grundrechtliche Leistungsansprüche erweitern
den rechtlichen Handlungsrahmen des Staates nicht, sondern müssen ihn respektie-
ren.[121] Daher kann nur eine Leistung verlangt werden, die in den Zuständigkeitsbe-
reich des Hoheitsträgers fällt, von dem sie begehrt wird, und der auch keine materiellen verfassungsrechtlichen Vorgaben entgegenstehen. Greift die begehrte Leistung in
die Grundrechte Dritter ein, besteht ein Leistungsrecht nur, soweit sich der Grundrechtseingriff gegenüber dem Dritten rechtfertigen lässt. Für die Fallbearbeitung bedeutet dies, dass im Rahmen eines grundrechtlichen Leistungsanspruchs uU Abwehrrechte eines Dritten, der durch die Leistung betroffen ist, inzident vollumfänglich zu
prüfen sind.

Beispiele: Hat die Polizei den Entführer eines Opfers gefasst, das sie noch in Lebensgefahr **459**
wähnt, bestünde eine staatliche Schutzpflicht, den widerstrebenden Entführer durch die Androhung physischer Schmerzen dazu zu bewegen, das Versteck preiszugeben, nur wenn die sog
Rettungsfolter nicht gegen dessen Menschenwürde verstieße (Rn 486 ff, 500). Machen etwa
Angehörige des Opfers einen entsprechenden, aus der grundrechtlichen Schutzpflicht abgeleiteten Anspruch geltend, ist das Abwehrrecht des Entführers aus Art. 1 Abs. 1 im Rahmen der
Schutzpflicht zu erörtern.

3. Verletzung der Leistungspflicht

Ein Grundrecht – oder genauer: den Gebrauch eines Grundrechts – durch eine staatli- **460**
che Leistung zu fördern, ist stets in vielfältiger Form möglich. Bezüglich der staatlichen Schutzpflicht betont das BVerfG daher: „Anders als die Grundrechte in ihrer
Funktion als subjektive Abwehrrechte sind die sich aus dem objektiven Gehalt der
Grundrechte ergebenden staatlichen Schutzpflichten grundsätzlich unbestimmt."[122]
Das BVerfG erkennt dem Gesetzgeber daher beträchtliche Entscheidungsfreiheit zu,
wie er grundrechtlichen Leistungsansprüchen nachkommt.

Ein Anspruch auf die begehrte Leistung besteht nur, wenn der Staat das Grundrecht **461**
nicht bereits auf andere als die begehrte Weise ausreichend fördert. Zunächst ist zu
ermitteln, ob und mit welchen Mitteln der Staat die Grundrechtsposition, für die eine
Leistung begehrt wird, bereits fördert. Eine grundrechtliche Leistungspflicht verlangt,
dass der Staat tätig wird, aber nicht wie; erforderlich ist, eine von vielen Fördermaßnahmen zu ergreifen, aber nicht eine bestimmte, sondern nur eine ausreichende.

Das Maß der ausreichenden Leistung bestimmt das BVerfG in Anlehnung an die Ver- **462**
hältnismäßigkeit ieS anhand des sog *Untermaßverbots*.[123] Das BVerfG verlangt unter
Berufung auf das Untermaßverbot neben der Wirksamkeit der Leistung lediglich,
dass ein angemessenes Leistungsniveau erreicht wird. Für die grundrechtlichen
Schutzpflichten fordert es etwa, dass „ein unter Berücksichtigung entgegenstehender

---

121 E 115, 118/160.
122 E 115, 118/160; vgl auch 142, 313/337.
123 Vgl *Schlink*, in: FS 50 Jahre BVerfG, 2001, Bd. II, S. 445/462 ff.

Rechtsgüter angemessener [...] Schutz erreicht wird (Untermaßverbot)"[124]. Wie bei der Verhältnismäßigkeit ieS besteht auch hinsichtlich des Untermaßverbots die Gefahr, dass es eher subjektive Präferenzen als intersubjektiv geteilte verfassungsrechtliche Urteile erlaubt.

463 **Beispiele:** Im zweiten Urteil zum Schwangerschaftsabbruch meinen die Richter der Mehrheit, das Untermaßverbot verlange zum Schutz des werdenden Lebens den Einsatz des Strafrechts oder das Erfüllen bestimmter Bedingungen der Schwangerenberatung, weil die Schutzaufgabe „elementar" sei (E 88, 203/257 f, 270 ff), was die Richter der abweichenden Minderheit, ohne den elementaren Charakter der Schutzaufgabe zu bestreiten, nicht verlangen (E 88, 203/248 ff). In der Kontroverse um die Frage, ob die Unterhaltpflicht für ein Kind verfassungsrechtlich zulässig als Schaden gesehen werden darf, hält der Zweite Senat des BVerfG diese Sicht durch das Untermaßverbot für verwehrt (E 96, 409/412 f), der Erste Senat nicht (E 96, 375/399 ff). Im Urteil zum bayerischen Schwangerenhilfeergänzungsgesetz meinen die Richter der abweichenden Minderheit, „es dränge sich auf", dass die Auffassung der Richter der Mehrheit das Untermaßverbot verletzt (E 98, 265/355 f), während sich dies den Richtern der Mehrheit nicht aufdrängte. – Im Übrigen ist das BVerfG mit der Feststellung einer Verletzung des Untermaßverbots zurückhaltend (Rn 151). So hat es die Leistungen der Grundsicherung nicht grundsätzlich für zu niedrig erachtet, sondern den Gesetzgeber nur verpflichtet, die Regelsätze in einem nachvollziehbaren Verfahren zu ermitteln (Rn 494). Auch die Verfassungswidrigkeit des Klimaschutzgesetzes beruhte nicht auf einer Verletzung der grundrechtlichen Schutzpflicht aus Art. 2 Abs. 2 S. 1, sondern auf der eingriffsähnlichen Vorwirkung, den unzureichend konkretisierten Emissionsbeschränkungen, mit denen sich die Gefahr der zukünftigen Notwendigkeit unangemessener Freiheitsbeschränkungen zur Wahrung des Staatsziels aus Art. 20a verband.[125]

464 Wie bei der Güterabwägung iRd Verhältnismäßigkeit ieS wird eine Verletzung grundrechtlicher Leistungspflichten daher nur in Betracht kommen, wenn die bisherigen Leistungen des Staates ganz offensichtlich unzureichend sind. Dies wird vom BVerfG hinsichtlich der grundrechtlichen Schutzpflichten häufig auch explizit so formuliert: „Das Bundesverfassungsgericht kann die Verletzung einer solchen Schutzpflicht nur feststellen, wenn Schutzvorkehrungen entweder überhaupt nicht getroffen sind, wenn die getroffenen Regelungen und Maßnahmen offensichtlich ungeeignet oder völlig unzulänglich sind, das gebotene Schutzziel zu erreichen, oder wenn sie erheblich hinter dem Schutzziel zurückbleiben."[126]

465 Dieser im Vergleich mit dem Verhältnismäßigkeitsgrundsatz deutlich zurückgenommene verfassungsrechtliche Maßstab wirkt sich besonders auf die Beurteilung von Dreieckskonstellationen aus, wenn diese nicht anhand des Abwehrrechts, sondern der unechten Schutzpflicht dogmatisch erfasst werden (Rn 338). Während der abwehrrechtliche Ansatz verlangt, dass auch die Duldungspflichten des durch ein rechtmäßiges Verhalten Dritter Betroffenen verhältnismäßig sein müssen (Rn 335), gilt für die unechte Schutzpflicht lediglich das Untermaßverbot. Auch wenn die unterschiedlichen Maßstäbe nicht zu unterschiedlichen Ergebnissen führen müssen, da der verhältnismäßige Eingriff gerade auch deshalb verhältnismäßig sein kann, weil er einen ausreichenden Schutz belässt, kann der Rückgriff auf die unechte Schutzpflicht in der

---

124 E 88, 203/254.
125 BVerfG, NJW 2021, 1723 Rn 151 ff, 192 (= JK 9/2021).
126 E 142, 313/337 f; vgl auch E 56, 54/80; 77, 170/215; 92, 26/46; 125, 39/78 f.

Tendenz zu Ungleichheiten bei der Zuteilung grundrechtlicher Positionen führen.[27] Wer sich in Dreieckskonstellationen auf ein Abwehrrecht berufen kann, hat eine stärkere grundrechtliche Position als derjenige, dem lediglich eine Schutzpflicht zur Seite steht. Dies kann zu einer – unter Umständen gewünschten – Privilegierung aktiveren, aber auch aggressiveren Verhaltens führen, das vor den grundrechtlich geschützten Interessen Dritter nicht gleich Halt macht. Es kann aber auch zu einer grundrechtlichen Verstärkung traditioneller sozialer Ungleichheiten führen, wenn die Zuordnung unterschiedlich starker Grundrechtspositionen gesellschaftliche Machtpositionen widerspiegelt. Wenn die Rechtsprechung zwischen beiden Konstruktionen schwankt (Rn 338 f), wird sie diese Effekte jedenfalls im Auge behalten müssen.

Beispiele: Die vertraglichen Konkurrenzverbote des sozial abhängigen Handelsvertreters gegenüber dem Prinzipal werden nicht als Eingriff in seine Berufsfreiheit geprüft, sondern als Frage der grundrechtlichen Schutzpflichten (E 81, 242/255). Die staatliche Vollstreckung eines Räumungsurteils bei Suizidgefahr des Mieters wird unter dem Gesichtspunkt der grundrechtlichen Schutzpflicht für Leib und Leben diskutiert (E 54, 214/221; BVerfG, NJW 2016, 3090 Rn 11 ff; NJW 2019, 2012 Rn 20 f). Die Pflicht des Vermieters als Eigentümer, das Anbringen einer Satellitenschüssel durch seinen Mieter zu dulden, wird hingegen als Eingriff in sein Abwehrrecht thematisiert (E 90, 27/33). In diesen Entscheidungen scheint der grundrechtliche Status von der gesellschaftlichen Rolle abzuhängen. Dabei wird die soziale Ungleichheit tendenziell grundrechtlich verschärft, wenn dem sozial Unterlegenen lediglich grundrechtliche Schutzpflichten an die Seite gestellt werden. Dies gilt jedenfalls, wenn die staatliche Regelung dann lediglich am Untermaßverbot gemessen wird. Das BVerfG schwankt jedoch auch insoweit und misst die staatliche Regelung auch beim Abstellen auf die Schutzfunktion zum Teil am Verhältnismäßigkeitsgrundsatz (etwa E 52, 214/221 f). **466**

Literatur: *A. v. Arnauld*, Die Freiheitsrechte und ihre Schranken, 1999; *M. Bäumerich*, Entgrenzte Freiheit – das Schutzgut der Grundrechte, DÖV 2015, 374; *A. Barak*, Proportionality, 2012; *H. Bethge*, Die Grenzen grundrechtlicher Subjektivierung objektiven Verfassungsrechts, in: FS Isensee, 2007, S. 613; *ders.*, Mittelbare Grundrechtsbeeinträchtigungen, Hdb. GR III, § 58; *A. Brade*, Additive Grundrechtseingriffe, 2020; *M. Breckwoldt*, Grundrechtskombinationen, 2015; *C. Bumke*, Der Grundrechtsvorbehalt, 1998; *C. Drews*, Die Wesensgehaltsgarantie des Art. 19 II GG, 2005; *P. Häberle*, Die Wesensgehaltsgarantie des Art. 19 Abs. 2 GG, 3. Aufl. 1983; *G. Hermes*, Grundrechtsbeschränkungen auf Grund von Gesetzesvorbehalten, Hdb. GR III, § 63; *C. Hillgruber*, Grundrechtlicher Schutzbereich, Grundrechtsausgestaltung und Grundrechtseingriff, Hdb. StR³ IX, § 200; *M. Jestaedt/O. Lepsius* (Hrsg.), Verhältnismäßigkeit, 2015; *D. Krausnick*, Grundfälle zu Art. 19 I und II GG, JuS 2007, 991, 1088; *K.-H. Ladeur/T. Gostomzyk*, Der Gesetzesvorbehalt im Gewährleistungsstaat, Verwaltung 2003, 141; *F. Lassahn*, Rechtsprechung und Gesetzesvorbehalt, 2017; *J. Lege*, Verbot des Einzelfallgesetzes, Hdb. GR III, § 66; *O. Lepsius*, Die Rückwirkung von Gesetzen, Jura 2018, 577, 695; *J. F. Lindner*, Zur Bindung des Landesgesetzgebers an das Zitiergebot (Art. 19 I 2 GG), Jura 2020, 1180; *F. Müller*, Die Positivität der Grundrechte, 2. Aufl. 1990; *D. Murswiek*, Grundrechtsdogmatik am Wendepunkt, Staat 2006, 473; *H.-J. Papier*, Vorbehaltlos gewährleistete Grundrechte, Hdb. GR III, § 64; *N. Petersen*, Verhältnismäßigkeit als Rationalitätskontrolle, 2015; *B. Pieroth*, Der Wert der Auffangfunktion des Art. 2 Abs. 1 GG, AöR 1990, S. 33; *J. Plebuch*, Die Wiederentdeckung grundrechtlicher Schutzbereiche in der Pandemie, JuS 2021, 316; *M. Reßing*, Die Grundrechtskonkurrenz, 2016; *H. Ruschemeier*, Der additive Grundrechtseingriff, 2019; *dies.* Kollektive Grundrechtseinwirkungen, RW 2020, 450; *B. Rusteberg*, Der grundrechtliche Ge- **467**

---

127   Krit wohl auch *Hellgardt*, JZ 2018, 901/906 ff, der bei privaten Interessenkonflikten die Ausgestaltungsfunktion (Rn 164 ff) für einschlägig erachtet; vgl auch *Calliess*, JZ 2006, 321/325.

währleistungsbereich, 2009; *N. Schaks*, Die Wesensgehaltsgarantie, Art. 19 II GG, JuS 2015, 407; *B. Schlink*, Abwägung im Verfassungsrecht, 1976; *ders.*, Der Grundsatz der Verhältnismäßigkeit, FS 50 Jahre BVerfG, 2001, Bd. II, S. 445; *J. Schwabe*, Probleme der Grundrechtsdogmatik, 1977; *T. Schwarz*, Die Zitiergebote im Grundgesetz, 2002; *K. Stern*, Die Grundrechte und ihre Schranken, in: FS 50 Jahre BVerfG, 2001, Bd. II, S. 1; *L. P. Störring*, Das Untermaßverbot in der Diskussion, 2009; *M. Winkler*, Kollisionen verfassungsrechtlicher Schutznormen, 2000.

Anhang: Aufbauschemata

468 Die dargelegte Struktur der Grundrechte des GG kann für Zwecke der *Falllösung* in Aufbauschemata gebracht werden. Deren Struktur orientiert sich zunächst an der Fallfrage: In verfassungsrechtlichen Übungsarbeiten wird entweder gefragt, ob eine Person in ihren Grundrechten verletzt ist (Konstellation 1) oder ob ein Gesetz verfassungsgemäß ist (Konstellation 2). In Konstellation 1 bezieht sich die Fallfrage auf den Prüfungsmaßstab der Grundrechte; es ist daher ein Aufbau zugrunde zu legen, der von den Grundrechten als Maßstab ausgeht. Dies entspricht der Prüfung der Begründetheit im Rahmen einer Verfassungsbeschwerde (Rn 1434). Hinsichtlich des Prüfungsaufbaus ist zwischen Abwehr- (**Aufbauschema I**), Leistungs- (**Aufbauschema II**) und Gleichheitsrechten (**Aufbauschema IV**, Rn 671) zu differenzieren. **Aufbauschema V** betrifft die Eigentumsfreiheit, die zwar grundsätzlich wie andere Abwehrrechte geprüft werden kann, für die aber spezielle Anforderungen im Bereich der Eingriffsrechtfertigung gelten (Rn 1178 f). In Konstellation 2 wird insgesamt nach der Verfassungsmäßigkeit gefragt. Es wird dann die formelle und materielle Verfassungsmäßigkeit des Gesetzes geprüft (= **Aufbauschema III**); prozessual wird diese Frage meist mit der Prüfung einer Normenkontrolle (Art. 93 Abs. 1 Nr. 2, 100 Abs. 1) verbunden sein. Innerhalb der materiellen Verfassungsmäßigkeit sind dann die Grundrechte zu prüfen, selbstverständlich aber ohne die nochmalige Prüfung der formellen Verfassungsmäßigkeit im Rahmen der verfassungsrechtlichen Rechtfertigung. Inhaltlich decken sich die Prüfungen in Konstellation 1 und 2 also; sie sind nur aufgrund der zugrunde liegenden Fallfragen unterschiedlich strukturiert.

---

469 **Aufbauschema I: Abwehrrecht** (Rn 278-448)

Fallfrage: Wird ein Grundrechtsträger durch hoheitliches Handeln in seinen Grundrechten verletzt?

    I. Schutzbereich

        1. Sachlicher Schutzbereich

            a) Schutzgut (Rn 282)
            Bezeichnung des Schutzgutes (zB: Glaube, Art. 4 Abs. 1, 2; Meinung, Art. 5 Abs. 1 S. 1)

            b) Geschütztes Verhalten (Rn 286)
            Benennung der geschützten Verhaltensweisen (zB: Denken, Äußern und Handeln nach den Glaubensinhalten, Art. 4 Abs. 1, 2; Äußern und Verbreiten in Wort, Schrift und Bild, Art. 5 Abs. 1 S. 1)

        2. Persönlicher Schutzbereich
        Prüfung der Grundrechtsberechtigung (Rn 190–251), soweit der Sachverhalt Anlass dazu gibt

    II. Eingriff

        Definition: Rn 329

        – Bei normgeprägten Grundrechten (Rn 343): Abgrenzung zur Ausgestaltung

– In Dreieckskonstellationen (Rn 334): Entscheidung zwischen Abwehrrecht und unechter Schutzpflicht. Wenn unechte Schutzpflicht: **Aufbauschema II**
– Bei Leistungsansprüchen (Rn 449): kein „Eingriff durch Unterlassen", sondern **Aufbauschema II**

III. **Verfassungsrechtliche Rechtfertigung**

1. **Eingriffsermächtigung im Grundgesetz**
   Prüfung nur bei einem Eingriff, nicht bei einer Ausgestaltung (Rn 440)
   – Feststellung des einschlägigen Gesetzesvorbehalts: (Rn 370)
     (Prüfung der materiellen Anforderungen des Gesetzesvorbehalts entweder hier oder unter 2. b) aa) (1)), s. dort.
   – Wenn Prüfungsgegenstand ein Einzelakt ist:
     ☑ Bestimmung des für den Einzelakt einschlägigen Gesetzes
     ☑ Prüfung der Wesentlichkeitstheorie (Rn 365 ff)

2. **Verfassungsmäßigkeit des Gesetzes**
   a) **Formelle Verfassungsmäßigkeit**
      – Gesetzgebungskompetenz, Art. 70–74
      – Gesetzgebungsverfahren, Art. 76–78
   b) **Materielle Verfassungsmäßigkeit**
      aa) **Grundsatz der Verhältnismäßigkeit**
         (1) **Legitimität von Zweck und Mittel** (Rn 398)
            – Bestimmung des Zwecks und der Mittel des Gesetzes
            – Prüfung der Anforderungen des Gesetzesvorbehalts an Zweck und Mittel (Rn 398):
              ☑ Grundrechte mit einfachem Gesetzesvorbehalt (Rn 371): keine besonderen Anforderungen
              ☑ Grundrechte mit qualifiziertem Gesetzesvorbehalt (Rn 373): Prüfung der im Gesetzesvorbehalt genannten Voraussetzungen
              ☑ Grundrechte ohne Gesetzesvorbehalt (Rn 376): Prüfung, ob der Zweck verfolgt wird, ein anderes Verfassungsgut zu schützen
         (2) **Geeignetheit** (Rn 400)
         (3) **Erforderlichkeit** (Rn 402)
         (4) **Verhältnismäßigkeit ieS** (Rn 406)
            ☑ Grobes Missverhältnis von Eingriffsintensität und Zweck im Einzelfall
            ☑ Einzelgrundrechtspezifische Vorgaben iRd Verhältnismäßigkeit ieS
      bb) **Sonstige Schranken-Schranken**
         Wesensgehaltsgarantie (Rn 421), kein Einzelfallgesetz (Rn 431), Zitiergebot (Rn 433), Bestimmtheitsgebot (Rn 436)

3. **Verfassungsmäßigkeit des Einzelakts** (Rn 397)
   Prüfungsmaßstab: Verletzung spezifischen Verfassungsrechts (Rn 1440), keine Prüfung des einfachen Rechts
   a) **Grundlegende Verkennung der Grundrechte bei der Entscheidungsfindung** (Rn 1450)
      Prüfung nur, soweit Hinweise im Sachverhalt, sonst Beachtung unterstellen:
      ☑ Verkennung der Einschlägigkeit eines Grundrechts (Schutzbereich und Eingriff)
      ☑ Verkennung der Bedeutung des Grundrechts bei der Entscheidungsfindung
   b) **Verhältnismäßigkeit des Einzelakts**
   c) **Wahrung der sonstigen Schranken-Schranken durch den Einzelakt**

470

> **Aufbauschema II: Leistungsrecht** (Rn 449–466)
>
> Fallfrage: Hat der Grundrechtsträger einen grundrechtlichen Anspruch auf staatliches Handeln?
>
> **I. Schutzbereich** (Rn 450)
>
> > Prüfung, ob das Verhalten, für das eine Leistung begehrt wird, in den Schutzbereich des Grundrechts fällt (wie Aufbauschema I)
>
> **II. Leistungspflicht** (Rn 451)
>
> > **1.** Bestehen einer Leistungspflicht:
> > - Pflicht zum Schutz: echte oder unechte Schutzpflicht (Rn 147)
> > - Pflicht zur Ausgestaltung: Rn 167
> > - Leistungspflicht ieS: Rn 176
> >
> > **2. Geeignetheit der begehrten Leistung** (Rn 455)
> > **3. Tatsächliche und rechtliche Möglichkeit** (Rn 456)
>
> **III. Verletzung der Leistungspflicht** (Rn 460)
>
> > Prüfung, ob die staatliche Leistung den verfassungsrechtlichen Mindeststandards entspricht (Untermaßverbot, Rn 462)

471

> **Aufbauschema III**
>
> Fallfrage: Ist das Gesetz verfassungsgemäß?
>
> **I. Formelle Verfassungsmäßigkeit**
>
> > - Gesetzgebungskompetenz, Art. 70–74
> > - Gesetzgebungsverfahren, Art. 76–78
>
> **II. Materielle Verfassungsmäßigkeit**
>
> > Prüfung von Grundrechtsverstößen wie in Aufbauschema I (allerdings ohne nochmalige Prüfung der formellen Verfassungsmäßigkeit) bzw. Aufbauschema II

Teil II

Die einzelnen Grundrechte

Der Abschnitt I des Grundgesetzes trägt die Überschrift „Die Grundrechte". Ihren Ort **472** haben die *Grundrechte* also zunächst einmal in Art. 1 bis 19 und auf die in diesen Artikeln enthaltenen Rechte bezieht sich auch Art. 93 Abs. 1 Nr. 4a, wenn er von den Grundrechten spricht; zu den „Grundrechten" iSd Vorschrift rechnet das BVerfG auch die Unionsgrundrechte (Rn 91, 1396). Außerdem gibt es Normen in den Abschnitten II, III und IX, die von ihrer Struktur und ihrer Geschichte her den Grundrechten der Art. 1 bis 19 gleichstehen. Die Gleichstellung spricht das Grundgesetz in Art. 93 Abs. 1 Nr. 4a auch aus: Verfassungsbeschwerde kann unter Berufung auch auf die in Art. 20 Abs. 4, 33, 38, 101, 103 und 104 enthaltenen Rechte erhoben werden. Diese werden *grundrechtsgleiche Rechte* genannt.[1]

Dass Abschnitt I der Ort der Grundrechte ist, bedeutet nicht, dass alle Normen des **473** Abschnitts I Grundrechte wären. Neben Grundrechten und Normen über Grundrechte finden sich auch organisationsrechtliche Normen, die dem Einzelnen *keine subjektiven Rechte* einräumen, etwa Art. 7 Abs. 1, der die staatliche Schulaufsicht regelt. Bei ihnen besteht nur noch ein thematischer Zusammenhang mit Grundrechten. Auch die in Art. 93 Abs. 1 Nr. 4a neben den Grundrechten genannten Artikel enthalten nicht nur grundrechtsgleiche Rechte, sondern daneben auch wieder organisationsrechtliche Normen.

§ 7   Schutz der Menschenwürde (Art. 1 Abs. 1)

Fall 4: Das Entführungsdrama **474**

A und B entführen den herzkranken Industriellen I. Sie fordern von den Angehörigen des I ein hohes Lösegeld. I schwebt in äußerster Lebensgefahr, da er seine gewohnten Medikamente nicht einnehmen kann. Selbst wenn die Forderung der Entführer erfüllt würde, dauerte das Verfahren der Übergabe des Lösegelds und der Freilassung doch so lange, dass die medikamentöse Hilfe zu spät käme. Der zwischenzeitlich festgenommene B weiß, wo I von A versteckt gehalten wird, weigert sich aber, dies preiszugeben. Um das Leben des I zu retten, entschließt sich die Polizei, den B mit Folter zum Sprechen zu bringen. Verstößt sie gegen Art. 1 Abs. 1? **Rn 500**

I.   Überblick

Die nationalsozialistischen Verbrechen vor Augen hat der Parlamentarische Rat an den *Anfang* **475** der Grundrechte das Bekenntnis zur Menschenwürde gestellt. Im Hinblick auf diese Stellung und darauf, dass auch eine Verfassungsänderung Art. 1 nicht „berühren" darf (Art. 79 Abs. 3),

---

1   Krit *Schumann*, JZ 2020, 30/32.

hat das BVerfG schon früh festgestellt: „In der freiheitlichen Demokratie ist die Würde des Menschen der oberste Wert."[1]

476 Wegen proklamatorischer Unbestimmtheit, wegen der in Art. 1 Abs. 3 statuierten Bindung der öffentlichen Gewalt an die „nachfolgenden" Grundrechte und weil deren Schutz ohnehin lückenlos sei, wird die Auffassung vertreten, Art. 1 Abs. 1 sei selbst kein Grundrecht[2]. Aber proklamatorische Unbestimmtheit findet sich auch bei anderen Grundrechten, und systematisch gehört Art. 1 Abs. 1, wie die Überschrift von Abschnitt I und Art. 142 zeigen, *zu den Grundrechten*. Das BVerfG vertritt von Anfang an, dass Art. 1 Abs. 1 ein Grundrecht ist, und hat auch jüngst wieder klargestellt, dass Art. 1 Abs. 1 als „Grundrecht die Würde jedes individuellen Menschen schützt"[3].

477 Anders als bei den meisten Grundrechten ist die Rechtsfolge der Gewährleistung der Menschenwürde in einem eigenen Satz formuliert: Art. 1 Abs. 1 S. 2 verpflichtet alle staatliche Gewalt, die Würde des Menschen zu *achten* und zu *schützen*. Die Achtungspflicht verbürgt ein Abwehrrecht, die hier ausnahmsweise (vgl Rn 146 f) ausdrücklich auferlegte Schutzpflicht einen Leistungsanspruch.[4]

478 Andere Grundrechte formen den Menschenwürdeschutz weiter aus. Dadurch fallen sie zwar nicht unter die Unabänderlichkeitsverbürgung von Art. 79 Abs. 3. Soweit ihr Schutzbereich sog *Menschenwürdegehalt* hat, dh sich mit dem Schutzbereich von Art. 1 Abs. 1 deckt, verbürgt dessen Unabänderlichkeit aber, dass von ihnen auch noch nach ihrer Änderung oder sogar Abschaffung etwas übrig bleibt – als Aspekt von Art. 1 Abs. 1.[5]

II. Schutzbereich

479 Den Schutzbereich der Menschenwürde zu bestimmen, macht in doppelter Hinsicht *Schwierigkeiten*. Zum einen ist der Begriff der Menschenwürde durch zweieinhalbtausend Jahre Geistesgeschichte gegangen und hat dabei verschiedene theologische, philosophische und soziologische Interpretationen gefunden, die, bis heute aktuell, auch verschiedene juristische Interpretationen nahelegen. Zum anderen ist die Vorstellung davon, was an der Existenz des Menschen besonders gefährdet und besonders darauf angewiesen ist, nicht angetastet zu werden, auch durch den politischen, ökonomischen und kulturellen Zustand einer Gesellschaft bedingt und wandelt sich mit ihm.

480 Es gibt besonders drei Auffassungen, wie der Schutzbereich der Menschenwürde zu bestimmen ist. Nach der sog *Mitgifttheorie* schützt Art. 1 Abs. 1 das, was den Menschen als Menschen auszeichnet – seine Gottebenbildlichkeit, seine Vernunftbegabtheit, seine Willens- und Entscheidungsfreiheit. Die christlichen und aufklärerischen Wurzeln dieser Auffassung münden in der Philosophie *Kants* zusammen. „Autonomie ist … der Grund der Würde"; der Mensch, frei und zu vernünftiger Selbstgesetzgebung begabt und verpflichtet, ist Subjekt und existiert als Zweck an sich selbst, nicht als Objekt oder Mittel zum Gebrauch für andere – sei es für den Staat, sei es für einen anderen Menschen.[6]

---

1 E 5, 85/204.
2 Vgl *Enders*, FH, Art. 1 Rn 60 ff.
3 E 125, 175/223; 1, 332/343.
4 E 125, 175/222 f.
5 Vgl E 109, 279/310.
6 Vgl *Seelmann*, in: Brudermüller/Seelmann, Menschenwürde, 2008, S. 67 ff.

Die sog *Leistungstheorie* lässt es nicht bei der Begabung und Verpflichtung zum Vernunftgebrauch bewenden; sie spricht dem Menschen Würde auf Grund und nach Maßgabe seiner Leistung der Identitätsbildung und Selbstdarstellung zu. „Nur er kann bestimmen, was er ist"[7]; dabei gewährt Art. 1 Abs. 1 ihm Schutz vor dem Staat. *Luhmann*, auf den die Theorie zurückgeführt wird, sieht den Menschen durch Art. 1 Abs. 1 nur in seinem Verhältnis zum Staat, nicht in seiner Kommunikation mit anderen Menschen geschützt; Kommunikation, innerhalb weiter rechtlicher Grenzen frei, bietet mit der Chance des Gelingens eben auch das Risiko des Scheiterns von Identitätsbildung und Selbstdarstellung. **481**

Nach der sog *Anerkennungstheorie* liegt der Grund der Würde in der Anerkennung, die sich Menschen als freie und gleiche gegenseitig schulden und gewähren und durch die sie sich zur staatlichen Gemeinschaft als Anerkennungs- und Solidargemeinschaft verfassen. Während die Würde für die Mitgifttheorie beim Menschen schon vorauszusetzen („Substanzbegriff") und für die Leistungstheorie vom Menschen erst zu erwerben ist („Leistungsbegriff"), ist sie für die Anerkennungstheorie „Kommunikationsbegriff" und stellt sich in der Gemeinschaft her.[8] **482**

Alle drei Auffassungen greifen *zentrale Aspekte* dessen auf, was unter dem Begriff der Menschenwürde als unantastbar festgehalten zu werden verdient und in der Rechtsprechung des BVerfG auch festgehalten wird. Die erste Auffassung lehrt, die Würde auch der Menschen zu sehen, bei denen das, was sie als Menschen auszeichnet, nicht mit hinreichender Willens-, Handlungs- oder Leistungsfähigkeit einhergeht. Die zweite Auffassung stellt klar, dass nur der Einzelne entscheiden kann, was seine Würde ausmacht, und dass ihm keine Würdeverwirklichungen und -darstellungen aufgenötigt werden dürfen.[9] Die dritte Auffassung hält fest, dass Würde von Anerkennung lebt. Bereits der Wortlaut von Art. 1 Abs. 1, nach dem die Würde nicht angetastet werden kann und doch geachtet und geschützt werden muss, kann als Andeutung verstanden werden, dass es ein aus der unantastbaren Würde folgender antastbarer Anspruch ist, der Achtung und Schutz benötigt: ein Anerkennungsanspruch.[10] **483**

Beispiele: Menschenwürde hat auch, wer „auf Grund seines körperlichen oder geistigen Zustands nicht sinnhaft handeln kann" (E 109, 133/150). – Frauen, die bei der Peepshow, und Zwergen, die beim Zwergenweitwurf mitmachen wollen, kann dies nicht um ihrer Menschenwürde willen verboten werden (vgl *Dreier*, DR, Art. 1 I Rn 149). – Wenn jemandem die Freiheit entzogen oder sonst eine Sanktion auferlegt wird, muss er seine Menschenwürde durch die Art und Weise, in der es geschieht, anerkannt finden; daraus folgen Vorgaben besonders für das strafrechtliche Verfahren (vgl Rn 495). **484**

Alle drei Auffassungen treffen sich im Konsens, dass zum Schutzbereich *drei Teilbereiche* gehören, **485**

– die menschliche Subjektivität, dh besonders die körperliche und seelische Identität und Integrität,
– die prinzipielle rechtliche Gleichheit der Menschen und
– die Gewährleistung des Existenzminimums.

---

7 Vgl *Luhmann*, Grundrechte als Institution, 1965, S. 53 ff.
8 *Hofmann*, AöR 1993, 353/364 ff; *Kloepfer*, VerfR II, § 55 Rn 8 f.
9 Vgl E 87, 209/228; *Podlech*, AK, Art. 1 Abs. 1 Rn 46.
10 E 109, 133/150.

486 Die staatliche Verpflichtung, die Menschenwürde zu achten und zu schützen, wirkt sich in diesen drei Teilbereichen unterschiedlich aus. Die fundamentalen Ansprüche auf Subjektivität und Gleichheit liegen staatlicher Wertung oder Bewertung voraus. Gelegentlich wird zwar die Ermittlung des Schutzbereichs auch in diesen Teilbereichen als situations- und kontextabhängig und *abwägungsoffen* bezeichnet.

487 **Beispiele:** Wer als Verbrecher die Würde des Opfers antaste, müsse sich die Folter durch die Polizei, die der Rettung des Opfers diene, selbst zurechnen und könne sie nicht als Antastung seiner Würde abwehren. Wer im Flugzeug sitze, das, von Terroristen gekapert, in ein Kernkraftwerk gelenkt werde, habe eine derart reduzierte Lebensperspektive und Würdereichweite, dass der Abschuss des Flugzeugs seine Würde nicht antaste.

488 Doch ist die Relativierung des Schutzbereichs, die mit der Funktion und Bestimmtheit aller Grundrechte unvereinbar ist, mit der Unantastbarkeit, der besonderen Achtung und dem besonderen Schutz der Menschenwürde erst recht unvereinbar. Was im Allgemeinen als Schutzbereich der Menschenwürde auszumachen ist, muss auch im konkreten Fall als Schutzbereich festgehalten werden. Das BVerfG sagt denn auch nicht über den Schutzbereich der Menschenwürde, sondern über die Verletzung, sie lasse „sich nicht generell …, sondern immer nur in Ansehung eines konkreten Falles"[11] bestimmen.

489 Das menschliche Existenzminimum verlangt hingegen aktiven und abhängig von der individuellen Bedarfssituation ausdifferenzierten staatlichen Schutz. Wem die „notwendigen materiellen Mittel fehlen, weil er sie weder aus seiner Erwerbstätigkeit, noch aus eigenem Vermögen noch durch Zuwendungen Dritter erhalten kann"[12], ist auf die sozialstaatlichen Leistungssysteme angewiesen. Zwar folgt der Leistungsanspruch aus Art. 1 Abs. 1, doch kann sein Umfang nicht unmittelbar aus der Verfassung abgeleitet werden. Das BVerfG berücksichtigt das dadurch, dass es das *Grundrecht auf Gewährleistung eines menschenwürdigen Existenzminimums* eigenständig neben den absolut wirkenden Art. 1 Abs. 1 stellt und nicht nur auf Art. 1 Abs. 1, sondern auch auf Art. 20 Abs. 1 stützt, der den staatlichen Gestaltungsauftrag hinsichtlich des Leistungsumfangs begründet[13] und daher der gesetzlichen Ausgestaltung bedarf (Rn 497).

III. Eingriffe

490 Zur Bestimmung, ob ein Eingriff in die Menschenwürde vorliegt, bedient sich das BVerfG der sog *Objektformel*. Der Mensch hat Würde als Subjekt; entsprechend widerspricht es seiner Würde, ihn zum „bloßen Objekt des Staates" zu machen.[14]

Das Problem der Objektformel liegt auf der Hand: Sie lässt manches offen. Im Abhörurteil hat das BVerfG versucht, sie zu *präzisieren*, und den Eingriff in die Menschenwürde dahin gekennzeichnet, dass der Mensch „einer Behandlung ausgesetzt

---

11 E 30, 1/25.
12 E 125, 175/222.
13 E 125, 175/222 ff; vertiefend *Susnjar/Greiser*, DVBl. 2018, 1329/1335 ff.
14 E 87, 209/228; 109, 133/149 f; 115, 118/153.

wird, die seine Subjektqualität prinzipiell in Frage stellt [oder in der] eine willkürliche Missachtung der Würde des Menschen liegt. Die Behandlung [muss also] Ausdruck der Verachtung des Wertes, der dem Menschen kraft seines Personseins zukommt, also in diesem Sinn eine ‚verächtliche Behandlung‘ sein"[15].

Aber dieser Präzisierungsversuch hilft nicht viel weiter. Soll neben der unzulässigen „willkürlichen Missachtung der Würde des Menschen" eine willkürfreie Missachtung der Menschenwürde zulässig sein? Auf wessen Einstellung soll das Erfordernis, die Behandlung müsse „Ausdruck der Verachtung" sein, abstellen, und warum soll es statt auf die Wirkung auf die Einstellung ankommen? Schon das abweichende Votum zum Abhörurteil hielt entgegen, der Mensch dürfe *schlechterdings* „nicht unpersönlich, nicht wie ein Gegenstand behandelt werden, auch wenn es nicht aus Missachtung des Personenwertes, sondern in ‚guter Absicht‘ geschieht"[16]. Jüngst hat das BVerfG die Objektformel ähnlich dahin gefasst: „Schlechthin verboten ist damit jede Behandlung des Menschen durch die öffentliche Gewalt, die dessen Subjektqualität, seinen Status als Rechtssubjekt, grundsätzlich in Frage stellt, indem sie die Achtung des Wertes vermissen lässt, der jedem Menschen um seiner selbst willen, kraft seines Personseins, zukommt"[17]. **491**

Die Objektformel schafft jedenfalls *Klarheit*, dass der Zweck, für den der Mensch als Objekt oder Instrument behandelt wird, nicht zählt; auch der beste oder höchste Zweck macht die Behandlung nicht menschenwürdeverträglich. Bei der Menschenwürde geht es also nicht um das Verhältnis zwischen Zweck und Mittel, nicht um Abwägung und Verhältnismäßigkeit, sondern um das Verbot der Behandlung als Objekt oder Instrument schlechthin. Wie es nicht auf die Zwecke ankommt, kommt es nicht auf die Willkür oder Willkürfreiheit, Missachtung oder Achtung an, die den Träger der öffentlichen Gewalt leitet. Überdies wird der Mensch umso mehr als Subjekt respektiert und umso weniger als Objekt behandelt je mehr Zustimmung, Partizipation oder immerhin Transparenz zur Voraussetzung seiner Behandlung gemacht wird. **492**

Die verschiedenen Auffassungen zur Menschenwürde treffen sich wie im Konsens über die drei Teilbereiche, die zum Schutzbereich gehören, auch im Konsens über die *teilbereichstypischen Eingriffe*:[18] **493**

- In die körperliche und seelische Identität und Integrität wird besonders durch Folter, Brechung des Willens durch Drogen oder Hypnose, heimliche oder gewaltsame medizinische Manipulation zu Forschungs- oder Züchtungszwecken, Zerstörung menschlicher Intimität,
- in die prinzipielle rechtliche Gleichheit besonders durch Sklaverei, Leibeigenschaft, Menschenhandel und andere systematische Diskriminierungen, Demütigungen und Erniedrigungen und
- in die Gewährleistung des Existenzminimums dadurch eingegriffen, dass die Möglichkeit, das Minimum der eigenen Bedürfnisse selbst zu befriedigen, vorenthalten oder die erforderlichen materiellen und kulturellen Ressourcen verweigert werden.

---

15 E 30, 1/26; vgl auch E 109, 279/312 f.
16 E 30, 1/39 f.
17 E 115, 118/153; vgl *Enders*, JöR 2011, 245/251 ff.
18 *Windthorst*, StudK, Art. 1 Rn 26 ff.

494 **Beispiele:** Ob der fortpflanzungsmedizinische und gentechnische Umgang mit menschlichem Leben ein Problem des Identitäts- und Integritätsschutzes aus Art. 1 Abs. 1 oder des Lebens-, Gesundheits- und Persönlichkeitsschutzes aus Art. 2 ist, ist fraglich (vgl *Dreier*, DR, Art. 1 I Rn 81 ff; *Lorenz*, JZ 2005, 1121; *Middel*, Verfassungsrechtliche Fragen der Präimplantationsdiagnostik und des therapeutischen Klonens, 2006; zur Transplantationsmedizin Rn 205, 543); ob die Haftung des Arztes für den Unterhalt eines Kinds, das nach fehlgeschlagener Sterilisation oder fehlerhafter genetischer Beratung geboren wurde, mit der Menschenwürde des Kinds vereinbar oder eine menschenunwürdige „Kommerzialisierung menschlichen Daseins" ist, ist zwischen den Senaten des BVerfG streitig (E 96, 375/400 f; 96, 409/412 f). – Im Abschuss eines sog Renegade-Flugzeugs sieht das BVerfG einen Eingriff in die Würde der Besatzung und der Passagiere, weil ihre Tötung als Mittel zur Rettung anderer benutzt wird (E 115, 118/154; dazu *Merkel*, JZ 2007, 373; *Lindner*, DÖV 2006, 577; zur Geiselrettung durch Einsatz von tödlichem Kampfgas vgl EGMR, No. 18299/03 u. 27311/03, Rn 198 ff [Finogenov/Russia]). – Den Gebrauch des Lügendetektors qualifiziert das BVerfG als Problem nicht der Menschenwürde, sondern des allgemeinen Persönlichkeitsrechts (NJW 1982, 375; vgl auch NJW 1998, 1938). Dagegen sieht es im Lauschangriff (vgl Rn 1101 f) einen Eingriff nicht nur in das Wohnungsgrundrecht, sondern auch in die Menschenwürde, wenn der Kernbereich privater Lebensgestaltung angetastet wird, und hat daraus umfangreiche verfahrensrechtliche Anforderungen an technische Überwachungen zum Schutz des Kernbereichs abgeleitet (E 109, 279/314 ff). Ähnlich hat der EGMR (NJW 2018, 3763/3766 f [Hentschel u. Stark/Deutschland]) Art. 3 EMRK besonders strenge verfahrensrechtliche Anforderungen an die Aufklärung von Misshandlungsvorwürfen entnommen, wenn die handelnden Beamten mangels Kennzeichnung und aufgrund ihrer Behelmung nicht identifizierbar waren. – Für die Strafrechtspflege folgt aus Art. 1 Abs. 1, dass Straftäter nicht zum bloßen Objekt der Verbrechensbekämpfung werden dürfen (E 131, 268). Daher greift es in die Menschenwürde von Strafgefangenen ein, wenn sie keine Chance haben, jemals wieder frei zu kommen und der Vollzug nicht auf Resozialisierung hinwirkt (E 109, 133/150 f), wenn sie zu zweit in einer Zelle von rund 8 m² untergebracht sind (BVerfG, NJW-RR 2011, 1043 Rn 33; vgl auch BVerfG, NJW 2016, 1872 Rn 27) und wenn die Zelle mit Fäkalien verunreinigt ist (NJW 1993, 3190 f, EuGRZ 2010, 531/533). Zum Schutz der Menschenwürde im Strafverfahren fordert das BVerfG, dass der Beschuldigte „die Möglichkeit haben … muss, auf das Verfahren einzuwirken, sich persönlich zu den gegen ihn erhobenen Vorwürfen zu äußern, entlastende Umstände vorzutragen, deren umfassende und erschöpfende Nachprüfung und ggfs auch Berücksichtigung zu erreichen" (E 63, 332/337 f). – Zum Schutz des menschlichen Existenzminimums hat der Einzelne, dem keine ausreichenden eigenen Mittel oder Zuwendungen Dritter zur Verfügung stehen, einen Anspruch auf „diejenigen materiellen Voraussetzungen …, die für seine physische Existenz und für ein Mindestmaß an Teilhabe am gesellschaftlichen, kulturellen und politischen Leben unerlässlich sind" (E 125, 175; E 152, 68 Rn 118 ff). Auch darf der Staat das vom Einzelnen erzielte Einkommen, das zur Erhaltung des Existenzminimums nötig ist, weder entziehen noch besteuern (E 82, 60/85; 99, 246/259 ff; 120, 125/155 f). Zwar hat der Gesetzgeber, anders als bei den anderen Teilbereichen, einen nach Maßgabe von Art. 1 Abs. 1 iVm Art. 20 Abs. 1 (Rn 489) auszufüllenden Gestaltungsspielraum. Er muss aber „alle existenznotwendigen Aufwendungen folgerichtig in einem transparenten und sachgerechten Verfahren nach dem tatsächlichen Bedarf, also realitätsgerecht … bemessen" und dieses Verfahren fortwährend überprüfen und weiterentwickeln (E 125, 175/225; 137, 34/72 ff zum allgemeinen Grundsicherungsrecht; vgl auch E 132, 134 Rn 68 zum Asylbewerberleistungsrecht; zum Grundsatz der Folgerichtigkeit Rn 596).

495 Da sich Menschenwürde im alltäglichen Sprachgebrauch „immer häufiger auf periphere soziale Vorgänge"[19] bezieht, werden vor dem BVerfG staatliche Maßnahmen

---

19 *Podlech*, AK, Art. 1 Abs. 1 Rn 12.

oft unter Berufung auf die Menschenwürde gerügt, die von einer Verletzung der Menschenwürde weit entfernt sind. Das BVerfG hat Verfassungsbeschwerden, die eine Verletzung der Menschenwürde gerügt haben, daher mehrfach als *offensichtlich unbegründet* zurückgewiesen.

Beispiele: Zahlung einer Geldbuße im Ordnungswidrigkeitsverfahren (E 9, 167/171), Ladung zum Verkehrsunterricht (E 22, 21/28), Leichenöffnung im Ermittlungsverfahren (BVerfG, NJW 1994, 783/784) und Friedhofszwang für Urnen (E 50, 256/262). **496**

Kein Eingriff in die Menschenwürde liegt in der Ausgestaltung der aus dem Achtungsanspruch folgenden Leistungspflichten des Staates zur Absicherung des Existenzminimums (Rn 489). Bei der Ausgestaltung der Leistungen hat der Gesetzgeber sowohl einen voluntativen Gestaltungs- als auch einen epistemischen Einschätzungsspielraum (vgl Rn 1259 ff für die Verwaltung).[20] So hat das BVerfG zu Recht Sanktionen für die Bezieher von Sozialleistungen grundsätzlich als zulässig erachtet, wenn sie die zu ihrer Integration in den Arbeitsmarkt erforderliche Mitwirkung verweigern. Die Berücksichtigung der Selbsthilfemöglichkeiten nimmt den Einzelnen gerade als eigenverantwortliches Subjekt ernst. Daher sind Sanktionen auch zulässig, wenn die Kürzung von Geldleistungen eine menschenwürdige Existenz gefährden kann, durch die Möglichkeit von Sachleistungen aber existentielle Vorsorge getroffen ist.[21] Die Sanktionen gehen aber zu weit, wenn sie den Zweck der Leistung unterlaufen, indem sie etwa die Selbsthilfepotentiale schwächen.[22] Soweit das BVerfG für diese zu weit gehenden Sanktionen einen Menschenwürdeverstoß im Rahmen einer an der Eingriffsdogmatik orientierten Verhältnismäßigkeitsprüfung aber auch darauf stützt, dass die Sanktionen nicht geeignet seien, einen arbeitsamen Lebensstil zu erzwingen,[23] stellt es zwar nicht die Absolutheit des Schutzes der Menschenwürde in Frage, wohl aber ihr Verständnis als Autonomie. **497**

IV. Verfassungsrechtliche Rechtfertigung

Art. 1 Abs. 1 steht nicht unter Gesetzesvorbehalt. Da er wegen Art. 79 Abs. 3 nicht einmal durch eine Verfassungsänderung berührt werden darf und dadurch dem übrigen Verfassungsrecht vorgeordnet ist, scheidet die *Kollision* mit dem übrigen Verfassungsrecht als Eingriffsrechtfertigung aus.[24] Denkbar ist allenfalls die Eingriffsrechtfertigung durch Kollision mit den ebenfalls durch Art. 79 Abs. 3 der Verfassungsänderung entzogenen Verfassungsgrundsätzen. Die in Art. 20 niedergelegten Grundsätze zur Gestalt der staatlichen Gewalt scheiden zur Eingriffsrechtfertigung jedoch aus, da die staatliche Gewalt um der Menschenwürde Willen besteht und diese zu achten und zu schützen hat.[25] **498**

Es bleibt die Frage, ob in die Menschenwürde des einen zum Schutz der Menschenwürde eines anderen eingegriffen werden darf, besonders in die Menschenwürde von **499**

---

20 E 152, 68/131 ff.
21 E 152, 68/118 ff.
22 E 152, 68/117 ff.
23 E 152, 68/142 ff; insoweit krit etwa auch *Nettesheim*, JZ 2020, 153.
24 E 93, 266/293; 107, 275/284.
25 Vgl E 75, 369/380.

jemandem, der Unrecht tut, zum Schutz der Menschenwürde von jemandem, der Unrecht leidet.[26] Zwar ist der Staat aus Art. 1 Abs. 1 ebenso wie zur Achtung auch zum Schutz der Menschenwürde verpflichtet. Aber wie er seinen Schutzpflichten nachkommt, ist ihm durch das Grundgesetz nicht vorgezeichnet, sondern von ihm „grundsätzlich in eigener Verantwortung zu entscheiden"[27], und seiner Pflicht zum Schutz der Menschenwürde kommt er bereits durch seine Gesetze und deren Vollzug, besonders durch Polizei und Gerichte, nach. Dass der generelle gesetzliche Schutz im einen oder anderen Vollzugsfall versagen mag, gehört zum Wesen jedes generellen gesetzlichen Schutzes. Wie der Staat seiner Achtungspflicht nachkommt, ist ihm dagegen eindeutig vorgegeben: Er hat die menschenwürdeverletzende Behandlung zu unterlassen. Abwehr- und Schutzrechte wirken stets und auch hier nicht in der gleichen Unmittelbarkeit und Unbedingtheit.[28] Da somit kein Eingriff in die Menschenwürde gerechtfertigt werden kann, stellt jeder Eingriff zugleich eine Verletzung der Würde dar.[29]

500 **Lösungsskizze zum Fall 4 (Rn 474):** I. Ein wesentlicher Teil des Schutzbereichs der Menschenwürde ist die Wahrung der menschlichen Identität und Integrität sowohl in körperlicher wie in seelischer Hinsicht. Aller staatlichen Gewalt, und damit auch der Polizei, ist daher Folter verboten. Da B eine „festgehaltene Person" ist, ergibt sich dieses Verbot hier zugleich aus Art. 104 Abs. 1 S. 2. – II. Somit hat die Polizei in die Menschenwürde eingegriffen. – III. Eine verfassungsrechtliche Rechtfertigung des Vorgehens der Polizei kann nicht auf den Schutz von I abstellen. Es wäre verfehlt, hier eine Kollision zwischen der Menschenwürde von B und der Menschenwürde von I anzunehmen und die von B der von I zu opfern, weil jener unrecht getan und dieser Unrecht erlitten habe. Zwar ist der Staat aus Art. 1 Abs. 1 iVm Art. 2 Abs. 2 S. 1 zum Schutz des Lebens verpflichtet. Aber seiner Verpflichtung zum Schutz der Würde von I gegen Angriffe von B ist der Staat bereits mit seinen Strafgesetzen nachgekommen, die B die Angriffe verbieten, und durch Polizei und Gerichte, die den Strafgesetzen Geltung verschaffen. Vollständige Geltung kann ihnen nicht verschafft werden, da dem Rechtsstaat nicht jedes Mittel zur Erreichung seiner Ziele zur Verfügung stehen kann. Die unbedingte Verpflichtung, die Würde von B nicht zu verletzen, verbietet daher auch die Folter unbedingt (*Poscher*, JZ 2004, 756; vgl EGMR, NJW 2010, 3145 [Gäfgen/Deutschland] zu Art. 3 EMRK; aA mit der Konsequenz der Zulässigkeit der Folter *Brugger*, Staat 1996, 67; vgl auch *Hörnle*, in: Pieper/Brudermüller [Hrsg.], Grenzen staatlicher Gewalt, 2012; 71; *Lenzen* [Hrsg.], Ist Folter erlaubt?, 2006).

501 **Literatur:** *M. Baldus*, Kämpfe um die Menschenwürde. Die Debatten seit 1949, 2016; *S. Blömacher*, Die Menschenwürde als Prinzip des deutschen und europäischen Rechts, 2016; *H. G. Dederer*, Die Garantie der Menschenwürde (Art. 1 Abs. 1 GG), JöR 2009, 89; *G. Dürig*, Der Grundrechtssatz von der Menschenwürde, AöR 1956, 117; *C. Enders*, Die Menschenwürde in der Verfassungsordnung, 1997; *C. L. Geminn*, Menschenwürde und menschenähnliche Maschinen und Systeme, DÖV 2020, 172; *C. Goos*, Innere Freiheit. Eine Rekonstruktion des grundgesetzlichen Würdebegriffs, 2011; *P. Häberle*, Die Menschenwürde als Grundlage der staatlichen Gemeinschaft, Hdb. StR³ II, § 22; *H. Hofmann*, Die versprochene Menschenwürde, AöR 1993, 353; *M. Hong*, Der Menschenwürdegehalt der Grundrechte, 2019; *F. Hufen*, Die

---

26 So *Starck*, MKS, Art. 1 Rn 47; *Wittreck*, DÖV 2003, 873/879 f.

27 E 46, 160/164 f.

28 Vgl *Goos*, S. 186 ff.

29 *Michael/Morlok*, GR, Rn 147; *Denninger*, in: FS von Brünneck, 2011, S. 397/409 ff; *Classen*, DÖV 2009, 689/694 f; *Linke*, JuS 2016, 888/891 f; aA *Kloepfer*, VerfR II, § 55 Rn 76; *Baldus*, AöR 2011, 529.

Menschenwürde, Art. 1 I GG, JuS 2010, 1; *R. Kipke/E. Gündüz*, Philosophische Dimensionen der Menschenwürde – zu den Grundlagen des höchsten Verfassungsgutes, Jura 2017, 9; *T. Lenke*, Die Menschenwürde im Überblick: Konstitutionsprinzip, Grundrecht, Schutzpflicht, JuS 2016, 888; *M. Nettesheim*, „Leben in Würde": Art. 1 Abs. 1 GG als Grundrecht hinter den Grundrechten, JZ 2019, 1; *R. Poscher*, „Die Würde des Menschen ist unantastbar", JZ 2014, 756; *B. Schlink*, Aktuelle Fragen des pränatalen Lebensschutzes, 2002; *P. Tiedemann*, Menschenwürde als Rechtsbegriff, 3. Aufl. 2012.

§ 8 Freie Entfaltung der Persönlichkeit (Art. 2 Abs. 1)

Fall 5: Reiten im Walde (nach E 80, 137)   **502**

Das nordrhein-westfälische Landschaftsgesetz erlaubt das Reiten im Walde grundsätzlich nur auf solchen Wegen, die als Reitwege gekennzeichnet sind. Wird dadurch die freie Entfaltung der Persönlichkeit von Reitern verletzt? **Rn 534**

I. Überblick

Art. 2 Abs. 1 gewährleistet das Recht auf die freie Entfaltung der Persönlichkeit, das im gleichen Satz den drei Schranken („Schrankentrias") der Rechte anderer, der verfassungsmäßigen Ordnung und des Sittengesetzes unterworfen wird. Der Schutzbereich dieses Grundrechts ist zunächst von der sog Persönlichkeitskerntheorie als bestimmter, begrenzter Lebensbereich verstanden und auf einen „Kernbezirk des Persönlichen"[1] bezogen worden. Das BVerfG geht seit dem Elfes-Urteil[2] einen anderen Weg, auf dem ihm Rechtsprechung und Literatur weitestgehend folgen. Es versteht das Grundrecht des Art. 2 Abs. 1 einerseits unter Berufung auf die Entstehungsgeschichte als allgemeine Handlungsfreiheit im Sinne eines allgemeinen Freiheitsrechts,[3] andererseits unter Aufnahme des Anliegens der Persönlichkeitskerntheorie als allgemeines Persönlichkeitsrecht, das es ergänzend auf Art. 1 Abs. 1 stützt. – Das vom Gesetzgeber des BGB noch abgelehnte allgemeine Persönlichkeitsrecht hat sich unter dem Einfluss der Grundrechte in der Rechtsprechung als sonstiges Recht iSd § 823 Abs. 1 BGB etabliert.[4]   **503**

II. Schutzbereiche

1. Allgemeine Handlungsfreiheit

Als allgemeine Handlungsfreiheit schützt Art. 2 Abs. 1 nicht einen bestimmten, begrenzten Lebensbereich, sondern jegliches menschliche Verhalten und ist ein „Grundrecht des Bürgers, nur auf Grund solcher Vorschriften mit einem Nachteil be-   **504**

---

1 *Peters*, Das Recht auf freie Entfaltung der Persönlichkeit in der höchstrichterlichen Rechtsprechung, 1963, S. 49; vgl auch *Hesse*, VerfR, Rn 428; abwM E 80, 137/169.
2 E 6, 32; hierzu im historischen Rückblick *Lenz*, RW 2017, 149 ff.
3 E 6, 32/36 ff.
4 E 34, 269/280 ff.

lastet zu werden, die formell und materiell der Verfassung gemäß sind"[5]. Zwar werden gelegentlich Begrenzungen des Schutzbereichs gefordert, etwa ein allgemeiner „Friedlichkeitsvorbehalt"[6]. Jede Begrenzung des Schutzbereichs läuft jedoch Gefahr, staatliche Freiheitsbeschränkungen von den demokratisch-prozeduralen (Rn 352 ff) und grundrechtlich-materialen Rechtfertigungslasten (Rn 388 ff) freizustellen, die gerade auch mit der allgemeinen Handlungsfreiheit intendiert sind. Soweit es tatsächlich nur um die Freiheit zum Morden, Brennen und Schänden geht, erscheint die Auseinandersetzung hingegen ebenso praktisch irrelevant wie müßig: Selbst wenn sie konstruktiv vom Schutzbereich erfasst würde, wäre die Rechtfertigung entsprechender Verbote und Straftatbestände für die einen ebenso selbstverständlich wie für die anderen der Ausschluss aus dem Schutzbereich. Jenseits dieser Selbstverständlichkeiten müssen jedoch die grundrechtlichen Rechtfertigungsanforderungen greifen. Wo immer sich die Frage der grundrechtlichen Rechtfertigung staatlicher Freiheitsbeschränkungen ernsthaft stellen lässt, ist der Schutzbereich der allgemeinen Handlungsfreiheit eröffnet.[7] Dies gilt unabhängig davon, ob das Verhalten durch Strafgesetze verboten oder als unfriedlich erachtet wird. Wo die Grundrechte die Unfriedlichkeit als Grenze des Schutzbereichs erachten, haben sie dies auch so formuliert (s. Art. 8 Abs. 1). Der weite Schutzbereich, dessentwegen Art. 2 Abs. 1 als Generalklausel bezeichnet wird, hat vor allem zwei Folgen:

505 **a)** Art. 2 Abs. 1 ist **Auffanggrundrecht** gegenüber den speziellen Grundrechten und tritt hinter diese zurück, soweit deren Schutzbereiche reichen (Subsidiarität; vgl Rn 317). Er gewinnt nur Bedeutung, wenn kein Schutzbereich eines speziellen Grundrechts einschlägig ist.

506 **Beispiele:** Abschluss oder Nichtabschluss von privatrechtlichen Verträgen (E 8, 274/328; 95, 267/303; 103, 197/215), soweit es nicht speziell um eigentums- oder berufsrelevante, Erb- oder Eheverträge geht, für die die entsprechenden Grundrechte einschlägig sind (vgl Rn 829, 1045 sowie *Höfling*, Vertragsfreiheit, 1991, S. 14 ff); Austritt von Pflichtmitgliedern aus einer Kammer, wenn diese ihre Kompetenzen überschreitet (E 146, 164 Rn 69 ff = JK 12/2017; vgl Rn 924); Besuch eines Sonnenstudios (BVerfG, NJW 2012, 1062 Rn 17 f); Führen eines Kraftfahrzeugs ohne Sicherheitsgurt (BVerfG, NJW 1987, 180); Genuss von Alkohol, Nikotin und Haschisch (E 90, 145/171); individuelle Gestaltung von Freizeit und Erholung, insbesondere freier Zugang zur Natur (vgl E 54, 143/146; 55, 159/165; BVerwGE 159, 337/345 f; BayVerfGH, BayVBl. 2016, 671/674 f = JK 12/2016; *Burgi*, Erholung in freier Natur, 1993); Veranstaltung von Sammlungen (E 20, 150/154). Selbst kriminelles Verhalten fällt in den Schutzbereich (aA *Kloepfer*, VerfR II, § 56 Rn 10). – Darüber hinaus wird auch die Freiheit, etwas zu unterlassen, eine Pflicht nicht zu erfüllen (negative Freiheit), häufig nicht von speziellen Grundrechten geschützt, zB Hafengebührenpflicht (E 91, 207/221); Kirchensteuerpflicht einer juristischen Person (E 19, 206/215); Versicherungspflicht für die Ehegatten von Landwirten (E 109, 96/109); Unterwerfung von Nichtmitgliedern unter die Normsetzung eines privaten Verbandes (E 64, 208/214).

507 **Lösungstechnischer Hinweis:** In Übungsarbeiten ist zunächst zu behandeln, ob der Schutzbereich eines oder mehrerer spezieller Grundrechte einschlägig ist. Art. 2 Abs. 1 darf nur geprüft werden, wenn kein spezielles Grundrecht einschlägig ist, wobei die Einschlägigkeit eines

---

5   E 29, 402/408; 103, 29/45.
6   *Isensee*, FS Sendler, 1991, S. 39/56 ff.
7   *Epping*, GrundR, Rn 558 f.

Grundrechts nicht dadurch entfällt, dass es zwar in seinem Schutzbereich betroffen, aber wegen Fehlens oder Rechtfertigung eines Eingriffs nicht verletzt ist. Diese Aussagen betreffen den sachlichen Schutzbereich; zum persönlichen Schutzbereich vgl Rn 190 ff.

b) Art. 2 Abs. 1 vermittelt ein „Recht" iSv Art. 19 Abs. 4 und erweitert damit auf- **508**
grund seiner generalklauselartigen Weite den **Rechtsschutz** und, weil er zu den in
Art. 93 Abs. 1 Nr. 4a genannten Grundrechten gehört, die Möglichkeit zur Erhebung
einer **Verfassungsbeschwerde.** Die Ausweitung des Schutzbereichs hat also eine
Ausweitung des Rechtsschutzes und des Anwendungsbereichs der Verfassungsbeschwerde zur Folge. Soweit nicht die Verletzung eines speziellen Grundrechts gerügt
werden kann, kann immer noch die Verletzung des Art. 2 Abs. 1 gerügt werden.

2. Allgemeines Persönlichkeitsrecht

Das allgemeine Persönlichkeitsrecht ist vom BVerfG aus *Art. 2 Abs. 1 iVm Art. 1* **509**
Abs. 1 entwickelt worden. Es hat seine Wurzeln in Art. 2 Abs. 1, weil es wie die allgemeine Handlungsfreiheit nicht auf bestimmte Lebensbereiche begrenzt ist, sondern
in allen Lebensbereichen relevant wird. Es hat eine Verbindung zu Art. 1 Abs. 1, weil
es den Einzelnen weniger in seinem Verhalten als in seiner Qualität als autonomes
Subjekt betrifft. Die Freiheit, die das Grundgesetz schützt, ist nicht bloße Willkürfreiheit, sondern Autonomie im Sinn der Fähigkeit, vor dem Hintergrund eines Selbstentwurfs begründete Entscheidungen treffen zu können. Dieses anspruchsvolle Frei-
heitskonzept kann nicht nur durch die Beschränkung unserer Handlungsfreiheit, sondern auch durch den Zugriff auf unseren Selbstentwurf beeinträchtigt werden. Erst
die allgemeine Handlungsfreiheit und das allgemeine Persönlichkeitsrecht gemeinsam schützen Freiheit als Autonomie, die den Kern der Menschenwürde ausmacht
(Rn 480). Die Ausformungen des allgemeinen Persönlichkeitsrechts, die die Rechtsprechung des BVerfG hervorgebracht hat, gelten denn auch nicht unterschiedlichen
Lebensbereichen, sondern verschiedenen, einander teilweise überschneidenden Aspekten des Selbstentwurfs: der Selbstbestimmung, Selbstbewahrung und Selbstdarstellung. Besonders im Hinblick auf den Datenschutz wird das allgemeine Persönlichkeitsrecht zunehmend auch von europarechtlichen Vorgaben geprägt.

a) Als **Recht auf Selbstbestimmung** verbürgt das allgemeine Persönlichkeitsrecht **510**
dem Einzelnen, sein Schicksal eigenverantwortlich zu gestalten und seine Identität
selbst zu bestimmen.

Beispiele: Zur Verfügungsbefugnis zählen so unterschiedliche Entscheidungen wie die indivi- **511**
duelle Gestaltung der äußeren Erscheinung durch Kleidung, Schmuck (BVerfG, NJW 2000,
1399) und Tätowierungen (BVerwGE 160, 370/372) Das Recht erstreckt sich auch auf das
selbstbestimmte Sterben und die Freiheit, dafür die Hilfe Dritter in Anspruch zu nehmen
(E 153, 182 Rn 204 ff = JK 7/2020; krit *Rixen,* BayVBl. 2020, 397/399 ff; vgl zuvor bereits
E 142, 313 Rn 79 = JK 3/2017; E 153, 182 Rn 209 ff, zur Entscheidung schwer und unheilbar
kranker Menschen; s. auch EGMR, NJW 2013, 2953/2955 [Koch/Deutschland] zu Art. 8
EMRK). Es wird aber auch gefragt, ob hier nicht der speziellere Schutz der negativen Freiheit
des Art. 2 Abs. 2 S. 1 einschlägig ist (so *Kämpfer,* Die Selbstbestimmung Sterbewilliger, 2005,
S. 177 ff; *Michael/Morlok,* GR, Rn 160). Das BVerfG stellt allein auf das allgemeine Persönlichkeitsrecht ab, wohl weil es den Schwerpunkt bei dem Schutz der Selbstbestimmung, und
nicht der physischen Existenz sieht. – Geschützt ist auch die sexuelle Identität, und zwar auch
derjenigen, die sich dauerhaft weder dem männlichen noch dem weiblichen Geschlecht zuord-

nen lassen (E 147, 1 = JK 3/2018; krit *Rixen*, JZ 2018, 317/318 ff). Der Einzelne hat ferner ein Recht auf Kenntnis der eigenen Abstammung (E 79, 255/268 f; 90, 263/270 f; 96, 56/63; BGHZ 204, 54/66), das der Gesetzgeber jedoch zum Schutz der Rechte Dritter einschränken darf (E 141, 186 Rn 39). Ihm darf auch nicht verwehrt werden, seinen Namen zu behalten (E 78, 38/49; 109, 256/266 f; 115, 1/14) und seine sexuelle Orientierung (E 47, 46/73; 121, 175/190; 128, 109/124), den entsprechenden Personenstand (E 49, 286/298; vgl auch E 60, 123/134) und die eigene Fortpflanzung (zu Schwangerschaft E 88, 203/254; zu Sterilisation BGH, NJW 1995, 2407/2409; zu Inzest E 120, 224/238 f und EGMR, NJW 2013, 215/216 [Stübing/Deutschland]) zu bestimmen. Einem Mann darf nicht die Erlangung der Kenntnis verwehrt werden, ob ein ihm rechtlich zugeordnetes Kind auch tatsächlich von ihm abstammt (E 117, 202/225 ff; vgl aber auch E 138, 377 Rn 30, s. Rn 513). Menschen haben ein Recht auf „Neubeginn" (*Britz*, S. 74): Der Minderjährige hat ein Recht auf schuldenfreien Eintritt in die Volljährigkeit (E 72, 155/170 ff), das ihn seinen Platz im Leben ohne finanzielle Vorbelastungen finden und bestimmen lassen will; der Straftäter hat das Recht auf schuldangemessene Bestrafung (E 95, 96/140; 133, 168 Rn 57) und der Strafgefangene auf Erhaltung und Festigung seiner Lebenstüchtigkeit im Vollzug (BVerfG, NJW 2020, 206/207 = JK 6/2020) und Resozialisierung (BVerfG, NJW 2018, 144 Rn 17 f) sowie auf den Schutz seiner sozialen Integration, wenn sich die Medien auch noch nach der Verbüßung der Strafe unbeschränkt mit seiner Person und Privatsphäre befassen (E 35, 202/235 f; vgl auch E 64, 261/276 f; BVerfG, EuGRZ 2007, 738/742). Als Recht auf digitalen Neubeginn schützt das Recht auf Selbstbestimmung auch ein Recht auf Vergessenwerden im Internet (E 152, 152 Rn 105 = JK 4/2020, s. auch Rn 520).

512 b) Als **Recht der Selbstbewahrung** verbürgt das allgemeine Persönlichkeitsrecht dem Einzelnen, sich zurückzuziehen, abzuschirmen, für sich und allein zu bleiben. Der Rückzug und die Abschirmung, die durch das allgemeine Persönlichkeitsrecht als Selbstbewahrungsrecht geschützt sind, sind vor allem sozial, aber auch räumlich zu verstehen.

513 **Beispiele:** Geschützt sind die aus dem vertraulichen Kontakt zwischen Arzt und Patient entstehenden Krankenakten (E 32, 373/379; BVerfG, NJW 2006, 1116, Rn 24 ff), genetische Daten (E 103, 21/32 f; BVerfG, EuGRZ 2001, 249; vgl *Halàsz*, Das Recht auf bio-materielle Selbstbestimmung, 2004) und Gesundheitsdaten (BVerfG, NJW 2013, 3086 Rn 19 = JK 2/2014), ferner seelische Verfassung und Charakter (E 89, 69/82 f) und persönliche Vermögensverhältnisse (vgl BVerfG, NJW 2008, 1435 Rn 18 f). Als Recht auf Abschirmung sind geschützt das Recht, die sexuelle Orientierung nicht durch psychologische Tests nachweisen (zu Art. 7 GRCh EuGH, EU:C:2018:36, Rn 59 ff – F = JK 9/2018) und geschlechtliche Beziehungen zu einem anderen Partner nicht offenbaren zu müssen (E 138, 377 Rn 29, vgl aber auch E 117, 202/225 ff, s. Rn 511), ferner das körperliche Schamgefühl (vgl BVerfG, NJW 2013, 3291 Rn 15 = JK 9/2014), die Vertraulichkeit des Tagebuchs (E 80, 367/373 ff), die Verweigerung des Umgangs mit den eigenen Kindern (E 121, 69/90 ff) und der Rückzug an abgeschiedene Orte wie den dem unbemerkten Einblick entzogenen ruhigen Winkel eines Gartenlokals (E 101, 361/383 f).

514 Zu den Bereichen des Rückzugs und der Abschirmung hat das BVerfG eine *Sphärentheorie* entwickelt, die zwischen einer der öffentlichen Gewalt schlechthin verschlossenen Intimsphäre[8] und einer Privatsphäre unterscheidet, in die unter strenger Beachtung des Verhältnismäßigkeitsgrundsatzes eingegriffen werden darf. Dabei hat das BVerfG die Intimsphäre als den Kernbereich der privaten Lebensgestaltung gefasst,

---

8 E 6, 32/41; 38, 312/320.

der aus Art. 1 Abs. 1 folgt und als Menschenwürdegehalt allen Freiheitsgrundrechten eignet[9] (vgl Rn 430, 478, 1101). Der Kernbereich der privaten Lebensgestaltung genießt, wie die Menschenwürdegarantie, absoluten Schutz, soll aber Kommunikationen zu Straftaten wegen des ihnen immanenten Sozialbezugs nicht erfassen.[10] Intim- und Privatsphäre sind von einiger Unbestimmtheit. Der Schutzbereich zeigt sich „für bisher unbekannte Persönlichkeitsgefahren offen"[11] und stellt grundsätzlich jedem frei, wo und wie er sich zurückzieht und abschirmt und für sich seine Privatsphäre findet oder schafft; allerdings ist der Schutz der familiären Privatsphäre und von Kindern wegen Art. 6 Abs. 1 und 2 besonders stark und fehlen die Voraussetzungen des Privatsphärenschutzes, wenn der Einzelne sich unter vielen Menschen befindet oder selbst seinen privaten Bereich öffentlich macht, zB aus kommerziellen Gründen.[12] Amtsträgern steht dieses Recht nur für ihr Privatleben, nicht aber für ihre Amtsführung zu.[13]

c) Als **Recht der Selbstdarstellung** verbürgt das allgemeine Persönlichkeitsrecht dem Einzelnen, sich herabsetzender, verfälschender, entstellender und unerbetener öffentlicher Darstellungen, aber auch unerbetener heimlicher Wahrnehmungen seiner Person erwehren zu können.   **515**

Beispiele: Schutz der persönlichen Ehre (E 54, 208/217) mit Schutz vor Äußerungen, die geeignet sind, sich abträglich auf das Bild des Einzelnen in der Öffentlichkeit auszuwirken (E 99, 185/193 f; 114, 339/346); Recht auf Gegendarstellung (E 63, 131/142 f) und Berichtigung (E 97, 125/148 f); Recht am eigenen Namen (E 104, 373/387; 123, 90/102), Bild (E 35, 202/ 220; 101, 361/380) und Wort (E 54, 148/155) mit Schutz der Anonymität (*Schmahl*, JZ 2018, 581/583) und vor heimlichem Mit- oder Abhören und Aufnehmen (E 34, 238/246; 106, 28/ 39 f), vor offener Videoüberwachung öffentlicher Orte (BVerfG, NVwZ 2007, 688/690), vor technischen Manipulationen (BVerfG, NJW 2005, 3271 f) und vor dem Zugriff auf personenbezogene Verbindungsdaten nach Abschluss des Telekommunikationsvorgangs (E 115, 166/ 187 ff); Recht, in Straf- und ähnlichen Verfahren nicht zur Selbstbezichtigung (Nemo-tenetur-Grundsatz; E 56, 37/41 ff; 95, 220/241) und im Berufsleben nicht zur Offenbarung persönlicher Lebensumstände (E 96, 171/181) gezwungen zu werden.   **516**

Eine wichtige Ausprägung des allgemeinen Persönlichkeitsrechts ist das Recht auf den *Schutz personenbezogener Daten*. Das BVerfG hat bereits 1983 im Volkszählungsurteil aus Art. 2 Abs. 1 iVm Art. 1 Abs. 1 ein umfassendes *informationelles Selbstbestimmungsrecht* gewonnen, das die Befugnis des Einzelnen beinhaltet, „grundsätzlich selbst zu entscheiden, wann und innerhalb welcher Grenzen persönliche Lebenssachverhalte offenbart werden"[14]. Insofern sind Informationen über eine Person völlig unabhängig von der Sphäre, aus der sie stammen, sensibel und schutzbedürftig; weil zumal durch digitale Verarbeitung und Verknüpfung ein für sich gesehen belangloses Datum einen neuen Stellenwert bekommen kann, gibt es „kein ‚belangloses, Datum"[15]. Das informationelle Selbstbestimmungsrecht, ein Recht sowohl   **517**

---

9   E 109, 279/310 f; 113, 348/391; 119, 129 f. 124, 43/69 f.
10   E 109, 279/313; 141, 200 Rn 199 ff.
11   E 95, 220/241.
12   E 101, 361/385 f; 120, 180/199.
13   E 101, 361/383; vgl aber auch BVerwGE 121, 115/125 f und dazu krit *Lege*, Jura 2005, 616.
14   E 65, 1/42 f; 113, 29/47; 118, 168/183 f.
15   E 65, 1/45.

auf Abwehr staatlicher Datenerhebungen und -verarbeitungen als auch auf deren Kenntnis,[16] hat die speziellen Rechte nicht verdrängt; es ist deren Auffangrecht geworden. Es führt zu einer Vorverlagerung des Grundrechtsschutzes, indem es bereits vor den abstrakten Gefahren schützt, die von staatlichen Datensammlungen im Hinblick auf deren potenziellen Missbrauch und den damit verbundenen Einschüchterungseffekten ausgehen.[17] Es stellt den informationellen Umgang des Staats mit dem Bürger umfassend unter Regelungs- und Rechtfertigungszwang und ist damit zum Anlass einer umfangreichen informations- und datenschutzrechtlichen Gesetzgebung geworden, die zunehmend auch das Verhältnis der Bürger untereinander erfasst.[18]

518 Nicht vom informationellen Selbstbestimmungsrecht geschützt sieht das BVerfG die informationstechnischen Systeme, in denen die persönlichen Verhältnisse, sozialen Kontakte und ausgeübten Tätigkeiten der Nutzer reichen Niederschlag finden; das informationelle Selbstbestimmungsrecht schütze nur gegen einzelne Datenerhebungen, gegen die heimliche Infiltration der Systeme insgesamt schütze das *„Grundrecht auf Gewährleistung der Vertraulichkeit und Integrität informationstechnischer Systeme"*[19]. Die informationstechnischen Systeme erinnern an die Wohnung; sie fallen zwar nicht in den Schutz von Art. 13, weil sie überall benutzt werden, haben aber eine ähnliche Bedeutung als persönlicher Lebensraum und bedürfen ähnlicher Schutzvorkehrungen (vgl Rn 529).

519 Das europäische Unionsrecht enthält mit Art. 8 GRCh ein neben dem Persönlichkeitsrecht (Art. 7 GRCh) eigenständiges Grundrecht auf den Schutz personenbezogener Daten; hinzu treten die grundrechtsähnlichen Gewährleistungen der Datenschutz-Grundverordnung VO(EU) 2016/679 (Rn 89). Art. 7 und 8 GRCh gehen auf Art. 8 EMRK zurück,[20] was erklärt, dass der EuGH sie bislang durchweg gemeinsam und ohne genaue Abgrenzung untereinander prüft.[21] Beide Grundrechte haben im Unionsrecht eine verglichen mit anderen Grundrechten der Grundrechtecharta erhebliche Bedeutung.

520 **Beispiele:** Die Veröffentlichung der Daten von Empfängern von Agrarbeihilfen im Internet (EuGH, EU:C:2010:662, Rn 46 ff – Schecke/Land Hessen) verstößt ebenso gegen Art. 7, 8 GRCh wie die an Telekommunikationsdienstleister gerichtete Verpflichtung zur anlasslosen Vorratsdatenspeicherung (EuGH, EU:C:2014:238, Rn 24 ff – Digital Rights Ireland/Minister for Communications ua = JK 8/2014; Tele 2 Sverige AB/Post-och telestyrelsen ua, EU:C:2016:970, Rn 62 ff = JK 5/2017). Der EuGH erstreckt den Schutz von Art. 8 GRCh, dem er ein *Recht auf Vergessenwerden* entnimmt, auch auf Löschungsanspruche gegen Suchmaschinenbetreiber. Er postuliert dabei einen grundsätzlichen Vorrang der Persönlichkeitsrechte nicht nur gegenüber dem wirtschaftlichen Interesse des Suchmaschinenbetreibers, sondern auch gegenüber dem Informationsinteresse der Öffentlichkeit (EuGH, EU:C:2014:317, Rn 97 ff – Google Spain = JK 9/2014). Das BVerfG folgt dem EuGH zwar im Ausgangspunkt

---

16 E 120, 351/360 f.
17 E 150, 244 Rn 38 ff (= JK 7/2019); *Poscher*, in: Miller, S. 133 ff.
18 Vgl *Hoffmann-Riem*, AöR 1998, 513; *Gurlit*, NJW 2010, 1035; krit *Bull*, JZ 2017, 797/799 f; vgl auch *Kingreen/Kühling*, JZ 2015, 213.
19 E 120, 274/302; 141, 220 Rn 209 f; *Volkmann*, DVBl. 2008, 590; *Heinemann*, Grundrechtlicher Schutz informationstechnischer Systeme, 2015.
20 *Britz*, EuGRZ 2009, 1.
21 Mit systematischer Begründung *Poscher*, in: Miller, S. 135; krit hingegen *Kühling/Klar*, Jura 2011, 771/773.

(Rn 511), nimmt aber in der Tradition seiner Rechtsprechung, der ein apriorischer Vorrang einer Freiheit fremd ist, an, „dass für die vorliegende Konstellation nicht [. .] die Vermutung eines Vorrangs des Persönlichkeitsschutzes für die Abwägung zugrunde gelegt wird" (E 152, 216 Rn 141= JK 5/2020). Auch der EGMR (NJW 2020, 295/296 ff) praktiziert eine umfassende Abwägung zwischen Persönlichkeits- und Informationsrechten. Aus Art. 8 GRCh folgt auch, dass die EU nur mit solchen Staaten sog Safe-Harbor-Abkommen abschließen darf, die europäische Datenschutzstandards einhalten (EuGH, EU:C:2015:650, Rn 38 ff – Digital Rights Ireland/Schrems). Hingegen stellt die Verpflichtung zur Speicherung von Fingerabdrücken in Ausweisdokumenten einen gerechtfertigten Eingriff in diese Grundrechte dar (EuGH, EU:C:2013:670, Rn 23 ff – Schwarz/Stadt Bochum = JK 3/2014).

Der Menschenrechtsausschuss der Vereinten Nationen entnimmt Art. 17 IPbpR ein **521** Recht auf Privatheit, das ebenfalls Anforderungen an staatliche Datenerhebungen stellt. So hat der Ausschuss in seinen Bemerkungen zum Menschenrechtsbericht der USA von 2013 auf der Grundlage von Art. 17 IPbpR für die Massendatensammlungen der NSA ua präzise, verhältnismäßige und öffentlich zugängliche rechtliche Vorgaben, effektive Monitoring- und Rechtsschutzverfahren sowie den Verzicht auf die Verpflichtung Dritter zu Vorratsdatenspeicherungen gefordert.[22]

III. Eingriffe

Wegen des weiten Schutzbereichs des Art. 2 Abs. 1 iSd allgemeinen Handlungsfrei- **522** heit und wegen der Auflösung des klassischen Eingriffsbegriffs (vgl Rn 328 ff) mit der Folge, dass jegliche Beeinträchtigung einen Eingriff darstellt, besteht das Problem, dass die Möglichkeit, eine *Verfassungsbeschwerde* zu erheben, *ausufert*. Dieses Problem ist nach wie vor nicht befriedigend gelöst.[23]

Ein *erwägenswerter* Lösungsansatz besteht darin, die Auflösung des *klassischen Ein-* **523** *griffsbegriffs* nur für die speziellen Grundrechte und die Einzelverbürgungen des Art. 2 Abs. 1 gelten zu lassen, nicht aber für die allgemeine Handlungsfreiheit.[24] Dafür lässt sich anführen, dass die Rechtsprechung des BVerfG insoweit nur gezielte oder adressierte Belastungen zum Gegenstand gehabt hat. Ein Eingriff in die allgemeine Handlungsfreiheit würde danach nur unter zwei Voraussetzungen anzunehmen sein:

– Es muss sich um eine rechtliche (im Unterschied zu einer faktischen) Maßnahme handeln.
– Es muss sich um eine gegenüber dem betroffenen Einzelnen (im Unterschied zu Dritten) ergehende Maßnahme handeln.

Beispiele: Die Aufnahmeeinrichtung für Asylbewerber in einer Kommune mag von deren **524** Einwohnern als beeinträchtigend empfunden werden, ist aber als faktische Maßnahme kein Eingriff in deren allgemeine Handlungsfreiheit. Die Zulassung von Kraftfahrzeugen mag Fußgänger und Radfahrer in ihrer allgemeinen Handlungsfreiheit beschneiden, sie stellt aber diesen gegenüber keinen Eingriff in Art. 2 Abs. 1 dar. Anders ist die Eingriffsqualität uU zu beurteilen, wenn ein Nachbar durch die Aufnahmeeinrichtung für Asylbewerber sein Grundstück be-

---

22 CCPR/C/SR/3061, 110 Sitzung, 26.3.2014, Ziff. 22; dazu *Fischer-Lescano*, JZ 2014, 965/967 ff.
23 Vgl *Di Fabio*, MD, Art. 2 Abs. 1 Rn 48 ff; *Cornils*, Hdb. StR[3] VII, § 168 Rn 37 ff.
24 Vgl *Pietzcker*, in: FS Bachof, 1984, S 131; *Höfling*, FH, Art. 2 Rn 61 f; aA *Kahl*, Staat 2004, 167/187.

einträchtigt sieht (Art. 14) oder wenn die staatliche Festlegung von Emissionswerten über die Luftverschmutzung zu einer Gesundheitsgefährdung führt (Art. 2 Abs. 2 S. 1).

525 Ein Eingriff in das Recht der informationellen Selbstbestimmung ist jeder persönlichen Lebenssachverhalten geltende Akt staatlicher Informations- und Datenerhebung und -verarbeitung, etwa bei einer Volkszählung. Kein Eingriff liegt dagegen vor, wenn Daten ungezielt und allein technikbedingt zunächst miterfasst, aber unmittelbar nach der Erfassung technisch wieder anonym, spurenlos und ohne die Möglichkeit, einen Personenbezug herzustellen, ausgesondert werden.[25] Dies gilt auch für Informationen aus dem Kernbereich der privaten Lebensgestaltung, soweit sichergestellt ist, dass sie keiner Verwertung zugeführt werden. Für Eingriffe, die typischer Weise zur ungezielten Erhebung von Kernbereichsdaten führen können, verlangt das BVerfG eine gesetzliche Regelung, die zum einen bereits auf der Erhebungsebene Vorkehrungen zur Datenvermeidung trifft und zum anderen auf der Auswertungsebene eine Vorabkontrolle durch eine unabhängige Stelle vorsieht, die eine Verwertung von Kernbereichsdaten verhindert.[26]

526 **Beispiele:** Bei der automatisierten Erfassung von Kraftfahrzeugkennzeichen wird das mit einer Videokamera optisch erfasste Kennzeichen automatisch mit polizeilichen Fahndungsdateien abgeglichen. Darin liegt ein Eingriff auch dann, wenn das Ergebnis des Abgleichs zu einem Nichttreffer führt und die Daten sogleich gelöscht werden (E 150, 244 Rn 51; = JK 7/2019; anders noch E 120, 378/399). Der von Kreditkartenunternehmen auf Ersuchen der Staatsanwaltschaft durchgeführte maschinelle Suchlauf nach Zahlungsvorgängen, die bezüglich einer bestimmten Kreditkarte in einem bestimmten Zeitraum über einen bestimmten Betrag mit einer bestimmten Bank getätigt worden sind, ist erst dann ein Eingriff, wenn ein solcher Vorgang an die Staatsanwaltschaft weitergegeben wird (BVerfG, NJW 2009, 1405 Rn 19).

IV. Verfassungsrechtliche Rechtfertigung

527 Die Schranken des Art. 2 Abs. 1 gelten sowohl für die allgemeine Handlungsfreiheit als auch für das allgemeine Persönlichkeitsrecht.[27] Wichtig ist allein die Schranke der verfassungsmäßigen Ordnung.

1. Verfassungsmäßige Ordnung

528 Die Rechtsprechung des BVerfG versteht diesen Begriff seit dem Elfes-Urteil als die Gesamtheit der Normen, die formell und materiell mit der Verfassung in Einklang stehen,[28] dh als *einfachen Gesetzesvorbehalt*. Diese Ausweitung der Schranke ist eine Folge der Ausweitung des Schutzbereichs (vgl Rn 504 ff).

529 Der Schwerpunkt der Prüfung am Maßstab des Art. 2 Abs. 1 liegt in vielen Fällen auf der Prüfung der Schranken-Schranken, namentlich des *Verhältnismäßigkeitsgrundsatzes*. Angesichts der durch den Gesetzesvorbehalt nicht weiter beschränkten Zu-

---

25 E 100, 313/366; 115, 320/343; 120, 378/399.
26 E 109, 279/318 f; 113, 348/390 f; 120, 274/335 ff.
27 E 65, 1/43 f; *Jarass*, JP, Art. 2 Rn 58.
28 E 6, 32/38 ff; 80, 137/153.

griffsmöglichkeiten des Gesetzgebers hat das BVerfG im Rahmen seiner Angemessenheitserwägungen für die Teilgrundrechte eine Reihe dogmatischer Konkretisierungen entwickelt (Rn 415 ff). Für beide gilt: „Je mehr dabei der gesetzliche Eingriff elementare Äußerungsformen der menschlichen Handlungsfreiheit berührt, umso sorgfältiger müssen die zu seiner Rechtfertigung vorgebrachten Gründe gegen den grundsätzlichen Freiheitsanspruch des Bürgers abgewogen werden"[29]. Für das allgemeine Persönlichkeitsrecht bedeutet dies, dass Eingriffe in besonders private Lebensbereiche ebenso wie Eingriffe, mit denen der Betroffene nicht rechnet, denen er sich nicht entziehen oder die er nicht wahrnehmen kann, einer besonders sorgfältigen Abwägung bedürfen.[30] Im Rahmen dieser Abwägung hat das BVerfG speziell für Eingriffe in die Rechte auf informationelle Selbstbestimmung und die Integrität informationstechnischer Systeme spezielle Anforderungen entwickelt:

- Das ermächtigende Gesetz muss eine *Zweckbindung* für die erhobenen Daten sowie Auskunfts-, Berichtigungs- und Löschungspflichten vorsehen.[31]
- Der Gesetzgeber muss überprüfen, ob aufgrund der Fortentwicklung der statistischen Wissenschaft *grundrechtsschonendere Erhebungen* möglich sind.[32]
- Bei erhöhtem Eingriffsgewicht, wie der Zuordnung dynamischer IP-Adressen, bedarf es einer *Dokumentation der Entscheidungsgrundlagen*.[33]
- Für den Datenaustausch zwischen Behörden gilt grundsätzlich das *„Doppeltür-Prinzip"*, nach dem sowohl eine gesetzliche Ermächtigung für die Übermittlung als auch für die Abfrage der Daten erforderlich ist, wobei innerhalb eines Kompetenzträgers (Bund, Land) eine gesetzliche Grundlage auch beide Regelungen enthalten kann.[34]
- Für den Datenaustausch zwischen Nachrichtendiensten und der Polizei gilt ein *informationelles Trennungsprinzip*, das nur in Ausnahmefällen durchbrochen werden darf.[35]
- Die heimliche Infiltration informationstechnischer Systeme darf wegen der einer Wohnungsdurchsuchung vergleichbaren Eingriffsintensität (Rn 1097) grundsätzlich nur auf *richterliche Anordnung* erfolgen und setzt eine konkrete oder sich immerhin konkretisierende *Gefahr* für ein überragend wichtiges Rechtsgut voraus.[36]

2. Rechte anderer

Der Begriff umfasst unter Ausschluss bloßer Interessen *alle subjektiven Rechte*. Diese **530** sind aber schon vollständig in der verfassungsmäßigen Ordnung enthalten.

---

29 E 17, 306/314.
30 Vgl zur DNA-Analyse E 103, 21/33; VGH Mannheim, NJW 2001, 1082/1085; zur GPS-Observation E 112, 304/318 ff; zur Computerbeschlagnahme E 113, 29/52 ff; zur Rasterfahndung E 115, 320/345 ff.
31 E 65, 1/46.
32 E 150, 1 Rn 226.
33 BVerfG, NJW 2020, 2699 Rn 244 ff.
34 BVerfG, NJW 2020, 2699 Rn 95 ff.
35 E 133, 277 Rn 123; BVerfG, NJW 2021, 233 Rn 101 ff.
36 E 120, 274/326, 331; vgl auch *Voßkuhle*, in: FS Wahl, 2011, 443.

3.   Sittengesetz

531   Einst wurde dieser Begriff mit historisch überlieferten Moralauffassungen gleichgesetzt.[37] Das widerspricht aber der freiheitsbewahrenden Funktion des Art. 2 Abs. 1.

532   **Beispiele:** Im Jahr 1957 hat das BVerfG festgestellt: „Gleichgeschlechtliche Betätigung verstößt eindeutig gegen das Sittengesetz" (E 6, 389/434; dazu *Höfling*, JuS 2017, 617). Begründet wurde dies mit einer entsprechenden „allgemeinen Anerkennung", für die die strafgesetzliche Sanktion (§ 175 StGB aF) einen „Anhalt" liefere. Mittlerweile ist hingegen die Ehe einfach-rechtlich für gleichgeschlechtliche Lebensgemeinschaften geöffnet worden (Rn 828). – Im Jahr 1954 hat das OLG Karlsruhe die nichteheliche Lebensgemeinschaft als gegen das Sittengesetz verstoßend angesehen (FamRZ 1955, 117). Heute sieht man sie im Gegenteil als durch Art. 2 Abs. 1 geschützt an (vgl Rn 828).

533   Das Sittengesetz ist richtigerweise iSd „altbewährten und praktikablen Rechtsbegriffe" *gute Sitten, Treu und Glauben* zu verstehen.[38] Da diese positiviert sind (vgl §§ 138, 242, 826 BGB), kommt auch der Schranke des Sittengesetzes neben der der verfassungsmäßigen Ordnung keine eigenständige Bedeutung zu.[39]

534   **Lösungsskizze zum Fall 5 (Rn 502):** I. Das Reiten im Walde ist nicht durch ein spezielles Grundrecht geschützt; es kommt allein der Schutz durch Art. 2 Abs. 1 in Betracht. Macht man den Schutz davon abhängig, dass Verhalten „eine gesteigerte, dem Schutzgut der übrigen Grundrechte vergleichbare Relevanz für die Persönlichkeitsentfaltung besitzen" (so abwM E 80, 137/165), dann fällt das Reiten im Walde schwerlich in den Schutzbereich von Art. 2 Abs. 1. Es unterfällt auch keiner der von Rechtsprechung und Schrifttum entwickelten besonderen Konkretisierungen des allgemeinen Persönlichkeitsrechts. Gleichwohl ist es nach BVerfG, gefolgt von Rechtsprechung und Schrifttum, durch Art. 2 Abs. 1 geschützt, da mit der freien Entfaltung der Persönlichkeit die allgemeine Handlungsfreiheit und mit dieser „jede Form menschlichen Handelns ohne Rücksicht darauf, welches Gewicht der Betätigung für die Persönlichkeitsentfaltung zukommt", erfasst ist (E 80, 137/152). – II. Durch die Regelung im nordrhein-westfälischen Landschaftsgesetz wird der Reiter belastet, weil er nicht alle Wege, sondern nur die als Reitwege gekennzeichneten Wege benutzen darf. – III. Die Belastung ist gerechtfertigt, wenn sie zur verfassungsmäßigen Ordnung gehört, dh formell und materiell mit der Verfassung in Einklang steht. Zu prüfen ist ein Verstoß gegen das Übermaßverbot. Zweck der Regelung ist es, die Gefahren zu vermeiden, die sich für Erholung suchende Wanderer aus der Begegnung mit Pferden und aus der durch das Reiten verursachten Auflockerung des Waldbodens ergeben. Die Verweisung von Reitern auf besondere Wege ist hierfür ein geeignetes Mittel. Sie ist auch erforderlich. Zwar wäre der Zweck der Regelung statt durch die Ausgrenzung der Reitwege aus der Gesamtheit der Waldwege auch durch eine Ausgrenzung besonderer Wanderwege zu erreichen. Aber dies wäre kein milderes Mittel. Ebenso wie die Reiter können sich auch die Wanderer auf Art. 2 Abs. 1 berufen; sie, deren Zahl die Zahl der Reiter übersteigt, schwerer zu belasten, fällt als milderes Mittel aus. – E 80, 137/160 f thematisiert und akzeptiert den hier „dem Gesetzgeber aufgetragenen gerechten Interessenausgleich" zwischen Wanderern und Reitern unter dem Stichwort der Verhältnismäßigkeit im engeren Sinn.

535   **Literatur:** *M. Albers*, Grundrechtsschutz der Privatheit, DVBl. 2010, 1061; *G. Britz*, Freie Entfaltung durch Selbstdarstellung, 2007; *dies.*, Freie Entfaltung der Persönlichkeit (Art. 2 I 1

---

37   ZB *Starck*, in: FS Geiger, 1974, S. 259/276; heute noch *Kahl*, in: FS Merten, 2007, S. 57.
38   *Dürig*, MD, Erstbearbeitung Art. 2 Abs. I Rn 16.
39   *Lorenz*, BK, Art. 2 Abs. 1, Rn 134.

GG) – Verfassungsversprechen zwischen Naivität und Hybris?, NVwZ 2019, 672; *H. P. Bull*, Informationelle Selbstbestimmung – Vision oder Illusion?, 2. Aufl. 2011; *G. Buchholtz*, Grundrechte und Datenschutz im Dialog zwischen Karlsruhe und Luxemburg, DÖV 2017, 837; *I. Dammann*, Der Kernbereich der privaten Lebensgestaltung, 2011; *M. Eifert*, Das Allgemeine Persönlichkeitsrecht des Art. 2 Abs. 1 GG, Jura 2015, 1181; *W. Kahl*, Grundfälle zu Art. 2 I GG, JuS 2008, 499, 595; *ders./L. Ohlendorf*, Grundfälle zu Art. 2 I iVm Art. 1 I GG, JuS 2008, 682; *H. Kube*, Persönlichkeitsrecht, Hdb. StR³ VII, § 148; *J. Kühling/F. Sackmann*, Das Mehrebenensystem der Datenschutzgrundrechte im Lichte der Rechtsprechung von BVerfG und EuGH, Jura 2018, 364; *J. Lege*, Die allgemeine Handlungsfreiheit gem. Art. 2 I GG, Jura 2002, 753; *R. Poscher*, Menschenwürde und Kernbereichsschutz, JZ 2009, 269; *ders.*, The Right to Data Protection: A No-Right Thesis, in: R. A. Miller (Hrsg.), Privacy and Power, 2017, S. 129; *B. Schlink*, Das Recht der informationellen Selbstbestimmung, Staat 1986, 233; *F. Schoch*, Das Recht auf informationelle Selbstbestimmung, Jura 2008, 352; *D. Suhr*, Entfaltung der Menschen durch die Menschen, 1976.

§ 9 Recht auf Leben und körperliche Unversehrtheit (Art. 2 Abs. 2 S. 1)

Fall 6: Röntgenzwang für Studenten (nach VGH Mannheim, DÖV 1979, 338) 536

Das Hochschulgesetz eines Landes bestimmt, dass ein Student ua dann exmatrikuliert werden kann, wenn sein Gesundheitszustand ein ordnungsgemäßes Studium ausschließt. Das Gesetz ermächtigt zu einer Regelung der Einzelheiten der Exmatrikulation in einer Universitätssatzung. Diese sieht vor, dass ein Student exmatrikuliert werden kann, wenn er sich nicht alle vier Semester einmal röntgenologisch untersuchen lässt, obwohl Röntgenstrahlen gefährlich und Tuberkuloseerkrankungen selten sind. Verstößt diese Satzungsbestimmung gegen Art. 2 Abs. 2 S. 1? **Rn 562**

I. Überblick

Das Recht auf Leben und körperliche Unversehrtheit hat keine Vorläufer in der deutschen Verfassungsgeschichte. Es ist eine Reaktion auf die Verbrechen der nationalsozialistischen Zeit („Endlösung der Judenfrage", Vernichtung „rassisch wertlosen" oder „lebensunwerten" Lebens, Zwangssterilisationen, Zwangsversuche am lebenden Menschen, Folterungen). 537

Das Grundrecht auf Leben und körperliche Unversehrtheit ist zum einen ein Abwehrrecht gegen den Staat. Noch E 1, 97/104 f hat seine Wirkung ausdrücklich „darauf beschränkt, *negativ* ein Recht auf Leben und körperliche Unversehrtheit zu statuieren, dh insbesondere den staatlich organisierten Mord und die zwangsweise durchgeführten Experimente an Menschen auszuschließen". Seit E 39, 1/41 leitet das BVerfG dagegen aus Art. 2 Abs. 2 S. 1 auch eine Pflicht des Staates zum Schutz von Leben ab. Hierfür mag der systematische Zusammenhang mit Art. 1 Abs. 1 angeführt werden: Das Recht auf Leben und körperliche Unversehrtheit steht dem Gebot des Art. 1 Abs. 1, die menschliche Identität und Integrität zu achten und zu schützen (vgl Rn 485), nahe. Art. 2 Abs. 2 S. 1 hat mit anderen Worten einen besonders sichtbaren Menschenwürdegehalt, der auch in Art. 104 Abs. 1 S. 2 zum Ausdruck kommt (vgl Rn 500). 538

II. Abwehrrecht

1. Schutzbereiche

539 **a)** Das Recht auf **Leben** ist das Recht zu leben. Leben ist körperliches Dasein. Das Recht auf Leben beginnt schon vor der Geburt (vgl Rn 206) und endet mit dem Tod (vgl Rn 202). Umstritten ist, ob das Grundrecht auch das Recht auf den Tod umfasst oder ob insoweit das allgemeine Persönlichkeitsrecht einschlägig ist (Rn 288, 511).

540 **b)** **Körperliche Unversehrtheit** bedeutet zum einen Gesundheit im biologisch-physiologischen Sinn. Zum anderen ist Schutzgut auch die Gesundheit im psychischen Bereich.[1] Das folgt aus dem Zusammenhang des Art. 2 Abs. 2 S. 1 mit der Menschenwürde, die die Wahrung der Identität und Integrität ebenfalls nicht auf den körperlichen Bereich beschränkt (Rn 485), sowie aus der Entstehungsgeschichte: Zu den Verbrechen der nationalsozialistischen Zeit gehörten gerade auch psychischer Terror, seelische Folterungen und entsprechende Verhörmethoden. Systematisch greift diese historische Unrechtserfahrung die Schranken-Schranke in Art. 104 Abs. 1 auf, der gerade auch seelische Misshandlungen Inhaftierter verbietet. Damit umfasst die Gesundheit auch die Freiheit von Schmerz.[2] Nicht dagegen gehören zur körperlichen Unversehrtheit das soziale Wohlbefinden[3] oder die Abwesenheit von Unlustgefühlen.[4] Das BVerfG bezieht iSd Schutzes der negativen Freiheit auch das Recht auf Krankheit in den Schutzbereich von Art. 2 Abs. 2 S. 1 ein, so dass der Einzelne auch eine dringend gebotene Heilbehandlung ablehnen kann;[5] zum Schutz bei lebensrettenden Maßnahmen gegen den Willen des Betroffenen aber Rn 511.

2. Eingriffe

541 **a)** Eingriffe in das **Leben** sind die Verhängung und Vollstreckung der Todesstrafe, der polizeiliche Todesschuss und die Pflicht zum Einsatz von Leben und Gesundheit in den öffentlich-rechtlichen Dienstverhältnissen der Bundeswehr, Polizei, Feuerwehr und des Katastrophenschutzes.[6] Zu den Eingriffen in das Leben zählt auch die Euthanasie, wie sie in der nationalsozialistischen Zeit als staatlich organisierter Mord praktiziert wurde. Davon ist eine Sterbehilfe zu unterscheiden, die das Sterben erleichtert, ohne das Leben zu verkürzen, oder auch entsprechend dem Willen des Patienten das Leben verkürzt (vgl Rn 539). Eine gesetzliche Regelung, die dem Arzt erlauben würde, den Willen des unheilbar und qualvoll kranken Patienten nach Beendigung des Lebens Rechnung zu tragen, müsste dafür enge materiell- und verfahrensrechtliche Voraussetzungen statuieren, um zu gewährleisten, dass tatsächlich dem Willen entsprochen und nicht etwa doch ein Eingriff gesetzt wird.[7]

542 **b)** Eingriffe in die **körperliche Unversehrtheit** liegen nicht nur dann vor, wenn Schmerzen zugefügt oder empfunden werden. Sie schließen Schädigungen und Ge-

---

1 Krit *Kloepfer*, VerfR II, § 57 Rn 8.
2 E 56, 54/75.
3 *Schmidt-Aßmann*, AöR 1981, 205/210; offen gelassen E 56, 54/74 ff.
4 AA BVerwG, NJW 1995, 2648/2649.
5 E 128, 282/304.
6 Vgl *Sachs*, BayVBl. 1983, 460, 489; *Baldus*, NJW 1995, 1134.
7 Vgl *Höfling*, JuS 2000, 111; *Lorenz*, JZ 2009, 57.

fährdungen der Gesundheit ein.[8] Gemäß dem modernen Eingriffsbegriff (Rn 328) kommen nicht nur unmittelbare, sondern auch mittelbare Beeinträchtigungen in Betracht, wenn diese staatlichen Entscheidungen zuzurechnen sind.[9] Die geringe Intensität einer Beeinträchtigung der körperlichen Unversehrtheit schließt den Eingriff nicht aus; die Frage der Intensität ist im Rahmen der verfassungsrechtlichen Rechtfertigung zu berücksichtigen. Die mit Einwilligung des Betroffenen vorgenommene ärztliche Heilbehandlung ist kein Eingriff.[10]

Beispiele: Unmittelbare Eingriffe sind etwa Menschenversuche, Zwangskastration, Zwangssterilisation und medizinische Zwangsbehandlung (E 128, 282/300 ff; 129, 269/280 ff; 133, 112 Rn 53 ff; 146, 294 Rn 26 ff = JK 2/2018), körperliche Strafen und Züchtigungen, Impfpflicht (BVerwGE 9, 78/79; EGMR, No. 47621/13 ua, Rn 263 f [V and others/Czech Republic], vgl auch BVerfG, NJW 2020, 1946), sowie strafprozessuale Eingriffe wie Blutentnahme (BVerfG, NJW 1996, 771/772), Liquorentnahme (E 16, 194/198), Hirnkammerluftfüllung (E 17, 108/115) und die zwangsweise Veränderung der Haar- und Barttracht (E 47, 239/248 f; die allgemeine Anordnung des Schneidens der Kopfhaare betrifft nach BVerwGE 125, 85/88; 164, 304/307 f = JK 10/2019 hingegen das allgemeine Persönlichkeitsrecht, s. Rn 511). – Ein **mittelbarer Eingriff** ist die Beschränkung der Organentnahme bei lebenden Organspendern auf Verwandte und nahe stehende Personen (BVerfG, NJW 1999, 3399/3401), hingegen nicht das vereinsrechtliche Verbot, verfassungsfeindliche Tätowierungen offen zu tragen, weil es nicht gebietet, die Tätowierung zu entfernen, sondern nur, sie abzudecken bzw. sie nur im privaten Bereich offen zu tragen (BVerfG, NVwZ 2020, 1424 Rn 23 = JK 8/2021). **543**

3. Verfassungsrechtliche Rechtfertigung

a) Die Grundrechte auf Leben und auf körperliche Unversehrtheit stehen unter dem **Gesetzesvorbehalt** des Art. 2 Abs. 2 S. 3. Wegen der Intensität, die staatliche Eingriffe in den Schutzbereich des Art. 2 Abs. 2 S. 1 haben können, ergibt sich aus der Wesentlichkeitslehre (vgl Rn 365 ff), dass Eingriffe in das Leben und regelmäßig auch Eingriffe in die körperliche Unversehrtheit durch Parlamentsgesetz geregelt sein müssen. Lediglich unwesentliche Beeinträchtigungen der körperlichen Unversehrtheit können sich auf materielle Gesetze stützen. **544**

Beispiel: Körperliche Eingriffe zu Untersuchungszwecken im Strafprozess mussten durch Parlamentsgesetz geregelt werden (vgl § 81a StPO). **545**

b) Als **Schranken-Schranken** wirken zunächst die *speziellen Normen* des Art. 104 Abs. 1 S. 2 und des Art. 102. Gem. *Art. 104 Abs. 1 S. 2* dürfen festgehaltene Personen weder seelisch noch körperlich misshandelt werden. Misshandlung muss hier in einem weiten Sinn verstanden werden[11]; andernfalls würde die Norm neben Art. 1 Abs. 1 keinen Sinn machen (vgl Rn 493 f, 500). Während Misshandlungen, die nicht die Schwere von Verstößen gegen die Menschenwürde aufweisen, als Eingriffe in die körperliche Unversehrtheit grundsätzlich durch den Gesetzesvorbehalt des Art. 2 Abs. 2 S. 3 gerechtfertigt werden können, sind sie gegenüber festgehaltenen Personen schlechthin ausgeschlossen. **546**

---

8   E 66, 39/57 f; BVerfG, NJW 1998, 295.
9   BVerfG, NVwZ 2020, 1424 Rn 23 (= JK 8/2021).
10 E 128, 282/301.
11 *Jarass*, JP, Art. 104 Rn 7 f; *Kloepfer*, VerfR II, § 57 Rn 70; *Kunig/Saliger*, MüK, Art. 104 Rn 20 f.

547   **Beispiel:** Der Schlagstockeinsatz der Polizei führt zu körperlicher Misshandlung. Während er als unmittelbarer Zwang zur Vollstreckung rechtmäßiger Polizeiverfügungen zulässig sein kann, ist er gegenüber festgehaltenen Personen in keinem Fall zu rechtfertigen.

548   Gem. *Art. 102* ist die Todesstrafe abgeschafft und zugleich ihre Wiedereinführung durch einfaches Gesetz verboten. Fraglich ist, ob Art. 102 durch Verfassungsänderung aufgehoben und dann die Todesstrafe durch Gesetz wiedereingeführt werden kann. Dafür spricht, dass Art. 102 nicht gem. Art. 79 Abs. 3 der Verfassungsänderung entzogen ist.[12] Dagegen spricht, dass Art. 1 Abs. 1 berührt sein könnte und damit gegen Art. 79 Abs. 3 verstoßen würde. So wird damit argumentiert, dass die Verhängung und Vollstreckung der Todesstrafe den Körper in einer die Personalität beeinträchtigenden Weise zum bloßen Objekt machen würde,[13] und weiter damit, dass es keine Form der Vollstreckung der Todesstrafe gebe, die als Vorgang die Achtung der Menschenwürde gewährleiste, und dass daher „die Vollstreckung für die an diesem Vorgang Beteiligten staatliche Zumutung würdelosen Verhaltens" bedeute.[14] Dem entspricht es, dass der EGMR in der Todesstrafe einen Verstoß gegen das Verbot „grausamer und erniedrigender Strafe" aus Art. 3 EMRK sieht, obwohl Art. 2 Abs. 1 EMRK die Todesstrafe ausdrücklich als mögliche Einschränkung des Rechts auf Leben nennt und das nicht von allen Staaten ratifizierte 6. Zusatzprotokoll das Verbot der Todesstrafe zum Gegenstand hat.[15]

549   Ob Art. 102 der deutschen öffentlichen Gewalt die *Auslieferung eines Ausländers* wegen einer Straftat verbietet, die in dem um die Auslieferung ersuchenden Staat mit der Todesstrafe bedroht ist, hat das BVerfG offen gelassen.[16] Inzwischen ist in diesen Fällen durch § 8 des Gesetzes über die Internationale Rechtshilfe in Strafsachen (IRG) die Auslieferung verboten.

550   Sodann sind die *allgemeinen Schranken-Schranken*, namentlich die Rechtfertigungsanforderungen des Verhältnismäßigkeitsgrundsatzes, hier besonders sorgfältig zu beachten; denn das Grundrecht auf körperliche Unversehrtheit ist besonders sensibel.

551   **Beispiel:** Die medizinische Zwangsbehandlung ist wegen des Selbstbestimmungsrechts des Einzelnen auf Fälle der krankheitsbedingten Einsichtsunfähigkeit beschränkt; die gesetzlichen Ermächtigungen müssen grundrechtssichernde Verfahrensregelungen enthalten und bei psychisch Kranken sind Zwangsbehandlungen überdies nur mit dem Unterbringungsziel gerechtfertigt, den Betroffenen entlassungsfähig zu machen (E 128, 282/304 ff; E 129, 269; 133, 112 Rn 69 ff; 146, 294 Rn 35 f).

552   Das Grundrecht auf körperliche Unversehrtheit hat einen besonders sichtbaren *Menschenwürdegehalt*, der auch als sein Wesensgehalt iSd Art. 19 Abs. 2 verstanden wird (vgl Rn 430). Soweit er reicht, dürfen Leben und körperliche Unversehrtheit in keinem Fall angetastet werden und sind sie wegen Art. 79 Abs. 3 sogar der Disposition des verfassungsändernden Gesetzgebers entzogen.

553   Dabei ist aber das Leben nicht zugleich sein eigener Wesens- oder Menschenwürdegehalt. Obwohl der *Entzug des Lebens* vom Leben nichts mehr übrig lässt, steht er als

---

12   *Tettinger*, JZ 1978, 128/131.
13   *Gusy*, MKS, Art. 102 Rn 33; *Degenhart*, SA, Art. 102 Rn 7.
14   *Podlech*, AK, Art. 1 Abs. 1 Rn 43.
15   EGMR, No. 61498/08, Rn 115–140 (Al-Saadoon u. Mufdhi/Vereinigtes Königreich).
16   E 60, 348/354.

solcher mit Art. 19 Abs. 2 und auch Art. 1 Abs. 1 noch nicht in Widerspruch. Denn Art. 2 Abs. 2 S. 3 lässt Eingriffe auch in das Leben gerade zu, und zu den Eingriffen in das Leben zählt in erster Linie dessen Entzug. Wenn Art. 19 Abs. 2 verlangt, dass vom Grundrecht stets noch etwas übrig bleiben muss (vgl Rn 425), kann dies also nicht im individuellen, sondern nur im kollektiven und generellen Sinn gemeint sein.

Beispiel: Der gezielte polizeiliche Todesschuss darf nur als äußerstes und letztes Mittel zur Rettung der Geisel aus unmittelbar drohender Lebensgefahr abgegeben werden, und dh auch nur dann, wenn der Geiselnehmer die Möglichkeit hatte, durch Freilassung der Geisel den Befreiungsschuss abzuwenden (vgl *Lerche*, in: FS v.d. Heydte, 1977, S. 1033). Sind diese Voraussetzungen gegeben, dann ist der Schuss aber selbst dann zulässig, wenn der Tod nicht nur billigend in Kauf genommen, sondern gewollt wurde (vgl *Schöne/Klaes*, DÖV 1996, 992; *Correll*, AK, Art. 2 Abs. 2 Rn 62); uU muss er gerade gewollt sein, damit das Leben der Geisel gerettet werden kann. **554**

III. Schutzpflicht

1. Grund

Das BVerfG hat seine Ableitung staatlicher Schutzpflichten aus der objektiv-rechtlichen Funktion der Grundrechte zwar allgemein formuliert. Es nahm aber besonders Fälle zum Anlass, bei denen es um den Schutz gegen Gefährdungen der Grundrechte des Lebens und der körperlichen Unversehrtheit ging (vgl Rn 147 ff). Gerade beim Recht auf Leben eine Schutzpflicht zu bejahen, liegt nahe, weil hier Grundrechtsverletzungen, die sich aus Grundrechtsgefährdungen zu entwickeln drohen, *stets irreparabel* wären. Das ist bei anderen Grundrechten anders, und auch bei der körperlichen Unversehrtheit ist die Schutzpflicht schwächer als beim Leben, weil die Grundrechtsverletzungen nicht von derselben Endgültigkeit sein müssen. Indem der Staat schützt, greift er in andere Freiheitsrechte ein; überhaupt spielt die Schutzpflicht vor allem bei der Prüfung der Rechtfertigung von Eingriffen in Freiheitsrechte eine Rolle (Rn 149 f). **555**

Beispiel: Die Länder greifen durch Gottesdienstverbote in Art. 4 Abs. 1, 2 (BVerfG, NJW 2020, 1427 Rn 14), durch Versammlungsverbote in Art. 8 Abs. 1 (BVerfG, NVwZ 2020, 711 = JK 10/2020; NVwZ 2021, 141 Rn 15) ein, können das aber mit dem in Art. 2 Abs. 2 S. 1 normierten Anliegen rechtfertigen, die individuelle und die öffentliche Gesundheit vor dem Corona-Virus zu schützen (*Kingreen*, Jura 2020, 1019/1026 f). **556**

In Bezug auf Leib und Leben unterscheidet das BVerfG nicht zwischen unechten und echten Schutzpflichten. Es beruft sich auf Schutzpflichten sowohl in Dreieckskonstellationen, in denen an die staatliche Regelung einer Beeinträchtigung oder Gefährdung von Leib oder Leben durch Dritte angeknüpft werden kann, als auch wenn der Schutz vor rechtswidrigem Handeln oder Umwelt- oder Naturereignissen im Raum steht, bei denen sich kein Anknüpfungspunkt für das Abwehrrecht findet (Rn 147 f). **557**

Vom Schutzrecht ist ein Anspruch auf staatliche (Sozial-)Leistungen zu unterscheiden. Dass der Staat der Grundrechtsverletzung schon im Stadium der Grundrechtsgefährdung wehren und dabei auch Beeinträchtigungen des Schutzbereichs vonseiten des Einzelnen vorbeugen muss, ist etwas anderes als die Gewährleistung sozialer Fürsorge und medizinischer Versorgung (zur Sicherung des Existenzminimums Rn 489, **558**

494). Allerdings soll Art. 2 Abs. 2 S. 1 bei lebensgefährdenden Erkrankungen, für die es keine medizinischen Standardmaßnahmen gibt, einen krankenversicherungsrechtlichen Leistungsanspruch auf Leistungen begründen, auch wenn deren therapeutischer Nutzen unsicher ist. Der Leistungsanspruch wird hier allerdings vor allem mit der aufgrund der Versicherungspflicht fehlenden Autonomie der Versicherten begründet;[17] damit handelt es sich um einen Aspekt der Abwehrdimension (Rn 137).

2. Erfüllung

559 Ob und wie der Schutz verwirklicht werden kann, hängt von vielen Faktoren ab. Der Staat hat daher einen *erheblichen Spielraum* bei der Erfüllung der Schutzpflicht[18] (Rn 460 ff). Die Schutzpflicht ist verletzt, „wenn Schutzvorkehrungen entweder überhaupt nicht getroffen sind, wenn die getroffenen Regelungen und Maßnahmen offensichtlich ungeeignet oder völlig unzulänglich sind, das gebotene Schutzziel zu erreichen, oder wenn sie erheblich hinter dem Schutzziel zurückbleiben"[19]. Eine Verletzung der Schutzpflicht scheidet aus, wenn der Staat aus rechtlichen oder tatsächlichen Gründen an dem ihm abverlangten Schutz gehindert ist.[20] Das eröffnet den Gerichten einen erheblichen Spielraum bei der Grenzziehung sowohl in echten wie in unechten Schutzpflichtkonstellationen.

560 **Beispiele** zu *unechten Schutzpflichten*: Der Staat erfüllt seine unechten Schutzpflichten nach dem BVerfG vor allem dadurch, dass staatliche Verfahren so ausgestaltet werden, dass ein Ausgleich widerstreitender Schutzgüter herbeigeführt werden kann, etwa durch umwelt- und wirtschaftsverwaltungsrechtliche Genehmigungsvorschriften für die das Leben und die körperliche Unversehrtheit gefährdenden Industriebetriebe (E 53, 30/55 ff; 56, 54/73 ff) und durch Verfahren sowie die Gewährleistung von Rechtsschutz bei der Zuteilung von Organen für eine Transplantation (NJW 2017, 545/546 = JK 8/2017, s. auch Rn 1258). Er muss vor den gesundheitsgefährdenden Auswirkungen von Fluglärm schützen, dabei aber neue wissenschaftliche Erkenntnisse erst berücksichtigen, wenn sie sich in der wissenschaftlichen Diskussion durchgesetzt haben (BVerfG, NVwZ 2018, 1555 Rn 50). – Zu *echten* Schutzpflichten: Es obliegt grundsätzlich den staatlichen Organen, im Fall einer Entführung, die der Freipressung von Strafgefangenen dient, zwischen der Schutzpflicht für das Leben des Entführten und der Schutzpflicht für das Leben aller anderen Menschen zu entscheiden (E 46, 160/165). Der Staat muss Leben und körperliche Unversehrtheit zwar vor dem Missbrauch von Sportwaffen schützen, muss aber deren Gebrauch nicht verbieten (BVerfG, NVwZ 2013, 502). Er muss auch vor den Gefahren einer Pandemie schützen, darf aber dennoch soziale Interaktionen zulassen, um den Gebrauch anderer Freiheitsrechte zu ermöglichen (BVerfG, NVwZ 2020, 1823 Rn 7 = JK 10/2020). Schließlich verletzt ein Gericht die Schutzpflicht nicht, wenn es auch in der Pandemie die Aufhebung von Verhandlungsterminen trotz des Infektionsrisikos ablehnt (BVerfG, NJW 2020, 2327). Der Gesetzgeber soll aber verpflichtet sein, für nicht einsichtsfähige Betreute bei drohenden erheblichen gesundheitlichen Beeinträchtigungen unter strengen Voraussetzungen eine ärztliche Behandlung auch gegen ihren natürlichen Willen vorzusehen (E 142, 313 Rn 17 = JK 3/2017, s. auch Rn 70). Nach dem EGMR, No. 46043/14, Rn 143 ff (Lambert/Frankreich) liegt bei ausreichend ausgestalteten Verfahren und Rechtsschutz der Angehörigen in der Behandlungseinstellung für einen irreversibel komatösen Patienten keine Verletzung der

---

17 E 115, 25/45 f; 140, 229 Rn 20; krit *Huster*, JZ 2006, 466 ff; *Kingreen*, NJW 2006, 877 ff.
18 E 77, 170/214; 142, 113/136 f (= JK 3/2017).
19 E 142, 113 Rn 70 (= JK 3/2017); vgl auch BVerfG, NVwZ 2016, 841 Rn 19.
20 BVerfG, NVwZ 2018, 1224 Rn 29 (= JK 4/2019).

staatlichen Schutzpflicht aus Art. 2 EMRK, auch wenn sie lediglich auf dem gemutmaßten Willen des Patienten beruht. Zu der aus Art. 2 EMRK abgeleiteten Schutzpflicht gegenüber häuslicher Gewalt Rn 162.

Echte Schutzpflichten können auch beim *Erlass und bei der Anwendung von Straf- rechtsnormen* Bedeutung haben. Das BVerfG hatte in seiner ersten Entscheidung zum Schwangerschaftsabbruch noch gemeint, dass der Gesetzgeber das ungeborene Leben nicht ausreichend schütze, wenn er den Schwangerschaftsabbruch während der ersten drei Monate straffrei stelle und hat daher statt dieser sog Fristenlösung den Erlass einer Indikationsregelung verlangt.[21] Es hat dem Gesetzgeber dann aber in einer zweiten Entscheidung nicht verwehrt, „für den Schutz des ungeborenen Lebens zu einem Schutzkonzept überzugehen, das in der Frühphase der Schwangerschaft in Schwangerschaftskonflikten den Schwerpunkt auf die Beratung der schwangeren Frau legt, um sie für das Austragen des Kindes zu gewinnen, und dabei … auf eine in- dikationsbestimmte Strafdrohung … verzichtet"[22]. In der Tat kann die Schutzpflicht keine strafrechtlichen Sanktionen gebieten, wenn diese sich wie beim Schwanger- schaftsabbruch als dem Schutz des Lebens nicht förderlich erwiesen haben. – Aus der Schutzpflicht folgt auch die Pflicht zu einer wirksamen Anwendung des Strafrechts. Ein grundrechtlicher Anspruch auf eine Strafverfolgung Dritter kommt aber nur in Betracht, wenn die Nichtverfolgung das Vertrauen in die Integrität staatlichen Han- delns in Frage stellen würde. Das ist der Fall, wenn bei schwerwiegenden Straftaten gegen elementare Rechtsgüter wie das Leben und die körperliche Unversehrtheit, bei Straftaten von Amtsträgern oder bei besonderen Fürsorgepflichten des Staates der Sachverhalt unzureichend aufgeklärt, der Ermittlungsverlauf unvollständig dokumen- tiert oder eine Einstellungsentscheidung nicht hinreichend begründet wurde.[23] Bei schweren Verletzungen der persönlichen Freiheit kann aus der Schutzpflicht auch ein Geldentschädigungsanspruch für immaterielle Schäden folgen, die besonders auch in der Abschreckungswirkung der Haft liegen können.[24]

Lösungsskizze zum Fall 6 (Rn 536): I. Der *Schutzbereich* der körperlichen Unversehrtheit ist durch eine röntgenologische Untersuchung betroffen, da die Strahlen physiologische Veränderungen verursachen können. – II. Rechtsfolge der Ablehnung der Untersuchung ist die Exmatrikulation, die ihrerseits in das Grundrecht der Ausbildungsfreiheit (Art. 12 Abs. 1) eingreift. Um diese Sanktion zu vermeiden, ist jeder Student gezwungen, die Beein- trächtigung der körperlichen Unversehrtheit durch die röntgenologische Untersuchung hin- zunehmen. Insofern wird ein Element des Schutzbereichs des Art. 2 Abs. 2 S. 1 zum An- knüpfungspunkt einer beeinträchtigenden staatlichen Maßnahme gemacht. Es liegt ein *Ein- griff* nicht nur in Art. 12 Abs. 1, sondern auch in Art. 2 Abs. 2 S. 1 vor (aA VGH Mann- heim, DÖV 1979, 338). – III. Da die röntgenologische Untersuchung keineswegs völlig un- gefährlich und also auch nicht unwesentlich ist, muss sie ein *Parlamentsgesetz* zur Grundla- ge haben. Das Hochschulgesetz verlangt zwar einen Gesundheitszustand, der ein ordnungs- gemäßes Studium gewährleistet. Wesentlich ist aber, wie der Gesundheitszustand nachge-

561

562

---

21 E 39, 1.
22 E 88, 203/264; vgl auch E 98, 265/302 ff.
23 BVerfG, NJW 2015, 150 Rn 10 f, 15; NJW 2020, 675 Rn 36 ff; ferner EGMR, NJW 2001, 1989/ 1989 f (Grams/Deutschland).
24 BVerfG, NVwZ 2017, 1198 Rn 15, 22.

wiesen werden muss und ob zum Nachweis der Eingriff der röntgenologischen Untersuchung verlangt werden kann. Hierzu schweigt das Hochschulgesetz und scheidet daher als Grundlage des Eingriffs aus. Allein in der Satzung findet der Eingriff nicht die gem. Art. 2 Abs. 2 S. 3 erforderliche gesetzliche Grundlage (aA *v. Olshausen*, DÖV 1979, 340/341 f). – Auch bei großzügigerem Verständnis des Gesetzesvorbehalts in Art. 2 Abs. 2 S. 3 bleibt die Satzungsbestimmung verfassungsrechtlich problematisch. Denn auch wenn in der Satzung ein Gesetz iSd Art. 2 Abs. 2 S. 3 erblickt wird, muss doch weiter gefragt werden, ob ihr Erfordernis der röntgenologischen Untersuchung nicht *unverhältnismäßig* ist. Hierfür sprechen die Gefährlichkeit von Röntgenstrahlen und die Seltenheit von Tuberkuloseerkrankungen (aA für Soldaten BVerwGE 83, 191/195).

563   **Literatur:** *M. Anderheiden*, „Leben" im Grundgesetz, KritV 2001, 353; *I. Augsberg*, Grundfälle zu Art. 2 II 1 GG, JuS 2011, 28, 128; *H. Dreier*, Grenzen des Tötungsverbotes, JZ 2007, 261, 317; *G. Hermes*, Das Grundrecht auf Schutz von Leben und Gesundheit, 1987; *M. Hong*, Todesstrafenverbot und Folterverbot, 2019; *M. Kloepfer*, Leben und Würde des Menschen, in: FS 50 Jahre BVerfG, 2001, Bd. II, S. 77; *J.F. Lindner*, Die Würde des Menschen und sein Leben, DÖV 2006, 577; *R. Müller-Terpitz*, Recht auf Leben und körperliche Unversehrtheit, Hdb. StR³ VII, § 147; *B. Rütsche*, Rechte von Ungeborenen auf Leben und Integrität, 2009.

§ 10 Freiheit der Person (Art. 2 Abs. 2 S. 2, Art. 104)

564   **Fall 7: Festnahme eines Eckenstehers (nach OVG Münster, DVBl. 1979, 733)**

An einem Tag, an dem wegen nicht angemeldeter Demonstrationen mehrere Polizeieinsätze stattfinden, steht der Bürger B längere Zeit vor dem Polizeipräsidium. Er wird von dem Polizeibeamten P festgenommen, weil dieser annimmt, B spähe das Einsatzverhalten der Polizei aus, um weitere nicht angemeldete Demonstrationen organisieren zu helfen. P glaubte sich hierzu befugt durch § 35 Abs. 1 Nr. 2 nwPolG, wonach die Polizei eine Person in Gewahrsam nehmen kann, wenn das unerlässlich ist, um die unmittelbar bevorstehende Begehung oder Fortsetzung einer Straftat oder einer Ordnungswidrigkeit von erheblicher Bedeutung für die Allgemeinheit zu verhindern. B beteuert gegenüber P, er sei nur ein harmloser Eckensteher. Dennoch hält ihn P noch 5 Stunden lang fest. Hat P rechtmäßig gehandelt? **Rn 584**

I. Überblick

565   Art. 2 Abs. 2 S. 2 und Art. 104 haben den gleichen Schutzbereich: die Freiheit der Person. Insofern stellt Art. 104 also eine eigentlich überflüssige *Verdoppelung der Gewährleistung* dar. Selbstständige Bedeutung gewinnt er aber dadurch, dass er mit seinem qualifizierten Gesetzesvorbehalt lex specialis zum einfachen Gesetzesvorbehalt von Art. 2 Abs. 2 S. 3 ist. Soweit Art. 2 Abs. 2 S. 3 neben den Schutzbereichen des Lebens und der körperlichen Unversehrtheit den Schutzbereich der Freiheit der Person betrifft, wird er durch Art. 104 verdrängt.

566   Dass Art. 2 Abs. 2 S. 2 und Art. 104 innerhalb des Grundgesetzes so weit auseinander gerissen worden sind, hat allein entstehungsgeschichtliche Gründe. Art. 104 knüpft an das zunächst in der englischen Verfassungsgeschichte entwickelte Institut des *habeas corpus* an.[1] Dieses betrifft die rechtsstaatlichen Maßstäbe für Festnahmen und sonstige Freiheitsbeschränkungen durch die öffentliche Gewalt, die vor allem durch den Richter zu gewährleisten sind. Daher hat sie der Parlamentarische Rat in den Abschnitt über die Rechtsprechung eingeordnet.

II. Schutzbereich

Freiheit der Person bedeutet *körperliche Bewegungsfreiheit.* Das Grundrecht umfasst das Recht, (positiv) jeden beliebigen, nahen oder fernen Ort aufzusuchen[2] und (negativ) jeden beliebigen Ort zu meiden. In den Schutzbereich fällt, dass man dort, wo man nicht bleiben will, auch nicht bleiben muss. Die Freiheit der Person ist ebenso wenig wie die anderen nicht normgeprägten Freiheitsrechte nur im Rahmen der allgemeinen Rechtsordnung geschützt.[3]

Teilweise wird vertreten, dass die Freiheit der Person aus historischen Gründen nur vor *körperlichen Beeinträchtigungen* der körperlichen Bewegungsfreiheit schützen soll. Das Verbot, einen bestimmten Ort zu verlassen, ist danach ebenso wie das Gebot, an einem bestimmten Ort zu erscheinen, nur dann ein Eingriff, wenn es von unmittelbarem Zwang oder durch dessen Androhung begleitet ist.[4] Für diese Verengung der körperlichen Bewegungsfreiheit auf eine Freiheit vor körperlichen Beeinträchtigungen reichen aber die historischen Gründe nicht. Der unmittelbare Zwang oder seine Androhung geben den Verlassensverboten und Erscheinensgeboten in Zeiten eines voll entwickelten staatlichen Gewaltmonopols keine besondere Qualität, sondern stehen hinter ihnen ebenso wie hinter allen staatlichen Verboten und Geboten.[5] Zudem verfügt die staatliche Gewalt mittlerweile über subtile Mittel (wie die elektronische Fußfessel[6]), mit der sie die gleichen Ziele erreichen kann wie vormals allein durch physische Gewalt. Daher darf das geschützte Verhalten nicht aus den Eingriffsformen abgeleitet werden: Der Schutzbereich des Grundrechts umfasst die Bewegungsfreiheit als solche, nicht lediglich einen modalen Schutz gegen eine bestimmte Art und Weise der Beeinträchtigung dieser Freiheit.[7]

Andererseits ist die körperliche Bewegungsfreiheit aber auch nicht die Freiheit von jeglicher Pflicht zu körperlicher Bewegung. Bei dem Gebot, an einem bestimmten Ort zu erscheinen, muss daher *differenziert* werden. Die Pflicht, bis zu einem bestimmten Zeitpunkt an einem bestimmten Ort etwas Bestimmtes zu tun, lässt dem Betroffenen die Freiheit, wann er der Pflicht nachkommen will. Sie berührt noch nicht die Freiheit der Person, weil deren Schutzbereich die körperliche Bewegungsfreiheit als solche ist und nicht die Freiheit von jeglicher Handlungspflicht, die mit körperlicher Bewegung verbunden ist. Wenn sich die Pflicht jedoch zusätzlich auf einen bestimmten Zeitpunkt bezieht, ist die Freiheit der Person in ihrer negativen Ausprägung berührt.

567

568

569

1 *Pohlreich,* BK, Art. 104 Rn 12 ff.
2 E 94, 166/198; 149, 293 Rn 67; aA *Brunner,* Jura 2020, 1328/1331.
3 *Kloepfer,* VerfR II, § 58 Rn 4; aA E 94, 166/198; 96, 10/21.
4 *Di Fabio,* MD, Art. 2 Abs. 2 Rn 2 f., 30; *Schulze-Fielitz,* DR, Art. 2 II Rn 104.
5 Vgl *Gusy,* MKS, Art. 104 Rn 18.
6 BVerfG, NStZ 2021, 348 Rn 222.
7 *Rixen,* SA, Art. 2 Rn 231; vgl auch *Bumke/Voßkuhle,* Rn 437.

III. Eingriffe

570 Eingriffe in die Freiheit der Person liegen vor, wenn jemand durch die öffentliche Gewalt daran gehindert oder für einen bestimmten Zeitpunkt dazu verpflichtet wird, einen Ort aufzusuchen oder sich an einem Ort aufzuhalten.[8] Eingriffe liegen damit in Wegbewegungs- und Hinbewegungsverboten sowie Wegbewegungs- und Hinbewegungsgeboten.[9] Sie reichen von der Vorladung über die kurzfristige Festnahme bis zur lebenslangen Freiheitsstrafe. Zu den Eingriffen zählen ferner die zur Durchsetzung eingesetzten Vollstreckungshandlungen, besonders der unmittelbare Zwang.

571 **Beispiele:** Das Urteil eines Strafgerichts über die Verhängung einer Freiheitsstrafe ist zu unterscheiden von der Festnahme des Täters sowie von dem Vollzug der Strafe in einer Anstalt. Jede dieser drei Maßnahmen stellt einen eigenen Eingriff in die Freiheit der Person dar (vgl auch E 14, 174/186). Ein Eingriff ist auch der Widerruf der Aussetzung der Strafvollstreckung zur Bewährung (BVerfG, NJW 2013, 2414 Rn 21). Dagegen ist die Geldauflage bei einer zur Bewährung ausgesetzten Freiheitsstrafe kein Eingriff in die Freiheit der Person (BVerfG, NJW 2011, 3508 Rn 14, 16).

572 Als besonders intensive Beschränkung der Freiheit der Person hebt Art. 104 Abs. 2–4 die *Freiheitsentziehung* hervor. Sie bedeutet die Aufhebung der körperlichen Bewegungsfreiheit „nach jeder Richtung hin"[10], das Festhalten an einem bestimmten eng umgrenzten Ort[11], das dem Staat den jederzeitigen Zugriff auf den Körper des Grundrechtsträgers erlaubt. Freiheitsentziehungen bestehen idR in der Anordnung, an einem eng umgrenzten Ort zu verweilen. Dass sie häufig von physischen Sicherungs- und Zwangsmaßnahmen begleitet sind, die eine Missachtung der Anordnung erschweren, indem in Gefängnissen und Haftzellen die Türen verschlossen und die Fenster vergittert werden, ist kein notwendiges Element einer Freiheitsentziehung (Rn 568). Hausarrest[12] und die infektionsschutzrechtliche Quarantäneverpflichtung[13] sind daher Freiheitsentziehungen, auch wenn keine Wache vor der Haustür postiert wird. Hingegen wird die Durchsetzung einer Vorladung, die sog Vorführung, teilweise nicht als Freiheitsentziehung, sondern als bloße Freiheitsbeschränkung angesehen.[14] Doch ist die Dienststelle ein eng umgrenzter Raum, in der der Vorgeführte gegen seinen Willen festgehalten wird. Der EGMR sieht daher mit Recht auch in einer nur kurzzeitigen Verbringung auf die Dienststelle eine Freiheitsentziehung iSv Art. 5 EMRK.[15] Beim Strafvollzug fallen über die Freiheitsentziehung hinaus notwendig andere Freiheitsbeeinträchtigungen an; sie sind mit der Freiheitsentziehung noch nicht erfasst und gerechtfertigt, sondern Eingriffe in andere Grundrechte und entsprechend eigens zu rechtfertigen.[16] Auch während der Unterbringung oder Haft liegt in einer Fixierung

---

8 E 105, 239/248; BVerfG, NStZ 2021, 348 Rn 222.
9 AA *Kuch*, JöR 2018, 205/226 ff, der Hinbewegungsverbote und Wegbewegungsgebote durch andere Freiheiten geschützt sieht und Art. 2 Abs. 2 S. 2 als Freiheitsvoraussetzungsschutz deutet.
10 E 105, 239/248; BVerfG, DVBl. 2011, 623/624.
11 BVerwGE 62, 325/328; BGHZ 82, 261/267; *Mehde*, MD, Art. 104 Rn 64.
12 *Gusy*, MKS, Art. 104 Rn 22; *Kingreen/Poscher*, Polizei- und Ordnungsrecht, 11. Aufl. 2020, § 16 Rn 7; *Krahl*, NStZ 1997, 457/460.
13 *Kingreen*, in: Huster/Kingreen, Handbuch Infektionsschutzrecht, 2021, Kap 1 Rn 66.
14 BVerwGE 62, 325/327; 82, 243/245; BGHZ 82, 261/267.
15 EGMR, EuGRZ 2013, 489/494 (Ostendorf/Deutschland); NVwZ 2015, 879/879 f (Krupko ua/Russland).
16 E 33, 1/9 f; 116, 69/80 f.

eine – weitere – Freiheitsentziehung.[17] Denn durch eine Fixierung wird der Körper noch einmal weitergehend „an der Bewegung in jede Richtung hin" gehindert.

Keine Freiheitsentziehungen, sondern nur *Freiheitsbeschränkungen* sind hingegen die während der Corona-Pandemie verhängten Ausgangsbeschränkungen, da sie nicht verlangten, dass die Betroffenen sich in einem *bestimmten* Gebäude aufhalten.[18] Auch aufenthaltsbeschränkende und führungsaufsichtliche Maßnahmen sowie Vorladungen sind bloße Freiheitsbeschränkungen.   **573**

IV. Verfassungsrechtliche Rechtfertigung

1. Gesetzesvorbehalt des Art. 104

Art. 104 stellt verschiedene *form- und verfahrensmäßige Anforderungen* an die Zulässigkeit von Eingriffen in die Freiheit der Person, die auf verschiedene Eingriffsarten und -situationen zugeschnitten sind. Sie sind als Spezial- und Ausnahmeregelungen ineinander verschachtelt: Die Absätze 2–4, die der Freiheitsentziehung gelten, sind leges speciales zu Abs. 1, der von der Freiheitsbeschränkung handelt. Abs. 2 S. 2 und 3 sowie Abs. 3 normieren Ausnahmen zur Regel des Abs. 2 S. 1, wonach die Freiheitsentziehung der vorgängigen richterlichen Entscheidung bedarf. Dabei sind Abs. 2 S. 3 und Abs. 3 wiederum Spezialvorschriften zu Abs. 2 S. 2; sie gelten den besonderen Situationen, in denen jemand von der Polizei und wegen Strafverdachts in Gewahrsam bzw festgenommen wurde.   **574**

a) Für alle **Freiheitsbeschränkungen** gilt gem. Art. 104 Abs. 1 S. 1, dass sie   **575**
– nur unter Beachtung von Formen ergehen dürfen, die
– im förmlichen Gesetz, also nicht durch Rechtsverordnung, Satzung oder Gewohnheitsrecht geregelt sein müssen; eine analoge Anwendung eines Gesetzes reicht nicht aus[19].

Schon der Verstoß gegen eine gesetzliche Formvorschrift ist, da Art. 104 Abs. 1 ihre Beachtung zur Verfassungspflicht macht, ein Verfassungsverstoß. Dabei meint Art. 104 Abs. 1 S. 1, wenn er von Formen spricht, iS formeller Rechtmäßigkeit Form, Verfahren und Zuständigkeit von Freiheitsbeschränkungen. Für die Voraussetzungen der Freiheitsbeschränkungen gilt gemäß der Wesentlichkeitslehre, dass der parlamentarische Gesetzgeber selbst die wesentlichen Regelungen treffen muss.

b) Die *zusätzliche* Anforderung für die verfassungsrechtliche Zulässigkeit einer **Freiheitsentziehung** besteht in erster Linie darin, dass *vorher* ein Richter entscheiden muss (Art. 104 Abs. 2 S. 1). Die Gerichte müssen organisatorisch gewährleisten, dass Richter erreichbar sind.[20] Ausnahmsweise ist gem. Art. 104 Abs. 2 S. 2 und 3 und Abs. 3 auch eine Freiheitsentziehung ohne vorherige richterliche Entscheidung zulässig. Dann ist aber unverzüglich eine richterliche Entscheidung herbeizuführen (S. 2). Aus der *Unverzüglichkeit* folgt, dass nur dann von der vorherigen richterlichen Entscheidung abge-   **576**

---

17 E 149, 293 Rn 69 (= JK 5/2019).
18 *Poscher*, in: Huster/Kingreen, Handbuch Infektionsschutzrecht, 2021, Kap 4 Rn 127.
19 E 29, 183/195 f; 109, 133/188.
20 E 105, 239/248.

sehen werden darf, wenn „der mit der Freiheitsentziehung verfolgte verfassungsrechtlich zulässige Zweck nicht erreichbar wäre, wenn der Festnahme die richterliche Entscheidung vorausgehen müsste"[21]. Die richterliche Entscheidung darf sich nicht auf eine Prüfung der Plausibilität der von der Polizei vorgetragenen Gründe beschränken, sondern muss selbst prüfen und begründen, ob der Gewahrsam unerlässlich ist,[22] und dafür den Festgenommenen persönlich anhören,[23] ggfs mit einem Dolmetscher.[24]

577 Abs. 2 S. 3 und Abs. 3 stellen noch besondere Voraussetzungen für die Fälle auf, in denen die ohne vorherige richterliche Entscheidung ergehende Freiheitsentziehung durch die *Polizei* bzw im Zuge einer vorläufigen Festnahme wegen Verdachts einer strafbaren Handlung geschieht.

578 Eine weitere zusätzliche Anforderung für die verfassungsrechtliche Zulässigkeit einer Freiheitsentziehung ist die *Benachrichtigungspflicht* gem. Abs. 4. Sie begründet ein subjektives Recht auf die Benachrichtigung lediglich in der Person des Festgehaltenen, nicht auch bei den Angehörigen oder Vertrauenspersonen.[25]

579 Zwar sind die Formerfordernisse des Art. 104 unmittelbar geltendes Recht, doch müssen sie aus Gründen der Rechtssicherheit durch *Gesetze* bereichsspezifisch ausgestaltet werden.[26]

580 **Beispiel:** Die Landesgesetze über die Unterbringung von Menschen mit psychischen Erkrankungen regeln die Voraussetzungen und das Verfahren für das zwangsweise Einweisen und Festhalten in einer Krankenanstalt. Sie verlangen eine Entscheidung des Amtsgerichts und konkretisieren damit Art. 104 Abs. 2, der einfach vom Richter spricht. Sie verlangen zusätzlich, dass das Amtsgericht grundsätzlich den Kranken mündlich anhört, und konkretisieren damit Art. 104 Abs. 1 S. 1. Verstöße können mit der Verfassungsbeschwerde gerügt werden (vgl E 58, 208/220 f; 66, 191/195 ff).

2. Schranken-Schranken

581 Für Freiheitsbeschränkungen und insbesondere für Freiheitsentziehungen gelten strenge Verhältnismäßigkeitsanforderungen. Vor allem die *lebenslange Freiheitsstrafe* bedarf als besonders intensiver Eingriff einer sehr strengen Prüfung; das BVerfG sieht sie nur gerechtfertigt, wenn der Verurteilte nicht nur auf eine gesetzlich nicht geregelte Begnadigung hoffen darf, sondern wenn die Voraussetzungen, unter denen die Vollstreckung einer lebenslangen Freiheitsstrafe ausgesetzt werden kann, und das dabei anzuwendende Verfahren gesetzlich geregelt sind.[27] Bei der fortdauernden Vollstreckung der lebenslangen Freiheitsstrafe wegen fortdauernder Gefährlichkeit des Gefangenen steigen die materiell- und verfahrensrechtlichen Voraussetzungen für ihre Rechtfertigung, je länger sie andauert.[28]

---

21 E 22, 311/317; BVerfG, NVwZ 2009, 1033.
22 E 83, 24/33.
23 *Degenhart*, SA, Art. 104 Rn 22 f.
24 BVerfG, NVwZ 2007, 1045.
25 Vgl E 16, 119/122; BVerwG, NJW 1985, 339.
26 E 149, 293 Rn 94 f (= JK 5/2019).
27 E 45, 187/242 ff; 72, 105/113; 113, 154/164 ff; zu Art. 3 EMRK so auch EGMR, NJOZ 2014, 1582/1584 (Vinter ua/Vereinigtes Königreich).
28 E 117, 71/94 ff; BVerfG, NJW 2009, 1941 Rn 26.

Hohe und ausdifferenzierte Anforderungen gelten auch für die *Sicherungsverwah-rung*, die dem Schutz vor gemeingefährlichen Straftätern nach Verbüßung der im Strafurteil verhängten Haftstrafe dient (§§ 66 ff StGB). Das BVerfG hat es zunächst nicht als Verstoß gegen Art. 2 Abs. 2 S. 2 angesehen, dass der deutsche Gesetzgeber die bis 1998 bestehende Vollstreckungshöchstfrist von 10 Jahren auch für zu diesem Zeitpunkt bereits verurteilte Straftäter aufgehoben hat.[29] Nach Ansicht des EGMR muss hingegen die Freiheitsentziehung die Konsequenz aus der Verurteilung sein. Er hat daher einen Verstoß gegen das Recht auf Freiheit (Art. 5 Abs. 1 S. 2 lit. a) EMRK) bejaht.[30] Das BVerfG hat im Anschluss daran die Notwendigkeit einer strik-ten Verhältnismäßigkeitsprüfung betont und einen Verstoß der Vorschriften über die Sicherheitsverwahrung gegen Art 2 Abs. 2 S. 2 bejaht.[31] Besondere Anforderungen gelten auch für den Vollzug der Sicherungsverwahrung, der sich dadurch vom Straf-vollzug unterscheiden muss, dass er freiheitsorientiert und therapiegerichtet ist (sog Abstandsgebot, s. auch Rn 1349)[32], sowie für die Unterbringung von Menschen mit psychischen Erkrankungen.[33] Im Übrigen reicht nach dem EGMR für die Rechtferti-gung einer präventiven Haft entgegen dem Wortlaut von Art. 5 Abs. 1 S. 2 lit. b) Alt. 2 EMRK nicht aus, das die allgemeine Pflicht zum Gesetzesgehorsam erzwungen werden soll. Der Betroffene muss vielmehr die Erfüllung einer konkretisierten Ver-pflichtung verweigern.[34] Entgegen seiner früheren Rechtsprechung[35] wendet der EGMR allerdings Art. 5 Abs. 1 S. 2 lit c) Alt. 2 (begründeter Anlass für eine unmit-telbar bevorstehende Straftat) mittlerweile auch wieder auf den Präventivgewahrsam an, wenn Ort und Zeit einer unmittelbar bevorstehenden Straftat und ihre möglichen Opfer ausreichend präzisiert sind.[36]

582

Bei der Rechtfertigung der *Untersuchungshaft* ist zusätzlich die rechtsstaatliche Un-schuldsvermutung zu beachten.[37] Sie verbietet, einerseits mit dem Verdächtigen ebenso zu verfahren wie mit einem Verurteilten (Verbot der Vorwegnahme der Stra-fe)[38] und andererseits mit dem Verdächtigen ohne sachlichen Grund anders zu verfah-ren als mit einem Nichtverdächtigen. Die Untersuchungshaft ist gerechtfertigt, wenn es bei den Haftgründen der Flucht- und Verdunkelungsgefahr keine milderen Mittel gibt und beim Haftgrund der Wiederholungsgefahr um die Abwehr schwerer Krimi-nalität geht.[39] Auch die der Untersuchungshaft ähnliche Hauptverhandlungshaft ist nur zur Verfahrenssicherung zulässig.[40] Der Verhältnismäßigkeitsgrundsatz verlangt weiter, dass das Verfahren von den zuständigen Verfolgungsorganen mit größtmögli-

583

---

29 E 109, 133/187 f.
30 EGMR, NJW 2010, 2495/2496 f (M./Deutschland); zum Verstoß gegen das strafrechtliche Rückwir-kungsverbot Rn 1349.
31 E 128, 326/366 ff.
32 E 128, 326/374 ff; 134, 33 Rn 84 ff (= JK 1/2014); vgl *Payandeh/Sauer*, Jura 2012, 289; *Volkmann*, JZ 2011, 835. Zur Umsetzung des Abstandsgebots EGMR, EuGRZ 2016, 352/359 ff (Bergmann/ Deutschland), 364 ff; *Renzikowski*, NJW 2013, 1638/1639 ff.
33 BVerfG, NJW 2013, 3228 Rn 43 ff; EGMR, NJW 2013, 1791/1793 ff (Kronfeldner/Deutschland).
34 EGMR, NVwZ 2012, 1089/1091 (Schwabe/Deutschland).
35 EGMR, NVwZ 2014, 43 (= JK 6/2014) und im Anschluss daran BVerfG, NVwZ 2016, 1079 Rn 33.
36 EGMR, NVwZ 2019, 135/138 f (= JK 6/2019).
37 E 74, 358/370 ff; 82, 106/144 f; 110, 1/23.
38 Vgl *Stuckenberg*, Untersuchungen zur Unschuldsvermutung, 1998, S. 530 ff.
39 *Di Fabio*, MD, Art. 2 Abs. 2 Rn 49 ff *Schulze-Fielitz*, DR, Art. 2 II Rn 109.
40 *Hellmann*, NJW 1997, 2145.

cher Beschleunigung betrieben wird[41] und die Untersuchungshaft eine Höchstdauer nicht überschreitet[42].

584   **Lösungsskizze zum Fall 7 (Rn 564):** Es ist zu unterscheiden zwischen der Rechtmäßigkeit der Festnahme und der des weiteren Festhaltens des B. I. § 35 Abs. 1 Nr. 2 nwPolG ermächtigt zu einem Eingriff in die Freiheit der Person. Als förmliches Gesetz ist er von Art. 104 Abs. 1 S. 1 gedeckt. Art. 104 Abs. 2 S. 2 lässt auch eine nicht auf richterlicher Anordnung beruhende Freiheitsentziehung zu. Ob die Anwendung dieser Vorschrift im vorliegenden Fall rechtmäßig war, muss im Hinblick auf die Merkmale „unmittelbar bevorstehend" und „von erheblicher Bedeutung für die Allgemeinheit" bezweifelt werden, soll aber mangels näherer Sachverhaltsangaben dahinstehen. – II. Die Rechtmäßigkeit des weiteren Festhaltens des B beurteilt sich nach § 36 Abs. 1 S. 1 nwPolG, der mit Art. 104 Abs. 2 S. 2 übereinstimmt. Hier ist nicht unverzüglich eine richterliche Entscheidung herbeigeführt worden. Es fragt sich aber, ob die Polizei die in Art. 104 Abs. 2 S. 3 genannte Frist ausschöpfen darf, was der Fall wäre, wenn diese Vorschrift eine verdrängende lex specialis zu Art. 104 Abs. 2 S. 2 wäre. Diese Frist stellt jedoch – das ergibt sich aus dem Ausnahmecharakter der polizeilichen Freiheitsentziehung – eine *zusätzliche* Einschränkung dar; das Gebot der unverzüglichen Herbeiführung der richterlichen Entscheidung bleibt davon unberührt (E 105, 239/249). Daher hat das OVG Münster, DVBl. 1979, 733 entschieden, dass im Normalfall zwei bis drei Stunden für das Herbeiführen einer richterlichen Entscheidung zu veranschlagen sind und das fünfstündige Festhalten des B rechtswidrig gewesen ist.

585   **Literatur:** *M. Brunner*, Das Grundrecht auf Freiheit der Person (Art. 2 II 2, Art. 104 GG), Jura 2020, 1328; *C. Gusy*, Freiheit der Person, Hdb. GR IV, § 93; *P. Hantel*, Das Grundrecht der Freiheit der Person nach Art. 2 II 2, 104 GG, JuS 1990, 865; *H.-H. Jescheck/O. Triffterer* (Hrsg.), Ist die lebenslange Freiheitsstrafe verfassungsmäßig?, 1978; *D. Kuch*, Die Freiheit der Person, JöR 2018, 205; *V. Neumann*, Freiheitssicherung und Fürsorge im Unterbringungsrecht, NJW 1982, 2588; *A. Schieder*, Die richterliche Bestätigung polizeilich veranlasster Freiheitsentziehungen, KritV 2000, 218; *A. Tiemann*, Der Schutzbereich des Art. 2 II 2 GG, NVwZ 1987, 10; *F. Wittreck*, Freiheit der Person, Hdb. StR³ VII, § 151.

§ 11   Das Gleichheitsgebot (Art. 3, 6 Abs. 1 und 5, 33 Abs. 1–3, 38 Abs. 1 S. 1)

586   **Fall 8: Staffelung von Kindergartengebühren nach dem Familieneinkommen (nach E 97, 332)**

Eine Stadt erhebt von den Eltern der Kinder, die einen städtischen Kindergarten besuchen, Gebühren. Die einschlägige Satzung staffelt die Gebühren nach dem Familieneinkommen. E sind die Eltern eines Kindes, von denen die Stadt den Höchstsatz erhebt, der mehr als das doppelte des niedrigsten Satzes beträgt, die für das Kind tatsächlich anfallenden Kosten allerdings noch nicht deckt. Sie sehen in der Staffelung der Gebühren eine Verletzung von Art. 3 Abs. 1. Zu Recht? **Rn 669**

---

41   E 19, 342/347 f; 53, 152/158 f; BVerfG, EuGRZ 2009, 414/416.
42   *Gropp*, JZ 1991, 804/808 f.

I. Überblick

Das Grundgesetz enthält Gewährleistungen der Gleichheit an verschiedenen Stellen und mit verschiedenen Akzenten. Art. 3 Abs. 1 ist der allgemeine Gleichheitssatz; er verlangt allgemein die *Rechtsanwendungsgleichheit* (Gleichheit vor dem Gesetz) und die *Rechtsetzungsgleichheit* (Gleichheit des Gesetzes). Das Gebot der Rechtsetzungsgleichheit folgt zwar nicht aus dem Wortlaut von Art. 3 Abs. 1, aber aus dem Zusammenhang von Art. 3 Abs. 1 mit Art. 1 Abs. 3, der Bindung der Gesetzgebung an die Grundrechte. Art. 3 Abs. 2 S. 1 und Abs. 3 S. 1 verbieten, bestimmte Gegebenheiten zum Grund für Bevorzugungen und Benachteiligungen zu nehmen. Sie lassen damit erkennen, dass Art. 3 Abs. 1 nicht die völlige Gleichbehandlung verlangt, nicht jede Bevorzugung und Benachteiligung verbietet. Wäre das der Inhalt von Art. 3 Abs. 1, dann bedürfte es der Art. 3 Abs. 2 S. 1 und Abs. 3 S. 1 nicht. Es bedarf ihrer darum, weil Art. 3 Abs. 1 nur die *grundlose Ungleichbehandlung* verbietet; Art. 3 Abs. 1 verlangt rechtfertigende Gründe für Ungleichbehandlungen, und Art. 3 Abs 2 S. 1 und Abs. 3 S. 1 statuiert, welche Gegebenheiten als rechtfertigende Gründe für Ungleichbehandlungen schlechthin ausfallen. – Auch die weiteren speziellen Gleichheitsgebote und Diskriminierungsverbote in Art. 6 Abs. 1 und 5, Art. 38 Abs. 1 S. 1 und Art. 33 Abs. 1–3 stellen besondere Anforderungen an die rechtfertigende Begründung von Ungleichbehandlungen, indem sie entweder wie Art. 3 Abs. 2 S. 1 und Abs. 3 bestimmte Rechtfertigungsgründe nicht oder wie Art. 33 Abs. 2 bestimmte Rechtfertigungsgründe allein zulassen. Art. 3 Abs. 2 S. 2 ist speziell insofern, als er dem Staat die Herstellung und Durchsetzung der Gleichberechtigung von Frau und Mann aufgibt. **587**

Art. 14 EMRK enthält zwar keinen allgemeinen Gleichheitssatz, aber ein Verbot der Diskriminierung aus Gründen, die denjenigen des Art. 3 Abs. 3 S. 1 weitgehend entsprechen. Zwar gilt Art. 14 EMRK nach seinem Wortlaut nur für den Genuss der in der EMRK anerkannten Rechte und Freiheiten. Doch beschränkt das den Anwendungsbereich des Diskriminierungsverbots nur geringfügig, weil der EGMR die Schutzbereiche der Freiheitsrechte sehr weit interpretiert (näher etwa *Uerpmann-Wittzack*, in: Ehlers, Europäische Grundrechte und Grundfreiheiten, 4. Aufl. 2014, § 3 Rn 67 f). Ein nicht auf den Genuss der Freiheitsrechte der EMRK beschränktes Diskriminierungsverbot enthält Art. 1 des 12. Zusatzprotokolls zur EMRK. Dieses ist aber von vielen Staaten, auch von Deutschland (BT-Drucks. 16/6314, 9), bislang nicht ratifiziert worden. – Gleichheit ist ferner ein zentrales Thema des europäischen Unionsrechts, das sich zunächst der binnenmarktrechtlichen Gleichheit gewidmet und diese dann nach dem Übergang zur politischen Union 1992 zu allgemeinen Gleichheitsgrundrechten erweitert hat. Das Diskriminierungsverbot (Art. 18 Abs. 1 AEUV) und die Grundfreiheiten (Art. 34, 45, 49, 56, 63 AEUV) garantieren die für die Verwirklichung des Binnenmarktes fundamentale Gleichbehandlung aller Unionsbürger unabhängig von deren Staatsangehörigkeit (Rn 610). Das Unionsrecht hat daneben speziell die Gleichbehandlung von Frauen und Männern im Arbeitsleben wesentlich befördert. Schon der 1957 in Kraft getretene EWG-Vertrag (Rn 52) enthielt ein entsprechendes Gleichbehandlungsgebot, das aus Gründen der Wettbewerbsgleichheit in allen Mitgliedstaaten gelten sollte. Dieses weniger individualrechtlich, sondern ebenfalls mit der Funktion des Binnenmarktes begründete Sonderregime existiert nach wie vor (nunmehr Art. 157 AEUV), obwohl die seit 2009 rechtsverbindliche europäische Grundrechtecharta (Rn 52, 72) den Gleichheitsschutz darüber hinausgehend generalisiert hat und der Gleichheit ein eigenes Kapitel widmet. Der allgemeine Gleichheitssatz (Art. 20 GRCh) wird ergänzt durch das Gebot der Nichtdiskriminierung (Art. 21 GRCh), das außer den Merkmalen des Art. 3 Abs. 3 etwa auch die sexuelle Ausrichtung und das Alter als grundsätzlich verbotene Differenzierungskriterien nennt. Das Unionsrecht weitet damit den gleichheitsrechtlichen Horizont für Kriterien, die lange Zeit kaum (zur sexuellen Orientierung: Rn 609) oder, wie das Alter (Rn 604), nur im Kontext von Freiheitsrechten (Rn 1042, 1048) eine Rolle gespielt haben. Diese primärrechtlichen werden durch sekundärrechtliche, überwiegend auf Art. 19 Abs. 1 AEUV **588** beruhende Gewährleistungen ergänzt, die vor allem bei Diskriminierungen im Arbeitsleben eine erhebliche Rolle spielen (Rn 89 f).

589   Vielschichtig ist das Verhältnis der Gleichheit zur Freiheit. Die *politische Forderung* nach möglichst viel gesellschaftlicher Freiheit gerät mit der politischen Forderung nach möglichst viel gesellschaftlicher Gleichheit in *Konflikt*: Gesellschaftliche Freiheit ist auch die Ellenbogenfreiheit des Stärkeren, gesellschaftliche Gleichheit ist gerade die Chancengleichheit des Schwächeren. Die *grundrechtlichen Verbürgungen* von Freiheit und Gleichheit stehen dagegen *konfliktfrei* nebeneinander. Sie überlassen weitgehend dem Gesetzgeber, wie viel Spielraum er den Starken lassen und wie viel Schutz er den Schwachen geben, dh wie er die gegenläufigen politischen Forderungen befriedigen will. Sie setzen ihm dabei nach beiden Seiten nur gewisse Grenzen. Gemeinsam ist den Grenzsetzungen durch Freiheitsverbürgungen und durch Gleichheitsverbürgungen, dass sowohl die Freiheitsverkürzung als auch die Ungleichbehandlung *nicht grundlos* geschehen darf. Unterschiedlich ist jedoch die *Rechtstechnik* der Verbürgungen. Bei den Freiheitsrechten gibt es die einzelnen Lebensbereiche oder das Handeln schlechthin als Schutzbereiche und gibt es die Eingriffe in die Schutzbereiche. An die Feststellung eines Eingriffs schließt dann die Frage nach seiner verfassungsrechtlichen Rechtfertigung an (Rn 469). Bei den Gleichheitsrechten gibt es dagegen keinen Schutzbereich und daher auch keinen Eingriff in den Schutzbereich.[1] Hier vollzieht sich die Prüfung einer Grundrechtsverletzung in *zwei Schritten*; sie besteht aus der Feststellung einer Ungleichbehandlung und aus der Frage nach deren verfassungsrechtlicher Rechtfertigung (Rn 671).

II.   Ungleichbehandlung

1.   Verfassungsrechtlich relevante Ungleichbehandlung

590   Verfassungsrechtlich *relevant*, dh verfassungsrechtlicher Rechtfertigung bedürftig ist nur die Ungleichbehandlung von „wesentlich Gleichem"[2]. Das bedeutet zum einen, dass die Ungleichbehandlung durch dieselbe Rechtsetzungsgewalt erfolgt sein muss. Soweit die Bürger eines Landes durch ein Landesgesetz anders behandelt werden als die Bürger eines anderen Landes, das kein entsprechendes oder ein abweichendes Landesgesetz erlassen hat, fehlt von vornherein die wesentliche Gleichheit; entsprechendes gilt im Verhältnis zwischen Bundes- und Landesgesetzen und zwischen Satzungen verschiedener Gemeinden, Universitäten usw.[3] Zum anderen gilt, dass kein Mensch genau wie der andere und keine Situation genau wie die andere ist. Daher kann wesentliche Gleichheit nur bedeuten, dass Personen, Personengruppen oder Situationen vergleichbar sind. Vergleichbarkeit bedarf zunächst eines *Bezugspunkts* (tertium comparationis).[4]

591   **Beispiel:** Für den, der einen Personenkraftwagen führt, gilt das Straßenverkehrsrecht, und für den, der eine Schankwirtschaft betreibt, das Gaststättenrecht. Hier werden zwar verschiedene Personengruppen rechtlich verschieden behandelt, aber es fehlt der Bezugspunkt eines Vergleichs, der von einer relevanten, verfassungsrechtlichen Rechtfertigung bedürftigen Ungleichbehandlung reden ließe. Vergleichbar ist dagegen das Führen von Personenkraftwagen mit dem

---

1   *Heun*, Hdb. GR II, § 34 Rn 40 ff; aA *Blome*, JA 2011, 486; *Huster*, FH, Art. 3 Rn 79 ff.
2   StRspr, zB E 49, 148/165.
3   Vgl E 33, 224/231; *Huster*, FH, Art. 3 Rn 47.
4   Wie hier *Epping*, GrundR, Rn 782 ff; krit *Mülder/Weitensteiner*, Jura 2019, 51/54 f; *Sachs/Jasper*, JuS 2016, 769/772.

Führen von Lastkraftwagen und Krafträdern und das Betreiben von Schankwirtschaften mit dem Betreiben von Speisewirtschaften und Beherbergungsbetrieben. Der Bezugspunkt liegt das eine Mal darin, dass Kraftfahrzeuge geführt, das andere Mal darin, dass Gaststätten betrieben werden.

Der Bezugspunkt ist der *gemeinsame Oberbegriff* (genus proximum), unter den die **592** rechtlich verschieden behandelten verschiedenen Personen, Personengruppen oder Situationen fallen. Unter ihm müssen die gemäß einem Unterscheidungsmerkmal (differentia specifica) verschiedenen Personen, Personengruppen oder Situationen vollständig und abschließend sichtbar werden. Anders werden auch der Inhalt, das Ausmaß und der mögliche Grund der Ungleichbehandlung nicht sichtbar.

Beispiel: Wenn der Gesetz- oder Verordnungsgeber alleinerziehende Mütter bei der Vergabe **593** von Kindergartenplätzen privilegiert oder ihnen bei Krankheit des Kindes einen zusätzlichen Urlaubsanspruch gibt, ist ein Grund für diese Bevorzugung möglicherweise gegenüber gemeinsam erziehenden Eltern erkennbar, nicht jedoch gegenüber alleinerziehenden Vätern. Das zeigt sich aber nur, wenn als nächster gemeinsamer Oberbegriff der der Alleinerziehenden gesehen, und nicht auf den der Eltern abgestellt wird. Der Begriff der Eltern ist nächster gemeinsamer Oberbegriff nur, wenn die Alleinerziehenden (Mütter und Väter) anders behandelt werden als gemeinsam erziehende Paare.

Lösungstechnischer Hinweis: Der Sinn von Art. 3 wird verkannt, wenn ein an sich sachlich **594** vorliegender gemeinsamer Oberbegriff mit dem Hinweis auf die Verschiedenheit der Geschlechter (oder auf ein anderes in Abs. 2 und 3 genanntes Kriterium) verneint wird, etwa wenn männliche und weibliche Insassen von Justizvollzugsanstalten wegen des Geschlechtsunterschieds als zu verschieden beurteilt werden, einem gemeinsamen Oberbegriff zu unterfallen. Die Differenzierung nach Merkmalen von Abs. 2 bzw 3 ist auf der Rechtfertigungsebene (mit den besonderen verfassungsrechtlichen Anforderungen) zu erörtern und darf nicht zur Verneinung des gemeinsamen Oberbegriffs führen.

Eine Ungleichbehandlung, die verfassungsrechtlicher Rechtfertigung bedarf, ist also **595** dann *gegeben*, wenn

– eine Person, Personengruppe oder Situation in einer bestimmten Weise, durch Eingriff oder Leistung, in Teilhabe oder Verfahren, rechtlich behandelt wird,
– eine andere Person, Personengruppe oder Situation in einer bestimmten anderen Weise rechtlich behandelt wird und
– beide Personen, Personengruppen oder Situationen unter einen gemeinsamen, weitere Personen, Personengruppen oder Situationen ausschließenden Oberbegriff gefasst werden können.

Sowohl der EuGH (Rn 604) als auch das BVerfG[5] bringen den Grundsatz der Kohärenz **596** bzw. der „Folgerichtigkeit der Gesetzgebung" mit dem Gleichheitssatz (s. aber auch Rn 494 aE) in Verbindung. Indes ist der Gesetzgeber grundsätzlich nicht daran gehindert, Durchbrechungen und Ausnahmen in Regelsystemen vorzusehen. Entscheidend ist allein, ob sie sich vor Art. 3 rechtfertigen lassen. Dem Grundsatz der Folgerichtigkeit kommt daher allenfalls heuristischer Wert zu: Durchbrechungen und Ausnahmen in einem Regelungssystem können Anlass für eine gleichheitsrechtliche Prüfung sein.[6]

---

5 In der älteren Rspr. noch Systemgerechtigkeit E 17, 122/132; 25, 236/252; aus der neueren Rspr. zum Steuerrecht E 84, 239/271; 122, 210/235; 135, 126 Rn 54 ff.

6 *Classen*, StR II, § 17 Rn 33 f; *Erdmann*, NVwZ 2020, 1798/1798 f; *Tappe*, JZ 2016. 28/31 f; *Payandeh*, AöR 136 (2011), 578/598 f; *Dieterich*, Systemgerechtigkeit und Kohärenz, 2013, S. 382 ff.

2. Gleichbehandlung von wesentlich Ungleichem?

597 Nach stRspr des BVerfG verbietet der Gleichheitssatz nicht nur, „wesentlich Gleiches willkürlich ungleich", sondern auch „wesentlich Ungleiches willkürlich gleich zu behandeln"[7]. Somit gäbe es neben der Ungleichbehandlung, die verfassungsrechtlicher Rechtfertigung bedarf, auch eine Gleichbehandlung, die verfassungsrechtlicher Rechtfertigung bedarf. Wie aus den vielen rechtlichen Ungleichbehandlungen wären auch aus den vielen rechtlichen Gleichbehandlungen zunächst einmal die relevanten, verfassungsrechtlicher Rechtfertigung bedürftigen herauszufiltern. Wie dies genau zu geschehen hätte, mag jedoch dahinstehen. Denn Probleme der Gleichbehandlung lassen sich stets auch als Probleme der Ungleichbehandlung fassen. Es muss nur die richtige Vergleichsgruppe gewählt werden.[8]

598 **Beispiele:** Nach dem Ladenschlussgesetz gibt es eine weitgehende Ausnahme von den allgemeinen Ladenschlusszeiten für Bahnhofsverkaufsstellen und eine weniger weitgehende Ausnahmeregelung für Apotheken. Für Bahnhofsapotheken gilt nach dem Gesetz Letztere. Bahnhofsapotheken werden also im Vergleich mit anderen Bahnhofsverkaufsstellen ungleich, im Vergleich mit anderen Apotheken dagegen gleich behandelt (vgl E 13, 225/228 f). – Nach dem Asylbewerberleistungsgesetz müssen leistungsberechtigte Asylbewerber ihr Einkommen und Vermögen aufbrauchen, ehe sie Leistungen nach dem Gesetz erhalten. Als einem Asylbewerber auch erhaltenes Schmerzensgeld als aufzubrauchendes Einkommen angerechnet wurde, sah er wesentlich Ungleiches zu Unrecht gleichbehandelt: Schmerzensgeld, zur Kompensation einer Einbuße an Lebensfreude bestimmt, sei etwas anderes als das der Sicherung der Existenz dienende Einkommen und Vermögen. Das BVerfG sah ihn zu Unrecht ungleich behandelt, nämlich anders als die Asylbewerber, die Leistungen nicht nach dem Asylbewerberleistungsgesetz, sondern dem Sozialgesetzbuch erhalten, wonach Schmerzensgeld nicht als aufzubrauchendes Einkommen anzurechnen ist (vgl E 116, 229/236, 238 ff).

III. Verfassungsrechtliche Rechtfertigung

1. Allgemeine Anforderungen

599 Für die Prüfung der verfassungsrechtlichen Rechtfertigung von Ungleichbehandlungen gilt ein „stufenloser am Grundsatz der Verhältnismäßigkeit orientierter verfassungsrechtlicher Prüfungsmaßstab, dessen Inhalt und Grenzen sich nicht abstrakt, sondern nur nach den jeweils betroffenen unterschiedlichen Sach- und Regelungsbereichen bestimmen lassen"[9]. Das BVerfG hat damit die frühere, kategorial erscheinende Unterscheidung zwischen einer bloßen Evidenzkontrolle, die sich auf die Prüfung beschränkte, ob die Behandlung willkürlich war,[10] und der seinerzeit als neue Formel bezeichneten Verhältnismäßigkeitskontrolle speziell für personenbezogene Ungleichbehandlungen[11] zugunsten einer einheitlichen Verhältnismäßigkeitsprüfung mit allerdings sehr unterschiedlicher Kontrolldichte aufgegeben.[12] Eher selten werden aber die

---

7 E 49, 148/165; 98, 365/385.
8 *Podlech*, S. 53 ff; *Rüfner*, in: FS Kriele, 1997, S. 271; *Kempny*, JZ 2015, 1086; *Sachs/Jasper*, JuS 2016, 769/775.
9 E 129, 49/69; 130, 131/142; krit *Sachs/Jasper*, JuS 2016, 769/772 f.
10 E 17, 122/130.
11 E 55, 72/88.
12 *Britz*, NJW 2014, 346/347.

Teileelemente des Verhältnismäßigkeitsgrundsatzes so deutlich herausgearbeitet wie bei den Freiheitsrechten;[13] oftmals fragt das BVerfG nur, ob Zweck und Grad der Ungleichbehandlung „in einem angemessenen Verhältnis" zueinander stehen.[14]

a) **Legitime Zwecke** der Ungleichbehandlung sind grundsätzlich alle, die nicht ausdrücklich verboten sind. Verboten ist daher insbesondere jede Ungleichbehandlung, die an die in Art. 3 Abs. 3 S. 1 genannten Kriterien anknüpft (Rn 609 ff). Bisweilen sind aber auch nur bestimmte Kriterien erlaubt, so die Eignung, Leistung und Befähigung bei Art. 33 Abs. 2. Obwohl das BVerfG gelegentlich missverständlich formuliert, eine Ungleichbehandlung sei nur legitim, wenn zwischen zwei Gruppen „Unterschiede von solcher Art und solchem Gewicht *bestehen*, dass sie die ungleiche Behandlung rechtfertigen"[15], darf der Staat nicht nur da ungleich behandeln, wo er die Ungleichbehandlung rechtfertigende Unterschiede bereits vorfindet. Der regelnde und gestaltende Staat ist frei, Unterschiede allererst zu schaffen; er verfolgt dann die im Schrifttum sog externen Zwecke im Unterschied zu den internen Zwecken, um die es bei den bereits vorgefundenen Unterschieden geht.[16]

600

Beispiele: Wenn eine Gemeinde nur für Einheimische, nicht aber für auswärtige Besucher eines Freizeitbades eine Eintrittsermäßigung vorsieht, dann schafft sie durch diese Ungleichbehandlungen die Unterschiede und bestimmt auch deren Art und Gewicht. Die Rechtfertigung kann daher nicht in diesem Unterschied selbst liegen; daher ist der Wohnsitz kein die Bevorzugung legitimierender Grund. Sie kann aber in den Zwecken liegen, die die Gemeinde verfolgt: Verfolgt sie durch die Privilegierung Einheimischer das Ziel, knappe Ressourcen auf den eigenen Aufgabenbereich (Art. 28 Abs. 2 S. 1) zu beschränken, Gemeindeangehörigen einen Ausgleich für besondere Belastungen zu gewähren oder Auswärtige für einen erhöhten Aufwand in Anspruch zu nehmen, oder sollen die kulturellen und sozialen Belange der örtlichen Gemeinschaft dadurch gefördert und der kommunale Zusammenhalt dadurch gestärkt werden, dass Einheimischen besondere Vorteile gewährt werden, kann dies ein legitimer Zweck sein – aber nur dann, wenn das Freizeitbad das kulturelle oder soziale Wohl seiner Einwohner fördern will und nicht auf Überregionalität zielt, um die notwendige Auslastung zu erreichen (BVerfG, NJW 2016, 3153 Rn 40, 43 = JK 1/2017). – Auch der EuGH sieht in nach Wohnsitz differenzierenden Entgeltsystemen einen unzulässigen Eingriff in Art. 18 Abs. 1 AEUV (EuGH, EU:C:2003:30, Rn 22 ff – Kommission/Italien) und lässt sog Einheimischenprivilegien beim Erwerb von Grundstücken nur zu, wenn sie das Ziel verfolgen, ein ausreichendes Wohnangebot für einkommensschwache Personen oder andere benachteiligte Gruppen der örtlichen Bevölkerung zu schaffen (EuGH, EU:C:2013:288, Rn 49 ff – Libert ua/Flämische Regierung).

601

b) Verfolgt die Ungleichbehandlung einen grundsätzlich legitimen Zweck, ist zu prüfen, ob die Unterscheidung zur Erreichung des Zwecks **verhältnismäßig** ist. Hierfür ist entscheidend, wie groß die Einschätzungs- und Gestaltungsspielräume sind, die das BVerfG dem Gesetzgeber bzw ggfs der Verwaltung und dem Richter einräumt. Insoweit ist vor allem die Intensität maßgebend, mit der eine Ungleichbehandlung die Betroffenen beeinträchtigt. Die Intensität wächst,

602

– je mehr das Kriterium der Ungleichbehandlung einem der nach Art. 3 Abs. 3 verbotenen Kriterien ähnelt,

---

13 *Jarass*, JP, Art. 3 Rn 27.
14 E 102, 68/87; 129, 49/68; dazu *Classen*, StR II, § 17 Rn 31.
15 E 55, 72/88; 105, 73/110; 107, 205/214.
16 Vgl *Huster*, S. 165 ff.

- je weniger der Betroffene das Kriterium der Ungleichbehandlung beeinflussen kann und
- je mehr die Ungleichbehandlung den Gebrauch grundrechtlich geschützter Freiheiten erschwert.

603 Mit der Intensität wachsen die Anforderungen an die Verhältnismäßigkeit. Die Ungleichbehandlung muss geeignet und erforderlich sein, gerade den verfolgten Zweck zu erreichen und sie darf auch nicht weiter reichen als dieser Zweck. Dabei ist vor allem zu prüfen, ob die Differenzierung von einem hinreichenden Sachgrund getragen ist, der in einem Sachzusammenhang mit der Verschiedenheit der ungleich behandelten Sachverhalte steht.[17] Die Intensität der Ungleichbehandlung beeinflusst zudem die Typisierungstoleranz, dh die Differenzierung muss mit größerer Treffsicherheit nur solche Fälle erfassen, für die der Zweck trägt.[18] Zudem muss der verfolgte Zweck in einem angemessenen Verhältnis zu der Intensität der Ungleichbehandlung stehen. Das BVerfG prüft die Angemessenheit meist nicht separat, sondern erörtert sie oftmals bereits im Rahmen des legitimen Zwecks.[19]

604 **Beispiele:** Mit der Beschränkung der Sukzessivadoption (= Adoption eines bereits adoptierten Kindes durch den Partner) auf Ehepaare wird das grundsätzlich legitime Ziel verfolgt, dass ein Kind nicht durch Adoption von Familie zu Familie weitergegeben wird. Von diesem Zweck wird aber der Ausschluss von Lebenspartnern von der Sukzessivadoption nicht getragen, weil es keine Anzeichen dafür gibt, dass eingetragene Lebenspartner ihre Elternrechte gegenüber einem gemeinsamen Kind weniger einvernehmlich ausüben könnten als Ehepartner (E 133, 59 Rn 74 ff; vgl ferner E 133, 377 Rn 84 f). – Auch der EuGH greift das Verhältnis zwischen Differenzierungsziel und -grund auf, wenn er in seiner Rechtsprechung zu den Altersgrenzen fordert, dass die ungleich behandelnde Regelung in sich kohärent sein müsse. Er hat daher zB die mit dem Schutz der Gesundheit der Patienten vor dem Nachlassen der Leistungsfähigkeit von Vertragszahnärzten begründete Altersgrenze von 68 Jahren für Vertragszahnärzte nicht akzeptiert, da diese Altersgrenze nicht für Zahnärzte außerhalb des Vertragszahnarztsystems gelte (EuGH, EU:C:2010:4, Rn 83 – Petersen; *Dombert*, Jura 2015, 938/943).

605 Die Prüfung der Verhältnismäßigkeit spielt beim Gleichheitsgebot dann eine schwächere Rolle als bei den Freiheitsrechten, wenn der Staat in Verfolgung von Förderungszwecken ungleich behandelt,[20] dh wenn er nicht „negativ", sondern „positiv" diskriminiert. Gesetzgeberische Regelungen und Gestaltungen sind, zumal im Steuer- und Sozialrecht,[21] mehr noch als ohne Freiheitsbeschränkungen ohne Ungleichbehandlungen schlechterdings nicht möglich. Denn um eine Personengruppe zu fördern, gibt es regelmäßig eine solche Fülle von Möglichkeiten und entsprechend zu den Förderungsmöglichkeiten, die der Staat wählt, eine solche Fülle von Alternativen, dass der Nachweis des Fehlens milderer, schonenderer Alternativen selten gelingt. Hier muss genügen, dass keine Alternative ersichtlich ist, die den Staat gleich oder weniger belastet, den Förderungszweck besser verfolgt und zugleich die Personengruppe, die nicht gefördert und durch die Förderung der anderen Personengruppe zurückge-

---

17 *Britz*, NJW 2014, 346/350.
18 E 133, 377 Rn 88; zu den Anforderungen an Typisierungen i. E. E 145, 106 Rn 106 ff; E 151, 101/145 ff (= JK 10/2019).
19 *Britz*, NJW 2014, 346/350.
20 Vgl E 99, 165/178.
21 E 113, 167/227 ff.

setzt wird, milder und schonender behandelt. Der Gesetzgeber braucht daher bei Ungleichbehandlungen tendenziell einen eher *weiten Gestaltungs- und Einschätzungsspielraum.* Verfassungsrechtlich bzw.-gerichtlich lässt sich dann „nur die Überschreitung äußerster Grenzen (des Spielraums) beanstanden" und nicht darauf abstellen, „ob der Gesetzgeber die jeweils gerechteste und zweckmäßigste Regelung getroffen" hat.[22] Auch steuerrechtliche Regelungen müssen aber einer strengen Verhältnismäßigkeitsprüfung unterzogen werden, wenn sie eine nach Maßgabe der allgemeinen Kriterien (Rn 602) intensive Ungleichbehandlung bewirken; insbesondere kann die Freiheit des Gesetzgebers „durch das Ausmaß der mit der Steuerverschonung bewirkten Ungleichbehandlung und durch deren Auswirkung auf die gleichheitsgerechte Erhebung dieser Steuer insgesamt eingeschränkt sein"[23]. Erhebliche und systematische Verzerrungen der Steuergleichheit lassen sich weder unter Hinweis auf die Geringfügigkeit der Steuer noch durch die Vermeidung von Verwaltungsaufwand rechtfertigen; lässt sich eine Steuer nicht wirtschaftlich erheben,[24] kann der Staat die Steuersätze erhöhen oder auf sie verzichten. Der Ermessensspielraum ist zudem mit Blick auf das Sozialstaatsprinzip (Art. 20 Abs. 1) geringer, wenn steuerrechtliche Regelungen Einfluss auf die soziale Chancengleichheit haben.[25] Auch wenn der Staat andere als Förderungszwecke verfolgt, behält das Erfordernis der Erforderlichkeit seine dirigierende Kraft.

Beispiele: Der Gesetzgeber legt Taxenunternehmen bestimmte Pflichten auf und räumt ihnen bestimmte Vergünstigungen ein; dabei behandelt er sie auch steuerrechtlich besser als Mietwagenunternehmen. Sein Ziel ist, dass „der Allgemeinheit mit dem Taxenverkehr ein dem Kontrahierungszwang unterliegendes öffentliches Verkehrsmittel für individuelles Fahren zu einem festgelegten Tarif zur Verfügung steht". Dieses Ziel „lässt sich […] auch dadurch verwirklichen, dass das Umsatzsteuergesetz dem Kraftdroschkengewerbe günstigere Rahmenbedingungen als dem Mietwagenunternehmen einräumt" – mehr zur Geeignetheit und Erforderlichkeit sagt das BVerfG nicht und kann es auch nicht sagen; es prüft und bejaht anschließend nur noch die Angemessenheit (E 85, 238/246). – Die mindernde Berücksichtigung von Einkommen und Vermögen eines vom Auszubildenden getrennt lebenden Ehegatten bei der Bedarfsberechnung wird vom BVerfG dagegen eingehend auf Geeignetheit und Erforderlichkeit überprüft; für das Ziel, der Interessen- und Verantwortungsgemeinschaft von Ehegatten Rechnung zu tragen, ist die bedarfsmindernde Berücksichtigung nicht geeignet, und für das andere Ziel der Verhinderung von Missbrauch ist es, da Missbrauchsfällen anders begegnet werden kann, nicht erforderlich (E 91, 389/402). Auch die Privilegierungen des unentgeltlichen Erwerbs betrieblichen Vermögens im Erbschaftssteuerrecht prüft das BVerfG detailliert auf ihre Geeignetheit und Erforderlichkeit, weil die Erbschaftsteuer den Ausgleich einer sich sonst verfestigenden Konzentration von Privatvermögen in wenigen Händen ermöglicht (E 138, 136 Rn 155 f; *Moes*, JZ 2017, 858 ff).

606

Die aufgezeigten Differenzierungen gelten grundsätzlich auch für Maßnahmen der Verwaltung und der Rechtsprechung. Die Verwaltung muss ausnahmsweise vorhandene Beurteilungsspielräume sowie ihr Ermessen sachgerecht ausüben, und die Gerichte müssen das einfache Recht zumindest vertretbar auslegen[26] (Rn 662 ff). Auf-

607

---

22 StRspr, vgl E 64, 158/168 f; 66, 84/95.
23 E 138, 136 Rn 126.
24 E 148, 147 Rn 141 ff.
25 AbwM E 138, 136/252; krit *Sachs*, NJW 2015, 601/602 ff.
26 E 109, 38/59.

grund der Gesetzesbindung sind die Spielräume verglichen mit dem Gesetzgeber aber geringer; die Beeinträchtigungen, die aus solchen Entscheidungen herrühren, lassen sich daher oftmals auf das maßgebliche Gesetz zurückführen und nicht auf die durchführende Verwaltungs- oder Gerichtsentscheidung.

608 **Beispiele:** *Angenommen* hat das BVerfG einen Verstoß gegen Art. 3 Abs. 1 bei folgenden Gesetzen: unterschiedliche Besoldung von Richtern verschiedener Gerichtsbarkeiten in gleicher Instanz (E 26, 100/110 f); Verweigerung von Vornamensänderung bei Transsexuellen (E 88, 87/97 ff; 116, 243/259 ff); Gleichbehandlung unterschiedlich hoher Versorgungszusagen desselben öffentlichen Arbeitgebers (E 98, 365/384 ff); Ausschluss von Beratungshilfe im Steuerrecht anders als in anderen Rechtsgebieten (E 122, 39/53 ff); Zulassung vom Rauchverbot ausgenommener Raucherräume nicht für Speise-, sondern nur für Schankwirtschaften (E 130, 131/143); Ungleichbehandlung von Studierenden in den neuen gegenüber den alten Ländern im Hinblick auf den Erlass der BAföG-Darlehenstilgung (E 129, 49/68 ff); bedürfnisunabhängige Privilegierung von betrieblichem Vermögen gegenüber Privatvermögen bei der Erbschaftsteuer (E 138, 136 Rn 118 ff). – *Abgelehnt* hat das BVerfG einen Verstoß gegen Art. 3 Abs. 1 bei folgenden Gesetzen: Übernahme der Kosten künstlicher Befruchtung durch die gesetzliche Krankenversicherung bei verheirateten, nicht aber bei unverheirateten Paaren (E 117, 316/325 ff); Stichtagsregelungen, die am gegebenen Sachverhalt orientiert und somit sachlich vertretbar sind (E 13, 31/38; 87, 1/43 f); abgeschwächter Kündigungsschutz in Kleinbetrieben (E 97, 169/181 ff); Nichterstreckung des Zeugnisverweigerungsrechts gem. § 53 Abs. 1 StPO auf Sozialarbeiter und Tierärzte (E 33, 367/382; 38, 312/323 f); abgeschwächter Rechtsschutz gegen Vergabeentscheidungen unterhalb bestimmter Schwellenwerte (E 116, 135/159 ff); mangelnde steuerliche Absetzbarkeit von Erstausbildung und -studium als Grundvoraussetzung der Lebensführung (E 152, 274 Rn 122 ff).

2. Die besonderen Anforderungen aus Art. 3 Abs. 2 und 3

609 Verschärfte Rechtfertigungsanforderungen gelten, wenn an die in Art. 3 Abs. 2 und 3 genannten Merkmale angeknüpft wird. Das Merkmal „Geschlecht" in Art. 3 Abs. 3 ist nicht inhaltsgleich mit dem Unterschied von Mann und Frau in Art. 3 Abs. 2; es erfasst auch weitere Formen der geschlechtlichen Identität wie die Intersexualität,[27] aber nicht das Merkmal der sexuellen Orientierung[28] (s. aber Rn 610). „Abstammung" bezieht sich auf die biologische Beziehung zu den Vorfahren. „Heimat" bedeutet die emotional besetzte örtliche Herkunft eines Menschen nach Geburt oder Ansässigkeit[29] und zielte ursprünglich vor allem auf eine Gleichbehandlung deutscher Flüchtlinge und Vertriebener. „Herkunft" meint den sozialen, schichtenspezifischen Aspekt der Abstammung. Das Merkmal „Rasse" ist ein ideologisches Konstrukt, das Menschen aufgrund äußerer Merkmale wie der Hautfarbe oder der ethnischen Herkunft bestimmte Persönlichkeitsmerkmale zuschreibt. Diese ideologischen Konstruktionen sind weder anthropologisch, noch humangenetisch begründbar.[30] Es gibt keine menschlichen Rassen, wohl aber Rassismen, die Menschen wegen äußerer Merkmale oder ihrer ethnischen Herkunft diskriminieren. Art. 3 Abs. 3 S. 1 Alt. 3 schützt vor Diskriminierungen, die auf solchen Rassismen beruhen. „Religiöse Anschauungen"

---

27 E 147, 1 Rn 57 ff (= JK 3/2018).
28 BVerfG, NJW 2008, 209/210.
29 E 102, 41/53.
30 *Boysen*, Jura 2020, 1192/1195 f; vgl auch *Kischel*, AöR 2020, 227.

sind mit dem „Glauben" (vgl Rn 675) identisch. Die Merkmale „Sprache" und „politische Anschauungen" verstehen sich hier von selbst. „Behinderung" ist eine nicht nur vorübergehende Beeinträchtigung der körperlichen, geistigen oder seelischen Funktionen.[31]

Auch wenn keines der Merkmale des Art. 3 Abs. 3 erfüllt ist, verschärft das BVerfG die Rechtfertigungsanforderungen im Rahmen von Art. 3 Abs. 1, wenn die Merkmale, an die die gesetzliche Differenzierung anknüpft, für den Einzelnen gar nicht oder nur eingeschränkt verfügbar sind.[32] Das gilt etwa für das *Lebensalter*,[33] aber auch für die den Merkmalen „Heimat" und „Herkunft" nahe kommende *Staatsangehörigkeit*.[34] Im Verhältnis zu Unionsbürgern ist die Anknüpfung an die Staatsangehörigkeit in der Regel schon aufgrund der unionsrechtlichen Vorgaben unzulässig (vgl Rn 200, 588). Aber auch verfassungsrechtlich sind die Rechtfertigungsanforderungen bei Ungleichbehandlungen von Ausländern hoch, vor allem beim Zugang zu Sozialleistungen.[35] Besonders möchte das BVerfG zudem „Angehörige strukturell diskriminierungsgefährdeter Gruppen"[36] vor Benachteiligungen schützen. Es stellt daher bei Ungleichbehandlungen wegen der *sexuellen Orientierung* strenge Rechtfertigungsanforderungen; daran scheiterten die Lebenspartnerschaften gegenüber der Ehe ungleich behandelnden Vorschriften (Rn 626). Er nimmt damit auch die entsprechende Rechtsprechung des EuGH auf, der diese Benachteiligungen dann nicht rechtfertigt, wenn der nationale Gesetzgeber Ehe und Lebenspartnerschaft als grundsätzlich vergleichbare Institute vorsieht.[37] **610**

Art. 3 Abs. 2 und 3 setzt der Ermessens- oder Gestaltungsfreiheit feste Grenzen.[38] Früher zog die deutsche Rechtsprechung diese Grenzen weit; die Diskriminierungsverbote sollten nur die ausdrückliche und nur die bezweckte Benachteiligung oder Bevorzugung verbieten (unmittelbare Diskriminierungen).[39] Der EuGH hat allerdings den heutigen Art. 157 AEUV (Rn 588) und das darauf beruhende Sekundärrecht (Rn 89) schon immer so ausgelegt, dass auch mittelbare Diskriminierungen erfasst sind, die merkmalsneutral formuliert sind, im Ergebnis aber überwiegend Angehörige einer Merkmalsgruppe betreffen können.[40] **611**

Beispiel: Es stellt eine mittelbare Diskriminierung wegen des Geschlechts dar, wenn Bewerber und Bewerberinnen für den Polizeidienst mindestens 1,70 Meter groß sein müssen, ohne dass dies durch die dienstlichen Anforderungen zwingend geboten wäre. Denn es sind nur wenige Männer, aber viele Frauen kleiner als 1,70 Meter (zum sekundärrechtlichen Gleichbehandlungsgebot EuGH, EU:C:2017:767, Rn 31 f – Kalliri = JK 4/2018, s. auch Rn 617 zur Legitimation von *unterschiedlichen* Mindestgrößen von Frauen und Männern). **612**

---

31 Vgl E 99, 341/356 f; *Neumann*, NVwZ 2003, 897.
32 E 142, 353 Rn 69; vgl bereits E 88, 87/97.
33 E 142, 353 Rn 69.
34 E 111, 160/169 ff; 130, 240/255 ff.
35 E 111, 160/169 ff; 111, 176/183 ff; 130, 240/255 ff.
36 E 147, 1 Rn 59.
37 EuGH, EU:C:2008:179, Rn 68 ff – Maruko; EU:C:2011:286, Rn 42 ff – Römer.
38 StRspr, vgl etwa E 37, 217/244 f.
39 E 75, 40/70; BVerwGE 75, 86/96.
40 EuGH, EU:C:1986:204, Rn 29 – Bilka; EU:C:1996:33, Rn 28 – Lewark; EU:C:1997:452, Rn 30 – Gerster.

613   Auch das BVerfG sieht mittelbare Diskriminierungen mittlerweile als relevant an[41] und fordert, dass der in Art. 3 Abs. 2 angesprochene Unterschied von Mann und Frau und die in Art. 3 Abs. 3 S. 1 bezeichneten Merkmale nicht als rechtfertigende Kriterien und Gründe für Ungleichbehandlungen taugen[42] und dass die Ungleichbehandlung nicht auf sie „zurückzuführen" ist.[43] Im obigen Prüfungs- und Begründungsschema wirkt sich das so aus:

614   a)   Nach dem Unterschied von Mann und Frau (Art. 3 Abs. 2 S. 1) und nach den Merkmalen des Art. 3 Abs. 3 S. 1 zu bevorzugen oder zu benachteiligen, ist kein **Zweck**, den die öffentliche Gewalt verfolgen dürfte. Von diesen durch Art. 3 Abs. 2 und 3 verwehrten Zwecksetzungen ist zu unterscheiden, wenn der Gesetzgeber kulturelles, religiöses und politisches Leben, sprachliche oder regionale Vielfalt *insgesamt fördert* und dabei die staatliche Neutralität wahrt.

615   **Beispiele:** Keine Bevorzugung wegen Abstammung, Sprache und Heimat sind hingegen wahlrechtliche Regelungen, die die Sperrklauseln (Rn 632) auf die von Parteien nationaler Minderheiten (insbesondere der Dänen in Schleswig-Holstein) eingereichten Listen nicht anwenden. Denn der Begriff der nationalen Minderheit lässt sich nicht auf eines dieser Merkmale reduzieren (vgl auch E 5, 77/83; BVerfG, NVwZ 2005, 205/207); dem Gesetzgeber kommt es darauf an, die kulturelle und politische Vielfalt zu fördern.

616   Art. 3 Abs. 2 S. 2 erklärt die Herstellung und Durchsetzung der Gleichberechtigung von Frauen und Männern[44] ausdrücklich für zulässig.[45] Er soll auch eine Antidiskriminierungsgesetzgebung durch Frauen begünstigende Quotenregelungen rechtfertigen, die einen bestimmten Prozentsatz von Stellen (im öffentlichen Dienst oder Führungspositionen in der Wirtschaft wie Aufsichtsratsposten[46]) mit Frauen zu besetzen verlangen und zu einer „reversed discrimination", dh zur Zurücksetzung eines geeigneteren männlichen Bewerbers hinter einer weniger geeigneten weiblichen Bewerberin führen.[47] Das BVerfG hat sich zu Quotenregelungen bisher noch nicht geäußert, wird aber häufig dahin verstanden, als laufe seine Rspr auf eine Zulassung von sog qualifikationsabhängigen Quotenregelungen hinaus, die bis zur Besetzung eines bestimmten Prozentsatzes der Stellen mit Frauen bei gleicher Eignung männlicher und weiblicher Bewerber die Einstellung der weiblichen verlangen.[48] Auch das europäische Unionsrecht ermächtigt ausdrücklich zu positiven Fördermaßnahmen (Art. 157 Abs. 4 AEUV, Art. 23 GRCh). Allerdings sind nach Ansicht des EuGH starre Quoten, die Frauen automatisch bevorzugen, ohne auf die besondere Situation eines konkurrierenden Mannes einzugehen, unzulässig.[49] Enthalten sie eine individualisierte Öffnungsklausel, sind sie hingegen zulässig;[50] auch dann muss aber verhindert wer-

---

41   Dazu *Richter*, Hdb. GR V, § 126 Rn 71 ff; ablehnend *Sachs*, Hdb. StR³ VIII, § 182 Rn 91 ff, der insoweit Art. 3 Abs. 1 für einschlägig hält.
42   Vgl E 85, 191/206 f; 89, 276/288 f; *Heun*, DR, Art. 3 Rn 125 f.
43   E 104, 373/393; 121, 241/254 f; 126, 29/53.
44   E 92, 91/109; 109, 64/89; 113, 1/15.
45   E 92, 91/109; 109, 64/89; 113, 1/15.
46   *Sachs*, ZG 2012, 52/61 ff.
47   *Jarass*, JP, Art. 3 Rn 118, 129.
48   *Kokott*, NJW 1995, 1049/1051; *Langenfeld*, DVBl. 2010, 1019/1025; *Nußberger*, SA, Art. 3 Rn 281 ff.
49   EuGH, EU:C:1995:322, Rn 22 – Kalanke.
50   EuGH, EU:C:1997:533, Rn 32 f – Marschall.

den, dass weniger qualifizierte Bewerber vorgezogen werden.[51] Positive Fördermaßnahmen müssen sich zudem an ihrer Zielgenauigkeit (Rn 605) messen lassen: Wenn etwa die Vereinbarkeit von Familien- und Berufsleben (Art. 33 Abs. 2 GRCh) verbessert werden soll, müssen Kindererziehende, nicht Frauen gefördert werden.[52] Zwar bezieht sich Art. 3 Abs. 2 S. 2 nicht nur auf Art. 3 Abs. 2 S. 1, sondern auch auf andere Gleichheitssätze.[53] Gleichwohl dürfen die dort normierten speziellen Eignungskriterien oder Grundsätze, etwa beim Zugang zu öffentlichen Ämtern (Art. 33 Abs. 2, 38 Abs. 1 S. 1) und im Parteienrecht (Art. 21 Abs. 1 S. 2), nicht überspielt werden.

Beispiele: Art. 3 Abs. 2 S. 2 verpflichtet den Gesetzgeber zu Maßnahmen, die gewährleisten, dass Frauen nicht wegen ihres Geschlechts nicht eingestellt oder schlechter bezahlt werden. Wenn er dabei Arbeitgebern Belastungen auferlegt, etwa die Verpflichtung zur Zahlung von Zuschüssen zum Mutterschaftsgeld, muss er einen Ausgleichsmechanismus zwischen Unternehmen, die viele Frauen, und solche, die wenige Frauen beschäftigen, schaffen (E 109, 64/89 f). – Hingegen ist es nicht zulässig, für die Einstellung im Polizeidienst unterschiedliche Mindestgrößen für Frauen und Männer vorzusehen (OVG Münster, DVBl. 2017, 643/647; str., vgl *Spitzlei*, NVwZ 2018, 614/616 ff, s auch Rn 612). Auch deckt Art. 3 Abs. 2 S. 2 nicht eine landesrechtliche Regelung, wonach auf Stimmzetteln der Aufdruck „Männer und Frauen sind gleich berechtigt" und die Angabe des gegenwärtigen Geschlechteranteils in der Vertretungskörperschaft sowie das Geschlecht der Bewerber und der Geschlechteranteil der Wahlvorschläge aufzunehmen ist (VerfGH RhPf, NVwZ 2014, 1089/1093). Zu verpflichtenden Quotenregelungen bei Landeslisten der Parteien bei Wahlen Rn 629. **617**

Gem. Art. 3 Abs. 3 S. 2 darf der Zweck verfolgt werden, Menschen mit Behinderung zu bevorzugen und ihrer gesellschaftlichen Ausgrenzung durch besondere Ausgleichsleistungen und Entfaltungsmöglichkeiten entgegenzuwirken.[54] Diese Ermächtigung kann sich zu einer Verpflichtung verdichten. Der Gesetzgeber kann nicht nur berechtigt, sondern sogar verpflichtet sein, besondere Schutzvorschriften für Menschen mit Behinderung zu schaffen, und Gerichte und Verwaltung müssen das einfache Recht im Lichte von Art. 3 Abs. 3 S. 2 auslegen. Dies gilt auch für das Privatrecht, auf das sich die Wertung aus Art. 3 Abs. 3 S. 2 im Sinn der mittelbaren Drittwirkung auswirken soll (Rn 263).[55] **618**

Beispiele: Zwar verbietet Art. 3 Abs. 3 S. 2 nicht schon für sich eine Überweisung eines Schülers mit Behinderung auf eine Förderschule, wohl aber, wenn eine Unterrichtung an einer allgemeinen Schule mit Förderbedarf möglich ist (E 96, 288/303). Der EGMR (NZS 2017, 299/300 f [Çam/Türkei]) geht darüber tendenziell hinaus, wenn er prüft, ob die (Hoch-)Schule angemessene Vorkehrungen für die Ermöglichung eines inklusiven Studiums getroffen hat (*Uerpmann-Wittzack*, NZS 2017, 301/302). Aus Art. 3 Abs. 3 S. 2 folgt ein Anspruch von Menschen mit Behinderung auf Änderung der Prüfungsbedingungen (Nachteilsausgleich), aber nicht auf Änderung des Maßstabs der Leistungsbewertung (Notenschutz). Art. 3 Abs. 3 S. 2 ermächtigt aber zu einem Notenschutz und dient insoweit als Rechtfertigung für die Ungleichbehandlung gegenüber Schülern ohne Behinderung (BVerwGE 152, 330/338). Art. 3 Abs. 2 S. 2 **619**

---

51 EuGH, EU:C:2000:367, Rn 52 – Abrahamsson.
52 Vgl *Kingreen*, in: Calliess/Ruffert, EUV/AEUV, 6. Aufl. 2021, Art 33 GRCh Rn 6.
53 *Boysen*, MüK, Art. 3 Rn 172; *Gersdorf*, DÖV 2020, 779/782 f; *Kingreen*, BK, Art. 3 Rn 457; aA *Molok/Hobusch*, NVwZ 2019, 1734/1736 f; offen BVerfG, NVwZ 2021, 469 Rn 84 f.
54 Vgl E 96, 288/302 f; BVerfG, NJW 2005, 737; *Straßmair*, Der besondere Gleichheitssatz aus Art. 3 Abs. 3 Satz 2 GG, 2002, S. 178 ff.
55 BVerfG, NJW 2020, 1282 Rn 37 ff.

ist zu Gunsten eines Verkehrsteilnehmers mit Behinderung auch bei der Prüfung des Mitverschuldens zu berücksichtigen (BVerfG, NJW 2016, 3013 Rn 11 f und 3014/3014 f = JK 12/2016). Er verlangt aber keine Abweichung vom Grundsatz der Unmittelbarkeit der mündlichen Verhandlung, wenn eine Prozesspartei, die nur mittels Computer von zu Hause aus kommunizieren kann, ihre Rechte durch einen Bevollmächtigten wirksam wahrnehmen kann (BVerfG, NZS 2019, 379 Rn 8).

620 **b)** Die **Geeignetheit** und **Erforderlichkeit** einer Ungleichbehandlung für die Erreichung eines legitimen Zwecks muss begründet werden können, ohne dass der Unterschied von Mann und Frau oder die anderen Merkmale des Art. 3 Abs. 3 als Kriterien eine Rolle spielen. Gelingt eine solche Begründung nicht, scheitert die Ungleichbehandlung an Art. 3; gelingt sie jedoch, hat sie vor Art. 3 selbst dann Bestand, wenn sie zu einer verschiedenen rechtlichen Behandlung von einerseits Männern und andererseits Frauen, von Personen verschiedener Sprache oder Herkunft, verschiedener religiöser oder weltanschaulicher Anschauung führen. „Differenzierungen, die auf anderen Unterschiedlichkeiten der Person oder auf Unterschiedlichkeiten der Lebensumstände beruhen, bleiben von dem Differenzierungsverbot unberührt"[56].

621 **Beispiele:** Die Polizei darf bei verdachtsunabhängigen polizeirechtlichen Identitätskontrollen nicht an der Hautfarbe anknüpfen (OVG Koblenz, NJW 2016, 2820/2827 ff = JK 1/2017). Aber sie darf die statistisch zu untermauernde erhöhte Delinquenz bestimmter Zielgruppen zum Anlass von Kontrollen nehmen. Soweit dies mit der Hautfarbe der Gruppenmitglieder korreliert, sieht das OVG Münster (NVwZ 2018, 1497/1499 ff = JK 3/2019; dazu *Schneider/Olk*, Jura 2018, 936/942 ff) darin zwar eine Ungleichbehandlung wegen der Rasse, die aber durch die kollidierenden Verfassungsgüter (vgl E 114, 357/364; *Boysen*, Jura 2020, 1192/1197 f) der Opfer der Straftaten gerechtfertigt sei.

622 Das BVerfG rechtfertigt unterschiedliche Regelungen für Männer und Frauen auch mit *„objektiven biologischen Unterschieden"*, dh damit, dass sie Probleme lösen, „die ihrer Natur nach nur entweder bei Männern oder Frauen auftreten"[57]. Dies hat für die unterschiedliche rechtliche Behandlung von Eltern Bedeutung und erlaubt die Privilegierung der Mutter gegenüber dem Vater insoweit, als sie den Belastungen der Schwangerschaft, der Geburt und des Stillens Rechnung trägt. Überzeugender als auf die objektiven biologischen Unterschiede ist auf Art. 6 Abs. 4 und dessen Verpflichtung zum Schutz der Mutter abzustellen.

623 Art. 3 Abs. 2 spricht nur vom Unterschied zwischen Männern und Frauen und Art. 3 Abs. 3 nur von bestimmten Merkmalen. Vom Verhalten, das aus dem Unterschied bzw aus den Merkmalen folgt, ist nicht die Rede. Die Zulässigkeit solchen *Verhaltens* beurteilt sich auch nicht nach Art. 3, sondern nach den anderen Grundrechten, in deren Schutzbereiche das Verhalten fällt. Ist allerdings ein Verhalten nach Maßgabe der anderen Grundrechte zulässig und die gewissermaßen natürliche Folge der in Art. 3 Abs. 2 und 3 genannten Gegebenheiten, dann darf es ebenso wenig wie diese Gegebenheiten selbst zur Begründung einer Ungleichbehandlung herangezogen werden. Eine Ungleichbehandlung darf dann mit dem Sprechen ebenso wenig begründet werden wie mit der Sprache, mit dem schichtenspezifischen Verhalten ebenso wenig wie

---

56 E 3, 225/241; 57, 335/342 f; vgl auch E 128, 138/156 f.
57 E 85, 191/207.

mit der Herkunft, mit dem Äußern und Betätigen einer politischen Anschauung ebenso wenig wie mit deren Haben.

Beispiel: Der gleiche Zugang zum öffentlichen Dienst kann einem Bewerber nicht allein mit der Begründung verwehrt werden, er habe nicht nur eine verfassungsfeindliche politische Anschauung, sondern er äußere und betätige sie auch. Entscheidend ist, ob das Äußern und Betätigen der als verfassungsfeindlich bezeichneten Anschauung von Art. 5, 8, 9 und 2 Abs. 1, besonders aber von Art. 5 gedeckt und durch ein Gesetz, besonders durch ein allgemeines Gesetz nach Art. 5 Abs. 2, zulässigerweise beschränkt ist. Ist es nach Maßgabe der genannten Freiheitsrechte frei, dann darf es auch nicht zum Grund für eine Ungleichbehandlung genommen werden. Beim BVerfG klingt dies anders: Es „geht ... nicht an, das Verbot in Art. 3 Abs. 3 GG nicht nur auf das bloße ‚Haben‘ einer politischen Überzeugung, sondern auch auf das Äußern und Betätigen dieser politischen Anschauung zu beziehen" (E 39, 334/368). Aber das BVerfG will damit nur deutlich machen, dass das Verbot von Art. 3 Abs. 3 dem Gesetzgeber, der das Äußern und Betätigen politischer Anschauungen nach Maßgabe der Freiheitsrechte zulässigerweise beschränkt, nicht „im Wege steht" (vgl zum gleichen Zugang zum öffentlichen Dienst Rn 641 ff).

c)   Schließlich ist zu beachten, dass von den Anforderungen der Abs. 2 und 3 durch spezielle Verfassungsnormen **Ausnahmen** zugelassen werden. So hatte Art. 117 Abs. 1 das dem Art. 3 Abs. 2 entgegenstehende Recht (vor allem Regelungen des BGB, wie das Letztentscheidungsrecht des Vaters über die Kindererziehung bei fehlender Einigung der Eltern, der Name des Mannes als Ehe- und Familienname) für eine Übergangszeit, „jedoch nicht länger als bis zum 31. März 1953", in Kraft gelassen. Heute noch aktuell ist Art. 12a Abs. 4 S. 2, wonach nur Männer zum Dienst mit der Waffe verpflichtet werden können.[58]

3.   Die besonderen Anforderungen aus Art. 6

Art. 6 Abs. 1 gebietet nicht die Besserstellung, verbietet aber die Schlechterstellung von Verheirateten gegenüber Ledigen[59], Eltern gegenüber Kinderloser[60] und Ehe und Familie gegenüber anderen Lebens- und Erziehungsgemeinschaften[61]. Durch die Verknüpfung von Art. 3 Abs. 1 iVm Art. 6 Abs. 1 hat das BVerfG vor allem die Familie im Bereich des Sozial- und des Steuerrechts gestärkt.[62] Privilegierungen der Ehe gegenüber anderen Lebensgemeinschaften akzeptiert es hingegen nur noch bei einem entsprechenden Sachgrund, etwa, wenn es für den konkreten Lebensbereich gerade auf die rechtliche Verfasstheit der Ehe ankommt.[63] Da die Unterscheidungen aber oftmals nur durch Tradition begründet wurden, werden sich Sachgründe nur selten, wenn überhaupt noch finden lassen. Gehen sie mit einer Benachteiligung von gleichgeschlechtlichen Lebensgemeinschaften einher, die eine förmliche Bindung nach dem Lebenspartnerschaftsgesetz eingegangen sind, gelten sogar verschärfte Rechtfertigungsanforderungen. Bis zur Öffnung der Ehe für gleichgeschlechtliche Partner

624

625

626

---

58   BVerfG, DVBl. 2002, 772.
59   E 76, 126/128 f; 87, 234/259.
60   E 87, 1/37; 103, 242/263 ff; 112, 268/279.
61   E 67, 186/196; 99, 216/232; 107, 205/215; *Seiler*, BK, Art. 6 Abs. 1 Rn 115 ff; krit *Kingreen*, Jura 1997, 401/406 f.
62   *Kingreen*, JZ 2004, 938 ff.
63   E 105, 313/348 ff; 117, 316/325 ff; 151, 101/126 ff.

(Rn 828) wollte das Lebenspartnerschaftsgesetz auch Homosexuellen den Weg in eine rechtlich abgesicherte Lebensgemeinschaft eröffnen. Ungleichbehandlungen dieser Partnerschaften gegenüber der Ehe knüpfen an die sexuelle Orientierung an und unterliegen folglich verschärften Rechtfertigungsanforderungen (Rn 610). Das BVerfG hat daher Benachteiligungen von Lebenspartnerschaften gegenüber Ehen regelmäßig als nicht durch Art. 6 Abs. 1 zu rechtfertigenden Eingriff in Art. 3 Abs. 1 angesehen.[64] Dass die gleichgeschlechtlichen Lebensgemeinschaften nun einfachrechtlich auch dem Namen nach der Ehe gleichgestellt (Rn 824) sind, zieht die Konsequenz[65] aus dieser Rechtsprechungslinie und macht die Dynamik deutlich, die die Ablehnung eines exklusiven Verständnisses von dem in Art. 6 Abs. 1 verlangten „besonderen Schutze" der Ehe ausgelöst hat. Für gerechtfertigt erachtet der BGH aber eine Differenzierung zwischen verschieden- und gleichgeschlechtlichen Ehen bei der Vaterschaftsvermutung nach § 1592 Nr. 1 BGB, weil die gleichgeschlechtliche Partnerin der Mutter nicht leiblicher Elternteil sein kann.[66] – Auch der Anspruch der Mutter auf Schutz und Fürsorge der Gemeinschaft aus Art. 6 Abs. 4 begründet ein Verbot der Schlechterstellung von Müttern gegenüber Nicht-Müttern.[67]

627 Auch Art. 6 Abs. 5 enthält nicht nur einen Auftrag an den Gesetzgeber, sondern einen besonderen Gleichheitssatz. Seit das BVerfG die unmittelbare Anwendbarkeit dieses Grundrechts anerkannt hat,[68] gilt für die Geburt als Kind miteinander verheirateter oder nicht miteinander verheirateter Eltern dasselbe wie für die Eigenschaft, Mann oder Frau zu sein (Art. 3 Abs. 2), und die Merkmale des Art. 3 Abs. 3: Sie taugt als rechtfertigender Grund für Ungleichbehandlungen nur, wenn sie aufgrund der tatsächlich unterschiedlichen Lebenssituation ehelicher und nichtehelicher Kinder zwingend erforderlich ist, um das Gleichstellungsziel zu erreichen.[69] Inzwischen hat der Gesetzgeber die Unterschiede in der Rechtsstellung zwischen Kindern miteinander verheirateter und nicht miteinander verheirateter Eltern weitgehend beseitigt. Dazu gehörte auch, dass, wie vom BVerfG verlangt,[70] die der Betreuung eines Kindes dienenden Unterhaltsansprüche verheirateter und nichtverheirateter Elternteile sich nicht mehr unterscheiden. Allerdings hat es den Ausschluss der vor dem 1.7.1949 geborenen nichtehelichen Kinder vom Erbrecht gebilligt;[71] dass es sich dabei in Übereinstimmung mit der Rechtsprechung des EGMR sieht, ist unverständlich, weil der EGMR in mittlerweile ständiger Rechtsprechung alle erbrechtlichen Ungleichbehandlungen nichtehelicher Kinder als Verstoß gegen Art. 14 EMRK ansieht.[72]

---

64 E 124, 199/220; 131, 239/260; 132, 179/191 f; 133, 59 Rn 74 ff; 133, 377 Rn 84 ff.
65 Verfassungswidrigkeit nehmen aber etwa an *v. Coelln*, NJW 2018, 1/6 ff; *Ipsen*, NVwZ 2017, 1096 ff.
66 BGH, NJW 2019, 153/154 ff.
67 E 44, 211/215; vgl *Aubel*, Der verfassungsrechtliche Mutterschutz, 2003; *Seiler*, BK, Art. 6 Abs. 4 Rn 45 ff.
68 E 25, 167/178 ff.
69 E 85, 80/87 f; BVerfG, NJW 2021, 223 Rn 25.
70 E 118, 45/62 ff.
71 BVerfG, NJW 2013, 2103 Rn 31, 33, 41 f.
72 EGMR, No. 59752/13 und 66277/13, Rn 57 ff (Wolter und Sarfert/Deutschland); vgl bereits EGMR, NJW-RR 2009, 1603/1604 ff (Brauer/Deutschland) und EGMR, NJW-RR 2014, 645/646 ff (Fabris/Frankreich).

4. Die besonderen Anforderungen bei den politischen Rechten

a) Art. 38 Abs. 1 S. 1 schreibt für die Wahl der Abgeordneten zum Deutschen Bun- **628** destag ua die **Allgemeinheit und die Gleichheit der Wahl** vor (zu den anderen Geboten des Art. 38 Abs. 1 S. 1 und zu dessen Anwendungsbereich vgl Rn 1292 ff).

Allgemeinheit bedeutet gleiche *Fähigkeit* aller Deutschen (Rn 191 f), zu wählen und **629** gewählt zu werden. Allgemeinheit der Wahl ist also ein Sonderfall der Gleichheit der Wahl. Dabei wird unterschiedlich beurteilt, ob sich die Allgemeinheit der Wahl allein auf den Gesamtakt der Wahl oder auch auf die einzelnen zur Abstimmung gestellten Mandate bezieht. Daher wird in sog Parité-Gesetzen, die das passive Wahlrecht zu einzelnen Plätzen auf den Landeslisten der Parteien mit dem Kriterium des Geschlechts verbinden, zum Teil eine Verletzung der Allgemeinheit der Wahl,[73] überwiegend aber eine Verletzung der Gleichheit der Wahl[74] gesehen. Die Gleichheit der Wahl verlangt neben deren Allgemeinheit für das aktive Wahlrecht gleichen *Zählwert* („one man, one vote") und gleichen *Erfolgswert* (jede Stimme muss bei der Umsetzung der Stimmen in die Zuteilung von Parlamentssitzen gleiche Berücksichtigung finden), für das passive Wahlrecht *Chancengleichheit* aller Wahlbewerber. Für die Wahlberechtigten wie für die Wahlbewerber bedeutet Wahlgleichheit überdies den Anspruch auf ein Wahlprüfungsverfahren.[75]

Das BVerfG hat den wahlrechtlichen Gleichheitssatz des Art. 38 Abs. 1 S. 1 lange **630** als „Anwendungsfall des allgemeinen Gleichheitssatzes" verstanden; inzwischen sieht es in ihm eine „spezialgesetzlich normierte Ausprägung der vom Grundgesetz in Art. 3 Abs. 1 allgemein gewährleisteten Gleichheit der Bürger", angesichts deren ein Rückgriff auf Art. 3 Abs. 1 weder notwendig noch auch nur möglich ist.[76] Folge davon ist, dass gegen Verletzungen des wahlrechtlichen Gleichheitssatzes in Art. 28 Abs. 1 S. 2 und seinen landesgesetzlichen speziellen Ausprägungen das BVerfG nicht mehr unter Berufung auf Art. 3 Abs. 1 angerufen werden kann. Unverändert verlangt der wahlrechtliche Gleichheitssatz eine *rechnerisch formale Gleichbehandlung* und lässt dem Gesetzgeber „nur einen eng bemessenen Spielraum für Differenzierungen […] Diese bedürfen hier stets zu ihrer Rechtfertigung eines zwingenden Grundes"[77].

Der eng bemessene Spielraum des Gesetzgebers und natürlich ebenso der Verwaltung **631** bedeutet wieder eine *Verschärfung der Rechtfertigungs- bzw Begründungslast.* Diese Verschärfung wirkt im obigen Prüfungs- und Begründungsschema als

– Beschränkung auf wenige zu verfolgende Zwecke und
– strenger Maßstab der Geeignetheit und Erforderlichkeit.

---

73   *v. Ungern-Sternberg,* JZ 2019, 525/528 ff.
74   VerfGH Thür, NVwZ 2020, 1266 und VerfG Bbg, NVwZ 2021, 59 (= JK 1/2021); *Kingreen,* BK, Art. 3 Rn 459; *Morlok/Hobusch,* DÖV 2019, 14/17 ff; *Pieroth,* Jura 2019, 687/692 f; aA *Gersdorf,* DÖV 2020, 779/782 f; *Meyer,* NVwZ 2019, 1245 ff; *Möllers,* JZ 2021, 338 ff, die die Regelungen durch Art. 3 Abs. 2 S. 2 für gerechtfertigt erachten. Offen lassend, aber jedenfalls eine Pflicht zur paritätischen Besetzung verneinend BVerfG, NVwZ 2021, 469 Rn 64 ff.
75   E 85, 148/158 f.
76   E 99, 1/10.
77   E 82, 322/338; 95, 408/418 f; 129, 300/320.

632 **Beispiele:** Die *Allgemeinheit* wird durchbrochen durch das Erfordernis der Sesshaftigkeit im Wahlgebiet (§ 12 Abs. 1 Nr. 2 BWahlG). Bei Auslandsdeutschen darf zwar eine gewisse Vertrautheit mit den politischen Problemen der Bundesrepublik verlangt werden. Das Erfordernis eines dreimonatigen Aufenthalts (§ 12 Abs. 2 S. 1 BWahlG) zu einem beliebigen Zeitpunkt ist aber nicht geeignet, dieses Ziel zu erreichen, weil einerseits Personen erfasst werden, bei denen diese Vertrautheit nicht mehr gewährleistet werden kann (etwa Personen, die nur als Minderjährige in Deutschland waren), andererseits aber Personen ausschließt, bei denen auch ohne dreimonatigen Aufenthalt von der erforderlichen Vertrautheit ausgegangen werden darf, etwa Grenzgänger (E 132, 39 Rn 35 ff; *Felten*, DÖV 2013, 466; *Germelmann*, Jura 2014, 310). Auch der generelle Ausschluss vom Wahlrecht für Betreute in allen Angelegenheiten und für wegen Schuldunfähigkeit untergebrachte Straftäter verstößt gegen den Grundsatz der Allgemeinheit der Wahl; zulässig ist er nur im Hinblick auf Personen, die typischerweise nicht über die Fähigkeit zur Teilnahme am demokratischen Kommunikationsprozess verfügen (E 151, 1 Rn 39 ff = JK 7/2019; ohne diese Einschränkung für einen Verstoß gegen Art. 29 BRK: UN-Behindertenrechtsausschuss [DÖV 2016, 613, zustimmend *Uerpmann-Wittzack*, DÖV 2016, 608 f]), was deutsche Gerichte zumindest zur gebührenden Berücksichtigung verpflichtet (Rn 70). – Die *Gleichheit* der Wahl wird durch die Sperrklauseln (zB § 6 Abs. 3 BWahlG) durchbrochen. Die Stimmen, die für die danach nicht berücksichtigten Parteien abgegeben wurden, haben nicht den gleichen Erfolgswert wie die übrigen Stimmen. Diese Ungleichbehandlung wird damit gerechtfertigt, dass sie unter den Bedingungen der Verhältniswahl, die das Aufkommen kleiner Parteien begünstige, zur Sicherung der Funktionsfähigkeit des Parlaments unbedingt erforderlich sei (vgl E 51, 222/235 ff; 95, 408/419 f; krit *Meyer*, Hdb. StR³ III, § 46 Rn 36 ff; für Kommunalwahlen diff. E 120, 82/110 ff; vgl *Krajewski*, DÖV 2008, 345), demgegenüber auch die Einführung einer Eventualstimme wegen der komplexen Rückwirkungen auf die Klarheit, Gleichheit und Unmittelbarkeit der Wahl kein milderes Mittel biete (E 146, 327 Rn 76 ff, 80 f). Für die Wahlen zum Europäischen Parlament soll eine 3%-Klausel hingegen verfassungswidrig sein (E 129, 300/324 ff; 135, 259 Rn 68 ff), weil das Europäische Parlament auch ohne Sperrklausel nicht in seiner Funktion beeinträchtigt werde (soweit die Entscheidung auf der Unterschätzung der demokratischen Funktion des Europäischen Parlaments beruht, zu Recht krit *Geerlings/Hamacher*, DÖV 2012, 671/677; *Grzeszick*, NVwZ 2014, 537/539 f; *Schönberger*, JZ 2012, 80/82 ff; *Wernsmann*, JZ 2014, 23 ff). – Die ungleiche Gewichtung des Erfolgswerts der abgegebenen Stimmen, die mit einem Mehrheitswahlsystem verbunden wäre, hält das BVerfG aufgrund seiner Prämisse, dass dem Gesetzgeber die Entscheidung zwischen Mehrheits- und Verhältniswahlsystem freigestellt ist (Art. 38 Abs. 3: „Das Nähere"), für grundsätzlich legitim (E 95, 335/349 f; 121, 266/296; krit *Morlok*, DR, Art. 38 Rn 106). Das BVerfG akzeptiert die Grundmandatsklausel (E 95, 408/420 ff; krit *Roth*, UC, Art. 38 Rn 72, 98 ff), die Überhangmandatsregelung aber nur, wenn sie sich innerhalb des „Konzepts einer Verhältniswahl" hält. Das ist beim Anfall von Überhangmandaten im Umfang von mehr als einer halben Fraktionsstärke nicht mehr der Fall (E 131, 316/356 ff). Auch ist der Gesetzgeber verpflichtet, die Wahlkreise so zuzuschneiden, dass Überhangmandate nach Möglichkeit vermieden werden (E 130, 212/226). Verfassungswidrig ist der Effekt eines negativen Stimmgewichts, durch den die Zweitstimme eines Wählers sich bei der Stimmverteilung zu Lasten der gewählten Partei auswirkt (E 121, 266/294 ff; ferner E 131, 316/356 zur Verfassungswidrigkeit der sog Reststimmenverwertung, die den Effekt des negativen Stimmgewichts hatte ausgleichen sollen).

633 Von den besonderen Anforderungen werden wieder durch spezielle Verfassungsnormen *Ausnahmen* zugelassen. So sieht Art. 38 Abs. 2 eine Durchbrechung der Allgemeinheit der Wahl vor, indem er das Wahlrecht erst mit der Vollendung des 18. Lebensjahres beginnen lässt. Das Homogenitätsgebot in Art. 28 Abs. 1 S. 2 hindert die Länder aber nicht daran, die Teilnahme von Minderjährigen an Kommunal- und

Landtagswahlen zuzulassen.[78] Weitere Ausnahmen normiert Art. 137 Abs. 1 für öffentliche Bedienstete.[79]

b) Das BVerfG hat die besonderen Anforderungen an die verfassungsrechtliche Rechtfertigung vom Wahlrecht als dem Recht der politischen Willensbildung auch auf das „Vorfeld der **politischen Meinungsbildung**" erstreckt und allgemein von „Grundsatz der formalen Gleichheit, der die Ausübung politischer Rechte in der freien Demokratie beherrscht", gesprochen.[80] Das Gebot rechnerisch formaler Gleichbehandlung kann bei der Wahlvorbereitung und bei der politischen Meinungsbildung aber nur dann gelten, wenn Chancen, Sendezeiten, Plakatflächen und Steuervorteile auch rechnerisch zugeteilt werden. Selbst dann muss es jedoch Modifikationen erfahren: Art. 38 Abs. 1 S. 1 spricht jeder Stimme das gleiche Gewicht beim staatsorganschaftlichen Akt der Wahl zu; die Vorbereitung der Wahl und die Bildung des politischen Willens finden dagegen in der Gesellschaft statt, und hier lassen die Freiheitsrechte zu, dass die Bürger, Gruppen und Parteien sich verschieden stark Gehör und Geltung verschaffen können. Der Staat brächte diese Freiheit um ihren Ertrag und die Freiheitsrechte um ihre Bedeutung, wenn er formale Gleichbehandlung im Sinn nivellierenden Eingreifens praktizieren würde.

634

Das BVerfG hat dies in seiner umfangreichen Rechtsprechung zur *Chancengleichheit der Parteien*, die es weiterhin primär in Art. 3 Abs. 1 wurzeln sieht,[81] durchweg berücksichtigt. Zwar verlangt es für Ungleichbehandlungen besondere, „zwingende" Gründe.[82] Gleichwohl fordert es insoweit keine formale, schematische Gleichheit; es gibt sich mit einer „abgestuften", einer „proportionalen" Gleichheit zufrieden.

635

Beispiele: § 5 Abs. 1 PartG bestimmt, dass ua bei der Zuteilung von Sendezeiten für die Wahlwerbung durch die öffentlich-rechtlichen Rundfunkanstalten alle Parteien gleichbehandelt werden „sollen". Die Zuteilung kann aber „nach der Bedeutung der Parteien … abgestuft werden. Die Bedeutung der Parteien bemisst sich insbesondere auch nach den Ergebnissen vorausgegangener Wahlen zu Volksvertretungen." Diese Vorschrift entspricht im Ergebnis der Rechtsprechung des BVerfG (E 14, 121/134 ff; aA *Lipphardt*, Die Gleichheit der politischen Parteien vor der öffentlichen Gewalt, 1975): Eine formale Gleichbehandlung würde die Parteien um die Bedeutung bringen, die sie selbst in der Gesellschaft erkämpft haben.

636

Die normative Verankerung der Chancengleichheit der politischen Parteien in Art. 3 Abs. 1 durch die Rechtsprechung des BVerfG hat noch einen *prozessualen* Grund: Verstöße der öffentlichen Gewalt gegen Art. 21, der selbst kein Grundrecht oder grundrechtsgleiches Recht ist, können auf diese Weise von den Parteien im Verfahren der Verfassungsbeschwerde vor das BVerfG gebracht werden. Gerät eine Partei dagegen bei der Mitwirkung an der staatlichen Willensbildung in ihrer besonderen, anderen gesellschaftlichen Gruppen und Verbände nicht zukommenden Rolle mit Verfassungsorganen in Konflikt, dann sieht das BVerfG sie nicht als jedermann iSd Art. 93 Abs. 1 Nr. 4a, sondern als Quasi-Verfassungsorgan an und erkennt ihnen die Beteiligtenfähigkeit im Organstreitverfahren (Art. 93 Abs. 1 Nr. 1) zu.[83]

637

---

78 BVerwGE 162, 244/246 f (= JK 3/2019).
79 Vgl E 98, 145/160 ff.
80 E 8, 51/68 f; 69, 92/107; 82, 322/337 ff; 120, 82/104.
81 Vgl E 99, 69/79; 121, 108/121.
82 E 82, 322/338; 111, 382/398; 121, 103/122.
83 E 84, 290/298; 85, 264/284; *Maurer*, JuS 1992, 296.

5. Die besonderen Anforderungen bei den staatsbürgerlichen Rechten und Pflichten

638 **a) Art. 33 Abs. 1** ist gegenüber Art. 3 in doppelter Weise speziell: Er verbürgt nicht die Gleichheit allgemein, sondern die gleichen *staatsbürgerlichen* Rechte und Pflichten, und er verbürgt sie nicht allen Menschen, sondern den *Deutschen*. Dabei bestimmt sich der Begriff des Deutschen nach Art. 116, versteht sich der Begriff der staatsbürgerlichen Rechte und Pflichten in weitem Sinn und umfasst „das gesamte Rechtsverhältnis des Staatsbürgers zum Staat", vom Wahlrecht bis zur Steuer- und Dienstleistungspflicht[84]. Bezüglich der Dienstleistungspflicht ist Art. 12 Abs. 2 (vgl Rn 1078 ff) speziell. Als Ausnahme zu Art. 33 Abs. 1 ist der wiederum speziellere Art. 36 zu beachten.

639 Art. 33 Abs. 1 verdrängt Art. 3 Abs. 2 und 3 nicht, sondern ergänzt ihn. Die *Ergänzung* liegt darin, dass neben die Begründungs- und Rechtfertigungsverbote von Art. 3 Abs. 2 und 3 ein weiteres Begründungs- und Rechtfertigungsverbot tritt: Dass ein Deutscher Landeskind des einen Bundeslandes ist, kann kein Grund für ein anderes Bundesland sein, ihn anders als seine Landeskinder zu behandeln; dass er von außerhalb der Bundesrepublik Deutschland kommt, kann kein Grund sein, ihn anders zu behandeln, als den, der aus der Bundesrepublik Deutschland stammt. Wieder ist damit aber nicht ausgeschlossen, dass eine Regelung die verschiedenen Deutschen in verschiedener Weise trifft (vgl Rn 620). Unterschiedlich beurteilt wird hingegen, was die Eigenschaft des Landeskindes konstituieren soll. Historisch wurde für die entsprechende Regelung in Art. 110 Abs. 2 WRV auf die Landesstaatsangehörigkeit abgestellt. Da eine formelle Landesstaatsangehörigkeit heute nicht mehr existiert, hat sich die Vorschrift nach einem engen Verständnis erledigt[85]. Nach einem weiteren Verständnis wird für die Landeskindereigenschaft auf faktische Anknüpfungspunkte wie Geburt, Wohnsitz oder Ausbildung abgestellt[86].

640 **Beispiel:** Sesshaftigkeit im Land als Voraussetzung für das Wahlrecht zum Landtag (vgl zB § 1 Nr. 3 nwWahlG) führt dazu, dass der, der kurz vor der Wahl innerhalb des Landes umgezogen ist, wählen darf, während der, der kurz vor der Wahl von außerhalb des Landes zugezogen ist, nicht wählen darf. Obwohl die Versagung des Wahlrechts zumeist die Landeskinder verschonen und die treffen wird, die nicht Landeskinder sind, ist sie zulässig (aA *Sachs*, AöR 1983, 68/89). Die Begründung, dass erst Sesshaftigkeit die nötige Nähe zu den politischen Problemen eines Landes vermittelt und die sinnvolle Ausübung der politischen Rechte erlaubt (vgl Rn 632), stellt nicht auf die Landeskindereigenschaft ab. Zur Vergleichsgruppe, die kurz vor der Wahl von außerhalb des Landes zugezogen sind, gehören denn auch Landeskinder, die das Land zuvor verlassen haben.

641 **b) Art. 33 Abs. 2** enthält nochmals und zusätzlich Begründungs- und Rechtfertigungsverbote. Bei der Übertragung eines *öffentlichen Amts* darf nicht nur weder auf die Gegebenheiten von Art. 3 Abs. 2 und 3 noch darauf abgestellt werden, ob der Bewerber Landeskind ist oder aus der Bundesrepublik Deutschland – im Unterschied zu Deutschen von außerhalb der Bundesrepublik Deutschland – stammt. Bei der Über-

---

84 *Badura*, MD, Art. 33 Rn 6, 9.
85 Vgl E 134, 1 Rn 54 ff, das eine Differenzierung von Studiengebühren nach dem Landeswohnsitz nicht an Art. 33 Abs. 1 GG, sondern an Art. 12 iVm Art. 3 Abs. 1 misst.
86 *Brosius-Gersdorf*, DR, Art. 33 Rn 65 ff; *Jarass*, JP, Art. 33 Rn 4.

tragung darf nichts anderes als allein Eignung, Befähigung und fachliche Leistung des Bewerbers zählen (sog Grundsatz der Bestenauslese).[87] Damit und auch mit dem europäischen Antidiskriminierungsrecht (Rn 89) vereinbar sind Altersgrenzen für öffentliche Ämter, soweit sie der typisierenden Einschätzung der Leistungsfähigkeit[88] oder sonstigen Zwecken dienen, die wie das Lebenszeit- oder das Alimentationsprinzip über Art. 33 Abs. 5 selbst Verfassungsrang besitzen.[89] Dabei stehen diese Begründungs- und Rechtfertigungsverbote nicht neben-, sondern greifen ineinander: Eignung, Befähigung und fachliche Leistung dürfen ihrerseits nicht mit Gesichtspunkten begründet werden, die nach Art. 3 Abs. 2 und 3 und nach Art. 33 Abs. 1 verpönt[90] oder mit dem grundrechtlichen Freiheitsschutz unvereinbar sind.[91] Beim Begriff der fachlichen Leistung, der sich auf Fachwissen, Fachkönnen und fachliche Bewährung bezieht, und beim Begriff der Befähigung, der Begabung, Allgemeinwissen und Lebenserfahrung meint, liegt dies auch nicht nahe; wohl aber bei dem der Eignung, der die ganze Person mit ihren körperlichen, seelischen und charakterlichen Eigenschaften erfasst.[92] Dabei hat das Eignungselement auch eine prognostische Komponente in Bezug auf die künftige Aufgabenwahrnehmung. Für diese Prognose können auch potentielle Interessenkonflikte beachtlich sein, die sich aus partnerschaftlichen Beziehungen zwischen Vorgesetzten oder Mitarbeitern ergeben.[93]

Beispiel: Das BVerfG und die hM rechnen zur Eignung auch die Verfassungstreue, die dann 642 fehlen soll, wenn jemand einer verfassungsfeindlichen Partei angehört (E 39, 334/348 f; BVerfG, NVwZ 2002, 848). Dabei meint Verfassungsfeindlichkeit etwas anderes als Verfassungswidrigkeit: Über diese kann nach Art. 21 Abs. 4 nur das BVerfG entscheiden, über jene soll der Dienstherr bzw das die Entscheidung des Dienstherrn kontrollierende Gericht befinden können. Mit Art. 3 Abs. 3, der nach politischen Anschauungen zu diskriminieren verbietet, ist dieses Verständnis von Eignung bzw Verfassungstreue unverträglich: Von Grundgesetz wegen genießt, solange das BVerfG nicht gem. Art. 21 Abs. 4 entschieden hat, die politische Position jeder Partei dieselbe Freiheit; erst wenn das BVerfG entschieden hat, können an die politische Position einer Partei bzw an die entsprechende politische Anschauung eines Bürgers negative Rechtsfolgen geknüpft werden. Das BVerfG und die hM versuchen, dieser Konsequenz unter Berufung auf Art. 33 Abs. 4 und 5 und auf die dogmatische Figur der streitbaren oder wehrhaften Demokratie zu entgehen: Seit jeher verlange das Beamtenverhältnis als Treueverhältnis eine besondere Identifikation des Beamten mit dem Staat und der Verfassung; dies gelte zumal in der streitbaren oder wehrhaften Demokratie des Grundgesetzes. Aber das Verständnis des Beamtenverhältnisses als Treueverhältnis schwankt in der Geschichte, und die Streitbarkeit der Demokratie ist in Art. 21 Abs. 4 durch das Entscheidungsmonopol des BVerfG gerade begrenzt (vgl näher *Pieroth/Schlink*, JuS 1984, 345; *Schlink*, Staat 1976, 335 mwN). – Die spätere Rspr des BVerfG zu den Sonderkündigungen für Angehörige des Öffentlichen Diensts der ehemaligen DDR spricht nicht mehr von Verfassungstreue, sondern zurückhaltender von der „Fähigkeit und inneren Bereitschaft, die dienstlichen Aufgaben nach den Grundsätzen der Verfassung wahrzunehmen, insbesondere die Freiheitsrechte der Bürger zu wahren und rechtsstaat-

---

87 Zur Modifikation des Grundsatzes bei der Ernennung von Bundesrichter durch Art. 95 Abs. 2 GG, NJW 2016, 3425/3426 f.
88 BVerfG, NVwZ 2013, 1540 Rn 25, 28 = JK 2/2014.
89 E 139, 19 Rn 78 ff.
90 *Brosius-Gersdorf*, DR, Art. 33 Rn 95.
91 E 108, 282/296, 307.
92 E 92, 140/151; BVerfG, NVwZ 2009, 389.
93 AA BVerfG, NVwZ 2016, 59 Rn 37.

che Regeln einzuhalten" (E 96, 152/163; vgl dazu *Will*, NJ 1997, 513; vgl aber BVerwGE 160, 370/371).

643 Wieder gilt, dass die Begründungs- und Rechtfertigungsverbote nicht dadurch verletzt werden, dass der Mann statt der Frau, der Inlandsdeutsche statt des Auslandsdeutschen, der Protestant statt des Katholiken das Amt bekommt. Entscheidend ist, dass eben hierin nicht die Begründung liegt. Das BVerfG meint, es sollte „auf der Hand liegen", dass zB die Leitungsfunktion einer Mädchenschule von einer Frau versehen wird.[94] Aber auf der Hand liegt es nicht. Nicht weil die Schule eine Mädchenschule und die Bewerberin eine Frau ist, darf ihr das Amt gegeben werden, sondern nur wenn die Leitungsaufgaben gerade von ihr pädagogisch und disziplinarisch besonders gut erfüllt werden können. Erfüllt ein Mann sie besser, verdient er den Vorzug.[95]

644 Nach hM verlangt seit jeher das Sozialstaatsprinzip und heute Art. 3 Abs. 3 S. 2 für Menschen mit Behinderung *Ausnahmen*.[96] Das erscheint fraglich: Dem Sozialstaatsprinzip bzw Art. 3 Abs. 3 S. 2 und Art. 33 Abs. 2 kann entsprochen werden, wenn Menschen mit Behinderung so gefördert werden, dass sie für bestimmte Funktionen nach Eignung, Befähigung und fachlicher Leistung ebenso gut wie ihre nicht behinderten Mitbewerber qualifiziert sind.[97] Dass politische Beamte jederzeit in den einstweiligen Ruhestand versetzt werden können, rechtfertigt sich hingegen dadurch, dass im parlamentarischen Regierungssystem die politischen Anschauungen von Spitzenbeamten Teil ihrer Eignung sind.[98]

645 c) **Art. 33 Abs. 3** *wiederholt* schon erörterte Begründungs- und Rechtfertigungsverbote und wird seinerseits teilweise nochmals in Art. 140 iVm 136 Abs. 2 WRV wiederholt. In Art. 33 wurde er aus historischen und systematischen Gründen aufgenommen: Die Irrelevanz der historisch besonders konfliktträchtigen Religions- und Konfessionsunterschiede sollte im systematischen Zusammenhang der staatsbürgerlichen Rechte- und Pflichtenstellung nochmals deutlich herausgestellt werden, das Verbot konfessioneller Patronage und konfessionellen Proporzes im öffentlichen Dienst sollte besonders betont werden. Art. 33 Abs. 3 ist neben den anderen Begründungs- und Rechtfertigungsverboten zwar eigentlich überflüssig, aber er ist doch *spezieller* als sie. Einschlägige Fälle und Probleme sind daher in erster Linie an ihm zu überprüfen[99].

646 **Beispiele:** Auf Grund eines Vertrags zwischen dem Heiligen Stuhl und dem Freistaat Bayern unterhält dieser an mehreren Universitäten sog Konkordatslehrstühle für Philosophie, Soziologie und Pädagogik, „gegen deren Inhaber hinsichtlich ihres katholisch-kirchlichen Standpunktes keine Erinnerung zu erheben ist". Dabei hat der zuständige Diözesanbischof eine Zustimmungsbefugnis. Für den Bewerber um ein solches öffentliche Amt, dem die Zulassung wegen einer Erinnerung hinsichtlich seines katholisch-kirchlichen Standpunkts verweigert wird, ist Art. 33 Abs. 3 lex specialis zu Art. 3 Abs. 3 und zu Art. 33 Abs. 2. Hier liegt eine Ungleichbehandlung wegen des religiösen Bekenntnisses vor; eine verfassungsrechtliche Rechtfertigung

---

94 E 39, 334/368.
95 So auch *Höfling*, BK, Art. 33 Abs. 1–3 Rn 328.
96 Vgl *Jarass*, JP, Art. 33 Rn 30; *Brosius-Gersdorf*, DR, Art. 33 Rn 122.
97 Vgl *Schmidt-Aßmann*, NJW 1980, 16.
98 Vgl BVerfG, NVwZ 1994, 477; *Bracher*, DVBl. 2001, 19.
99 *Jachmann-Michel/Kaiser*, MKS, Art. 33 Rn 24b.

ist nicht ersichtlich (*F. Müller*, DuR 1976, 175; *Korioth*, MD, Art. 140 iVm Art. 136 WRV Rn 70; aA *Höfling*, BK, Art. 33 Abs. 1–3 Rn 416 f). – Bei der Einstellung eines Lehrers für eine Gemeinschaftsschule darf die Konfessionszugehörigkeit der Schüler nicht zu einer Berücksichtigung der Konfessionszugehörigkeit des Bewerbers führen (BVerwGE 81, 22/24 f).

IV. Wirkungen eines Gleichheitsverstoßes

1. Gleichheitsverstoß durch Gesetze, Rechtsverordnungen und Satzungen

a) Allgemeines

Eine verfassungswidrige Ungleichbehandlung hat *andere Folgen* als ein verfassungs-widriger Eingriff in ein Freiheitsrecht. Der Eingriff in das Freiheitsrecht muss einfach abgestellt werden; der Bürger muss wieder in den Genuss der Freiheit kommen, in dem er ohne den Eingriff war. Die Ungleichbehandlung zweier Gruppen kann dagegen verschieden behoben werden: Die eine Gruppe kann ebenso wie die andere, die andere kann ebenso wie die eine, und beide können auf neue dritte Weise behandelt werden.   **647**

Diese verschiedenen Möglichkeiten, eine Ungleichbehandlung zu beheben, gibt es sowohl dann, wenn ein Bürger sich gegen eine *Belastung* wendet, die ihn gegenüber anderen ungleich trifft, als auch dann, wenn er eine *Begünstigung* erstrebt, die ihm gegenüber anderen ungleich vorenthalten wird. Gleichwohl kann es einen Unter-schied machen, ob ein Bürger sich gegen eine Belastung wendet oder eine Begünsti-gung erstrebt. Dieser Unterschied beruht auf dem Zusammenspiel zwischen Gesetz-gebung und Rechtsprechung.   **648**

– Wendet sich ein Bürger gegen eine *Belastung*, die unter Verstoß gegen das Gleichheitsgebot für ihn bzw seine Gruppe in einem Rechtssatz niedergelegt ist, dann kann die Rechtsprechung den Rechtssatz aufheben und dadurch die Belas-tung beseitigen.   **649**

– Erstrebt ein Bürger eine *Begünstigung*, die unter Verstoß gegen das Gleichheits-gebot für eine andere Gruppe in einem Rechtssatz niedergelegt ist, dann kann die Rechtsprechung ihm durch Aufhebung des Rechtssatzes die Begünstigung nicht verschaffen. Wird der Rechtssatz aufgehoben, dann bekommt zwar die andere Gruppe, dann bekommt aber auch der Bürger die Begünstigung nicht. Lediglich dann, wenn ausnahmsweise ein Rechtssatz die Begünstigung allen Bürgern zu-spricht und ein weiterer Rechtssatz eine Gruppe von Bürgern von der Begünsti-gung ausschließt, kann durch Aufhebung dieses weiteren Rechtssatzes der Grup-pe von Bürgern die Begünstigung verschafft werden.[100]   **650**

Die Rechtsprechung kann im gewaltenteiligen Gefüge des Grundgesetzes gegenüber der Gesetzgebung grundsätzlich zwar *kassatorisch*, nicht aber gestaltend tätig wer-den. Und selbst da, wo sie kassatorisch tätig werden kann – regelmäßig bei belasten-   **651**

---

100   E 22, 349/360.

den, ausnahmsweise bei Begünstigungsausschlussregelungen –, lässt sich die Rechtsprechung des BVerfG von *Zurückhaltung* leiten. Denn die Kassation enthält immerhin ein gestalterisches Moment: Sie realisiert eine Möglichkeit zur Behebung der Ungleichbehandlung, obwohl auch andere Möglichkeiten bestehen. Das BVerfG gibt seine Zurückhaltung auf, wenn es selbst eine Übergangsregelung bis zum Inkrafttreten einer gesetzlichen Neuregelung trifft, zu der sich das Gericht veranlasst sieht, wenn ohne sie eine unerträgliche Rechtsunsicherheit einträte.[101]

b) Ungleich vorenthaltene Begünstigung

652 Nur mit besonderer Zurückhaltung ist das BVerfG bereit, eine *Begünstigung*, die ein Rechtssatz der einen Gruppe vorbehält, auf die andere Gruppe *auszudehnen*. Die besondere Zurückhaltung entspricht dem besonderen gestalterischen Moment, das einer solchen Ausdehnung innewohnt: Das BVerfG, das die Begünstigung ausdehnt, füllt eine „Gesetzeslücke"[102] und gestaltet da, wo der Gesetzgeber zu gestalten gerade unterlassen hat. Eine solche Gesetzeslücke zu schließen, sieht sich das BVerfG nur unter *zwei Voraussetzungen* berechtigt:

653 – Wenn ein *Verfassungsauftrag* oder sonst eine Verfassungsbestimmung eine bestimmte begünstigende Behandlung des Bürgers verlangt und der Gesetzgeber diese Behandlung einer Gruppe von Bürgern gleichheitswidrig vorenthalten hat, darf die Begünstigung auf diese Gruppe von Bürgern ausgedehnt werden.[103] Das folgt allerdings schon unmittelbar aus dem Verfassungsauftrag oder der sonstigen Verfassungsbestimmung.

654 – Hat der Gesetzgeber, wie im Beamten- und Sozialrecht, ein komplexes *Regelungssystem* geschaffen und will er daran erkennbar festhalten und bleibt das Regelungssystem nur dann *konsequent und stimmig*, wenn eine Begünstigung auf eine übersehene Gruppe ausgedehnt wird, dann darf diese Ausdehnung auch durch das BVerfG erfolgen.[104]

655 Sind diese Voraussetzungen für eine Ausdehnung der Begünstigung nicht gegeben, dann stellt das BVerfG lediglich die *Verfassungswidrigkeit* des Ausschlusses von der Begünstigung fest, ohne die Norm für nichtig zu erklären.[105] Es fordert zugleich den Gesetzgeber explizit oder implizit auf, eine verfassungsgemäße Rechtslage herzustellen. Teilweise setzt es dem Gesetzgeber darüber hinaus eine Frist, innerhalb derer die verfassungswidrige Rechtslage bereinigt werden muss.[106]

656 **Beispiel:** Zum nordrhein-westfälischen Gesetz über den Hausarbeitstag tenorierte das BVerfG, dieses sei „mit Art. 3 Abs. 2 des Grundgesetzes unvereinbar, soweit der Hausarbeitstag weiblichen, aber nicht männlichen allein stehenden Arbeitnehmern mit eigenem Hausstand gewährt wird" (E 52, 369/370). Das auf der verfassungswidrigen Vorschrift beruhende Urteil eines Arbeitsgerichts wird vom BVerfG unter Zurückverweisung aufgehoben: „Wenn (das Ar-

---

101 Vgl E 84, 9/20 f.
102 E 22, 349/360.
103 E 22, 349/361; *Kirchhof*, MD, Art. 3 Abs. 1 Rn 282.
104 E 103, 225/238 ff; vgl auch BVerwGE 101, 113/118 f.
105 Vgl näher zu dieser Entscheidungsvariante *Schlaich/Korioth*, BVerfG, Rn 394 ff.
106 Vgl E 82, 126/155.

beitsgericht) sein Verfahren aussetzt, wird dem Beschwerdeführer die Chance offen gehalten, an einer etwaigen Erweiterung des Rechts auf den Hausarbeitstag durch den Gesetzgeber teilzunehmen" (ebd).

Dieselbe Zurückhaltung, die das BVerfG bei der Ausdehnung einer Begünstigung übt, hält es auch bei der Kassation eines *Ausschlusses von einer Begünstigung* für angezeigt. Denn derselbe Wille des Gesetzgebers habe im einen und im anderen Fall lediglich einen unterschiedlichen gesetzestechnischen Ausdruck gefunden; in beiden Fällen liege eigentlich dieselbe Gesetzeslücke vor.[107]   **657**

c) Ungleich auferlegte Belastung

Auch einen ungleich belastenden Rechtssatz hält das BVerfG seit Beginn seiner Rechtsprechung nur dann für nichtig, wenn „keinem Zweifel unterliegt, dass der Gesetzgeber die sonstige gesetzliche Regelung auch ohne den verfassungswidrigen Teil aufrechterhalten hätte"[108]. Daneben ist auch hier, obwohl vom BVerfG nicht benannt, die erste der beiden Voraussetzungen für die Ausdehnung einer Begünstigung einschlägig: Eine ungleiche Behandlung darf als nichtig kassiert werden, wenn eine Verfassungsbestimmung eben diese Belastung verbietet.   **658**

Wenn diese Voraussetzungen für die Kassation *nicht* vorliegen, ist auch die Feststellung der Verfassungswidrigkeit ausgeschlossen, da dies im Ergebnis einer Kassation gleichkäme: So oder so dürfte die Belastung dem Bürger nicht mehr auferlegt werden. Bei der ungleichen Begünstigung ist das anders: Würde sie als nichtig kassiert, dann dürfte kein Bürger mehr in ihren Genuss kommen; wird lediglich ihre Verfassungswidrigkeit festgestellt, soweit sie eine Gruppe von der Begünstigung ausschließt, kann der anderen die Begünstigung weitergewährt werden, denn das Ergebnis, dass auch der anderen Gruppe die Begünstigung nicht mehr gewährt wird, könnte ohne weiteres durch Ausspruch der Nichtigkeit an Stelle der Feststellung der Verfassungswidrigkeit erreicht werden.[109] So spricht denn das BVerfG da, wo es nicht die ungleiche Belastung als nichtig kassieren kann, die Nichtigkeit der gesamten Regelung aus.[110]   **659**

d) Zusammenfassung

Folgende Situationen und Wirkungen, in bzw mit denen das Gleichheitsgebot den Bürger gegen einen ihn ungleich treffenden Rechtssatz schützt, sind zu unterscheiden: **660**

– Von einer Belastung, die den Bürger unter Verstoß gegen das Gleichheitsgebot trifft, wird er frei: Nichtig ist entweder die belastende Teilregelung oder die Gesamtregelung.

– An einer Begünstigung, die dem Bürger unter Verstoß gegen das Gleichheitsgebot vorenthalten wird, wird er dann beteiligt, wenn ein entsprechendes Verfas-

---

107 E 22, 349/360 f.
108 E 4, 219/250.
109 AA *Heußner*, NJW 1982, 257/258; BAGE 37, 352/355; vgl auch *Schlaich/Korioth*, BVerfG Rn 417 ff.
110 Vgl E 9, 291/302.

sungsgebot oder die Systematik der Regelungsmaterie und des Regelungswillens dies verlangen.

– An einer Begünstigung, die dem Bürger zwar ebenfalls unter Verstoß gegen das Gleichheitsgebot vorenthalten wird, deren Ausdehnung aber weder ein Verfassungsgebot noch die Systematik von Regelungsmaterie und -willen verlangt, wird er nicht beteiligt. Er kann nur die Feststellung der Verfassungswidrigkeit, die Aufhebung abschlägiger Entscheidungen und die Aussetzung laufender Verfahren erreichen.

2. Gleichheitsverstoß durch Verwaltung und Rechtsprechung

a) Allgemeines

661 Die Möglichkeit, gleich oder ungleich zu behandeln, haben Verwaltung und Rechtsprechung nur dort, wo sie einen *Handlungsspielraum* haben. Wo ein Rechtssatz keinen Handlungsspielraum lässt, sondern bei Vorliegen einer bestimmten Voraussetzung die Setzung einer bestimmten Rechtsfolge vorschreibt, behandeln Verwaltung und Rechtsprechung, wenn sie bei vorliegender Voraussetzung die Rechtsfolge nicht anwenden, den Bürger zwar ungleich. Diese ungleiche Behandlung ist aber schlicht eine unrichtige Anwendung des Rechtssatzes, wird als solche gerügt und durch die Fachgerichte korrigiert. Einen Handlungsspielraum hat die Verwaltung im Bereich des *Ermessens* und haben Verwaltung und Rechtsprechung bei der Auslegung und Anwendung *unbestimmter Rechtsbegriffe*.

b) Gleichheitsverstoß durch die Verwaltung

662 Im Bereich des *Ermessens* und grundsätzlich auch der Beurteilungsspielräume (vgl Rn 1259 f) realisiert sich die Bindung an das Gleichheitsgebot als Selbstbindung dadurch, dass die Verwaltung von

– Verwaltungsvorschriften, mit denen sie selbst die Ausübung ihres Ermessens steuern will, und
– ständiger Verwaltungspraxis, die sie selbst bei Ausübung ihres Ermessens eingeübt hat,

nicht ohne rechtfertigenden Grund abweichen darf.[111]

663 Bei Verstoß gegen diese Selbstbindung kann der Bürger aus Art. 3 Abs. 1 sowohl Belastungen abwehren als auch Begünstigungen erreichen. Die Bedenken, die gegen die Ausdehnung einer durch Rechtssatz vorenthaltenen Begünstigung sprechen, greifen hier nicht: Die Gestaltungsfreiheit bei der Vollziehung ist geringer als die bei der Gesetzgebung, und im Zusammenspiel von Rechtsprechung und Verwaltung hat die nicht nur kassatorische, sondern auch *gestaltende* Entscheidung ihren legitimen Ort.

664 **Beispiel:** Ein Sozialhilfeträger gewährte Sozialhilfeempfängern für die Weihnachtsfeier eine Weihnachtsbeihilfe. Obdachlosen wurde die Weihnachtsbeihilfe vorenthalten, weil sie ohne Obdach Weihnachten gar nicht feiern könnten. VGH Mannheim, NVwZ 1983, 427 erkannte auch ihnen ohne Umschweife den Anspruch auf Weihnachtsbeihilfe zu. Der vom Sozialhilfe-

---

111 Zur Selbstbindung vgl *Ossenbühl*, DVBl. 1981, 857; *Pietzcker*, NJW 1981, 2087.

träger angegebene Grund sei diskriminierend und auch mit dem Sozialstaatsprinzip unvereinbar.

Standen Verwaltungsvorschriften oder -praxis im Widerspruch zum Gesetz und geht die Verwaltung bei einem Bürger zu gesetzmäßiger Verwaltungspraxis über, so steht dies nicht im Widerspruch zum Gleichheitsgebot. Der Bürger genießt wegen des Vorrangs der Gesetze (Art. 20 Abs. 3) *keine Gleichheit im Unrecht*, hat keinen Anspruch auf Fehlerwiederholung.[112] Wird allerdings die gleiche Belastung, die ein Gesetz in seinen materiellen Regelungen erreichen will, in seinen Verfahrensregelungen generell verfehlt, dann kann der Bürger verlangen, nicht belastet zu werden; die Gleichheitswidrigkeit des Verfahrens und der Verfahrensregelung schlägt hier auf die materielle Regelung durch.[113] **665**

c) Gleichheitsverstoß durch die Rechtsprechung

Eine Selbstbindung durch ständige Rechtsprechung entsprechend der durch ständige Verwaltungspraxis wird vom BVerfG nur *zögernd* und auch vom Schrifttum nur vorsichtig anerkannt. Das BVerfG hat einerseits ausgesprochen, dass durch das Gleichheitsgebot Rechtsentwicklung und Rechtsfortbildung nicht behindert werden dürfen; andererseits hält es für möglich, dass „einzelne Entscheidungen so sehr die Bahn organischer Fortentwicklung der Rechtsprechung verließen, dass sie als willkürlich bezeichnet werden müssten"[114]. Auch das Schrifttum will Rechtsentwicklung und Rechtsfortbildung nicht behindert, zugleich aber eine Selbstbindung gewahrt sehen.[115] **666**

Das BVerfG nutzt das Gleichheitsgebot auch zu einer *Gerechtigkeitskontrolle*, mit der es einer von ihm für schlechthin unvertretbar und willkürlich gehaltenen unrichtigen Anwendung einfachen Rechts entgegentritt.[116] Mit dem Anspruch des BVerfG, keine Superrevisionsinstanz zu sein, ist dies schwer verträglich.[117] **667**

Aus Art. 3 Abs. 1 iVm Art. 20 Abs. 3 hat das BVerfG auch ein grundrechtsgleiches Recht auf prozessuale Waffengleichheit abgeleitet. Über das Recht auf rechtliches Gehör nach Art. 103 Abs. 1 hinaus verlangt es nicht nur, dass die Gerichte die Parteien eines Rechtsstreits überhaupt anhören, sondern dass sie ihnen auch die gleichwertige Ausübung ihrer prozessualen Rechte einräumen.[118] Das BVerfG greift damit auch die Rechtsprechung des EGMR auf, der den Grundsatz ebenfalls herangezogen hat, um aus Art. 6 EMRK das Recht jeder Partei abzuleiten, „ihren Fall […] vor Gericht unter Bedingungen zu präsentieren, die für diese Partei keinen substanziellen Nachteil im Verhältnis zu seinem Prozeßgegner bedeuten."[119] **668**

---

112 HM; vgl *Huster*, FH, Art. 3 Rn 129 ff: *Reimer*, RW 2017, 1/15 ff, der allerdings aus Art. 3 einen Anspruch auf Aufhebung einer rechtswidrigen Begünstigung Dritter anerkennt, soweit Vertrauensschutzaspekte nicht entgegenstehen.

113 E 84, 239/268 ff, 284; 110, 94/112 ff.

114 E 18, 224/240.

115 *Riggert*, Die Selbstbindung der Rechtsprechung durch den allgemeinen Gleichheitssatz (Art. 3 I GG), 1993.

116 E 70, 93/97; 86, 59/62 f.

117 Krit denn auch *Heun*, DR, Art. 3 Rn 62.

118 BVerfG, GRUR 2018, 1288 Rn 14 f, unter Verweis auf E 52, 131/156 f.

119 EGMR, NJW 1995, 1413 (Dombo Beheer B.V./Niederlande).

669 **Lösungsskizze zum Fall 8 (Rn 586):** I. Der Satzungsgeber müsste mit der Staffelung der Gebühren *wesentlich Gleiches ungleich* behandelt haben. Die Eltern, die wie E mehr, und die, die weniger an die Stadt zahlen, sind dadurch verbunden, dass ihre Kinder einen städtischen Kindergarten besuchen. Sie erhalten von der Stadt die gleiche, auch im Aufwand und in den Kosten gleichwertige Leistung: die Betreuung ihrer Kinder. Dadurch sind sie in einer vergleichbaren Lage; der Satzungsgeber behandelt daher mit der Staffelung der Gebühren wesentlich Gleiches ungleich. – II. Dafür braucht er eine *verfassungsrechtliche Rechtfertigung*. Der Satzungsgeber verlangt keine kostendeckende Beteiligung am Betreuungsaufwand und diskriminiert daher bei einer Förderung, also „positiv"; es könnte dies eine Ungleichbehandlung von geringer Intensität sein, die lediglich willkürfrei sein muss. Da aber das Familieneinkommen ein personenbezogenes Kriterium ist, hat die Ungleichbehandlung durch den Satzungsgeber erhebliche Intensität und ist nur gerechtfertigt, wenn sie einen legitimen Zweck verfolgt, zur Erreichung des Zwecks geeignet und erforderlich ist und auch sonst in angemessenem Verhältnis zum Wert des Zwecks steht. – 1. Der Satzungsgeber verfolgt erkennbar einen sog internen Zweck; er stellt auf das Familieneinkommen ab, weil er im unterschiedlichen Familieneinkommen iS der sog neuen Formel einen Unterschied von solcher Art und solchem Gewicht sieht, dass ihm durch eine Ungleichbehandlung Rechnung zu tragen ist. Gegen die Annahme eines *legitimen Zwecks* könnte der vom Verfassungsrecht vorgefundene Gebührenbegriff sprechen, der verlangt, dass Gebühren anders als Steuern aus Anlass individuell zurechenbarer öffentlicher Leistungen erhoben werden und deren Kosten decken. Aus dem Gebührenbegriff folgt aber nur, dass die Gebühren nicht unabhängig von den tatsächlichen Kosten festgesetzt werden dürfen; von Verfassung wegen ist weder eine Über- noch eine Unterdeckung schlechterdings verwehrt. Der Satzungsgeber durfte daher im unterschiedlichen Familieneinkommen und in der Chancenungleichheit, die es für die Lebens- und Bildungsmöglichkeiten der Kinder mit sich bringt, einen Unterschied sehen, der den Zweck, die Familien mit den schlechteren Chancen besser zu stellen, legitimiert. – 2. Die Erhebung höherer Gebühren von den Eltern mit höherem Familieneinkommen ist zur Erreichung des Zwecks *geeignet*, weil sie der Stadt bei gleichem eigenen Aufkommen erlaubt, von den Eltern mit niedrigerem Familieneinkommen niedrigere Gebühren zu erheben. Diesen Eltern wird es erleichtert, das Betreuungsangebot der städtischen Kindergärten anzunehmen; ihren Kindern werden mehr Chancen des Erwerbs wichtiger elementarer Kenntnisse und Fähigkeiten eröffnet. – 3. Da die Chancen von Familien mit niedrigerem Familieneinkommen auf vielerlei Weise gefördert werden können, fragt sich, ob die Erhebung höherer Gebühren von den Eltern mit höherem Familieneinkommen zur Erreichung des Zwecks auch *erforderlich* ist. Bei gleichem eigenen Aufkommen kann die Stadt die Eltern mit niedrigerem Familieneinkommen nur dann entlasten, wenn sie die Eltern mit höherem Familieneinkommen belastet. Diese mehr verdienenden Eltern schonender zu behandeln, dh weniger zu belasten, würde zu Lasten der weniger verdienenden Eltern und damit zu Lasten des Förderungszwecks gehen. – 4. Die *Angemessenheit* der Ungleichbehandlung der Eltern mit höherem Familieneinkommen zeigt sich daran, dass auch deren höhere Gebühren die für ihre Kinder tatsächlich anfallenden Kosten nicht decken. Auch diese Eltern werden von der Stadt gefördert, lediglich in bescheidenerem Ausmaß. E sehen in der Staffelung der Gebühren zu Unrecht eine Verletzung von Art. 3 Abs. 1.

670 **Literatur:** *M. Albers*, Gleichheit und Verhältnismäßigkeit, JuS 2008, 945; *G. Britz*, Der allgemeine Gleichheitssatz in der Rechtsprechung des BVerfG, NJW 2014, 346; *K. Hesse*, Der Gleichheitssatz in der neueren deutschen Verfassungsentwicklung, AöR 1984, 174; *S. Huster*, Rechte und Ziele, 1993; *S. Kempny/M. Lämmle*, Der „allgemeine Gleichheitssatz" des Art. 3 I GG im juristischen Gutachten, JuS 2020, 22, 113, 215; *M. Mülder/J. Weitensteiner*, Der allgemeine Gleichheitssatz (Art. 3 Abs. 1 GG), Jura 2019, 51; *N. Petersen*, Gleichheitssatz und Einzelfallgerechtigkeit, Staat 2018, 327; *A. Podlech*, Gehalt und Funktionen des allgemeinen verfassungsrechtlichen Gleichheitssatzes, 1971; *M. Sachs/C. Jasper*, Der allgemeine Gleichheitssatz, JuS 2016, 769– Speziell zu Art. 3 Abs. 2: *U. Di Fabio*, Die Gleichberechtigung von Mann und Frau, AöR 1997, 404; *I. Ebsen*, 15 Jahre Fördergebot des Art. 3 Abs. 2 S. 2 GG – zur praktischen Bedeutung einer Verfassungsänderung –, in: FS Jaeger, 2011, S. 401; *S. Huster*, Frauenförderung zwischen individueller Gerechtigkeit und Gruppenparität, AöR 1993, 109; *S. Kempny/P. Reimer*, Die Gleichheitssätze, 2012; *J. Kokott*, Gleichheitsschutz und Diskriminierungsverbote in der Rspr des BVerfG, in: FS 50 Jahre BVerfG, 2001, Bd. II, S. 127; *B. Pieroth*, Die Herstellung der Rechtsgleichheit zwischen Frauen und Männern: Erfolgsgeschichte und Zukunftsaufgabe, Jura 2019, 687; *M. Sachs*, Quotenregelungen für Frauen im staatlichen und im gesellschaftlichen Bereich, ZG 2013, 52; *U. Sacksofsky*, Das Grundrecht auf Gleichberechtigung, 2. Aufl. 1996. – Speziell zu Art. 3 Abs. 3: *G. Beaucamp*, Das Behindertengrundrecht (Art. 3 Abs. 3 Satz 2 GG) im System der Grundrechtsdogmatik, DVBl. 2002, 997; *M. Sachs*, Besondere Gleichheitsgarantien, Hdb. StR³ VIII, § 182. – Speziell zu Art. 38 Abs. 1 S. 1 s. Rn 1313.

Anhang: Aufbauschema

Aufbauschema IV: Gleichheitsrechte   **671**

I. Ungleichbehandlung von wesentlich Gleichem

Bildung von ungleich behandelten Vergleichsgruppen:

(1) Mindestens zwei Personen(-gruppen), von denen eine anders behandelt wird als die andere

(2) Bildung eines gemeinsamen Oberbegriffes nach Maßgabe des Ziels der ungleich behandelnden Regelung

II. Verfassungsrechtliche Rechtfertigung

Vorbemerkung: Die Geltung des Parlamentsvorbehaltes (Rn 364) im Bereich des allgemeinen Gleichheitssatzes ist umstritten. Es ist jedenfalls gut vertretbar, beim Gleichheitssatz ohne weitere Problematisierung auf seine Prüfung zu verzichten, zumal meist neben dem Gleichheitssatz noch – idR vorrangig zu prüfende – Freiheitsrechte einschlägig sind, bei denen er ohnehin anzusprechen ist.

1. Verfassungsmäßigkeit des ungleich behandelnden Gesetzes

(soweit die Ungleichbehandlung durch Gesetz erfolgt; wenn nicht: weiter mit 2.)

   a) Formelle Verfassungsmäßigkeit

     – Gesetzgebungskompetenz, Art. 70–74

     – Gesetzgebungsverfahren, Art. 76–79, 82 Abs. 1

   b) Materielle Verfassungsmäßigkeit

     Prüfung des Grundsatzes der Verhältnismäßigkeit nach Maßgabe der Intensität der Ungleichbehandlung (Rn 599)

     aa) Legitimes Ziel

      Verboten sind:

      – Verwendung anderer als der ausdrücklich erlaubten Differenzierungskriterien (Art. 33 Abs. 2)

      – Anknüpfung an die nach Art. 3 Abs. 3 verbotenen Differenzierungskriterien

     bb) Verhältnismäßigkeit

      Anforderungen an die Rechtfertigungsfähigkeit steigen

      – je mehr das Differenzierungskriterium einem verbotenen Kriterium (insbesondere Art. 3 Abs. 2, Abs. 3 S. 1) ähnelt bzw. in seinen faktischen Auswirkungen gleichkommt.

> – je weniger der Betroffene das Kriterium beeinflussen kann und
> – je mehr die Ungleichbehandlung den Gebrauch der Freiheitsrechte erschwert.
>
> 2. **Verfassungsmäßigkeit des ungleich behandelnden Einzelaktes**
>   bei Akten der Exekutive/Legislative: Hier nur Prüfung wie bei 1. b) und keine Prüfung der Vereinbarkeit mit einfachem Gesetzesrecht (Rn 1446).
>
> III. **Rechtsfolgen eines Verstoßes**
>
>   Anders als bei den Freiheitsrechten idR keine Kassation, sondern nur Unvereinbarkeitserklärung, um dem Gesetzgeber die Wahl zu lassen, wie er die Ungleichbehandlung beseitigt (Rn 647).

672 Das **Aufbauschema IV** ist den freiheitsrechtlichen Aufbauschemata entsprechend abzuwandeln, wenn die Fallfrage nicht auf die Verletzung von Grundrechten (= **Aufbauschema I**, Rn 469), sondern auf die Verfassungsmäßigkeit des Gesetzes (= **Aufbauschema III**, Rn 471) gerichtet ist. Besonderheiten gelten aber für das Verhältnis zwischen dem allgemeinen und den speziellen Gleichheitssätzen: Da diese keinen Schutzbereich haben, sondern Rechtfertigungsanforderungen stellen, verdrängt ein spezieller Gleichheitssatz, anders als im Verhältnis zwischen speziellen Freiheitsrechten und der allgemeinen Handlungsfreiheit (vgl Rn 505 ff), nicht den allgemeinen Gleichheitssatz; auch wenn ein spezieller Gleichheitssatz der Ungleichbehandlung nicht entgegensteht, ist immer noch der allgemeine Gleichheitssatz zu prüfen.

673 **Beispiel:** Durch Gesetz wird eine bestimmte Frauensportart verboten, weil sie eine überdurchschnittliche Unfallquote aufweist. Das Gesetz scheitert nicht an Art. 3 Abs. 3, weil das Gesetz nicht auf dem Unterschied zwischen Mann und Frau, sondern auf der erhöhten Gefährlichkeit der Sportart beruht. Weiter ist zu fragen, ob nicht Art. 3 Abs. 1 verletzt ist. Denn andere Sportarten, die ebenfalls überdurchschnittliche Unfallquoten aufweisen, sind erlaubt.

§ 12 Religions-, Weltanschauungs- und Gewissensfreiheit (Art. 4, 12a Abs. 2, 140 iVm Art. 136 Abs. 1, 3 und 4, Art. 137 Abs. 2, 3 und 7 WRV)

674 **Fall 9: Steuerverweigerung aus Gewissensgründen? (nach BVerfG, NJW 1993, 455)**

Der Pazifist P beantragt seit Jahren bei der Finanzverwaltung, die von ihm gezahlte Einkommensteuer solle keine Verwendung für militärische Rüstung finden. Die Behörde möge seine Einkommensteuerschuld um den Prozentsatz herabsetzen, der vom Einkommensteueraufkommen jeweils für militärische Rüstung ausgegeben wird. Hilfsweise beantragt P die Genehmigung, diesen Teil seiner Steuerschuld bis zur Schaffung eines Friedensfonds auf einem Sperrkonto zu hinterlegen. Die Anträge werden von der Finanzverwaltung zurückgewiesen, gerichtlicher Rechtsschutz bleibt erfolglos. P erhebt Verfassungsbeschwerde und trägt vor, sein Gewissen verbiete ihm, Steuern als mittelbaren Beitrag für Kriegszwecke zu leisten. Kann er sich auf sein Gewissen berufen? **Rn 717**

I. Überblick

1. Textaussage

Dem unbefangenen Verständnis bietet Art. 4 verschiedene Schutzbereiche:[1] Abs. 1 schützt mit **575** der Freiheit des Glaubens und Gewissens das *Denken*, das sog forum internum der religiösen (Glauben) und moralischen (Gewissen) Überzeugungen, und mit der Freiheit des religiösen und weltanschaulichen Bekenntnisses das *Äußern* religiöser und areligiöser[2] Sinngebungen und -deutungen. Abs. 2 und Abs. 3 schützen glaubens- und gewissensgeleitetes *Handeln*, allerdings nicht schlechthin, sondern in zwei vor dem Hintergrund des Nationalsozialismus besonders schutzwürdigen Bereichen: Nach dem Kirchenkampf sollte die ungestörte Religionsausübung, nach der moralischen Katastrophe des Kriegs die Kriegsdienstverweigerung aus Gewissensgründen gewährleistet werden.

Zur Textaussage gehören auch die durch Art. 140 zum Bestandteil des Grundgesetzes gemach- **676** ten Art. 136, 137, 138, 139 und 141 WRV. Diese *inkorporierten Artikel* sind „vollgültiges Verfassungsrecht der Bundesrepublik Deutschland geworden und stehen gegenüber den anderen Artikeln des Grundgesetzes nicht etwa auf einer Stufe minderen Ranges"[3].

Art. 4 enthält keine Eingriffsermächtigung. Lediglich beim Recht der Kriegsdienstverweige- **677** rung aus Gewissengründen ist in Abs. 3 S. 2 eine nähere Regelung vorbehalten. Im Übrigen ist Art. 4 ein *vorbehaltloses Grundrecht*. Demgegenüber enthalten Art. 136 Abs. 1 und 3 S. 2, 137 Abs. 3 S. 1 WRV iVm Art. 140 einzelne Schrankenregelungen.

2. Einheitlicher Schutzbereich?

Zwischen den aufgezeigten verschiedenen Schutzbereichen wurden *Schutzlücken* entdeckt. **678** Wenn vom überzeugungsgeleiteten Handeln neben der Kriegsdienstverweigerung aus Gewissensgründen nur die Religionsausübung geschützt ist – wird dann Religion gegenüber anderem Gewissen und Weltanschauungen nicht privilegiert? Passt das zur Gleichsetzung von Religion und Weltanschauung in Art. 4 Abs. 1, Art 33 Abs. 3 S. 2 und Art. 137 Abs. 2 und Abs. 7 WRV? Schneidet es nicht auch ab, wozu Gewissen und Weltanschauung ebenso wie Religion drängen: Betätigung dessen, was aus tiefer Überzeugung als richtig empfunden wird? Daraus ist zu erklären, dass die aufgezeigten textlichen Unterscheidungen in der Rechtsprechung des BVerfG nicht genau genommen werden: Art. 4 Abs. 1 und 2 werden als *einheitlicher Bereich* gefasst, der die Freiheit schützt, Glauben und Gewissen, Religion und Weltanschauung zu bilden, zu haben, zu äußern und demgemäß zu handeln. Wenn dabei die Religions- und Weltanschauungsfreiheit einerseits und die Gewissensfreiheit andererseits als getrennte Schutzbereiche behandelt werden, bedeutet das keinen Unterschied in der jeweiligen Intensität des verbürgten Schutzes. Er reicht beide Mal vom Denken über das Äußern bis zum Handeln.

Die Vereinheitlichung hat freilich *Folgeprobleme*: Zum einen treten Art. 4 Abs. 2 und auch die **679** meisten besonderen Gewährleistungen der inkorporierten Artikel der Weimarer Reichsverfassung hinter Art. 4 Abs. 1 als überflüssig und damit auch die Schrankenregelungen der Weimarer Artikel hinter Art. 4 Abs. 1 als von dessen Vorbehaltlosigkeit „überlagert"[4] zurück. Zum anderen wachsen durch die Ausweitung des Schutzbereichs auf jedes glaubens-, gewissens-, religiös und weltanschaulich geleitete Handeln die Konfliktmöglichkeiten. Dadurch wächst

---

1 Vgl *Di Fabio*, MD, Art. 4 Rn 41 f.
2 BVerfG, NJW 2017, 381 Rn 58.
3 E 19, 206/219.
4 E 33, 23/31.

auch die Notwendigkeit und Schwierigkeit, Eingriffe zu rechtfertigen, wo doch Art. 4 entsprechende ausdrückliche Ermächtigungen nicht enthält. Art. 4 muss unter den Vorbehalt kollidierenden Verfassungsrechts gestellt werden.

680　Gleichwohl ist das einheitliche Verständnis solange ganz herrschend gewesen, als das glaubens- und gewissensgeleitete Verhalten den konflikt- und kollisionsarmen Verhaltenshorizont der vertrauten großen und kleinen christlichen Kirchen wahrte. Seit dem Auftreten von Religionen und Sekten, die der Gesellschaft der Bundesrepublik Deutschland neu, fremd, konflikt- und kollisionsträchtig begegnen, wird es allerdings zunehmend kritisiert.[5] Ob das BVerfG an ihm festhalten wird, ist offen; es hat in seiner bisherigen Rechtsprechung mit den neuen, fremden Religionen und Sekten und den entsprechenden Konflikten und Kollisionen einfach erst wenig zu tun gehabt. Die folgende Darstellung knüpft an die Rechtsprechung des BVerfG an, präzisiert dabei aber den einheitlichen Schutzbereich im Sinn der geäußerten Kritik.

II.　Schutzbereiche

1.　Religions- und Weltanschauungsfreiheit

a)　Individuelle Religions- und Weltanschauungsfreiheit

681　Im Glauben äußert sich die religiöse, in der Weltanschauung die areligiöse Sinndeutung von Welt und Mensch. Während sich daher der Glaube an Gottheiten, heiligen Schriften und Religionsstiftern ausrichtet, sind selbst gewählte Prinzipien wie etwa der Humanismus und die Aufklärung Bezugspunkte der Weltanschauung.[6] Nicht geschützt sind Religionsparodien, denen es an der Ernsthaftigkeit der Gewissensüberzeugung fehlt.[7] Zum geschützten Verhalten gehört die Freiheit, einen Glauben oder eine Weltanschauung zu bilden, zu haben, zu äußern und entsprechend zu handeln.

682　Näher bestimmt werden muss der Schutzbereich vor allem für das *Handeln*. Der Wortlaut des Art. 4 Abs. 2 („ungestörte Religionsausübung") und die historische Entwicklung der Glaubensfreiheit legen eine *Beschränkung* auf die traditionelle (häusliche und öffentliche) Manifestation der Glaubensinhalte durch Symbole und Riten, Gebete, Gottesdienste, Sakramente, Prozessionen, Glockengeläut, Ruf des Muezzin usw nahe.[8]

683　Das BVerfG ist darüber hinaus gegangen. Es ist dem darüber hinausdrängenden *Selbstverständnis* der Kirchen, Religions- und Weltanschauungsgemeinschaften gefolgt und hat ihm ausdrücklich eine wichtige Bedeutung für die Bestimmung des Schutzbereichs zuerkannt.[9] Geschützt sind dabei nicht nur die genannten kultischen Handlungen und religiösen Gebräuche, sondern auch diakonische und karitative Betätigungen, „religiöse Erziehung, freireligiöse und atheistische Feiern sowie andere Äußerungen des religiösen und weltanschaulichen Lebens"[10], der Genuss der Sonn-

---

5　*Kloepfer*, VerfR II, § 60 Rn 11, 92; *Muckel*, FH, Art. 4 Rn 5 ff; *Mückl*, BK, Art. 4 Rn 53 ff; *Schoch*, in: FS Hollerbach, 2001, S. 149.
6　E 143, 161 Rn 103 ff = JK 4/2017.
7　OVG Hamburg, NJW 2018, 2282 f.
8　Vgl auch *Preuß*, AK, Art. 4 Abs. 1, 2 Rn 25 f; *Waldhoff*, Verh. 68. DJT 2010, D 73 f.
9　E 24, 236/247 f; krit *Mückl*, BK, Art. 4 Rn 134 ff.
10　E 24, 236/246.

tagsruhe („Konnexgarantie") von Art. 140 iVm Art. 139 WRV[11], schließlich „das Recht des Einzelnen, sein gesamtes Verhalten an den Lehren seines Glaubens auszurichten und seiner inneren Glaubensüberzeugung gemäß zu handeln"[12].

Seine frühe Aussage, das Grundgesetz schütze nur diejenige Betätigung des Glaubens, „die sich bei den heutigen Kulturvölkern auf dem Boden gewisser übereinstimmender sittlicher Grundanschauungen im Laufe der geschichtlichen Entwicklung herausgebildet hat"[13], hat das BVerfG später aufgegeben.[14] Auf die zahlenmäßige Stärke und die soziale Relevanz einer religiösen Vereinigung kommt es nicht an;[15] die Glaubensfreiheit ist den Mitgliedern der Großkirchen und den Angehörigen kleiner kirchlicher und religiöser Gemeinschaften in *gleicher Weise* gewährleistet. Auf sie können sich auch die Angehörigen unserem Kulturkreis neuer, ihm fremder oder ihn sogar ablehnender Religionen und Sekten berufen.[16] Auch die vereinzelt auftretende Glaubensüberzeugung, die von den offiziellen Lehren der Kirchen und Religionsgemeinschaften abweicht, wird von Art. 4 Abs. 1 und 2 geschützt.[17] Bei atheistischen Weltanschauungen gehört so auch die demonstrative Abgrenzung von theistischen Anschauungen und Feiertagen zur Weltanschauungsfreiheit.[18] **684**

Bei dieser in jeder Hinsicht extensiven Interpretation besteht die *Gefahr*, dass der Schutzbereich *konturenlos* wird. Das BVerfG versucht dieser Gefahr dadurch zu begegnen, dass es fordert, es müsse sich „auch tatsächlich, nach geistigem Gehalt und äußerem Erscheinungsbild, um eine Religion und Religionsgemeinschaft handeln"[19] Es lässt auch nicht genügen, dass jemand sein Handeln als glaubensgeleitet und -verpflichtet nur behauptet; die Behauptung muss plausibel sein. **685**

Beispiele für nicht plausible Glaubensgeleitetheit des entgegenstehenden Handelns: Pflicht der Mitglieder und Angehörigen der Universitäten, die gesellschaftlichen Folgen wissenschaftlicher Erkenntnis mitzubedenken (E 47, 327/385); Friedhofszwang für Urnen (E 50, 256/262); Pflicht zur Steuerzahlung bei glaubens- und gewissenswidriger Verwendung von Steuermitteln (vgl BVerfG, NJW 1993, 455); für plausible Glaubensgeleitetheit: Hauskirchenbestattung für Priester (BVerfG, NVwZ 2016, 1804 Rn 71 ff). **686**

In der Rechtsprechung des BVerwG und im Schrifttum wird dies dahingehend präzisiert und ergänzt, dass das Handeln für den religiösen oder weltanschaulichen Auftrag notwendig sein und in entsprechendem organisatorischem und sachlichem *Zusammenhang* damit stehen muss,[20] dass es nicht genügt, wenn das Handeln nur im äußeren Zusammenhang mit religiösem und weltanschaulichem Handeln oder nur bei des- **687**

---

11 E 125, 39/80; vgl *v. Lucius*, KritV 2010, 190/207 f.
12 E 32, 98/106; 93, 1/15; 108, 282/297; zust. *Borowski*, S. 381 ff; krit *Muckel*, FH, Art. 4 Rn 5 ff; *Vosgerau*, S. 178 ff.
13 E 12, 1/4.
14 E 41, 29/50.
15 E 32, 98/106.
16 Vgl E 105, 279/293; *Diringer*, BayVBl. 2005, 97; einschr. *Starck*, MKS, Art. 4 Rn 60 f.
17 E 33, 23/28 f; krit *Augsberg*, Staat 2009, 239; nach *Classen*, Religionsfreiheit und Staatskirchenrecht in der Grundrechtsordnung, 2003, S. 54 ff und *Mückl*, BK, Art. 4 Rn 139 ist die vereinzelt auftretende Glaubensüberzeugung nicht als Betätigung der Religions-, wohl aber der Gewissensfreiheit geschützt.
18 E 143, 161/206 f.
19 E 83, 341/353.
20 *Badura*, Der Schutz von Religion und Weltanschauung durch das Grundgesetz, 1989, S. 54.

sen Gelegenheit stattfindet,[21] und dass ein eigentlich ausschließlich wirtschaftliches oder politisches Handeln nicht durch religiöse Verbrämung zu religiösem Handeln wird.[22] Gelegentlich geht das Schrifttum so weit, fremdschädigendes Verhalten aus dem Schutzbereich der Religions- und Weltanschauungsfreiheit auszuschließen.[23]

688 **Beispiele:** Zwar ist der Kontakt zwischen Gläubigem und Seelsorger geschützt, nicht aber jede Hilfe des Seelsorgers für den Gläubigen (BVerfG, NJW 2007, 1865 Rn 21 f); zwar ist die Werbung für den Glauben von Art. 4 geschützt, nicht aber jedes Mittel, das im Zusammenhang mit der Werbung eingesetzt wird, zB die Ausnutzung einer Zwangslage (E 12, 1/4 f) oder eines Abhängigkeitsverhältnisses (BVerwGE 15, 134/136); zwar ist der Übertritt zu einer anderen Glaubensgemeinschaft geschützt, nicht aber jedes Verhalten bei Gelegenheit dieses Übertritts (E 17, 302/305); zwar sind religiöse Veranstaltungen geschützt, nicht aber der Verkauf von Speisen und Getränken an die Teilnehmer (E 19, 129/133) oder die Erbringung anderer entgeltlicher Leistungen, die üblicherweise auch unabhängig von der Mitgliedschaft in der religiösen Vereinigung erbracht werden (BVerwGE 105, 313/321).

689 Schließlich ist auch die Überlegung des BVerfG, der Einzelne müsse sein gesamtes Verhalten an seinem Glauben ausrichten dürfen, vom Sinn des Art. 4 her zu präzisieren. Mit der Religion und Weltanschauung, dem Glauben und ebenso auch dem Gewissen einer Person ist deren *Identität* geschützt; die Person soll nicht in den Konflikt zwischen den Geboten des Staats und den Geboten ihres Glaubens und ebenso auch ihres Gewissens gestellt werden und am Konflikt womöglich zerbrechen. Nicht geschützt ist danach ein religiöses Handeln, zu dem sich der Gläubige zwar motiviert, aber nicht verpflichtet sieht, das er also zumutbar sowohl tun als auch lassen kann.[24] Die Identität der Person, die mit deren Religion und Weltanschauung, Glauben und ebenso auch Gewissen geschützt werden soll, ist hier nicht gefährdet.[25]

690 **Beispiele:** Nicht geschützt sind die Bigamie, wenn eine Religion die Vielehe lediglich erlaubt, und das Tragen eines Schleiers, wenn eine Religion es freistellt. Auch hier gilt aber, dass die Verbindlichkeit plausibel geltend gemacht werden muss; gelingt dies, ist es nicht Aufgabe staatlicher Behörden und Gerichte, die Verbindlichkeit unter Hinweis auf unzumutbare Alternativen in Frage zu stellen; daher kann das Schlachten durch Schächten nicht mit der Begründung aus dem Schutzbereich ausgenommen werden, dass niemand zum Fleischverzehr gezwungen sei (E 104, 337/350 f; BVerwGE 127, 183/185 f; für Art. 10 GRCh EuGH, EU:C:2020:1031, Rn 52 – Centraal Israëlitisch Consistorie van België = JK 5/2021; aA noch BVerwGE 99, 1/7 f; *Trute*, Jura 1996, 462). Für zumutbar wird hingegen das Ausweichen auf alternative Verkehrsmittel erachtet, soweit ein religiöses Gebot der Einhaltung der Helmpflicht für Motorräder entgegensteht (BVerwGE 166, 125/128 ff).

691 Die Religions- und Weltanschauungsfreiheit wäre unvollständig gewährleistet, wenn nicht auch die *Negationen* des entsprechenden Denkens, Redens und Handelns mit gewährleistet wären. Zum Schutzbereich gehört daher neben der hier oft ausdrücklich als positiv bezeichneten Freiheit des Glaubens, Bekennens und Handelns auch die negative Freiheit, nicht zu glauben, einen Glauben oder eine Weltanschauung nicht zu bekennen, dh zu verschweigen, und aus der Kirche oder einer Weltanschauungsge-

---

21 *Müller*, Die Positivität der Grundrechte, 2. Aufl. 1990, S. 99 f.
22 BVerwGE 90, 112/118; *Mückl*, BK, Art. 4 Rn 121; *Poscher*, Staat 2000, 49.
23 *Merten*, Hdb. GR III, § 56 Rn 60; *Muckel*, Hdb. GR IV, § 96 Rn 80 f; *Zähle*, AöR 2009, 434.
24 So aber *Hufen*, StR II, § 22 Rn 9, 13.
25 Zust. *Michael/Morlok*, GR, Rn 195; *Fischer/Groß*, DÖV 2003, 932/938 f.

meinschaft auszutreten,[26] glaubensgeleitete Handlungen zu unterlassen[27] und dem Einfluss eines bestimmten Glaubens mit dessen Handlungen und Symbolen nicht unentziehbar ausgesetzt zu sein.[28] Teilbereiche der negativen Religions- und Weltanschauungsfreiheit sind in Art. 7 Abs. 2, Abs. 3 S. 3, Art. 140 iVm Art. 136 Abs. 3 S. 1, Abs. 4 und Art. 141 WRV normiert.

b) Korporative Religions- und Weltanschauungsfreiheit

Die korporative Religions- und Weltanschauungsfreiheit ist die einer religiösen oder weltanschaulichen Vereinigung als solcher zukommende Freiheit. Sie ist von der individuellen Freiheit, sich zu religiösen und weltanschaulichen Vereinigungen zusammenzuschließen, zu unterscheiden[29] und richtet sich nach Art. 19 Abs. 3.[30] Ein spezieller Aspekt der korporativen Freiheit ist zudem durch Art. 137 Abs. 2 S. 2 WRV iVm Art. 140 positiviert. **692**

Beispiele: Grundrechtsberechtigt sind neben den als Körperschaften des öffentlichen Rechts und den in privatrechtlichen Formen organisierten Kirchen, Religions- und Weltanschauungsgemeinschaften (E 105, 279/293) ua auch die gegenüber den Kirchen verselbstständigten Vereinigungen, wie nichtrechtsfähige katholische Jugendvereine (E 24, 236/247), privatrechtlich organisierte konfessionelle Krankenhäuser (E 46, 73/85 ff; 53, 366/391 f) und als Körperschaften des öffentlichen Rechts verfasste Erziehungseinrichtungen (E 70, 138/162 f). **693**

Mit dem *Selbstbestimmungsrecht* der Religionsgesellschaften gem. Art. 137 Abs. 3 WRV iVm Art. 140 werden die vom BVerfG wieder weit verstandenen institutionellen und organisatorischen Voraussetzungen der Religions- und Weltanschauungsfreiheit gewährleistet. Dazu zählt vor allem das Recht, die Mitgliedschaft zu regeln, was insbesondere Bedeutung für die Modalitäten des Austritts aus einer Religionsgemeinschaft hat.[31] In der Konsequenz der weiten Interpretation des Art. 4 Abs. 1 und 2 durch das BVerfG läge es, auch das Selbstbestimmungsrecht des Art. 137 Abs. 3 WRV dem Schutzbereich des Art. 4 Abs. 1 und 2 zuzuschlagen. Das BVerfG versteht Art. 137 Abs. 3 WRV aber als eine „rechtlich selbstständige Gewährleistung, die der Freiheit des religiösen Lebens und Wirkens der Kirchen und Religionsgemeinschaften die zur Wahrnehmung dieser Aufgaben unerlässliche Freiheit der Bestimmung über Organisation, Normsetzung und Verwaltung hinzufügt"[32]. Die Geltendmachung der rechtlich selbstständigen Gewährleistung in der Verfassungsbeschwerde muss allerdings über Art. 4 Abs. 1 und 2 erfolgen, weil Art. 140 kein Grundrecht oder grundrechtsgleiches Recht ist.[33] **694**

Beispiele: Das Selbstbestimmungsrecht hat vor allem Bedeutung im kirchlichen Arbeitsrecht wo es das Recht umfasst, über die Einstellung von Arbeitnehmern zu entscheiden. Von der Zugehörigkeit zu einer Religionsgemeinschaft darf die Einstellung zur Vermeidung von Diskrimi- **695**

---

26 BVerfG, NJW 2008, 2978 Rn 20; *Stuhlfauth*, DÖV 2009, 225.
27 Vgl E 49, 375/376; 52, 223/238; 65, 1/39.
28 E 93, 1/16; krit *J. Ipsen*, in: FS Kriele, 1997, S. 301.
29 E 105, 279/293 f.
30 Vgl E 46, 73/83; 53, 366/386; 70, 138/160; *v. Campenhausen*, Hdb. StR[3] VII, § 157 Rn 103; *Mückl*, BK, Art. 4 Rn 111.
31 BVerwGE 144, 171/174 ff; *Augsberg*, AöR 2013, 493.
32 E 53, 366/401; 72, 278/289; 83, 341/357.
33 E 19, 129/135; 42, 312/322 f; 99, 100/119 f.

nierungen wegen der Religion aber aus unionsrechtlichen Gründen (Art. 4 Abs. 2 RL 2000/78/ EG, s. Rn 89 f) nur abhängig gemacht werden, wenn die Tätigkeit in engem Zusammenhang mit dem Verkündigungsauftrag steht (EuGH, EU:C:2018:257, Rn 60 ff – Egenberger = JK 10/ 2018). Unter das Selbstbestimmungsrecht soll auch das Recht fallen, die Arbeitsbedingungen nicht durch den Abschluss von Tarifverträgen, sondern in Arbeitsrechtlichen Kommissionen und Schiedskommissionen zu vereinbaren (sog Dritter Weg, BAG, NZA 2013, 448/460; *Grzes-zick*, NZA 2013, 1377/1379 f; s. Rn 960). Ob das mit der Rechtsprechung des EGMR zu Art. 11 EMRK vereinbar ist, ist unsicher, weil die EMRK keine eigenständige Gewährleistung des Selbstbestimmungsrechts der Religionsgemeinschaften enthält (*Edenharter*, RW 2015, 167/191 f). Ferner dürfen kirchlichen Arbeitnehmern besondere Loyalitätspflichten auch hin-sichtlich ihrer Lebensführung auferlegt werden (E 70, 138/164 ff; grundsätzlich gebilligt durch EGMR, NZA 2012, 199/201 (Siebenhaar/Deutschland) und EGMR, Nr. 56030/07, Rn 137 (Fernandez Martinez/Spanien), deren Inhalt von staatlichen Gerichten lediglich auf ihre Plausi-bilität und Vereinbarkeit mit Art. 79 Abs. 3 überprüft werden dürfen (E 137, 273 Rn 112 ff = JK 5/2015; BVerwGE 153, 282/290; krit *Safoklov*, DÖV 2017, 99/104 ff). Demgegenüber hat EuGH, EU:C:2018:696, Rn 44 ff – IR/JQ (= JK 2/2019) auf einer wirksamen gerichtlichen Kontrolle der unionsrechtlichen Vorgaben bestanden, die verlangen, dass die Anforderungen der Kirche an die Berufsausübung angesichts ihres Ethos wesentlich, rechtmäßig, gerechtfertigt und verhältnismäßig sind (Art. 4 Abs. 2 RL 2000/78/EG). Sanktionen (wie insbesondere Kün-digungen), die an die Verletzung dieser Loyalitätspflichten anknüpfen, bedürfen zudem wegen der kollidierenden Persönlichkeitsrechte der Arbeitnehmer einer strengen Verhältnismäßig-keitsprüfung, für die insbesondere die Lebenslage des Betroffenen, die Schwere der Pflichtver-letzung (sowie ggfs. deren öffentliche Auswirkungen) und der Status des Betroffenen in der kirchlichen Einrichtung maßgeblich sind (zur Kündigung wegen Ehebruchs EGMR, NZA 2011, 277/278 f [Obst/Deutschland] einerseits und NZA 2011, 279/282 [Schüth/Deutschland] andererseits; zur unzulässigen Kündigung wegen Homosexualität *Pallasch*, NZA 2013, 1176). Eine wichtige Rolle spielen ferner die Aussichten auf eine Wiederbeschäftigung (EGMR, Nr. 56030/07, Rn 144 [Fernandez Martinez/Spanien]); daher sind Kündigungen vor allem dort problematisch, wo die Religionsgemeinschaften – wie im Sozialbereich und der Gesundheits-versorgung – ein bedeutender Arbeitgeber sind, die ihre Einrichtungen zudem überwiegend aus öffentlichen Mitteln finanzieren. Geschützt ist ferner eine eigene, dem staatlichen Rechtsschutz vorgelagerte und ihn inhaltlich beschränkende kirchliche Gerichtsbarkeit (BVerfG, NJW 2009, 1195 Rn 6; BVerwGE 149, 139/149; BGH, NJW 2000, 1555/1556; krit *H. Weber*, NJW 2009, 1179), die Einrichtung eines theologischen Studiengangs (BVerwGE 101, 309/311; dazu *Mor-lok/Müller*, JZ 1997, 549), die Überwachung des Einklangs von Lehre und Forschung an den theologischen Fakultäten mit den Auffassungen der betroffenen Kirchen (BVerwGE 124, 310/ 315), das Recht einer Gemeinde, nicht vom Staat als Teil eines Dachverbands behandelt zu werden, dem die Gemeinde nicht angehört (E 123, 148/180), nach Stimmen in der Literatur auch das Kirchenasyl (*Fessler*, NWVBl. 1999, 449; *Görisch*, Kirchenasyl und staatliches Recht, 2000), nicht aber das Beschaffungswesen eines kirchlichen Krankenhauses, das „hier wie ein beliebiger anderer Marktteilnehmer am Rechts- und Wirtschaftsverkehr" handelt (BVerfG, NJW 1995, 1606/1607).

696 Die korporative Religions- und Weltanschauungsfreiheit betrifft auch Religionsge-meinschaften als *Körperschaften des öffentlichen Rechts* (Art. 137 Abs. 5 WRV iVm Art. 140). Diesen Status haben nach Art. 137 Abs. 5 S. 1 WRV Religionsgesellschaf-ten, soweit sie ihn bereits vor Inkrafttreten der WRV hatten (christliche und jüdische Gemeinden); anderen Gesellschaften kann er nach Art. 137 Abs. 5 S. 2 WRV durch die zuständigen Landesbehörden[34] auf Antrag verliehen werden, wenn sie neben der

---

34 E 139, 321 Rn 96 (= JK 12/2015).

Erfüllung bestimmter organisatorischer Voraussetzungen Rechtstreue gewährleisten. Das BVerfG verlangt ferner, dass Religionsgemeinschaften, die den Körperschaftsstatus erhalten möchten, durch „ihr künftiges Verhalten die in Art. 79 Abs. 3 umschriebenen fundamentalen Verfassungsprinzipien, die dem staatlichen Schutz anvertrauten Grundrechte Dritter sowie die Grundprinzipien des freiheitlichen Religions- und Staatskirchenrechts des Grundgesetzes"[35] nicht gefährden. Die Anforderung bezieht sich auf das Verhalten der Religionsgemeinschaft, nicht auf ihre Glaubensinhalte; sie gilt ihrem Verhältnis zur staatlichen Ordnung, nicht ihrer inneren Verfasstheit. Eine Religionsgemeinschaft, die den Körperschaftsstatus anstrebt, darf sich daher nicht für die Einführung einer Theokratie einsetzen, muss aber nicht demokratisch verfasst sein.[36] Auch eine besondere Loyalität zum Staat ist nicht gefordert.[37] Die Religionsgemeinschaften sind wegen Art. 4 keine Organe der öffentlichen Gewalt, gehören also nicht zur mittelbaren Staatsverwaltung,[38] sondern stehen „wie der Jedermann dem Staat gegenüber"[39]. Allerdings werden mit dem Status Privilegien im Vergleich zu nicht als Körperschaften des öffentlichen Rechts anerkannten Religionsgemeinschaften verliehen und gerechtfertigt.[40] Sie dürfen sich zum Teil der Handlungsformen des öffentlichen Rechts bedienen,[41] können daher etwa statt Vereinsbeiträgen Steuern erheben (Art. 137 Abs. 6 WRV iVm Art. 140), haben statt Satzungs- Rechtsetzungsautonomie, statt Schiedsgerichten eine unabhängige Gerichtsbarkeit,[42] sind nicht Arbeitgeber, sondern Dienstherren. Da es hier nur der Form, nicht aber dem Inhalt nach um hoheitliches Handeln geht, ist es fraglich, ob es insoweit einer Grundrechtsbindung bedarf.[43]

2. Gewissensfreiheit

a) Begriff

Das **Gewissen** ist eine moralische Haltung, die die personale Identität eines Menschen mitkonstituiert und ihm subjektiv bindend vorschreibt, in einer konkreten Situation bestimmte Handlungen als „gut" oder „gerecht" zu tun bzw als „böse" oder „ungerecht" zu lassen. Keine Gewissensentscheidung liegt danach vor bei einer Bewertung nach den Kategorien „schön/hässlich" oder „wahr/unwahr". Gewissensentscheidung iSv Art. 4 Abs. 1 wie Abs. 3 ist daher „jede ernste sittliche, dh an den Kategorien von ‚Gut' und ‚Böse' orientierte Entscheidung [...], die der Einzelne in einer bestimmten Lage als für sich bindend und unbedingt verpflichtend innerlich erfährt, sodass er gegen sie nicht ohne ernste Gewissensnot handeln könnte."[44]

697

Beispiele: für fehlende Gewissensentscheidungen: Entscheidungen, seine Kinder nicht in der obligatorischen Förderstufe unterrichten zu lassen (E 34, 165/195), nicht am ärztlichen Bereit-

698

---

35 E 102, 370/392.
36 E 102, 370/394.
37 E 102, 370/395.
38 E 66, 1/19 f; krit *Janssen*, JZ 2019, 482.
39 E 42, 312/322.
40 BVerfG, NVwZ 2016, 135 Rn 20 f.
41 *Schlink*, JZ 2013, 209/213.
42 BVerwGE 153, 282/286 ff.
43 So aber E 102, 370/392 f; vgl auch BVerfG, NVwZ 2015, 517 Rn 40 (= JK 10/2015).
44 E 12, 45/55.

schaftsdienst teilzunehmen (BVerwGE 41, 261/268), vor Gericht als Anwalt keine Robe zu tragen (E 28, 21/36).

b) Reichweite des Schutzbereichs

699 Das BVerfG macht zwischen der Religions- und Weltanschauungsfreiheit einerseits und der Gewissensfreiheit andererseits keinen Unterschied, was die Intensität des verbürgten Schutzes angeht (Rn 678): Auch hier reicht er vom *Denken* über das *Äußern* bis zum *Handeln*. Dafür, die Gewissensfreiheit nicht auf den Innenbereich (forum internum) zu beschränken, sondern auch den Außenbereich, das vom Gewissen ausgelöste und von ihm bestimmte Handeln (forum externum) umfassen zu lassen, spricht, dass eine Gewissensentscheidung regelmäßig überhaupt erst durch ein entsprechendes Handeln zu einem gesellschaftlichen Konflikt werden kann. Diesen zu regeln ist Aufgabe des Art. 4; für sozial folgenlose Gewissensentscheidungen wäre das Grundrecht der Gewissensfreiheit praktisch entbehrlich. Auch hier gilt, dass das Gewissen mit einem Ge- oder Verbot sprechen muss, also das fragliche Handeln nicht freistellen darf, und dass die Gewissensgeleitetheit des Handelns plausibel sein muss. Dagegen gibt es keine kollektive oder korporative Gewissensfreiheit.[45]

c) Kriegsdienstverweigerung aus Gewissensgründen gem. Art. 4 Abs. 3

700 Der extensiven Interpretation des Art. 4 Abs. 1 durch das BVerfG würde es entsprechen, dem Art. 4 Abs. 3 keine selbstständige Bedeutung zuzuerkennen, weil das gewissensgeleitete Handeln schon durch Art. 4 Abs. 1 erfasst ist. Diese Folgerung hat das BVerfG aber nicht gezogen; vielmehr hält es Art. 4 Abs. 3 für eine *lex specialis* gegenüber Abs. 1, die die Wirkungen der Gewissensfreiheit im Bereich der Wehrpflicht, wenn es diese gibt, abschließend regelt.[46]

701 Kriegsdienst *mit der Waffe* ist ein Dienst, bei dem der Einzelne entweder selbst Waffen anwenden oder Waffenanwendung anderer unmittelbar unterstützen muss. Es ist Dienst mit der Waffe nicht nur im Krieg, sondern auch im Frieden, dh Ausbildung an der Waffe. Das ergibt sich aus dem systematischen Zusammenhang mit Art. 12a Abs. 2, da der Ersatzdienst, zu dessen Einführung der Gesetzgeber hier ermächtigt wird, gerade an die Stelle des Wehrdienstes im Frieden treten soll. Der Ersatzdienst kann weder unter Berufung auf Art. 4 Abs. 3 noch auf Art. 4 Abs. 1 verweigert werden; der sog Totalverweigerer genießt nicht den Schutz der Gewissensfreiheit.[47]

III. Eingriffe

702 Hier empfiehlt es sich, nochmals an die durch die Textaussage nahe gelegten drei Bereiche des Denkens, Redens und Handelns anzuknüpfen: In das *Denken* wird schon dann eingegriffen, wenn der Staat die Bildung und den Bestand religiöser, weltan-

---

45 Vgl BVerfG, NJW 1990, 241.
46 E 19, 135/138; 23, 127/132.
47 Vgl BVerfG, NJW 2000, 3269; *Franke*, AöR 1989, 7/28 ff; aA *Kempen*, AK, Art. 4 Abs. 3 Rn 26; *Mager*, MüK, Art. 4 Rn 130.

schaulicher und moralischer Überzeugungen indoktrinierend beeinflusst.[48] Eingriffe in das *Reden* können in einer Verpflichtung zum Schweigen die positive und zum Offenbaren die negative Freiheit betreffen. *Verhaltens*mäßige Eingriffe beginnen bei staatlichen oder staatlich geförderten Warnungen vor einer Religions- oder Weltanschauungsgemeinschaft; das BVerfG will dabei fragwürdig zwischen nichteingreifenden sachlichen Informationen und eingreifenden verfälschenden, diskriminierenden und diffamierenden Darstellungen unterscheiden.[49] Verhaltensmäßige Eingriffe bestehen besonders in einer Verpflichtung zu einem Handeln oder Unterlassen, das gegen ein Glaubens-, Weltanschauungs- oder Gewissensgebot oder -verbot des Einzelnen oder gegebenenfalls einer Gemeinschaft verstößt.

Die Rechtsordnung kann Eingriffe dadurch vermeiden, dass sie bei Geboten und Verboten *Alternativen* eröffnet. So lässt sie den Eid mit oder ohne religiöse Beteuerung zu, und das BVerfG hat in der Nichteröffnung der weiteren Alternative einer dem Eid gleichstehenden Bekräftigung einen Eingriff in Art. 4 erblickt.[50] Es kann auch demjenigen, dem seine Überzeugungen ein Handeln ge- oder verbieten, zugemutet und abverlangt werden, *seinerseits Alternativen* zu eröffnen und die Verantwortung anderen zu überlassen. **703**

Beispiele: Ein Mitglied einer Glaubensgemeinschaft, die die Verwendung der Erzeugnisse moderner medizinischer und pharmazeutischer Forschung als Teufelswerk verbietet, hat ein todkrankes Kind. Der Arzt verschreibt ein heilendes Antibiotikum und gibt dem Vater das Rezept. Vom Vater kann zwar nicht verlangt werden, dass er gegen seine Überzeugung dem Kind das Medikament besorgt und verabreicht (BVerwG, DVBl. 2002, 1645). Aber es kann verlangt werden, dass er seine fehlende Bereitschaft, das Kind medikamentös zu versorgen, dem Arzt offen legt, sodass dieser die Verantwortung für die Verlegung ins Krankenhaus übernehmen kann, und es kann auch verlangt werden, dass er im Krankenhaus nicht den Schlauch zerschneidet, über den dem Kind das Medikament zugeführt wird. Entsprechende Verpflichtungen stellen also keine Eingriffe in Art. 4 dar. – Von der Studentin der Biologie, der ihr Gewissen die Teilnahme an vorgeschriebenen Tierversuchen oder Übungen an eigens getöteten Tieren verbietet, kann verlangt werden, dass sie von ihr für gleichwertig gehaltene, an anderen Einrichtungen gehandhabte Lehr- bzw Lernmethoden aufzeigt und ggfs die gleichwertigen Leistungen anbietet (BVerfG, NVwZ 2000, 909; BVerwGE 105, 73/87; krit *Caspar*, NVwZ 1998, 814). – Von einem Postbediensteten kann verlangt werden, dass er sich an seine Vorgesetzter wendet, bevor er Sendungen der Scientology-Organisation aus religiösen oder Gewissensgründen vernichtet, statt sie zuzustellen (BVerwGE 113, 361/363). **704**

Zu beachten ist eine gewisse *Wechselwirkung* zwischen den verschiedenen Ausübungsarten des Denkens, Redens und Handelns sowie der positiven und negativen Freiheitsausübung. Wer sich gegenüber einer staatlichen Handlungs- oder Unterlassungspflicht auf eine entgegenstehende Glaubens- oder Gewissensposition beruft, kann nicht zugleich sein Recht auf Verschweigen seiner Glaubens- oder Gewissensposition geltend machen. Die Verfassung setzt also „für die Ausübung des Verweigerungsgrundrechts gerade die Offenbarung der Überzeugung voraus"[51]. **705**

---

48 Vgl *Mager*, MüK, Art. 4 Rn 37; zur Beeinflussung durch Symbole *Heckmann*, JZ 1996, 880; *Filmer*, S. 222 ff.

49 E 105, 279/294; BVerfG, NJW 2002, 3459; krit *Kloepfer*, VerfR II, § 60 Rn 54.

50 E 33, 23/32 f; 79, 69/76 f.

51 E 52, 223/246.

706   **Beispiele** für *Eingriffe in die individuelle Religions- und Weltanschauungsfreiheit:* Schulpflicht in einer bekenntnisgebundenen Schule (E 41, 29/48 gegen E 6, 309/339 f), in mit Kreuz oder Kruzifix ausgestatteten Schulräumen (E 93, 1/16; BVerwGE 109, 40/43; zur Kreuzpflicht in Behörden *Friedrich*, NVwZ 2018, 1007); Verbot für Lehrerinnen, Erzieherinnen und Richterinnen, um ihrer islamischen Religion willen ein Kopftuch zu tragen (Rn 715); Pflicht zur Teilnahme am Schwimm- und Sportunterricht, wenn dies mit islamischen Bekleidungsvorschriften unvereinbar ist (Rn 715); Gebetsverbot in der Schule (BVerwGE 141, 223/226; *Rubin*, Jura 2012, 718; *Schäfer*, VerwArch 2012, 136); prozessrechtliche Pflichten, die Glaubens- oder Gewissenspositionen widerstreiten, wie die Ableistung eines Eids (E 33, 23/29 f) und das Verhandeln unter einem Kruzifix (E 35, 366/375 f); Kirchensteuerpflicht auf Grund einer Zwangsmitgliedschaft in einer Religionsgemeinschaft (E 30, 415/423 f; vgl auch E 44, 37/50 ff); BVerwGE 144, 171/179); das Verbot der Beschneidung (LG Köln, NJW 2012, 2128/2129; *Zähle*, AöR 2009, 434; s. Rn 835) und das Verbot von weltanschaulich motivierten Tanzveranstaltungen an sog stillen Feiertagen (E 143, 161 Rn 96 ff = JK 4/2017; *Hübner*, Jura 2018, 183/187. Auch das Verbot des religiös gebotenen Schächtens ist ein Eingriff, den aber der EuGH (EU:C:2020:1031, Rn 52 – Centraal Israëlitisch Consistorie van België = JK 5/2021 zu Art. 10 GRCh) anders als das BVerfG (E 104, 337/353 ff) für gerechtfertigt erachtet. – *Eingriffe in die korporative Religions- und Weltanschauungsfreiheit:* Verbot der Kanzelabkündigung einer karitativen Sammlung (E 24, 236/251 f); Verbot des sakralen Läutens der Kirchenglocken (BVerwGE 68, 62/66 f; vgl auch 90, 163; *Haaß*, Jura 1993, 302); Verbot des Rufs des Muezzin zum Gebet (*Sarcevic*, DVBl. 2000, 519); speziell zum Selbstbestimmungsrecht: Durchführung einer Betriebsratswahl in einem kirchlichen Krankenhaus (E 46, 73/94 ff); Kündigungsschutz für Angehörige des kirchlichen Dienstes (E 70, 138/165 ff); erweiterte Ladenöffnungszeiten an Sonntagen (BVerwGE 159, 27/32).

707   Speziell zu Art. 4 Abs. 3 ist die Frage viel diskutiert worden, ob nicht ein Verwaltungsverfahren zur Anerkennung als Kriegsdienstverweigerer aus Gewissensgründen einen Eingriff in dieses Grundrecht darstellt. Da sich die Gewissensentscheidung auf ein bestimmtes moralisches bzw sittliches Wertkonzept beziehen muss, darf im Rahmen einer Plausibilitätskontrolle nachgeprüft werden, ob es sich um ein solches (und nicht etwa um ein politisches, ökonomisches oder dergleichen) Konzept handelt.[52]

IV. Verfassungsrechtliche Rechtfertigung

708   Art. 4 enthält keinen Gesetzesvorbehalt; auch der Regelungsvorbehalt des Art. 4 Abs. 3 S. 2 legitimiert keine Eingriffe in die Gewissensfreiheit des Kriegsdienstverweigerers.[53] Allerdings gibt es außerhalb von Art. 4 spezielle Eingriffsermächtigungen; soweit diese allerdings nicht greifen, bleibt nur der Rückgriff auf kollidierendes Verfassungsrecht.

1.   Art. 136 Abs. 1, 3 S. 2, Art. 137 Abs. 3 S. 1 WRV iVm Art. 140

709   Eine Schranke der Religionsfreiheit, dh in Konsequenz des einheitlichen Verständnisses von Art. 4 allen dadurch geschützten religiös und weltanschaulichen Handelns, ist Art. 136 Abs. 1 WRV. Die Bestimmung rechtfertigt, dass die privat- und öffentlich-rechtlichen Pflichten ungeachtet der Religion und Weltanschauung eingefordert und

---

52   E 69, 1/34; vgl *Böckenförde*, VVDStRL 28, 1970, 33/70 f; krit *Kempen*, AK, Art. 4 Abs. 3 Rn 18 ff.
53   E 12, 45/53; 69, 1/23.

durchgesetzt werden. Sie enthält damit nichts weniger als einen *einfachen Gesetzes-vorbehalt*. Das BVerfG hält dies mit der Vorbehaltlosigkeit des Art. 4 für unverein-bar. Es sieht Art. 136 Abs. 1 WRV von Art. 4 „überlagert"[54]. Im Schrifttum[55] und teilweise auch in der Rechtsprechung[56] trifft diese Auffassung auf Widerstand. Der inkorporierte Art. 136 Abs. 1 WRV sei „voll gültiges Verfassungsrecht [...] geword-en und [...] gegenüber den anderen Artikeln des Grundgesetzes nicht etwa auf einer Stufe minderen Ranges" (vgl Rn 676). Er könne daher nicht von einem anderen Arti-kel des Grundgesetzes überlagert sein. Für die Überlagerungsthese spricht aber ent-scheidend der genetische Befund, nach dem die Religionsfreiheit nicht den weit re-chenden Eingriffsmöglichkeiten eines einfachen Gesetzesvorbehalts unterworfen werden sollte.[57]

Von den Schrankenregelungen der Artikel der Weimarer Reichsverfassung hat ledig- **710**
lich Art. 136 Abs. 2 S. 2 in der Rechtsprechung des BVerfG Bedeutung erlangt.
Durch ihn werden Eingriffe in die negative *Religions- und Weltanschauungsfreiheit*
gerechtfertigt.

Beispiele: E 46, 266/267 hat die Frage nach der Konfessionszugehörigkeit bei der Aufnahme **711**
in ein staatliches Krankenhaus für zulässig gehalten, allerdings ohne davon abhängige Rechte
und Pflichten zu benennen, vielmehr mit Rücksicht auf eine institutionelle Gewährleistung der
Krankenhausseelsorge in Art. 141 WRV. Die Eintragung der Religionszugehörigkeit eines
Bürgers auf der Lohnsteuerkarte ist wegen Art. 137 Abs. 6 WRV bei Kirchensteuerpflicht des
Bürgers zulässig (E 49, 375 ff). Die statistische Erhebung der Zugehörigkeit oder Nichtzugehö-
rigkeit zu einer Religionsgemeinschaft ist in Art. 136 Abs. 3 S. 2 WRV ausdrücklich vorgesehen (vgl E 65, 1/38 f).

Eine weitere Schranke enthält Art. 137 Abs. 3 S. 1 WRV mit dem „für alle geltenden **712**
Gesetz". Allerdings gilt sie nur für den Schutzbereich der *Ordnung und Verwaltung*
eigener Angelegenheiten und ist selbst insoweit vom BVerfG auf ein Gebot der Güterabwägung mit möglichster Schonung des Selbstverständnisses der religiösen oder
weltanschaulichen Gemeinschaft zurückgenommen worden.[58] Konkordate und Kir-
chenverträge können keine Eingriffe rechtfertigen; soweit sich die Kirchen in ihnen
zu einer bestimmten Ausübung ihres Selbstordnungs- und -verwaltungsrechts verpflichten, ist dies als Grundrechtsverzicht (vgl Rn 216 ff) zulässig.[59]

2. Art. 12a Abs. 2

Art. 12a Abs. 2 S. 1 ist eine *Eingriffsermächtigung*, von der gegenwärtig kein Ge- **713**
brauch gemacht wird. Wird von ihr Gebrauch gemacht, dann ist verfassungsrechtlich
gerechtfertigt, eine Gewissensentscheidung, die gem. Art. 4 Abs. 3 grundrechtlichen
Schutz genießt, zum Anknüpfungspunkt für die belastende Regelung eines Ersatz-
dienstes zu machen. Art. 12a Abs. 2 S. 2 und 3 sind dann *Schranken-Schranken*.

---

54 E 33, 23/31.
55 *Muckel*, FH, Art. 4 Rn 52; *Schoch*, in: FS Hollerbach, 2001, S. 149/163.
56 BVerwGE 112, 227/231 (3. Senat); vgl aber BVerwGE 147, 362/364 (6. Senat).
57 *Borowski*, S. 487 ff; *Kloepfer*, VerfR II, § 60 Rn 57; *Korioth*, MD, Art. 136 WRV Rn 54; *Maurer*, ZevKR 2004, 311; *Mückl*, BK, Art. 4 Rn 210.
58 E 53, 366/399 ff; 72, 278/289; 137, 273 Rn 106 ff; krit *Wieland*, Staat 1986, 321/328 ff.
59 Vgl *Ehlers*, SA, Art. 140 Rn 8; Art. 140 iVm Art. 137 WRV Rn 6.

3. Kollidierendes Verfassungsrecht

714 Die Grundrechte des Art. 4 sind zwar vorbehaltlos gewährleistet. Ihre Inanspruchnahme führt aber unter den Bedingungen religiöser und weltanschaulicher Pluralität zu vielfältigen Konflikten mit anderen Grundrechten und Verfassungsgütern. So ist es nicht erstaunlich, dass das BVerfG in Entscheidungen zu Art. 4 die ständige Rechtsprechung begründet hat, dass Eingriffe in vorbehaltlose Grundrechte durch kollidierende Grundrechte und andere Verfassungsgüter verfassungsrechtlich gerechtfertigt werden können.[60] Die Kollisionen, mit denen sich die Rechtsprechung zu beschäftigen hatte, spielten besonders in der Schule. Grundlegend sind die Entscheidungen des BVerfG zu den christlichen Gemeinschaftsschulen, die ausweislich der landesgesetzlichen Regelungen die Kinder auf der Grundlage des christlichen Bekenntnisses unterrichten und erziehen sollen. Das BVerfG sieht hierin eine Kollision zwischen der durch Art 4 geschützten negativen Glaubensfreiheit anders- oder nichtgläubigen Eltern und Kindern einerseits und der staatlichen Schulhoheit (Art. 7 Abs. 1) sowie der positiven Religionsfreiheit der christlichen Kinder und Eltern andererseits, die es nach den Grundsätzen praktischer Konkordanz durch verfassungskonforme Auslegung der landesrechtlichen Vorschriften aufgelöst hat.[61] Dabei wird die Religionsfreiheit der Schüler und das religiöse Erziehungsrecht der Eltern nicht nur vor religiöser Indoktrination geschützt, sondern bringt sich auch gegenüber solchen Unterrichtsinhalten zur Geltung, die religiösen Geboten entgegenlaufen. In dem verfassungsrechtlichen Ausgleich wird jedoch der Integrationsfunktion der Pflichtschule ein erhebliches Gewicht zugesprochen, der eine Unterrichtsbefreiung nur in Ausnahmefällen gebietet.[62]

715 **Beispiele:** Die islamischen Bekleidungsvorschriften erlauben es muslimischen Schülerinnen nicht, gemeinsam mit Jungen am Schwimmunterricht teilzunehmen. Sie beantragen daher regelmäßig eine Befreiung vom Schwimmunterricht. Wenn die Schulverwaltung diese Unterrichtsbefreiung versagt, greift sie in die Religionsfreiheit der Schülerinnen und ggfs ihrer Eltern ein, kann sich dafür aber auf Art. 7 Abs. 1 berufen, der den Staat ermächtigt, den Inhalt des Unterrichts festzulegen und über seine äußeren Modalitäten wie etwa die Frage seiner Durchführung in koedukativer oder monoedukativer Form zu bestimmen. Das BVerwG (E 94, 82/90 f) hatte die Versagung der Unterrichtsbefreiung zunächst gleichwohl für unverhältnismäßig gehalten, weil es die Gefahr der Stigmatisierung der Schülerin gesehen hatte. Es hat diese Rechtsprechung aber später unter Hinweis auf die Möglichkeit des Tragens eines Burkini aufgegeben, weil derjenige, „der auf die konsequente Umsetzung seiner religiösen Überzeugungen im Rahmen des Schulunterrichts dringt und von der Schule in diesem Zusammenhang Rücksichtnahme einfordert, seinerseits grundsätzlich akzeptieren [muss], dass er sich hierdurch in eine gewisse, für andere augenfällig hervortretende Sonderrolle begeben kann" (BVerwGE 147, 362/375 = JK 5/2014; s. a. BVerfG, NVwZ 2017, 227 Rn 30; EGMR, No. 29086/12, Rn 56 ff [Osmanoglu/Schweiz]; s. *Uhle*, NVwZ 2014, 541/542 ff); zur Notwendigkeit einer gesetzlichen Grundlage für das Verbot eines Gesichtsschleiers im Unterricht VGH München, BayVBl. 2014, 233 f = JK 10/2014; OVG Hamburg, NVwZ 2020, 489/491 f; *Jäschke/Müller*, DÖV 2018, 279; *Polzin/Doll*, Jura 2017, 1436. – Zu den Problemen einer entsprechenden Kompromisslösung beim christlichen Schulgebet E 52, 223/235 ff (dazu *Böckenförde*, DÖV 1980, 323) und beim islamischen Gebet in der Schule BVerwGE 141, 223. Zur Ablehnung der entspre-

---

60 E 28, 243/261.
61 E 41, 29/44 ff; 41, 65/77 ff; *Huster*, Die ethische Neutralität des Staates, 2002, S. 182 ff.
62 BVerwGE 147, 362/364 ff (= JK 5/2014); BVerwG, NJW 2014, 804/807 f.

chenden Kompromisslösung beim Kruzifix in Schulräumen vgl Rn 706. – Uneinheitlich ist die Rechtsprechung zu Kopftuchverboten im öffentlichen Dienst und in Unternehmen: Nachdem E 108, 282/309 ff die Entscheidung über das Tragen des Kopftuchs islamischer Lehrerinnen in der Schule noch der schulpolitischen Entscheidung des Gesetzgebers überantwortet hatte, hat E 138, 296 Rn 101 ff = JK 7/2015 dessen Regelungsspielraum auf die Abwehr konkreter Gefahren für den Schulfrieden eingeschränkt (für Erzieherinnen in Kindergärten auch BVerfG, NJW 2017, 381 Rn 61 = JK 8/2017). Kopftuchverbote in der Justiz akzeptiert das BVerfG (E 153, 1 Rn 101 ff = JK 7/2020) hingegen unter Hinweis auf den weiten Gestaltungsspielraum des Gesetzgebers, die individuelle Religionsfreiheit auf der einen Seite und die Gebote der religiös-weltanschaulichen Neutralität des Staates, der Funktionsfähigkeit der Rechtspflege und der negativen Religionsfreiheit zum Ausgleich zu bringen. Dabei behauptet es in Abweichung von E 138, 296/340, der Staat handele nur durch seine Amtsträger (E 153, 1 Rn 89 f = JK 7/ 2020), weshalb ein objektiver Betrachter davon ausgehen müsse, dass er sich deren Glaubensäußerung zu eigen mache. Das ist wenig plausibel, denn kaum jemand wird den Staat mit einer bestimmten Religion identifizieren, weil eine Referendarin ein Kopftuch trägt (*Brosius-Gersdorf/Gersdorf*, NVwZ 2020, 428/428 f). Es geht daher nicht um die religiös-weltanschauliche Neutralität des Staates, sondern allenfalls um das Vertrauen in die Unparteilichkeit der Richterin. Obwohl innere und äußere Religionsfreiheit gleichermaßen geschützt sind (Rn 682 ff), würden dann aber *innere religiöse Überzeugungen*, für die lediglich sehr großzügig praktizierte Befangenheitsvorschriften gelten (etwa E 88, 17/23 ff), anders behandelt als *äußere religiöse Bekundungen*, die kategorisch verboten werden (*Sinder*, Staat 2018, 459/470 ff). Allerdings setzt die Unparteilichkeit der Richterin voraus, dass sie in der Amtsausübung von ihrem Glauben absehen kann. Einerseits könnte man die fehlende Bereitschaft, sich von äußeren Symbolen um des Amtes willen zu trennen, als Ausdruck von Schwierigkeiten deuten, bei der Rechtsfindung von inneren religiösen Überzeugungen abzusehen. Andererseits kann man aber auch den Schutz, den die Befangenheitsvorschriften vermitteln, für ausreichend erachten; zumal das erkennbar getragene religiöse Symbol Dritte für evtl. kritische Vorverständnisse eher sensibilisieren kann als eine bloß innerlich gehegte religiöse Überzeugung. Die normative Komplexität der Frage erklärt, warum das BVerfG dem Gesetzgeber einen weiten Gestaltungsspielraum einräumt, der auch die Möglichkeit eines Verzichts auf Kopftuchverbote in der Justiz einschließt. Angesichts der Eingriffstiefe (Ausschluss einer ganzen Bevölkerungsgruppe von einem auch für die Integration wichtigen Amt) bleibt die Annahme eines Gestaltungsspielraums gleichwohl fragwürdig.

Anders als in Art. 4 wird die Religions- und Weltanschauungsfreiheit in Art. 9 Abs. 2 **716** EMRK unter einen weitreichenden Gesetzesvorbehalt gestellt. Nach dem EGMR soll er auch Regeln erlauben, die der Einhaltung von Mindestanforderungen des Zusammenlebens in der Gesellschaft dienen. Er legitimiert damit das Verbot des Tragens einer Burka im öffentlichen Raum, weil es die zwischenmenschliche Kommunikation behindere.[63] Das vorbehaltlos gewährleistete Grundrecht des Art. 4 kennt einen solchen Vorbehalt nicht, und das BVerfG ist jedenfalls aufgrund seiner Interpretation des Günstigkeitsprinzips in Art. 53 EMRK auch konventionsrechtlich nicht gehalten, einen solchen Vorbehalt zu akzeptieren. Auch verfassungsrechtlich legitim sind aber bereichsspezifische Regelungen zur Gesichtsverhüllung, die andere Verfassungsgüter schützen, wie etwa im Straßenverkehr zum Schutz von Leben und körperlicher Unversehrtheit anderer Verkehrsteilnehmer.[64]

---

63 EGMR, NJW 2014, 2925/2931 (SAS/Frankreich); krit abwM S. 2932; *Edenharter*, JZ 2018, 971.
64 BVerfG, BayVBl. 2018, 555 Rn 6. Zum Tragen einer Burka vor Gericht *Michael/Dunz*, DÖV 2017, 125.

717   **Lösungsskizze zum Fall 9 (Rn 674): I.** Für die Entscheidung von P, den entsprechenden Prozentsatz der Einkommensteuer nicht für militärische Rüstung zu leisten, müsste der *Schutzbereich* der Gewissensfreiheit einschlägig sein. Es müsste sich um eine ernste, an den Kategorien von „Gut" und „Böse" orientierte Entscheidung handeln, die P als für sich verpflichtend erfährt. Das BVerfG bejaht eine Gewissensentscheidung, da die Entscheidung in der pazifistischen Überzeugung von P wurzelt, dieser ihre Durchsetzung zum wiederholten Mal mit rechtlichen Mitteln versucht hat und auch bereit ist, den entsprechenden Teil seiner Steuerschuld einer friedensfördernden Verwendung zur Verfügung zu stellen. – **II.** Das BVerfG sieht in der Pflicht zur Steuerzahlung jedoch keinen *Eingriff* in die Gewissensfreiheit. Es stellt auf die strikte staatsorganisationsrechtliche Trennung von Steuererhebung und haushaltsrechtlicher Ausgabeentscheidung ab. Der Bürger als Steuerzahler hat keinen Einfluss auf die Ausgabeentscheidung und ist daher für sie auch nicht verantwortlich; seine individuelle Steuerschuld ist unabhängig vom Ausgabezweck. Dieser liegt allein in der Hand des vor dem Wähler verantwortlichen Parlaments. – Diese Überlegung des BVerfG überzeugt, wenn sich auch fragen lässt, ob sie erst den Eingriff in den Schutzbereich oder nicht schon dessen Einschlägigkeit ausschließt (so *Starck*, MKS, Art. 4 Rn 69).

718   **Literatur:** *T. Barczak,* Die Glaubens- und Gewissensfreiheit des Grundgesetzes, Jura 2015, 463; *H. Bethge,* Gewissensfreiheit, Hdb. StR³ VII, § 158; *M. Borowski,* Die Glaubens- und Gewissensfreiheit des Grundgesetzes, 2006; *H. Dreier,* Religionsverfassung in 70 Jahren Grundgesetz – Rückblick und Ausblick, JZ 2019, 1005; *A. Edenharter,* Das Selbstbestimmungsrecht der Religionsgemeinschaften vor dem Hintergrund europäischer Grundrechtsvereinheitlichung und kultureller Diversifizierung, RW 2015, 167; *H. M. Heinig/C. Walter* (Hrsg.), Religionsverfassungsrechtliche Spannungsfelder, 2015; *P. Hoffmann,* Die Weltanschauungsfreiheit, 2012; *T. P. Holterhus/N. Aghazadeh,* Die Grundzüge des Religionsverfassungsrechts, JuS 2016, 19, 117; *S. Korioth,* Freiheit der Kirchen und Religionsgemeinschaften, Hdb. GR IV, § 97; *S. Magen,* Körperschaftsstatus und Religionsfreiheit, 2004; *M. Morlok,* Das Selbstbestimmungsrecht der Religionsgemeinschaften, Jura 2021, 501; *S. Muckel,* Religiöse Freiheit und staatliche Letztentscheidung, 1997; *B. Pieroth/C. Görisch,* Was ist eine „Religionsgemeinschaft"?, JuS 2002, 937; *R. Poscher,* Vereinsverbote gegen Religionsgemeinschaften?, KritV 2002, 298; *B. Schlink,* Die Angelegenheiten der Religionsgemeinschaften, JZ 2013, 209; *A. Steinbach,* Religion und Neutralität im privaten Arbeitsverhältnis, Staat 2017, 621; *R. Steinberg,* Religiöse Symbole im säkularen Staat, Staat 2017, 157; *U. Volkmann,* Dimensionen des Kopftuchstreits, Jura 2015, 1083; *U. Vosgerau,* Freiheit des Glaubens und Systematik des Grundgesetzes, 2007; *A. Voßkuhle,* Religionsfreiheit und Religionskritik – Zur Verrechtlichung religiöser Konflikte, EuGRZ 2010, 537.

§ 13   Meinungs-, Informations-, Presse-, Rundfunk- und Filmfreiheit (Art. 5 Abs. 1 und 2)

719   **Fall 10: Plakettentragen durch einen beamteten Lehrer im Dienst (nach BVerwGE 84, 292)**

L ist beamteter Lehrer an einer öffentlichen Schule. Er trägt auch im Unterricht sichtbar eine Ansteckplakette mit der Aufschrift: „Atomkraft? Nein danke!" Das zuständige Schulamt untersagt L das Tragen der Plakette im Schulbereich unter Berufung auf die einschlägige Bestimmung des Landesbeamtengesetzes, die § 53 des Bundesbeamtengesetzes entspricht: „Der Beamte hat bei politischer Betätigung diejenige Mäßigung und Zurückhaltung zu wahren, die sich aus seiner Stellung gegenüber der Gesamtheit und aus der Rücksicht auf die Pflichten seines Amtes ergeben." Verstößt die Untersagungsverfügung gegen die Meinungsfreiheit des L? **Rn 789**

I. Überblick

Das Grundrecht der Meinungsfreiheit steht im Zentrum der Herausbildung des Verfassungs- **720** staats der Moderne. Zu Recht hat es das BVerfG mit den Worten der Erklärung der Menschen- und Bürgerrechte von 1789 („un des droits les plus précieux de l'homme") und des berühmten amerikanischen Rechtslehrers Cardozo („the matrix, the indispensable condition of nearly every other form of freedom") gewürdigt.[1] Die Meinungsfreiheit schützt nicht nur Meinungen, „die positiv aufgenommen oder als unschädlich oder belanglos angesehen werden, sondern auch [...] solche, die beleidigen, schockieren oder verstören" und verschreibt sich damit dem „Pluralismus, der Toleranz und der Aufgeschlossenheit, ohne die eine demokratische Gesellschaft nicht möglich ist"[2].

Art. 5 Abs. 1 enthält insgesamt fünf Grundrechte, neben **721**

– der Meinungsfreiheit (S. 1 Hs. 1) als dem Recht, seine Meinung in Wort, Schrift und Bild frei zu äußern und zu verbreiten, noch
– die Informationsfreiheit (S. 1 Hs. 2) als das Recht, sich aus allgemein zugänglichen Quellen ungehindert zu unterrichten,
– die Pressefreiheit (S. 2 Var. 1),
– die Freiheit der Rundfunkberichterstattung (S. 2 Var. 2) und
– die Freiheit der Filmberichterstattung (S. 2 Var. 3).

Die Zusammenfassung aller fünf Grundrechte zu einer einheitlichen Kommunikationsfreiheit oder der letzten drei Grundrechte zu einer einheitlichen Medienfreiheit kann keine normativen Wirkungen über die einzelnen Grundrechte hinaus entfalten.[3]

Einige dieser Grundrechte sind nicht vom Grundrechtsberechtigten („jeder hat das Recht ...'), **722** sondern vom Schutzbereich her („die Pressefreiheit ...") formuliert. Gleichwohl verbürgen auch sie subjektive Rechte. Für die Pressefreiheit hat das BVerfG das Verhältnis zwischen der subjektiv-rechtlichen und der objektiv-rechtlichen Funktion (Rn 121 ff) richtig dahingehend bestimmt, dass „zunächst – entsprechend der systematischen Stellung der Bestimmung und ihrem traditionellen Verständnis – ein subjektives Grundrecht" gewährt wird und die Bestimmung „zugleich auch eine objektiv-rechtliche Seite" hat[4]. Aus dieser leitet es eine staatliche Schutzpflicht für die Presse und die grundsätzliche Zulässigkeit meinungsneutraler staatlicher Maßnahmen zur Förderung der Presse ab.[5]

Die Regelung des Art. 5 Abs. 1 S. 3 („Eine Zensur findet nicht statt.") ist kein selbstständiges **723** Grundrecht, sondern nur eine für die Grundrechte des Art. 5 Abs. 1 geltende Schranken-Schranke. Eine weitere Schranken-Schranke enthält Art. 42 Abs. 3.

---

1 E 7, 198/208.
2 EGMR, Nr. 3690/10, Rn 52 (A./Deutschland).
3 *Degenhart*, BK, Art. 5 Abs. 1 u. 2 Rn 46 ff; *Jestaedt*, Hdb. GR IV, § 102 Rn 27.
4 E 20, 162/175.
5 E 80, 124/133 f.

II. Schutzbereiche

1. Meinungsfreiheit (Art. 5 Abs. 1 S. 1 Hs. 1)

a) Begriff

724 Meinungsäußerungen sind in erster Linie *Werturteile*, gleichgültig, auf welchen Gegenstand sie sich beziehen und welchen Inhalt sie haben. Sie können politische oder unpolitische, öffentliche oder private Angelegenheiten betreffen, vernünftig oder unvernünftig, wertvoll oder wertlos sein.[6] Sie können sogar beleidigend sein, wie sich aus der Schranke „Recht der persönlichen Ehre" in Art. 5 Abs. 2 rückschließen lässt.

725 **Beispiele** aus der Rechtsprechung sind der Boykottaufruf, die Filme des nationalsozialistischen Regisseurs Veit Harlan nicht mehr zu spielen und zu besuchen (E 7, 198/217; vgl Rn 125 f); die Unterschriftensammlung eines Wehrdienstleistenden auf dem Kasernengelände gegen den in der Nähe geplanten Bau eines Kernkraftwerks (E 44, 197/202 f); der Brief eines Strafgefangenen mit beleidigenden Äußerungen über den Anstaltsleiter (E 33, 1/14 f); die Bezeichnung eines Rechtsanwalts als „rechtsradikal" (BVerfG, NJW 2012, 3712 Rn 27); die Werbung mit dem Greenpeace-Symbol auf dem Briefumschlag (BVerwGE 72, 183/185 f); die kommerzielle Wirtschaftswerbung jedenfalls dann, wenn sie der Meinungsbildung dient (E 71, 162/175; 102, 347/359 f; 107, 275/280; weitergehend *Hufen*, StR II, § 25 Rn 9; krit *Hochhuth*, S. 311 ff).

726 Seit alters wird diskutiert, ob auch *Tatsachenbehauptungen* unter die Meinungsäußerungen fallen. Beide lassen sich voneinander deutlich unterscheiden: Tatsachenbehauptungen sind wahr oder falsch, Meinungsäußerungen weder wahr noch falsch. Auch das Strafrecht knüpft bei den Beleidigungsdelikten (§§ 186 ff StGB) und auch beim Betrugstatbestand (§ 263 StGB) unterschiedliche Rechtsfolgen an eine Äußerung, je nachdem ob sie Meinungsäußerung oder Tatsachenbehauptung ist, und die Landespressegesetze gewähren einen Gegendarstellungsanspruch nur dann, wenn Tatsachenbehauptungen vorliegen. Daher wird gelegentlich vertreten, Tatsachenbehauptungen fielen aus dem Schutzbereich des Art. 5 Abs. 1 S. 1 heraus.[7]

727 Aber die Tatsachenbehauptung ist regelmäßig (zumindest stillschweigend) mit einem Werturteil des Behauptenden verbunden. Schon die Entscheidung, dass, wann, wo und wie eine Tatsache behauptet wird, hat wertende Qualität. Zum Rundfunk hat das BVerfG ausgeführt, dass alle Programme „durch die Auswahl und Gestaltung der Sendungen eine gewisse Tendenz haben, insbesondere soweit es um die Entscheidung darüber geht, was nicht gesendet werden soll, was die Hörer nicht zu interessieren braucht, was ohne Schaden für die öffentliche Meinungsbildung vernachlässigt werden kann, und wie das Gesendete geformt und gesagt werden soll"[8]. Im Schrifttum wird teilweise die Abgrenzung von Tatsachenbehauptungen und Werturteilen generell für unmöglich gehalten.[9]

728 Das *BVerfG* geht einen Mittelweg, indem es einen weiten Meinungsbegriff verwendet. Danach fällt eine Äußerung, die durch „die Elemente der Stellungnahme, des Da-

---

6   E 61, 1/8; E 65, 1/41.
7   Vgl *Huster*, NJW 1996, 487.
8   E 12, 205/260.
9   *Grabenwarter*, MD, Art. 5 Abs. 1, 2 Rn 58; *Schulze-Fielitz*, DR, Art. 5 I, II Rn 65.

fürhaltens geprägt" ist, auch dann in den Schutzbereich des Art. 5 Abs. 1 S. 1, wenn „sich diese Elemente, wie häufig, mit Elementen einer Tatsachenmitteilung oder -behauptung verbinden oder vermischen"[10]. Die Verbindung und Vermischung geschieht besonders dadurch, dass Tatsachenbehauptungen „Voraussetzung der Bildung von Meinungen" sind.[11] Nur Tatsachenbehauptungen, die weder mit Werturteilen verbunden noch für die Bildung von Meinungen relevant sind, fallen aus dem Schutzbereich von Art. 5 Abs. 1 S. 1 Hs. 1 heraus, zB Angaben im Rahmen statistischer Erhebungen.[12]

Das BVerfG sieht „die erwiesen oder bewusst unwahre Tatsachenbehauptung nicht   **729** vom Schutz des Art. 5 Abs. 1 S. 1 umfasst", es sei nämlich die „unrichtige Information kein schützenswertes Gut"[13]. Daran ist richtig, dass bewusste Entstellungen der Wahrheit, die die Meinung des Äußernden nicht wiedergeben, auch nicht als dessen Meinungsäußerung geschützt sein können. Darüber hinaus kann es für den Schutzbereich nicht auf Wahrheitsbeweise, dh die objektive Richtigkeit von Tatsachen ankommen; Meinungsfreiheit ist immer auch die *Freiheit zum Irrtum*[14] – auch des auf Unbekümmertheit, Schludrigkeit oder Indifferenz gegenüber der Wahrheit beruhenden,[15] wie er häufig sog „Fake News" prägt. Die Prüfung des Schutzbereichs gerät für Tatsachenbehauptungen zweistufig: erstens ist zu klären, ob es sich um eine Tatsachenbehauptung oder eine Meinungsäußerung handelt; handelt es sich um eine Tatsachenbehauptung, scheidet sie zweitens nur aus dem Schutzbereich aus, wenn sie entweder in keiner Verbindung zu einer Meinungsäußerung steht oder bewusst unwahr ist. – Geschützt ist auch die Frage, die rhetorische wie die echte.[16]

b) Äußern und Verbreiten in Wort, Schrift und Bild

Mit diesen Schutzbereichsmerkmalen ist die Form angesprochen, in der eine Mei-   **730** nung den Mitmenschen kundgegeben wird. Bei den Kundgabemodalitäten des Äußerns und Verbreitens in Wort, Schrift und Bild handelt es sich nur um beispielhafte Aufzählungen; das Äußern und das Verbreiten können zum einen nicht im Sinn fester Tatbestandsmerkmale streng voneinander getrennt werden[17] und geschehen zum anderen in immer wieder neuer Art und Weise. Geschützt ist grundsätzlich auch die Kommunikation im Internet, wenn sie über die Zusammenstellung von Textinformationen für einen unbestimmten Empfängerkreis hinausgeht. Betreiber von Suchmaschinen können sich hingegen nicht auf Art. 5 Abs. 1 Nr. 1 berufen, weil sie nicht die Verbreitung bestimmter Meinungen bezwecken.[18] Meinungsäußerungen im Internet fallen unter die Rundfunkfreiheit, wenn sie als Bestandteil aufbereiteten Programms

---

10 E 61, 1/9; 90, 241/247; BVerfG, NJW 2011, 47 Rn 19.
11 E 85, 1/15.
12 E 65, 1/41.
13 E 61, 1/8; 85, 1/15; 99, 185/187; BVerfG, NJW 2018, 2858 Rn 20; 2018, 2861 Rn 14; aA *Jestaedt* Hdb. GR IV, § 102 Rn 36 ff; *Kloepfer*, VerfR II, § 61 Rn 9.
14 Vgl *Schmalenbach*, JA 2005, 749; aA E 90, 241/249 betr. die sog Auschwitzlüge; vgl *Wandres*, Die Strafbarkeit des Auschwitz-Leugnens, 2000, S. 276 ff; die Lüge einbeziehend *Steinbach*, JZ 2017, 653/657 ff.
15 Zum Unterschied zur Lüge *Frankfurt*, On Bullshit, 2005, S. 30–34.
16 E 85, 23/31 ff; BVerfG, NJW 2003, 660/661.
17 *Wendt*, MüK, Art. 5 Rn 41.
18 E 152, 216 Rn 105 (= JK 5/2020); aA *Mi'steir/Lippold*, NVwZ 2013, 182/185.

der Meinungsbildung dienen (Rn 749), können aber auch der Pressefreiheit unterfallen, wenn die Inhalte im Schwerpunkt textbasiert sind (etwa Online-Zeitungen).[19] Geschützt ist mit der Meinungskundgabe auch die Wahl ihres Orts und ihrer Zeit.[20]

731 Eine Ausnahme ist lediglich in den Fällen zu machen, in denen eine Meinung einem anderen *aufgezwungen* werden soll. Das BVerfG hat immer wieder darauf hingewiesen, dass der Sinn und das Wesen des Grundrechts der Meinungsfreiheit darin liegt, „den *geistigen* Kampf der Meinungen" zu gewährleisten, der als elementare Grundvoraussetzung einer freiheitlichen demokratischen Staatsordnung anzusehen ist.[21] Entsprechend endet der Schutz des Art. 5 Abs. 1 S. 1 Hs. 1 dort, wo das Feld geistiger Auseinandersetzung verlassen wird und Druckmittel an Stelle von Argumenten zur Meinungsbildung eingesetzt werden (Rn 161).

732 Zum Äußern und Verbreiten einer Meinung gehört nicht nur, dass sich der Äußernde und Verbreitende ihrer entledigt. Geschützt ist auch, dass die Meinung beim Adressaten ankommt, von ihm *empfangen* werden kann. Die Nichtweiterleitung von Gefangenenpost ist daher an Art. 5 Abs. 1 und 2 zu messen.[22] Allerdings wirkt dieser Schutz lediglich zu Gunsten dessen, der seine Meinung äußert und verbreitet. Dem Adressaten ist das Recht auf den Empfang nicht durch Art. 5 Abs. 1 S. 1 Hs. 1, sondern nur durch die Informationsfreiheit des Art. 5 Abs. 1 S. 1 Hs. 2 verbürgt, dh soweit es um den Empfang aus allgemein zugänglichen Quellen geht.

c) Negative Meinungsfreiheit

733 Art. 5 Abs. 1 S. 1 Hs. 1 gewährleistet ferner das Recht, Meinungen nicht zu äußern und nicht zu verbreiten,[23] und schützt damit gleichzeitig davor, fremde Meinungen als eigene äußern und verbreiten zu müssen. Die Gewährleistung der negativen Meinungsfreiheit macht verständlich, dass das BVerfG statistische Angaben und Tatsachenbehauptungen und -mitteilungen ohne jedes Moment wertender Stellungnahme aus dem Meinungsbegriff herausfallen lassen will. Denn sie einzubeziehen würde bedeuten, dass die zahlreichen, besonders wirtschafts- und gewerberechtlichen Auskunfts- und Meldepflichten Eingriffe in die negative Meinungsfreiheit wären.

734 **Beispiele:** Die negative Meinungsfreiheit schützt vor der Pflicht zur Teilnahme an staatlich organisierten Grußbotschaften und Ergebenheitsadressen. – Bei staatlich verordneten Produkthinweispflichten, zB dem Aufdruck „Rauchen gefährdet die Gesundheit", ist erkennbar, dass dies nicht die Meinung des Produktherstellers ist; daher beeinträchtigt eine derartige Verpflichtung zur Wiedergabe einer erkennbar fremden Meinung zwar Art. 12 Abs. 1, nicht aber Art. 5 Abs. 1 S. 1 Hs. 1 (E 95, 173/182; vgl *Hardach/Ludwigs*, DÖV 2007, 288).

735 Die Gewährleistung der negativen Meinungsfreiheit macht weiter eine *Abgrenzung* zwischen den Schutzbereichen der Art. 5 Abs. 1 und 10 Abs. 1 erforderlich. Denn wie zur positiven Meinungsfreiheit gehört, dass die Meinung ihren Adressaten erreicht, so gehört zur negativen, dass die Meinung dem, dem der Äußernde und Verbreitende sie

---

19 *Jarass*, J/P, Art. 5 Rn 101; *Kube*, Hdb. StR³ IV, § 91 Rn 12 ff.
20 E 93, 266/289.
21 E 25, 256/265.
22 E 35, 35/39; BVerfG, NJW 2005, 1341.
23 Vgl E 65, 1/40; 95, 173/185; krit *Jestaedt*, Hdb. GR, § 102 Rn 42.

nicht zukommen lassen will, auch nicht zukommt. Das aber gewährleistet bei brief ichen, telefonischen und ähnlichen Mitteilungen auch Art. 10 Abs. 1: Sie sollen an niemanden anders als an den gelangen, an den sie gerichtet sind. Art. 10 Abs. 1 ist insoweit lex specialis.

2. Informationsfreiheit (Art. 5 Abs. 1 S. 1 Hs. 2)

Informations*quelle* ist zum einen jeder denkbare *Träger* von Informationen, zum anderen der *Gegenstand* der Information selbst.[24] **736**

Beispiele: Zeitung, Rundfunk- und Fernsehsendung, Akte, Brief, mündliche Auskunft; Verkehrsunfall, Naturkatastrophe. In der Informationsfreiheit und nicht in der Presse- und Rundfunkfreiheit finden die Zeitungsleser bzw. Rundfunkteilnehmer ihren Schutz (BVerfG, JZ 1989, 339). **737**

Allgemein zugänglich ist eine Informationsquelle dann, wenn sie „geeignet und bestimmt ist, der Allgemeinheit, also einem individuell nicht bestimmbaren Personenkreis, Informationen zu verschaffen"[25]. Dabei muss die Eignung und Bestimmung zur Information der Allgemeinheit eine tatsächliche oder, wie das BVerfG früher formuliert hat, technische sein, denn anders könnte der Staat durch rechtliche Regelungen oder Maßnahmen über die allgemeine Zugänglichkeit einer Informationsquelle entscheiden und durch vorweggenommene Verengung des Begriffs „allgemein zugängliche Quellen" die Schranken des Art. 5 Abs. 2 unterlaufen.[26] Dass das BVerfG dem Staat inzwischen zuspricht, er dürfe den Zugang zu „einer im staatlichen Verantwortungsbereich liegenden Informationsquelle" rechtlich bestimmen und beschränken, ohne dass dies als Eingriff an Art. 5 Abs. 2 zu messen sei,[27] bricht mit dieser richtigen Einsicht und würde die Informationsfreiheit ohne Not zu einem normgeprägten Grundrecht[28] machen. Es ist insoweit noch einer konstitutionellen Staatsvorstellung verhaftet, die den Staat und besonders die Exekutive als Gegenüber der Gesellschaft versteht. Im demokratischen Staat ist aber auch die öffentliche Verwaltung Ausdruck der Selbstorganisation der Gesellschaft und damit den Bürgern nicht nur in ihren Ämtern (Art. 33 Abs. 2), sondern auch in ihren Informationen allgemein zugänglich.[29] Entsprechendes gilt für bei Parlamenten und Gerichten vorliegende Akten und Informationen. Durch die die Informationsfreiheitsgesetze des Bundes und einiger Länder ist diese Rechtsprechung zudem weitgehend überholt.[30] Nur die Modalitäten des Zugangs können – wie in den Informationsfreiheitsgesetzen – gesetzlich ausgestaltet werden (vgl Rn 759 f). **738**

Beispiele: Eine Zeitung, die von der Post zum Abonnenten befördert wird, ist eine allgemein zugängliche Quelle, weil die Gesamtauflage allgemein zugänglich ist. Die Tatsache, dass das konkrete, von der Post beförderte Exemplar dem Zugriff für jedermann entzogen ist, ändert **739**

---

24 *Grabenwarter*, MD, Art. 5 Abs. 1, 2 Rn 996; *Wendt*, MüK, Art. 5 Rn 49.
25 E 27, 71/83; 90, 27/32; 103, 44/60.
26 E 27, 71/83 ff.
27 E 103, 44/60; s. auch BVerfG, NJW 1986, 1243; BVerwG, NJW 2014, 1126/1127; aA auch *Dörr*, Hdb. GR IV, § 103 Rn 30 f, 42 ff.
28 Dafür *Wirtz/Brink*, NVwZ 2015, 1166/1170 f; *Nolte*, NVwZ 2018, 521/525.
29 Vgl *Scherzberg*, Die Öffentlichkeit der Verwaltung, 2000, S. 383.
30 *Schoch*, Jura 2008, 25/30; *Wegener*, in: FS Bartlsperger, 2006, S. 165.

hieran nichts (E 27, 71/85). Besonders die Massenkommunikationsmittel der Presse, des Rundfunks, Fernsehens und Films sind grundsätzlich allgemein zugänglich, auch wenn sie aus dem Ausland kommen (E 90, 27/32). Im modernen Verfassungsstaat gilt das auch für die Gerichtsverhandlung (E 91, 125/143; aA E 103, 44/62: nur „Saalöffentlichkeit") und für das Grundbuch (vgl BVerfG, EuGRZ 2000, 484). Keine allgemein zugänglichen Quellen sind dagegen die Redaktion eines privaten Verlags (E 66, 116/137).

740 Geschützt ist *positiv* die Unterrichtung aus den allgemein zugänglichen Informationsquellen, dh der passive Empfang wie das aktive Beschaffen[31] mit seinen notwendigen Voraussetzungen, zB der Errichtung einer Parabolantenne.[32] Allerdings ist der Staat und sind auch die öffentlich-rechtlichen Rundfunkanstalten nicht verpflichtet, dem Bürger verfügbare Informationen zu beschaffen und zu präsentieren.[33] Neben der positiven ist auch hier eine *negative* Freiheit anzuerkennen. Sie besteht im Schutz vor unentrinnbar aufgedrängter Information.[34]

3. Pressefreiheit (Art. 5 Abs. 1 S. 2 Var. 1)

a) Begriff

741 Presse umfasst herkömmlich alle zur Verbreitung geeigneten und bestimmten Druckerzeugnisse. Zur Presse gehören nicht nur *periodisch* erscheinende Druckwerke, sondern auch solche, die *einmalig* gedruckt werden, nicht nur allgemein zugängliche, sondern auch gruppeninterne Publikationen. Darüber hinaus definieren die Landespressegesetze als Druckwerke inzwischen auch Ton- und Bildträger. Sie tragen damit einem auch für den Schutzbereich der Pressefreiheit bedeutsamen technischen und gesellschaftlichen Wandel Rechnung.[35] Neben diesen formellen Kriterien verlangt das BVerwG nun auch, dass das Druckwerk „nach Inhalt und Verbreitungsart dazu bestimmt und geeignet ist, zur öffentlichen Kommunikation und Meinungsbildung beizutragen."[36] Damit setzt es sich in Widerspruch zum BVerfG, das zwar Differenzierungen bei der staatlichen Förderung von Presseerzeugnissen nach ihrer Bedeutung für die öffentliche Meinungsbildung für verfassungsmäßig erachtet, aber Presseerzeugnisse unabhängig von ihrem Beitrag zur öffentlichen Meinungsbildung in den Schutzbereich von Art. 5 Abs. 1 S. 2 Var. 1 einbezieht[37] und damit zu Recht einer vollständigen demokratischen Funktionalisierung der Rechte aus Art. 5 Abs. 1 widersteht.

742 **Beispiele:** Periodisch erscheinende Zeitungen und Zeitschriften, auch die Schülerzeitung (vgl *Hufen*, StR II, § 27 Rn 4; anders die von der öffentlichen Schule verantwortete Schulzeitung) und die Werkzeitung (E 95, 28/35), einmalig gedruckte Bücher, Flugblätter, Handzettel, Aufkleber und Plakate, ton- und bildtragende Kassetten, CDs und DVDs sowie das Online-Archiv einer Zeitung (BVerfG, NJW 2012, 755 Rn 7).

---

31 E 27, 71/82 f.
32 E 90, 27/36 f.
33 VGH München, NJW 1992, 929/930; *Dörr*, Hdb. GR IV, § 103 Rn 75 ff.
34 *Dörr*, Hdb. GR IV, § 103 Rn 63 ff; *Kloepfer*, VerfR II, § 61 Rn 45.
35 *Bullinger*, Hdb. StR³ VII, § 163 Rn 2; *Schulze-Fielitz*, DR, Art. 5 I, II Rn 90.
36 BVerwG, NVwZ 2019, 1283/4. LS und 1285 f Rn 29.
37 E 80, 124/134 f.

b) Umfang der Gewährleistung

Die Pressefreiheit schützt die Gründung und Gestaltung von Presseerzeugnissen; zur **743** Gestaltungsfreiheit zählt die Bestimmung über die Inhalte ebenso wie über die formale Gestaltung.[38] Die in Presseorganen verbreiteten Meinungen werden hingegen durch die Meinungsfreiheit (Art. 5 Abs. 1 S. 1 Hs. 1) geschützt (Rn 747). Das geschützte Verhalten reicht *positiv* „von der Beschaffung der Information bis zur Verbreitung der Nachrichten und Meinungen"[39]. Er erfasst auch pressefunktionswichtige Hilfstätigkeiten, allerdings nur die presseinternen, dh den Presseunternehmen organisatorisch eingegliederte Hilfstätigkeiten; für die presseexternen bleibt es beim Schutz anderer Grundrechte, besonders Art. 12 Abs. 1.[40] In Verbindung mit Art. 3 Abs. 1 folgert das BVerfG aus der Pressefreiheit auch ein *Teilhaberecht* auf Berichterstattungsmöglichkeiten an gerichtlichen Verfahren.[41] – Die *negative* Pressefreiheit schützt vor Pflichten zur Veröffentlichung von staatlichen Aufrufen, Warnungen und Bulletins in privaten Presseerzeugnissen.[42]

Art. 5 Abs. 1 S. 2 kann auch einen verfassungsunmittelbaren Auskunftsanspruch der **744** Presse gegenüber Behörden begründen.[43] Der EGMR geht noch weiter, indem er einen entsprechenden Auskunftsanspruch aus Art. 10 EMRK auch Nichtregierungsorganisationen zuspricht, die wie die Presse eine öffentliche Kontrollfunktion übernehmen.[44] Der Auskunftsanspruch der Presse ergibt sich im Verhältnis zu Landesbehörden allerdings bereits aus den Landespressegesetzen, die im Einklang mit Art. 5 Abs. 1 S. 2 ausgelegt werden müssen.[45] Die Landespressegesetze können aber aus Gründen der Kompetenzverteilung keine Auskunftsansprüche gegenüber Bundesbehörden regeln. Insoweit gilt zwar das nicht nur die Presse berechtigende Informationsfreiheitsgesetz des Bundes (IFG), das aber nach Meinung des BVerwG wegen seiner Zugangsregelungen und Begrenzungsvorschriften „nicht die besonderen Funktionsbedürfnisse der Presse" reflektiert.[46] Der verfassungsunmittelbare Auskunftsanspruch muss den Auskunftsansprüchen der Landespressegesetze entsprechen. Er erfasst auch die zumutbare Aufbereitung vorhandener Informationen.[47] Wie auch gegenüber dem Informationszugangsrecht aus Art. 5 Abs. 1 S. 1 soll sich der Staat dem Anspruch nicht durch die in seinem Verantwortungsbereich liegende Art der Informationsverwaltung entziehen können.[48] Der presserechtliche Auskunftsanspruch erfasst aber anders als die Informationsansprüche nach Art. 5 Abs. 1 S. 1 und den Informationsfreiheitsgesetzen nicht notwendig den Zugang zu den Dokumenten der öffentli-

---

38 E 97, 125/144.
39 E 20, 162/176.
40 E 77, 346/354; krit *Wendt*, MüK, Art. 5 Rn 63.
41 BVerfG, NJW 2020, 3166 Rn 8.
42 Vgl *Kloepfer*, VerfR II, § 61 Rn 62.
43 BVerwGE 146, 56/63 ff; 151, 348/350 ff; BVerwG, NJW 2020, 305/306 ff; offengelassen BVerfG, NVwZ 2016, 50 Rn 12; ablehnend *Blome*, NVwZ 2016, 1211/1212 ff; *Cornils*, AfP 2016, 205 ff.
44 EGMR, No. 37374/05, Rn 26 ff, (Társaság a Szabadságjogokért/Ungarn); No. 43876/08, Rn 103 (Animal Defenders/Vereinigtes Königreich); No. 39534/07, Rn 33 ff (Österreichische Vereinigung/ Österreich).
45 BVerwG, NVwZ 2019, 473/474 f.
46 BVerwGE 146, 56/64.
47 EGMR, NVwZ 2016, 211/212 (Weber/Deutschland).
48 VG Berlin v. 19.6.2014, 2 K 212.13, Rn 50 ff.

chen Stellen. Er muss zudem stets mit den berechtigten Interessen öffentlicher Stellen und den Persönlichkeitsrechten betroffener Privatpersonen abgewogen werden; zu deren Konkretisierung zieht die Rechtsprechung auch die Regelungen des einfachen Rechts in den Presse- und Informationsfreiheitsgesetzen der Länder heran.

745 **Beispiele:** Der Auskunftsanspruch kann sich auf den Namen öffentlicher Funktionsträger wie Richter und Staatsanwälte (BVerwG, NJW 2015, 807/808 ff = JK 5/2015) sowie auf den Inhalt von durch die öffentliche Verwaltung abgeschlossenen Verträgen auch dann beziehen, wenn dadurch Geschäfts- und Betriebsgeheimnisse Dritter berührt werden (BVerwGE 146, 56/63 ff; 151, 348/351 ff; *Kingreen/Daum*, Jura 2019, 319/322 ff). Es gibt keine generelle Bereichsausnahme für die Geheimdienste, weshalb sich der Auskunftsanspruch auch gegenüber geheimdienstlichen Interessen durchsetzen kann (BVerwGE 166, 303 Rn 17 f = JK 5/2020). Er kann auch gegenüber der Bundestagsverwaltung im Hinblick auf die Verwendung öffentlicher Mittel durch Bundestagsabgeordnete bestehen; allerdings müssen im Hinblick auf den Schutz des Mandats (Art. 38 Abs. 1 S. 2) konkrete Anhaltspunkte dafür vorliegen, dass öffentliche Mittel unwirtschaftlich eingesetzt wurden (BVerwGE 154, 222/228 f). Art. 38 Abs. 1 S. 2 hindert aber nicht daran, dass der Deutsche Bundestag der Presse Auskünfte darüber erteilt, an welche Interessenvertreter Fraktionen Hausausweise für den Deutschen Bundestag erteilt haben (OVG Berlin-Brandenburg, LKV 2016, 45/46 f = JK 3/2016). Ein Auskunftsanspruch der Presse über die Prüfung auszufertigender Gesetze (Art. 82 Abs. 1) durch den Bundespräsidenten besteht nicht, weil diese zum „Kernbereich präsidialer Eigenverantwortung" zählt (OVG Berlin-Brandenburg, NVwZ 2016, 950/952). Ebenso kann der Bundestag im Rahmen seiner Geschäftsordnungsautonomie den Informationsanspruch in Immunitätsangelegenheiten zum Schutz seiner Funktionsfähigkeit ausschließen (BVerwG, NVwZ 2019, 479/480 f).

746 *Grundrechtsberechtigt* sind alle „im Pressewesen tätigen Personen und Unternehmen"[49]. Dazu gehören neben Verleger, Herausgeber, Redakteur und Journalist auch der Buchhalter im Presseunternehmen[50] und der Sachbearbeiter in der Anzeigenabteilung[51]. Daraus, dass die Pressefreiheit sowohl dem Verleger als auch dem Redakteur und dem Journalisten zusteht, können sich schwierige Drittwirkungsprobleme ergeben: Darf ein Verleger einem Redakteur und dieser einem Journalisten vorschreiben, über bestimmte Ereignisse nicht oder nur in bestimmter Weise zu berichten? Diese Fragen werden unter dem Stichwort der inneren Pressefreiheit diskutiert.[52]

c) Verhältnis zu den Grundrechten aus Art. 5 Abs. 1 S. 1

747 Der besondere Schutzbereich der Pressefreiheit bezieht sich darauf, dass „es um die im Pressewesen tätigen Personen in Ausübung ihrer Funktion, um ein Presseerzeugnis selbst, um seine institutionell-organisatorischen Voraussetzungen und Rahmenbedingungen sowie um die Institution einer freien Presse überhaupt geht".[53] Die Pressefreiheit ist also kein Spezialfall der Meinungsfreiheit. Der Schutz von Meinungsäußerungen erfolgt daher, auch wenn sie in der Presse publiziert werden, über Art. 5 Abs. 1 S. 1 Hs. 1.[54] Dabei ist allerdings die besondere Bedeutung der Presse für die Aufdeckung öffentlicher Missstände zu berücksichtigen; diese rechtfertigt es etwa,

---

49 E 20, 162/175.
50 E 25, 296/304.
51 E 64, 108/114 f.
52 Vgl *Gersdorf*, AfP 2016, 1; *Liesegang*, JuS 1975, 215.
53 E 85, 1/12 f; 113, 63/75; krit *Heselhaus*, NVwZ 1992, 740.
54 Vgl BVerfG, NJW 2003, 1109/1110; krit *Trute*, Hdb. GR IV, § 104 Rn 19.

auch die Veröffentlichung rechtswidrig beschaffter oder erlangter Informationen durch Art. 5 Abs. 1 S. 1 Hs. 1 zu schützen.[55] Die Pressefreiheit ist hingegen ein Spezialfall der Informationsfreiheit, da sie die Beschaffung von Informationen nicht nur aus allgemein zugänglichen Quellen, sondern auch durch besondere Recherchen, Beobachtungen, Interviews etc. umfasst und dabei auch einen Informations- und Informantenschutz verlangt, dh die Geheimhaltung von Informationsquellen und das Vertrauensverhältnis zu den privaten Informanten.[56] Obwohl kein Spezialfall der Meinungsfreiheit, teilt die Pressefreiheit mit ihr doch Abgrenzungsprobleme und auch deren Lösungskriterien.

Beispiele: Ebenso wie es für den Meinungsbegriff nicht auf den Inhalt ankommt, spielt es **748** auch für den Pressebegriff keine Rolle, ob die Veröffentlichung ein bestimmtes Niveau besitzt (E 34, 269/283; 101, 361/389 f). Ähnlich wie die Einbeziehung von bloßen Tatsachenbehauptungen in den Schutz von Art. 5 Abs. 1 S. 1 Hs. 1 ist die Einbeziehung des Anzeigenteils, bei dem das Element der wertenden Stellungnahme durch das veröffentlichende Presseunternehmen fast ganz hinter der sachlichen Wiedergabe zurücktritt, in den Schutz der Pressefreiheit zum Problem geworden; das BVerfG hat sie bejaht (E 21, 271/278 f; 64, 108/114), und wenn der Schutz mit BGHZ 116, 47/54 auch auf die Anzeigenblätter ohne redaktionellen Teil erweitert wird, müssen ihm auch die der Zeitung nur beigelegten Werbematerialien unterfallen (*Hufen*, StR II, § 27 Rn 4).

4. Rundfunkfreiheit (Art. 5 Abs. 1 S. 2 Var. 2)

a) Begriff

Rundfunk umfasst neben dem – in der Umgangssprache allein als Rundfunk bezeich- **749** neten – Hörfunk auch das Fernsehen („Hörrundfunk *und* Fernsehrundfunk"[57]). Rundfunk ist jede an eine unbestimmte Vielzahl von Personen gerichtete drahtlose oder drahtgebundene Übermittlung von Gedankeninhalten durch physikalische Wellen. Daher werden auch Kabelhörfunk und -fernsehen von der Rundfunkfreiheit erfasst, nicht aber die private Kommunikation, weil sie nicht an eine unbestimmte Vielzahl von Personen gerichtet sind.[58] Die Unterscheidung verschwimmt bei der zunehmenden Integration von Medien, Netzen und Diensten (sog Medienkonvergenz). Problematisch ist insbesondere die Abgrenzung zur Pressefreiheit, die anders als die öffentlich-rechtlich regulierte Rundfunkfreiheit weitgehend privatwirtschaftlich geordnet ist.[59]

b) Umfang der Gewährleistung

Wie die Pressefreiheit reicht auch die Rundfunkfreiheit von der Beschaffung der In- **750** formation bis zur Verbreitung von Nachricht und Meinung; sie erstreckt sich auch auf die erforderlichen medienspezifischen Mittel wie den Einsatz von Aufnahme- und Übertragungsgeräten.[60] Gegenüber dem engen Wortlaut „Berichterstattung" hat das

---

55 E 66, 116/137 f; BGH, NJW 2018, 2877/2880.
56 E 36, 193/204; 107, 299/329 f; 117, 244/265 ff.
57 E 12, 205/226; 31, 314/315.
58 *Grabenwarter*, MD, Art. 5 Abs. 1, 2 Rn 622 f.
59 *Franzius*, JZ 2016, 650/652 ff.
60 E 91, 125/134 f; 119, 309/318 f.

BVerfG ausdrücklich klargestellt, dass das inhaltliche Spektrum nicht kleiner ist als bei der Pressefreiheit und dass „Information und Meinung … ebenso wohl durch ein Fernsehspiel oder eine Musiksendung vermittelt werden (können) wie durch Nachrichten oder politische Kommentare"[61]. Das Verhältnis zur Meinungsfreiheit ist wie bei der Pressefreiheit zu bestimmen (vgl Rn 747).

751 Grundrechtsberechtigt sind traditionell die *öffentlich-rechtlichen Rundfunkanstalten*. Zwar sind sie juristische Personen des öffentlichen Rechts und verneint das BVerfG grundsätzlich die Grundrechtsberechtigung der juristischen Personen des öffentlichen Rechts. Das BVerfG lässt aber dann etwas anderes gelten, „wenn ausnahmsweise die betreffende juristische Person des öffentlichen Rechts unmittelbar dem durch die Grundrechte geschützten Lebensbereich zuzuordnen ist"[62]. Die Rundfunkanstalten können das Grundrecht der Rundfunkfreiheit für sich in Anspruch nehmen, weil für sie das aus Art. 5 Abs. 1 S. 2 Var. 2 folgende Gebot der Staatsfreiheit des Rundfunks gilt.[63] Dadurch ergibt sich die Besonderheit, dass die Rundfunkanstalten gleichzeitig Grundrechtsberechtigte und als Bestandteil der vollziehenden Gewalt iSd Art. 1 Abs. 3 Grundrechtsverpflichtete sind. Dies wurde vom BVerfG für die Vergabe von Sendezeiten an politische Parteien ausdrücklich anerkannt.[64] Entsprechendes muss für die Landesmedienanstalten gelten.[65]

752 Grundrechtsberechtigt sind auch *Private*, die Rundfunk veranstalten. Die Rundfunkfreiheit steht ohne Rücksicht auf öffentlich-rechtliche oder privatrechtliche Rechtsformen, kommerzielle oder nichtkommerzielle Betätigung jedem zu, der Rundfunk veranstaltet oder auch erst veranstalten will und sich um die erforderliche Rundfunklizenz bewirbt.[66] Die Grundrechtsberechtigung ist im Übrigen wie bei der Pressefreiheit (vgl Rn 746) zu bestimmen.[67] Nicht grundrechtsberechtigt sind die Rundfunkteilnehmer.[68]

753 Die Rspr des BVerfG zum Rundfunk knüpft an dessen *Sondersituation* im Vergleich zur Presse an. Bis Anfang der 1980er-Jahre ergab sie sich aus der Knappheit der verfügbaren Frequenzen und dem außergewöhnlich hohen finanziellen Aufwand für die Veranstaltung von Rundfunksendungen. In neuerer Zeit ist diese Situation nicht entfallen; sie hat sich nur dadurch verändert, dass sich die technischen Voraussetzungen der Veranstaltung und Verbreitung von Rundfunkprogrammen durch die Entwicklung neuer Medien verbessert haben und dass ein europäischer und sogar über Europa hinausreichender Rundfunkmarkt entstanden ist.[69] Nach wie vor bestimmt die verfassungsgerichtliche Rechtsprechung den Schutzbereich der Rundfunkfreiheit nach der Funktion des Rundfunks als Medium und Forum öffentlicher Meinungsbildung. Danach verlangt die Rundfunkfreiheit eine gesetzliche Ausgestaltung durch materielle,

---

61 E 35, 202/222; ebenso *Grabenwarter*, MD, Art. 5 Abs. 1, 2 Rn 672 ff; krit *Hochhuth*, S. 308 f.
62 E 31, 314/322.
63 StRspr; vgl E 83, 238/322.
64 E 7, 99/103 f; 14, 121/133.
65 *Bumke*, Die öffentliche Aufgabe der Landesmedienanstalten, 1995, S. 197 ff; *Nolte*, in: Symposion Grimm, 2000, S. 161; vgl auch BayVerfGH, NVwZ 2006, 82; aA *Bethge*, NJW 1995, 557.
66 E 95, 220/234; 97, 298/311 f.
67 *Bethge*, DÖV 2002, 673/674.
68 BVerfG, NJW 1990, 311.
69 E 73, 118/121 ff.

organisatorische und Verfahrensregelungen, die einen freien Kommunikationsprozess gewährleisten, dh sicherstellen, dass die Vielfalt der bestehenden Meinungen im Rundfunk in Breite und Vollständigkeit Ausdruck findet; insoweit versteht das BVerfG die Rundfunkfreiheit als normgeprägtes Grundrecht.

Im heutigen *dualen System*[70] wird den öffentlich-rechtlichen Rundfunkanstalten die **754** Aufgabe der für die demokratische Ordnung und für das kulturelle Leben unerlässlichen „Grundversorgung" der Bürger mit Rundfunksendungen noch immer mit der Begründung zugewiesen, dass ihre terrestrischen Programme nahezu die gesamte Bevölkerung erreichen und sie zu einem inhaltlich umfassenden Programmangebot in der Lage sind;[71] zunehmend umstritten ist aber ihr Recht, weitergehende Dienste und Programme im Internet anzubieten, die in einem Konkurrenzverhältnis mit nicht öffentlich finanzierten Presseunternehmen stehen.[72] Denn die Sicherstellung der Grundversorgung muss der Staat nach Meinung des BVerfG auch finanziell gewährleisten. Damit steht der öffentlich-rechtliche Rundfunk, vergleichbar mit den politischen Parteien (Art. 21 Abs. 1), in einem Spannungsfeld zwischen gesellschaftlicher Autonomie und staatlicher Abhängigkeit. Um die notwendige Staatsferne (Rn 751) zu garantieren, legt eine unabhängige Kommission (KEF) die Rundfunkgebühren fest; von deren Vorschlägen dürfen die Länder nur in Ausnahmefällen abweichen (Trennung der allgemeinen Rundfunkgesetzgebung von der Festsetzung der Rundfunkgebühr)[73] Der Grundsatz der Staatsferne ist außerdem für die Besetzung der Gremien der Rundfunkanstalten relevant. In den Aufsichtsgremien sind „Personen mit möglichst vielfältigen Perspektiven und Erfahrungshorizonten aus allen Bereichen des Gemeinwesens zusammenzuführen"[74]; außerdem muss der Einfluss der staatlichen und staatsnahen Akteure begrenzt werden.

Bezüglich der *privaten Veranstalter* beschränkt sich das BVerfG darauf, dem (Landes-)Gesetzgeber grundsätzlich freizustellen, auf eine Meinungsvielfalt durch viele **755** Veranstalter zu setzen (Außenpluralismus) oder die Meinungsvielfalt durch organisatorische und inhaltliche Anforderungen an die Veranstalter zu sichern (Binnenpluralismus). Diese Anforderungen brauchen zwar nicht gleich hoch zu sein wie im öffentlich-rechtlichen Rundfunk, müssen aber auch nicht niedriger sein.[75] Wichtig ist, dass Staatsnähe, der bestimmende Einfluss einer Partei und auch sonst das Entstehen vorherrschender Meinungsmacht verhindert wird,[76] auch bei lokalen und regionalen Programmen.[77] Das BVerfG verlangt vom (Landes-)Gesetzgeber Regelungen, die

- Informationsmonopole verhindern,
- ein Mindestmaß an inhaltlicher Ausgewogenheit, Sachlichkeit und gegenseitiger Achtung gewährleisten,
- bei privat-öffentlicher Veranstaltergemeinschaft eine Aushöhlung des öffentlichen Programmauftrags verhindern,

---

70 Vgl. *Stock*, JZ 1997, 583.
71 E 73, 118/158 f; 87, 181/198 ff.
72 Dazu etwa *Korte*, AöR 2014, 384/399 ff.
73 E 119, 181/219.
74 E 136, 9 Rn 34 ff; dazu *Starck*, JZ 2014, 552.
75 E 83, 238/316.
76 E 121, 30/51 ff.
77 E 114, 371/387.

– eine begrenzte Staatsaufsicht (durch die Länder) vorsehen und
– den gleichen Zugang zur Veranstaltung privater Rundfunksendungen eröffnen.[78]

5. Filmfreiheit (Art. 5 Abs. 1 S. 2 Var. 3)

756 Unter Film versteht man eine Übermittlung von Gedankeninhalten durch Bilderreihen, die zur Projektion bestimmt sind.[79] Im Unterschied zum Rundfunk richtet sich der Film am Ort des Abspielens an die Öffentlichkeit.[80] Entsprechend der Rundfunkfreiheit (vgl Rn 750) erfasst die Filmfreiheit nicht nur dokumentarische Filme, sondern auch Spielfilme und alle anderen filmischen Meinungsäußerungen.[81]

III. Eingriffe

1. Meinungs-, Presse-, Rundfunk- und Filmfreiheit

757 Zu den Eingriffen zählen Verbote, Meinungen zu äußern und zu verbreiten, Sanktionen der Verbote, tatsächliche Be- oder Verhinderungen von Meinungsäußerungen und -verbreitungen und Beeinträchtigungen der technischen, organisatorischen und institutionellen Voraussetzungen, die Presseunternehmen und Rundfunkveranstalter sich für die Erfüllung ihrer Aufgaben geschaffen haben, sowie des Presse- und Rundfunkbetriebs. Eingriffe in die Rundfunkfreiheit liegen nicht vor, wenn Anforderungen an Rundfunkveranstalter und -veranstaltungen dem internen Zweck dienen, die Rundfunkfreiheit zu sichern; insoweit handelt es sich um Ausgestaltungen des normgeprägten Grundrechts (Rn 165).[82]

758 **Beispiele für Eingriffe:** Verbot des Vertriebs von jugendgefährdenden Schriften über den Versandhandel (E 30, 336/347); Verbot von Fernsehaufnahmen im und von Berichten aus dem Gerichtssaal (E 91, 125/135; 119, 309/318 ff; NJW 2017, 798/798 f); Aufnahme einer Zeitschrift in den Verfassungsschutzbericht (E 113, 63/77 f); Vernehmung von Journalisten, Durchsuchung von Redaktionsräumen und Sicherstellung bzw. Beschlagnahme von Presse-, Rundfunk- und Filmmaterial (E 20, 162/185 ff; 77, 65/77 ff; 117, 244/265 ff; BVerfG, NJW 2011, 1860 Rn 15; vgl *Schmidt-De Caluwe*, NVwZ 2007, 640); Erhebung von Daten über den Telefonverkehr von Presse- und Rundfunkveranstaltern (E 107, 299/330 f); Pflicht privater Rundfunkveranstalter, ihre Sendungen zu Zwecken der Rundfunkaufsicht aufzuzeichnen und der Landesmedienanstalt vorzulegen (E 95, 220/235 f); Pflicht von Rundfunkveranstaltern, eine bestimmte „Leitkultur" zu vermitteln (BayVerfGH, NVwZ-RR 2020, 273/286 ff = JK 7/2020); Pflicht zur Gegendarstellung (BVerfG, EuGRZ 2018, 223 Rn 16; NJW 2019, 419 Rn 13). – Kein Eingriff, sondern eine Ausgestaltung des normgeprägten Grundrechts ist dagegen das Kurzberichterstattungsrecht (E 97, 228/267; *Bethge*, DÖV 2002, 673/680).

---

78 E 83, 238/296 f; 97, 228/257 f; *Schulze-Fielitz*, DR, Art. 5 I, II Rn 253 ff.
79 *Grabenwarter*, MD, Art. 5 Abs. 1, 2 Rn 969.
80 *Degenhart*, BK, Art. 5 I, II Rn 422; *Trute*, Hdb. GR IV, § 104 Rn 72.
81 *Jarass*, JP, Art. 5 Rn 62; *Kloepfer*, VerfR II, § 61 Rn 116; aA *Reupert*, NVwZ 1994, 1155.
82 Vgl E 95, 220/235; 97, 228/266 f; krit *Hartmann*, JZ 2016, 18/22 ff.

2. Informationsfreiheit

Eingriffe in die Informationsfreiheit liegen vor, wenn der Zugang zur Information **759** endgültig verwehrt oder nur zeitlich verzögert wird.[83] Auch die staatliche Erfassung und Registrierung der Informationsquelle, deren sich Bürger bedienen, stellen Eingriffe dar. Alle derartigen Maßnahmen greifen nicht erst dann ein, wenn sie sich auf alle allgemein zugänglichen Quellen beziehen, sondern schon wenn sie einer einzigen Informationsquelle gelten. Insofern beinhaltet Art. 5 Abs. 1 S. 1 Hs. 2 das Recht auf Auswahl zwischen mehreren zur Verfügung stehenden Informationsquellen. Kein Eingriff in die Informationsfreiheit liegt vor, wenn Modalitäten des Zugangs zu einer Informationsquelle bestimmt werden, ohne die es den Zugang schlechterdings nicht geben kann; insoweit ist die Informationsfreiheit normgeprägt.[84]

Beispiele: Die grundsätzlich öffentliche Gerichtsverhandlung ist eine allgemein zugängliche **760** Quelle und der dauernde oder zeitweise Ausschluss der Öffentlichkeit ein Eingriff. Ein Eingriff ist die Verweigerung von Rundfunkempfang für einen Untersuchungshäftling mit der Begründung, es stehe ihm frei, Zeitungen zu halten (E 15, 288/295 f), und das Anhalten einer an den Strafgefangenen adressierten Broschüre über Rechte im Strafvollzug (BVerfG, NJW 2005, 1341). Keine Eingriffe sind die Festlegung der Öffnungszeiten und die Erhebung von Eintrittsgebühren bei staatlichen Archiven, Bibliotheken und Museen.

IV. Verfassungsrechtliche Rechtfertigung

1. Schranken

Die wichtigsten Schranken der Grundrechte aus Art. 5 Abs. 1 sind in Art. 5 Abs. 2 **761** normiert. Daneben findet sich in Art. 17a ein Gesetzesvorbehalt, der für das Grundrecht der Meinungsfreiheit gilt. Auch die Eingriffsermächtigungen der Art. 9 Abs. 2, 18, 21 Abs. 2 können für die Grundrechte aus Art. 5 Abs. 1 von Bedeutung werden.

a) Die **Schranken des Art. 5 Abs. 2** werden durch förmliche Gesetze gezogen, die **762** auch zur Schrankenziehung durch Rechtsverordnung und Satzung ermächtigen können. Die wichtigste Schranke ist diejenige der *allgemeinen Gesetze*. Die beiden anderen Schranken (*gesetzliche Bestimmungen zum Schutze der Jugend* und *Recht der persönlichen Ehre*) verweisen zwar auf typische Konfliktfälle zwischen den Kommunikationsfreiheiten und den Persönlichkeitsrechten. Aber auch Gesetze, die die Persönlichkeitsrechte schützen, müssen nach Meinung des BVerfG allgemein sein.[85] In seiner Rechtsprechung sind daher beide Schranken im Vorbehalt der allgemeinen Gesetze aufgegangen. Dies birgt insoweit Schwierigkeiten, als das Gericht im Rahmen der Verhältnismäßigkeit verlangt, dass Eingriffe nicht allein an die geistige Wirkung einer Meinung anknüpfen dürfen (Rn 769). Beschränkungen zum Schutz der Jugend und der persönlichen Ehre gelten aber gerade auch diesen Wirkungen.[86] Die besonderen Schranken in Art. 5 Abs. 2 haben daher eine eigenständige Funktion, die nicht in der Allgemeinheit des Gesetzes aufgeht.

---

83 E 27, 88/98 f.
84 *Schoch*, Jura 2008, 25/29.
85 E 124, 300/327.
86 *Enders*, JZ 2008, 1092/1094; *Höfling/Augsberg*, JZ 2010, 1088/1092 f.

763   **aa)** **Allgemein** ist ein Gesetz nicht schon dann, wenn es abstrakt-generell formuliert ist. Wäre das der Fall, würde sich das Erfordernis der Allgemeinheit vollständig mit dem Verbot des Einzelfallgesetzes in Art. 19 Abs. 1 S. 1 decken und wäre daneben überflüssig. Es besteht Einigkeit, dass der Begriff der allgemeinen Gesetze in Art. 5 Abs. 2 eine bestimmte inhaltliche Qualität meint.[87]

764   Schon zum insoweit gleich lautenden Art. 118 Abs. 1 S. 2 WRV wurde die sog *Sonderrechtslehre* vertreten, die das Merkmal der nicht-allgemeinen, also der besonderen Gesetze darin erblickte, dass sie „eine an sich erlaubte Handlung allein wegen ihrer geistigen Zielrichtung und der dadurch hervorgerufenen schädlichen geistigen Wirkung verbieten oder beschränken"[88]. Die Sonderrechtslehre wurde auch dahin formuliert, dass allgemeine Gesetze „nicht eine Meinung als solche verbieten, sich nicht gegen die Äußerung der Meinung als solche richten"[89], wobei unter dem Spezifischen einer Meinung und ihrer Äußerung, das mit „als solche" angesprochen ist, eben die geistige Zielrichtung und geistige Wirkung zu verstehen ist. Die Sonderrechtslehre begriff die besonderen Gesetze also als „Sonderrecht gegen die Meinungsfreiheit"[90].

765   **Beispiele:** Als Beispiel für ein besonderes Gesetz wurde in der Weimarer Staatsrechtslehre ein „Gesetz, das die Verbreitung kommunistischer oder faszistischer oder atheistischer oder bibelwidriger Lehrmeinungen verbietet", angeführt (*Anschütz*, Die Verfassung des Deutschen Reichs, 14. Aufl. 1933, Art. 118 Anm. 3), als Beispiel für allgemeine Gesetze die meisten Strafgesetze und die allgemeinen Polizeigesetze.

766   Diese Sonderrechtslehre wahrt die *Freiheit des Geistes*; sie traut und mutet der Gesellschaft einen freien Prozess des Austauschs und auch Konflikts zwischen Meinungen zu, solange nicht ein „Einbruch vom Gebiet des Überzeugens in das Gebiet des unmittelbaren Handelns erfolgt"[91].

767   Aber schon unter der WRV wurde die Sonderrechtslehre als formalistisch, ihr Begriff des allgemeinen Gesetzes als formal kritisiert und ein *materialer Begriff* des allgemeinen Gesetzes gefordert. Danach sollten als allgemeine Gesetze diejenigen gelten, „die deshalb den Vorrang vor Art. 118 haben, weil das von ihnen geschützte gesellschaftliche Gut wichtiger ist als die Meinungsfreiheit"[92]. In diesem Sinn sollte es zB die „materiale Überwertigkeit des Strafrechtsgutes gegenüber dem Grundrechtsgut (sein), die dem Strafrecht den Vorzug gibt"[93]. Die Feststellung, ob ein Gesetz allgemein ist, ist danach das Ergebnis einer Abwägung, und *Smend* selbst hat gesehen: „Derartige Abwägungsverhältnisse können schwanken ..."[94].

768   Diese Weimarer Konkurrenz zwischen herrschender Sonderrechtslehre und Abwägungslehre fand das *BVerfG* vor, als es sich im *Lüth-Urteil*[95] erstmals mit dem Begriff des allgemeinen Gesetzes zu befassen hatte. Es hat seitdem einfach beide Lehren

---

87   *Grabenwarter*, MD, Art. 5 Abs. 1, 2 Rn 982 ff; *Starck/Paulus*, MKS, Art. 5 Rn 276 f.
88   *Häntzschel*, in: Anschütz/Thoma, Handbuch des Deutschen Staatsrechts II, 1932, S. 651/659 f.
89   *Anschütz*, VVDStRL 4, 1928, 74/75.
90   *Häntzschel*, aaO.
91   *Häntzschel*, aaO.
92   *Smend*, VVDStRL 4, 1928, 44/51.
93   *Smend*, aaO.
94   AaO, S. 53.
95   E 7, 198.

kombiniert und versteht in ständiger Rechtsprechung unter allgemeinen Gesetzen die Gesetze, die sich weder gegen bestimmte Meinungen als solche richten noch Sonderrecht gegen den Prozess freier Meinungsbildung darstellen,[96] „die vielmehr dem Schutze eines schlechthin, ohne Rücksicht auf eine bestimmte Meinung, zu schützenden Rechtsguts dienen, dem Schutze eines Gemeinschaftswerts, der gegenüber der Betätigung der Meinungsfreiheit den Vorrang hat"[97]. Diese Formel will nur die freiheitssichernde Wirkung der Sonderrechtslehre durch das zusätzliche Erfordernis stärken, dass mit dem allgemeinen Gesetz nicht ein beliebiger, sondern nur ein besonders wertvoller Zweck verfolgt werden darf. Dabei greift das BVerfG die einzelnen Aspekte der Sonderrechtslehre sowohl im Rahmen der Prüfung der Allgemeinheit als auch der Verhältnismäßigkeit des Gesetzes auf.

Was das BVerfG in Aufrechterhaltung der Sonderrechtslehre verlangt, ist – zu einem **769** Leitbegriff zusammengezogen – die *Meinungsneutralität* der allgemeinen Gesetze. Meinungsneutralität bedeutet, dass ein Gesetz nicht zu bestimmten Meinungsinhalten bekehren oder von bestimmten Meinungsinhalten abbringen darf (Verbot der Meinungsmissionierung) und nicht die Wertlosigkeit oder Schädlichkeit von Meinungsinhalten zu Tatbestandsvoraussetzungen von Eingriffen machen darf (Verbot der Meinungsdiskriminierung). Für das BVerfG ist damit nicht ausgeschlossen, dass ein Gesetz an einen Meinungsinhalt anknüpft, ausgeschlossen ist aber die Anknüpfung an konkrete Standpunkte im Meinungskampf. Ähnlich Art. 3 Abs. 3 S. 1 Var. 9 soll die Schranke des allgemeinen Gesetzes vor der Diskriminierung bestimmter Anschauungen schützen.[98] Die Meinungsneutralität spielt auch in die Verhältnismäßigkeitsprüfung hinein und verlangt, dass die Zielsetzung des Gesetzes sich nicht gegen die rein geistige Wirkung einer Meinungsäußerung richten darf, da dies das Prinzip der Meinungsfreiheit aufhebt,[99] das auf der Geistigkeit des Meinungsstreits[100] – dem zwanglosen Zwang des besseren Arguments[101] – beruht. Der Staat ist insoweit auf einen Schutz von Rechtsgutsgefährdungen in der „Sphäre der Äußerlichkeit"[102] beschränkt. Die Rechtsgüter sollen allerdings auch schon dadurch gefährdet werden können, dass Meinungsäußerungen Hemmschwellen für Dritte absenken oder Betroffene einschüchtern. Mit dem Erfordernis der Meinungsneutralität der Gesetze geht der Schutz der Meinungsfreiheit unter dem Grundgesetz über den völkerrechtlichen Schutz hinaus. Regelmäßig erlauben die Menschenrechtskonventionen wie etwa Art. 17 EMRK bereits das Verbot von bloßen Meinungsäußerungen, deren Inhalt dem Geist der Konventionen widerspricht.[103] Ein Spannungsverhältnis ergibt sich zu Konventionen, die – anders als die EMRK – entsprechende Beschränkungen nicht nur erlauben, sondern verlangen. So fordert etwa Art. 4 lit. a des Übereinkommens gegen Rassen-

---

96 Vgl E 95, 220/235 f.
97 E 7, 198/209 f.
98 E 124, 300/326.
99 E 124, 300/332; vgl auch *Hong*, DVBl. 2010, 1267; *Schlink*, Staat 1976, 335/353 ff.
100 Vgl E 25, 256/264.
101 *Habermas*, in: Habermas/Luhmann, Theorie der Gesellschaft oder Sozialtechnologie, 1971, S. 101/137.
102 E 124, 300/333.
103 EGMR, No. 8406/78 (Glimmerveen and Hagenbeek/Niederlande); aus der neueren Rechtsprechung s. etwa EGMR, No. 23131/03 (Norwood/Vereinigtes Königreich); vgl auch EGMR, No. 1813/07 (Vejdeland/Schweden) unter Berufung auf Art. 10 Abs. 2 EMRK.

diskriminierung „jede *Verbreitung von Ideen*, die sich auf die Überlegenheit einer Rasse oder den Rassenhass gründen, [...] zu einer nach dem Gesetz strafbaren Handlung zu erklären." Anders als andere Staaten, die das Konzept der Meinungsneutralität verfolgen, hat Deutschland keinen Vorbehalt gegenüber entsprechenden Bestimmungen erklärt.

770 Unter den Begriff des allgemeinen Gesetzes fällt vor allem die große Menge der Gesetze, die das nicht nur geistige, sondern handfeste und tatkräftige *Wirken* der Menschen regeln.

771 **Beispiele:** Meinungsneutral sind etwa die ordnungs- und polizeirechtliche Generalklausel (BVerwGE 84, 247/256), die meisten Bestimmungen des Straf-, Strafprozess- und Strafvollzugsrechts (vgl E 71, 206/214 f und NJW 2014, 2777 Rn 20 zu § 353d Nr. 3 StGB), die Bestimmungen des Straßenverkehrs-, Bau-, Gewerberechts, aus dem BGB der Folgenbeseitigungsanspruch gem. §§ 823, 1004 analog (BVerfG, NJW 1997, 2589). Meinungsneutral ist aber auch das Rechtsdienstleistungsgesetz, das auch die Erteilung von Rechtsrat in den Medien beschränkt (vgl *Ricker*, NJW 1999, 449/452). – Das BVerfG hat überhaupt erst einer Bestimmung die Qualität eines allgemeinen Gesetzes abgesprochen: der Genehmigungspflicht für die Veröffentlichung von Stellenangeboten für die Beschäftigung von Arbeitnehmern im Ausland (E 21, 271/280; vgl aber E 74, 297/343).

772 Einige Bestimmungen des *politischen Strafrechts* und auch des *Beamtenrechts* verbieten allerdings zum Schutz der freiheitlichen demokratischen Grundordnung bestimmte Meinungsäußerungen und -betätigungen. Die beamtenrechtlichen Bestimmungen, die das Äußern und Betätigen von Meinungen lediglich einem Mäßigungs- und Zurückhaltungsgebot unterwerfen (vgl Rn 789), und die strafrechtlichen Bestimmungen, die sich bloß auf die verunglimpfende Art und Weise beziehen, in der Meinungen geäußert und betätigt werden (§§ 90 ff StGB), haben vor Art. 5 Abs. 2 deswegen Bestand, weil sie nicht mit dem inhaltlichen Wert oder der geistigen Wirkung von Meinungsinhalten begründet werden müssen, sondern mit der *Art und Weise* ihrer Äußerung und Betätigung, dh mit der Unterscheidung zwischen Form und Inhalt.

773 Allerdings will das BVerfG eine dogmatisch nicht überzeugende Ad-hoc-Ausnahme vom Allgemeinheitserfordernis meinungsbeschränkender Gesetze machen und für „Meinungsäußerungen, die eine positive Bewertung des nationalsozialistischen Regimes in seiner geschichtlichen Realität zum Gegenstand haben", Sonderrecht zulassen.[104] Diese Meinungsäußerungen seien vor dem Hintergrund der nationalsozialistischen Vergangenheit „mit anderen Meinungsäußerungen nicht vergleichbar" und könnten „im Ausland tiefgreifende Beunruhigung auslösen". Für sie eine ungeschriebene Ausnahme zu machen und Sonderrecht zuzulassen hält das BVerfG für geboten, weil ein „historisch zentrales Anliegen aller an der Entstehung wie Inkraftsetzung des Grundgesetzes beteiligten Kräfte es verlange."[105] Die Abwendung vom Nationalsozialismus war sicherlich ein zentrales Anliegen der Mütter und Väter des GG, doch haben sie die einzelnen Elemente der wehrhaften Verfassung in Art. 18, 9 Abs. 2 und 21

---

104 E 124, 300/331; krit *Barczak*, StudZR 2010, 309/314; *Enders*, in: FS Wahl, 2011, S. 283/301; *Höfling/Augsberg*, JZ 2010, 1088; *Hong*, DVBl. 2010, 1267/1271; *Jestaedt*, Hdb. GR IV, § 102 Rn 68; *Lepsius*, Jura 2010, 527/533; *Manssen*, StR II, Rn 438; *Martini*, JöR 2011, 279; *Rusteberg*, StudZR 2010, 159/166 ff.
105 E 124, 300/328 f.

Abs. 2 explizit normiert und mit verfahrensrechtlichen Sicherungen verbunden. Eine entsprechende Beschränkung der Meinungsfreiheit haben sie gerade nicht vorgesehen, weil sie insoweit auf den öffentlichen Meinungsbildungsprozess vertraut haben. Nur falls das Vertrauen enttäuscht wird und sich verfassungswidrige Bestrebungen in einzelnen Personen, besonders aber auch in Institutionen verfestigen, wollten sie den nicht meinungsneutralen Zugriff erlauben.

Beispiel: Als Sonderrecht akzeptiert das BVerfG (E 124, 300) § 130 Abs. 4 StGB und dessen Auslegung dahingehend, dass eine Versammlung mit dem Thema „Gedenken an Rudolf Heß‘ und unter dem Motto „Seine Ehre galt ihm mehr als die Freiheit" verboten werden kann; die Bestimmung und ihre Auslegung entspreche, so das BVerfG, auch dem Verhältnismäßigkeitsgrundsatz. Dies gilt auch für die Kriminalisierung der sog Auschwitz-Lüge. Mit ihr kann sich zwar eine Meinungsäußerung verbinden, sie indiziert aber nach Ansicht des BVerfG (NJW 2018, 2858 Rn 32 f) eine Störung des öffentlichen Friedens, da sie vor dem Hintergrund der deutschen Geschichte als Chiffre zur Agitation eingesetzt werde. Es greift hingegen unverhältnismäßig in die Meinungsfreiheit ein, wenn § 130 Abs. 2 Nr. 1a, Abs. 3 und 5 StGB so ausgelegt wird, dass bereits der bloße Austausch von Schriften zwischen zwei Personen unter das auf volksverhetzende Schriften bezogene Merkmal „Verbreiten" fällt (BVerfG, NJW 2012, 1498 Rn 24 f; ferner BVerfG, NJW 2018, 2861 Rn 23, 27). **774**

bb) Das BVerfG hat noch einen weiteren Aspekt der Eingriffsrechtfertigung, der auch bei den übrigen Grundrechten einschlägig ist, bei Art. 5 Abs. 2 begrifflich verselbstständigt. Es verlangt „eine Wechselwirkung in dem Sinne, dass die ‚allgemeinen Gesetze' zwar dem Wortlaut nach dem Grundrecht Schranken setzen, ihrerseits aber … in ihrer das Grundrecht begrenzenden Wirkung selbst wieder eingeschränkt werden müssen"[106]. Dieser sog **Wechselwirkungslehre**, auch spöttisch Schaukeltheorie genannt, kommt hier zunächst dieselbe Bedeutung zu wie sonst dem Grundsatz der *verfassungskonformen Auslegung*.[107] Sie verlangt insoweit vor allem, dass die Auslegung der allgemeinen Gesetze die Bedeutung der Kommunikationsfreiheiten für die freiheitliche Demokratie ausreichend berücksichtigt und gegen den staatlichen Zweck des Eingriffs abgewogen wird.[108] Sie zielt damit auf die Abwägung, die die Verhältnismäßigkeit ieS fordert. Entsprechend hat das BVerfG auch unter der Wechselwirkungslehre die Anforderungen der Meinungsfreiheit durch einige Grundsätze geschärft (Rn 783). Insbesondere darf die Auslegung der Gesetze nicht dazu führen, dass freie Rede und Kritik aus Furcht vor Sanktionen unterbleibt.[109] Das *BVerfG* wendet die Wechselwirkungslehre aber nicht nur auf der Auslegungsebene, sondern auch bei der Normanwendung durch die Verwaltung und die Fachgerichte an (Rn 779). **775**

b) Der Gesetzesvorbehalt des **Art. 9 Abs. 2** (vgl Rn 941) und der Regelungsvorbehalt zur Verfassungswidrigkeitserklärung gem. **Art. 21 Abs. 2** rechtfertigen Vereinigungs- und Parteiverbote und damit Verbote der vereins- und parteimäßigen Äußerung von Meinungen, die gegen die freiheitliche demokratische Grundordnung gerichtet sind. Dieses Vereinigungs- und Parteiverbotsrecht (§§ 3 ff VereinsG, §§ 32 f **776**

---

106 E 7, 198/208 f; vgl auch E 71, 206/214.
107 *Grabenwarter*, MD, Art. 5 Abs. 1, 2 Rn 139.
108 E 128, 226/266.
109 Vgl E 43, 130/136; 71, 162/181.

PartG) ist kein allgemeines Recht und muss es wegen der besonderen Vorbehalte auch nicht sein; es ist ebenso durch diese Vorbehalte legitimiertes Sonderrecht wie die Bestimmungen des Strafrechts, die dem Vollzug der Verbote dienen (§§ 84 ff StGB). Ein darüber hinaus gehendes Vorgehen gegen Meinungsäußerungen und -betätigungen, die sich gegen die freiheitliche demokratische Grundordnung richten, ist Sonderrecht, das an Art. 5 Abs. 2 scheitert.

777 **Beispiel:** Die Bestrafung der Verbreitung von „Propagandamitteln, die nach ihrem Inhalt dazu bestimmt sind, Bestrebungen einer ehemaligen nationalsozialistischen Organisation fortzusetzen" (§ 86 Abs. 1 Nr. 4 StGB), ist, soweit sie sich nicht auf den Vollzug des durch Besatzungsrecht erfolgten Verbots der NSDAP beschränkt und an den inhaltlichen Wert einer Meinung anknüpft, verfassungswidrig (*Lübbe-Wolff*, NJW 1988, 1289; *v. Dewitz*, NS-Gedankengut und Strafrecht, 2006, S. 240 ff; *Hamdan*, Jura 2008, 169/171).

778 c) Auch zum Schutz der Streitkräfte müssen die einschränkenden Gesetze nicht allgemein sein. **Art. 17a Abs. 1** ermöglicht im Sinne eines einfachen Gesetzesvorbehalts[110] gesetzliche Einschränkungen der Meinungsfreiheit für Soldaten.

2. Schranken-Schranken

a) Wechselwirkungslehre

779 Die Wechselwirkungslehre hat nicht nur auf der sog *Auslegungsebene* für die Interpretation des allgemeinen Gesetzes (Rn 763 ff), sondern auch auf der sog *Deutungsebene* Bedeutung für die Interpretation der Meinungsäußerung, um deren Beschränkung es geht. Sie verlangt dabei, eine öffentliche Äußerung, die sich auf verschiedene Weise deuten lässt, weder aus der Perspektive des Äußernden noch der des Rezipienten, sondern aus einer objektiven Perspektive in der Deutung rechtlich zu würdigen, in der sie mit anderen Rechtsgütern nicht in Konflikt kommt;[111] mindestens muss diese konfliktfreie Deutungsvariante vom Fachgericht erkannt worden sein, ehe sie mit guten Gründen zu Gunsten einer konfliktträchtigen Deutungsvariante verworfen wird.[112] Der Grundsatz der wohlwollenden Deutung wirkt umso schwächer, je mehr in einer Äußerung die wertenden hinter den tatsächlichen Elementen zurücktreten;[113] das BVerfG will ihn zudem, was nicht überzeugen kann, bei zukünftigen Äußerungen schwächer wirken lassen als bei vergangenen.[114]

780 **Beispiele:** Der Satz „Soldaten sind Mörder" kann nicht nur als (strafbare) Kollektivbeleidigung der Soldaten der Bundeswehr, sondern auch wohlwollend als (grundrechtlich geschützte) Äußerung gegen das Soldatentum und Kriegshandwerk schlechthin gedeutet werden (E 93, 266/298; vgl dazu *Rixen*, Jura 2020, 1151). Er muss auch nicht dahin gedeutet werden, Soldaten seien „Straftäter […], die sich einer vorsätzlichen Tötung unter Verwirklichung eines der Mordmerkmale des § 211 StGB schuldig gemacht haben" (BVerfG, NJW 1994, 2943). Ebenso kann das Akronym ACAB („All cops are bastards") als Kritik an der Tätigkeit der Polizei gedeutet und darf daher nicht zwingend als strafbare Beleidigung sanktioniert werden (BVerfG, NJW 2016, 2643 Rn 18 f; krit *Rüthers*, NJW 2016, 3337).

---

110 *Ipsen*, BK, Art. 17a Rn 21 ff.
111 Vgl E 82, 43/52 f.
112 E 94, 1/9.
113 E 85, 1/16 f.
114 E 114, 339/350 f; krit auch *Teubel*, AfP 2006, 20; *Meskouris*, Staat 2009, 355.

Die Deutung einer Äußerung kann ergeben, dass sie allein oder vorwiegend der Diffamierung einer Person dient und nicht der Auseinandersetzung in der Sache. Diese sog *Schmähkritik*, die auch bei besonders krassen Beschimpfungen[115] oder der Schilderung privater Beziehungen oder Ausdrucksformen der Sexualität[116] anzunehmen ist, betrifft die Menschenwürde des Adressaten und ist daher keiner Abwägung mit der Meinungsfreiheit zugänglich.[117] Ebenso wie bei den staatlichen Beeinträchtigungen der Menschenwürde handelt es sich um Fälle, die den zivilisatorischen Konsens über den Umgang untereinander aufkündigen. Das ist nicht schon der Fall bei überspitzter oder gar polemischer Kritik. Das BVerfG betont daher, dass Schmähkritik lediglich in Ausnahmefällen angenommen werden kann,[118] da insoweit auch die Polemik zumeist in Verbindung mit der Sache steht. **781**

Beispiele: Die Bezeichnung einer mit einem Ermittlungsverfahren betrauten Staatsanwältin als „durchgeknallt, widerwärtig, boshaft und dümmlich" darf nicht als Schmähkritik angesehen werden, wenn die Äußerungen einen Bezug zum Verfahren (hier: Beantragung eines Haftbefehls) haben (BVerfG, 2016, 2870 Rn 18 = JK 12/2016). Gleiches gilt für den Hinweis auf das „dämliche Grinsen" eines Richters (BVerfG, NJW 2021, 301 Rn 24 ff). **782**

Wenn keine Schmähkritik vorliegt, müssen die wertungsoffenen Tatbestandsmerkmale des einfachen Rechts („Beleidigung"; „Wahrnehmung berechtigter Interessen" etc) anhand der konkreten Umstände des Einzelfalls mittels einer Abwägung zwischen Meinungsfreiheit und Persönlichkeitsrechten konkretisiert werden.[119] Dabei gelten im Wesentlichen folgende Parameter:[120] **783**

- *Grad der Persönlichkeitsbeeinträchtigung:* Sie ist stärker, wenn die Äußerung die Integrität der Person und nicht einzelne ihrer Verhaltensweisen betrifft[121] oder wenn eine abfällige Äußerung ins Internet gestellt wird und nicht nur im persönlichen Zwiegespräch erfolgt ist[122]; sie wiegt weniger schwer,[123] wenn der Betroffene die Auseinandersetzung durch Äußerungen in der Öffentlichkeit selbst ausgelöst hat.
- *Bedeutung der Äußerung für die öffentliche Auseinandersetzung:* Bei Meinungsäußerungen, die eine die Öffentlichkeit wesentlich berührende Frage betreffen, geht das BVerfG von einer „Vermutung zugunsten der freien Rede"[124] aus, möchte daraus aber keinen generellen Vorrang der Meinungsfreiheit vor Persönlichkeitsrechten ableiten. Es betont allerdings, dass die Meinungsfreiheit sich aus dem besonderen Schutzbedürfnis der Machtkritik ergeben habe; daher seien die Grenzen zulässiger Kritik an Politikern weiter zu ziehen als bei Privatpersonen.[125]

---

115 KG Berlin, MMR 2020, 867; vgl bereits E 75, 369/380 zu Art. 5 Abs. 3.
116 E 97, 391/403 f.
117 BVerfG, NJW 2020, 2622 Rn 17 ff.
118 E 93, 266/294.
119 BVerfG, NJW 2020, 2622 Rn 26.
120 BVerfG, NJW 2020, 2622 Rn 26 ff; *Hufen*, JuS 2021, 282/284 ff; *Ladeur*, JZ 2020, 943/944 f.
121 EGMR, NJW 2014, 3501/3502 (Brosa/Deutschland) (= JK 5/2015); BVerfG, NVwZ 2016, 761 Rn 29.
122 BVerfG, NJW 2020, 2622 Rn 30 ff.
123 BVerfG, NJW 2020, 2622 Rn 28.
124 E 93, 266/294 f; NJW 2020, 2622 Rn 16.
125 BVerfG, NJW 2020, 2622 Rn 16, 26, 29 ff; dazu *Rixen*, Jura 2020, 1151/1161.

– *Inhalt der Äußerung:* Wenn Äußerungen über andere wahr sind, müssen deren Persönlichkeitsinteressen regelmäßig zurücktreten, und sie müssen es besonders, wenn die Äußerungen außerdem für die Persönlichkeitsentfaltung des Äußernden wichtig sind.[126]

– *Anlass der Äußerung:* Das Gewicht der Meinungsfreiheit ist größer, wenn die Äußerungen im Rahmen einer hitzigen Diskussion von Rede und Gegenrede als wenn sie nach längerem Vorbedacht gefallen sind;[127] die spontane Äußerung wird hier also stärker gewichtet als die geplante.

784 Speziell für die Ausübung der *Medienfreiheiten* stellt sich bei der Abwägung mit Persönlichkeitsrechten die Frage des Rechercheaufwands vor der Publikation. Die Medien haben die Verpflichtung, Tatsachenbehauptungen zu prüfen, die die Persönlichkeitsrechte Dritter betreffen;[128] die Anforderungen an die Sorgfalt steigen mit der Intensität der Persönlichkeitsbeeinträchtigung.[129] Zivil- und strafrechtliche Bestimmungen zum Schutz der Ehre, die unwahre Äußerungen untersagen, dürfen aber nicht im Sinne einer so hohen Darlegungslast des Äußernden interpretiert werden, dass sie sich auf den generellen Gebrauch des Grundrechts der Meinungsfreiheit abschreckend auswirken.[130] So muss die Berufung auf unwidersprochene Pressemitteilungen ausreichen,[131] solange deren Unwahrheit vom Angegriffenen nicht substantiiert dargelegt und bewiesen ist.[132] Ggfs ist dem Äußernden aber zuzumuten, auch nach Abschluss umfassender Recherchen kenntlich zu machen, dass die verbreiteten Behauptungen durch das Ergebnis eigener Nachforschungen nicht gedeckt sind oder kontrovers beurteilt werden.[133] – Boykottaufrufe (Rn 725) können grundrechtlich geschützt sein, wenn nicht Machtmittel eingesetzt werden, die dem Aufruf etwa durch Ausnutzung sozialer oder wirtschaftlicher Abhängigkeit Nachdruck verleihen sollen, oder wenn der Boykottaufruf nicht vorwiegend eigenen wirtschaftlichen Interessen dient.[134]

785 Auch für die Pressefreiheit gilt, dass sie bei Äußerungen mit besonderer Relevanz für die Öffentlichkeit besonderen Schutz genießt (vgl Rn 783); allerdings ist zu berücksichtigen, dass dieses Interesse mit zunehmendem Zeitablauf abnehmen kann, etwa bei einer Berichterstattung über lange zurückliegende Straftaten.[135] Tendenziell tritt die Pressefreiheit in der Abwägung gegenüber dem Recht der persönlichen Ehre eher bei Bild- als bei Wortveröffentlichungen zurück.[136] Dies gilt im Anschluss an die Kritik, die der EGMR[137] an der früheren Rechtsprechung[138] geübt hatte, auch für Persönlichkeiten des öffentlichen Lebens, wenn die Veröffentlichung keinen Beitrag zur öf-

---

126 E 97, 391/401 ff.
127 BVerfG, NJW 2020, 2622 Rn 33.
128 EGMR, EuGRZ 2016, 23/26 (Kieser u. Tralau-Kleinert/Deutschland).
129 BVerfG, NJW 2016, 3360 Rn 21.
130 E 85, 23/34.
131 E 85, 1/21 f.
132 E 99, 185/199.
133 BVerfG, NJW 2016, 3360 Rn 22.
134 E 25, 256/264 f; BGH, NJW 2016, 1584/1585 f.
135 BVerfG, NJW 2020, 2873 Rn 19 f.
136 BVerfG, NJW 2011, 740 Rn 52; 2012, 756 Rn 19.
137 EGMR, NJW 2004, 2647 (Caroline von Hannover/Deutschland).
138 E 101, 361.

fentlichen Meinungsbildung leistet.[139] Bei Äußerungen über Jugendliche ist zwar deren besondere Schutzbedürftigkeit zu berücksichtigen;[140] es gibt aber keine Regelvermutung, dass das Informationsinteresse der Öffentlichkeit gegenüber dem Anonymitätsinteresse zurücktreten muss.[141] – Gesteigerte Bedeutung hat der Persönlichkeitsschutz im Gerichtsverfahren, und zwar vor allem im Strafverfahren, weil sich Angeklagte hier unfreiwillig der Öffentlichkeit stellen müssen.[142]

b) Zensurverbot (Art. 5 Abs. 1 S. 3)

Zu den allgemeinen, bei allen Grundrechtseingriffen geltenden Schranken-Schranken tritt für Art. 5 Abs. 1 und 2 mit dem Zensurverbot eine spezielle Schranken-Schranke hinzu. Sie gilt entsprechend ihrer systematischen Stellung grundsätzlich für alle Grundrechte des Abs. 1. Auf die Informationsfreiheit will das BVerfG diese Vorschrift hingegen nicht anwenden. Das Zensurverbot schütze „der Natur der Sache nach" nur den Hersteller eines Geisteswerkes, nicht aber dessen Bezieher und Leser[143].   **786**

Zensur iSd Art. 5 Abs. 1 S. 3 ist ein präventives Verfahren, „vor dessen Abschluss ein Werk nicht veröffentlicht werden darf"[144]. Dazu gehören auch Eingriffe in die Grundrechte des Abs. 1, deren Folgen einem präventiven Verfahren faktisch gleichkommen.[145] Erfasst ist nur die sog *Vor- oder Präventivzensur*.[146] Nachträgliche Kontroll- und Repressionsmaßnahmen (Nachzensur) sind dagegen solange zulässig, als sie sich im Rahmen der dargestellten Schranken des Art. 5 Abs. 2 halten; daher sind die Regelungen des Netzwerkdurchsetzungsgesetzes, die Anbieter sozialer Netzwerke verpflichten, rechtswidrige Inhalte zeitnah zu löschen, keine Zensur.[147]   **787**

Aus der dogmatischen Einordnung des Zensurverbots als Schranken-Schranke folgt, dass es selbst nicht den Schranken Art. 5 Abs. 2 unterliegen kann. Erwägungen, die etwa eine Zensur durch Jugend- und Ehrschutzbestimmungen für zulässig halten wollen, sind daher abzulehnen.[148]   **788**

Lösungsskizze zum Fall 10 (Rn 719): I. Der *Schutzbereich* des Art. 5 Abs. 1 S. 1 Hs. 1 ist einschlägig, da das Tragen einer Ansteckplakette mit der Aufschrift „Atomkraft? Nein Danke!" eine Meinungsäußerung darstellt. – II. Die Untersagungsverfügung beinhaltet das Verbot gegenüber L, seine Meinung auf eine bestimmte Art, nämlich durch das Tragen der Plakette im Schulbereich zu äußern, und ist daher ein *Eingriff*. – III. Die Untersagungsverfügung auf der Grundlage der genannten Norm ist *verfassungsrechtlich gerechtfertigt*, wenn diese Vorschrift durch die Schranken des Art. 5 Abs. 2 gedeckt ist und auch ihre Anwendung im konkreten Fall nicht gegen die Meinungsfreiheit verstößt. 1. § 53 des Bundesbeam-   **789**

---

139 E 120, 180/200 ff; gebilligt in EGMR, NJW 2012, 1053 (Caroline von Hannover/Deutschland).
140 E 101, 361/385.
141 BVerfG, NJW 2012, 1500 Rn 40.
142 E 103, 44/68; NJW 2012, 2178 Rn 19.
143 Vgl E 27, 88/102; 33, 52/65 ff; *Grabenwarter*, MD, Art. 5 Abs. 1, 2 Rn 128; aA *Deumeland*, KUR 2001, 121/123.
144 E 87, 209/230.
145 *Bethge*, SA, Art. 5 Rn 135b; unklar E 87, 209/232 f.
146 *Jarass*, JP, Art. 5 Rn 77; *Stern*, StR IV/1, S. 1480 ff; aA *Hoffmann-Riem*, AK, Art. 5 Rn 93.
147 Anders etwa *Warg*, DÖV 2018, 473/479 ff.
148 E 33, 52/72.

tengesetzes und die ihm entsprechenden landesrechtlichen Vorschriften müssten „*allgemeine Gesetze*" iSd Art. 5 Abs. 2 sein. In der Auseinandersetzung zwischen Abwägungslehre und Sonderrechtslehre ist grundsätzlich der Letzteren der Vorzug zu geben. Die genannten Normen über die Mäßigungs- und Zurückhaltungspflicht des Beamten verfolgen keinen missionarischen Eingriffszweck; sie bezwecken nicht, den Einzelnen zu bestimmten Meinungsinhalten zu bekehren oder von bestimmten Meinungsinhalten abzubringen. Sie stellen auch kein diskriminierendes Eingriffsmittel dar, da sie nicht die Wertlosigkeit oder Schädlichkeit von Meinungsinhalten zu Tatbestandsvoraussetzungen von Eingriffen machen. Sodann müssen sie sich als geeignet und erforderlich zur Erreichung eines legitimen Zwecks begründen lassen, ohne dass die Begründung auf den inhaltlichen Wert und die geistige Wirkung von Meinungsinhalten abstellt. Zweck dieser Vorschrift ist, die Funktionsfähigkeit des Beamtentums dadurch zu gewährleisten, dass zum einen im Rahmen des Dienstbetriebs störende politische Auseinandersetzungen vermieden werden und dass zum andern das Vertrauen der Öffentlichkeit in die politische Neutralität der Amtsführung nicht beeinträchtigt wird. Dies ist als hergebrachter Grundsatz des Berufsbeamtentums iSd Art. 33 Abs. 5 (vgl Rn 1285) ein legitimer Zweck. Ob die Eignung und Erforderlichkeit der Mäßigungs- und Zurückhaltungspflicht begründet werden kann, ohne dass auf die geistige Wirkung abgestellt wird, lässt sich bezweifeln; denn bei den befürchteten Störungen des Dienstbetriebs geht es nicht um Handgreiflichkeiten, sondern um Geistiges, und auch bestehendes oder mangelndes Vertrauen der Bevölkerung sind geistige Phänomene. Die Rechtfertigung gelingt nur, wenn auf den Unterschied von Form und Inhalt und darauf abgestellt wird, dass der Beamte jeden Meinungsinhalt äußern kann und lediglich in der Form der Äußerung Mäßigung und Zurückhaltung wahren muss. Dass diese Pflicht gänzlich unangemessen wäre, ist nicht erkennbar. – 2. Die *Anwendung* der Bestimmung auf L könnte den Art. 5 Abs. 1 S. 1 Hs. 1 verletzen, insbesondere könnte sie unverhältnismäßig sein. Die Verwirklichung des Zwecks der Mäßigungs- und Zurückhaltungspflicht hängt vor allem von zwei Faktoren ab: ob die Meinungsäußerung innerhalb oder außerhalb des Dienstes getätigt wurde und welches konkrete Amt der Beamte bekleidet. Die normativen Anforderungen an die Amtsführung eines beamteten Lehrers werden neben den allgemeinen beamtenrechtlichen Pflichten durch die landesrechtlichen Vorschriften über den Erziehungsauftrag der öffentlichen Schule und die Grundrechte der Eltern und Schüler bestimmt. Daraus ergibt sich als Inhalt der Mäßigungs- und Zurückhaltungspflicht für Lehrer besonders, dass sie die Schüler nicht indoktrinieren, dh nicht autoritär, einseitig und unsachlich beeinflussen dürfen. Das Plakettentragen stellt nicht die in der öffentlichen Schule gebotene sachlich-argumentative, diskursive Auseinandersetzung mit strittigen politischen und weltanschaulichen Fragen dar und ist insofern als Verstoß gegen die beamtenrechtliche Mäßigungs- und Zurückhaltungspflicht zu werten (BVerwGE 84, 292/296 ff). Die Gegenauffassung (zB VG Berlin, NJW 1979, 2629/2630) argumentiert, dass die Gefahr der einseitigen Beeinflussung durch das Tragen von Plaketten nicht größer sei als bei sonstigen Meinungsäußerungen des Lehrers im Unterricht; dabei wird übersehen, dass auch sonstige Meinungsäußerungen jedenfalls nicht einseitig beeinflussend sein dürfen. Die Untersagungsverfügung verletzt den L nicht in seiner Meinungsfreiheit.

790 Literatur: *H. Bethge*, Die Freiheit des privaten Rundfunks, DÖV 2002, 673; *J. Buchheim*, Rechtlicher Richtigkeitsschutz, Staat 2020, 159; *M. Bullinger*, Freiheit von Presse, Rundfunk, Film, Hdb. StR³ VII, § 163; *D. Dörr*, Informationsfreiheit, Hdb. GR IV, § 103; *M. Eifert*, Die Rundfunkfreiheit, Jura 2015, 356; *V. Epping/S. Lenz*, Das Grundrecht der Meinungsfreiheit (Art. 5 I 1 GG), Jura 2007, 881; *C. Fiedler*, Die formale Seite der Äußerungsfreiheit, 1999; *B. Geier*, Grundlagen rechtsstaatlicher Demokratie im Bereich der Medien, Jura 2004, 182; *C. Hillgruber*, Die Meinungsfreiheit als Grundrecht der Demokratie, JZ 2016, 495; *M. Hoch-*

huth, Die Meinungsfreiheit im System des Grundgesetzes, 2007; *W. Hoffmann-Riem*, Regelungsstrukturen für öffentliche Kommunikation im Internet, AöR 2012, 509; *M. Jestaedt*, Meinungsfreiheit, Hdb. GR IV, § 102; *A. Koreng*, Zensur im Internet, 2010; *S. Korte*, Die dienende Funktion der Rundfunkfreiheit in Zeiten medialer Konvergenz, AöR 2014, 384; *K.-H. Ladeur*, Die Kollision von Meinungsfreiheit und Ehrenschutz in der interpersonalen Kommunikation, JZ 2020, 943; *M. Nolte/C. J. Tams*, Grundfälle zu Art. 5 I 1 GG, JuS 2004, 111, 199, 294; *S. Rixen*, Entgrenzte Meinungsfreiheit, reduzierter Persönlichkeitsschutz, Jura 2020, 115; *F. Schoch*, Das Grundrecht der Informationsfreiheit, Jura 2008, 25; *T. Vesting*, Die Rundfunkfreiheit und die neue Logik der „Content-Curation" in elektronischen Netzwerken, JZ 2020, 975; *S. Wirtz/S. Brink*, Die verfassungsrechtliche Verankerung der Informationszugangsfreiheit, NVwZ 2015, 1166.

§ 14   Kunst- und Wissenschaftsfreiheit (Art. 5 Abs. 3)

Fall 11: Der Sprayer (nach BVerfG, NJW 1984, 1293)   791

S praktiziert eine Spray-Kunst, die ihn heimlich auf die Fassaden von Büro- und Geschäftshäusern bizarre, vom Betrachter durchaus als künstlerisch aussagestark empfundene Gestalten sprühen lässt. Die Eigentümer sehen dadurch ihre Büro- und Geschäftsgebäude beschädigt. Als S schließlich gefasst wird, wird er wegen Sachbeschädigung zu Freiheitsstrafe verurteilt. Verletzt die Verurteilung sein Grundrecht der Kunstfreiheit? **Rn 818**

I.   Überblick

Art. 5 Abs. 3 S. 1 enthält zwei Grundrechte, nämlich die Kunstfreiheit und die Wissenschaftsfreiheit, wobei Wissenschaft der Oberbegriff für Forschung und Lehre ist.[1] Art. 5 Abs. 3 S. 2 normiert, dass die Freiheit der Lehre nicht von der Treue zur Verfassung entbindet; dies stellt eine Schutzbereichsbegrenzung dar. Kunst- und Wissenschaftsfreiheit unterliegen keinem Gesetzesvorbehalt.   792

Zu Art. 5 Abs. 3 S. 1 hat das BVerfG festgestellt, er enthalte „zunächst eine objektive ... wertentscheidende Grundsatznorm. Zugleich gewährleistet die Bestimmung jedem, der in diesem Bereich tätig ist, ein individuelles Freiheitsrecht"[2]. Das ist ein weder durch den Wortlaut geforderter noch mit der Systematik oder der Tradition verträglicher Vorrang der objektiv-rechtlichen vor der subjektiv-rechtlichen Grundrechtsfunktion. Auch die Freiheiten der Kunst und der Wissenschaft sind wie die Pressefreiheit (Rn 722) in erster Linie subjektive Rechte.[3]   793

---

1   E 35, 79/113.
2   E 30, 173/188; vgl auch E 35, 79/112.
3   Vgl *Hufen*, Hdb. GR IV, § 101 Rn 36; *Löwer*, Hdb. GR IV, § 99 Rn 40.

II. Schutzbereiche

1. Kunstfreiheit

a) Begriff

794 Die Bemühungen in Rechtsprechung und Schrifttum, eine allgemein gültige **Definition der Kunst** zu entwickeln, waren bislang vergebens. Zunehmend setzt sich auch die Einsicht durch, dass eine solche Definition gar *nicht möglich* ist.

795 Das *BVerfG* war noch im Mephisto-Beschluss von der Definierbarkeit der Kunst ausgegangen: „Das Wesentliche der künstlerischen Betätigung ist die freie schöpferische Gestaltung, in der Eindrücke, Erfahrungen, Erlebnisse des Künstlers durch das Medium einer bestimmten Formensprache zu unmittelbarer Anschauung gebracht werden"[4]. In neuerer Zeit betont das BVerfG aber die „Unmöglichkeit, Kunst generell zu definieren"[5]. Es verwendet nebeneinander mehrere Kunstbegriffe:
- den von ihm als material bezeichneten Kunstbegriff der Mephisto-Entscheidung,
- einen von ihm formal genannten Kunstbegriff, der das „Wesentliche eines Kunstwerks" darin sieht, dass es einem bestimmten Werktyp (Malen, Bildhauen, Dichten, Theaterspielen usw) zugeordnet werden kann,
- einen gewissermaßen offenen Kunstbegriff, der „das kennzeichnende Merkmal einer künstlerischen Äußerung darin sieht, dass es wegen der Mannigfaltigkeit ihres Aussagegehalts möglich ist, der Darstellung im Wege einer fortgesetzten Interpretation immer weiter reichende Bedeutungen zu entnehmen, sodass sich eine praktisch unerschöpfliche, vielstufige Informationsvermittlung ergibt"[6].

796 Den Anachronistischen Zug, die schauspielerische Darstellung eines Gedichts von Bertolt Brecht, subsumiert das *BVerfG* unter alle drei Kunstbegriffe. Es lässt offen, welcher Definition der Kunst es folgen will, wenn die verschiedenen Kunstbegriffe miteinander in Konflikt geraten. Immerhin stellt es im Fortgang der Entscheidungsbegründung immer wieder auf die Interpretationsfähigkeit, die Interpretationsbedürftigkeit und die vielfältigen Interpretationsmöglichkeiten des Anachronistischen Zugs ab und steht damit dem *offenen Kunstbegriff* nahe.[7] Dessen Vorzug liegt nicht zuletzt darin, dass er auch die innere Rechtfertigung für die vorbehaltlose Gewährleistung der Kunstfreiheit erkennen lässt: Weil die Kunst vielfältig interpretierbar ist, entbehrt sie weithin der eindeutigen Aussage- und Stoßrichtung, die sie mit anderen Rechten, Gütern und Interessen in Konflikt bringen und einzuschränken verlangen würde.

797 Im *Schrifttum* hat jeder der drei Kunstbegriffe seine Vertreter.[8] Ferner wird nach dem sog Kriterium der Drittanerkennung verfahren und die Frage, ob ein Gegenstand ein Kunstwerk ist, davon abhängig gemacht, dass ein in Kunstfragen kompetenter Dritter es für vertretbar hält, den Gegenstand als Kunstwerk anzusehen.[9] Schließlich wird die Kunstfreiheit auch als Definitionsverbot verstanden, das dem Staat verwehrt, dem

---

4 E 30, 173/188 f.
5 E 67, 213/225.
6 E 67, 213/226 f.
7 E 67, 213/228 ff; vgl auch E 81, 278/291 ff; *v. Arnauld*, Hdb. StR³ VII, § 167 Rn 11.
8 Vgl die Nachweise E 67, 213/226 f.
9 *Wendt*, MüK, Art. 5 Rn 144.

Kommunikationsprozess Kunst seine Vorstellungen von richtiger, wahrer und guter Kunst aufzuzwingen.[10] Angesichts der Verschiedenheit der Kunstbegriffe besteht auch im Schrifttum weitgehend Einigkeit darüber, dass die Gewährleistung der Kunstfreiheit offen verstanden werden muss und auch ungewöhnliche und überraschende Ausdrucksformen umfassen kann (Happening, satirischer Aufkleber, pornografische Provokation, Dufterzeugnis, Spraybild usw). Aber auch der offene Kunstbegriff ist nicht grenzenlos. Das Tarotkartenlegen im öffentlichen Straßenraum mag auf tiefgründige Kommunikationen zielen, aber richtet sich nicht auf eine „fortgesetzte Interpretation des Gesprächs in der Art, dass sich ihm immer weiterreichende, auch abstrakter werdenden Bedeutungen entnehmen ließen"[11].

b) Umfang der Gewährleistung

Der Einzelne muss nicht als Künstler anerkannt sein, Kunst nicht als Beruf ausüben und seine Produkte weder publizieren oder ausstellen noch sonst öffentlich darbieten. Tut er Letzteres allerdings, dann wird es von der Kunstfreiheit geschützt (*Wirkbereich* im Unterschied zum *Werkbereich*).[12] Auch Akte der Vorbereitung der Produktion, zB das Üben, sind geschützt.[13] Das BVerfG erstreckt den Schutz der Kunstfreiheit sogar vom Künstler auf diejenigen, die eine „unentbehrliche Mittlerfunktion" zwischen Künstler und Publikum ausüben.[14] Dagegen ist der bloße Kunstkonsum nicht mehr gewährleistet.[15]

798

Beispiele: Der Schutz der Kunstfreiheit erstreckt sich auf das Verlegen eines Romans (E 30, 173/191; 119, 1/20 f), die Werbung für das Kunstwerk (E 77, 240/251) und das Herstellen von Schallplatten (E 36, 321/331), nicht aber auf die Durchsetzung kommerzieller Interessen durch ein Tonträgerunternehmen (BVerfG, NJW 2006, 596/597) oder den Parkplatz-, Restaurations- und Garderobenservice im Theater (aA *Michael/Morlok*, GR, Rn 240).

799

Die vorbehaltlose Gewährleistung mit ihren Problemen der Rechtfertigung von Eingriffen macht eine besonders *sorgfältige Bestimmung des Schutzbereichs* notwendig. Das BVerfG hat einmal, ohne dies in seiner übrigen Rechtsprechung zu wiederholen und zu vertiefen, mit Blick auf einen Konflikt zwischen Kunst- und Eigentumsfreiheit ausgeführt: Die „Reichweite erstreckt sich aber von vornherein nicht auf die eigenmächtige Inanspruchnahme oder Beeinträchtigung fremden Eigentums zum Zwecke der künstlerischen Entfaltung (sei es im Werk- oder Wirkbereich der Kunst)"[16]. Das muss ebenso bei der *eigenmächtigen Beeinträchtigung* von fremdem Leib und Leben, fremder Ehre und Freiheit gelten. Es „kann sich Kunst auch ohne Beschädigung fremden Eigentums entfalten" – diese Aussage, in der „kann" auch „muss" bedeutet, geht

800

---

10 *Knies*, Schranken der Kunstfreiheit als verfassungsrechtliches Problem, 1967, S. 214 ff; *Hoffmann*, NJW 1985, 237.
11 VGH Mannheim, NJW 2019, 2875/2878.
12 E 30, 173/189 im Anschluss an *Müller*, S. 97 ff.
13 *v. Arnauld*, Hdb. StR³ VII, § 167 Rn 45.
14 E 30, 173/191; *Hufen*, Hdb. GR IV, § 101 Rn 41 ff; aA *Müller*, S. 101.
15 Vgl BVerfG, NJW 1985, 263 f; *Starck/Paulus*, MKS, Art. 5 Rn 438; aA *v. Arnauld*, Hdb. StR³ VII, § 167 Rn 49.
16 BVerfG, NJW 1984, 1293/1294; ebenso BVerwG, NJW 1995, 2648/2649; *Murswiek*, Staat 2006, 473/496 f; krit *Kloepfer*, VerfR II, § 62 Rn 13; *Lenski*, Jura 2016, 35/37 f und *Wittreck*, DR, Art. 5 II (Kunstfreiheit) Rn 49.

in ihrer Konsequenz über das Eigentum hinaus. Auch wenn das BVerfG diese Beschränkung des Schutzbereichs verworfen hat,[17] kommt ihr für die Bestimmung des vorbehaltlosen Schutzes der Kunstfreiheit eine wichtige Bedeutung zu. Dies schließt nicht aus, dass einfach-rechtliche Regelungen des Eigentums einer kunstspezifischen Auslegung bedürfen können. So ist der genretypischen Nutzung von Musiksamples urheberrechtlich Rechnung zu tragen, wenn sie die Verwertungsinteressen des Urhebers des geistigen Eigentums allenfalls in geringem Maße berühren.[18] Einem Selbstmissverständnis dürfte das BVerfG jedoch unterliegen, wenn es aus dieser Sozialbindung des Eigentums pauschal folgert, dass „sich die Reichweite der Kunstfreiheit auch auf die eigenmächtige Inanspruchnahme oder Beeinträchtigung fremden Eigentums zum Zwecke der künstlerischen Entfaltung"[19] erstreckt.

801 Soweit lediglich *auch sonst erlaubtes Verhalten* zur Herstellung und Darbietung von Kunst eingesetzt wird, darf es nicht mit Eingriffen nur deshalb belastet werden, weil es für die Kunst genutzt wird. Das ist nicht etwa eine überflüssige zusätzliche Garantie des ohnehin schon Erlaubten. Es schützt die spezifische Anstößigkeit und Provokation, die in der Kunst mit der Mannigfaltigkeit ihres Aussagegehalts stecken kann. Denn im Zusammenhang mit dem offenen Kunstbegriff bedeutet Kunstfreiheit im gekennzeichneten Sinn, dass der rechtlichen Würdigung von mehreren möglichen Interpretationen eines Kunstwerks diejenige zu Grunde zu legen ist, in der das Kunstwerk fremde Rechte *nicht beeinträchtigt*.[20] Ist das Kunstwerk in dieser einen Interpretation erlaubt, dann ist auch das Herstellen und Darbieten des Kunstwerks erlaubtes Verhalten; die ebenfalls möglichen, uU anstößigen und provokativen weiteren Interpretationen sind nur Folge der spezifisch künstlerischen Betätigung des erlaubten Verhaltens und genießen den Schutz der Kunstfreiheit. Soweit die Ausübung der Kunstfreiheit über das allgemein erlaubte Verhalten hinausgeht und in Rechte Dritter eingreift, müssen die Rechte Dritter einen wirksamen Schutz erfahren.[21] Dieser entspricht zwar grundsätzlich dem der allgemeinen Rechtsordnung, kann aber eine kunstspezifische Betrachtung erfordern.[22]

802 **Beispiele:** Unzulässig wären nicht nur das Verbot einer Kunst als entartet, das Absprechen der Kunstqualität wegen pornografischen Inhalts (E 83, 130/138 f), das Erfordernis einer Sondernutzungserlaubnis für Straßenkunst, wo andere Formen des kommunikativen Straßenverkehrs erlaubnisfrei sind (VGH Mannheim, NJW 1989, 1299; enger BVerwGE 84, 71/73 f), Anforderungen an die künstlerische Gestaltung von Bauwerken, wenn diese bauplanungs- und bauordnungsrechtlich zulässig sind. Unzulässig wäre auch, einen literarischen Text schlicht als Abbild der Wirklichkeit zu nehmen und in seinen negativen Gestalten persönlichkeitsverletzende Porträts lebenswirklicher Vorbilder zu sehen; bei kunstgemäßer Beurteilung literarischer Texte gilt eine Vermutung für deren Fiktionalität (E 119, 1/28; NVwZ 2008, 549 Rn 11). Unzulässig wäre weiter, die tiefere Bedeutung von künstlerischer Satire und Ironie mit der interpretatorischen Elle eines angeblich gesunden Menschenverstandes zu messen und Verletzungen des Ehr-, Persönlichkeits- oder auch Staatsschutzes anzunehmen, wo es auch andere, symbolische und meta-

---

17 E 142, 74 Rn 90 = JK 11/2016.
18 E 142, 74 Rn 86; dazu auch EuGH, EU:C:2019:624 – Pelham; BGH, NJW 2020, 3248; *von Weschpfennig*, Jura 2017, 705.
19 BVerfG, NJW 2021, 1939 Rn 21 (= JK 10/2021).
20 E 67, 213/230; 81, 298/307.
21 E 119, 1/23.
22 E 142, 74 Rn 90.

phorische Interpretationen gibt. Die Collage, bei der ein Mann auf die anlässlich eines Gelöbnisses von Soldaten gezeigte Bundesflagge uriniert, muss nicht den Staat und die verfassungsmäßige Ordnung angreifen, sondern kann als Satire lediglich dem Militärdienst und den Militäreinrichtungen gelten (E 81, 278/294); eine satirische Nachdichtung des Deutschlandliecs muss dieses nicht der Lächerlichkeit preisgeben, sondern kann Widersprüche zwischen Anspruch und Wirklichkeit anprangern wollen und dabei den Idealen des Deutschlandlieds gerade verpflichtet sein (E 81, 298/306 f). Verfehlt ist es, mit dem BVerfG seit E 75, 369/377 ff bei Satire und Karikatur zwischen Aussagekern und Einkleidung zu unterscheiden und beide verschiedenen Maßstäben zu unterwerfen (auch den Maßstab für die Einkleidung verletzt sieht LG Hamburg, ZUM – RD 2017, 412/415 ff; krit *Brauneck*, ZUM 2016, 710 ff); was auch immer Kunst sein mag, sie ist jedenfalls Einheit von Form und Inhalt (vgl auch *Nolte*, EuGRZ 1988, 253; *Gärtner*, Was die Satire darf, 2009). Anders als konventionelle Ausdrücke gilt sie gerade dem Ausdruck in einer spezifischen Form, die sich nicht von einem Inhalt abstrahieren lässt. Das Abstellen allein auf einen vorgeblichen Aussagekern erlaubt keine Grenzen mehr für die Diffamierung durch den richtigerweise maßgeblichen Gesamteindruck.

Die erwähnte Bestimmung der Reichweite des Schutzbereichs der Kunstfreiheit durch das BVerfG berührt sich mit einer älteren, die das kunstspezifische Verhalten durch die Ausgrenzung dessen zu bestimmen versucht, was bloß *bei Gelegenheit* der künstlerischen Betätigung geschieht, nur im äußeren Zusammenhang mit ihr steht.[23]   **803**

Beispiele: Der Bildhauer, der den Marmor, und der Musikant, der das Instrument stiehlt, tut dies nur im Zusammenhang mit seiner künstlerischen Betätigung; der Maler, der sein 13-jähriges Modell verführt, handelt lediglich bei Gelegenheit seines Kunstschaffens. – Wer ein Happening dadurch veranstaltet, dass er die Bahnschranke zerstört und dadurch Zug und Bus zusammenstoßen lässt, handelt allerdings in diesem Sinn nicht nur bei Gelegenheit oder im Zusammenhang seines künstlerischen Schaffens. Ein solches Happening fällt nur beim bundesverfassungsgerichtlichen Verständnis von Kunstfreiheit aus dem Schutzbereich heraus.   **804**

2. Wissenschaftsfreiheit

a) Begriff

Wissenschaft ist jede Tätigkeit, die „nach Inhalt und Form als ernsthafter und planmäßiger Versuch zur Ermittlung der Wahrheit anzusehen ist"[24]. Diese Formel setzt voraus, dass   **805**

– das Merkmal „ernsthaft" zur Geltung bringt, dass Wissenschaft stets einen gewissen Kenntnisstand voraussetzt und pflegt;
– das Merkmal „planmäßig" im Sinne methodisch geordneten Denkens verstanden wird;
– die Ermittlung der Wahrheit wesentlich davon lebt, dass die Erkenntnisse in den öffentlichen Diskurs gegeben[25] und dort kritisch infrage gestellt werden.

Demnach ist *Wissenschaft* der ernsthafte, auf einem gewissen Kenntnisstand aufbauende Versuch der Ermittlung wahrer Erkenntnisse durch methodisch geordnetes, kritisch reflektierendes und diskursives Denken.[26] Dabei ist zu beachten, dass die Wahr-   **806**

---

23 *Müller*, S. 104 ff; vgl auch *Stern*, StR IV/2, S. 695.
24 E 35, 79/113; 47, 327/367; 90, 1/12.
25 E 111, 333/354; 122, 89/105 f.
26 Vgl *Gärditz*, MD, Art. 5 Abs. 3 Rn 91; *Stern*, StR IV/2, S. 747.

heitsermittlung und ihre Methode und Kritik selbst wieder Gegenstand der Wissenschaft sind und sich wandeln können. Auch der Prozess der Wissenschaft gewinnt immer wieder ungewöhnliche und überraschende Inhalte und Formen, auch der Wissenschaftsbegriff ist insofern offen. Nicht offen ist er hingegen gegenüber der Missachtung der Regeln wissenschaftlicher Redlichkeit wie der Fälschung und Manipulation von Forschungsergebnissen und der Verletzung des geistigen Eigentums. Solches Fehlverhalten, das die Glaubwürdigkeit des Wissenschaftsbetriebes zu beschädigen geeignet ist, fällt schon nicht in den Schutzbereich des Grundrechts.[27]

b) Umfang der Gewährleistung

807 Art. 5 Abs. 3 S. 1 schützt „den Prozess der Gewinnung und Vermittlung wissenschaftlicher Erkenntnisse"[28]. Dieser kann, muss aber nicht an Hochschulen stattfinden.[29] Träger des Grundrechts sollen neben Wissenschaftlern (an den Hochschulen also Professoren und wissenschaftliche Mitarbeiter) auch Studierende sein,[30] freilich in funktionsspezifisch unterschiedlichem, auf den Typ der Hochschule und die Aufgabe in ihr abstellendem Umfang.[31] Obwohl juristische Personen des öffentlichen Rechts sind auch die *staatlichen Hochschulen* und ihre *Fakultäten* sowie sonstige staatliche Forschungseinrichtungen (wie etwa Max-Planck-Institute) aus Art. 5 Abs. 3 S. 1 grundrechtsberechtigt (Rn 241). Das Gleiche muss für *private Hochschulen* gelten.[32] In seiner Ausgestaltungsfunktion verlangt Art. 5 Abs. 3 S. 1 eine Organisation der Hochschulen und eine Ausstattung der Hochschullehrer,[33] die es erlauben, die von wissenschaftsfremden Motiven unbeeinflusste Eigengesetzlichkeit der Wissenschaft zur Geltung zu bringen.[34] Das Grundrecht schützt so wissenschaftsrelevante (Mit-)Entscheidungsbefugnisse wie etwa die Festlegung von Lehrinhalten in Satzungen,[35] begründet aber keine gesonderten Beteiligungsansprüche im Rahmen von hochschulrelevanten Gesetzgebungsverfahren.[36]

808 *Außerhalb der Hochschule* ist der Unterricht an allgemein bildenden Schulen nicht von Art. 5 Abs. 3 erfasst, und zwar auch dann nicht, wenn er in höheren Klassen ein wissenschaftliches Gepräge besitzt. Denn Art. 7 Abs. 1 ist insoweit als lex specialis anzusehen (vgl Rn 878); pädagogische Freiheit kann es nur auf Grund einfach-gesetzlicher Gewährleistung geben.[37] Hingegen genießen Wissenschaftler in staatlichen und privaten Forschungseinrichtungen, von den Ressortforschungsanstalten über die Labors des Chemiegiganten bis zu den ökologischen Instituten der Umweltschützer, ebenfalls Grundrechtsschutz[38] wie auch der einzelne Privatgelehrte.

---

27 BVerwGE 147, 292/301; *Rixen*, NJW 2014, 1058/1059 f.
28 E 35, 79/111 f.
29 *Britz*, DR, Art. 5 III (Wissenschaftsfreiheit) Rn 22.
30 *Fehling*, BK, Art. 5 III (Wissenschaftsfreiheit) Rn 121; *Glaser*, Staat 2008, 213/221.
31 Vgl E 54, 363/380 ff; 126, 1/19 ff.
32 *Jarass*, JP, Art. 5 Rn 141.
33 E 111, 333/362.
34 Vgl E 35, 79/114 f.
35 BVerfG, NVwZ 2015, 1444 Rn 19 ff (= JK 4/2016).
36 E 139, 148 Rn 56.
37 Vgl *Rux*, Die pädagogische Freiheit des Lehrers, 2002.
38 Vgl *Thieme*, DÖV 1994, 150; *Stern*, StR IV/2, S. 752.

Auch bei der Wissenschaftsfreiheit macht die Vorbehaltlosigkeit der Gewährleistung die besonders sorgfältige Bestimmung des Schutzbereichs erforderlich. Denn Art. 5 Abs. 3 S. 2 begrenzt die Reichweite des Schutzbereichs nur für den Teilbereich der *Lehre* und hat selbst insoweit nur eine beschränkte Bedeutung: Von seiner Entstehungsgeschichte her soll Art. 5 Abs. 3 S. 2 nur eine die Verfassung vom Katheder aus verächtlich machende, diffamierende und verunglimpfende Politik verwehren, aber die Freiheit auch kritischer Äußerungen lassen.[39] Im Übrigen geht es auch bei der Wissenschaftsfreiheit um die Frage, ob eine wissenschaftliche Betätigung, die eigenmächtig fremde Rechte beeinträchtigt, noch in den Schutzbereich fällt.[40] Die Frage besitzt hier allerdings nicht dieselbe Brisanz wie bei der Kunstfreiheit: Wissenschaft ist spezialisierter, stilisierter und abgehobener als Kunst, die alles und jedes zu ihrem Inhalt und Gegenstand macht. Denkbar sind *eigenmächtige Beeinträchtigungen* von fremdem Leib, Leben und Eigentum, fremder Ehre und Gesundheit aber auch hier. **809**

Beispiele: Für den Sozialwissenschaftler mag es ergiebig sein, soziale Situationen durch den Einsatz unerlaubten technischen Geräts zu belauschen und zu beobachten; beim Arzt ist an Menschenversuche und an genetische Manipulationen zu denken (vgl *Sobota*, in: FS Kriele, 1997, S. 367). **810**

Es spricht viel dafür, die Reichweite des Schutzbereichs bei der Wissenschaftsfreiheit nicht anders als bei der Kunstfreiheit zu bestimmen. Auch sie gilt der spezifischen *wissenschaftlichen Betätigung erlaubten Verhaltens.* Wiederum ist dies nicht etwa die überflüssige zusätzliche Erlaubnis des ohnehin schon Erlaubten. Denn auch Wissenschaft kann mit ihrem kritischen und der Wahrheit verpflichteten Anspruch von einer Anstößigkeit und Provokation sein, die spezifischen Schutzes bedarf. **811**

III. Eingriffe und Ausgestaltungen

Eingriffe in die *Kunstfreiheit* können wie die Eingriffe in die Grundrechte von Art. 5 Abs. 1 durch Verbote, Sanktionen und (schutzbereichsverkürzende) tatsächliche Maßnahmen erfolgen (vgl Rn 757 f). Sie können sowohl das Herstellen (Werkbereich) als auch das Darbieten (Wirkbereich) der Kunst treffen. **812**

Beispiele: Bestrafung der Darstellung des Kanzlerkandidaten F.J. Strauß im Anachronistischen Zug als Beleidigung (E 67, 213/222 ff); Verbot des Vertriebs des Romans „Mephisto" von Klaus Mann, weil er das Persönlichkeitsrecht von Gustaf Gründgens verletzte (E 30, 173/188 ff). **813**

Wissenschaft setzt institutionelle Strukturen voraus,[41] und sie erfordert Regelungen, die die Eigengesetzlichkeit der Wissenschaft schützen und ihre notwendige Distanz zum Staat gewährleisten.[42] Die Wissenschaftsfreiheit ist daher ein normgeprägtes **814**

---

39 *Schlink*, Staat 1976, 335/352 f.
40 Bejahend *Britz*, DR, Art. 5 III (Wissenschaftsfreiheit) Rn 28; *Fehling*, BK, Art. 5 Abs. 3 (Wissenschaftsfreiheit) Rn 147; verneinend *Lorenz*, in: FS Lerche, 1993, S. 267/274 f; diff. nach Evidenz *Löwer*, Hdb. GR IV, § 99 Rn 15.
41 *Britz*, DR, Art. 5 III (Wissenschaftsfreiheit) Rn 80 ff.
42 *Britz*, DR, Art. 5 III (Wissenschaftsfreiheit) Rn 86 ff; *Fehling*, BK, Art. 5 III (Wissenschaftsfreiheit) Rn 186 ff; *Lindner*, Jura 2018, 240/243 ff.

Grundrecht, das auf einfach-rechtliche *Ausgestaltung* angewiesen ist (Rn 341 ff). Sie hält den Gesetzgeber an, durch organisationsrechtliche Regelungen Wissenschaft zu ermöglichen, zugleich aber die notwendige Distanz zu wahren, um den Eigengesetzlichkeiten von Wissenschaft Raum zur Entfaltung einzuräumen.[43] Insbesondere verlangt sie für die Zusammensetzung und Entscheidungsfindung der Hochschulgremien Strukturen, die Verletzungen der individuellen Freiheit des einzelnen Wissenschaftlers von vornherein verhindern.[44] Die Wissenschaftsfreiheit wird ferner durch Regelungen ausgestaltet, die die Qualität von Forschung und Lehre sicherstellen. Dazu zählen neben der Evaluation von Lehrveranstaltungen durch Studierende auch die Überprüfung der fachlichen Qualifikation des Lehrpersonals[45] und der Qualität von Forschungsergebnissen, solange sie selbst wissenschaftlichen Standards genügt und Teil entweder von Prüfungs-, Bewerbungs-, Disziplinar- und ähnlichen Verfahren oder des wissenschaftlichen Diskurses ist.[46]

815 Einen *Eingriff* die Wissenschaftsfreiheit sieht das BVerfG hingegen in der Pflicht zur Akkreditierung von Studiengängen. Dafür lässt sich anführen, dass darin eine präventive Kontrolle von Studieninhalten liegt,[47] die Gewinnung und Weitergabe von Erkenntnis aber immanenter Bestandteil von Wissenschaft ist[48] und daher insoweit keiner gesetzlichen Ausgestaltung bedarf. Gesetzliche Lehrziel- und Lehrstoffvorgaben sind dementsprechend erst dann Eingriffe in die Wissenschaftsfreiheit, wenn sie den wissenschaftlich Lehrenden nicht mehr die Freiheit der Aufbereitung und Darbietung des Stoffs, der Wahl von Lehrmethoden und -mitteln lassen,[49] oder ihnen einen anderen Lehrauftrag oder ein anderes Fach übertragen.[50]

IV. Verfassungsrechtliche Rechtfertigung

816 Art. 5 Abs. 3 ist kein Gesetzesvorbehalt beigefügt. Für die *Kunstfreiheit* folgt daraus, dass Eingriffe nur, aber immerhin durch *kollidierendes Verfassungsrecht* gerechtfertigt werden können.[51] Dabei bedarf es einer kunstspezifischen Prüfung, die danach fragt, inwieweit das künstlerische Werk als Darstellung der Realität aufzufassen und dementsprechend geeignet ist, persönlichkeitsverletzend zu sein.[52] Auch das BVerfG verlangt „staatliche Eingriffe umso weniger zuzulassen, je näher die umstrittene Handlung dem Kern der Kunstfreiheit zuzuordnen ist und je mehr sie sich im Bereich des Schaffens" (im Unterschied zum Bereich des Wirkens) abspielt.[53] Eine ähnliche

---

43 *Britz*, DR, Art. 5 III (Wissenschaftsfreiheit) Rn 86 ff; *Fehling*, BK, Art. 5 III (Wissenschaftsfreiheit) Rn 186 ff; *Lindner*, Jura 2018, 240/243 ff.
44 E 35, 79/112 ff, 120 ff; 111, 333/353 ff; 127, 87/114 ff; 136, 338 Rn 57 ff; 139, 148 Rn 68; BVerwGE 135, 286/296 f; 144, 171/178 f; VerfGH BW, NVwZ 2017, 403; krit gegenüber starren Organisationsvorgaben *Stumpf*, DÖV 2017, 620 ff.
45 E 96, 205/214.
46 BVerfG, NJW 2000, 3635; BVerwGE 102, 304/311.
47 E 141, 143 Rn 50 ff; *Quapp*, DÖV 2017, 271/272.
48 E 35, 79 (113).
49 BVerwG, NVwZ-RR 2006, 36; vgl auch E 93, 85/97.
50 E 122, 89/107 ff; 126, 1/27.
51 E 30, 173/193.
52 *Bülow*, S. 160 ff.
53 E 77, 240/254.

Je-desto-Formel gilt auch für die Kollision zwischen Kunstfreiheit und Persönlichkeitsrecht bei Literatur, die die Lebenswirklichkeit zum Vorbild nimmt; je stärker Abbild und Urbild übereinstimmen und je privater das Urbild abgebildet wird, desto eher ist das Persönlichkeitsrecht gegenüber der Kunstfreiheit zu schützen.[54]

Die *Wissenschaftsfreiheit* wird durch Organisations- und Verfahrensregelungen näher ausgestaltet; für diese interne Zwecke verfolgenden Bestimmungen gilt der Gesetzesvorbehalt nicht (Rn 440). Regelungen hingegen, die einen externen Zweck wie etwa den Tierschutz verfolgen, greifen in die Wissenschaftsfreiheit ein und können lediglich durch kollidierendes Verfassungsrecht wie Art. 20a gerechtfertigt werden.

817

Lösungsskizze zum Fall 11 (Rn 791): I. Nach sowohl dem materialen und dem formalen als auch dem offenen Kunstbegriff und dem sog Kriterium der Drittanerkennung könnten die Spray-Werke in den *Schutzbereich* der Kunstfreiheit fallen. Wird dieser jedoch mit der früheren Rechtsprechung des BVerfG in seiner Reichweite durch die Rechte anderer begrenzt und damit auf die spezifisch künstlerische Betätigung erlaubten Verhaltens bezogen, handelt der Spray-Künstler nicht mehr im Schutzbereich der Kunstfreiheit. Damit wäre die Lösung schon gewonnen: Eine Verletzung der Kunstfreiheit scheidet aus. Mittlerweile sieht das BVerfG aber den Schutzbereich der Kunstfreiheit nicht mehr durch die Rechte anderer begrenzt (BVerfG, NJW 2021, 1739 Rn 21, Rn 800). Folgt man dem, ist der Schutzbereich der Kunstfreiheit berührt. – II. Die Verurteilung zu Freiheitsstrafe ist Sanktion für die Produktion der Spray-Werke und also ein *Eingriff* in den Schutzbereich. – III. Die *verfassungsrechtliche Rechtfertigung* des Eingriffs in den vorbehaltlos gewährleisteten Art. 5 Abs. 3 kann nur in kollidierendem Verfassungsrecht gefunden werden. Das „Eigentumsgrundrecht (enthält) gleichfalls eine Verbürgung von Freiheit; nach den vom Grundgesetz getroffenen Wertungen steht es nicht prinzipiell hinter der Freiheit der Kunst zurück" (BVerfG, NJW 1984, 1293/1294). In der Kollision zwischen Kunst- und Eigentumsfreiheit erscheint es gerechtfertigt, die Kunstfreiheit jenseits der Grenze der Strafbarkeit hinter der Eigentumsfreiheit zurücktreten zu lassen. Es bleibt also bei dem Ergebnis, dass eine Verletzung der Kunstfreiheit ausscheidet.

818

Literatur: Zur Kunstfreiheit: *A. v. Arnauld*, Freiheit der Kunst, Hdb. StR³ VII, § 167; *F. Hufen*, Kunstfreiheit, Hdb. GR IV, § 101; *K. S. Bülow*, Persönlichkeitsrechtsverletzungen durch künstlerische Werke, 2013; *H. Kobor*, Grundfälle zu Art. 5 III GG, JuS 2006, 593, 695; *S. Lenski*, Die Kunstfreiheit des Grundgesetzes, Jura 2016, 35; *F. Müller*, Freiheit der Kunst als Problem der Grundrechtsdogmatik, 1969; *C.-W. Neubert*, Zwischen Mohammed-Karikaturen, „Körperwelten" und „Flüchtlinge Fressen": Zur öffentlichen Zurschaustellung provokanter Werke, Jura 2017, 882; *B. Pieroth*, Kunstfreiheit im Verfassungswandel, 2021. – **Zur Wissenschaftsfreiheit:** *M. Blankenagel*, Wissenschaft zwischen Information und Geheimhaltung, 2001; *H. Dähne*, Forschung zwischen Wissenschaftsfreiheit und Wirtschaftsfreiheit, 2007; *M.-E. Geis*, Autonomie der Universitäten, Hdb. GR IV, § 100; *F. Hufen*, Wissenschaft zwischen Freiheit und Kontrolle, NVwZ 2017, 1265; *A.-K. Kaufhold*, Die Lehrfreiheit – ein verlorenes Grundrecht?, 2006; *J. F. Lindner*, Das Grundrecht der Wissenschaftsfreiheit, Jura 2018, 240; *W. Löwer*, Freiheit wissenschaftlicher Forschung und Lehre, Hdb. GR IV, § 99; *U. Mager*, Freiheit von Forschung und Lehre, Hdb. StR³ VII, § 166; *M. Nettesheim*, Grund und Grenzen der Wissenschaftsfreiheit, DVBl. 2005, 1072; *H. H. Trute*, Die Forschung zwischen grundrechtlicher Freiheit und staatlicher Institutionalisierung, 1994.

819

---

54 E 119, 1/29 ff; *Wittreck*, DR, Art. 5 III (Kunstfreiheit) Rn 65 f; krit *Vosgerau*, Staat 2009, 107.

§ 15   Schutz von Ehe und Familie (Art. 6)

820   **Fall 12: Streit um ein Pflegekind**

Ein zweijähriges Kind wurde zu Pflegeeltern gegeben, nachdem seinen leiblichen Eltern wegen drohender Verwahrlosung des Kindes gem. § 1666 Abs. 3 BGB das Aufenthaltsbestimmungsrecht entzogen worden war. Später verbesserten sich die Lebensverhältnisse der leiblichen Eltern wesentlich; sie wollten das inzwischen fünfjährige Kind wieder zu sich nehmen. Im Rechtsstreit zwischen leiblichen Eltern und Pflegeeltern ordnete das Familiengericht gem. § 1632 Abs. 4 BGB die Herausgabe des Kindes an die leiblichen Eltern an. Hierzu waren die Pflegeeltern nicht bereit. Ist ihre auf Art. 6 gestützte Verfassungsbeschwerde begründet? **Rn 858**

I.   Überblick

821   Art. 6 betrifft Ehe und Familie, Eltern und Kinder in verschiedenen Hinsichten. Abs. 1 verbürgt grundsätzlich und allgemein den Schutz von Ehe und Familie durch die staatliche Ordnung. Abs. 2 und 3 gelten als leges speciales der Beziehung zwischen Eltern und Kindern in ihrer pflegerischen und erzieherischen Funktion (Abs. 2) und ihrer Grundlage räumlichen Zusammenseins (Abs. 3). Abs. 4 hebt unter den Eltern die Mutter hervor und räumt für die besonderen Belastungen von Schwangerschaft, Geburt und Stillzeit einen besonderen Anspruch auf Schutz und Fürsorge ein. Abs. 5, die Forderung nach Gleichstellung unehelicher Kinder, trifft sich mit Abs. 2 und 3 in dem Anliegen, dass die Entwicklungsbedingungen der Kinder nicht durch Defizite der familiären Situation beeinträchtigt werden sollen.

822   In Art. 6 treffen auch verschiedene grundrechtliche Funktionen (zu ihnen allgemein Rn 107 ff) zusammen. Abs. 1 und Abs. 2 S. 1 enthalten *Abwehrrechte* und sichern die Freiheit des ehelichen und familiären Zusammenlebens gegen staatliche Eingriffe; Abs. 2 S. 2 enthält einen qualifizierten Gesetzesvorbehalt und Abs. 3 eine Schranken-Schranke. Abs. 1, 4 und 5 wirken in ihrer objektiv-rechtlichen Funktion als Diskriminierungsverbote. Abs. 1 und 4 formulieren mit der Verbürgung von Schutz für Ehe und Familie bzw des Anspruchs der Mutter auf Schutz und Fürsorge aber auch *Schutzrechte*. Sie verlangen neben der grundrechtskonformen Auslegung (vgl Rn 9) eine gesetzgeberische Umsetzung zur Erfüllung des Schutzes und erweisen sich damit als *Gesetzgebungsaufträge*. Umgekehrt spricht Abs. 5 einen Gesetzgebungsauftrag aus, der jedoch in der Rechtsprechung des BVerfG in einen unmittelbaren Anspruch auf Gleichbehandlung umgeschlagen ist (vgl Rn 627). Schließlich enthält Abs. 1 *Institutsgarantien* und beschränkt dadurch nochmals die gesetzgeberische Gestaltungsmacht bei der Regelung ehelicher und familiärer Rechtsbeziehungen.

823   Als Verfassungsnorm soll Art. 6 dem Staat für den Umgang mit Ehe und Familie, Eltern und Kindern verbindliche Maßstäbe vorgeben. Zugleich sind die Beziehungen der Ehe, in der Familie und zwischen Eltern und Kindern aber stets schon vom Staat rechtlich geregelte Beziehungen. Obwohl der Bereich von Ehe und Familie dem Staat nicht unverfügbar vorausliegt, sondern von ihm mitkonstituiert wird, soll er gegenüber dem Staat gesichert sein – hierin liegt das Grundproblem der Interpretation von Art. 6.

II. Abwehrrechte

1. Schutzbereiche

a) Die **Ehe** in Art. 6 Abs. 1 ist zugleich soziales und rechtliches Gebilde. Als *sozia-* **824**
les Gebilde ist sie die Gemeinschaft, die einen Mann und eine Frau nach beiderseiti-
ger Absicht und gegenseitigem Versprechen umfassend und – zwar nicht ausnahmslos, aber doch grundsätzlich – lebenslang verbindet. Bereits als soziales Gebilde erfasst der Ehebegriff des Art. 6 Abs. 1 allerdings nicht gleichgeschlechtliche Paare,[1]
auch wenn das einfache Recht in § 1353 Abs. 1 S. 1 BGB die Ehe im Sinn des Zivilrechts auf sie erstreckt. Durch die zivilrechtliche Ausweitung des Ehebegriffs fallen
verfassungs- und einfach-rechtlicher Ehebegriff bis zu einer entsprechenden Verfassungsänderung auseinander.[2] Grundsätzlich kann das Zivilrecht die Ehe zwar ausgestalten (Rn 164, 167, 836 f), doch es kann nicht über den verfassungsrechtlichen Ehebegriff verfügen, der nach seinem historischen und genetischen Gehalt als Institutsgarantie lediglich die Verbindung von einer Frau und einem Mann erfasst (Rn 853).
Doch auch nicht jedes auf Dauer angelegte Zusammenleben von einer Frau mit einem
Mann fällt nach allgemeiner, schon vom Verfassungsgeber geäußerter und vom
BVerfG bekräftigter Auffassung unter den Begriff der Ehe. Die Ehe ist vielmehr zugleich *rechtliches Gebilde*; der Verfassung liegt insoweit „das Bild der ‚verweltlich-
ten' bürgerlich-rechtlichen Ehe" zugrunde, die in der rechtlich vorgesehenen Form
geschlossen wird.[3]

Dieser Ehebegriff drückt ein Idealbild aus. Fraglich ist, wie *Abweichungen vom Ideal-* **825**
bild, die es sowohl nach der rechtlichen als auch nach der sozialen Seite gibt, zu beurteilen sind.

Beispiele: Eine Deutsche und ein Engländer werden in Deutschland von einem englischen **826**
Geistlichen getraut. Sie leben zunächst in England, später in Deutschland und gehen stets von
der Rechtswirksamkeit ihrer Ehe aus. Auch ihre Umwelt betrachtet und behandelt sie als Ehe-
paar, bei der Geburt ihres Kindes stellt der deutsche Standesbeamte die entsprechenden Urkun-
den aus. Als die Frau nach dem Tod ihres Mannes Rente beansprucht, lehnt die zuständige Ver-
sicherungsanstalt ab, weil die Eheschließung nach deutschem Recht unwirksam ist. Auch eine
derartige sog hinkende, dh nach deutschem Recht unwirksame, nach fremdem Recht wirksame
Ehe fällt in den Schutzbereich von Art. 6 Abs. 1, nicht aber eine nach beiden Rechten unwirksame Ehe (E 62, 323/329 ff; BVerwGE 123, 18/20). In den Schutzbereich von Art. 6 Abs. 1
fällt auch die sog Schein-, Namens- oder Aufenthaltsehe, die zwar in der rechtlich vorgesehenen Form, aber ohne Absicht lebenslanger Verantwortungsgemeinschaft nur zur Weitergabe
des Namens oder zur Verhinderung der Abschiebung eines Ausländers geschlossen wird. Allerdings sieht § 1314 Abs. 2 Nr. 5 iVm § 1310 Abs. 1 S. 2 Hs. 2 BGB vor, dass der Standesbeamte sie nicht schließen darf und sie aufgehoben werden kann, und im Ausländerrecht wird
zwischen den tatsächlich gelebten und den bloßen Scheinehen bei Aufenthalts-, Nachzugs- und
Ausweisungsfragen differenziert (vgl E 76, 1/58 ff; BVerfG, DVBl. 2003, 1260). Die Mehrehe
kann wie die hinkende Ehe am verfassungsrechtlichen Ehe- und auch Familienschutz teilhaben
(BVerwGE 71, 228/231 f; *Heiderhoff*, MüK. Art. 6 Rn 252; *Robbers*, MKS, Art. 6 Rn 42).

---

1   E 105, 313/345 f.
2   AA etwa *Bäumerich*, DVBl. 2017, 1457/1461 ff; *Pschorr/Drechsler*, Jura 2018, 122/124 ff; Erweite-
    rung des Ehebegriffs in Art. 6 Abs. 1 durch Verfassungswandel.
3   E 53, 224/245.

827 Sowohl die *hinkende* als auch die *Namens-* oder *Scheinehe* in den Schutzbereich einzubeziehen, leuchtet ein: Würde der verfassungsrechtliche Ehebegriff den einfachrechtlichen schlicht abbilden, dann wäre das Verfassungsrecht dem einfachen Recht nicht mehr über-, sondern untergeordnet; würde der verfassungsrechtliche Ehebegriff auf die persönlichen Motive abstellen, dann müssten diese erforscht und gewertet werden und nähme das Grundrecht als Freiheitsrecht Schaden. Die Abweichungen lassen als entscheidenden Gesichtspunkt hervortreten, dass die Partner für ihr Verhältnis zueinander die *öffentliche Anerkennung als Ehe* gesucht und gefunden haben.[4]

828 Nichteheliche Lebensgemeinschaften stehen verfassungsrechtlich unter dem Schutz von Art. 2 Abs. 1.[5] Sie dürfen, wenn bei ihnen in den Not- und Wechselfällen des Lebens gegenseitiges Einstehen erwartet werden kann („Verantwortungs- und Einstehensgemeinschaften"), einfach-rechtlich auch in bestimmten Fällen mit Ehen gleichbehandelt werden.[6] Art. 6 Abs. 1 gebietet aber – etwa bei der Stiefkindadoption – eine Gleichbehandlung nicht.[7] Bei gleichgeschlechtlichen Paaren ist eine einfach-rechtliche Anerkennung und formale Absicherung ihrer Lebensgemeinschaft durch das Lebenspartnerschaftsgesetz erfolgt, das nach der gefestigten Rechtsprechung des BVerfGs nicht mit Art. 6 Abs. 1 kollidiert, weil es sich an Personen wendet, die miteinander keine Ehe eingehen können. Es gibt danach kein verfassungsrechtliches Abstandsgebot zwischen der heterosexuellen Ehe und der Lebenspartnerschaft, weil die Anerkennung von Lebenspartnerschaften die Ehe weder schädigt noch beeinträchtigt.[8] Nachdem § 1353 Abs. 1 S. 1 BGB die Ehe einfach-rechtlich für gleichgeschlechtliche Paare geöffnet hat, gilt dies entsprechend auch für gleichgeschlechtliche Ehen. Sie fallen zwar nur unter den zivil-, nicht aber unter den verfassungsrechtlichen Begriff der Ehe (Rn 824). Die Ausweitung des einfach-rechtlichen Ehebegriffs ist auch keine Ausgestaltung der Ehe im verfassungsrechtlichen Sinne und vermag daher auch den verfassungsrechtlichen Ehebegriff nicht zu tangieren (Rn 836). Aber in der Linie der Rechtsprechung des BVerfGs wird der Ehe im verfassungsrechtlichen Sinne durch die Ausweitung des einfach-rechtlichen Ehebegriffs nichts genommen.[9] Auch ohne ein Abstandsgebot genießt die Ehe im Sinn von Art. 6 Abs. 1 ohne Einschränkung den „besonderen Schutz der staatlichen Ordnung" im Vergleich mit nicht formalisierten Beziehungen. Dann ist es verfassungsrechtlich auch zulässig, dass das einfache Recht über den verfassungsrechtlichen Ehebegriff hinausgeht.[10] Verpflichtet ist der Gesetzgeber dazu zwar nicht; das BVerfG hat aber schon vor der Änderung

---

4 Ebenso *v. Coelln*, SA, Art. 6 Rn 10; aA für die Scheinehe *Kloepfer*, VerfR II, § 67 Rn 7.
5 Vgl E 82, 6/16; 115, 1/24; 128, 109/125; *Kingreen*, Die verfassungsrechtliche Stellung der nichtehelichen Lebensgemeinschaft im Spannungsfeld zwischen Freiheits- und Gleichheitsrechten, 1995, S. 65 ff.
6 E 87, 234/265.
7 BVerfG, JZ 2019, 611 Rn 55 ff (= JK 10/2019), das aber eine Verletzung von Art. 3 Abs. 1 annimmt, Rn 61 ff.
8 E 105, 313/346 f; 124, 199/226; *Pieroth/Kingreen*, KritV 2002, 219/239; krit *Steiner*, Hdb. GR IV, § 108 Rn 37 f; *Stern*, StR IV/1, S. 486 ff.
9 *Pieroth/Kingreen*, KritV 2002, 219/232 ff.
10 So mit unterschiedlicher Begründung auch *Bäcker*, AöR 2018, 340/383 ff; *Brosius-Gersdorf*, DR, Art. 6 Rn 81; *Classen*, StR II, § 14 Rn 21; *Manssen*, StR II, Rn 482; *Pschorr/Drechsler*, Jura 2018, 122/129; *Schaefer*, AöR 2018, 394/417 ff. Anders etwa *von Coelln*, SA, Art. 6 Rn 6.

von § 1353 Abs. 1 S. 1 BGB strenge Anforderungen an die Ungleichbehandlung von Lebenspartnerschaften gegenüber der Ehe gestellt (Rn 626).

Der Schutzbereich der Ehe *reicht* von der Eheschließung mit einem selbst gewählten Partner[11] über das eheliche Zusammenleben bis zur Ehescheidung. Frei sind die Ehepartner bei Abschluss und Gestaltung eines gleichberechtigten Ehevertrags,[12] bei der Entscheidung, ob sie einen gemeinsamen Ehe-/Familiennamen führen wollen oder nicht und bei dessen Wahl,[13] bei der Bestimmung des räumlichen Zusammenlebens[14] und bei der Verteilung der Aufgaben in der Ehegemeinschaft.[15] Die Ehescheidung fällt in den Schutzbereich der Ehe, da sie die Wiedererlangung der Eheschließungsfreiheit bedeutet;[16] im Ehescheidungsfolgenrecht wirkt der Schutz der Ehe allerdings noch fort.[17] Schließlich wird als negative Eheschließungsfreiheit auch die Entscheidung geschützt, keine Ehe einzugehen.[18] 329

b) Familie ist das soziale *Beziehungsverhältnis zwischen Eltern und Kindern.* Geschützt ist nicht nur die Gemeinschaft von miteinander verheirateten Eltern, sondern auch von Lebenspartnerschaften[19] und von nichtehelichen Lebensgemeinschaften mit Kindern.[20] Unerheblich ist auch, ob die Kinder homolog oder heterolog gezeugt,[21] minder- oder volljährig,[22] aus Ein- oder Mehreche hervorgegangen[23] oder Adoptiv-, Stief- oder Pflegekinder sind.[24] Formfehler bei der Begründung der Adoptiv- oder Pflegeelternschaft schließen die Familienqualität nicht aus, sofern der entsprechende soziale Zusammenhalt gelebt und dafür die *öffentliche Anerkennung* gesucht und gefunden wurde. Der natürliche Zusammenhang genügt allein noch nicht; das Kind und sein Vater, der mit seiner Mutter nicht verheiratet ist, fallen unter den Familienbegriff des Art. 6 Abs. 1 nur, wenn die Vaterschaft von ihm anerkannt oder gerichtlich festgestellt wurde (rechtliche Vaterschaft) oder wenn er als zwar nicht rechtlicher aber leiblicher Vater (biologische Vaterschaft) zumindest eine Zeit lang tatsächlich Verantwortung für das Kind getragen hat.[25] Der biologische Vater ist aber selbst dann nicht Träger des Elternrechts; ihm ist lediglich verfahrensrechtlich die Möglichkeit zu eröffnen, die rechtliche Vaterschaft zu erlangen.[26] Die bloß rechtliche Vaterschaft genießt den Schutz von Art. 6 Abs. 2 S. 1, unabhängig von der Begründung einer sozial-familiären Beziehung.[27] 330

---

11 E 31, 58/67; 105, 313/342; BVerfG, NJW 2004, 2008/2010.
12 E 103, 89/101; vgl *Steiner,* Hdb. GR IV, § 108 Rn 13 ff.
13 Vgl mit einer Gleichheitsargumentation E 84, 9/21 ff.
14 E 114, 316/335.
15 E 105, 1/11.
16 E 53, 224/245; 55, 134/142.
17 E 53, 257/296; 108, 351/364.
18 *Kingreen,* Jura 1997, 401/402; *Robbers,* MKS, Art. 6 Rn 57; dagegen stellt E 56, 363/384 insoweit auf Art. 2 Abs. 1 ab; zust. *Ipsen,* Hdb. StR³ VII, § 154 Rn 59 ff; *Kloepfer,* VerfR II, § 67 Rn 28.
19 E 133, 59 Rn 61; *Jestaedt/Reimer,* BK, Art. 6 Abs. 2 und 3 Rn 205.
20 E 112, 50/65.
21 *Robbers,* MKS, Art. 6 Rn 79.
22 E 57, 170/178; 92, 158/176 ff.
23 BVerwGE 71, 228/231 f.
24 E 68, 176/187; 80, 81/90.
25 E 108, 82/112 ff.
26 E 108, 82/103 ff.
27 E 135, 48 Rn 90 ff (= JK 6/2014), dort zur behördlichen Anfechtung wegen der Umgehung aufenthaltsrechtlicher Vorschriften.

831 Das familiäre Beziehungsverhältnis muss nicht in einer Hausgemeinschaft gelebt werden; wird es aber in einer Hausgemeinschaft oder sonst in tatsächlicher enger familiärer Verbundenheit gelebt, dann umschließt der Familienbegriff *alle nahen Verwandten*, die einander dadurch verbunden sind. Seine frühere, schon immer zweifelhafte Rechtsprechung, die den Schutz von Art. 6 Abs. 1 auf die Kleinfamilie im Gegensatz zur namentlich auch die Großeltern einschließende Großfamilie beschränken wollte,[28] hat das BVerfG mittlerweile aufgegeben;[29] das ist auch mit Blick auf die gleichlautende Rechtsprechung des EGMR konsequent.[30]

832 Der Schutzbereich der Familie *reicht* von der Familiengründung bis in alle Bereiche des familiären Zusammenlebens und durch das Pflichtteilsrecht sogar darüber hinaus.[31] Er umfasst unter anderem die freie Entscheidung der Eltern, wann und wie viele Kinder sie haben wollen. Er begründet zudem etwa das Recht naher Verwandter, bei der Entscheidung über die Auswahl eines Vormundes oder eines Ergänzungspflegers vorrangig in Betracht gezogen zu werden.[32] Das BVerfG misst Art. 6 Abs. 1 allerdings abgestufte Schutzwirkungen zu, je nachdem ob es sich um eine Lebens- und Beistands- bzw, bei Minderjährigen, Erziehungsgemeinschaft oder um eine bloße Begegnungsgemeinschaft handelt.[33]

833 **c)** Wie die Eltern für das körperliche Wohl *(Pflege)* und für die seelische und geistige Entwicklung, die Bildung und Ausbildung *(Erziehung)* der Kinder sorgen wollen, ist im **Elternrecht** des Art. 6 Abs. 2 S. 1 gegenüber dem Schutzbereich der Familie zum eigenen Schutzbereich verselbstständigt. Träger des Elternrechts ist, wer in einem durch Abstammung oder durch einfach-gesetzliche Zuordnung begründeten Elternverhältnis zum Kind steht,[34] also auch zwei Personen gleichen Geschlechts, wenn sie gesetzlich als Elternteile eines Kindes anerkannt sind.[35] Das Grundrecht garantiert, dass primär die Eltern die für das Aufwachsen des Kindes wesentlichen Entscheidungen treffen. Sie haben etwa die Freiheit zu entscheiden, wie das Kind heißen soll,[36] ob es überwiegend von einem Elternteil allein, von beiden Eltern in wechselseitiger Ergänzung oder von einem Dritten betreut werden soll.[37] Die Auseinandersetzungen um die Gestaltung des Schulwesens haben Anlass gegeben, den Inhalt des Schutzbereichs näher zu bestimmen.

834 **Beispiele:** Vom Ausgangspunkt aus, dass hier eine „gemeinsame Erziehungsaufgabe" von Eltern und Schule vorliege (E 34, 165/183; 98, 218/244 f), hat das BVerfG den Eltern ein Wahlrecht zwischen verschiedenen Schulformen zuerkannt, das aber solange noch nicht verletzt wird, als es nicht bloß eine einzige Schulform mit einem einzigen Bildungsgang gibt (E 45, 400/416); nicht geschützt ist die Erwartung, dass ein bestimmter Bildungsgang an einer Schule auch zukünftig angeboten wird (BVerfG, NVwZ-RR 2016, 281 Rn 18). Insgesamt zurückhal-

---

23 E 48, 327/339.
29 E 136, 382 Rn 21 ff (= JK 12/2014); *Herzmann*, Jura 2015, 248/250.
30 EGMR, NJW 1979, 2449/2452 (Marckx/Belgien).
31 E 112, 332/352 f.
32 E 136, 382 Rn 24 (= JK 12/2014).
33 E 80, 81/90 f.
34 E 108, 82/100, 103.
35 E 133, 59 Rn 47 ff.
36 E 104, 373/385.
37 E 99, 216/231.

tend ist das BVerfG bei der verfassungsrechtlichen Begründung von elterlichen Mitwirkungsrechten in der Schule: Es versagt den Eltern die Mitwirkung bei der Einrichtung einer Förderstufe (E 34, 165/181 ff), bei der Neuordnung der Oberstufe (E 53, 185/195 ff), bei der Gestaltung des inhaltlichen und didaktischen Unterrichtsprogramms (E 45, 400/415 ff; 47, 46/71 f) und bei der schulischen Umsetzung der Rechtschreibreform (E 98, 218/244 ff); lediglich bei der Einführung eines fächerübergreifenden Sexualkundeunterrichts hat es aus dem Elternrecht einen Anspruch auf Information über Inhalt und Methode abgeleitet (E 47, 46/76). Die landesrechtlich normierten elterlichen Anhörungs- und Mitspracherechte in Art. 6 Abs. 2 S. 1 verankert zu sehen, wird im Schrifttum zuweilen gefordert (*Heiderhoff*, MüK, Art. 6 Rn 187), findet aber beim BVerfG keinen Anhalt (E 59, 360/380 f).

Das Elternrecht ist zugleich **Elternpflicht**. Die Eltern sind gem. Art. 6 Abs. 2 S. 1 ihrem Kind gegenüber zu dessen Pflege und Erziehung verpflichtet, und das BVerfG findet in dieser Bestimmung auch ein der Pflicht korrespondierendes **Grundrecht des Kindes**. Es schützt zusätzlich zu seinem allgemeinen Persönlichkeitsrecht gem. Art. 2 Abs. 1 iVm Art. 1 Abs. 1 den wichtigen familiären Bezug seiner Persönlichkeitsentwicklung, besonders beim Umgang mit getrennt lebenden Elternteilen[38] und begrenzt den elterlichen Entscheidungsspielraum bei Pflege- und Erziehungsentscheidungen, vor allem bei körperlichen Eingriffen wie der Beschneidung.[39]   **835**

2. Eingriffe und Ausgestaltungen

Weil Ehe und Familie zugleich soziale und rechtliche Gebilde sind, ist nicht jede ehe- und familienbezogene Regelung auch schon ein Eingriff. Vielmehr kann es sich um eine Regelung handeln, die Ehe und Familie als rechtliche Gebilde überhaupt erst rechtlich ausgestalten (vgl Rn 164 ff). Zu den *ausgestaltenden Regelungen* gehören die Normen des Ehe- und Familienrechts, die den grundrechtsinternen Zweck verfolgen, die Verfassungsinstitute von Ehe und Familie einfach-rechtlich zu konkretisieren. Als *Eingriffe* kommen hingegen solche Regelungen in Betracht, die andere Zwecke verfolgen als die Ausgestaltung der grundrechtlichen Schutzgüter.   **836**

Beispiele: Ausgestaltende Regelungen sind § 1353 Abs. 1 S. 2 BGB, der die Ehe als Verantwortungsgemeinschaft kennzeichnet, und § 1357 Abs. 1 BGB, wonach jeder Ehegatte berechtigt ist, Geschäfte zur angemessenen Deckung des Lebensbedarfs der Familie mit Wirkung auch für den anderen Ehegatten zu besorgen (E 81, 1/7). Auch die Regelungen des Ehescheidungsrechts gestalten die Ehe als rechtliches Gebilde (E 53, 224/245 ff) aus. Der Ausgestaltung der Ehe als Gemeinschaft zwischen Personen verschiedenen Geschlechts diente es, dass ein verheirateter Transsexueller, der sich geschlechtsändernden Operationen unterzogen hatte, die personenstandsrechtliche Anerkennung seiner neuen Geschlechtszugehörigkeit nur erhielt, wenn seine Ehe zuvor geschieden worden war (E 121, 175/198 ff). – Das Verbot entwürdigender Erziehungsmaßnahmen in § 1631 Abs. 2 BGB (dazu auch EGMR, NJW 2019, 1723 Rn 66 ff [Wetjn ua/Deutschland]) und die Pflicht eines Elternteils zum Umgang mit seinem Kind gem. § 1684 Abs. 1 BGB sind nur Ausgestaltungen dessen, was Art. 6 Abs. 2 S. 1 mit verantwortungsbewusster „Pflege und Erziehung" meint. Auch die familiengerichtliche Zuweisung des Sorgerechts gestaltet das elterliche Erziehungsrecht näher aus. Der klassische Eingriff in das elterliche Erziehungsrecht ist hingegen die Schulpflicht, denn mit ihr verfolgt der Ge-   **837**

---

38 E 121, 69/93; *Höfling*, Hdb. StR[3] VII, § 155 Rn 32.
39 *Hörnle/Huster*, JZ 2013, 328/332 ff; *Rixen*, NJW 2013, 257/258 f; *Windthorst*, StudK, Art. 6 Rn 52 ff, *Manok*, Die medizinisch nicht indizierte Beschneidung des männlichen Kindes, 2015, S. 92 ff.

setzgeber nicht das Ziel, die elterliche Erziehung näher auszugestalten, sondern das externe Ziel, den staatlichen Erziehungsauftrag zu erfüllen.

838 Die *Ausweisung von Ausländern*, die in der Bundesrepublik Deutschland verheiratet sind und/oder Kinder haben, und die Verweigerung des Nachzugs von ausländischen Ehegatten und Familienangehörigen sind nicht darum ein Eingriff, weil sie die Aufrechterhaltung des ehelichen bzw familiären Zusammenhalts in der Bundesrepublik Deutschland unmöglich machen.[40] Denn für Ausländer gehört der Aufenthalt in der Bundesrepublik Deutschland nicht zu dem durch Art. 6 Abs. 1 geschützten Verhalten, weil Art. 11 Abs. 1 das Freizügigkeitsrecht Deutschen vorbehält (Rn 1008, vgl aber Rn 201). Ausländer und Deutsche, die Ehen mit Ausländern schließen, müssen damit rechnen, dass das eheliche und familiäre Zusammenleben sich nicht stets in der Bundesrepublik Deutschland vollziehen kann.[41] In der Ausweisung oder Verweigerung des Nachzugs für volljährige Ehepartner oder Familienangehörige ist aber dann ein Eingriff in das Ehe- und Familiengrundrecht zu sehen, wenn es aus besonderen Umständen nicht möglich oder nicht zumutbar ist, die Ehe- bzw Familiengemeinschaft im Ausland zu verwirklichen.[42]

839 Für *minderjährige Kinder* gilt, dass ihre Minderjährigkeit sie grundsätzlich das Schicksal ihrer Eltern teilen lässt; gerade dieses Teilen des Schicksals ist durch Art. 6 Abs. 1 geschützt. Daher können Altershöchstgrenzen für den Kindernachzug (vgl § 32 AufenthG) nur in den Fällen Bestand haben, in denen der familiäre Zusammenhalt und die Abhängigkeit der Kinder von den Eltern ausnahmsweise schon unterhalb der Volljährigkeitsschwelle weitgehend gelöst ist. In den anderen Fällen sind sie ein unzulässiger Eingriff in Art. 6 Abs. 1.

3. Verfassungsrechtliche Rechtfertigung

840 **a)** Der Unterschied zwischen ausgestaltenden und eingreifenden Regelungen und Maßnahmen ist wichtig, weil *Ehe und Familie* in Art. 6 Abs. 1 **vorbehaltlos** geschützt werden. Lediglich beim *Elternrecht* ermächtigt Abs. 2 S. 2 implizit zu Eingriffen, indem er eine Pflicht der Eltern zur Pflege und Erziehung der Kinder begründet und die staatliche Gemeinschaft zum Wächter über die Betätigung der Pflicht einsetzt.[43] Aus rechtsstaatlichen Gründen darf auch von dieser Ermächtigung nur durch oder auf Grund Gesetzes Gebrauch gemacht werden.[44] Die staatlichen Regelungen und Maßnahmen müssen bei Eingriffen in das Elternrecht der Pflege und Erziehung der Kinder dienen; Art. 6 Abs. 2 S. 2 ist somit ein qualifizierter Gesetzesvorbehalt.

841 **aa)** Regelungen, die die Schutzgüter von **Ehe und Familie** *ausgestalten*, sind keine Eingriffe. Sie sind aber nach den allgemeinen, für Ausgestaltungen geltenden Grundsätzen (Rn 440 ff) am verfassungsrechtlichen Ehe- und Familienbegriff zu messen; entsprechen sie ihm nicht, so handelt es sich um eine verfassungswidrige Ausgestaltung.

---

40 E 76, 1/47; aA *Zuleeg*, DÖV 1988, 587.
41 Vgl *Renner*, NVwZ 2004, 792/795 ff.
42 Vgl BVerfG, NVwZ 2009, 387; BVerwGE 129, 367/373 ff.
43 *Erichsen*, S. 48; *Burgi*, FH, Art. 6 Rn 149 ff; aA *Klein*, Fremdnützige Freiheitsgrundrechte, 2003, S. 79 f, 88 f; *Ossenbühl*, S. 59 f, 76, 84.
44 E 107, 104/120; *Burgi*, Hdb. GR IV, § 109 Rn 43.

Beispiele: Für das ehemalige Eheverbot der Geschlechtsgemeinschaft hat das BVerfG weder **842** in der traditionellen Gestalt oder sozialen Funktion der Ehe noch in erbbiologischen Erkenntnissen hinreichende Gründe gefunden und daher die Vereinbarkeit mit Art. 6 Abs. 1 verneint (E 36, 146/161). Bei einer Orientierung an Tradition und Funktion werden der Wandel der Gesellschaft, der Wandel der Rollen und die grundrechtliche Gewährleistung der Gleichberechtigung von Mann und Frau (Art. 3 Abs. 2) bedeutsam (vgl Rn 609 ff). Das BVerfG hat daran den Stichentscheid des Ehemanns scheitern lassen (E 10, 59/66), die Haushaltsführungspflicht der Ehefrau problematisiert (E 48, 327/338) und die Festlegung eines Ehenamens für entbehrlich erklärt (E 84, 9/19). Dagegen hat es für das Verbot eines aus den Namen der Eltern gebildeten Doppelnamens für das Kind einen rechtfertigenden Grund in der Vermeidung von Namensketten gesehen (E 104, 373/390 f).

Regelungen, die Ehe und Familie belasten und die nicht dazu dienen, die grundrecht- **843** lichen Schutzgüter näher auszugestalten, sind *Eingriffe* und daher wegen der Vorbehaltlosigkeit des Grundrechts nur durch kollidierendes Verfassungsrecht (Rn 382) zu rechtfertigen.

Beispiele: Zölibatsklauseln, die Bereitschaftspolizisten die Eheschließung verboten, wurden **844** früher mit dem Anliegen gerechtfertigt, die Effizienz der polizeilichen Aufgabenerfüllung zu sichern (BVerwGE 14, 21/27 ff). Heute werden sie allerdings allgemein für unverhältnismäßig gehalten, weil vom Bereitschaftspolizisten nicht mehr verlangt werden kann, als dass er, ob unverheiratet oder verheiratet, seinen Dienst versieht (vgl *Richter*, AK, Art. 6 Rn 19; *Robbers*, MKS, Art. 6 Rn 52). Als durch das kollidierende Verfassungsrecht aus Art. 14 Abs. 1 gerechtfertigt erachtet das BVerfG die schadensersatzbewehrte Obliegenheit der Eltern als Inhaber eines Internetanschlusses, dasjenige ihrer Kinder zu benennen, das den Anschluss zu Urheberrechtsverletzungen missbraucht hat (NJW 2019, 1510 Rn 10 ff = JK 8/2019).

Auch wenn die *Ausweisung eines Ausländers*, die den ehelichen oder familiären Zu- **845** sammenhalt zerreißt, kein Eingriff in das Ehe- und Familiengrundrecht ist (vgl Rn 840 f), stellt das BVerfG sie doch unter den Grundsatz der Verhältnismäßigkeit. Es spricht in diesem Zusammenhang von Art. 6 Abs. 1 als wertentscheidender Grundsatznorm, die auch hier, wo das Abwehrrecht und die Institutsgarantie von Art. 6 Abs. 1 nicht greifen, die Berücksichtigung ehelicher und familiärer Bindungen verlangt.[45] Voraussetzung ist dabei, dass die eheliche Lebensgemeinschaft tatsächlich besteht und nicht als Scheinehe nur vorgetäuscht wird;[46] entsprechend müssen auch Eltern und Kinder lebensgemeinschaftlich verbunden sein. Die Ausweisung von Ausländern, die in Deutschland verheiratet sind, Kinder oder Eltern haben, bedarf umso wichtigerer Gründe, je verwurzelter die Ehe und/oder Familie in Deutschland sind. Ähnliches gilt für die Erteilung und Verlängerung einer Aufenthaltserlaubnis[47] und für Einbürgerungen.[48]

Beispiele: Ein Ausländer, dessen Ehepartner die deutsche Staatsangehörigkeit hat, darf nicht **846** wegen Bagatelldelikten ausgewiesen werden, und verstärkt spricht gegen die Ausweisung, wenn Kinder deutscher Staatsangehöriger vorhanden sind (E 51, 386/397 f). – Der Ausweisung eines Ausländers, der als Erwachsener von einem deutschen Staatsangehörigen adoptiert wird, steht die Adoption nicht entgegen, wenn sie nur eine Begegnungs-, wohl aber, wenn sie eine

---

45   E 76, 1/41 ff; BVerfG, NVwZ 2011, 870 Rn 4.
46   Vgl *Weichert*, NVwZ 1997, 1053.
47   BVerwGE 71, 228/232 ff; 105, 35/39 f; 133, 72/82.
48   BVerwGE 77, 164/171 ff; 84, 93/98 f.

Lebens- und Beistandsgemeinschaft begründet (E 80, 81/90 ff; BVerfG, BayVBl. 1996, 144). – Die Versagung einer Aufenthaltserlaubnis oder Aufenthaltsbefugnis an den nicht sorgeberechtigten ausländischen Vater eines deutschen Kindes aus geschiedener Ehe ist mit Art. 6 Abs. 1 vereinbar, weil das Verhältnis des Vaters zum Kind nicht mehr Lebens- und Erziehungs-, sondern bloße Begegnungsgemeinschaft ist (BVerfG, DVBl. 1989, 1246; BVerwGE 106, 13/19; vgl Rn 832).

847 Auch an abschlägige Entscheidungen der Aufenthaltsbehörden zum Nachzug von ausländischen Ehegatten und Familienmitgliedern sind umso höhere Anforderungen zu stellen, je verwurzelter der Ehegatte oder das Familienmitglied, zu dem der Nachzug angestrebt wird, in der Bundesrepublik Deutschland ist und je härter die abschlägige Entscheidung die eheliche und familiäre Gemeinschaft trifft.[49] Es macht auch einen Unterschied, ob der bereits in der Bundesrepublik Lebende Deutscher oder Ausländer ist, da für Deutsche der Schutz von Art. 11 greift[50] (Rn 1008). Ferner ist von Bedeutung, wie lange der Ausländer schon in der Bundesrepublik lebt, ob Kinder deutscher Staatsangehörigkeit da sind, ob die Kinder minderjährig sind und ob volljährige Kinder oder Eltern auf die in der Familiengemeinschaft geleistete Lebenshilfe angewiesen sind.

848 **bb)** Eingriffe in das **Elternrecht** sind zum einen gem. Art. 6 Abs. 2 S. 2 (vgl Rn 842) gerechtfertigt, wenn sie dem *Wohl des Kindes* dienen. Mit der Regelung des Sorgerechts, nach der die Eltern Rücksicht auf die zunehmende Einsichts- und Verantwortungsfähigkeit der Kinder nehmen müssen, trifft der Staat den Ausgleich zwischen dem Elternrecht und erstarkenden Grundrechten der heranwachsenden Kinder. Bei Interessenkollisionen zwischen dem Kind und seinen Eltern kommt den Interessen des Kindes grundsätzlich der Vorrang zu.[51] Der Eingriff in das Elternrecht des einen Elternteils, der in der Zuweisung des Sorgerechts an den anderen Elternteil liegt, kann durch das Kindeswohl gerechtfertigt sein. Den generellen Ausschluss eines gemeinsamen Sorgerechts hat das BVerfG in zwei Entscheidungen zu Recht als verfassungswidrig verworfen.[52] Allerdings ist es verfassungsgemäß, das nicht eheliche Kind bei seiner Geburt sorgerechtlich zunächst der Mutter zuzuordnen; der Vater darf aber nicht schon deshalb von der Sorgetragung ausgeschlossen werden, weil die Mutter dem nicht zustimmt.[53]

849 Eingriffe in das Elternrecht sind zum anderen durch *kollidierendes Verfassungsrecht* gerechtfertigt. In der Schulhoheit des Staates (Art. 7 Abs. 1) ist eine den Prinzipien der Toleranz und der Neutralität verpflichtete, von Indoktrination freie staatliche Erziehungsgewalt grundgelegt.[54] Sie rechtfertigt auch den Eingriff in das Elternrecht, der in der Schulpflicht der Kinder liegt,[55] nicht aber die Einführung einer allgemeinen Kindergartenpflicht.[56] Im Jugendstrafrecht rechtfertigt das BVerfG Eingriffe in das

---

49 E 76, 1/49 ff.
50 E 144, 141/150.
51 E 61, 358/378; 72, 122/137; 108, 82/102.
52 E 61, 358/375 betraf das gemeinsame Sorgerecht geschiedener, E 84, 168/181 das gemeinsame Sorgerecht nicht miteinander verheirateter Eltern.
53 E 127, 132/145 ff; aA noch E 107, 150/169 ff.
54 Vgl BVerfG, NVwZ 1990, 54; BVerwGE 79, 298/301.
55 BVerfG, DVBl. 2003, 999; *Hebeler/Schmidt*, NVwZ 2005, 1368.
56 *Hartman*, DVBl 2014, 478/480.

Elternrecht aus einem „Verfassungsgebot des strafrechtlichen Rechtsgüterschutzes"[57]; das überzeugt für Jugendstrafen unterhalb der Freiheitsstrafen (vgl Rn 852).

b) Die Trennung des Kindes von seinen Eltern ist der stärkste Eingriff in das Elternrecht und nach **Art. 6 Abs. 3** nur bei drohender Verwahrlosung zulässig; sie kann ihre Ursache im Versagen der Erziehungsberechtigten oder in anderen Gründen haben. Drohende Vernachlässigung setzt eine gegenwärtige erhebliche Gefahr einer Schädigung des Kindes voraus.[58] **850**

Die Schranken-Schranke des Art. 6 Abs. 3 muss auch für die *Adoption eines Kindes* gegen den Willen der Eltern gelten.[59] Die zwangsweise Adoption trennt das Kind nicht einfach von den falschen Eltern, um es den wahren zu geben. Bis zur Trennung sind die natürlichen Eltern die einzigen Eltern; die zwangsweise Adoption muss daher durch *drohende Verwahrlosung* gerechtfertigt werden können. Bei ihrer Annahme ist der Verhältnismäßigkeitsgrundsatz „strikt" zu wahren.[60] **851**

Die Auffassung, neben dem Versagen der Erziehungsberechtigten und der drohenden Verwahrlosung der Kinder gebe es noch *andere Trennungsgründe*, zB den Vollzug einer Freiheitsstrafe, ist mit Art. 6 Abs. 3 *nicht vereinbar*.[61] Vor Eintritt der Volljährigkeit verbietet Art. 6 Abs. 3 die Einberufung gegen den Willen der Erziehungsberechtigten, und bei der Verhängung einer Freiheitsstrafe verlangt er das Einverständnis der Erziehungsberechtigten, deren Versagen oder aus anderen Gründen drohende Verwahrlosung. **852**

c) Als Schranken-Schranke für ausgestaltende und zulässigerweise eingreifende Regelungen wirkt die **Institutsgarantie** der Ehe und Familie. Sie hat wie alle Institutsgarantien einen bewahrenden Gehalt. Die soziale und rechtliche Gestalt, die *Ehe und Familie* als Institute geschichtlich gewonnen haben, ist zwar nicht jeder Änderung durch den Gesetzgeber entzogen, muss aber im Kern intakt bleiben.[62] Daher kann die gleichgeschlechtliche Ehe nur durch eine Verfassungsänderung in den Schutz des Art. 6 Abs. 1 aufgenommen werden (Rn 824 ff). **853**

Beispiele: Dem staatlichen Zugriff entzogen sind die Gestalt der Ehe als Einehe, das Erfordernis des Einverständnisses bei Begründung der Ehe, die grundsätzlich lebenszeitige Dauer der Ehe (E 31, 58/69; 53, 224/245). Dagegen durfte das Eherecht vom Verschuldens- zum Zerrüttungsprinzip übergehen (E 53, 224/245 ff; 55, 134/141 ff) und den Versorgungsausgleich einführen (E 53, 257/299 ff; 71, 364/384 ff). Indem es die Wahlfreiheit beim Ehenamen erweitert, die Aufgabenverteilung in der Ehegemeinschaft den Eheleuten überlassen und ihnen gleichberechtigt Entscheidungsmacht eingeräumt und Familien- und Erwerbsarbeit als gleichwertig eingestuft hat (E 10, 59/66 ff; 48, 327/337; 105, 1/11 ff), ist es nicht nur der gesellschaftlichen Entwicklung gefolgt, sondern hat dem Gleichberechtigungsgebot des Art. 3 Abs. 2 gehorcht (vgl Rn 611 ff). **854**

---

57 E 107, 104/119.
58 BVerfG, NJW 2014, 2936 Rn 18; 2015, 223 Rn 23; *Britz*, JZ 2014, 1069/1071 ff.
59 *Heiderhoff*, MüK, Art. 6 Rn 194; *v. Coelln*, SA, Art. 6 Rn 85; aA E 24, 119/139 ff.
60 E 60, 79/89; BVerfG, NJW 2006, 1723; 2010, 2333 Rn 35; 2011, 3355 Rn 23.
61 Vgl auch *Erichsen*, S. 56.
62 E 105, 313/348; *Burgi*, Hdb. GR IV, § 109 Rn 31; *Ipsen*, Hdb. StR³ VII, § 154 Rn 47 ff.

III. Diskriminierungsverbote, Schutz- und Teilhaberechte

855 Art. 6 enthält in den besonderen Gleichheitssätzen der Abs. 1, 4 und 5 *Diskriminierungsverbote* (vgl Rn 626 f). Soweit es um Benachteiligungen bei der Vergabe staatlicher Leistungen geht, werden diese besonderen Gleichheitssätze zu Teilhaberechten (vgl Rn 177).

856 In seiner objektiv-rechtlichen Funktion beinhaltet *Art. 6 Abs. 1* ferner das Gebot, Ehe und Familie vor Beeinträchtigungen durch gesellschaftliche Kräfte zu schützen und darüber hinaus durch staatliche Maßnahmen zu fördern,[63] zB durch steuerliche Berücksichtigung des Betreuungs- und Erziehungsbedarfs von Kindern.[64] Aus der Elternpflicht (Art. 6 Abs. 2 S. 1) und dem staatlichen Wächteramt (Art. 6 Abs. 2 S. 2) folgt eine Verpflichtung zu kinderwohlgerechtem Handeln, auf das das Kind gem. Art. 2 Abs. 1 einen grundrechtlichen Anspruch hat.[65] Aus Art. 6 Abs. 1 folgen aber keine konkreten Ansprüche auf Teilhabe an bestimmten staatlichen Leistungen.[66]

857 Gleiches gilt für den Anspruch der Mutter und schon der Schwangeren auf Schutz und Fürsorge der Gemeinschaft aus *Art. 6 Abs. 4* und den aus *Art. 6 Abs. 5* folgenden Anspruch des Kindes nicht miteinander verheirateter Eltern auf Verbesserung der Bedingungen für seine leibliche und seelische Entwicklung und gesellschaftliche Stellung. Er bedarf jeweils der gesetzgeberischen Umsetzung, sei es im bürgerlichen Recht und Arbeitsrecht,[67] im Steuer- oder Sozial-, Beamten- oder Dienstrecht.[68] Nur ausnahmsweise können diese Schutz- und Teilhaberechte auch Einzelmaßnahmen erfordern, zB für Besuche von Ehegatten und Kindern von Untersuchungsgefangenen Besuchsgelegenheiten zu schaffen[69] oder die Hauptverhandlung im Strafverfahren gegen eine Schwangere zu vertagen.[70] Die einfachgesetzlichen Regelungen müssen aber tatsächlich geeignet sein, den erstrebten Schutz zu leisten. Dies wird etwa für überkommene Arbeitsverbote im Rahmen des Mutterschutzes bezweifelt.[71]

858 **Lösungsskizze zum Fall 12 (Rn 820):** I. Der Rechtsstreit zwischen leiblichen Eltern und Pflegeeltern wird im Verfahren der freiwilligen Gerichtsbarkeit geführt. Dies ist ein sog objektives Verfahren, in dem die leiblichen und die Pflegeeltern nicht die Stellung von Parteien haben, sondern nur antrags- und anhörungsberechtigt sind. Hier spricht der Staat nicht Parteien private Rechte zu, sondern trifft selbst Anordnungen. Die Grundrechte gelten nicht lediglich nach Maßgabe der Lehre von der mittelbaren Drittwirkung, sondern unmittelbar. – II. Die Verpflichtung der Pflegeeltern zur Herausgabe des Kindes an die leiblichen Eltern könnte ein Eingriff in das *Elternrecht der Pflegeeltern* sein. Denn „auch die aus dem Kind und den Pflegeeltern bestehende Pflegefamilie (ist) durch Art. 6 Abs. 1 geschützt", und damit wirkt Art. 6 Abs. 2 und 3 bei der Trennung des Kindes von den Pflegeeltern auch zu deren Gunsten (E 68, 176/187). – Ein Eingriff in das Elternrecht, der in der Trennung des Kin-

---

63 E 6, 55/76; 87, 1/35; 105, 313/346; BVerwGE 91, 130/133 f.
64 E 99, 216/233 f; vgl dazu *Birk/Wernsmann*, JZ 2001, 218.
65 E 99, 145/156; 103, 89/107.
66 E 39, 316/326; 87, 1/35 f; 110, 412/436, 445.
67 E 84, 133/156.
68 E 82, 60/85; 109, 64/87; 115, 259/270 ff.
69 E 42, 95/101 f; BVerfG, NJW 1995, 1478.
70 BVerfG, NJW 2005, 2382 f.
71 *Sinder*, JZ 2017, 975/977 ff.

des von der Familie liegen könnte, ist gem. Art. 6 Abs. 3 nur bei Versagen der Erziehungsberechtigten und bei sonst drohender Verwahrlosung des Kindes gerechtfertigt. Im vorliegenden Fall haben die Pflegeeltern nicht versagt und droht dem Kind bei den Pflegeeltern auch sonst keine Verwahrlosung. – Dennoch ist die Verpflichtung der Pflegeeltern zu einer Herausgabe des Kindes an die leiblichen Eltern vorliegend gerechtfertigt. Das Verhältnis des Kindes zu den leiblichen Eltern ist auf Dauer, das zu den Pflegeeltern auf Zeit angelegt. Wenn ein Kind wegen drohender Verwahrlosung von den leiblichen Eltern getrennt und zu Pflegeeltern gegeben wird, dann wird nicht der dauernde Verbleib des Kindes bei den Pflegeeltern, sondern die behutsame Rückkehr zu den leiblichen Eltern angestrebt. Wenn bei diesen keine Verwahrlosung mehr droht, endet das Elternrecht der Pflegeeltern. – In der Verpflichtung der Pflegeeltern zur Herausgabe des Kindes an die leiblichen Eltern liegt vorliegend also gar *kein Eingriff* in deren Elternrecht. Der Schutz von Art. 6 Abs. 3 zu Gunsten der Pflegeeltern wirkt zwar, wenn der Staat zugunsten Dritter, nicht aber, wenn er zugunsten der leiblichen Eltern, bei denen dem Kind keine Verwahrlosung mehr droht, handelt. Anders liegt es, wenn die leiblichen Eltern das Kind von den Pflegeeltern nur herausverlangen, um es anderen Pflegeeltern in Obhut zu geben (E 75, 201/220), nochmal anders, wenn die Trennung von den Pflegeeltern die Adoption und dafür zunächst die Adoptionspflege ermöglichen soll (E 79, 51/65). – III. Der rechte *Zeitpunkt* für das Ende des Elternrechts der Pflegeeltern kann jedoch schwer zu bestimmen sein. Die Gefahr, dass die richterliche Anordnung der Herausgabe des Kindes an die leiblichen Eltern den Zeitpunkt falsch ansetzt, bedeutet eine Gefährdung des Elternrechts der leiblichen Eltern und der Pflegeeltern. Durch das Antragsrecht und die Anhörung sowohl der leiblichen Eltern als auch der Pflegeeltern (§ 1632 Abs. 1 bzw 4 BGB, § 160 bzw § 161 FamFG) sind beide Grundrechte immerhin *verfahrensrechtlich* gleichermaßen gesichert; verfahrensrechtlich ist durch die persönliche Anhörung des Kindes (§ 159 FamFG) auch dessen Wohl gesichert. Dadurch ist außerdem gewährleistet, dass der richterlichen Anordnung die relevanten Gesichtspunkte zu Grunde liegen. Im Zweifel verlangt Art. 6 Abs. 2, dass „das Wohl des Kindes immer den Richtpunkt" bildet (E 68, 176/188). – IV. E 68, 176 verfolgt bei dem etwas anders gelagerten Fall einen unterschiedlichen Lösungsweg: Das Gericht sieht zunächst die Elternrechte der leiblichen Eltern und der Pflegeeltern miteinander kollidieren und stellt auch nicht mit der nötigen Deutlichkeit auf den entscheidenden Gesichtspunkt der Verwahrlosung ab. Es löst die Kollision dann von der Dauerhaftigkeit des Elternrechts der leiblichen Eltern und der Vorläufigkeit des Elternrechts der Pflegeeltern her. Eben darum lässt sich aber von einer Kollision der Elternrechte letztlich gar nicht sprechen.

Literatur: Zu Art. 6 Abs. 1: *J. Benedict*, Die Ehe unter dem *besonderen* Schutz der Verfassung, JZ 2013, 477; *M. Böhm*, Dynamische Grundrechtsdogmatik von Ehe und Familie?, VVDStRL 73 (2013), 211; *D. Classen*, Dynamische Grundrechtsdogmatik von Ehe und Familie?, DVBl. 2013, 1086; *D. Coester-Waltjen*, Art. 6 I GG und der Schutz der Ehe, Jura 2008, 108; *dies.*, Art. 6 I GG und der Schutz der Familie, Jura 2008, 349; *M. Germann*, Dynamische Grundrechtsdogmatik von Ehe und Familie?, VVDStRL 73 (2013), 257; *C. Gröpl/Y. Georg*, Die Begriffe „Eltern" und Familie" in der neueren Rechtsprechung des Bundesverfassungsgerichts aus methodischer und verfassungstheoretischer Sicht, AöR 2014, 125; *K. Herzmann*, Der Schutz von Ehe und Familie nach Art. 6 I GG, Jura 2015, 248; *J. Ipsen*, Ehe und Familie, Hdb. StR[3] VII, § 154; *T. Kingreen*, Das Grundrecht von Ehe und Familie (Art. 6 I GG), Jura 1997, 401; *N. Koschmieder*, Aktuelle verfassungsrechtliche Probleme zum Schutz von Ehe und Familie, JA 2014, 566; *F. G. Nesselrode*, Das Spannungsverhältnis zwischen Ehe und Familie in Art. 6 des Grundgesetzes, 2007; *S. Rixen*, Das Ende der Ehe? – Neukonturierung der Bereichsdogmatik von Art. 6 Abs. 1 GG: ein Signal des spanischen Verfassungsgerichts, JZ 2013, 864; *D. Schwab*, Familie und Staat, FamRZ 2007, 1; *U. Steiner*, Schutz von Ehe und Familie, Hdb.

859

GR IV, § 108; *F. Wapler*, Familie und Familienschutz im Wandel – zur Entwicklung des Familienbegriffs im öffentlichen Recht, RW 2014, 57. – **Zu Art. 6 Abs. 2:** *E.-W. Böckenförde*, Elternrecht – Recht des Kindes – Recht des Staates, in: Essener Gespräche, 1980, S. 54; *G. Britz*, Das Grundrecht des Kindes auf staatliche Gewährleistung elterlicher Pflege und Erziehung – jüngere Rechtsprechung des Bundesverfassungsgerichts, JZ 2014, 1069; *M. Burgi*, Elterliches Erziehungsrecht, Hdb. GR IV, § 109; *H.-U. Erichsen*, Elternrecht – Kindeswohl – Staatsgewalt, 1985; *W. Höfling*, Elternrecht, Hdb. StR³ VII, § 155; *M. Jestaedt*, Staatliche Rollen in der Eltern-Kind-Beziehung, DVBl. 1997, 693.

§ 16 Schulische Grundrechte und Privatschulfreiheit (Art. 7 Abs. 2–5)

860 **Fall 13: Genehmigung eines privaten Gymnasiums**

P ist ein bekannter Pädagoge und möchte seine Theorien in die Praxis umsetzen. Er hat einen „Förderverein des P-Gymnasiums" gegründet, der die erforderlichen Mittel für die Errichtung und den Betrieb des privaten Gymnasiums in der Stadt S aufgebracht hat. Der Antrag des Vereins auf Genehmigung des P-Gymnasiums als Ersatzschule wird von der zuständigen Schulbehörde mit der Begründung abgelehnt, in S bestünden schon Gymnasien aller Art und bei dem in den nächsten Jahren zu erwartenden Schülerrückgang sei für ein weiteres Gymnasium kein Bedürfnis vorhanden. Verstößt die Ablehnung gegen Art. 7 Abs. 4? **Rn 879**

I. Überblick

861 Art. 7 Abs. 1 enthält kein Grundrecht, sondern den Auftrag zur staatlichen Schulaufsicht, die nach der Kompetenzordnung des Grundgesetzes die Länder innehaben. Sie umfasst zum einen die Organisation, Planung und Leitung des Schulwesens, zum anderen aber auch die Wahrnehmung eines eigenständigen Bildungs- und Erziehungsauftrags im Schulbereich. Abs. 1 legitimiert damit zugleich auch Eingriffe namentlich in Art. 4 (Rn 715) und Art. 6 Abs. 2 (Rn 849). – Art. 7 Abs. 2 und 3 enthalten Grundrechte im Kontext des Religionsunterrichts, den Art. 7 Abs. 3 S. 1 zugleich als Einrichtungsgarantie gewährleistet. Auch Art. 7 Abs. 4 und 5 sind Einrichtungsgarantien der Privatschulen und enthalten zugleich Grundrechte. Art. 7 Abs. 6 verbietet sozial selektierende Vorschulen, die einer Vorbereitung auf weiterführende Schulen dienen, wie sie Anfang des 19. Jh. üblich waren.[1] Entsprechend der überwiegenden Gesetzgebungskompetenz der Länder für diesen Bereich sind die – teilweise ausführlichen – landesverfassungsrechtlichen Grundrechte hier von besonderer Bedeutung. Wegen Art. 5 Abs. 3 erfasst Art. 7 nicht die Hochschulen.

---

1 *Wißmann*, BK, Art. 7 Rn 273.

II. Schulische Grundrechte (Art. 7 Abs. 2 und 3)

1. Schutzbereiche

a) Art. 7 Abs. 3 S. 1 und 2

Es handelt sich um ein *Grundrecht der Religionsgemeinschaften*, nicht aber auch der **862**
Eltern und Schüler.[2] Die Vorschrift konkretisiert Art. 4 Abs. 1 und 2, geht aber hierü-
ber hinaus, denn sie garantiert die Religionsausübung in der Form des Religionsunter-
richts *innerhalb* des staatlichen Schulwesens und als Teil der Ausübung öffentlicher
Gewalt. Zugleich durchbricht sie die grundsätzliche Trennung von Staat und Kirche;
Art. 7 Abs. 3 ist lex specialis zu Art. 137 Abs. 1 WRV iVm Art. 140.

Religionsgemeinschaften sind nicht nur diejenigen, die die Rechte einer Körperschaft **863**
des öffentlichen Rechts erworben haben (vgl Art. 140 iVm Art. 137 Abs. 5 WRV); es
genügt die Erlangung einer bürgerlich-rechtlichen Rechtsfähigkeit (vgl Art. 140 iVm
137 Abs. 4 WRV). Unter dieser Voraussetzung kann zB auch islamischer Religionsunterricht in öffentlichen Schulen erteilt werden.[3]

Art. 7 Abs. 3 S. 2 garantiert – im Zusammenhang mit S. 1 – den Religionsgemein- **864**
schaften, dass Religionsunterricht als ordentliches Lehrfach vorgesehen und *veranstaltet* wird, und zwar unter folgenden tatbestandlichen Voraussetzungen: *Öffentliche*
Schulen bezeichnet den Gegensatz zu Privatschulen; es fallen alle Schulen darunter,
die vom Staat getragen werden. *Bekenntnisfreie Schulen* meint weltliche, herkömmlicherweise auch Weltanschauungsschulen. Eine *territoriale* Beschränkung ergibt sich
aus der Sondervorschrift des Art. 141, von der Berlin, Bremen und die neuen Länder
betroffen sind[4] und von der Berlin, Brandenburg und Bremen mit der Einführung
eines ethischen und religionskundlichen ordentlichen Lehrfachs neben der Veranstaltung von lediglich freiwilligem Religionsunterricht auch Gebrauch gemacht haben.

Ordentliches Lehrfach bedeutet, dass der Religionsunterricht unbeschadet der aus **865**
Art. 7 Abs. 2 und Abs. 3 S. 3 folgenden Besonderheiten nicht Wahl-, sondern Pflicht-
fach ist und als solches benotet wird, in den Notendurchschnitt eingeht und verset-
zungsrelevant ist.[5] Er ist also anderen Fächern grundsätzlich gleichberechtigt. Im System der Jahrgangsklassen muss er jedes Jahr im Fächerkanon vertreten sein; im System der Jahrgangsstufen zählt er zwar zum Pflichtbereich, kann aber auf bestimmte
Jahrgangsstufen konzentriert werden. Wegen des Charakters als ordentliches Lehrfach darf die Landesgesetzgebung gewisse Mindestschülerzahlen für die Erteilung
des Religionsunterrichts festsetzen.

Die Garantie richtet sich von vornherein nur auf die *inhaltlichen* Fragen des Religi- **866**
onsunterrichts, nicht auf die organisatorischen, die ganz beim Staat liegen. Das
BVerfG geht davon aus, der Religionsunterricht sei „in konfessioneller Positivität

---

2 *Brosius-Gersdorf*, DR, Art. 7 Rn 89 f; *Korioth*, NVwZ 1997, 1041/1045 f; aA *Badura*, MD, Art. 7
Rn 66; *Robbers*, MKS, Art. 7 Rn 123.
3 BVerwGE 123, 49/54 ff.
4 *Manssen*, StR II, Rn 523; *Thiel*, SA, Art. 141 Rn 7 ff; *Pieroth/Kingreen*, GS Jeand'Heur, 1995, 265;
Schlink, NJW 1992, 1008; *Wißmann*, BK, Art. 7 Rn 177; für den Ostteil Berlins BVerwGE 110, 327;
aA *Unruh*, MKS, Art. 141 Rn 7 ff; *German*, EH, Art. 141 Rn 6.
5 BVerwGE 42, 346/349; aA *Korioth/Augsberg*, ZG 2009, 223/224.

und Gebundenheit" zu erteilen.[6] Da es die Religionsgemeinschaften sind, die den Religionsunterricht inhaltlich bestimmen sollen, ist auch ihr Selbstverständnis von konfessioneller Positivität und Gebundenheit maßgeblich. Danach ist sowohl ein Religionsunterricht möglich, der eher Verkündigung oder eher Information ist, als auch ein konfessionell-kooperativer, bi-konfessioneller, ökumenischer oder konfessionell geöffneter. Auch die Zulassung bekenntnisfremder Schüler zum Religionsunterricht bemisst sich nach den Grundsätzen der Religionsgemeinschaften.[7]

b) Art. 7 Abs. 3 S. 3

867 Das Recht der Lehrer, die Erteilung von Religionsunterricht *abzulehnen*, ist eine Konkretisierung ihrer Religions- und Weltanschauungsfreiheit und hat vor allem zur Folge, dass dem Lehrer hieraus keine Nachteile entstehen dürfen. Dieses Grundrecht hat insofern selbstständige Bedeutung, als mögliche Beschränkungen der Grundrechte der Lehrer aus Art. 4 Abs. 1 und 2, die mit ihrem Sonderstatus als Beamte begründet werden könnten, hierdurch ausdrücklich ausgeschlossen werden.[8]

c) Art. 7 Abs. 2

868 Das Recht der Erziehungsberechtigten, über die Teilnahme des Kindes am Religionsunterricht zu bestimmen, ist eine Konkretisierung des elterlichen Erziehungsrechts (Art. 6 Abs. 2) und der Religions- und Weltanschauungsfreiheit der Eltern (Art. 4 Abs. 1 und 2). Erziehungsberechtigte sind diejenigen, die nach dem Familienrecht das Recht der Personensorge haben, dh in der Regel die *Eltern* gemeinsam. Das Recht des *Kindes*, nach Erreichen der sog Religionsmündigkeit (vgl Rn 208) selbst über die Teilnahme am Religionsunterricht zu bestimmen, ergibt sich unmittelbar aus Art. 4 Abs. 1 und 2.[9]

2. Eingriffe und verfassungsrechtliche Rechtfertigung

869 Art. 7 Abs. 2 und 3 unterliegt keinem Gesetzesvorbehalt. Art. 7 Abs. 1 legitimiert die organisatorische Gestaltung des Religionsunterrichts, kann aber darüber hinaus keine Eingriffe rechtfertigen. Hingegen soll es die aus Art. 7 Abs. 5 ableitbare Vielfalt der Schulformen rechtfertigen, dass eine öffentliche Bekenntnisschule vorwiegend Kinder aufnimmt, die am Religionsunterricht teilnehmen.[10] Schon kein Eingriff in die Freiheit der Teilnahme am Religionsunterricht ist hingegen die Pflicht des nicht am Religionsunterricht teilnehmenden Kinds, ersatzweise an einem religiös und weltanschaulich neutralen und dem Religionsunterricht gleichwertigen Ethikunterricht teilzunehmen.[11]

---

6   E 74, 244/252.
7   E 74, 244/253.
8   *Badura*, MD, Art. 7 Rn 86.
9   Vgl *Badura*, MD, Art. 7 Rn 84; *Stern*, StR IV/2, S. 518 f.
10 BVerfG, NVwZ 2018, 156 Rn 25 ff (= JK 3/2018).
11 BVerfG, NVwZ 2008, 72; BVerwGE 107, 75/80 ff.

III. Privatschulfreiheit (Art. 7 Abs. 4 und 5)

1. Schutzbereich

Art. 7 Abs. 4 S. 1 verbürgt Einzelpersonen und Personenmehrheiten (Art. 19 Abs. 3) das *Grundrecht*, Privatschulen zu errichten. Damit ist auch das Recht gewährleistet, Privatschulen zu betreiben, da sonst die Verbürgung leerliefe. Ferner enthält Art. 7 Abs. 4 S. 1 eine Einrichtungsgarantie der Privatschule als Institution, aber nicht der einzelnen Privatschule.[12] — **370**

Art. 7 Abs. 4 S. 1 sichert der Privatschule das Recht zur — **871**

- Gestaltung des *äußeren Schulbetriebs* (Organisation von Schule und Unterricht)
- Gestaltung des *inneren Schulbetriebs* (Aufstellung von Lehrplänen, Festlegung von Lehrzielen, Lehrstoffen und Lehrmethoden, Auswahl der Lehr- und Lernmittel),
- *freien Schülerwahl* und
- *freien Lehrerwahl*.[13]

Nach Art. 7 Abs. 4 und 5 ist begrifflich zu unterscheiden: Privatschulen, die „als Ersatz für eine in dem Land vorhandene oder grundsätzlich vorgesehene öffentliche Schule dienen sollen"[14], nennt man *Ersatzschulen*. Die Privatschulen, die diese Eigenschaft nicht haben, heißen *Ergänzungsschulen*. Art. 7 Abs. 4 S. 1 gilt für Ersatz- und Ergänzungsschulen, Art. 7 Abs. 4 S. 2–4 und Abs. 5 nur für Ersatzschulen. — **872**

Das Recht zur Errichtung und zum Betrieb von Ersatzschulen ist ein normgeprägtes Grundrecht (vgl Rn 282). Denn da Ersatzschulen öffentliche Schulen ersetzen, müssen sie „ein Mindestmaß an Verträglichkeit mit vorhandenen Schulstrukturen" aufweisen, die landesrechtlich geregelt sind.[15] Dementsprechend ist es zulässig, von einer Ersatzschule zu verlangen, dass mindestens zwei Drittel der Lehrkräfte der Ersatzschule die Anstellungsfähigkeit für das ihrer Tätigkeit entsprechende Lehramt an öffentlichen Schulen besitzen.[16] Als Konsequenz hiervon steht das Recht unter dem in Abs. 4 S. 2 Hs. 1 genannten und gesetzlich ausgestalteten Vorbehalt der *Genehmigung*. Ohne die Genehmigung kann vom Recht kein Gebrauch gemacht werden. Auf ihre Erteilung bzw ihren Fortbestand besteht allerdings bei Vorliegen und Fortdauer folgender Voraussetzungen (S. 3 und 4) ein Anspruch: — **873**

- Die Ersatzschule steht in ihren Lehrzielen und Einrichtungen sowie der wissenschaftlichen Ausbildung ihrer Lehrkräfte nicht hinter den öffentlichen Schulen zurück. Dabei ist zu berücksichtigen, dass die Freiheit der Methoden- und Formenwahl wesentlicher Bestandteil der Privatschulfreiheit ist, weshalb auch eine mono-edukative Ersatzschule die Voraussetzungen erfüllen kann[17] und das Angebot eines Religionsunterrichts als Bekenntnisunterricht iSv Art. 7 Abs. 3 keine Voraussetzung der Gleichwertigkeit ist.[18] Das sog Homeschooling erfüllt diese

---

12 Vgl E 112, 74/84; *Brosius-Gersdorf*, DR, Art. 7 Rn 107.
13 Vgl E 27, 195/200 f.
14 E 27, 195/201 f; 90, 128/139; BVerfG, NVwZ 2011, 1384 Rn 15; BVerwGE 112, 263/266 f.
15 Vgl BVerwGE 104, 1/7; 112, 263/267 ff; *Kämper*, VerwArch 2016, 121/125 ff.
16 BVerwG, NVwZ 2016, 182/183.
17 BVerwGE 145, 333/345 ff.
18 BVerwG, NVwZ-RR 2019, 686/688 f.

Voraussetzungen aber schon im Hinblick auf die durch Art. 7 Abs. 1 gedeckte Schulpflicht nicht.[19]
–   Sie fördert keine Sonderung der Schüler nach den Besitzverhältnissen der Eltern.[20]
–   Sie sichert genügend die wirtschaftliche und rechtliche Stellung der Lehrkräfte.[21]
Die Genehmigung darf nach dem BVerfG auch nur erteilt werden, wenn diese Voraussetzungen vorliegen.[22] Für die Anforderungen an die Stellung der Lehrkräfte entspricht dies dem Wortlaut (S. 4). Für die anderen beiden Anforderungen wird dies unter Hinweis auf den Wortlaut von S. 3 – es heißt nicht „ist *nur* zu erteilen" – sowie der Geschichte und Genese der Vorschrift bestritten, nach denen es dem Landesgesetzgeber unbenommen war und auch wieder sein sollte, private Ersatzschulen zu genehmigen, die hinter S. 3 zurückbleiben.[23]

874   Bei der *privaten Volksschule*, dh jedenfalls der Grundschule, sind diese Voraussetzungen durch Abs. 5 weiter verschärft. Nach dessen 1. Alternative setzt die Zulassung die Anerkennung eines besonderen pädagogischen Interesses voraus.[24] Nach der 2. Alternative sind auf Antrag von Erziehungsberechtigten und mangels einer öffentlichen Schule Bekenntnis- und Weltanschauungsschulen zuzulassen.

875   Das Landesrecht kennt, mit Ausnahme Nordrhein-Westfalens (Art. 8 Abs. 4 S. 2 nw Verf), neben der Genehmigung noch eine *Anerkennung* als Voraussetzung dafür, dass die Ersatzschulen Berechtigungen (Zeugnisse, Versetzung, Hochschulzugang) mit öffentlich-rechtlicher Wirkung, dh als Beliehene erteilen.[25] Die verfassungsrechtliche Zulässigkeit einer von der Genehmigung gesonderten Anerkennung ist vom BVerfG damit bejaht worden, dass Art. 7 Abs. 4 S. 2 ein herkömmlicher, die Erteilung der Berechtigungen nicht umfassender Ersatzschulbegriff zu Grunde liege, dass die Ordnung des Berechtigungswesens eine „natürliche Aufgabe des Staates" sei und dass die Gegenauffassung zu „unannehmbaren Ergebnissen" führe.[26] Das ist eine fragwürdige Argumentation:[27] Damit die Privatschulen im eigentlichen Sinn als Ersatz für öffentliche Schulen fungieren können, gehört unter heutigen Bedingungen die Erteilung von Berechtigungen mit dazu, und eine Anerkennung neben der Genehmigung hat im Normtext des Art. 7 Abs. 4 keinen Anhalt.

876   Ebenfalls über den Normtext gehen Fragen der *Privatschulförderung* mit öffentlichen Mitteln hinaus. Die Rspr[28] bejaht eine staatliche Schutzpflicht und ein korrespondierendes grundrechtliches Schutzrecht, das private Ersatzschulwesen neben dem öffentlichen Schulwesen zu fördern und seinen Bestand zu schützen. Diese Schutzpflicht soll dann eine Handlungspflicht auslösen, wenn anderenfalls der Bestand des Ersatzschulwesens evident gefährdet wäre; gegenwärtig sei von einer generellen Hilfsbe-

---

19   Anders *Brosius-Gersdorf*, DR, Art. 7 Rn 71 ff; 115; differenzierend *Wißmann*, BK, Art. 7 Rn 95 f.
20   Krit im Hinblick auf die Beachtung dieses Gebots in der Praxis *Wrase/Helbig*, NVwZ 2016, 1591.
21   Vgl *Müller*, S. 127 ff; *Stern*, StR IV/2, S. 531 ff.
22   E 75, 40/64.
23   *Sachs*, NWVBl. 2018, 441 ff.
24   Vgl E 88, 40/47 ff; BVerwG, DVBl. 2000, 706.
25   Vgl BVerwGE 68, 185/187 f; 112, 263/270 f.
26   E 27, 195/204 ff.
27   *Brosius-Gersdorf*, DR, Art. 7 Rn 117; vgl ferner *Müller*, S. 353 ff.
28   E 75, 40/62 ff; 90, 107/114; 112, 74/83 f; BVerwGE 79, 154/156 f.

dürftigkeit privater Ersatzschulen auszugehen und eine verfassungsrechtliche Pflicht zur Privatschulförderung mit öffentlichen Mitteln anzunehmen.[29] Auch für den Anspruch auf Finanzierung gilt, dass die Anerkennung neben der Genehmigung keine verfassungsrechtliche Grundlage hat; dementsprechend verstößt es gegen Art. 7 Abs. 4, wenn einzelne Länder den Anspruch auf Finanzierung auf anerkannte Ersatzschulen oder solche von besonderer pädagogischer Bedeutung beschränken.[30]

2. Eingriffe und verfassungsrechtliche Rechtfertigung

Art. 7 Abs. 4 enthält *keinen Gesetzesvorbehalt.* Auch Art. 7 Abs. 4 S. 2 Hs. 2 („unterstehen den Landesgesetzen") stellt nach Wortlaut, Systematik und Entstehungsgeschichte keine Eingriffsermächtigung dar; er setzt die aus Art. 7 Abs. 1, Abs. 4 S. 2–4 und Abs. 5 folgenden Ausgestaltungsbefugnisse voraus und stellt nur klar, dass es auch bei Ersatzschulen der Landesgesetzgeber ist, der von den Ausgestaltungsbefugnissen Gebrauch macht.[31]   **877**

Ebenso wie bei den öffentlichen gilt auch bei den Privatschulen Art. 7 Abs. 1 als verfassungsunmittelbare Eingriffsermächtigung. Die Länder haben also auch insoweit die *Schulaufsicht,* die neben organisatorischen auch inhaltliche Befugnisse umfasst (Rn 861). Der staatliche Bildungs- und Erziehungsauftrag gilt daher auch in Privatschulen.[32] Die Schulaufsicht darf den Betrieb privater Ersatzschulen aber nicht wie den der staatlichen Schule bestimmen, sondern nur *überwachen,* ob er die Voraussetzungen von Art. 7 Abs. 4 S. 2–4 und Abs. 5 fortdauernd erfüllt. Entsprechend ist sie zur Aufhebung der Genehmigung und zu allen Maßnahmen befugt, die nach dem Grundsatz der Verhältnismäßigkeit im Einzelfall geeignet, erforderlich und angemessen sind, um beim Betrieb einer Ersatzschule die Einhaltung der genannten Voraussetzungen zu gewährleisten. Bei diesen ist sie allerdings inhaltlich beschränkt.   **878**

Lösungsskizze zum Fall 13 (Rn 860): I. Ein Verein kann Berechtigter aus Art. 7 Abs. 4 sein. Das P-Gymnasium ist eine Ersatzschule, weil Gymnasien in allen Ländern vorgesehene öffentliche Schulen sind. Aus Art. 7 Abs. 4 S. 2–4 ergibt sich daher ein Anspruch auf Genehmigung unter den Voraussetzungen, dass das P-Gymnasium in seinen Lehrzielen und Einrichtungen sowie in der wissenschaftlichen Ausbildung seiner Lehrkräfte nicht hinter anderen Gymnasien zurücksteht, eine Sonderung der Schüler nach den Besitzverhältnissen der Eltern nicht gefördert, dh kein diskriminierendes Schulgeld erhoben wird und auch die wirtschaftliche und rechtliche Stellung der Lehrkräfte genügend gesichert ist. Diese Voraussetzungen sind hier erfüllt. – II. Die Ablehnung der Genehmigung stellt daher einen Eingriff dar. – III. Da der Katalog der Genehmigungsvoraussetzungen abschließend ist, ließe sich die Ablehnung des Antrags des Vereins nur noch mit sonstigen verfassungsrechtlichen Eingriffsrechtfertigungen begründen. Jedoch unterliegt Art. 7 Abs. 4 keinem Gesetzesvorbehalt, und die Schulaufsicht gem Art. 7 Abs. 1 ist gegenüber Ersatzschulen darauf beschränkt zu überwachen, ob die genannten Voraussetzungen erfüllt werden. Das auf den Be-   **879**

29 Zust. *F. Müller,* Die Positivität der Grundrechte, 2. Aufl. 1990, S. 120 ff; krit *Gramlich,* JuS 1985, 607.
30 *Brosius-Gersdorf,* DÖV 2017, 881/882 ff.
31 *Badura,* MD, Art. 7 Rn 100.
32 BVerwGE 145, 333/342 f.

such der konkurrierenden staatlichen Schulen abstellende Bedürfnis ist keine für die Errichtung oder den Betrieb einer Ersatzschule zulässige Genehmigungsvoraussetzung. Dies gilt sogar bei der nach Art. 7 Abs. 5 schwächer geschützten privaten Volksschule. Die Ablehnung verstößt also gegen Art. 7 Abs. 4.

880   **Literatur:** *M. Jestaedt*, Schule und außerschulische Erziehung, Hdb. StR³ VII, § 156; *U. Kramer*, Grundfälle zu Art. 7 GG, JuS 2009, 1090; *W. Loschelder*, Schulische Grundrechte und Privatschulfreiheit, Hdb. GR IV, § 110; *B. Pieroth*, Erziehungsauftrag und Erziehungsmaßstab der Schule im freiheitlichen Verfassungsstaat, DVBl. 1994, 949; *C. Rathke*, Öffentliches Schulwesen und religiöse Vielfalt, 2005; *M. Thiel*, Der Erziehungsauftrag des Staates in der Schule, 2000. – Zu II: *U. Hildebrandt*, Das Grundrecht auf Religionsunterricht, 2000; *S. Korioth/I. Augsberg*, Ethik- oder Religionsunterricht?, ZG 2009, 222; *J. Oebbecke*, Reichweite und Voraussetzungen der grundgesetzlichen Garantie des Religionsunterrichts, DVBl. 1996, 336; *B. Pieroth*, Die verfassungsrechtliche Zulässigkeit einer Öffnung des Religionsunterrichts, ZevKR 1993, 189. – Zu III: *F. Brosius-Gersdorf*, Privatschulen zwischen Autonomie und staatlicher Aufsicht, VerwArch 2012, 389; *F. Hufen/J. P. Vogel*, Keine Zukunftsperspektiven für Schulen in freier Trägerschaft?, 2006; *B. Kümper*, Die Akzessorietät der privaten Ersatzschule zwischen Bundesverfassungsrecht und Landesrecht, VerwArch 2016, 120; *F. Müller*, Das Recht der Freien Schule nach dem Grundgesetz, 2. Aufl. 1982; *M. Ogorek*, Der Schutz anerkannter Ersatzschulen durch das Grundrecht der Privatschulfreiheit, DÖV 2010, 341. *B. Pieroth*, Privatschulfreiheit im Verfassungswandel, RdJB 2020, 3; *M. Sachs*, Kein grundrechtliches Sonderungsverbot für Ersatzschulen, NWVBl. 2018, 441.

§ 17   Versammlungsfreiheit (Art. 8)

881   **Fall 14: Die wirksame Versammlungsauflösung (nach E 87, 399)**

T ist Teilnehmer einer Sitzblockade vor der örtlichen Kaserne. Die mehrtägige Aktion war zwar nicht angemeldet, aber öffentlich angekündigt worden. Das zuständige Landratsamt hatte daraufhin eine Verfügung erlassen, die Auflagen gemäß § 15 Abs. 1 VersG enthielt. Dennoch wird die Sitzblockade von der Polizei aufgelöst und werden die Zufahrten zur Kaserne geräumt. Gegen T, der sich trotz der Auflösungsverfügung nicht unverzüglich entfernt, erlässt das Landratsamt nunmehr einen Bußgeldbescheid wegen Verstoßes gegen § 29 Abs. 1 Nr. 2, Abs. 2 VersG. Den dagegen erhobenen Einspruch weist das Amtsgericht unter Hinweis auf die Wirksamkeit der Auflösungsverfügung zurück und verurteilt T zu einer Geldbuße. Verstößt seine Verurteilung gegen Art. 8? **Rn 910**

I.   Überblick

882   Das Grundrecht der Versammlungsfreiheit schützt eine Form der Kommunikation mit anderen, das Sich-Versammeln. Wie Art. 5 und 9 wird es daher als Kommunikationsgrundrecht bezeichnet; es wird auch Demonstrationsgrundrecht genannt. Die Versammlungsfreiheit schützt öffentliche und nichtöffentliche Versammlungen. Indem sie nur für Versammlungen unter freiem Himmel einen qualifizierten Gesetzesvorbehalt enthält, schützt sie Versammlungen in geschlossenen Räumen vorbehaltlos. – Das Versammlungsrecht fällt seit der Föderalismusreform I im Jahre 2006 in die Gesetzgebungskompetenz der Länder. Für die Länder, die noch

kein eigenes Versammlungsgesetz erlassen haben, gilt nach Art. 125a Abs. 1 S. 1 das auf Art. 74 Abs. 1 Nr. 3 aF gestützte Versammlungsgesetz des Bundes (VersG) weiter.

II. Schutzbereich

1. Versammlungsbegriff

Eine Versammlung ist eine örtliche Zusammenkunft von zumindest zwei[1] Personen.[2] Dieses Zusammenkommen muss eine *innere Verbindung* aufweisen, die sich in einer gemeinsamen Zweckverfolgung manifestiert. Keine Versammlungen, sondern bloße Ansammlungen sind daher ein Menschenauflauf bei einem Verkehrsunfall oder die Zuhörerschaft bei einem klassischen Konzert, wo alle zwar den gleichen, aber keinen gemeinsamen Zweck verfolgen, weil sie einander für die Zweckverfolgung nicht brauchen. Bei der Beurteilung, ob ein Zweck gemeinsam oder lediglich gleichläufig verfolgt wird, ist auf das Gesamtgepräge einer Veranstaltung abzustellen, wobei im Zweifel vom Versammlungscharakter auszugehen ist.[3] Zudem können auch bloße Ansammlungen zu Versammlungen werden, wenn sich die anfangs fehlende innere Verbindung einstellt.[4] **883**

Streitig ist, ob der *gemeinsame Zweck* in gemeinsamer Meinungsbildung und -äußerung liegen muss. Weiter ist streitig, ob diese Meinung öffentliche Angelegenheiten betreffen muss (so der engste Versammlungsbegriff)[5] oder ob die Erörterung irgendwelcher Angelegenheiten ausreicht. Diese Ansichten stützen sich auf die Komplementärfunktion der Versammlungsfreiheit zur Meinungsfreiheit, wobei die Vertreter des engsten Versammlungsbegriffs zusätzlich darauf hinweisen, dass nach der geschichtlichen Erfahrung, die zu Art. 8 geführt hat, vor allem politische Versammlungen staatlichen Eingriffen ausgesetzt waren. **884**

Beispiele: Unstreitig Versammlungen sind nach allen Auffassungen politische Diskussionsveranstaltungen oder Demonstrationen; wissenschaftliche Kongresse, Betriebs- oder Gesellschafterversammlungen fallen nach dem engsten Versammlungsbegriff aus dem Schutzbereich heraus; rein gesellige Zusammenkünfte sind vom Schutz des Art. 8 nur umfasst, wenn man für eine Versammlung nicht den Zweck gemeinsamer Meinungsbildung und -äußerung fordert. **885**

Die Einschränkung des Versammlungsbegriffs auf die Erörterung *öffentlicher Angelegenheiten* ist *nicht haltbar*.[6] Sie ergibt sich weder aus dem Wortlaut noch aus der systematischen Stellung des Art. 8. Die Tatsache, dass sich der Kampf um die Versammlungsfreiheit historisch gesehen vorwiegend an politischen Zusammenkünften entzündet hat, schließt nicht aus, andere Treffen ebenfalls als schützenswert anzusehen. **886**

Doch auch die Beschränkung auf die gemeinsame Meinungsbildung und -äußerung vermag nicht zu überzeugen. Den Schutz speziell der meinungsbildenden und -äu- **887**

---

1   VGH Mannheim, VBlBW 2008, 60; *Hartmann*, BK, Art. 8 Rn 156; *Höfling*, SA, Art. 8 Rn 13; *Stern*, StR IV/1, S. 1197 f.
2   E 69, 315/342 f; 104, 92/104.
3   Vgl E 143, 161 Rn 112 f; BVerwGE 129, 42/47.
4   *Ernst*, MüK, Art. 8 Rn 46.
5   Vgl *v. Mangoldt/Klein*, GG, 2. Aufl. 1957, Art. 8 Anm. III 2.
6   Ebenso *Hartmann*, BK, Art. 8 Rn 166 ff.

ßernden Versammlung gewährleistet Art. 8 *iVm* Art. 5,[7] sodass auf einen bestimmten Inhalt des *Versammlungszwecks* neben dem der inneren Verbindung ganz *verzichtet* werden kann.[8] Gegen die einengende Auslegung des Art. 8 spricht ferner der Zusammenhang mit der freien Entfaltung der Persönlichkeit (Art. 2 Abs. 1): Das Grundrecht der Versammlungsfreiheit soll die drohende Isolierung des Einzelnen verhindern und (gemeinsam mit Art. 9) die Persönlichkeitsentfaltung in Gruppenform gewährleisten.[9] Das BVerfG fasst den Versammlungsbegriff mittlerweile enger und möchte den Zweck auf die Teilhabe an der öffentlichen Meinungsbildung beschränken.[10] Früher neigte es zum weiten Versammlungsbegriff und überzeugte damit mehr:[11] Es sah „Versammlungen und Aufzüge … als Ausdruck gemeinschaftlicher, auf Kommunikation angelegter Entfaltung (ge)schützt. Dieser Schutz ist nicht auf Veranstaltungen beschränkt, auf denen argumentiert und gestritten wird, sondern umfasst vielfältige Formen gemeinsamen Verhaltens bis hin zu nichtverbalen Ausdrucksformen". Auch Art. 11 EMRK spricht für einen weiten Versammlungsbegriff. Er schützt die Versammlungs- gemeinsam mit der nicht auf politische Zwecke beschränkten Vereinigungsfreiheit, was systematisch gegen eine Beschränkung der Versammlungsfreiheit auf politische Meinungsäußerungen spricht.[12]

888   **Beispiele:** Gemeinsames Musizieren stellt daher ebenso wie ein Vereinsabend eine Versammlung dar. Bei dem Besuch kultureller und sportlicher Veranstaltungen kommt es darauf an, ob eine innere Verbindung mit anderen vorliegt. So gibt es Kinovorführungen, Konzerte und Sportfeste, bei denen gerade das Zusammenkommen mit anderen von besonderer Bedeutung ist (zB Kultfilme, Rockkonzerte, Public viewing). Treten die Teilnehmer dagegen nicht als Akteure, sondern als bloße Konsumenten in Erscheinung, bilden sie keine Versammlung. Vom Standpunkt des BVerfG fallen alle diese Veranstaltungen aus dem Versammlungsbegriff heraus (vgl für die Love-Parade BVerfG, NJW 2001, 2459; BVerwGE 129, 42/45 ff; zur Kundgebung von Inlineskatern OVG Münster, NVwZ 2001, 1316; zu Flashmobs *Neumann*, NVwZ 2011, 1171/1174; *Levin/Schwarz*, DVBl. 2012, 10).

889   Entgegen vereinzelt im Schrifttum vertretener Ansicht[13] setzt eine Versammlung im Sinn von Art. 8 die körperliche Versammlung der Teilnehmer voraus. Es ist gerade die körperliche Präsenz der Teilnehmer, die ihre besondere Schutzwürdigkeit begründet. Auf der einen Seite ist es gerade die körperliche Präsenz der Versammlungsteilnehmer,[14] die sie besonders bedrohlich macht, weil sie immer das Potential hat, in weitergehende, schwer beherrschbare politische Aktionen umzuschlagen. Versammlungen waren daher immer schon bevorzugte Objekte staatlicher Repression. Auf der anderen Seite begründet das Einstehen mit dem eigenen Körper aber auch eine besondere und unmittelbare Verwundbarkeit, die des besonderen Schutzes gegen staatliche Übergriffe bedarf. Diese zweifach besondere Gefährdungslage, die gerade in der körperlichen

---

7   E 69, 315/344 ff.
8   Ebenso *Sachs*, VerfR II, Kap 20 Rn 4; *Schulze-Fielitz*, DR, Art. 8 Rn 27.
9   *Gusy*, MKS, Art. 8 Rn 9.
10 E 104, 92/104; BVerfG, NVwZ 2011, 422 Rn 19; zust *Classen*, StR II, § 10 Rn 61; krit *Michael/Morlok*, GR, Rn 272; *Möllers*, NJW 2005, 1973/1974 f; *Stern*, StR IV/1, S. 1206 ff.
11 E 69, 315/343; vgl dagegen *Hoffmann-Riem*, Hdb. GR IV, § 106 Rn 46 Fn 167.
12 Vgl zu dieser allerdings umstrittenen Ansicht *Marauhn*, in: Ehlers, Europäische Grundrechte und Grundfreiheiten, 4. Aufl. 2014, § 4 Rn 61.
13 *Pötters/Werkmeister*, Jura 2013, 5/9; *Nitsch/Frey*, DVBl. 2020, 1054/1055 f.
14 Zur Bedeutung der Körperlichkeit E 69, 315/345 und *Sinder*, NVwZ 2021, 103/104.

Präsenz der Teilnehmer begründet liegt, besteht für virtuelle „Versammlungen" in Chat-Räumen oder Internet-Foren nicht. Sie sind keine Versammlungen im Sinn der Versammlungsfreiheit. Mangels physischer Präsenz kann sich auch ein Redner, dessen Rede auf einer am Versammlungsort aufgestellten Videoeinwand fernübertragen wird, nicht auf die Versammlungsfreiheit berufen,[15] allerdings fällt die Integration der Videoübertragung in das Versammlungsgeschehen in die durch Art. 8 geschützte Gestaltungsfreiheit (Rn 900) der physisch präsenten Veranstalter und Teilnehmer.

2. Friedlichkeit und Waffenlosigkeit

Der sachliche Schutzbereich wird von Art. 8 Abs. 1 auf friedliche Versammlungen ohne Waffen begrenzt. *Waffen* sind neben den Waffen iSd § 1 WaffG (Pistole, Dolch, Schlagring) auch gefährliche Werkzeuge (Baseballschläger, Eisenketten), wenn sie zum Zweck des Einsatzes mitgeführt werden.[16] Keine Waffen sind reine Schutzgegenstände (Gasmasken, Schutzbrillen); der hierfür häufig gebrauchte Ausdruck „passive Bewaffnung" ist irreführend.[17] **890**

Wann eine Versammlung *friedlich* ist, wird unbestimmt und untauglich definiert, wenn mit dem BGH[18] auf die „Störung des staatsbürgerlichen Friedens" abgestellt wird. Eine andere Definition, nach der jede Rechtsverletzung zur Unfriedlichkeit führt, leistet zwar klare Abgrenzungen, interpretiert aber schon in Art. 8 Abs. 1 den Gesetzesvorbehalt hinein, den erst Art. 8 Abs. 2 enthält.[19] Ein Gesetzesvorbehalt wird sogar dann in Art. 8 Abs. 1 hineininterpretiert, wenn zwar nicht jede Rechtsverletzung, wohl aber jeder Verstoß gegen das Strafrecht als Unfriedlichkeit gewertet wird. Denn dem Gesetzgeber steht frei, welche Verhalten er strafrechtlich sanktioniert. Unfriedlichkeit kann also auch nicht mit Strafrechtswidrigkeit gleichgesetzt werden.[20] **891**

Traditionell wird Friedlichkeit in Anlehnung an §§ 5 Nr. 3, 13 Abs. 1 Nr. 2 VersG in der Weise definiert, dass die Versammlung nicht „einen gewalttätigen oder aufrührerischen Verlauf nimmt". Auch das BVerfG hat den „Einklang" zwischen dem grundrechtlichen Ausschluss unfriedlicher und dem versammlungsgesetzlichen Verbot gewalttätiger, aufrührerischer Versammlungen festgestellt.[21] Die Bestimmung der unfriedlichen als einer gewalttätigen, aufrührerischen Versammlung bedarf allerdings der *Präzisierung*. **892**

Der Begriff der *Gewalttätigkeit* fordert seit jeher die aktive körperliche Einwirkung des Täters auf Personen oder Sachen. Überwiegend wird verlangt, dass die körperliche Einwirkung aggressiv und von einiger Erheblichkeit ist.[22] Der Begriff der Ge- **893**

---

15 Vgl OVG Münster, NVwZ 2017, 648/649, das allerdings den Grundrechtsschutz des Redners bereits wegen seiner Funktion als Staatsoberhaupt ausschließt.
16 *Schulze-Fielitz*, DR, Art. 8 Rn 46; weiter („an sich harmlose Gegenstände") *Kloepfer*, VerfR II, § 63 Rn 15.
17 Vgl *Depenheuer*, MD, Art. 8 Rn 91; *Hoffmann-Riem*, Hdb. GR IV, § 106 Rn 61.
18 BGH, DVBl. 1951, 736.
19 *Hoffmann-Riem*, Hdb. GR IV, § 106 Rn 56.
20 E 73, 206/248; *Höfling*, SA, Art. 8 Rn 33; *Kloepfer*, VerfR II, § 63 Rn 21.
21 E 73, 206/249; vager E 104, 92/106.
22 *Lenckner/Sternberg-Lieben*, in: Schönke/Schröder, StGB, 30. Aufl. 2019, § 125 Rn 5; *Heger*, in: Lackner/Kühl, StGB, 29. Aufl. 2019, § 125 Rn 4.

walttätigkeit ist damit enger als der heutige Begriff der Gewaltanwendung, der jede körperliche Zwangswirkung beim Opfer genügen lässt. Der Begriff *„aufrührerisch"* bezieht sich seit alters zum einen auf den Umsturz als das Ziel der Versammlung, zum anderen auf das Mittel des aktiven gewaltsamen Widerstands gegen rechtmäßig handelnde Vollstreckungsbeamte. Da die Frage, inwieweit auf einer Versammlung umstürzlerische Meinungen geäußert und propagiert werden dürfen, heute nach Maßgabe von Art. 5 zu beantworten ist, ist im Rahmen von Art. 8 nur das Merkmal des gewaltsamen Widerstands relevant. Es erfordert, wie das Merkmal der Gewalttätigkeit, die aktive körperliche Einwirkung, lässt aber, anders als das Merkmal der Gewalttätigkeit, auch eine geringfügige Einwirkung von geringfügiger Aggressivität genügen.[23]

894 **Beispiele:** Eine Sitzblockade ist entgegen der früheren (vgl E 73, 206/257 ff; BGHSt 35, 270) und Tendenzen der neueren Rspr (E 104, 92/101 f; BVerfG, NJW 2011, 3020 Rn 26 ff; BGHSt 41, 231/241) keine Gewalt (E 92, 1/16 ff; abwM E 104, 124 ff; *Rusteberg*, NJW 2011, 2999). Das Grundrecht der Versammlungsfreiheit stellt aber jedenfalls hohe Anforderungen an die Annahme der Verwerflichkeit iSv § 240 Abs. 2 StGB (BVerfG, NJW 2011, 3020 Rn 38). – Beim Werfen mit sog weichen Gegenständen (zB Tomaten, Eiern) ist nach den oben ausgeführten Kriterien zu differenzieren; entscheidend ist sowohl, gegen wen das Werfen gerichtet ist, als auch ob es bloßen Happening-Charakter hat oder Verletzungen intendiert und bewirkt.

895 Gesondert zu würdigen ist das unfriedliche Verhalten *Einzelner.* Werden die Rechtsverstöße nicht von der Gesamtgruppe getragen, sondern gehen sie nur von Einzelnen innerhalb einer ansonsten friedlichen Versammlung aus, so wird dadurch die Friedlichkeit der Versammlung insgesamt nicht beeinträchtigt.[24] Die Versammlung wird aber unfriedlich, wenn sich die Versammlungsleitung oder die Mehrzahl der Teilnehmer mit dem unfriedlichen Verhalten Einzelner solidarisieren.[25]

896 Unfriedlich ist eine Versammlung schließlich auch dann schon, wenn ein gewalttätiger, aufrührerischer Verlauf *droht,* also unmittelbar bevorsteht. Hierfür ist jedoch die Vermummung von Versammlungsteilnehmern allein kein ausreichendes Indiz.[26]

897 **Beispiele:** Als nicht mehr von Art. 8 Abs. 1 gedeckt wurden angesehen der Aufruf zu verbrecherischen Handlungen (VG Köln, NJW 1971, 210/211); Sperraktionen gegen die Auslieferung von Zeitungen (BGH, NJW 1972, 1366/1367; NJW 1972, 1571/1573); Behinderung einer Versammlung durch Gegendemonstrationen (OVG Saarlouis, JZ 1970, 283; vgl auch *Rühl*, NVwZ 1988, 577).

3. Versammlungen in geschlossenen Räumen und unter freiem Himmel

898 Die metaphorische Unterscheidung zwischen Versammlungen unter freiem Himmel und in geschlossenen Räumen ist keine architektonische, sondern eine soziale. Sie gilt der besonderen Gefährdung und Gefährlichkeit von Versammlungen, die an einem Ort stattfinden, wo sich auch der allgemeine Publikumsverkehr bewegt. Durch den Kontakt mit dem allgemeinen Publikumsverkehr können sich Spannungen und Kon-

---

23 *Depenheuer*, MD, Art. 8 Rn 84.
24 E 69, 315/359 ff.
25 *Gusy*, MKS, Art. 8 Rn 24.
26 *Gusy*, MKS, Art. 8 Rn 25; *Hoffmann-Riem*, Hdb. GR IV, § 106 Rn 59; aA *Depenheuer*, MD, Art. 8 Rn 86.

flikte ergeben, die Versammlungen besonders störanfällig und gefährlich machen. Orte unter freiem Himmel – wie öffentliche Straßen und Plätze – verfügen in der Regel nicht über bauliche seitliche Begrenzungen. Es können aber auch Flächen in Einkaufszentren oder Flughäfen sein, wenn diese dem allgemeinen Publikumsverkehr geöffnet sind.[27] Soweit sie in der Hand privater Eigentümer liegen, geht damit eine Beschränkung ihrer Grundrechte einher, die aber zur Verwirklichung der Versammlungsfreiheit grundsätzlich gerechtfertigt ist.[28]

Diese raumbezogene Abgrenzung ist nicht zu verwechseln mit der für die Anwendung des Versammlungsgesetzes bedeutsamen Abgrenzung zwischen *öffentlichen und nichtöffentlichen* Versammlungen, die sich allein nach der für jedermann bestehenden oder nicht bestehenden Zugänglichkeit bemisst.[29] Für diese Unterscheidung kommt es nicht darauf an, ob die Versammlung gegenüber dem allgemeinen Publikumsverkehr abgeschirmt ist, sondern darauf, ob die Versammlung selbst öffentlich ist. Bei öffentlichen Versammlungen unter freiem Himmel treffen die Versammlungsöffentlichkeit und die allgemeine Publikumsöffentlichkeit aufeinander, gerade hieraus können sich die besonderen Spannungen ergeben. **899**

4. Umfang der Gewährleistung

Art. 8 schützt die Versammlung unabhängig davon, ob sie angemeldet ist.[30] Geschützte Verhaltensweisen sind die Organisation und Vorbereitung der Versammlung (Versendung von Einladungen, Werbung), die Wahl von Ort, Zeit, Ablauf und Gestaltung der Versammlung (etwa Einsatz von Megafonen und Lautsprechern).[31] Die Freiheit der Gestaltung erfasst auch die Entscheidung über den Einsatz von Rednern und Medien. Dies gilt auch dann, wenn sich der Redner eines Videobeitrags selbst nicht auf die Versammlungsfreiheit berufen kann.[32] Auch die Einrichtung von Protestcamps kann von der Versammlungsfreiheit geschützt sein, wenn sie in einem funktionalen oder symbolischen Zusammenhang zu dem Versammlungszweck steht.[33] Dies gilt unter dem Gesichtspunkt der Vorwirkung der Versammlungsfreiheit, die etwa auch die Anreise zu einer Versammlung schützt, ebenfalls für Lager, die der Unterkunft dienen, um eine Versammlungsteilnahme zu ermöglichen.[34] Die Freiheit der Wahl des Ortes erfasst jedenfalls alle öffentlichen Flächen im Gemeingebrauch, auch solche, die zwar nach ihrem Widmungszweck an sich nicht für Versammlungen angelegt sind (wie ein Friedhof), in denen aber im konkreten Fall tatsächlich allgemeine Kommunikation (etwa in Gestalt einer Gedenkveranstaltung) stattfindet.[35] Da- **900**

---

27 E 128, 226/255; BGH, NJW 2015, 2892/2893; *Enders*, JZ 2011, 577 ff; *Kersten/Meinel*, JZ 2007, 1127/1131; zur zeitweisen Zulassung der Öffentlichkeit BVerfG, NJW 2014, 2706 Rn 19.
28 BVerfG, NJW 2015, 2485 Rn 6 ff (= JK 3/2016); näher *Hollo*, JZ 2021, 61/62 ff.
29 *Gusy*, MKS, Art. 8 Rn 60; *Kloepfer*, VerfR II, § 63 Rn 27.
30 E 69, 315/351; BVerfG, NJW 2014, 2706 Rn 17 (= JK 8/2015).
31 OVG Berlin-Brandenburg, NVwZ-RR 2009, 370; *Gusy*, MKS, Art. 8 Rn 30.
32 OVG Münster, NVwZ 2017, 648/649 f.
33 OVG Münster, BauR 2017, 533/534 (= JK 6/2017); OVG Hamburg, NVwZ 2017, 1390/1393 ff; vgl auch *Hartmann*, NVwZ 2018, 200 ff.
34 BVerwGE 160, 169/179 f (= JK 9/2018); *Jungbluth*, NVwZ 2017, 604 ff; *Janz/Peters*, NWVBl 2017, 142 ff; aA OVG Münster, NVwZ 2017, 648/649 f, das allerdings nicht auf die Vorwirkung eingeht.
35 BVerfG, NJW 2014, 2706 Rn 17 ff (= JK 8/2015).

rüber hinaus hat das BVerfG die Garantie auch auf solche privaten Flächen erstreckt, die die Funktion eines öffentlichen Raums übernehmen, der dem allgemeinen Publikumsverkehr geöffnet ist.[36] Geschützt ist auch die An- und Abreise[37] zum Versammlungsort, die Leitung sowie die Teilnahme an der Versammlung, gleichgültig ob die Teilnahme das Anliegen der Versammlung teilt oder sich kritisch dazu verhält. Nicht geschützt sind der Zutritt zu einer Versammlung und die Anwesenheit auf ihr, wenn sie in der Absicht geschehen, die Versammlung zu verhindern, statt an ihr teilzunehmen.[38] Art. 8 enthält auch die negative Versammlungsfreiheit, dass niemand zur Teilnahme an oder Bildung von Versammlungen gezwungen werden darf.[39]

III. Eingriffe

901 In Art. 8 Abs. 1 werden zwei Eingriffsfälle genannt: *Anmeldungs- und Erlaubnispflicht.* Eingriffe sind, mit ihren strafrechtlichen Sanktionen, auch Verbote und Auflösungen von Versammlungen, Auflagen, Ausschließungen einzelner Teilnehmer, Behinderungen und Beschränkungen bei Anfahrt und Abreise.[40] Das Grundrecht kann schließlich auch durch faktische Maßnahmen beeinträchtigt werden, die in ihrer Intensität imperativen Maßnahmen gleichstehen und eine abschreckende Wirkung haben, wie etwa eine als Boykottaufruf zu verstehende Pressemitteilung.[41] Auch für die Eingriffsqualität *staatlicher Überwachungsmaßnahmen* soll es auf den Abschreckungseffekt ankommen: Da auch die innere Entschlussfreiheit, an einer Versammlung teilzunehmen, geschützt werde, liege ein Eingriff vor, wenn die Angst vor staatlicher Überwachung dazu führe, dass man lieber auf die Grundrechtsausübung verzichte.[42] Von daher hat das BVerfG einen Eingriff bei „exzessive(n) Observationen und Registrierungen"[43] angenommen. Damit ist das Wesentliche noch nicht hinreichend erfasst, weil unklar bleibt, welche Überwachung „exzessiv" ist, und weil Angst auch bei „normaler" Überwachung entstehen kann. Vielmehr ist ein Eingriff immer dann anzunehmen, wenn es um die Beobachtung und Registrierung gerade der Versammlung oder ihrer Teilnehmer gerade in dieser Eigenschaft geht.[44]

902 **Beispiele:** Die Observation eines einer Straftat Verdächtigen wird nicht dadurch zu einem Eingriff in die Versammlungsfreiheit, dass der Verdächtige an einer Versammlung teilnimmt. Ebenso verhält es sich bei der Beobachtung von gegen die Verfassung gerichteten Aktivitäten bestimmter Personen oder Gruppen. Gilt die Beobachtung dagegen der Frage, ob die Versammlung oder die Teilnahme an ihr selbst eine gegen die Verfassung gerichtete oder sonst rechtswidrige Aktivität ist, so liegt ein Eingriff in Art. 8 vor (*Henninger*, DÖV 1998, 713/715). Eingriffe sind auch polizeiliche Bildaufnahmen von Versammlungen (OVG Lüneburg, NVwZ-RR 2016, 98/99 = JK 8/2016) sowie die beiderseitige Begleitung eines Demonstrationszugs durch mit Einsatzanzug, Helm und Schlagstock ausgerüstete Polizeibeamte (OVG Bremen,

---

36 E 128, 226/250 ff; BVerfG, NJW 2015, 2485 Rn 6–11 (= JK 3/2016).
37 *Benda*, BK, Art. 8 Rn 35 f; *Geis*, FH, Art. 8 Rn 35 f.
38 E 84, 203/209 f.
39 E 69, 315/343; aA *Gusy*, MKS, Art. 8 Rn 33; *Hoffmann-Riem*, Hdb. GR IV, § 106 Rn 81.
40 E 69, 315/349; 87, 399/409; BVerfG, NVwZ 2007, 1181.
41 E 140, 225 Rn 12.
42 E 65, 1/43; ebenso *Hoffmann-Riem*, Hdb. GR IV, § 106 Rn 31; *Kloepfer*, VerfR II, § 63 Rn 46.
43 E 69, 315/349.
44 *Bäumler*, JZ 1986, 469/471; vgl auch *Depenheuer*, MD, Art. 8 Rn 126.

NVwZ 1990, 1188/1189) und wegen ihrer Einschüchterungswirkung Tiefflüge von Kampfjets über Protestcamps (BVerwGE 160, 169/179 f).

IV. Verfassungsrechtliche Rechtfertigung

1. Schranken

a) Der Gesetzesvorbehalt des Art. 8 Abs. 2 gilt nur für *versammlungsspezifische Eingriffe*. Für meinungsspezifische Eingriffe in Versammlungen, die durch Art. 8 iVm Art. 5 geschützt sind (vgl Rn 887), bestimmt sich die verfassungsrechtliche Rechtfertigung nach Art. 5 Abs. 2[45] mit der Folge, dass das Vorgehen gegen Versammlungen meinungsneutral sein muss und gegen rechte und rechtsextremistische Versammlungen nicht anders erfolgen darf als gegen linke und linksextremistische oder Mainstream-Versammlungen.[46]   **903**

Art. 8 Abs. 2 enthält einen *qualifizierten Gesetzesvorbehalt*, weil er an eine bestimmte Situation („unter freiem Himmel") anknüpft[47] (vgl Rn 373). Von ihm machen va die Versammlungsgesetze Gebrauch, die aber grundsätzlich nur für öffentliche, dh jedermann zugängliche Versammlungen gelten. Weitere Einschränkungen enthalten die Polizei- und Ordnungsgesetze, Bannmeilengesetze bzw. Gesetze über befriedete Bezirke,[48] das Infektionsschutzgesetz,[49] die Sonn- und Feiertagsgesetze,[50] Straßen- und Wegegesetze sowie das Straßenverkehrsrecht.[51] Allerdings zählt die Ausübung der Versammlungsfreiheit zum Gemeingebrauch und tritt hinter dem Straßenverkehr keineswegs zurück.[52] Auch das zivilrechtliche Hausrecht gem. § 903 S. 1, § 1004 BGB kann eine Schranke darstellen, die aber für den staatlichen Hausrechtsinhaber keine weitergehenden Eingriffe rechtfertigt als das Versammlungsrecht.[53]   **904**

b) **Art. 17a Abs. 1** enthält einen **Gesetzesvorbehalt** (vgl Rn 783) für das Wehr- und Ersatzdienstverhältnis. Die besondere Bedeutung dieses neben Art. 8 Abs. 2 bestehenden Vorbehalts liegt in der Möglichkeit, auch Versammlungen in geschlossenen Räumen zu reglementieren. Das Zivildienstgesetz hatte von dieser Ermächtigung keinen Gebrauch gemacht. Anders ist die Lage bei Soldaten. Diese dürfen zB nach § 15 Abs. 3 SG nicht in Uniform an politischen Veranstaltungen, dh auch nicht an politischen Versammlungen in geschlossenen Räumen, teilnehmen.[54]   **905**

c) Die Einschränkungen, die die Versammlungsgesetze für Versammlungen in geschlossenen Räumen vorsehen, sind nicht durch den Gesetzesvorbehalt gedeckt. Sie   **906**

---

45 Vgl auch E 82, 236/258 ff.

46 Vgl E 111, 147/154 f; BVerfG, NJW 2001, 2069, 2072, 2075, 2076; *Dörr*, VerwArch 2002, 435; *Kloepfer*, VerfR II, § 63 Rn 61; *Röger*, Versammlungsfreiheit für Neonazis?, 2004, S. 65 ff; aA E 124, 300/327 ff (vgl Rn 741 f); *Hufen*, StR II, § 30 Rn 38.

47 Vgl auch *Stern*, StR IV/1, S. 1261; aA *Hufen*, StR II, § 30 Rn 22.

48 Vgl *Werner*, NVwZ 2000, 369; *Dietrich*, DÖV 2010, 683.

49 BVerfG, NVwZ 2021, 141 Rn 7; *Sinder*, NVwZ 2021, 103; *Völzmann*, DÖV 2020, 893.

50 Krit *Arndt/Droege*, NVwZ 2003, 906.

51 *v. Mutius*, Jura 1988, 79/81 ff.

52 BVerfG, NVwZ 1992, 53 (zu Art. 5 Abs. 1 S. 1); *Dietz*, AöR 2008, 556.

53 Vgl E 128, 226/262 f; krit *Enders*, JZ 2012, 579 f.

54 *Kloepfer*, VerfR II, § 63 Rn 53; aA E 57, 29/35 f: Schutzbereich nicht einschlägig.

d:enen zum einen dazu, die Schutzbereichsgrenzen der Friedlichkeit und Waffenlosigkeit einfach-rechtlich nachzuziehen. Zum anderen sind sie gerechtfertigt, soweit sie zum Schutz **kollidierenden Verfassungsrechts** geboten sind.

907 **Beispiel:** Die Polizei erhält Kenntnis davon, dass möglicherweise eine Bombe in einer öffentlichen Versammlung in einem geschlossenen Raum detonieren wird. Um keine Panik hervorzurufen, löst die Polizei die Versammlung kurzerhand auf. Dieses Vorgehen ist durch § 13 Abs. 1 Nr. 2, 2. Alt. VersG („unmittelbare Gefahr für Leben und Gesundheit der Teilnehmer") gedeckt, der seinerseits als Konkretisierung des insoweit mit Art. 8 Abs. 1 kollidierenden Art. 2 Abs. 2 S. 1 anzusehen ist (vgl auch *Gallwas*, JA 1986, 484/488; *Krüger*, DÖV 1997, 13). Spielt der Fall in einer nichtöffentlichen Versammlung, dient die entsprechend restriktiv zu interpretierende polizeirechtliche Generalklausel als Ermächtigungsgrundlage (*v. Coelln*, NVwZ 2001, 1234).

908 Zweifelhaft ist die Verfassungsmäßigkeit der *Pflicht zur Bestellung eines Leiters* (§ 7 Abs. 1 VersG). Bei größeren Versammlungen lässt sie sich damit rechtfertigen, dass ohne einen Veranstalter solche Versammlungen faktisch nicht organisiert werden können und die Pflicht zur Bestellung eines Leiters damit der Verwirklichung der Versammlungsfreiheit selbst dient. Das gilt aber nicht für kleinere Zusammenkünfte. Die ausnahmslose Pflicht zur Bestellung eines Leiters ist daher verfassungswidrig.[55]

2. Verbot von Anmelde- und Erlaubnispflicht

909 Der ausdrückliche Ausschluss von Anmeldung und Erlaubnis in Art. 8 Abs. 1 stellt wie das Zensurverbot (vgl Rn 723, 784 ff) eine Schranken-Schranke dar.[56] Auch unter den Bedingungen einer Pandemie dürfen daher Versammlungen nicht von einer vorherigen Erlaubnis abhängig gemacht werden.[57] Die in den Versammlungsgesetzen vorgesehene Anmeldung darf nicht zur Pflicht gemacht und ihre Nichterfüllung nicht sanktioniert werden. Sie darf lediglich als Obliegenheit ausgestaltet werden, deren Erfüllung gewährleistet, dass die Polizei rechtzeitig vom Vorhaben der Versammlung weiß und zum Schutz ihres reibungslosen, verkehrssicheren Ablaufs und damit zum Schutz der öffentlichen Sicherheit oder Ordnung ausreichende Maßnahmen treffen kann. Bei Nichterfüllung der Obliegenheit gibt es nicht die automatische Sanktion der Auflösung; die Versammlung riskiert lediglich, dass anders vermeidbare Gefahren für die öffentliche Sicherheit oder Ordnung die Polizei situativ zur Auflösung zwingen. In diesem Sinn interpretiert auch das BVerfG das Versammlungsgesetz des Bundes, wenn es die in § 15 Abs. 3 VersG als Sanktion auf das Unterlassen der Anmeldung vorgesehene Auflösung für unanwendbar erklärt hat.[58] Bei der Spontan- und der Eildemonstration hat es ohnehin auf das Erfordernis (rechtzeitiger) Anmeldung verzichtet.[59] Das GG gewährleistet damit die Versammlungsfreiheit – im Hinblick auf das Günstigkeitsprinzip (Art. 53 EMRK) auch zulässigerweise – weitergehend als die EMRK in der Auslegung des EGMR, der in sanktionsbewehrten Anmelde- und Ge-

---

55 *Hoffmann-Riem*, Hdb. GR IV, § 106 Rn 74; aA *Depenheuer*, MD, Art. 8 Rn 150.
56 *Wege*, NVwZ 2005, 900.
57 *Eibenstein*, NVwZ 2020, 1811/1813; *Poscher*, in: Huster/Kingreen (Hrsg.), Handbuch des Infektionsschutzrechts, 2021, Kap 4 Rn 132; offengelassen BVerfG, NVwZ 2020, 711 Rn 24.
58 E 69, 315/350 f.
59 E 69, 315/350 ff; 85, 69/74 f.

nehmigungspflichten eine grundsätzlich zulässige Beschränkung von Art. 11 EMRK sieht.[60]

Lösungsskizze zum Fall 14 (Rn 881): I. Die Sitzblockade unterfällt dem Versammlungsbegriff. Fraglich ist, ob die Versammlung friedlich ist. Zur Unfriedlichkeit der Versammlung führt erst ein Verhalten nicht nur einzelner Versammlungsteilnehmer, das erheblich und aggressiv körperlich auf Personen und Sachen einwirkt. Die Sitzblockade ist weder gewalttätig noch aufrührerisch, sondern friedlich. – II. Mit der Verhängung der Geldbuße wird in die Versammlungsfreiheit eingegriffen. Denn der Schutz dieses Grundrechts endet nicht mit der Auflösung einer Versammlung, sondern wirkt auch in einem anschließenden Ordnungswidrigkeitsverfahren fort. – III. Die Verurteilung stützt sich auf § 29 Abs. 1 Nr. 2 iVm § 15 Abs. 2 VersG, also auf ein den Gesetzesvorbehalt des Art. 8 Abs. 2 verfassungsmäßig ausfüllendes Gesetz. Dieses Gesetz muss aber auch in verfassungsrechtlich einwandfreier Weise angewendet und dabei im Lichte der grundlegenden Bedeutung von Art. 8 Abs. 1 ausgelegt werden. Insofern ergeben sich hier Zweifel daraus, dass das Amtsgericht den T verurteilte, ohne die Rechtmäßigkeit der Auflösungsverfügung überprüft zu haben. Vielmehr hielt es die Wirksamkeit dieser Verfügung (dazu § 43 VwVfG) für ausreichend, um den § 29 Abs. 1 Nr. 2, Abs. 2 VersG anwenden zu können. Es ist aber nach Wortlaut und Entstehungsgeschichte offen, ob nur die rechtmäßige Versammlungsauflösung mit Bußgeld bewehrt oder ob bereits die Missachtung der wirksamen Auflösungsverfügung ohne Rücksicht auf ihre Rechtmäßigkeit sanktioniert ist. Will man der Bedeutung des Art. 8 Abs. 1 gerecht werden, so ist zwischen der verwaltungsrechtlichen Durchsetzung der Auflösungsverfügung und der späteren Ahndung ihrer Nichtbefolgung zu unterscheiden. Die verwaltungsrechtliche Durchsetzung der Auflösungsverfügung kann wegen der Situationsgebundenheit der Entscheidung nicht von der Rechtmäßigkeit abhängig gemacht werden, wenn man die vom Staat zu leistende Gewähr Sicherheit anderer Rechtsgüter nicht hintanstellen will. Dagegen erfolgt die Ahndung der Widersetzlichkeit nach § 29 Abs. 1 Nr. 2, Abs. 2 VersG immer erst nach dem Ereignis, sodass eine verbindliche Klärung der Rechtmäßigkeit möglich ist. § 29 Abs. 1 Nr. 2 VersG ist daher verfassungskonform dahin auszulegen, dass nur beim Nichtentfernen von einer rechtmäßig aufgelösten Versammlung ein Bußgeld verhängt werden darf. Weil das Amtsgericht dies nicht geprüft hat, beruht seine Entscheidung auf einer Verkennung des Art. 8.

910

Literatur: *R. Frau,* Versammlungsfreiheit und Privateigentum, RW 2016, 625; *C. Gröpl/ I. Leinebach,* Examensschwerpunkte des Versammlungsrechts, JA 2018, 8; *A.-L. Hollo,* Schutz von Versammlungen auf fremdem Grund, JZ 2021, 61; *W. Höfling/S. Augsberg,* Versammlungsfreiheit, Versammlungsrechtsprechung und Versammlungsgesetzgebung, ZG 2006, 151; *W. Hoffmann-Riem,* Versammlungsfreiheit, Hdb. GR IV, § 106; *M. Kloepfer,* Versammlungsfreiheit, Hdb. StR[3] VII, § 164; *S. Kraujuttis,* Versammlungsfreiheit zwischen liberaler Tradition und Funktionalisierung, 2005; *U. Lembke,* Grundfälle zu Art. 8 GG, JuS 2005, 984, 1081; *C. Trurnit,* Grundfälle zum Versammlungsrecht, Jura 2014, 486.

911

---

60 EGMR, NVwZ-RR 2017, 103/106 (Kudrevičius u.a./Litauen).

§ 18   Vereinigungs- und Koalitionsfreiheit (Art. 9)

912   **Fall 15: Zwangsmitgliedschaft in der Studierendenschaft (nach VG Sigmaringen, DVBl. 1968, 717)**

S ist als Jurastudent an der Universität Münster immatrikuliert und entrichtet bei jeder Rückmeldung den Beitrag in Höhe von 475,00 Euro. Im Laufe seines Studiums erfährt er, dass ein gewisser Prozentsatz des Beitrags dem AStA als Organ der Studierendenschaft zufließt. S ist der Ansicht, er sei kein Mitglied der Studierendenschaft, da er nie einen Mitgliedsantrag unterschrieben habe; er sei daher auch nicht verpflichtet, den Beitrag in dieser Höhe zu zahlen. Eine Mitgliedschaft, die ohne sein Dazutun entstehe, sei mit seinem Grundrecht der allgemeinen Vereinigungsfreiheit aus Art. 9 Abs. 1 nicht vereinbar. Hat S Recht?
Rn 962

I.   Überblick

913   In Art. 9 Abs. 1 wird die allgemeine Vereinigungsfreiheit garantiert. Art. 9 Abs. 3 schützt das Recht, Vereinigungen zur Wahrung und Förderung der Arbeits- und Wirtschaftsbedingungen zu bilden (Koalitionsfreiheit) als Sonderfall der allgemeinen Vereinigungsfreiheit. Das Grundrecht, sich zu politischen Parteien zusammenzuschließen, ist auch von Art. 9 Abs. 1 gewährleistet, sodass diese die Verfassungsbeschwerdebefugnis (vgl Rn 1394 ff) haben;[1] die verfassungsrechtliche Stellung der Parteien bestimmt sich im Übrigen nach Art. 21; einfach-gesetzlich ist darüber hinaus das Parteiengesetz lex specialis zum Vereinsgesetz (vgl auch dessen § 2 Abs. 2). Der Zusammenschluss zu Religionsgemeinschaften durch Art. 4 Abs. 1 und der Zusammenschluss zu Religionsgesellschaften als Körperschaften des öffentlichen Rechts ist nicht durch Art. 9 Abs. 1, sondern auch durch Art. 140 iVm Art. 137 Abs. 5 WRV geschützt (vgl Rn 696).

914   Die allgemeine Vereinigungsfreiheit und die Koalitionsfreiheit umfassen beide nach hM einerseits das *Individualfreiheitsrecht* der Vereinigungsmitglieder und andererseits das *kollektive Freiheitsrecht* der Vereinigungen selbst. Art. 9 Abs. 3 enthält darüber hinaus nach stRspr eine *Institutsgarantie* des Tarifvertragssystems.[2] Gelegentlich wird versucht, aus Art. 9 Abs. 1 eine entsprechende Garantie der Rechtsinstitute Verein und Gesellschaft herauszulesen. Da aber die Nennung dieser Vereinigungen nur beispielhaften Charakter hat, ist diese Ansicht unzutreffend. Allerdings muss der Gesetzgeber überhaupt Rechtsformen für Zusammenschlüsse bereitstellen.[3]

915   Art. 9 Abs. 3 schützt nicht nur vor Eingriffen von staatlicher Seite, sondern entfaltet unmittelbare *Drittwirkung* auch gegenüber Beeinträchtigungen durch Private. Der ausdrückliche Hinweis in Art. 9 Abs. 3 S. 2, wonach Abreden, die die Koalitionsfreiheit einzuschränken oder zu behindern suchen, nichtig und darauf gerichtete Maßnahmen rechtswidrig sind, bezieht sich auf alle privat- oder arbeitsrechtlichen Vereinbarungen einschließlich der Tarifverträge. Insbesondere sind auch die Koalitionen selbst daran gebunden.

---

1   *Streinz*, MKS, Art. 21 Rn 32; aA *Hesse*, VerfR, Rn 411; *Kunig*, Hdb. StR³ III, § 40 Rn 90.
2   E 4, 96/104; 44, 322/340.
3   E 50, 290/355; krit *Ziekow*, Hdb. GR IV, § 107 Rn 40, 42, 44; *Kemper*, MKS, Art. 9 Rn 10 f.

II. Schutzbereiche

1. Allgemeine Vereinigungsfreiheit

a) Begriff

Art. 9 Abs. 1 spricht von Vereinen und Gesellschaften. Der Verein wird in *§ 2 Abs. 1 VereinsG* in weitem, auch den Begriff der Gesellschaft umfassenden Sinn beschrieben als „Vereinigung, zu der sich eine Mehrheit natürlicher oder juristischer Personen für längere Zeit zu einem gemeinsamen Zweck freiwillig zusammengeschlossen und einer organisierten Willensbildung unterworfen hat". Auch Art. 9 Abs. 2 setzt Verein iSd § 2 Abs. 1 VereinsG mit Vereinigung gleich. **916**

Es ist anerkannt, dass diese weite Definition den Schutzgegenstand von Art. 9 Abs. 1 *zutreffend* umschreibt. Die zivilrechtlichen Bestimmungen bezüglich der Vereine und der Gesellschaften sind für den Schutzgegenstand von Art. 9 Abs. 1 nicht maßgeblich; ihre Nennung stellt nur eine beispielhafte Aufzählung dar, die verdeutlichen soll, dass ein umfassender Freiheitsschutz gewährleistet wird. Er umfasst „das gesamte Spektrum des Assoziationswesens von der lose gefügten Bürgerinitiative bis zum hoch-aggregierten Spitzenverband"[4]. – Im Einzelnen sind für eine Vereinigung die folgenden Elemente konstitutiv: **917**

Der Zusammenschluss erfolgt *freiwillig*. Zwangszusammenschlüsse genießen den Grundrechtsschutz aus Art. 9 Abs. 1 nicht (zur negativen Vereinigungsfreiheit des Einzelnen gegenüber Zwangszusammenschlüssen vgl Rn 924 ff). Auch öffentlich-rechtliche Zusammenschlüsse scheiden aus dem Schutzbereich von Art. 9 Abs. 1 aus[5]. Sie können nur durch staatlichen Hoheitsakt, also auf Grund des dem Staat als Sonderrecht vorbehaltenen öffentlichen Rechts errichtet werden. Private können sich nicht freiwillig zu öffentlich-rechtlichen Vereinigungen zusammenschließen. **918**

Der Zusammenschluss dient einem *gemeinsamen Zweck*. Dieser kann ganz frei bestimmt werden, sich auf Sport, Kunst, Politik, Wohltätigkeit, Geselligkeit usw beziehen. Er wird nicht dadurch gefährdet, dass zwischen den Mitgliedern neben einer Übereinstimmung im Hauptziel unterschiedliche Auffassungen über Nebenziele bestehen. **919**

Der Zusammenschluss vereinigt zwei[6] oder mehr natürliche oder juristische Personen mit einer gewissen *zeitlichen und organisatorischen Stabilität*. Diese stellt sich dadurch her, dass eine gemeinsame Willensbildung stattfindet, die geschriebenen oder ungeschriebenen Regeln folgt.[7] **920**

Beispiele: Vereinigungen iSd Art. 9 Abs. 1 sind ua Handels- und Kapitalgesellschaften, Konzerne und Holdings. Keine Vereinigungen stellen Ein-Mann-GmbH und Stiftung dar, da sie nicht auf einem personalen Zusammenschluss beruhen (vgl BVerwGE 106, 177/181). Kartelle, bei denen lediglich Marktstrategien abgesprochen werden, sind noch nicht Vereinigungen; sie werden dies erst mit organisatorischem Zusammenschluss. **921**

---

4 *Rinken*, AK, Art. 9 Abs. 1 Rn 46.
5 E 10, 89/102; 38, 281/297 f.
6 *Bauer*, DR, Art. 9 Rn 39; *Höfling*, SA, Art. 9 Rn 11, *Ziekow*, Hdb. GR IV, § 107 Rn 18.
7 Vgl *Michael/Morlok*, GR, Rn 294; *Ziekow*, Hdb.GR IV, § 107 Rn 25.

b) Art. 9 Abs. 1 als Individualgrundrecht

922 Nach seinem Wortlaut schützt Art. 9 Abs. 1 die *Bildung* von Vereinen und Gesell-schaften. Das ist das Recht des Einzelnen, sich mit anderen zusammenzuschließen und Vereine zu gründen, und schließt die Entscheidung über den Zeitpunkt der Grün-dung, den Zweck, die Rechtsform, den Namen, die Satzung und den Sitz der Vereini-gung ein (sog Vereinsautonomie). Der Fortbestand einer Vereinigung ist hingegen nicht mehr durch die individuelle Vereinigungsfreiheit geschützt, weshalb sie durch ein Vereinsverbot nicht berührt wird.[8]

923 Würde in Art. 9 Abs. 1 nicht mehr als die Möglichkeit freier Vereinsbildung garan-tiert, bestünde die Gefahr, dass der Schutz der Vereinigungsfreiheit leerliefe. Es ist daher anerkannt, dass Art. 9 Abs. 1 auch den *Beitritt* zum bereits bestehenden Verein, die *Betätigung* im und mit dem Verein und den *Verbleib* (sog positive Vereinigungs-freiheit) schützt sowie korrespondierend das Recht zum *Fernbleiben*[9] und *Austritt* (sog negative Vereinigungsfreiheit), jedenfalls soweit es sich um privatrechtliche Vereinigungen handelt.

924 Während die Vereinigungsfreiheit aus Art. 11 EMRK auch die negative Freiheit schützt, nicht zum Beitritt zu einer Vereinigung verpflichtet zu werden,[10] ist dies für Art. 9 Abs. 1 für *öffentlich-rechtliche Zwangsvereinigungen*, zB Rechtsanwalts-, Ärzte-, Handwerks-, Industrie- und Handelskammern und Jagdgenossenschaften um-stritten. Die Rechtsprechung sieht den Schutzbereich von Art. 9 Abs. 1 als nicht ein-schlägig an und misst die Zulässigkeit von Pflichtmitgliedschaften ausschließlich an Art. 2 Abs. 1.[11] Dabei sieht sie den Einzelnen als Pflichtmitglied einer öffentlich-rechtlichen Vereinigung immerhin dagegen geschützt, dass diese ihren Aufgabenbe-reich überschreitet.[12]

925 *Begründet* wird dies neben der Entstehungsgeschichte mit dem Vereinigungsbegriff, der nur privatrechtliche Vereinigungen schützt. Da der Einzelne aus Art. 9 Abs. 1 kein Recht ableiten könne, sich mit anderen zu einer öffentlich-rechtlichen Vereini-gung zusammenzuschließen, sei umgekehrt von Art. 9 Abs. 1 auch nicht das Recht umfasst, solchen Vereinigungen fernzubleiben.[13]

926 Dieser Umkehrschluss ist verfehlt.[14] Zwar trifft es zu, dass Privaten kein Recht auf positive Vereinigungsfreiheit zu öffentlich-rechtlichen Körperschaften zusteht. Das Fernbleiben bedeutet aber gerade keine für den Privaten unmögliche Inanspruchnah-me öffentlich-rechtlicher Gestaltungsformen. Vielmehr geht es insoweit um die klas-sische Grundrechtsfunktion: die Abwehr eines staatlichen Zwangsaktes. Geschicht-lich richtete sich die allgemeine Vereinigungsfreiheit gerade auch gegen hoheitliche Zwangszusammenschlüsse wie beispielsweise Zünfte.[15] Diese Schutzfunktion wird

---

8   BVerwGE 167, 293/297.
9   E 10, 89/102; 50, 290/354; 123, 186/237.
10 EGMR, No. 23646/09, Rn 51 (Geotech Kancev GmbH/Deutschland).
11 E 10, 89/102; 15, 235/239; 38, 281/297 f; E 146, 164 Rn 78 f (= JK 12/2017).
12 E 78, 320/330 f; BVerwGE 112, 69/72; *Messerschmidt*, VerwArch 1990, 55/74 ff.
13 *Epping*, GrundR, Rn 885; *Merten*, Hdb. StR³ VII, § 165 Rn 62 ff; *Kemper*, MKS, Art. 9 Rn 59; *Kloepfer*, VerfR II, § 64 Rn 19 ff; *Ziekow*, Hdb.GR IV, § 107 Rn 33 f.
14 *Bauer*, DR Art. 9 Rn 47; *Höfling*, SA, Art. 9 Rn 22.
15 Vgl *F. Müller*, Korporation und Assoziation, 1965, S. 231 ff.

auch von der hM anerkannt, die Art. 9 Abs. 1 immerhin gegen privatrechtliche Zwangszusammenschlüsse schützen lässt.[16] Wenn aber Art. 9 Abs. 1 vor Vereinigungszwang schützt, kann es keinen Unterschied machen, ob sich ein Privater gegen die Pflichtmitgliedschaft in privatrechtlichen oder in öffentlich-rechtlichen Vereinigungen wehrt.[17] Die negative Vereinigungsfreiheit schützt den Einzelnen nach alledem auch vor dem staatlichen Zwang, einer öffentlich-rechtlichen Vereinigung beizutreten und in ihr zu verbleiben.

c) Art. 9 Abs. 1 als kollektives Freiheitsrecht

Das BVerfG sieht in stRspr[18] neben den aufgezeigten Gewährleistungen für die einzelnen Vereinigungsmitglieder auch die *Vereinigungen selbst*, ihr Entstehen und Bestehen durch Art. 9 Abs. 1 als geschützt an. Es beruft sich auf den Gesichtspunkt der Effektivität des Grundrechtsschutzes, der erst bei Einbeziehung auch der Vereinigungen selbst voll gewährleistet sei. Aber die Frage, in welchem Umfang Vereinigungen grundrechtsberechtigt sind, ist in Art. 19 Abs. 3 speziell und abschließend geregelt, und die dogmatische Konstruktion des „Doppelgrundrechts" von individueller und kollektiver Vereinigungsfreiheit passt nicht zu Art. 19 Abs. 3.[19]   **927**

Die kollektive Vereinigungsfreiheit soll die *Existenz* und die *Funktionsfähigkeit* der Vereinigungen umfassen. Dazu gehört nach innen die „Selbstbestimmung über die eigene Organisation, das Verfahren ihrer Willensbildung und die Führung ihrer Geschäfte"[20]. Umstritten ist, wie weit die kollektive Vereinigungsfreiheit nach außen reicht und ob sie *jede* Vereinstätigkeit schützt.[21] Das BVerfG sieht nur einen „Kernbereich des Vereinsbestandes und der Vereinstätigkeit"[22] geschützt, wozu es die Namensführung[23] und die werbewirksame Selbstdarstellung[24] rechnet; nur beim Kernbereich gehe es um Existenz und Funktionsfähigkeit der Vereinigung. Wird eine Vereinigung jedoch wie jedermann im Rechtsverkehr tätig, so sieht das BVerfG diese Betätigung nicht durch Art. 9 Abs. 1, sondern durch das betätigungsspezifische Grundrecht geschützt;[25] das entspricht im Ergebnis dem Ansatz, der die Vereinstätigkeit nur nach Maßgabe von Art. 19 Abs. 3 iVm dem für die jeweilige Tätigkeit einschlägigen Grundrecht geschützt sieht.   **928**

2. Koalitionsfreiheit

a) Die Aussage des Art. 9 Abs. 3 S. 1 zum **Koalitionsbegriff** beschränkt sich auf die Beschreibung des Koalitionszwecks, nämlich die Wahrung und Förderung der Arbeits- und Wirtschaftsbedingungen;[26] im Übrigen muss es sich um eine Vereinigung   **929**

---

16 BVerfG, NJW 2001, 2617; BGHZ 130, 243.
17 *Schöbener*, VerwArch 2000, 374/402 f; *Murswiek*, JuS 1992, 116/118 f.
18 E 13, 174/175; 80, 244/253; 124, 25/34.
19 Vgl *W. Schmidt*, in: FS Mallmann, 1973, S. 233; *Isensee*, Hdb. StR[3] IX, § 199 Rn 107 f.
20 E 50, 290/354.
21 Vgl *Kluth*, FH, Art. 9 Rn 74 ff.
22 E 80, 244/253.
23 E 30, 227/241.
24 E 84, 372/378.
25 BVerfG, NJW 2000, 1251; NVwZ 2015, 612/612 f.
26 Zum verfassungshistorischen Hintergrund der Formulierung *Poscher*, RdA 2017, 235.

(vgl Rn 916 ff) handeln. *Arbeitsbedingungen* sind Bedingungen, die sich auf das Arbeitsverhältnis selbst beziehen, zB Lohn, Arbeitszeit, Arbeitsschutz, Urlaub. *Wirtschaftsbedingungen* haben darüber hinaus wirtschafts- und sozialpolitischen Charakter, wie zB Maßnahmen zur Verringerung der Arbeitslosigkeit, Einführung von neuen Technologien, Konjunkturfragen. Beide Ziele müssen *gemeinsam*, dh nicht bloß alternativ, angestrebt werden. Daher genießen reine Wirtschaftsvereinigungen, die die Arbeitsbedingungen nicht berücksichtigen, wie zB Kartelle, Einkaufsgenossenschaften, Verbraucherverbände, nicht den Schutz von Art. 9 Abs. 3.

930   Nach allgemeiner Auffassung wird der Koalitionsbegriff aber nicht allein durch die Zweckbestimmung definiert. Vielmehr müssen die Vereinigungen noch *weitere Merkmale* aufweisen, um als Koalition angesehen werden zu können. Weitgehend anerkannt ist, dass eine Koalition jedenfalls *Gegnerfreiheit* – Ausschließlichkeit von entweder Arbeitnehmern oder Arbeitgebern als Mitglieder[27] –, *Gegnerunabhängigkeit* – wirtschaftliche Selbstständigkeit gegenüber der Gegenseite – und *Überbetrieblichkeit* voraussetzt.[28] Erst wenn diese Voraussetzungen erfüllt sind, kann eine Vereinigung die Durchsetzungskraft gegenüber dem sozialen Gegenspieler erringen, sodass sie in der Lage ist, wirksam und nachhaltig auf die in Art. 9 Abs. 3 genannten Arbeits- und Wirtschaftsbedingungen hinzuarbeiten und sich bei Verhandlung und Abschluss eines Tarifvertrags zu behaupten; Tariffähigkeit und Kampfbereitschaft sind dabei allerdings nicht zwingend gefordert.[29]

931   **Beispiele:** Koalitionen sind die Berufsverbände der Arbeitnehmer und Arbeitgeber (Gewerkschaften und Arbeitgeberverbände) sowie deren Spitzenorganisationen Deutscher Gewerkschaftsbund und Bundesvereinigung der deutschen Arbeitgeberverbände (vgl § 2 Abs. 2 TVG). Die Einzelverbände sind in der Regel nach dem Industrieverbandsprinzip organisiert, dh sie betätigen sich nur in einem bestimmten Wirtschafts- oder Gewerbezweig (IG Metall, IG Chemie etc); zulässig ist aber auch eine nach Berufsgruppen gebildete Verbandsstruktur wie bei der Deutschen Angestelltengewerkschaft (DAG).

932   b)   Art. 9 Abs. 3 gibt dem einzelnen Arbeitnehmer oder Arbeitgeber das **Individualgrundrecht**, Koalitionen zu bilden, dh sich mit anderen zu einer Koalition zusammenzuschließen. Dies gilt für jedermann und alle Berufe, zB auch für Beamte (§ 57 BRRG), Richter (§ 46 DRiG), Soldaten (§ 6 S. 1 SG). Neben einer der Vereinsautonomie (vgl Rn 922) entsprechenden Koalitionsautonomie werden von Art. 9 Abs. 3 die gleichen Verhaltensweisen in positiver und negativer Hinsicht wie bei der allgemeinen Vereinigungsfreiheit (vgl Rn 923) geschützt. Wegen der Benennung des Koalitionszwecks wird darüber hinaus allgemein der Schutz der spezifisch koalitionsmäßigen Betätigung anerkannt (vgl Rn 934).

933   c)   Wie bei Art. 9 Abs. 1 tritt nach hM auch hier die **kollektive Freiheit** neben die individuelle: der Schutz des Bestands der Koalition und ihr Recht, durch spezifisch koalitionsmäßige Betätigung die in Art. 9 Abs. 3 genannten Zwecke zu verfolgen.[30]

---

27   Krit *Kluth*, FH, Art. 9 Rn 162.
28   Vgl E 50, 290/368; 58, 233/247; *Bauer*, DR, Art. 9, Rn 76 ff; aA *Kemper*, MKS, Art. 9 Rn 102 ff: nur Gegnerunabhängigkeit.
29   E 18, 18/32; 58, 233/249 f; BVerfG, NJW 1995, 3377.
30   E 93, 352/357 ff.

Wie bei Art. 9 Abs. 1 ist auch bei Art. 9 Abs. 3 die Annahme einer eigenständigen kollektiven Freiheit dem Einwand aus Art. 19 Abs. 3 ausgesetzt (vgl Rn 927); allerdings ist mit dem Arbeitskampf immerhin eine spezifisch koalitionsmäßige Betätigung der kollektiven Freiheit in Art. 9 Abs. 3 S. 3 ausdrücklich benannt. Wie bei Art. 9 Abs. 1 hat das BVerfG auch bei Art. 9 Abs. 3 die Betätigungsfreiheit lange nur in einem „Kernbereich" als geschützt angesehen, die Begrenzung auf den Kernbereich aber inzwischen aufgegeben.[31]

Die kollektive Koalitionsfreiheit bedeutet vor allem das Aushandeln, den Abschluss **934** und die Anwendung von *Tarifverträgen*, in denen insbesondere das Arbeitsentgelt und die anderen materiellen Arbeitsbedingungen, wie etwa die Dauer von Arbeit und Urlaub, autonom geregelt werden.[32] Das BVerfG versteht die Koalitionsfreiheit als ausgestaltungsbedürftiges Grundrecht (Rn 164 ff) und verpflichtet den Gesetzgeber daher, einfach-rechtliche Regelungen zu schaffen, die die Koalitionsfreiheit ermöglichen.[33] Davon ist aber nicht die Verpflichtung des zuständigen Bundesministeriums umfasst, einen Tarifvertrag über den Kreis seiner Mitglieder hinaus durch Allgemeinverbindlicherklärung (§ 5 TVG) auch auf sog Außenseiter zu erstrecken.[34] Zur spezifisch koalitionsmäßigen Betätigung rechnen ferner die Werbung für die Koalition,[35] die Beratung und gerichtliche Vertretung von Mitgliedern,[36] die Aufrechterhaltung der Verbandsdisziplin,[37] die Beteiligung an der betrieblichen Mitbestimmung[38] und Arbeitskampfmaßnahmen.[39] Der Bezug zur Förderung und Wahrung der Arbeits- und Wirtschaftsbedingungen führt Rspr und hL allerdings dazu, den (nur mittelbar gegen den Tarifpartner gerichteten) politischen, Solidaritäts- und Sympathiestreik und den (nicht von einer Koalition geführten) wilden Streik als nicht von Art. 9 Abs. 3 geschützt anzusehen.[40]

Beispiele: Arbeitskampfmittel der Arbeitnehmerseite sind Streik, dh die gemeinsame und **935** planmäßig durchgeführte Arbeitsniederlegung durch eine größere Anzahl von Arbeitnehmern (BAGE 1, 291/304), Boykott, Betriebsblockaden und -besetzungen. – Arbeitskampfmittel der Arbeitgeberseite sind insbesondere Aussperrung, dh die planmäßige Ausschließung einer Mehrzahl von Arbeitnehmern von der Arbeit, wobei als spezifisch koalitionsgemäß und damit verfassungsrechtlich geschützt jedenfalls die suspendierende Abwehraussperrung angesehen wird (E 84, 212/225).

---

31 E 93, 352/358 ff.
32 E 94, 268/283; 100, 271/282; 103, 293/304; 146, 71 Rn 131 (= JK 10/2017).
33 Vgl E 92, 26/41.
34 BVerfG, NZA 2020, 253/254 f.
35 E 57, 220/245 f; 93, 352/357 f.
36 E 88, 5/15.
37 E 100, 214/221.
38 E 50, 290/372.
39 E 84, 212/225; 92, 365/393 f; 148, 296 Rn 116 (= JK 10/2018).
40 *Stern*, StR IV/1, S. 2059 ff; grds so auch *Bertke*, Zur Zulässigkeit von Sympathiestreiks, 2014, S. 95 ff.

III. Eingriffe und Ausgestaltungen

1. Allgemeine Vereinigungsfreiheit

936 Aufgrund der Normprägung des Grundrechts ist zwischen Eingriffen und Ausgestaltungen zu unterscheiden (Rn 169 ff, 343 ff): Staatliche Beeinträchtigungen der Vereinigungsfreiheit zu externen Zwecken wie der Kriminalitätsbekämpfung (vgl Art. 9 Abs. 2) sind vom Gründungs- bis zum Auflösungsstadium denkbar. Keine Eingriffe stellen hingegen Normen dar, die den internen Zweck verfolgen, die unterschiedlichen Typen der Vereinigungen (OHG, AG etc.) rechtlich zu konstituieren.

937 **Beispiele:** Ein *Eingriff* ist das gefahrenabwehrrechtlich begründete Verbot eines Vereins. – *Ausgestaltungen* sind etwa Regelungen über die Organe von Vereinen und deren Zuständigkeiten sowie Mindestkapitalvorschriften und Eintragungspflichten in Vereins- und Handelsregister.

2. Koalitionsfreiheit

938 Die Koalitionsfreiheit ist nicht nur vor staatlichen Beeinträchtigungen geschützt, sondern Art. 9 Abs. 3 S. 2 verbietet ausdrücklich auch *Dritten*, in die Koalitionsfreiheit einzugreifen; die Norm entfaltet also unmittelbare Drittwirkung (vgl Rn 125, 261 f). Keine Eingriffe setzt das Recht, soweit es den gegeneinander gerichteten Betätigungen der Koalitionen den Rahmen und die Formen zur Verfügung stellt, in denen sie die autonome Ordnung des Arbeitslebens verwirklichen können. Zu den internen Zwecken der Ausgestaltung zählen daher insbesondere die Regelungen, die das Verhältnis der Koalitionen untereinander ordnen oder der Funktionsfähigkeit des Arbeitskampfs dienen.[41]

939 **Beispiele:** (1) *Eingriffe* in die *individuelle Koalitionsfreiheit* sind: Verhinderung des Beitritts oder des Verbleibs in einer Gewerkschaft durch einen Arbeitgeber; daraus folgen die Unzulässigkeit einer Kündigung wegen Beitritts zu einer Gewerkschaft und die Nichtigkeit eines Versprechens, aus einer Gewerkschaft auszutreten. Ausübung von Zwang zum Austritt oder Beitritt durch unterschiedliche Behandlung wegen Gewerkschaftszugehörigkeit oder -nichtzugehörigkeit; zulässig sind jedoch Differenzierungsklauseln, mit denen Gewerkschaften in Tarifverträgen für ihre Mitglieder besondere Leistungen aushandeln, solange sie lediglich einen Anreiz für die Gewerkschaftsmitgliedschaft setzen (BVerfG, NZA 2019, 112 Rn 4, vgl auch BAGE 130, 43 [58]). Keinen Zwang zum Beitritt bedeutet auch die sog Tariftreueregelung, nach der ein Unternehmer einen Auftrag nur bekommt, wenn er seine Arbeitnehmer nach den geltenden Entgelttarifen entlohnt (E 116, 202/217 ff). – Beispiele für Eingriffe in die *kollektive Koalitionsfreiheit*: Zuweisung der den Koalitionen nach Art. 9 Abs. 3 obliegenden Aufgaben an öffentlich-rechtliche Körperschaften mit Zwangsmitgliedschaft (sog Arbeitnehmerkammern, die die Interessen der Arbeitnehmer in wirtschaftlicher, sozialer und kultureller Hinsicht wahrnehmen; vgl E 38, 281/302); staatliche Zwangsschlichtung eines Arbeitskampfes (E 18, 18/30; BAGE 12, 184/190) und der Ausschluss des Streikrechts für Beamte (E 148, 296). Kein Eingriff in die negative Koalitionsfreiheit liegt in sog Differenzierungsklauseln, mit denen Gewerkschaften in Tarifverträgen für ihre Mitglieder besondere Leistungen aushandeln, solange sie lediglich einen Anreiz für die Gewerkschaftsmitgliedschaft setzen (BVerfG, NZA 2019, 112 Rn 4). – (2) *Ausgestaltungen* sind: Verdrängung eines Tarifvertrages einer Minderheitsge-

---

41 E 84, 212/228; *Kingreen*, NZA 2021, 1/4 f.

werkschaft durch den Tarifvertrag einer Mehrheitsgewerkschaft zur Sicherstellung der Tarifeinheit in einem Betrieb (E 146, 71 Rn 134 ff = JK 10/2017); Beschränkung der Aussperrung zur Gewährleistung von Verhandlungsparität der Tarifparteien (E 84, 212/223 f).

IV. Verfassungsrechtliche Rechtfertigung

1. Allgemeine Vereinigungsfreiheit

Für die Rechtfertigung ist wiederum zwischen Ausgestaltungen und Eingriffen zu unterscheiden. Ausgestaltungen, die Vereinigungen erst konstituieren, haben ihre verfassungsrechtliche Grundlage bereits in dem Ausgestaltungsauftrag. Bei der Erfüllung dieses grundrechtlichen Auftrags genießt der Gesetzgeber einen weiten Gestaltungsspielraum (Rn 445). Externen Zwecken dienende Eingriffe in die Vereinigungsfreiheit bedürfen hingegen einer besonderen Grundlage in der Verfassung (kollidierendes Verfassungsrecht, Rn 382). | **940**

a) Art. 9 Abs. 2

Die allgemeine Vereinigungsfreiheit des Art. 9 Abs. 1 steht nicht ausdrücklich unter Gesetzesvorbehalt; in Art. 9 Abs. 2 ist aber das *Verbot bestimmter Vereinigungen* enthalten. Der Wortlaut „sind verboten" lässt an sich vermuten, dass die in Art. 9 Abs. 2 genannten Vereinigungen wie bei Art. 8 Abs. 1 die unfriedlichen und bewaffneten Versammlungen bereits aus dem Schutzbereich herausfallen.[42] | **941**

Demgegenüber wird Art. 9 Abs. 2 nach hM als verfassungsrechtliche *Rechtfertigung für einen Eingriff* angesehen.[43] Man ist sich einig, dass aus rechtsstaatlichen Gründen bestimmte Verfahrens- und Zuständigkeitsregelungen für ein Vereinsverbot erforderlich sind und den in diesen Verfahren von den zuständigen Organen ausgesprochenen Verboten konstitutive Wirkung zukommt.[44] Dazu passt die unterverfassungsrechtliche Regelung des § 3 Abs. 1 S. 1 VereinsG, wonach Vereine erst dann als verboten behandelt werden dürfen, wenn dies durch Verfügung der Verbotsbehörde festgestellt ist, in der die Auflösung des Vereins angeordnet wird. Im Ergebnis ist Art. 9 Abs. 2 also ein qualifizierter Gesetzesvorbehalt. | **942**

Die *Verbotsgründe* sind in Art. 9 Abs. 2 abschließend aufgezählt, dh aus anderen Gründen ist ein Verbot nicht möglich: | **943**

aa) Verboten sind Vereinigungen, deren Zwecke oder deren Tätigkeit den **Strafgesetzen** zuwiderlaufen. Mit Strafgesetzen sind nur die allgemeinen Strafgesetze gemeint, dh Strafvorschriften, die kein gegen die Vereinigungsfreiheit gerichtetes Sonderstrafrecht darstellen.[45] Macht man diese Beschränkung auf die allgemeinen Strafgesetze nicht, steht Art. 9 Abs. 1 zur Disposition des Gesetzgebers. | **944**

Allerdings gibt es im Strafgesetzbuch Bestimmungen, die ansonsten erlaubte Betätigungen allein deshalb unter Strafe stellen, weil sie von mehreren gemeinsam ausge- | **945**

---

42 Offen gelassen E 80, 244/254.
43 E 149, 160 Rn 100 (= JK 7/2019); *Höfling*, SA, Art. 9 Rn 40 f; *Ziekow*, Hdb.GR IV, § 107 Rn 57 ff.
44 *Kluth*, FH, Art. 9 Rn 108; *v. Münch*, BK, Art. 9 Rn 77; *Scholz*, MD, Art. 9 Rn 132.
45 *Winkler*, MüK, Art. 9 Rn 83; *Stern*, StR IV/1, S. 1348; aA *Merten*, Hdb. StR³ VII, § 165 Rn 77.

übt werden, oder die gemeinsame Ausübung straferschwerend berücksichtigen (zB §§ 121, 129, 129a, 250 Abs. 1 Nr. 2, 253 Abs. 4, 284 Abs. 2 StGB). Dies ist solange unproblematisch, als die strafrechtliche Bestimmung auf die besondere Gefährlichkeit der gemeinsamen Ausübung unabhängig davon zielt, ob hinter dieser eine Vereinigung steht. Für §§ 129 und 129a StGB gilt, dass das Vereinigen in Anknüpfung an die disqualifizierenden Tatbestandsmerkmale des Art. 9 Abs. 2 bestraft wird.

946 **bb)** Verboten sind Vereinigungen, die sich gegen die **verfassungsmäßige Ordnung** richten. Wegen der sachlichen Zusammengehörigkeit mit Art. 18 S. 1 und Art. 21 Abs. 2 S. 1 ist der Begriff „verfassungsmäßige Ordnung" in Art. 9 Abs. 2 anders als in Art. 2 Abs. 1 (vgl Rn 528) dem der „freiheitlichen demokratischen Grundordnung" gleichzusetzen[46] und umfasst nur die „elementaren Grundsätze der Verfassung, namentlich die Menschenwürde nach Art. 1 Abs. 1 GG, das Demokratieprinzip und den Grundsatz der Rechtsstaatlichkeit"[47].

947 **cc)** Verboten sind Vereinigungen, die sich gegen den Gedanken der **Völkerverständigung** richten, indem sie Gewalt, die Diskriminierung von bestimmten Rassen, Völkern oder Nationen oder vergleichbar schwerwiegende völkerrechtswidrige Handlungen propagieren oder wissentlich – etwa durch finanzielle Unterstützung – fördern.[48]

948 Stets ist Voraussetzung für ein Vereinsverbot gem. Art. 9 Abs. 2, dass sich die Vereinigung gegen die genannten Rechtsgüter *„richtet"*. Wie bei Art. 18 S. 1 und Art. 21 Abs. 2 ist hierfür eine „aggressiv kämpferische Haltung"[49] erforderlich. Es genügt also nicht die bloße Kritik oder Ablehnung der in Art. 9 Abs. 2 aufgezählten Rechtsgüter. Anders als Art. 21 Abs. 2 verlangt Art. 9 Abs. 2 hingegen nicht, dass von dem Verein eine konkrete Gefahr für die freiheitlich demokratische Grundordnung ausgeht. Den Unterschied sieht das BVerfG im Wortlaut – „darauf ausgeht" vs. „richtet" – begründet.[50] Aber auch das bloße Gerichtet-Sein auf verfassungsfeindliche Ziele setzt eine aggressiv-kämpferische Haltung voraus, die über das durch Art. 5 Abs. 1 geschützte Haben und Äußern verfassungsfeindlicher Meinungen hinausgeht.[51] Soweit es um das aggressiv-kämpferische Verhalten *einzelner Mitglieder* geht, kommt es darauf an, ob dies der Vereinigung zuzurechnen ist, zB weil die Mehrheit der Mitglieder dieses Verhalten billigt oder widerspruchslos hinnimmt.[52] Die Vereinigung muss die inkriminierten Zwecke nicht unmittelbar selbst verfolgen. Es reicht aus, dass sie eine andere Vereinigung unterstützt, die unmittelbar gegen Art. 9 Abs. 2 verstößt.[53]

949 Ein Vereinsverbot kann sich auf Teil- und Ersatzorganisationen sowie deren Kennzeichen erstrecken. Das Kennzeichenverbot gilt auch für wesentlich gleiche Kennzeichen nicht verbotener Teilorganisationen und anderer selbstständiger Vereine. Das

46 BVerwGE 134, 275/292 f; *Maurer*, StR, § 23 Rn 8, krit *Kluth*, FH, Art. 9 Rn 105.
47 E 149, 160 Rn 107 (= JK 7/2019); zur näheren Bestimmung der Grundsätze E 144, 20 Rn 528 ff.
48 BVerfG, NVwZ 2020, 226 Rn 13.
49 E 5, 85/141.
50 E 149, 160 Rn 108 f (= JK 7/2019).
51 E 149, 160 Rn 114 (= JK 7/2019).
52 BVerwGE 80, 299/306 ff.
53 E 149, 160 Rn 112 (= JK 7/2019).

BVerfG sieht in den selbstständigen Kennzeichenverboten mildere Mittel, die von der Verbotsbefugnis mit umfasst sind.[54]

b) Kollidierendes Verfassungsrecht

Kollisionen ergeben sich zum einen in Art. 9 Abs. 1 selbst; besonders die individuelle und die kollektive Vereinigungsfreiheit können miteinander in Konflikt geraten. Zum anderen gibt es, wenn der Schutzbereich der Vereinigungsfreiheit so weit gefasst wird, dass auch die Vereinstätigkeit geschützt ist (vgl Rn 928), Konflikte mit Verfassungsrecht außerhalb von Art. 9 Abs. 1.   **950**

Beispiel: Die Vereinigung von Strafgefangenen, die sich nicht nur kulturell und sportlich, sondern auch dadurch betätigt, dass Ausbruchstechniken entwickelt und unterrichtet werden, ist mit dieser Tätigkeit bei der weiten Auslegung des Schutzbereichs durch Art. 9 Abs. 1 zunächst geschützt. Der Eingriff, der in der Unterbindung dieser Tätigkeit liegt, ist dann durch kollidierendes Verfassungsrecht zu rechtfertigen: durch Art. 103 Abs. 2 und 3 und Art. 104, aus denen sich die verfassungsrechtliche Anerkennung des Strafvollzugs ableiten lässt. Entscheidend ist dabei, dass die Beschränkung der Vereinstätigkeit für den Bestand und die Funktionsfähigkeit des Strafvollzugs erforderlich ist (vgl *Schneider*, in: FS Klug, 1983, S. 597).   **951**

2. Koalitionsfreiheit

a) Auch für die Koalitionsfreiheit ist zwischen der Rechtfertigung von **Ausgestaltungen** und Eingriffen zu unterscheiden. Ihre verfassungsrechtliche Grundlage haben Ausgestaltungen bereits in der Garantie der Koalitionsfreiheit als normgeprägtem Grundrecht selbst. Besonders der Gesetzgeber verfügt insoweit über einen großen Gestaltungsspielraum.[55] Bei Regelungen des Arbeitskampfes ist die „Grenze der Verfassungswidrigkeit […] erst dann überschritten, wenn sich deutlich erkennbar abzeichnet, daß eine Fehleinschätzung vorgelegen hat oder die angegriffene Maßnahme von vornherein darauf hinauslief, ein vorhandenes Gleichgewicht der Kräfte zu stören oder ein Ungleichgewicht zu verstärken."[56] Teilweise greift das BVerfG bei der Prüfung aber auch auf den Verhältnismäßigkeitsgrundsatz zurück.[57] Dies gilt auch für Konflikte zwischen der individuellen und der kollektiven Koalitionsfreiheit.[58]   **952**

Beispiele: Zur verfassungsmäßigen Ausgestaltung zählt das Verbot eines ruinösen Arbeitskampfs, in dessen Verlauf gegen eine andere Koalition in hetzerischer Weise vorgegangen wird oder die Vernichtung des Gegners angestrebt wird (BAG, NJW 1967, 843/845); das Verbot des Einsatzes von Leiharbeiterinnen durch den Arbeitgeber (BVerfG, NZA 2020, 1186/1887 f = JK 2/2021); das Recht der Gewerkschaften zur Nutzung des Betriebsparkplatzes zur Ansprache Arbeitswilliger während eines Streiks (BVerfG, NJW 2020, 3098 = JK 2/2021); das sog Tarifeinheitsgesetz, das das Verhältnis konkurrierender Tarifverträge in einem Betrieb zugunsten des Tarifvertrags der Mehrheitsgewerkschaft auflöst, um die Funktionsfähigkeit des Tarifvertragssystems zu sichern, solange es Schutzvorkehrungen gegen die einseitige Vernachlässigung der Angehörigen einzelner Berufsgruppen oder Branchen durch die jeweilige Mehrheitsge-   **953**

---

54 BVerfG, NVwZ 2020, 1424 Rn 32 (= JK 8/2021); krit *Sachs*, JuS 2021, 187/188 f.
55 *Winkler*, MüK, Art. 9 Rn 168.
56 E 92, 365/396; *Klein*, NJW 2020, 3069/3070.
57 BVerfG, NJW 2020, 3101 Rn 32 (= JK 2/2021).
58 E 84, 212/226 ff.

werkschaft enthält (E 146, 71 Rn 166 ff = JK 10/2017). Die individuelle Koalitionsfreiheit von Gewerkschaftsmitgliedern, sich zum Betriebsrat wählen zu lassen, wird in verhältnismäßiger Weise durch die kollektive Koalitionsfreiheit ihrer Gewerkschaft beschränkt, wenn diese um der Aufrechterhaltung ihrer Geschlossenheit nach innen und außen willen ihren Mitgliedern die Kandidatur auf einer konkurrierenden Liste verbietet (E 100, 214/223 f).

954 **b)** Im Unterschied zu den Ausgestaltungen der Koalitionsfreiheit bedürfen **Eingriffe** einer besonderen Grundlage im Grundgesetz.

955 **aa)** Umstritten ist, ob die Eingriffsermächtigung des **Art. 9 Abs. 2** auch auf die Koalitionsfreiheit anwendbar ist.

956 Dies wird teilweise verneint unter Hinweis auf die systematische Stellung des Abs. 2 *nach* der Vereinigungsfreiheit, aber *vor* der Koalitionsfreiheit und im systematischen Vergleich mit Art. 5, wo anerkanntermaßen (vgl Rn 816) die in Abs. 2 normierten Schranken nur für Abs. 1, nicht aber für Abs. 3 gelten.[59]

957 Von der hM wird es bejaht, da die Entstehungsgeschichte und der systematische Zusammenhang zwischen Art. 9 und Art. 21 ergeben, dass die Koalitionsfreiheit nicht weitergehend geschützt sein kann als die Parteienfreiheit.

958 Letztlich ist der Streit *ohne Bedeutung*. Eine Koalition, die sich die Zwecke des Art. 9 Abs. 2 setzen würde, wäre nicht mehr Koalition iSv Art. 9 Abs. 3 S. 1. Denn die Zwecke von Art. 9 Abs. 2 und Art. 9 Abs. 3 S. 1 sind völlig verschieden; die Wahrung und Förderung der Arbeits- und Wirtschaftsbedingungen läuft weder als Zweck noch im tätigen Vollzug den Strafgesetzen zuwider und richtet sich weder gegen die verfassungsmäßige Ordnung noch gegen den Gedanken der Völkerverständigung. Insofern kann die Anwendbarkeit der Eingriffsermächtigung des Art. 9 Abs. 2 auf die Koalitionsfreiheit verneint werden, weil sie nicht hilft und es ihrer nicht bedarf.[60]

959 **bb) Kollisionen** mit Rechtsgütern, die mit Verfassungsrang ausgestattet sind, können nach den allgemeinen Grundsätzen (Rn 382 f) Beschränkungen von Art. 9 Abs. 3 legitimieren.[61] Diese Rechtsgüter müssen aber aus dem GG begründet werden; die Behauptung einer „Gemeinwohlbindung" der Koalitionen genügt dem nicht.[62] Beschränkungen müssen zudem Art. 11 EMRK berücksichtigen, der nach Meinung des EGMR ein allgemeines Streikverbot im öffentlichen Dienst ausschließt.[63]

960 **Beispiele:** Das BVerfG (E 148, 296 Rn 144) sieht in Art. 33 Abs. 5 die Rechtfertigung für ein generelles Streikverbot für Beamte. Es sieht sich dabei auch durch die Rechtsprechung des EGMR zu Art. 11 EMRK nicht gehalten, das Streikverbot auf exklusiv hoheitliche Tätigkeiten iSv Art. 33 Abs. 4 zu beschränken (E 148, 296 Rn 163 ff; anders noch BVerwGE 149, 117/130 ff = JK 10/2014, dazu *Manssen*, Jura 2015, 835/839 ff). Für den sog Dritten Weg, der ein Streikrecht in kirchlichen Einrichtungen ausschließt, sieht das BAG (NZA 2013, 448/460) die Rechtfertigung im kirchlichen Selbstbestimmungsrecht (Art. 137 Abs. 3 WRV iVm Art. 140). Unzulässig sind zudem Arbeitskämpfe, die die Funktionsfähigkeit von Krankenhäusern, Feuer-

---

59 *Jarass*, JP, Art. 9 Rn 52; *W. Schmidt*, NJW 1965, 424/426.
60 Ähnlich *Höfling*, SA, Art. 9 Rn 136.
61 E 94, 268/284; 100, 271/283; 103, 293/306.
62 *Kemper*, MKS, Art. 9 Rn 84; aA v. *Danwitz*, Hdb, GR V, § 116 Rn 11 ff; *Scholz*, Hdb. StR³ VIII, § 175 Rn 33 ff.
63 EGMR, NZA 2010, 1423/1424 (Enerji Yapi-Yol Sen/Türkei).

wehren und anderen lebensnotwendigen Betrieben gefährden (vgl Art. 2 Abs. 2 S. 1). – Art. 33 Abs. 4, 5 allein kann den Einsatz von Beamten während eines Streiks auf bestreikten Arbeitsplätzen nicht rechtfertigen (so noch BVerwGE 69, 208/214 f; BAGE 49, 303); hierzu bedarf es gesetzlicher Regelung (E 88, 103/116). – Es hat ferner gesetzliche Lohnabstandsklauseln, die befristet Zuschüsse für Arbeitsbeschaffungsmaßnahmen an die Vereinbarung von untertariflichen Entgelten knüpfen, mit der sozialstaatlichen Verpflichtung des Gesetzgebers zur Bekämpfung der Arbeitslosigkeit gerechtfertigt (E 100, 271/284) und das Verbot einer gewerkschaftlichen Unterschriftenaktion in den Diensträumen mit der rechtsstaatlich neutralen und objektiven Amtsführung (BVerfG, EuGRZ 2007, 228/231).

cc) Schranken-Schranke für Eingriffe in die Koalitionsfreiheit ist der im Zuge der   961
Notstandsgesetzgebung eingefügte Art. 9 Abs. 3 S. 3. Mögen kollidierende Verfassungsgüter im Notstandsfall die Einschränkung des Arbeitskampfrechts noch so sehr verlangen – Art. 9 Abs. 3 S. 3 verwehrt sie.

Lösungsskizze zum Fall 15 (Rn 912): I. Vom *Schutzbereich* der Vereinigungsfreiheit   962
wird nicht nur die positive, sondern auch die negative Freiheit erfasst, einer Vereinigung fernzubleiben oder aus ihr auszutreten. Fraglich ist, ob sich S gegen die Mitgliedschaft in der Studierendenschaft auf seine negative Vereinigungsfreiheit gem. Art. 9 Abs. 1 berufen kann. Die Studierendenschaft ist eine rechtsfähige Gliedkörperschaft der Hochschule, deren Mitgliedschaft mit der Einschreibung erworben wird (§ 53 Abs. 1 S. 2 nwHG). S ist daher als eingeschriebener Student auch ohne Antrag Mitglied der Studierendenschaft als öffentlich-rechtlicher Körperschaft geworden. Ob die negative Vereinigungsfreiheit auch gegen öffentlich-rechtliche Zwangsverbände schützt, ist umstritten. Nach der Rechtsprechung ist Art. 9 Abs. 1 insoweit nicht einschlägig; doch sprechen die besseren Argumente für die Gegenmeinung. – II. Die Zwangsmitgliedschaft der eingeschriebenen Studierenden in der Studierendenschaft *greift* in die negative Vereinigungsfreiheit des S *ein*. – III. Problematisch ist die *verfassungsrechtliche Rechtfertigung* für diesen Eingriff. Ein Verbotstatbestand gem. Art. 9 Abs. 2 liegt nicht vor. Es kommt allenfalls eine Rechtfertigung durch kollidierendes Verfassungsrecht in Betracht: Aus Art. 5 Abs. 3 ist zwar ein Mindestmaß an Mitwirkungsrechten der Studierenden in den Selbstverwaltungsorganen der Hochschule abzuleiten (vgl E 35, 79/125), aber dies erfordert nicht notwendig den öffentlich-rechtlichen Zwangszusammenschluss der Studierenden. Die meisten der in § 53 Abs. 2 S. 2 Nr. 1–8 nwHG genannten Aufgaben der Studierendenschaft gehören noch nicht einmal zum Schutzbereich der Wissenschaftsfreiheit (zB wirtschaftliche, soziale und kulturelle Belange der Studierenden, Förderung des Studierendensports, Pflege der überörtlichen und internationalen Studierendenbeziehungen). Soweit einzelne Aufgaben der Studierendenschaft in den Schutzbereich des Art. 5 Abs. 3 fallen (zB fachliche Belange der Studierenden), ist sehr fraglich, ob zu ihrer Verfolgung die Zwangsmitgliedschaft erforderlich ist oder nicht privatrechtliche Zusammenschlüsse ausreichend sind (vgl *Damkowski*, DVBl. 1978, 229; *Pieroth*, Störung, Streik und Aussperrung an der Hochschule, 1976, S. 192 f). – Es sprechen daher gute Gründe dafür, dass S Recht hat. Demgegenüber hält die Rspr (BVerfG, DVBl. 2000, 1179; BVerwGE 59, 231/236 ff; 109, 97/100 f) die Zwangsmitgliedschaft in der Studierendenschaft für vereinbar mit Art. 2 Abs. 1.

Literatur: Zu Art. 9 Abs. 1: *T. Günther/E.B. Franz*, Grundfälle zu Art. 9 GG, JuS 2006, 788,   963
873; *D. Merten*, Vereinsfreiheit, Hdb. StR³ VII, § 165; *M. Planker*, Das Vereinsverbot in der verwaltungsgerichtlichen Rechtsprechung, NVwZ 1998, 113; *T. Schmidt*, Die Freiheit verfassungswidriger Parteien und Vereinigungen, 1983. – **Zu Art. 9 Abs. 3:** *W. Hänsle*, Streik und Daseinsvorsorge, 2016; *W. Höfling/C. Burkiczak*, Die unmittelbare Drittwirkung gem. Art. 9 Abs. 3 S. 2 GG, RdA 2004, 263; *T. Kingreen*, Verfassungsrechtliche Zulässigkeit exklusiver

Tariföffnungsklauseln, NZA 2021, 1; *M. Kittner*, Die Rechtsprechung des Bundesverfassungsgerichts zu Tarifautonomie und Arbeitskampf, in: FS Jaeger, 2011, S. 483; *W. Kluth*, Die Vereinigungs- und Koalitionsfreiheit gem. Art. 9 GG, Jura 2019, 719; *K.-H. Ladeur*, Methodische Überlegungen zur gesetzlichen „Ausgestaltung" der Koalitionsfreiheit, AöR 2006, 643; *B. Pieroth*, Koalitionsfreiheit, Tarifautonomie und Mitbestimmung, in: FS 50 Jahre BVerfG, 2001, Bd. II, S. 293; *R. Poscher*, Die Koalitionsfreiheit als ausgestaltungsbedürftiges und ausgestaltungsfähiges Grundrecht, RdA 2017, 235; *B. Schiffbauer*, Über Freiheit und Verbote von Vereinigungen, JZ 2019, 130; *R. Scholz*, Koalitionsfreiheit, Hdb. StR³ VIII, § 175; *T. v. Danwitz*, Koalitionsfreiheit, Hdb. GR V, § 116; *J. Ziekow*, Vereinigungsfreiheit, Hdb.GR IV, § 107.

§ 19 Brief-, Post- und Fernmeldegeheimnis (Art. 10)

964 **Fall 16: Sicherstellung des Inhalts eines Postfachs (nach BVerwGE 79, 110)**

Durch ordnungsgemäße Verfügung des Innenministers ist der Verein „Volkssozialistische Bewegung Deutschlands" (V) gem. § 3 Abs. 1 VereinsG verboten und sein Vermögen beschlagnahmt und eingezogen worden. V besaß im Hauptpostamt seines Sitzortes ein Postfach. Der für den Vollzug der Verfügung des Innenministers gem. § 5 Abs. 1 VereinsG bestimmte Regierungspräsident erlässt einen Sicherstellungsbescheid gem. § 10 Abs. 2 VereinsG, wonach die Deutsche Post AG den Inhalt des Postfachs herausgeben muss. Ist dieser Bescheid mit Art. 10 vereinbar? **Rn 991**

I. Überblick

965 Art. 10 schützt die Vertraulichkeit bestimmter Kommunikationsmedien. Er enthält eine „spezielle Gewährleistung der Privatsphäre"[1], deren Notwendigkeit sich daraus ergibt, dass die Privatheit wegen der räumlichen Distanz und der Zugriffsmöglichkeiten für Dritte hier besonders gefährdet ist. Art. 10 steht damit in einem engen Zusammenhang mit Art. 13 Abs. 1, der die räumliche Privatsphäre schützt, und dem allgemeinen Persönlichkeitsrecht (Art. Abs. 1 iVm Art. 1 Abs. 1), das speziell die Vertraulichkeit und Integrität informationstechnischer Systeme (Rn 518) gewährleistet und zur Anwendung kommt, wenn nicht in den allein durch Art. 10 geschützten Kommunikationsvorgang selbst eingegriffen wird.

966 Die Unterscheidung von Brief-, Post- und Fernmeldegeheimnis beruht auf der historischen Entwicklung des Nachrichtenverkehrs. Das Brief- und das Fernmeldegeheimnis schützen die Übermittlung von Kommunikationsinhalten, während das Postgeheimnis die besonderen Gefährdungen durch die staatliche Deutsche Bundespost im Blick hatte. Privatisierungen und technische Entwicklungen stellen nicht den Schutzbedarf, wohl aber die herkömmliche Dreiteilung in Frage. Neben die Post bzw die gem. Art. 87f Abs. 2 S. 1 und Art. 143b gebildeten privatwirtschaftlichen Nachfolgeunternehmen der Deutschen Bundespost treten andere privatwirtschaftliche Kommunikationsmittler, die nicht unmittelbar grundrechtsgebunden sind. Daher werden heute Art. 10 Vorgaben für die Ausgestaltung des Rechts der Nachfolgeunternehmen und anderen Kommunikationsmittler entnommen, wonach sie den Geheimnissen des

---

1 BVerfG, NJW 2016, 3508 Rn 42.

Art. 10 Abs. 1 ebenso verpflichtet sind, wie es ehedem die staatliche Post war. Der leitende Gedanke ist dabei, dass der Staat sich durch Privatisierungen nicht aus seiner grundrechtlichen Verantwortung stehlen darf. Durch die technische Entwicklung ist das Grundrecht herausgefordert, weil sich die Grenzen zwischen postalisch und über Fernsprecher vermittelten Kommunikationen durch die Digitalisierung weitgehend aufgelöst haben; Brief- und Fernmeldegeheimnis fusionieren zu einem „Telekommunikationsgeheimnis"[2]. Die Digitalisierung ermöglicht aber nicht nur neue Formen der Kommunikation, sondern eröffnet auch neue staatliche Zugriffsmöglichkeiten und damit grundrechtliche Gefährdungslagen. Sie haben vor dem Hintergrund neuer Herausforderungen für die öffentliche Sicherheit zu einer Renaissance des Grundrechts auch in der Rechtsprechung geführt.

Art. 10 Abs. 2 S. 1 enthält einen einfachen Gesetzesvorbehalt. Art. 10 Abs. 2 S. 2 ist kein qualifizierter Gesetzesvorbehalt in dem Sinn, dass er die Ermächtigung zum Eingriff in den Schutzbereich durch Gesetz an zusätzliche Voraussetzungen bindet. Vielmehr ermächtigt er in bestimmten Fällen (des Verfassungs- und Staatsschutzes) zu besonders weitgehenden Eingriffen in die Schutzbereiche des Art. 10 Abs. 1. **967**

II. Schutzbereiche

1. Briefgeheimnis

Das Briefgeheimnis verwehrt der öffentlichen Gewalt, vom Inhalt eines Briefs oder einer anderen Sendung Kenntnis zu nehmen, die erkennbar eine *individuelle schriftliche Mitteilung* befördert. Bei verschlossenen Sendungen ist zwar nicht erkennbar, ob sie individuelle schriftliche Mitteilungen befördern, aber da sie sie befördern könnten und sich durch den Verschluss gegen die Erkennbarkeit und Kenntnisnahme gerade schützen, gehören auch sie in den Schutzbereich des Briefgeheimnisses.[3] **968**

Beispiele: Briefe i. S. von Art. 10 Abs. 1 sind neben den eigentlichen Briefen auch Telegramme, Postkarten, Päckchen und Pakete. Offene Drucksachen, Zeitungs- und Büchersendungen, Waren- und Postwurfsendungen dienen dagegen erkennbar nicht der Beförderung individueller schriftlicher Mitteilungen (aA *Michael/Morlok*, GR, Rn 322). **969**

Vom *Umfang* her erstreckt sich das Briefgeheimnis nicht nur auf den Inhalt der Sendung, sondern auch auf deren Absender und Empfänger und alle Umstände der Beförderung, einschließlich der Identität des Beförderers. Da das Briefgeheimnis im Interesse der Kommunikationsteilnehmer und nicht der Beförderungsunternehmen als Kommunikationsmittler besteht, werden die Beförderungsunternehmen nicht geschützt.[4] **970**

Das Briefgeheimnis *verpflichtet* nicht nur die Organe öffentlicher Gewalt, die im Bereich des Brief- und Postwesens gem. Art. 87f Abs. 2 S. 2 und Abs. 3 Hoheitsaufgaben ausführen; mit Aufsichtsaufgaben betraut, haben sie zu Eingriffen nicht einmal besondere Gelegenheit und besonderen Anlass. Es verpflichtet auch und vor allem Organe, die mit dem Brief- und Postwesen nichts zu tun haben, zumal die Sicherheitsorgane. **971**

---

2 BVerfG, NJW 2016, 3508 Rn 33 ff; *Eichenhofer*, Jura 2020, 684/688.
3 *Durner*, MD, Art. 10 Rn 68, 95; *Hermes*, DR, Art. 10 Rn 31 ff.
4 So zum Fernmeldegeheimnis BVerwGE 162, 178/187; ferner *Gusy*, MKS, Art. 10 Rn 26; *Hermes*, DR, Art. 10 Rn 28; *Kloepfer*, VerfR II, § 65 Rn 17.

2. Postgeheimnis

972 In den Schutzbereich des Postgeheimnisses fallen alle *postalisch beförderten Sendungen*, vom Brief über die Zeitungssendung und Warenprobe bis zur Postanweisung, von der Einlieferung bei der Post bis zur Ablieferung beim Empfänger. Bei postalisch beförderten Sendungen mit individuellen schriftlichen Mitteilungen deckt sich der Schutz durch das Postgeheimnis mit dem durch das Briefgeheimnis.

973 Von besonderer *Bedeutung* war das Postgeheimnis, solange die Deutsche Bundespost das Beförderungsmonopol hatte und eine Einrichtung des Staates war. Je mehr die privatrechtlichen Nachfolgeunternehmen der Deutschen Bundespost Konkurrenz durch andere private Unternehmen bekommen, desto mehr verliert das Postgeheimnis neben dem Briefgeheimnis an Bedeutung.

974 Dass der Schutz, den das Postgeheimnis auch den Sendungen bietet, die *keine individuellen schriftlichen Mitteilungen* befördern oder befördern könnten, durch die Bedeutungsverschiebung zwischen Post- und Briefgeheimnis verloren geht, ist grundrechtlich nicht gerechtfertigt. Es muss dieser Schutz entweder dem Briefgeheimnis zuwachsen oder das Postgeheimnis letztlich nicht organisatorisch, sondern funktional verstanden werden und allen Sendungen zugutekommen, die postalisch oder funktional äquivalent durch andere Kommunikationsmittler, sog Postdienstleister, befördert werden.[5]

975 *Gegenständlich* erstreckt sich auch das Postgeheimnis auf Kommunikationsinhalt und -umstände. Ebenso wie beim Briefgeheimnis (vgl Rn 970) wird auch hier der Beförderer nicht geschützt, dh insbesondere die Deutsche Post AG kann sich nicht auf Art. 10 berufen.[6] Die Grundrechtsbindung der Deutschen Post AG richtet sich demgegenüber nach den allgemeinen Regeln der Fiskalgeltung der Grundrechte, nimmt also mit dem Übergang der Anteile vom Bund auf Private ab[7] (vgl Rn 259) und wird durch Bindung an gesetzliche Bestimmungen, die dem Schutz des Postgeheimnisses dienen, wie §§ 202 ff StGB, § 39 PostG und § 88 TKG, ergänzt.

3. Fernmeldegeheimnis

976 *Gegenstand* des Fernmeldegeheimnisses sind wieder Inhalte und Umstände des individuellen Kommunikationsvorgangs über das Medium drahtloser oder drahtgebundener elektromagnetischer Wellen; es kommt weder auf die konkrete Übermittlungsart noch auf die Ausdrucksform an.[8] Geschützt ist damit nicht nur der traditionelle Telefon-, Telegramm- und Funkverkehr, sondern auch die digitale Kommunikation;[9] darüber hinaus wird diskutiert, ob nicht nur die Kommunikation zwischen Menschen, sondern auch Maschinen geschützt ist, soweit diese vertrauliche Kommunikationsinhalte transportieren.[10] Geschützt ist die Kommunikation, von der der Staat selbst oder

---

5 *Durner*, MD, Art. 10 Rn 76; *Gusy*, MKS, Art. 10 Rn 55 ff.
6 Anders noch E 67, 157/172.
7 BVerwGE 113, 208/211; *v. Arnauld*, DÖV 1998, 437.
8 E 115, 166/182; 120, 274/306 f; 129, 208/240 f.
9 E 120, 274/307; 124, 43/54; *Grote*, KritV 1999, 27/39 f.
10 So *Marosi/Skobel*, DÖV 2018, 837/838 ff; krit *Eichenhofer*, Jura 2020, 684/690.

durch private Diensteanbieter als Hilfspersonen Kenntnis genommen hat, auch während von ihr in Informations- und Datenverarbeitungsprozessen Gebrauch gemacht wird.[11] Gleichgültig ist, ob die Fernmeldeeinrichtung der Öffentlichkeit oder zB als haus- oder betriebsinterne Telefon- oder Computeranlage nur einem begrenzten Kreis von Teilnehmern zugänglich ist. Gleichgültig ist auch, ob das Kommunikationsmedium neben der Individual- auch der Massenkommunikation dient; bei der zunehmenden Integration von Medien, Netzen und Diensten ist die Vermischung von Individual- und Massenkommunikationsformen unvermeidlich und muss für den Schutz eines Kommunikationsvorgangs durch das Fernmeldegeheimnis wieder (vgl Rn 974) genügen, dass der Kommunikationsvorgang eine individuelle Mitteilung befördert.[12] Dies gilt auch für den bloßen Abruf von Internetseiten und die Nutzung von Suchmaschinen, die aufseiten des Abrufenden die Merkmale einer Individualkommunikation erfüllen.[13]

Geschützt ist der Kommunikationsvorgang, soweit er sich aufgrund der Nutzung **977** eines Fernkommunikationsmediums der Kontrolle der Kommunikationspartner entzieht. Art. 10 will gerade vor der besonderen Verwundbarkeit der Vertraulichkeit der Kommunikation schützen, die sich aus der Nutzung eines Fernkommunikationsmediums ergibt.[14] Dazu gehören auch die Daten, die bei den Anbietern eines Kommunikationsmediums über die Kommunikation anfallen. Dies betrifft gespeicherte Kommunikationsinhalte, wie sie sich etwa in bei dem Anbieter gespeicherten elektronischen Postfächern finden[15]; sog Metadaten zu den Kommunikationspartnern, -zeiten und sonstigen Umständen der Kommunikation[16] sowie die Zuordnung dynamischer IP-Adressen, da für deren Ermittlung auf konkrete Verbindungsdaten zurückgegriffen werden muss.[17] *Nicht geschützt* sind bereits zugegangene Informationen. Anders als die Beschlagnahme eines elektronischen Postfachs bei einem Internetanbieter greift die Beschlagnahme einer Festplatte mit den elektronischen Nachrichten eines Kommunikationspartners nicht in Art. 10 ein.[18] Ebenfalls nicht geschützt sind Informationen über die Voraussetzungen und Umstände der Bereitstellung von Kommunikationsdienstleistungen, sofern sie nicht bestimmte Kommunikationsvorgänge zu identifizieren erlauben. Anders als die Zuordnung von Vorgangsnummern zu Kommunikationen schützt Art. 10 Abs. 1 daher nicht vor der Zuordnung von Anschlussnummern zu Anschlussinhabern (insoweit schützt Art. 2 Abs. 1 iVm Art. 1 Abs. 1).[19] Weil Art. 10 Abs. 1 speziell den Kommunikationsvorgang schützt, greift er auch nicht, wenn der Standort einer Person über den Standort ihres Kommunikationsgeräts bestimmt wird.[20]

---

11 E 125, 260/309 f; vgl *Britz*, JA 2011, 81.
12 *Gusy*, MKS, Art. 10 Rn 64; *Hermes*, DR, Art. 10 Rn 40; *Schoch*, Jura 2011, 194/195.
13 BVerfG, NJW 2016, 3508 Rn 38.
14 E 115, 166/183 ff; 120, 274/307 f; 124, 43/54; krit *Schoch*, Jura 2011, 194/198.
15 E 124, 43/54.
16 E 100, 313/359; BVerwGE 161, 76/82 ff; krit, soweit die Daten anonymisiert sind, *Gärditz*, GSZ 2018, 79/80.
17 E 130, 151/181.
18 E 124, 43/54.
19 E 130, 151/180 ff.
20 BVerfG, NJW 2007, 351 Rn 57; krit *Durner*, MD, Art. 10 Rn 89; *Schwabenbauer*. AöR 2012, 1/22 f.

978 Ebenso wie das Brief- und Postgeheimnis (Rn 970, 975) schützt auch das Fernmeldegeheimnis nicht die Übermittler der Kommunikation.[21] Auch das Fernmeldegeheimnis verpflichtet va die Sicherheitsorgane; die Verpflichtung der Deutschen Telekom AG bemisst sich ebenso wie die der anderen privatrechtlichen Nachfolgeunternehmen der Deutschen Bundespost nach der Fiskalgeltung der Grundrechte und den einschlägigen Schutzgesetzen.

III. Eingriffe

979 Eingriffe in das Brief-, Post- und Fernmeldegeheimnis liegen nicht nur vor, wenn die öffentliche Gewalt den Inhalt, sondern auch wenn sie die Tatsache und die Umstände der geschützten Kommunikation erhebt oder sich vom jeweiligen Kommunikationsmittler erheben lässt und speichert, verwertet oder weitergibt.[22] Eingriffe sind schließlich Behinderungen und Verbote der Herstellung der Vertraulichkeit der Kommunikation (Verschlüsselung).[23]

980 **Beispiele:** Der Staatsanwalt beschlagnahmt Päckchen in der Verteilungsstation des privaten Paketbeförderers. Der Dienstherr lässt alle Dienst- und Privatgespräche, die von dienstlichen Telefonapparaten geführt werden, ohne Einverständnis der Bediensteten elektronisch erfassen (aA noch BVerwG, NVwZ 1990, 71/73; VGH Mannheim, VBlBW 1991, 347). Die Telegraphenordnung von 1872 verbot die Chiffrierung privater Kommunikation. – Kein Eingriff in Art. 10 (wohl aber in Art. 2 Abs. 1 iVm Art. 1 Abs. 1) liegt vor, wenn ein Mobiltelefon beschlagnahmt und die darauf gespeicherten Gesprächsdaten erhoben werden; hier sind die Kommunikationsvorgänge bereits abgeschlossen (E 115, 166/181 ff), vgl ferner bereits Rn 977.

981 Umstritten ist die Eingriffsqualität von sog *betriebsbedingten Maßnahmen*, dh den Kenntnisnahmen der Post von Kommunikationsinhalten und -daten, die der Vermittlung der Kommunikation und der Vermeidung von Störungen des Betriebs dienen.

982 **Beispiele:** Sortieren von Sendungen, Öffnung unzustellbarer absenderloser Sendungen zur Ermittlung von Absender oder Empfänger, Installierung einer Fangschaltung zur Identifizierung eines anonymen Anrufers.

983 Rechtsprechung und Literatur haben teilweise die betriebsbedingten Maßnahmen insgesamt nicht als Eingriffe, sondern als bloße Schutzbereichsbegrenzungen angesehen.[24] Das BVerfG hat das Installieren einer Fangschaltung, obwohl es der Verhinderung von Missbrauch und Störung dient, ausdrücklich nicht als eingriffsneutrale, betriebsbedingte Schutzbereichsbegrenzung, sondern als Eingriff qualifiziert.[25] Ablehnen lässt sich die Eingriffsqualität nur für die betriebsbedingten Maßnahmen, die, wie das Sortieren der Sendungen, für die Vermittlung der Kommunikation schlechterdings *unerlässlich* sind und von den Benutzern auch vorausgesetzt werden.

---

21 BVerwG, E 162, 179/187.
22 E 100, 313/359, 366 f; 107, 299/313 f; 110, 33/53.
23 *Bizer*, AK, Art. 10 Rn 41, 71, 76 f; *Durner*, MD, Art. 10 Rn 52 f, 91; *Gerhards*, (Grund-)Recht auf Verschlüsselung?, 2010, S. 139; aA *Gusy*, MKS, Art. 10 Rn 66; *Hermes*, DR, Art. 10 Rn 91, 104.
24 BVerwGE 76, 152/155.
25 E 85, 386/396 f; vgl auch E 124, 43/58.

Bedeutung behält die Frage auch nach der Ersetzung der hoheitlich handelnden Deut- **984**
schen Bundespost durch *private Kommunikationsmittler*. Denn die Grenze, die bei
der hoheitlichen Post zwischen eingriffsneutralen schutzbereichsbegrenzenden Maßnahmen und gesetzlicher Legitimation bedürftigen Eingriffen zu ziehen war, markiert
auch die Schwelle, an der der Staat gegenüber den privaten Kommunikationsmitteln
in die Pflicht zum Schützen (vgl Rn 966) genommen ist. Wo bei der hoheitlichen Post
die Eingriffe begannen, die der Bürger bei Fehlen einer gesetzlichen Ermächtigung
abwehren konnte, da beginnt bei privaten Kommunikationsvermittlungen der sensible
Bereich, in dem der Staat Regelungen zum Geheimnisschutz zu treffen und mit § 85
TKG auch getroffen hat.[26]

Eingriffe liegen besonders darin, dass zu nachrichtendienstlichen Zwecken sowie **985**
zum Zweck der Bekämpfung schwerer Kriminalität *abgehört* und das Abgehörte auf-
gezeichnet, gespeichert, abgeglichen, ausgewertet, selektiert und übermittelt wird.[27]
Regelmäßig vermittelt die Telekom die Leitungen, über die besonders die Nachrichtendienste die Telefongespräche verfolgen können; denkbar ist aber auch, dass die
Nachrichtendienste sich selbst in die Leitung einschalten. Von diesen Eingriffen zu
unterscheiden sind die sog Lauschangriffe, bei denen nicht Fernmeldeanlagen ange-
zapft, sondern sog Wanzen installiert oder Richtmikrofone benutzt werden. Sie beurteilen sich, sofern Gespräche in der Wohnung belauscht werden, nach Art. 13 (vgl
Rn 1094, 1101). Stets ist zu beachten, dass Eingriffe in das Fernmeldegeheimnis nicht
nur einen, sondern beide Kommunikationspartner treffen.[28] Kein Eingriff in das Fernmeldegeheimnis, wohl aber in das Recht am eigenen Wort als Teil des allgemeinen
Persönlichkeitsrechts (vgl Rn 515) liegt vor, wenn ein Kommunikationspartner Dritte
das Telefongespräch mithören lässt, das er mit dem anderen Kommunikationspartner
führt; denn Art. 10 schützt vor Gefahren des Kommunikationsmittels, nicht vor dem
Kommunikationspartner.[29]

IV. Verfassungsrechtliche Rechtfertigung

1. Gesetzesvorbehalt des Art. 10 Abs. 2 S. 1

Das Brief-, Post- und Fernmeldegeheimnis steht unter einfachem Gesetzesvorbehalt **986**
Er ist durch zahlreiche postrechtliche und andere Bestimmungen ausgefüllt, die teilweise tatbestandlich sehr weit gefasst sind und bei deren Anwendung der Verhältnismäßigkeitsgrundsatz Bedeutung gewinnt. Aus diesem hat das BVerfG wie bei der
heimlichen Infiltration informationstechnischer Systeme (vgl Rn 529) in Parallele zur
Wohnungsdurchsuchung (vgl Rn 1097) einen Richtervorbehalt abgeleitet.[30]

Beispiele: Der frühere § 39 Abs. 1 und 2 AußenwirtschaftsG, der zur Verhütung von Strafta- **987**
ten nach diesem Gesetz die Überwachung des Brief- und Telekommunikationsverkehrs erlaubte, wenn Tatsachen die Annahme rechtfertigten, dass bestimmte Straftaten von erheblicher Be-

---

26 E 106, 28/37.
27 E 125, 260/310.
28 Vgl E 85, 386/398 f; *Gusy*, JuS 1986, 89/94 ff.
29 E 106, 28/44 ff.
30 E 125, 260/337 f; krit *Roßnagel*, NVwZ 2010, 751/752.

deutung geplant wurden, war zu weit gefasst und verstieß gegen den Bestimmtheitsgrundsatz (E 110, 33/57 ff). Verfassungsmäßig ist hingegen die Verpflichtung von Anbietern eines E-Mail-Dienstes, ihr Angebot so auszugestalten, dass ihnen die Übermittlung der IP-Adressen an die gesetzlich ermächtigten Behörden möglich ist (BVerfG, NJW 2019, 584 Rn 43 ff). Die sog Quellen-TKÜ, bei der Kommunikationsinhalte durch die Infiltration informationstechnischer Systeme bereits vor einer eventuellen Verschlüsselung erhoben werden sollen, wird zum Teil für unverhältnismäßig erachtet, wenn die technischen Instrumente nicht bereits vor der Entscheidung des Gesetzgebers entwickelt worden sind. Der Gesetzgeber dürfe nicht blind darauf vertrauen, dass die Exekutive rechtskonforme Systeme entwickeln werde (VerfG Sachsen-Anhalt, LKV 2015, 33/36 f; vgl auch *Martini/Fröhlingsdorf*, NVwZ 2020, 1803/1803 f).

988 Problematisch sind die strafprozessualen Einschränkungen des Art. 10 für Untersuchungshäftlinge. BVerfG und hM leiten die Rechtfertigung zum Anhalten, Öffnen und Lesen aller ein- und ausgehenden *Post von Untersuchungshäftlingen* aus § 119 Abs. 3 StPO ab. Diese Bestimmung ermächtigt dazu, dem Untersuchungshäftling solche Beschränkungen aufzuerlegen, die der Zweck der Untersuchungshaft oder die Ordnung in der Vollzugsanstalt erfordert, handelt allerdings nicht eigens von Beschränkungen des Brief- und Postgeheimnisses. Wenn man hierin überhaupt eine ausreichend bestimmte gesetzliche Grundlage erblicken will,[31] fordert der Verhältnismäßigkeitsgrundsatz jedenfalls, dass eine Kontrolle der Post des Untersuchungshäftlings nur erfolgt, wenn konkrete Anhaltspunkte für eine Störung der Anstaltsordnung vorliegen.[32]

2. Erweiterung des Gesetzesvorbehalts gem. Art. 10 Abs. 2 S. 2

989 Art. 10 Abs. 2 S. 2 eröffnet die Möglichkeit, von der das Gesetz zur Beschränkung des Brief-, Post- und Fernmeldegeheimnisses (G 10) Gebrauch gemacht hat, dass dem Betroffenen Überwachungs- und Abhörmaßnahmen *nicht mitgeteilt* werden. Dadurch gewinnt der entsprechende Eingriff eine besondere Intensität: Der Betroffene kann ihn nicht bemerken, nicht vermeiden und auch nicht gerichtlich angreifen. Ohnehin ist durch Art. 10 Abs. 2 S. 2 (vgl auch Art. 19 Abs. 4 S. 3) auch die Möglichkeit eröffnet, dass die Kontrolle durch Kommissionen des Bundestages den *Rechtsweg ersetzt*. Beides gilt dann, wenn der Eingriff dem Schutz der freiheitlichen demokratischen Grundordnung oder des Bestandes oder der Sicherung des Bundes oder eines Landes dient. Eine Benachrichtigung muss aber stattfinden, sobald keine Gefährdung des Zwecks der Maßnahme und der genannten Schutzgüter mehr droht; ein Verzicht auf die Benachrichtigung ist nur dann zu rechtfertigen, wenn die erfassten Daten sogleich als irrelevant vernichtet worden sind.[33] Daraus ergeben sich Beweisschwierigkeiten für den individuellen Rechtsschutz besonders bei der anlasslosen strategischen Telekommunikationsüberwachung nach § 5 G 10, die aber aufgrund der generellen Kontrolle dieser Maßnahmen durch die G 10-Kommission verfassungsrechtlich ausreichend kompensiert werden.[34] Strategische Überwachungsbefugnisse hat der Bun-

---

31 *Badura*, BK, Art. 10 Rn 74; aA abwM E 57, 182/185; *Gusy*, MKS, Art. 10 Rn 92; *Stern*, StR IV/1, S. 291.
32 E 35, 5/9 f; 35, 311/315 ff; 57, 170/177; vgl auch BVerfG, NJW 1996, 983.
33 E 100, 313/397 ff; 125, 269/337; 129, 208/251.
34 E 30, 1/23 f, 30 f; 100, 313/361 f; BVerwGE 157, 8/15 f.

desnachrichtendienst auch für die Telekommunikationen im Ausland. Sie werden nicht vom G 10 erfasst. Für sie hat das BVerfG aber aus dem Verhältnismäßigkeitsgrundsatz angesichts der gestiegenen Bedeutung der internationalen Telekommunikation im Zeitalter des Internets die Notwendigkeit der gesetzlichen Regelung umfangreicher verfahrensrechtlicher Sicherungen und eines differenzierten Kontrollregimes abgeleitet, das besonders auch den mit der internationalen nachrichtendienstlichen Kooperation verbundenen Risiken für den Grundrechtsschutz Rechnung trägt.[35]

Die *Verfassungsmäßigkeit* des durch die Notstandsgesetzgebung von 1968 eingefügten Satzes 2 in Art. 10 Abs. 2 sowie des G 10 war heftig umstritten: Wegen Verstoßes gegen die Menschenwürde und das Rechtsstaatsprinzip bzw deren Schutz durch Art. 79 Abs. 3 habe Satz 2 auch mittels Verfassungsänderung nicht eingeführt werden dürfen. Auch das BVerfG, das im Abhörurteil Art. 10 Abs. 2 S. 2 und das darauf gestützte Gesetz mit dem Grundgesetz für vereinbar hielt,[36] wurde stark kritisiert, besonders weil es Art. 79 Abs. 3 dahingehend relativiert, dass er nicht ausschließe, „elementare Verfassungsgrundsätze systemimmanent zu modifizieren"[37]. 990

Lösungsskizze zum Fall 16 (Rn 964): I. Einschlägig ist der *Schutzbereich* des Postgeheimnisses, da das Postfach des V der Post übergebene Sendungen enthält. Nicht einschlägig ist dagegen der Schutzbereich des Briefgeheimnisses, das den Briefverkehr außerhalb des Postbereichs dagegen schützt, dass die öffentliche Gewalt von dem Inhalt des Briefes Kenntnis nimmt. – II. Der *Eingriff* erfolgt hier durch ein Organ der öffentlichen Gewalt; er liegt darin, dass der Regierungspräsident auf die dem Postgeheimnis unterliegenden Gegenstände zugreifen will, um von ihrem Inhalt Kenntnis zu nehmen. – III. Der Eingriff ist *verfassungsrechtlich gerechtfertigt*, wenn er gem. Art. 10 Abs. 2 S. 1 auf Grund eines Gesetzes angeordnet wurde. In Betracht kommt allein § 10 Abs. 2 VereinsG; der Sicherstellungsbescheid könnte eine besondere Anordnung iSd S. 1 Alt. 2 darstellen. 1. *Materiell-rechtlich* stellt sich insoweit die Frage, ob der Inhalt des Postfachs im Gewahrsam Dritter steht. Sie wird durch die Sonderregelung des § 10 Abs. 2 S. 4 VereinsG iVm § 99 StPO beantwortet: Die Beschlagnahme gem. § 10 Abs. 2 S. 1 VereinsG erfasst auch an V gerichtete Postsendungen, die sich im Gewahrsam der Deutschen Post AG befinden, und ermächtigt damit auch ohne besondere Anordnung zur Sicherstellung des Inhalts des Postfachs des V. – 2. *Formell-rechtlich* ist gem. § 10 Abs. 2 S. 4 VereinsG auch § 100 StPO anzuwenden. Nach dessen Abs. 1 ist für eine Beschlagnahme von Gegenständen iSd § 99 StPO nur der Richter, bei Gefahr im Verzug auch die Staatsanwaltschaft befugt. Der Sicherstellungsbescheid des Regierungspräsidenten verstößt daher gegen Art. 10. 991

Literatur: *A. Funke/J. Lüdemann*, Grundfälle zu Art. 10 GG, JuS 2008, 780; *J. Eichenhofer*, Das Telekommunikationsgeheimnis (Art. 10 GG), Jura 2020, 684; *T. Groß*, Die Schutzwirkung des Brief-, Post- und Fernmeldegeheimnisses nach der Privatisierung der Post, JZ 1999, 326 *R. Hadamek*, Art. 10 GG und die Privatisierung der Deutschen Bundespost, 2002; *H.H. Kaysers*, Die Unterrichtung Betroffener über Beschränkungen des Brief-, Post- und Fernmeldegeheimnisses, AöR 2004, 121; *B. Schlink*, Das Abhörurteil des Bundesverfassungsgerichts, Staat 1973, 85; *F. Schoch*, Der verfassungsrechtliche Schutz des Fernmeldegeheimnisses (Art. 10 GG), Jura 2011, 194; *T. Schwabenbauer*, Kommunikationsschutz durch Art. 10 GG im digitalen Zeitalter, AöR 2012, 1. 992

---

35   E 154, 152 Rn 145 ff.
36   E 30, 1/26 ff.
37   Vgl abwM E 30, 1/38 ff; *Hufen*, StR II, § 17 Rn 14.

§ 20 Freizügigkeit (Art. 11)

993 **Fall 17: Aufenthaltsverbot**

Auf einem gemeindlichen Kinderspielplatz hält sich regelmäßig der obdachlose drogenabhängige D auf. Die zuständige Polizei- bzw Ordnungsbehörde befürchtet, dass sich spielende Kinder mit den von D häufig liegen gelassenen Injektionsnadeln verletzen können. Sie verbietet D daher für ein halbes Jahr, sich auf dem Spielplatz aufzuhalten. Ist die Maßnahme verfassungsmäßig? **Rn 1011**

I. Überblick

994 In einem föderalen Gemeinwesen ist die Freizügigkeit eine fundamentale Garantie, denn sie vermittelt das Recht, sich unabhängig von der Landesangehörigkeit in jedem Gliedstaat aufzuhalten. In Art. 133 Abs. 1 der Paulskirchenverfassung hieß es etwa, dass mit der Freizügigkeit das Recht jedes Deutschen verbunden sei, „an jedem Orte des Reichsgebiets seinen Aufenthalt zu nehmen". Das ist deshalb bedeutsam, weil das einfache Recht regelmäßig am Aufenthalt anknüpft, indem es etwa Ansprüche auf soziale Unterstützungsleistungen in Abhängigkeit vom rechtmäßigen Aufenthalt gewährleistet. Art. 11 wird insoweit ergänzt durch Art. 33 Abs. 1 (Rn 638 ff), der einen Anspruch auf Gleichbehandlung unabhängig von der Landesangehörigkeit vermittelt.[1] Entsprechende Garantien enthält das europäische Unionsrecht in den Art. 18 und 21 AEUV; praktische Bedeutung haben sie dort vor allem für die Frage der sozialrechtlichen Gleichbehandlung von Unionsbürgern aus anderen Mitgliedstaaten. Die Garantie der Freizügigkeit und ihrer Schranken ist daher auch ein Gradmesser für innerföderale Solidarität.[2] – Das Recht, in jedem Bundesland Aufenthalt zu nehmen, gilt in Deutschland selbstverständlich seit es keine Landesangehörigkeit mehr gibt (vgl Art. 74 Abs. 1 Nr. 8 aF). In historischen Umbrüchen kann dennoch ein Bedarf nach Aufenthaltsbeschränkungen auch für Deutsche bestehen. Vor dem Hintergrund der durch den Zweiten Weltkrieg ausgelösten Flüchtlingsströme im geteilten Deutschland wurde kontrovers über eine Aufnahme in den Grundrechtskatalog diskutiert. Der Herrenchiemseer Verfassungsentwurf hatte auf eine Art. 111 WRV entsprechende Bestimmung verzichtet, „weil die gegenwärtigen Zustände der Durchführung unüberwindbare Hindernisse bereiten"[3]. Im Parlamentarischen Rat fand sich dann zwar eine Mehrheit für eine auch verfassungsrechtliche Gewährleistung der Freizügigkeit. Der Gesetzesvorbehalt in Art. 11 Abs. 2 dokumentiert aber, dass Beschränkungen der Freizügigkeit in besonders gelagerten Fällen, wie etwa in einer Pandemie, nach wie vor notwendig sein können. 1989, als zunächst eine erhebliche Abwanderung aus Ostdeutschland einsetzte, sind Beschränkungen der Freizügigkeit aber nicht ernsthaft diskutiert worden, schon vor dem Hintergrund, dass der Fall der Mauer und das Ende des Schießbefehls auch ein Sieg der Freizügigkeit gewesen waren.

---

1 *Kingreen*, Soziale Rechte und Migration, 2010, S. 21 ff.
2 EuGH, EU:C:2001:458 – Grzelzyk; *Wollenschläger*, DR, Art. 11 Rn 12 ff.
3 JöR 1 (1951), S. 128.

II. Schutzbereich

1. Aufenthalts- und Wohnsitznahme

Freizügigkeit bedeutet die Freiheit, an jedem Ort innerhalb des Bundesgebiets Au͞f-enthalt und Wohnsitz zu nehmen.[4] Sie wird uneingeschränkt nur deutschen Staatsan-gehörigen gewährt. Unionsbürger (Art. 20 AEUV) werden geschützt, soweit das Uni-onsrecht dies fordert (Rn 200).　**995**

Wohnsitz ist, wie § 7 Abs. 1 BGB erläutert, die ständige Niederlassung an einem Ort. Die ständige Niederlassung ist die Niederlassung mit dem Willen, nicht nur vorüber-gehend zu bleiben, sondern den Ort zum Mittelpunkt des Lebens zu machen. Art. 11 Abs. 1 schützt die Begründung, Aufhebung und Verlagerung eines Wohnsitzes und auch mehrerer Wohnsitze. Die bloß vorübergehende Niederlassung unterfällt dem Begriff des Aufenthalts.　**996**

Aufenthalt bedeutet vorübergehendes Verweilen. Da jede Fortbewegung eine Folge von Augenblicken des Verweilens ist, stellt sich die Frage, wann das Verweilen durch Art. 11 Abs. 1 und wann es durch Art. 2 Abs. 2 S. 2 geschützt ist, also durch die Frei-heit der Person, die auch die Bewegungs- und die Fortbewegungsfreiheit einschließt (vgl Rn 567). Teilweise wird Art. 2 Abs. 2 S. 2 auf den Schutz vor strafrechtlichen Freiheitsentziehungen und -beschränkungen reduziert und die Fortbewegungsfreiheit im Übrigen, dh in den meisten Fällen, unter den Schutz von Art. 11 Abs. 1 gestellt.[5] Nach anderer Ansicht soll der durch Art. 11 Abs. 1 geschützte Aufenthalt eine gewis-se Dauer voraussetzen; er müsse „mehr als flüchtig" sein[6] oder sogar eine Übernach-tung einschließen.[7] Schließlich wird auch vertreten, dass der Aufenthalt Bedeutung für die „räumlich gebundene Gestaltung des alltäglichen Lebenskreises"[8] entfalten muss.　**997**

Eine gewisse Dauer oder Bedeutung als Merkmal des durch Art. 11 Abs. 1 geschütz-ten Aufenthalts ist auch unerlässlich; die strafrechtliche Reduktion von Art. 2 Abs. 2 S. 2 mit Unterstellung der Fortbewegungsfreiheit in den meisten Fällen unter Art. 11 Abs. 1 hat in Wortlaut, Genese und Systematik keinen Anhalt. Entscheidend muss für die Abgrenzung sein, dass nicht der Aufenthalt um der Fortbewegung willen ge-schieht (dann Art. 2 Abs. 2 S. 2), sondern die *Fortbewegung um des Aufenthalts wil-len* (dann Art. 11 Abs. 1). Letzteres kann sowohl durch die Dauer des Aufenthalts als auch durch dessen Bedeutung indiziert werden.[9]　**998**

Beispiele: Die Bergwanderung, die auch eine Rast in der Hütte einschließt, oder der Stadt-bummel, der auch in das eine oder andere Geschäft führt, ist durch Art. 2 Abs. 2 S. 2 geschützt, der mehrtägige Urlaub in der Berghütte oder die eintägige Reise in die Stadt, um im Geschäft als Verkäufer auszuhelfen, durch Art. 11 Abs. 1.　**999**

4　So bereits die Definition des Parlamentarischen Rats JöR 1951, 130; ferner E 2, 266/273; 80, 137/150; 110, 177/190.
5　*Hufen*, StR II, § 18 Rn 7.
6　*Rittstieg*, AK, Art. 11 Rn 33.
7　*Merten*, Hdb.GR IV, § 94 Rn 38.
8　*Kunig/Graf von Kielmansegg*, MüK, Art. 11 Rn 31; vgl auch *Randelzhofer*, BK, Art. 11 Rn 28 ff; *Zie-kow*, FH, Art. 11 Rn 44 f.
9　Ähnlich *Durner*, MD, Art. 11 Rn 82; *Kloepfer*, VerfR II, § 69 Rn 4.

2. Fortbewegung zwecks Ortswechsels

1000 Wohnsitz und Aufenthalt sind nur Anfangs- und Endpunkte der auf sie bezogenen Fortbewegung, des Ziehens. Freizügigkeit garantiert die Freiheit des Ziehens, dh der Fortbewegung speziell um der Wohnsitz- oder Aufenthaltsnahme willen. Sie umfasst den freien Wegzug, die Möglichkeit, den Weg zwischen altem und neuem Ort zurückzulegen, und den freien Zuzug, jedoch weder einen bestimmten Weg noch ein bestimmtes Mittel der Fortbewegung.[10]

3. Einreise und Einwanderung, Ausreise und Auswanderung

1001 Nach hM fallen auch *Einreise* und *Einwanderung* in das Bundesgebiet unter den Schutzbereich des Art. 11,[11] wobei unter Einreise der Zuzug zur Aufenthaltsnahme und unter Einwanderung der Zuzug zur Wohnsitznahme verstanden wird.

1002 Gegen die hM wird der Wortlaut des Art. 11 Abs. 1 angeführt, der von Freizügigkeit „im" ganzen Bundesgebiet spricht.[12] Aber entscheidend ist, dass nicht der Ausgangs-, sondern der Endpunkt der Fortbewegung im Bundesgebiet liegt; Freizügigkeit ist die *Freiheit, das gewählte Ziel zu erreichen.* Außerdem wollte der Parlamentarische Rat mit der Freizügigkeit für alle Deutschen auch den Deutschen aus dem Osten die Einreise in das Bundesgebiet gewähren.[13] Er wollte ihnen die Einreise allerdings auch gem. Art. 11 Abs. 2 verwehren können; an der Entstehungsgeschichte scheitert also auch die Auffassung, das Recht der Deutschen zur Einreise in das Bundesgebiet wurzele unmittelbar in der Staatsangehörigkeit, liege der Freizügigkeit voraus und dürfe durch Art. 11 Abs. 2 ebenso wenig beschränkt werden, wie auch das grundsätzliche Verbot des Art. 16 Abs. 2 S. 1, Deutsche an das Ausland auszuliefern, nicht beschränkt werden darf.[14]

1003 Nach der Rechtsprechung[15] sind *Ausreise und Auswanderung* nicht von Art. 11, wohl aber von Art. 2 Abs. 1 geschützt. Im Schrifttum sind die Stimmen geteilt.[16] Dabei wird unter Ausreise die Entfernung aus dem Bundesgebiet mit dem Ziel der Begründung eines Aufenthalts im Ausland verstanden, unter Auswanderung die mit dem Ziel der Begründung eines Wohnsitzes.

1004 Geschichte und Entstehungsgeschichte sprechen gegen den Einbezug von Ausreise und Auswanderung.[17] Bereits in den Verfassungen des 19. Jahrhunderts hat sich die Auswanderungsfreiheit gegenüber der Freizügigkeit verselbstständigt, und in der Weimarer Republik haben beide auch nebeneinander in Art. 111 und Art. 112 WRV ihren Schutz gefunden. Vom Parlamentarischen Rat wurde ausdrücklich abgelehnt, die Auswanderungsfreiheit unter die Grundrechte aufzunehmen; vermutlich befürchtete man im Nachkriegsdeutschland Auswanderungswellen.

---

10 *Durner*, MD, Art. 11 Rn 74.
11 Vgl *Randelzhofer*, BK, Art. 11 Rn 72.
12 *Gusy*, MKS, Art. 11 Rn 38.
13 JöR 1951, 129 ff.
14 So aber *Isensee*, VVDStRL 32 (1974), 49/62.
15 E 6, 32/35 f; 72, 200/245; BVerwG, NJW 1971, 820.
16 Vgl *Durner*, MD, Art. 11 Rn 100.
17 Vgl *Merten*, Hdb.GR IV, § 94 Rn 133.

4. Mitnahme der persönlichen Habe

Die Freizügigkeit schließt die Mitnahme von Eigentum ein. Traditionell wird unter **1005**
dem Ziehen der Ortswechsel mit dem persönlichen Hab und Gut verstanden, nicht
aber mit dem gewerblichen und betrieblichen Eigentum.[18]

5. Negative Freizügigkeit

Art. 11 schützt nicht nur die Freiheit, Ortswechsel vorzunehmen, sondern auch Orts- **1006**
wechsel nicht vorzunehmen (negative Freizügigkeit). Das Recht, an den Ort der Wahl
zu ziehen, wäre ohne das Recht, am Ort der Wahl auch zu bleiben, entscheidend ent-
wertet. Die Ausweisung und die Abschiebung von Deutschen sind daher an Art. 11 zu
messen;[19] für die Auslieferung bietet Art. 16 Abs. 2 den Schutz einer besonderen
Schranken-Schranke. Art. 11 vermittelt aber kein allgemeines Recht auf Heimat.[20]
Das ist wichtig für bergbaubedingte Umsiedlungen, die der EGMR zwar als (rechtfer-
tigungsfähige) Eingriffe in die Rechte auf Achtung des Privat- und Familienlebens
(Art. 8 EMRK) und das im Protokoll Nr. 4 zur EMRK verbürgte Freizügigkeitsrecht
ansieht.[21] Nach Ansicht des *BVerfG* schützt Art. 11 hingegen nicht das Recht, „an Or-
ten im Bundesgebiet Aufenthalt zu nehmen und zu verbleiben, an denen Regelungen
zur Bodenordnung oder Bodennutzung einem Daueraufenthalt entgegenstehen" und
diese „nicht gezielt die Freizügigkeit bestimmter Personen oder Personengruppen
treffen sollen"[22]. Art. 11 Abs. 1 wird dadurch zu einem normgeprägten Grundrecht
(Rn 282 ff). Ein Widerspruch zur Rechtsprechung des EGMR besteht nicht, weil eine
„schematische Parallelisierung" beider Grundrechtsordnungen nicht gefordert ist
(Rn 716).

III. Eingriffe

Eingriffe in die Freizügigkeit sind Behinderungen oder Beeinträchtigungen des freien **1007**
Ziehens. Eine Auffassung fordert, dass an mittelbare Behinderungen und Beeinträchtigungen besondere Anforderungen zu stellen sind.[23] Daran ist richtig, dass auch von
der Eingriffsseite her gilt, was in Rn 1000 schon von der Schutzbereichsseite her erfasst wurde: Es muss um eine aufenthalts- oder wohnsitznahmespezifische Fortbewegung gehen. Insoweit reicht aber auch eine mittelbare Beeinträchtigung aus,[24] wenn
sie eine freizügigkeitsspezifische Tendenz aufweist.[25]

Beispiele: In die Freizügigkeit wird eingegriffen, wenn sie von Bedingungen, Genehmigun- **1008**
gen, Nachweisen etc abhängig gemacht wird (E 2, 266/274; 8, 95/97 f), nicht aber, wenn sie zu
Abgaben führt (BVerfG, NVwZ 2010, 1022 Rn 57). Ein Eingriff ist die sog Residenzpflicht.

---

18 *Gusy*, MKS, Art. 11 Rn 31; aA *Kloepfer*, VerfR II, § 69 Rn 7; *Ziekow*, FH, Art. 11 Rn 55.
19 AA *Kloepfer*, VerfR II, § 69 Rn 9.
20 E 134, 242 Rn 263 ff (= JK 5/2014); anders *Baer*, NVwZ 1997, 27/30 ff; *Mensel*, Staat 2020, 49/72 f.
21 EGMR, LKV 2001, 69/71 f (Günther Noack ua/Deutschland).
22 E 134, 242 Rn 256 (= JK 5/2014).
23 *Kunig/Graf von Kielmansegg*, MüK, Art. 11 Rn 40; aA *Wollenschläger*, DR, Art. 11 Rn 43.
24 E 110, 177/191.
25 So etwa VGH München, NVwZ 2020, 635/638.

die den Wohnort vom Beruf abhängig macht (*Durner*, MD, Art. 11 Rn 124; aA *Manssen*, StR II, Rn 638: Art. 12 Abs. 1 bzw Art. 33). Von der Residenzpflicht ist das sog Lokalisationsgebot zu unterscheiden, das berufliche Betätigungen auf bestimmte Orte beschränkt, zB früher die Pflicht der Rechtsanwälte, nur bei einem bestimmten Landgericht in Zivilprozessen aufzutreten (vgl E 93, 362/369); während die Residenzpflicht auch an Art. 12 Abs. 1 zu messen ist (vgl E 65, 116/125; BVerfG, NJW 1992, 1093), ist das Lokalisationsgebot ausschließlich an Art. 12 Abs. 1 zu messen (*Breuer*, Hdb. StR³ VIII, § 170 Rn 94). Die Regelung, dass Spätaussiedler, die an einem anderen als dem ihnen zugewiesenen Ort ständigen Aufenthalt nehmen, keine Sozialhilfe erhalten, ist ein Eingriff (E 110, 177/191). Gleiches gilt für die aufenthaltsrechtliche Untersagung des Ehegattenzuzugs zu einem Deutschen (BVerwGE 144, 141/150). Ausgangsbeschränkungen zur Bekämpfung der Corona-Pandemie können je nach Ausgestaltung nur Art. 2 Abs. 2 S. 2 oder auch Art. 11 betreffen (vgl OVG Berlin-Brandenburg, DVBl. 2020, 775/776; VGH München, NVwZ 2020, 635/638; dazu *Kingreen*, in: Huster/Kingreen, Handbuch Infektionsschutzrecht, 2021, Kap 1 Rn 65; *Poscher*, ebd, Kap 4 Rn 124 ff).

IV. Verfassungsrechtliche Rechtfertigung

1. Gesetzesvorbehalt des Art. 11 Abs. 2

1009 Der Gesetzesvorbehalt des Abs. 2 ist durch verschiedene Merkmale qualifiziert: In die Freizügigkeit darf nur durch Gesetze eingegriffen werden, die auf die in Abs. 2 genannten Fälle reagieren und die in Abs. 2 genannten Zwecke verfolgen. Für sie ist durchweg eine enge Auslegung geboten. So folgt aus dem Sozialstaatsprinzip, dass eine nicht ausreichende Lebensgrundlage und daraus entstehende besondere Lasten der Allgemeinheit nicht schon allein bei Alter oder Krankheit angenommen werden dürfen, wohl aber bei der massenhaften Einwanderung von Spätaussiedlern.[26] Bezüglich der drohenden Gefahr für den Bestand oder die freiheitliche demokratische Grundordnung des Bundes oder eines Landes gelten die zum Begriff der drohenden Gefahr im Polizeirecht anerkannten rechtsstaatlichen Beschränkungen.[27] Der sog Kriminalvorbehalt (Vorbeugung gegen strafbare Handlungen) stellt höhere Anforderungen als die polizeiliche Generalermächtigung, weil sonst die tatbestandliche Ausdifferenzierung des Art. 11 Abs. 2 leerliefe.[28]

2. Weitere Eingriffsrechtfertigungen

1010 Einen weiteren Gesetzesvorbehalt enthält Art. 17a Abs. 2 für „Gesetze, die der Verteidigung einschließlich des Schutzes der Zivilbevölkerung dienen"[29]. Die Vorbehalte der Art. 117 Abs. 2 und Art. 119 sind heute obsolet.

1011 **Lösungsskizze zum Fall 17 (Rn 993):** Die Maßnahme unterfällt in den meisten Ländern der polizei- und ordnungsrechtlichen Spezialbefugnis des Aufenthaltsverbots. Fraglich ist, ob das Aufenthaltsverbot mit Art. 11 vereinbar ist. – I. Der Aufenthalt auf dem Spielplatz hat die Dauer und für D auch die Bedeutung, dass er nicht in den *Schutzbereich* der Freiheit

26 E 110, 177/192 f.
27 Vgl *Kingreen/Poscher*, Polizei- und Ordnungsrecht, 11. Aufl. 2020, § 7 Rn 30 ff.
28 Vgl *Kloepfer*, VerfR II, § 69 Rn 32; *Kunig/Graf von Kielmansegg*, MüK, Art. 11 Rn 61.
29 Vgl BVerwGE 35, 146/149.

der Person, sondern in den der Freizügigkeit fällt. – II. Die *verfassungsrechtliche Rechtfertigung* wirft ein Kompetenz- und ein Inhaltsproblem auf: 1. Das Aufenthaltsverbot ist in den Polizei- und Ordnungsgesetzen der Länder geregelt; gem. Art. 73 Abs. 1 Nr. 3 hat dagegen der Bund die ausschließliche *Gesetzgebungskompetenz* für die Freizügigkeit. Da aber der Kriminalvorbehalt des Art. 11 Abs. 2 einen Aspekt des allgemeinen Gefahrenabwehrrechts bezeichnet, das unter dem Grundgesetz in die ausschließliche Gesetzgebungskompetenz der Länder fällt (vgl *Kment*, JP, Art. 70 Rn 17 f), zeigt an, dass die Gesetzgebungskompetenz des Bundes für die Regelung der Freizügigkeit sich nicht auf das allgemeine Gefahrenabwehrrecht bezieht (BayVerfGH, NVwZ 1991, 664/666; *Gusy*, MKS, Art. 11 Rn 52). – 2. *Inhaltlich* hat die Spezialbefugnis des Aufenthaltsverbots nur Bestand, wenn sie verfassungskonform dahin interpretiert wird, dass sie zu Eingriffen in Art. 11 Abs. 1 nur unter den Voraussetzungen der Qualifikationsmerkmale des Art. 11 Abs. 2 ermächtigt (vgl *Kingreen/Poscher*, Polizei- und Ordnungsrecht, 11. Aufl. 2020, § 15 Rn 21). Da es hier darum geht, strafbaren Handlungen, nämlich zumindest fahrlässigen Körperverletzungen, vorzubeugen, verstößt die Maßnahme nicht gegen Art. 11.

Literatur: *H. W. Alberts*, Freizügigkeit als polizeiliches Problem, NVwZ 1997, 45; *K. Hailbronner*, Freizügigkeit, Hdb. StR³ VII, § 152; *D. Merten*, Freizügigkeit, Hdb. GR IV, § 94; *F. Schoch*, Das Grundrecht der Freizügigkeit, Jura 2005, 34; *D. Winkler/K. Schadtle*, Ausreisefreiheit quo vadis?, JZ 2016, 764. **1012**

§ 21 Berufsfreiheit (Art. 12)

Fall 18: Zulassung als Vertragsarzt nach Vollendung des 55. Lebensjahrs (nach E 103, 172) **1013**

A, ein 56-jähriger Oberarzt an einer Universitätsklinik, empfand die Fortsetzung des Arbeitsverhältnisses wegen fachlicher und menschlicher Spannungen als belastend, kündigte und beantragte die Zulassung als Vertragsarzt in der gesetzlichen Krankenversicherung; die Zulassung wird längstens bis zur Vollendung des 68. Lebensjahrs erteilt. Da die auf einer ordnungsgemäßen gesetzlichen Grundlage beruhende Zulassungsverordnung für Vertragsärzte die Zulassung von Ärzten, die das 55. Lebensjahr vollendet haben, ausschließt, wurde As Zulassung abgelehnt. Ist A dadurch in Art. 12 Abs. 1 verletzt? **Rn 1082**

I. Überblick

Art. 12 Abs. 1 scheint drei Schutzbereiche auszuweisen, die Freiheit der *Wahl des Berufs*, der *Wahl des Arbeitsplatzes* und der *Wahl der Ausbildungsstätte*, und häufig wird Art. 12 auch so gelesen. Danach entsprechen die Schutzbereiche den Abschnitten eines Berufswegs, der mit der Ausbildung beginnt, sich in der Entscheidung für den erlernten Beruf fortsetzt und in der Arbeit im gewählten Beruf erfüllt. Indes geht Art. 12 Abs. 1 S. 2 auf eine missratene Rezeption der Diskussion in Weimar zurück, in der aufgrund von Art. 151 Abs. 3 WRV, der Eingriffe in die Berufsfreiheit nur durch Reichsgesetze erlaubte, die Möglichkeit landesrechtlicher Ausübungsregelungen umstritten war.[1] Daran knüpft Art. 12 Abs. 1 S. 2 an, indem er die Möglich- **1014**

---

1 *Bumke*, Der Grundrechtsvorbehalt, 1998, S. 128 f.

keit von Ausübungsregelungen sicherstellt. Die Notwendigkeit von Beschränkungen der Berufswahlfreiheit war dem Parlamentarischen Rat zwar durchaus bewusst[2] und doch fand diese Einsicht keinen Eingang in den Wortlaut der Bestimmung. Art. 12 Abs. 1 enthält also einen einheitlichen Schutzbereich, der sowohl die Berufswahl- als auch die Berufsausübungs- als auch die Ausbildungsfreiheit umfasst. Art. 12 Abs. 1 S. 2 ist hingegen keine weitere Schutzbereichsbestimmung, sondern eine Schrankenregelung, die sich ihrem Wortlaut nach nur auf die Regelung der Berufsausübung richtet, aber Beschränkungen auch der Berufswahlfreiheit voraussetzt.[3]

1015   Zu demselben Ergebnis gelangen auch diejenigen, die in den beiden Sätzen des Abs. 1 zwei Schutzbereichsbestimmungen sehen. Sie weisen darauf hin, dass *Berufswahl und Berufsausübung miteinander zusammenhängen*: Mit der Berufswahl beginnt die Berufsausübung, und in der Berufsausübung wird die Berufswahl immer wieder neu bestätigt. Dann ist schon mit der Berufswahl auch die Berufsausübung gewährleistet und mit der Berufsausübung auch die Berufswahl vom Regelungsvorbehalt betroffen.[4] Auch sie dehnen den Regelungsvorbehalt aus,[5] und zwar nicht nur auf die Berufswahl, sondern auch auf die Wahl von Ausbildungsstätte[6] und Arbeitsplatz. Dementsprechend spricht das BVerfG auch allgemein von „Gesetzesvorbehalt"[7]. So ist Art. 12 Abs. 1 heute auch nach dieser Ansicht ein einheitliches Grundrecht, das auch einheitlich unter Gesetzesvorbehalt steht.

1016   Abs. 2 und 3 verbürgen die nur unter besonderen Voraussetzungen einschränkbare *Freiheit von Arbeitszwang* (Zwang zur Erbringung bestimmter einzelner Arbeitsleistungen) *und von Zwangsarbeit* (Zwang zum Einsatz der gesamten Arbeitskraft in bestimmter Weise). Sie lassen erkennen, dass die Freiheit der Berufs- und Arbeitsplatzwahl mehr ist als die Freiheit der Entscheidung, welche Arbeitsleistungen man erbringen und wie man seine Arbeitskraft einsetzen will; denn anders wären die Abs. 2 und 3 überflüssig. Beruf ist mithin nicht einfach Erbringung von Arbeitsleistung oder Einsatz der Arbeitskraft, sondern auf gewisse Dauer angelegte, der Schaffung und Erhaltung einer Lebensgrundlage dienende Tätigkeit; Arbeitsplatz ist der Platz, an dem nicht nur gearbeitet, sondern der Beruf ausgeübt wird.

II.   Das Abwehrrecht des Art. 12 Abs. 1

1.   Schutzbereich

1017   Das einheitliche Grundrecht von Art. 12 Abs. 1 hat zwar einen einheitlichen Schutzbereich. Dessen Inhalt und Umfang werden aber zweckmäßig dadurch beschrieben, dass an die Begriffe Beruf, Ausbildungsstätte und Arbeitsplatz angeknüpft wird.

1018   a)   Der **Berufsbegriff** wird denkbar weit verstanden. Er umfasst nicht nur die traditionell fixierten Berufsbilder, sondern auch neu entstandene und frei erfundene Berufe.[8] Einschränkend gilt jedoch, dass die einzelnen Handlungen, die der Bürger zum

---

2   Etwa *v. Mangoldt*, 5. Sitzung des Grundsatzausschusses des Parlamentarischen Rates v. 29.9.1948, in: Deutscher Bundestag, Der Parlamentarische Rat 1948–1949, Bd. 5/1, 1993, S. 91, 100; dazu auch *Bryde*, NJW 1984, 2177/2178.
3   Vgl bereits E 7, 377/401.
4   Vgl E 7, 377/401.
5   Krit *Lücke*, Die Berufsfreiheit, 1994, S. 26 ff.
6   E 33, 303/336.
7   ZB E 54, 224/234; 54, 237/246.
8   E 97, 12/25, 33 f; 119, 59/78.

Inhalt seines Berufs macht, *nicht verboten* sein dürfen.[9] Dieses Kriterium wird gelegentlich kritisiert[10] oder auch dadurch ersetzt, dass die beruflichen Handlungen nicht sozial- oder gemeinschaftsschädlich[11] oder durch die Verfassung selbst untersagt sein dürfen.[12] Dahinter steht das richtige Anliegen, den Berufsbegriff nicht zur Disposition des Gesetzgebers zu stellen, dh diesem nicht zu gestatten, durch ein Verbot einen Beruf einfach aus dem Schutzbereich von Art. 12 Abs. 1 auszuschließen und dem Maßstab von Art. 12 Abs. 1 zu entziehen. Aber die Kritik am Kriterium des Verbotenseins verkennt, dass es sich auf einzelne Handlungen unabhängig von ihrer beruflichen Vornahme, also auf die Tätigkeit als solche bezieht. Beruf ist die Bündelung vieler Handlungen, und ob diese spezifische, dh berufliche Bündelung verboten oder beschränkt werden darf, bemisst sich stets nach Art. 12 Abs. 1. Die einzelnen Handlungen sind dagegen durch andere Grundrechte geschützt, und ob sie verboten werden dürfen, richtet sich nach diesen anderen Grundrechten.[13]

Beispiele: Taschendiebe, Rauschgifthändler oder Menschenhändler haben als solche keine Berufe im Sinn von Art. 12 Abs. 1; ihre Handlungen sind schlechthin strafbar, unabhängig davon, ob sie professionell und dauernd oder nur einmalig und amateurhaft vorgenommen werden. Anders steht es mit dem Schwarzarbeiter, der zB mit dem Renovieren einer Wohnung oder der Reparatur eines Autos eine erlaubte Tätigkeit vornimmt und lediglich die steuer- und sozialversicherungsrechtlich geschuldeten Abgaben nicht abführt; hier liegt ein Beruf im Sinn von Art. 12 Abs. 1 vor, dessen Ausübung aber steuer- und sozialversicherungsrechtlich geregelt ist (vgl *Scholz*, MD, Art. 12 Rn 39 f). Auch die Prostitution ist ein Beruf, denn der Geschlechtsverkehr gegen Entgelt begründet gem. § 1 ProstG eine rechtswirksame Forderung. **1019**

Außerdem muss eine Tätigkeit, um unter den Berufsbegriff zu fallen, auf *gewisse Dauer* angelegt sein.[14] Auch dies ist nicht eng zu verstehen; auch der Gelegenheits- und der Ferienjob, das zur Überbrückung eines Zeitraums und das probeweise eingegangene Beschäftigungsverhältnis sind Berufe, nicht jedoch die Beschäftigung, die sich in einem einmaligen Erwerbsakt erschöpft.[15] Ebenso ist weit zu verstehen, dass die Tätigkeit der *Schaffung und Erhaltung einer Lebensgrundlage* dienen muss;[16] die Nebentätigkeit fällt darunter, weil sie, anders als ein bloßes Hobby, zur Schaffung und Erhaltung der Lebensgrundlage immerhin beiträgt;[17] und der Künstler hat einen Beruf, auch wenn ihn das Malen, Dichten oder Komponieren nicht so ernährt, wie er es gerne hätte.[18] Offen ist der Berufsbegriff schließlich auch insoweit, als er *selbstständige und unselbstständige Tätigkeiten* abdeckt.[19] **1020**

Die in Art. 12 Abs. 1 geschützte Berufsfreiheit beginnt schon bei der Entscheidung, überhaupt einen Beruf zu ergreifen, und schützt auch den, der ohne Beruf bleiben und **1021**

9   Vgl E 7, 377/397; 81, 70/85; 115, 276/300 f.
10 *Breuer*, Hdb. StR³ VIII, § 170 Rn 69; *Kloepfer*, VerfR II, § 51 Rn 15.
11 BVerwGE 22, 286/289; *Kloepfer*, VerfR II, § 70 Rn 30.
12 *Stern*, StR IV/1, S. 1793 ff.
13 Ebenso *Rusteberg*, Der grundrechtliche Gewährleistungsgehalt, 2009, S. 197 f; ähnlich *Lerche*, in: FS Fikentscher, 1998, S. 541; krit *Suerbaum*, DVBl. 1999, 1690.
14 E 32, 1/28 f.
15 E 97, 228/253.
16 E 105, 252/265.
17 Vgl E 110, 141/157.
18 *Scholz*, MD, Art. 12 Rn 32.
19 E 7, 377/398 f; 54, 301/322.

zB von seinem Vermögen leben möchte *(negative Berufsfreiheit)*.[20] Sie umfasst besonders die Wahl eines bestimmten Berufs und dessen Ausübung. Sie schließt das Fordern einer angemessenen Vergütung ein[21] und reicht über die Erweiterung des Betätigungsfelds und den Berufswechsel bis zur Berufsbeendigung, sei es die Aufgabe einer bestimmten oder der Rückzug aus jeder beruflichen Tätigkeit.

1022 Eine Gesellschaft, deren Bürgern die Berufs- und die Eigentumsfreiheit grundrechtlich verbürgt sind, wird dadurch in ihrer Wirtschaft geprägt. Nicht, dass das Grundgesetz eine bestimmte Wirtschaftsverfassung enthielte oder eine bestimmte Wirtschaftspolitik verlangte; es ist, wie das BVerfG mehrfach betont hat, *„wirtschaftspolitisch neutral"* und überlässt die Wirtschaftspolitik grundsätzlich dem gesetzgeberischen Ermessen[22]. So ist nicht etwa die gegenwärtige Wirtschaftsordnung im Schutzbereich von Art. 12 Abs. 1 oder von Art. 12 Abs. 1 iVm Art. 14 enthalten. Gleichwohl sind unter der Bedingung der Berufsfreiheit bestimmte Aspekte der gegenwärtigen Wirtschaftsordnung geschützt. Berufe frei wählend und frei ausübend geraten die Einzelnen als Unternehmer, als Handel- und Gewerbetreibende, als Freiberufler, aber auch als Arbeitnehmer, notwendig miteinander in Wettbewerb. Das Verhalten im Wettbewerb gehört zur Berufsausübung und zum Schutzbereich der Berufsfreiheit. Zu den Funktionsbedingungen des Wettbewerbs gehört aber auch, dass man darin unterliegen kann.[23] Mit der *Freiheit zum Wettbewerb* ist die Vorstellung einer Freiheit von Konkurrenz unverträglich.

1023 **Beispiele:** Die Berufsfreiheit eines staatlich zugelassenen Unternehmers wird dadurch, dass der Staat andere Unternehmer zulässt, die den ersten durch scharfe Konkurrenz zur Aufgabe von Unternehmen und Beruf bringen, nicht berührt (E 34, 252/256; 55, 261/269; BVerwG, DVBl. 1983, 1251; HessStGH, NVwZ 1983, 542). Ebenso wenig wird die Berufsfreiheit berührt, wenn der Staat Markttransparenz fördert und wahrheitsgemäß und sachlich auf den Markt bezogen, zB über gefährliche Produkte, informiert (E 105, 152/267 ff; *Bäcker*, Wettbewerbsfreiheit als normgeprägtes Grundrecht, 2007, S. 124 ff; krit *Bethge*, Jura 2003, 327/332 f; *Huber*, JZ 2003, 290/292 f). Berührt wird die Berufsfreiheit eines Unternehmers aber dann, wenn er im Wettbewerb mit einem Konkurrenten darum unterliegt, weil der Staat dem Konkurrenten durch Subventionen einen Vorteil im Wettbewerb verschafft (E 46, 120/137 f; BVerwGE 71, 183/191 ff), durch Monopolisierung Konkurrenz ausschaltet (BVerwG, NJW 1995, 2938), in einem staatlich regulierten Markt erhebliche Konkurrenznachteile für Einzelne schafft (vgl BVerfG, NJW 2005, 273/274) oder gegen öffentlich-rechtliche Bindungen, etwa für die wirtschaftlichen Betätigungen der Gemeinden, verstößt (vgl *Pieroth/Hartmann*, NWVBl. 2003, 322; krit *Stern*, StR IV/1, S. 1861 ff).

1024 Bei der beruflichen Ausübung von *Staatsfunktionen* ist zu unterscheiden:
– Als Inhalt eines *selbstständigen* Berufs scheidet sie aus. Zwar können von Privaten regelnde, richtende und schlichtende sowie verwaltende Dienstleistungen erbracht werden. Aber sie entbehren der verbindlichen Geltung, die den entsprechenden Staatsakten eignet.

1025 – Zum Inhalt eines *unselbstständigen* Berufs wird sie im Staatsdienst. Dabei ist aber nicht nur Art. 12 Abs. 1, sondern auch Art. 33 einschlägig. Art. 33 verdrängt

---

20 Vgl E 58, 358/364.
21 E 101, 331/346 ff; 110, 226/251.
22 Vgl zB E 50, 290/336 ff.
23 E 105, 252/265; 110, 274/288; 116, 135/151 f. Krit *Burgi*, BK, Art. 12 Abs. 1 Rn 149 ff.

Art. 12 Abs. 1 nicht insgesamt,[24] statuiert und erlaubt als Spezialvorschrift jedoch Sonderregelungen für den öffentlichen Dienst. Dabei reduziert Art. 33 Abs. 2 in Rücksicht auf die staatliche Organisationsgewalt den Schutzbereich des Art. 12 Abs. 1 hinsichtlich der Berufswahl auf das Recht des gleichen Zugangs zu den öffentlichen Ämtern.[25]

— Auch bei den sog *staatlich gebundenen* Berufen, bei denen öffentliche Aufgaben in privater Hand liegen, gewinnt die staatliche Organisationsgewalt Bedeutung und können „Sonderregelungen in Anlehnung an Art. 33 ... die Wirkung des Grundrechts aus Art. 12 Abs. 1 zurückdrängen"[26]. Je näher dabei ein Beruf dem öffentlichen Dienst steht, desto mehr lassen sich Sonderregelungen auf Art. 33 Abs. 5 stützen; je mehr hingegen die Eigenschaften des freien Berufs hervortreten, desto weniger sind solche Sonderregelungen angezeigt.   1026

Beispiel: Beim Notar ergibt sich die größte Distanz zum öffentlichen Dienst aus dem Umstand, dass er nicht öffentlich alimentiert wird, sondern wirtschaftlich selbstständig tätig ist. Art. 33 Abs. 5 hat daher insoweit nur einen schwachen Einfluss auf die Prüfung der Berufsfreiheit, weshalb Notare etwa bei der Organisation ihrer Tätigkeit einen mit anderen freien Berufen vergleichbaren Gestaltungsspielraum haben müssen. Stärker wirkt Art. 33 Abs. 5 hingegen im Hinblick auf konkrete Amtsgeschäfte wie notarielle Beurkundungen und die Aufbewahrung und Ablieferung fremder Vermögensgegenstände. Hier sind auch Weisungsbefugnisse der Aufsichtsbehörden zulässig, wobei das BVerfG die Frage offen lässt, ob sich der Notar insoweit schon nicht auf Art. 12 Abs. 1 berufen kann oder Art. 33 Abs. 5 im Rahmen der Prüfung der verfassungsrechtlichen Rechtfertigung wirkt (E 131, 130/140 f).   1027

b) Art. 12 Abs. 1 spricht nicht von einer freien Wahl und auch nicht von einer freien Durchführung der **Ausbildung**, sondern nur von der freien Wahl der Ausbildungsstätte. Das BVerfG sieht dadurch jedoch allgemein ein „*Abwehrrecht gegen Freiheitsbeschränkungen im Ausbildungswesen*" verbürgt.[27] Das überzeugt: Wer seine Ausbildung individuell bei einem Lehrer oder Meister, in Gruppen oder Kursen, durch Lesen oder Reisen arrangiert, verdient denselben Schutz wie der, der sie an öffentlichen oder privaten Ausbildungsstätten absolviert. Beide Mal sind mithin die Entscheidungen für eine bestimmte, sei es die erste oder eine zweite, zusätzliche Ausbildung, für deren Durchführung und für deren Beendigung frei. Frei ist auch die Entscheidung gegen jede Ausbildung. Die Ausbildungsfreiheit bedeutet aber keinen Anspruch auf kostenlose Ausbildung, zB auf kostenloses Hochschul-/Universitätsstudium; der Verfassungsgeber wollte die Erhebung von Studiengebühren nicht unterbinden.[28]   1028

Dabei ist Ausbildung nicht Bildung. Zum Inhalt der Bildung kann alles werden, was überhaupt geistig erworben werden kann, und wie die Inhalte sind auch die Ziele der Bildung offen. Dagegen ist Ausbildung auf das Ziel einer *berufsbezogenen Qualifikation* gerichtet, und dieses Ziel bestimmt auch den Inhalt. Daran mangelt es nicht nur bei der Bildung allgemein, sondern auch bei der schulischen Bildung ohne Berufsbezug.   1029

---

24 *Michael/Morlok*, GR, Rn 348; aA *Wieland*, DR, Art. 12 Rn 44.
25 E 7, 377/397 f; 16, 6/21; 39, 334/369.
26 E 73, 280/292; 110, 304/321.
27 E 33, 303/329.
28 BVerwGE 115, 32/36; *Pieroth/Hartmann*, NWVBl. 2007, 81.

1030   **Beispiele:** Zu den Ausbildungsstätten iSd Art. 12 Abs. 1 S. 1 gehören ebenso wenig wie kirchliche Akademien und private Sport- und Kultureinrichtungen auch Grund- und Hauptschulen, wohl aber nach hM weiterführende Schulen (E 41, 251/262 f; 58, 257/273; krit *Kloepfer*, VerfR II, § 70 Rn 37), Fachhochschulen und Hochschulen/Universitäten, staatliche Vorbereitungsdienste (Referendardienste), betriebliche und überbetriebliche Ausbildungsgänge, private Lehrstellen, Sprachschulen, Therapeutenausbildungseinrichtungen etc. Bei städtischen Volkshochschulen ist danach zu differenzieren, ob ihr Bildungsangebot Berufsbezug hat oder nicht hat.

1031   **c)** Der **Arbeitsplatz** ist die Stätte, an der eine berufliche Tätigkeit ausgeübt wird, sei es bei unselbstständiger Tätigkeit in der staatlichen Verwaltung, in der Produktion oder Administration eines Unternehmens, sei es bei selbstständiger Tätigkeit in der eigenen Praxis oder Werkstatt, im eigenen Büro oder Atelier. Frei ist die Entscheidung über Wahl, Wechsel, Beibehaltung und Aufgabe des Arbeitsplatzes. Bei abhängig Beschäftigten umfasst das Grundrecht auch den Zutritt zum Arbeitsmarkt und die Wahl des Vertragspartners.[29]

1032   **d)** Geschützt sind nur **berufs- und ausbildungsspezifische Handlungen** (vgl Rn 1018). Die Rechtsprechung erfasst diesen Aspekt von der Eingriffsseite her. Sie verlangt, dass eine staatliche Regelung oder Maßnahme nicht nur irgendwie geartete, entfernte Folgen für die berufliche Tätigkeit hat. Vielmehr muss ihr subjektiv oder objektiv eine *berufsregelnde Tendenz* eignen, dh sie muss entweder gerade auf die Berufsregelung zielen oder, bei berufsneutraler Zielsetzung, sich unmittelbar auf die berufliche Tätigkeit auswirken oder in ihren mittelbaren Auswirkungen von einigem Gewicht sein.[30] Die Rechtsprechung ist allerdings insgesamt wenig kohärent.[31]

1033   **Beispiele:** Die Haftung aus beruflich geschlossenem Vertrag oder beruflich begangener unerlaubter Handlung hat weder subjektiv noch objektiv eine berufsregelnde Tendenz (E 96, 375/397; BVerfG, NJW 2009, 2945 Rn 5). Auch ist die Übernahme einer Vormundschaft und Pflegschaft grundsätzlich berufsunspezifisch; E 54, 251/270 spricht von der entsprechenden Pflicht als einer „allgemeinen staatsbürgerlichen Pflicht ohne spezielle berufsregelnde Tendenz". Wird jedoch ein Anwalt gerade wegen seiner beruflichen Qualifikation und in erheblichem Umfang mit Vormundschaften und Pflegschaften betraut, die er nur im Rahmen seiner beruflichen Tätigkeit wahrnehmen kann und in diesem Rahmen unentgeltlich wahrnehmen soll, dann geht es für ihn um eine berufsspezifische Handlung bzw liegt ein Eingriff in die Berufsfreiheit vor; dass die Sicherstellung von mandatsbezogenen Unterlagen in einer Anwaltskanzlei nicht berufsbezogen sein soll (so E 113, 29/48; 129, 208/266 f; BVerfG, NJW 2018, 2395 Rn 41), ist daher fragwürdig. – Eine Steuer, bei deren Erlass dem Gesetzgeber zwar eine berufsregelnde subjektive Zielsetzung fehlt, die sich aber auf bestimmte Berufe unmittelbar oder gewichtig auswirkt, bedeutet einen Eingriff in die Berufsfreiheit (E 13, 181/186; 47, 1/21 f). Anders liegt es bei der Ökosteuer, die alle Verbraucher ungeachtet ihrer beruflichen Betätigung trifft (E 110, 274/288) und einer Abgabe zur Insolvenzsicherung, weil sie nicht an die Ausübung eines bestimmten Berufes anknüpft (BVerfG, NVwZ 2012, 1535/1536). – Berufsregelnde Tendenz hat die gesetzliche Zulassung nachrichtenmäßiger Kurzberichterstattung im Fernsehen, obwohl sie nur zum Teil berufsmäßig organisierte und verwertete Veranstaltungen betrifft; es reicht, dass die betroffenen unterhaltenden, sportlichen und kulturellen Ereignisse typischerweise berufsmäßig veranstaltet werden (E 97, 228/254). Maßnahmen zur Überwa-

---

29   E 84, 133/146; 128, 157/176.
30   Vgl E 97, 228/253 f; *Burgi*, BK, Art. 12 Abs. 1 Rn 132 ff.
31   *Manssen*, StR II, Rn 667 ff.

chung des Fernmeldeverkehrs haben gegenüber den Telekommunikationsunternehmen keine berufsregelnde Tendenz, solange ihnen nicht konkrete Mitwirkungsverpflichtungen auferlegt werden.[32]

2. Eingriffe

a) Ein **Eingriff in die Berufsfreiheit** kann dieser mehr in ihrem Ausübungsaspekt (*Wie* der beruflichen Tätigkeit) oder mehr in ihrem Wahlaspekt (*Ob* der beruflichen Tätigkeit) gelten. Ein Eingriff, der die Berufsfreiheit in ihrem Wahlaspekt betrifft, kann die Wahl entweder an subjektive oder an objektive Zulassungsvoraussetzungen knüpfen. Diese verschiedenen Eingriffe sind zu unterscheiden, weil sie regelmäßig *verschieden intensiv* sind und daher unter verschieden hohen Rechtfertigungsanforderungen stehen.   **1034**

Objektive Zulassungsvoraussetzungen verlangen für die Wahl eines Berufs die Erfüllung objektiver, dem Einfluss des Berufswilligen entzogener und von seiner Qualifikation unabhängiger Kriterien. Zu ihnen gehören besonders *Bedürfnisklauseln*, wie sie das Personenbeförderungsgesetz für den Linienverkehr in § 13 Abs. 2 Nr. 2 und für den Verkehr mit Taxen in § 13 Abs. 4[33] enthält. Auch das Apotheken-Urteil, Ausgangspunkt des einheitlichen Verständnisses der Berufsfreiheit, hatte eine Bedürfnisklausel zum Gegenstand, die als Voraussetzung für die Errichtung einer Apotheke verlangte, dass die vorhandenen Apotheken zur Versorgung der Bevölkerung mit Arzneimitteln nicht ausreichten und durch die Errichtung wirtschaftlich nicht wesentlich beeinträchtigt würden.[34]   **1035**

Zu den objektiven Zulassungsbeschränkungen können weiter *steuerliche Vorschriften* zählen, die bestimmten Berufen gelten. Obwohl sie nur mittelbar auf die Berufsfreiheit einwirken, können sie doch von solchem Gewicht sein, dass sie einen Beruf wirtschaftlich „erdrosseln" und die Möglichkeit seiner Ergreifung tatsächlich ausschließen.   **1036**

Beispiel: Würde der Verkauf von Tabak, Zigarren und Zigaretten derart besteuert, dass er kaum noch Gewinn abwürfe, dann würden die Tabakwaren zwar noch verkauft und auch im Sortiment des Handels gehalten werden, aber der Beruf des selbstständigen Tabakwareneinzelhandelskaufmanns wäre tatsächlich erledigt. – Das BVerfG hat bisher noch keiner steuerlichen Vorschrift diese erdrosselnde Wirkung zuerkannt und nur angelegentlich ausgesprochen, dass erdrosselnde Besteuerung vor Art. 12 schwerlich Bestand haben könnte (E 8, 222/228; vgl ferner E 13, 181/185 ff sowie BVerwGE 153, 116/120); das Schrifttum zieht den Kreis der Eingriffe in die Berufsfreiheit durch Besteuerung zT weiter (vgl *Hohmann*, DÖV 2000, 406).   **1037**

Wo ein *Verwaltungsmonopol* die Ausübung einer Tätigkeit dem Staat vorbehält, da kann der Bürger sie nicht mehr zum Inhalt eines selbstständigen Berufs machen.[35] Zwar kennen die Verwaltungsmonopole regelmäßig Ausnahmen, die bestimmte Aspekte der monopolisierten Tätigkeit unter bestimmten Voraussetzungen zum Inhalt eines Berufs zu machen gestatten, wobei unter diesen Voraussetzungen objektive wie   **1038**

---

32 BVerwGE 162, 179/185, s. auch Rn 960.
33 E 11, 168; BVerwGE 79, 208; vgl auch E 126, 112/138.
34 E 7, 377.
35 Vgl E 21, 245; 108, 370/389.

subjektive Zulassungsvoraussetzungen begegnen. Stets bleibt die monopolisierte Tätigkeit der selbstständigen beruflichen Ausübung jedoch überwiegend verschlossen.[36]

1039 **Beispiele:** Das Spielbankenmonopol nach baden-württembergischem Landesrecht darf den Beruf des Spielbankbetreibers zwar nicht völlig versperren (E 102, 197/200 f; *Brüning*, JZ 2009, 29/31 f), lässt Ausnahmen aber nur in ganz engem Rahmen zu. Das bayerische Staatslotteriegesetz darf die Veranstaltung von Sportwetten nur dann vollständig auf staatliche Einrichtungen beschränken, wenn dadurch die Spielsucht wirksam bekämpft wird (E 115, 276/300 ff; BVerfG, NVwZ 2008, 301), die Beschränkung auf die Bekämpfung der Spielsucht ist besonders dort genau zu beachten, wo der Staat fiskalisch von Konkurrenzangeboten profitiert (E 145, 20 Rn 122 ff = JK 9/2017). Das bayerische Rettungsdienstgesetz darf nicht vorschreiben, dass Rettungsdienstleistungen primär von den freigemeinnützigen Trägern und nur nachrangig von privaten kommerziellen Rettungsdienstunternehmen erbracht werden dürfen (BayVerfGH, NVwZ-RR-2012, 665/668 ff).

1040 Auch der Zugang zum *Staatsdienst* und zu bestimmten staatlich gebundenen Berufen wird durch objektive Zulassungsvoraussetzungen reglementiert. Wenn die verfügbaren Stellen, über deren Zahl der Staat kraft seiner Organisationsgewalt entscheidet, erschöpft sind, dann bleibt selbst dem qualifiziertesten Lehrer oder Juristen der Zugang zum Staatsdienst verschlossen (vgl Rn 1025 f).

1041 *Subjektive Zulassungsvoraussetzungen* knüpfen die Wahl eines Berufs an persönliche Eigenschaften und Fähigkeiten, Kenntnisse und Erfahrungen, erworbene Abschlüsse und erbrachte Leistungen, schon ausgeübte Berufe und eingegangene Verpflichtungen.

1042 **Beispiele:** Altersgrenzen (für Hebammen E 9, 338; für öffentlich bestellte und vereidigte Sachverständige BVerwGE 139, 1/11; für Vertragsärzte E 103, 172/184; für Notare BVerfG, NJW 2008, 1212; für Piloten BVerfG, BeckRS 2009, 31386 Rn 17 f; krit *Hufen*, StR II, § 35 Rn 57; zur unionsrechtlichen Relevanz der Altersgrenzen auch Rn 604). Zuverlässigkeit (für Einzelhandelsunternehmer BVerwGE 39, 247/251), Würdigkeit (für Rechtsanwälte E 63, 266/ 287 f; E 93, 213; für Ärzte BVerwGE 94, 352/357 ff), Geschäfts- und Prozessfähigkeit (für Rechtsanwälte E 37, 67), erfolgreich abgelegte Prüfungen und beruflich erworbene Erfahrungen (E 13, 97; 19, 330; 34, 71), keine Ernennung von Rechtsanwälten zu Staatsbeamten (BVerfG, NJW 2007, 2317).

1043 Mit einer dichten Normierung subjektiver Zulassungsvoraussetzungen fixiert der Gesetzgeber bestimmte *Berufsbilder*. Wenn in Rn 1018 bemerkt wurde, dass der Berufsbegriff des Art. 12 Abs. 1 nicht an fixierte Berufsbilder anknüpft, dann heißt das nicht etwa, dass es fixierte Berufsbilder gar nicht geben dürfte oder könnte. Es heißt, dass der Schutzbereich von Art. 12 Abs. 1 nicht über fixierte Berufsbilder definiert ist, dass vielmehr die Fixierung eines Berufsbilds einen Eingriff in den Schutzbereich darstellt.

1044 *Berufsausübungsregelungen* gelten den wieder teils objektiven, teils subjektiven[37] Bedingungen, unter denen, und den Modalitäten, in denen sich die berufliche Tätigkeit vollzieht. Sie sind einfach die übrigen Eingriffe in die Berufsfreiheit.

1045 **Beispiele:** Beschränkungen der berufsbezogenen Vertragsfreiheit wie das Verbot der sachgrundlosen Befristung von Arbeitsverträgen (E 149, 126 Rn 46); Festsetzungen von Laden-

---

36 Vgl *Breuer*, Hdb. StR³ VIII, § 171 Rn 89 f.
37 E 86, 28/39.

schlusszeiten (E 13, 237; 111, 10) und Polizeistunden (BVerwGE 20, 321/323); Rauchverbot in Gaststätten (E 121, 317/345 f); Beschränkungen des Schwerlastverkehrs in Ferienzeiten (E 26, 259); Werbeverbote für Rechtsanwälte (E 76, 196; 82, 18; BVerfG, NJW 2008, 839, 1298 Rn 11; *Kleine-Cosack*, NJW 2013, 272), Notare (BVerfG, NJW 1997, 2510), Steuerberater (E 85, 97; 111, 366), Ärzte (E 71, 162; 85, 248; BVerfG, NJW 2011, 2636 Rn 42 sowie 3147 Rn 20 f; BVerwGE 105, 362/366 ff), Apotheker (E 94, 372) und Taxiunternehmer (BVerwGE 124, 26); Verpflichtung von Rechtsanwälten, vor Gericht in Robe aufzutreten (E 28, 21); Singularzulassung von Rechtsanwälten (E 103, 1); Facharztvorbehalt bei Schwangerschaftsabbrüchen (E 98, 265/305, 308); Verbot der Augeninnendruckmessung und Gesichtsfeldprüfung durch Optiker (BVerfG, NJW 2000, 2736); Verbot für Apotheker, Impfstoffe an Ärzte zu versenden (E 107, 186); Verbot einer Sozietät von Anwaltsnotaren und Angehörigen anderer freier Berufe (E 98, 49/59) sowie von Rechtsanwälten mit Ärzten und Apothekern (E 141, 82 Rn 48 ff); Heranziehung von Banken zur Einbehaltung und Abführung der Kapitalertragsteuer (E 22, 380); Beschränkung der Freiheit, das urheberrechtliche Entgelt für berufliche Leistungen festzulegen (E 134, 204 Rn 66); Verpflichtung zur Offenlegung von Betriebs- und Geschäftsgeheimnissen (E 115, 205/229 ff); Einschränkung der Erwerbstätigkeit von Ruhestandssoldaten (BVerwGE 84, 194/198). Berufsausübungsregelungen sind auch steuerliche und sonstige Abgaben-Vorschriften, deren berufsregelnde Tendenz nicht auf die Erdrosselung eines Berufs, aber doch auf eine Lenkung seiner Ausübung hinausläuft (E 13, 181/187; 99, 202/211; 113, 128/145).

Die *Abgrenzung* zwischen objektiven und subjektiven Berufswahlregelungen und **1046** zwischen Berufswahl- und Berufsausübungsregelungen ist zuweilen schwierig. So enthalten Unvereinbarkeits- oder Inkompatibilitätsvorschriften, die zB Rechtsanwälten einen zweiten Beruf nur unter engen Voraussetzungen gestatten, objektive und subjektive Elemente.[38] Mit der Fixierung von Berufsbildern werden jeweils bestimmte Betätigungen als typisch festgehalten und andere als untypisch ausgeschlossen. Dies wirkt für diejenigen, die gemäß dem fixierten Berufsbild tätig sind und tätig sein wollen, als bloße Ausübungsregelung. Für diejenigen, die sich aus den als typisch festgehaltenen und den als atypisch ausgeschlossenen Betätigungen einen Beruf eigenständig zusammenstellen wollen, wirkt es jedoch als Berufswahlregelung.

Beispiel: Das Steuerberatungsgesetz hatte früher die geschäftsmäßige Erledigung der laufen- **1047** den Lohnbuchhaltung den steuerberatenden Berufen vorbehalten. Gleichwohl bot eine Kaufmannsgehilfin die geschäftsmäßige Erledigung der laufenden Lohnbuchhaltung an. Sie wurde wegen Verstoßes gegen das Steuerberatungsgesetz belangt. Im Verfassungsbeschwerdeverfahren hat das BVerfG die einschlägigen Bestimmungen des Steuerberatungsgesetzes als Berufsausübungsregelung gekennzeichnet, die jedoch auch die Berufswahl beschränkten und daher den Rechtfertigungsanforderungen genügen müssten, die für Berufswahlbeschränkungen gelten. Es hat sie daran scheitern lassen (E 59, 302).

Auch mit der Einordnung von Vorschriften, die die *Aufgabe des Berufs* verlangen **1048** oder verbieten, tut sich die Rechtsprechung gelegentlich schwer; das BVerfG ordnet die Zusammenführung mehrerer Berufe zu einem einheitlichen Beruf,[39] die Festsetzung einer Altersgrenze (vgl Rn 1042) und die Anordnung der sofortigen Vollziehung des Widerrufs der Approbation eines Arztes[40] überzeugend den subjektiven Zulassungsvoraussetzungen zu, das BVerwG versteht eine Bestimmung des Soldatenge-

---

38 E 87, 287/317.
39 E 119, 59/79 f.
40 BVerfG, DVBl. 1991, 482/483; vgl auch BVerwGE 105, 214/217.

setzes, die Berufssoldaten vom Antrag auf Entlassung abhält, als Ausübungsregelung.[41]

1049 **b)** Auch bei den **Eingriffen in die Ausbildungsfreiheit** lassen sich objektive Zulassungsvoraussetzungen, subjektive Zulassungsvoraussetzungen und sonstige Regelungen des Ausbildungswesens unterscheiden. *Objektive Zulassungsvoraussetzungen* sieht das BVerfG im sog absoluten Numerus clausus, der nicht nur die Wahl einer bestimmten Universität und den Ablauf des Studiums reglementiert, sondern das gewünschte Studium bundesweit und langfristig Bewerbern versperrt, die mit dem Abiturzeugnis eigentlich die Hochschulreife erworben haben.[42] Auch wenn der Zugang zu staatlichen Vorbereitungsdiensten, die zB für Juristen und Lehrer bestimmte Ausbildungsabschnitte monopolisieren, langfristig verschlossen ist, liegen objektive Zulassungsvoraussetzungen vor. *Subjektive Zulassungsvoraussetzungen* regeln den Zugang und auch den Abgang von Ausbildungsstätten nach Maßgabe persönlicher Qualifikationen; daher ist der Schulausschluss,[43] nicht aber die Nichtversetzung[44] ein Eingriff. Sie gelten sowohl für staatliche als auch für private Ausbildungsstätten, deren Abschlüsse staatlich anerkannt werden. Auch prüfungsrechtliche Sanktionen greifen in Art. 12 ein; ihre Regelung unterliegt strengen Bestimmtheits- und Verhältnismäßigkeitsanforderungen.[45] Schließlich wird in das Ausbildungswesen auch durch *ausbildungsbezogene Regelungen* über Arbeitszeit, Kündigungsschutz und Betriebsverfassung eingegriffen.

1050 **c)** **Eingriffe in die freie Wahl des Arbeitsplatzes** liegen vor, wenn der Staat den Einzelnen am Erwerb eines zur Verfügung stehenden Arbeitsplatzes hindert, ihn zur Annahme eines bestimmten Arbeitsplatzes zwingt oder die Aufgabe eines Arbeitsplatzes verlangt.[46] Insoweit kann nochmals nach objektiven und subjektiven Voraussetzungen für den Erhalt eines Arbeitsplatzes unterschieden werden.

1051 **Beispiele:** Vereinbarungen, die einen Bediensteten bei vorzeitigem Ausscheiden aus dem öffentlichen Dienst zur Erstattung der aufgewandten Ausbildungskosten verpflichten (E 39, 128/141 ff; BVerwGE 30, 65/69; 40, 237/239), greifen in die freie Wahl des Arbeitsplatzes ein. Sie sind subjektive Zulassungsvoraussetzungen, solange sie das Ausscheiden aus dem öffentlichen Dienst als Voraussetzung für die Wahl eines neuen Arbeitsplatzes von einer dem Ausbildungsvorteil angemessenen, vertret- und erbringbaren Geldleistung abhängig machen; bei prohibitiven Geldforderungen wären sie objektive Zulassungsvoraussetzungen.

1052 Da die Arbeitswelt vor allem privatwirtschaftlich organisiert ist, ist auch die freie Wahl des Arbeitsplatzes vor allem privatrechtlich bedingt und begrenzt. Hier sind Entscheidungen des Arbeitgebers nur im Sinn und unter den Voraussetzungen der mittelbaren Drittwirkung (vgl Rn 263) gebunden, wobei das Arbeitsrecht zahlreiche „Einbruchstellen" der Grundrechte enthält.

---

41 BVerwGE 65, 203/207.
42 E 33, 303/337 f; vgl auch 147, 253/306 (= JK 8/2018); dazu *Braun*, DVBl 2018, 831; *Brehm/Brehm-Kaiser*, NVwZ 2018, 543; *Klafki*, JZ 2018, 541.
43 E 58, 257/273 ff.
44 BVerwG, DVBl. 1998, 969.
45 BVerwG, NVwZ 2019, 890/892 ff Rn 15 ff.
46 E 92, 140/151; 97, 169/175.

Beispiele: Vereinbarungen über die Erstattung von Ausbildungskosten finden sich wie im öf- **1053**
fentlichen Dienst auch in der Privatwirtschaft und werden hier den gleichen Kriterien unterworfen wie dort (BAG, NJW 1977, 973). – Auch Wettbewerbsverbote können nach Gewicht
und Wirkung objektiven Zulassungsvoraussetzungen gleichkommen und von Rechtsprechung
und Gesetzgebung eine Behandlung verlangen, die dem Schutz gegen staatliche objektive Zulassungsvoraussetzungen entspricht (E 84, 133/151; 96, 152/163).

3. Verfassungsrechtliche Rechtfertigung

a) Art. 12 Abs. 1 S. 2 enthält einen **einfachen Gesetzesvorbehalt** (vgl Rn 372). **1054**
Art. 33, der bei staatlich gebundenen Berufen Sonderregelungen rechtfertigen kann,
macht die gesetzliche Grundlage nicht entbehrlich.[47] Keine Gesetze sind Verwaltungsvorschriften;[48] dazu gehören auch die Richtlinien des Standesrechts, in denen
die Auffassungen der Standesgenossen über eine standesgemäße Berufsausübung niedergelegt sind. Sie dürfen nicht einmal als Maßstab für die Auslegung der Generalklauseln über die Berufspflichten der Standesgenossen (vgl zB § 43 BRAO) genommen und damit zu gesetzesähnlicher Bedeutung erhoben werden.[49]

Auch bei Art. 12 Abs. 1 ist die *Wesentlichkeitslehre* zu beachten (vgl Rn 365 ff). Sie **1055**
verlangt, dass der Gesetzgeber staatlichen Stellen, die Positionen im beruflichen
Wettbewerb ver- und zuteilen, die Auswahlkriterien und -verfahren vorgibt.[50] Besondere Bedeutung hat sie bei der Verleihung von Satzungsgewalt an Berufsverbände
des öffentlichen Rechts und verlangt, dass der Gesetzgeber die sog statusbildenden
Regelungen der Berufswahl selbst treffen muss und nur die Regelung der Berufsausübung an die Berufsverbände delegieren darf.[51] Geht es allerdings um Berufsaus-
übungspflichten, die sich intensiv auf die Rechte Dritter auswirken, müssen auch sie
vom Gesetzgeber geregelt werden.[52]

b) Die **Stufenlehre**, im Apotheken-Urteil[53] entwickelt, unterscheidet die Stufen der **1056**
Regelung der *Berufsausübung, subjektiver Zulassungsvoraussetzungen* und *objektiver
Zulassungsvoraussetzungen* als drei Stufen zunehmender Eingriffsintensität. Mit der
Zunahme der Eingriffsintensität geht eine Abnahme der Gestaltungsfreiheit des Gesetzgebers einher. Dieser steht unter umso höheren Rechtfertigungsanforderungen, je
intensiver er eingreift oder einzugreifen ermächtigt. In den Rechtfertigungsanforderungen kommt der *Verhältnismäßigkeitsgrundsatz (Übermaßverbot)* zur Geltung: Die
„Stufentheorie ist das Ergebnis strikter Anwendung des Prinzips der Verhältnismäßigkeit bei den vom Gemeinwohl her gebotenen Eingriffen in die Berufsfreiheit."[54]

aa) Stufenlehre bzw Verhältnismäßigkeitsgrundsatz verlangen also zunächst, dass **1057**
der Eingriff in die Berufsfreiheit einen **legitimen Zweck** verfolgt und zur Erreichung
des Zwecks **geeignet** ist.

47 E 80, 257/265; BVerwGE 75, 109/116.
48 E 80, 257/265; BVerfG, NVwZ 2007, 804.
49 E 76, 171/184 ff; 82, 18/26 f; dazu *Pietzcker*, NJW 1988, 513.
50 E 73, 280/294 ff; VGH Mannheim, VBlBW 1999, 389.
51 E 33, 125/160; 94, 372/390.
52 E 101, 312/323.
53 E 7, 377.
54 E 13, 97/104.

1058   **Beispiele:** Könnten die Ärzte oder Rechtsanwälte in ihrer Furcht vor verschärftem Wettbewerb den Gesetzgeber dazu bewegen, Hürden gegen das Überschwappen der sog Mediziner- und Juristenschwemme in ihre freien Berufe zu errichten, so würden diese berufswahl- oder -ausübungsbeschränkenden Hürden mit der Verhinderung von Wettbewerb einen illegitimen Zweck verfolgen (vgl *Tettinger*, NJW 1987, 293; Rn 883 f). – Einem Rechtsanwalt, der zugleich den Architektenberuf ausübt, im Geschäftsverkehr beide Berufsbezeichnungen führt und dadurch attraktiver ist als seine Konkurrenten, darf die Führung der beiden Berufsbezeichnungen standesrechtlich nicht verboten werden; Konkurrentenschutz ist kein legitimer Zweck (E 82, 18/28). – Das Verbot des Führens mehrerer Facharztbezeichnungen ist nicht geeignet, die hohe Qualität der medizinischen Versorgung für die Bevölkerung sicherzustellen (E 106, 181/194 ff).

1059   Stufenlehre bzw Verhältnismäßigkeitsgrundsatz verlangen weiter, dass der Eingriff zur Erreichung des Zwecks erforderlich ist und zur Bedeutung des Zwecks in angemessenem Verhältnis steht (Verhältnismäßigkeit ieS). Bei der Bestimmung von Erforderlichkeit und Angemessenheit machen sie von der Unterscheidung der drei Eingriffsstufen Gebrauch:

1060   **bb)**   Dass der Eingriff zur Erreichung des Zwecks **erforderlich** sein muss, bedeutet, dass nicht ein anderer Eingriff, der den Bürger weniger belastet, zur Erreichung des Zwecks ebenso geeignet sein darf. Ob nun ein Eingriff den Bürger mehr oder weniger belastet, mehr oder weniger intensiv ist, bemisst sich besonders nach den oben erörterten Eingriffsstufen: Grundsätzlich gilt, dass am intensivsten die objektiven Zulassungsvoraussetzungen sind, dass dann die subjektiven Zulassungsvoraussetzungen kommen und dass am wenigsten belastend die bloßen Berufsausübungsregelungen sind. Ein Eingriff auf einer höheren Stufe ist nur dann verhältnismäßig, wenn sein Zweck nicht ebenso gut durch einen Eingriff auf einer niederen Stufe erreicht werden kann. Auch auf ein und derselben Stufe kann es mehr und weniger intensive Eingriffe geben. Dies ist der erste Teil der Stufenlehre.

1061   **Beispiel:** Gegenstand des Apotheken-Urteils war ein bayerisches Apothekengesetz, das die Eröffnung neuer Apotheken von einer objektiven Zulassungsschranke, einem entsprechenden Bedürfnis der Allgemeinheit, abhängig machte. Ziel der Niederlassungsbeschränkung war die Erhaltung der Volksgesundheit; der Gesetzgeber fürchtete, freie Konkurrenz vieler Apotheken werde zu einer Vernachlässigung der gesetzlichen Verpflichtungen, zu leichtfertigem Medikamentenverkauf, zu verführerischer Medikamentenwerbung und zu schädlicher Tablettensucht führen. Das BVerfG fragte, ob das gesetzgeberische Ziel nicht auch durch Berufsausübungsregelungen, durch staatliche Kontrollen der Medikamentenherstellung sowie durch Beschränkungen der freien Werbung und des freien Verkaufs erreicht werden könnte. Es hat die Frage bejaht und daran das bayerische Apothekengesetz scheitern lassen.

1062   Allerdings hat die weitere Entwicklung der Rechtsprechung des BVerfG gezeigt, dass die *Stufen ineinander verschwimmen* können; nicht nur kann, wie in Rn 1046 ff schon bemerkt, die Zuordnung eines Eingriffs zur einen oder zur anderen Stufe schwer fallen, sondern es kann auch ein Eingriff auf niederer Stufe intensiver sein als ein Eingriff auf höherer.

1063   **Beispiele:** Eine Berufsausübungsregelung, die für bestimmte Handelssparten die Öffnungszeiten oder das Warensortiment empfindlich beschneiden oder hohe und teuere Anforderungen an Verpackungs- und Lagerungshygiene stellen würde, könnte den Handel in der fraglichen Sparte empfindlicher treffen als leicht zu erfüllende subjektive Zulassungsvoraussetzungen. – Das

BVerfG hat die Regelung des Zugangs zur vertragsärztlichen Tätigkeit (E 11, 30/42 f; 103, 172/184) und das Verbot der leihweisen Arbeitnehmerüberlassung in Betriebe des Baugewerbes (E 77, 84/106) als eine Regelung der Berufsausübung beurteilt, wegen seiner Auswirkungen aber in die Nähe eines Eingriffs in die Freiheit der Berufswahl gerückt.

In derartigen Fällen kann die Prüfung der Erforderlichkeit nicht einfach fragen, ob es **1064** einen Eingriff auf derselben oder auf niederer Stufe gäbe, der den Zweck ebenfalls erreichte. Vielmehr muss sie die Intensität des Eingriffs und seiner allfälligen Alternativen aus den Sach- und Fallgegebenheiten bestimmen. Wie bei Art. 14 (vgl Rn 1150 f) ist dabei auch der personale oder soziale Bezug zu berücksichtigen.[55] Die Stufenlehre eröffnet zwar den *Einstieg* in die Frage nach der Erforderlichkeit eines Eingriffs und lässt immer wieder auch die Antwort finden. Gelegentlich reicht sie jedoch nicht aus und muss sich die Frage nach der Erforderlichkeit des Eingriffs von ihr lösen.

cc)   Für das BVerfG und die hL bedeutet Verhältnismäßigkeit weiter **Verhältnis-** **1065** **mäßigkeit im engeren Sinn,** dh, dass der Zweck, dem der Eingriff dient, um so wertvoller sein muss, je intensiver der Eingriff ist. Es ist mit anderen Worten eine *Güterabwägung* vorzunehmen. Dies ist der zweite Teil der Stufenlehre:

–   Objektive Zulassungsvoraussetzungen sind nur gerechtfertigt, wenn sie zur „Abwehr nachweisbarer oder höchstwahrscheinlicher schwerer Gefahren für ein überragend wichtiges Gemeinschaftsgut" erforderlich sind;

–   subjektive Zulassungsvoraussetzungen sind nur gerechtfertigt, wenn die Ausübung des Berufs ohne Erfüllung der Voraussetzungen „unmöglich oder unsachgemäß wäre" und auch, wenn sie Gefahren oder Schäden für die Allgemeinheit mit sich brächte;

–   Berufsausübungsregelungen sind gerechtfertigt, wenn „Gesichtspunkte der Zweckmäßigkeit" sie verlangen, wobei es mal mehr um die Allgemeinheit, der Gefahren oder Schäden drohen, und mal mehr um den Berufsstand, der gesichert und gefördert werden soll, gehen kann.

Diese im Apotheken-Urteil geprägten und seitdem regelmäßig wiederholten Formeln **1066** sind blass, und mit ihnen lässt sich nicht leicht arbeiten. Auch die Bestimmungen der Wertigkeiten von einzelnen Gemeinschaftsgütern und -zwecken, die das BVerfG vorgenommen hat, zeigen eine ziemliche *Beliebigkeit.*

Beispiele: Als überragend wichtig hat das BVerfG so heterogene Gemeinschaftsgüter und **1067** -zwecke wie zB den Schutz von Gesundheit und Leben der Bevölkerung (E 103, 172/184; 125, 112/140), die finanzielle Stabilität der gesetzlichen Krankenversicherung (BVerfG, DVBl. 2002, 400), die funktionstüchtige Rechtspflege (E 93, 213/236), den Schutz vor ungeeigneten Rechtsberatern (E 75, 246/267), die Leistungsfähigkeit des öffentlichen Verkehrs (E 11, 168/ 184 f), die Wirtschaftlichkeit der Deutschen Bundesbahn (E 40, 196/218) und den schnellen Aufbau einer effektiven Verwaltung in den neuen Ländern (E 84, 133/151 f) anerkannt.

Die Beliebigkeit war in der Rechtsprechung des BVerfG jedoch deswegen *unschäd-* **1068** *lich*, weil jeweils die Prüfung der Erforderlichkeit ganz im Vordergrund stand. Nur wenn ein Eingriff zur Erreichung des verfolgten Zwecks wirklich erforderlich ist, stellt sich noch die Frage, ob der Zweck auch hinreichend wertvoll ist. Allerdings ver-

---

55 *Bryde*, NJW 1984, 2177/2181 f.

lagert es in neuerer Zeit ohne Grund den Schwerpunkt der Begründung von der Erforderlichkeit auf die Verhältnismäßigkeit ieS.[56] In den besseren Fällen verbarg sich unter der fehlenden Angemessenheit oder Zumutbarkeit eine mangelnde Erforderlichkeit; in den schlechteren vermied das BVerfG, sich der mangelnden Erforderlichkeit zu stellen. War andererseits ein Eingriff wirklich erforderlich, dann hat das BVerfG ihn nie an der mangelnden Wertigkeit des Zwecks scheitern lassen, sondern hat stets die hinreichende Wertigkeit eingeräumt.

1069 Dahinter mag unausgesprochen die folgende Erkenntnis gestanden haben: Wenn ein Gemeinschaftszweck oder -gut tatsächlich nur um den teureren Preis eines intensiven Grundrechtseingriffs erreicht werden kann, dann zeigt sich regelmäßig eben darin sein hoher Wert.

1070 **Beispiele**, bei denen das BVerfG den Eingriff in die Berufsfreiheit für *gerechtfertigt* hielt:
- hinsichtlich objektiver Zulassungsvoraussetzungen: Festsetzung von Höchstzahlen der Genehmigungen für Kraftfahrzeuge im Güterfernverkehr (E 40, 196/218); Eingliederung des privaten in die Trägerschaft des öffentlichen Rettungsdienstes (E 126, 112/139 ff); Arbeitsvermittlungsmonopol der Bundesanstalt für Arbeit (E 21, 245/250); Beschränkungen von Rechtsanwälten bei der Übernahme von Zweitberufen (E 87, 287/321); Ausschluss juristischer Personen vom Amt des Insolvenzverwalters (E 141, 121 Rn 36 ff = JK 6/2016).
- hinsichtlich subjektiver Zulassungsvoraussetzungen: Altersgrenzen (vgl Rn 1042); Befähigungsnachweis für das Handwerk (E 13, 97/113 ff; vgl aber BVerfG, EuGRZ 2005, 740); Zulassungsregelungen für Rechtsanwälte und Rechtsbeistände (E 41, 378/389 f; BVerfG, NJW 2009, 3710 Rn 23); ärztliche Prüfungen nach dem Antwort-Wahl-(Multiple Choice-)-Verfahren (E 80, 1/23 ff);
- hinsichtlich Berufsausübungsregelungen: Ladenschlussregelung (E 111, 10/32 ff), Nachtbackverbot (E 87, 363/382 ff); Anbaubeschränkung von Weinreben auf ungeeigneten Böden (E 21, 150/160); Vergnügungssteuer auf Gewinnapparate (E 14, 76/100 f; 31, 8/26 f); Sonderbesteuerung des Werkfernverkehrs (E 16, 147/162 ff); Tariftreueregelung (E 116, 202/221 ff); Rückkehrgebot für Mietwagen (E 81, 70/84 ff); Einführung des Bestellerprinzips im Maklerrecht (E 142, 268 Rn 62 ff = JK 11/2016).

1071 Dagegen hat das BVerfG in folgenden Fällen einen *Verstoß* gegen Art. 12 Abs. 1 angenommen: absolute Zugangssperre für Spielbankunternehmen in privater Trägerschaft (E 102, 197/217 ff); Singularzulassung von Rechtsanwälten bei den Oberlandesgerichten (E 103, 1/13 ff) im Gegensatz zu der beim BGH (E 106, 216/219 ff); uneingeschränktes Verbot anwaltlicher Erfolgshonorare (E 117, 163/181 ff); Bedürfnisprüfung bei der öffentlichen Bestellung von Sachverständigen (E 86, 28/41 ff); Ausschluss der Apotheken von der Teilnahme an verkaufsoffenen Sonntagen (E 104, 357/368 ff); Ausschluss einer Karenzentschädigung bei Wettbewerbsverboten bei Handelsvertretern (E 81, 242/260 ff); Pflicht der Arbeitgeber zur vollen Entgeltzahlung während eines Sonderurlaubs für Zwecke der Jugendpflege (E 85, 226/234 ff); Verbot gegenüber Ärzten, an Presseberichten über die berufliche Tätigkeit mitzuwirken (E 85, 248/261 f).

1072 Die aufgezeigte Prüfungs- bzw Rechtfertigungsweise gilt nicht nur bei den Eingriffen in den Teilbereich der Berufsfreiheit, sondern auch bei denen in die Teilbereiche der *Ausbildungsfreiheit* und der *Freiheit der Wahl des Arbeitsplatzes*. Jeweils kann nach objektiven Zulassungsvoraussetzungen und sonstigen Eingriffen unterschieden, eine

---

56 Vgl E 97, 228/259 ff; 104, 357/368 ff; 110, 226/264 ff; 115, 276/308 ff; 119, 59/86 ff; 121, 317/355 ff.

entsprechende Stufung von Eingriffsintensitäten vorgenommen und der Verhältnismäßigkeitsprüfung zu Grunde gelegt werden.

Lösungstechnischer Hinweis: Es empfiehlt sich, bei der Frage nach dem Vorliegen eines 1073
Eingriffs zugleich mitzuprüfen und zu entscheiden, welcher Stufe der Eingriff zugehört. Der
Verhältnismäßigkeitsgrundsatz verlangt, den legitimen Zweck zu identifizieren, dann die Geeignetheit und die Erforderlichkeit des Eingriffs für den Zweck zu prüfen und dabei zu fragen,
ob ein Eingriff auf niederer Stufe gleichermaßen geeignet wäre, und erst an- und abschließend,
falls überhaupt noch ein Problemrest bleibt, die Verhältnismäßigkeit ieS zu untersuchen, dh
Wert und Rang des Zwecks zu bestimmen und beide, Eingriff und Zweck, gegeneinander abzuwägen.

III. Schutz- und Teilhaberechte des Art. 12 Abs. 1

Soweit die Rechte auf freie Wahl des Berufs, des Arbeitsplatzes und der Ausbil 1074
dungsstätte gegen den Staat, dh auf Zugang zu staatlichen Berufen, Arbeitsplätzen
und Ausbildungsstätten gerichtet sind, werden sie unter den Bedingungen der *Knappheit* notwendig zu Teilhaberechten. Wenn es mehr Interessenten als Güter gibt, dann
kann jeder Interessent nur noch einen Teil des knappen Guts bekommen. Da staatliche Berufe, Arbeitsplätze und Ausbildungsstätten als Güter nicht teilbar sind, können
sie nur unter allen Interessenten in gleicher Weise, dh nach gleichen Kriterien verteilt
werden. Teilhaberechte sind *Gleichheitsrechte*. Für den Zugang zum öffentlichen
Dienst spricht Art. 33 Abs. 2 dies auch aus. Für den Zugang zum Universitäts- oder
Hochschulstudium hat das BVerfG es aus der Logik des Problems entwickelt.

Beispiele: Die Studienplatzkapazitätsgrenzen müssen in Orientierung an der Funktionsfähig 1075
keit der Universität und unter Ausschöpfung aller sachlichen und personellen Mittel bestimmt
und die begrenzten Studienplatzkapazitäten so verteilt werden, dass jeder Interessent die gleiche Chance hat, überhaupt und auch an der bevorzugten Universität zu studieren (E 33, 303/
338; 85, 36/54; 147, 253 Rn 103 ff = JK 8/2018). Die Chancengleichheit verlangt die gleiche
Anwendung legitimer Auswahlkriterien; das BVerfG akzeptiert eine Auswahl nach Leistung
(Abiturnoten und Testergebnisse), Los, Wartezeit und Gesichtspunkten sozialer Härte (E 43,
291/317 ff) und formuliert für die Kumulation dieser Kriterien wiederum Kriterien (E 59, 1/
21 ff; 147, 253 Rn 119 ff = JK 8/2018). Chancengleichheit bedeutet aber nicht Kostenfreiheit
(BVerwGE 134, 1/8 ff; *Pieroth/Hartmann.* NWVBl 2007, 81).

Eine Verstärkung der Rechte auf freie Wahl des Berufs, des Arbeitsplatzes und der 1076
Ausbildungsstätte zu Rechten auf Arbeit oder Ausbildung wird allgemein verneint [57]
sie wäre ohne umfassende, ihrerseits freiheitsgefährdende Ausbildungs- und Berufslenkung auch nicht realisierbar. Auch die Rechtsprechung hat sich insoweit stets zurückgehalten. Sie hat weder Ansprüche auf Schaffung von Lehrkapazitäten, Studienplätzen und Lehrmittelfreiheit anerkannt[58] noch den Gesetzgeber gehindert gesehen,
einmal geschaffene Lehrkapazitäten und Studienplätze abzubauen.[59]

Als *Schutzrecht* hat das BVerfG Art. 12 Abs. 1 besonders bei Verfahren für Prüfun 1077
gen entfaltet, die wie die juristischen Staatsprüfungen den Zugang zu Berufen eröf

---

57 *Papier*, Hdb. GR II, § 30 Rn 18 f; *Stern*, StR IV/1, S. 1915 f.
58 Vgl BVerwGE 102, 142/146 f.
59 Vgl OVG Berlin, NVwZ 1996, 1239.

nen oder versperren. Die Rechtsprechung fordert, dass die Prüfung ohne unnötige Verzögerung durchgeführt wird, dass für das Prüfungsverfahren (Form und Verlauf der Prüfungen) einheitliche Regeln gelten,[60] dass Prüfung und Benotung transparent sind, dass der Prüfer dem Prüfling einen Antwortspielraum zugesteht und Vertretbares nicht als falsch bewertet, dass der Prüfling Einwände gegen die Benotung wirksam vorbringen kann[61] und dass eine Leistungsbewertung mit Begründung erfolgt.[62] Eines Notenschutzes, dh einer Leistungsbewertung, die individuelles Leistungsvermögen berücksichtigt, bedarf es zwar nicht; wird er aber gewährt, verbietet es auch Art. 3 Abs. 3 S. 2 nicht, dass er im Zeugnis vermerkt wird.[63] Erheblichen verfahrensmäßigen Aufwands zur Vermeidung von Fehlfragen und -bewertungen bedarf das Antwort-Wahl-Verfahren.[64] Vergleichbare Anforderungen gelten für andere staatliche Auswahlentscheidungen über die Zulassung einer beruflichen Tätigkeit.[65] – Als Schutzrecht gebietet Art. 12 Abs. 1 auch einen gewissen Mindestschutz des Arbeitsplatzes vor Verlust durch private Disposition, der durch das Kündigungsschutzgesetz und zivilrechtliche Generalklauseln gewährleistet ist.[66]

IV. Freiheit von Arbeitszwang und Zwangsarbeit (Art. 12 Abs. 2 und 3)

1. Schutzbereich

1078 Die Freiheit von Zwang zu bestimmten einzelnen Arbeitsleistungen (Arbeitszwang) oder zum Einsatz der gesamten Arbeitskraft in bestimmter Weise (Zwangsarbeit) gehört systematisch eher zu *Art. 2 Abs. 1* als zu Art. 12 Abs. 1. Denn es geht nicht um den Zwang, bestimmte Berufe und Arbeitsplätze zu wählen oder nicht zu wählen, bestimmte berufliche Tätigkeiten auszuüben oder nicht auszuüben. Zwar kann man während der Zeit, während der man einem Arbeitszwang oder einer Zwangsarbeit unterliegt, nicht seinem Beruf nachgehen. Aber während der Zeit ist man ebenso an allen anderen Betätigungen gehindert, und außerhalb ihrer ist man zu allen beruflichen und nichtberuflichen Aktivitäten frei.[67] Außerdem sind beide Gewährleistungen anders als die Berufsfreiheit Menschenrechte. Art. 12 Abs. 2 und 3 schützen mithin als Schranken-Schranken die *allgemeine Handlungsfreiheit* gegen bestimmte Eingriffe.[68]

2. Eingriffe und verfassungsrechtliche Rechtfertigung

1079 In der Qualifizierung einer Pflicht als *Arbeitszwang* (Art. 12 Abs. 2) sind Rechtsprechung und Schrifttum äußerst *zurückhaltend*. Sie verlangen, dass die Arbeitsleistung, zu der gezwungen wird, einen gewissen Aufwand erfordert und üblicherweise er-

---

60 BVerwGE 165, 202 Rn 12; *Thietz-Bartram*, NVwZ 2021, 31/32 f.
61 E 84, 34/45 ff; BVerfG, EuGRZ 1999, 359; BVerwGE 98, 324/330 ff; vgl Rn 1219 f.
62 BVerwGE 99, 185/189 ff.
63 BVerwGE 152, 330/335 f.
64 E 84, 59; BVerfG, NVwZ 1995, 469.
65 Vgl E 82, 209/227; 116, 1/16 ff; BVerfG, NVwZ 2011, 113 Rn 11.
66 E 97, 169/175 ff; 128, 157/176 f; vgl auch *Otto*, JZ 1998, 852.
67 Vgl auch *Stern*, StR IV/1, S. 1017.
68 Dagegen für ein eigenes Grundrecht *Kloepfer*, VerfR II, § 70 Rn 3, 107.

werbsmäßig erbracht wird; gelegentlich fordern sie auch, dass sie „durch persönliche Arbeitsleistung (zu) erfüllen" ist.[69] Aus der Entstehungsgeschichte ergibt sich, dass „im Wesentlichen nur die gemeindlichen Hand- und Spanndienste, die Pflicht zur Deichhilfe und die Feuerwehrpflicht als überkommene Pflichten"[70] zugelassen werden sollten. Damit erweist sich Art. 12 Abs. 2 als wenig bedeutsam. Immerhin müssen diese Pflichten iSd Gesetzesvorbehalts (vgl Rn 352, 364) eine gesetzliche Grundlage haben.[71]

Beispiele: Kein Arbeitszwang soll in der Schulpflicht, der Meldepflicht, der Pflicht zu ehrenamtlicher Tätigkeit (VGH München E 7, 77/80), der Pflicht zur Tätigkeit als Volkszähler (VGH München, NJW 1987, 2538; aA *Günther*, DVBl. 1988, 429), der Pflicht der Straßenanlieger zur Gehwegreinigung (BVerwGE 22, 26; VGH Kassel, DVBl. 1979, 83) und der Mitwirkungspflicht der Arbeitgeber bei der Einziehung von Lohnsteuer und Sozialversicherung (E 22, 380) liegen. **1080**

Auch Art. 12 Abs. 3 hat bisher wenig Bedeutung gewonnen. Die Einführung von *Zwangsarbeit* in Arbeits-, Erziehungs- und Konzentrationslagern liegt dem freiheitlichen Staat ohnehin fern. In ihm hat nur die Anordnung von Zwangsarbeit bei gerichtlich angeordneter Freiheitsentziehung Tradition (vgl § 41 Abs. 1 StVollzG); eben sie ist vom Verbot der Zwangsarbeit ausdrücklich ausgenommen, zugleich unter den Primat der Förderung der sozialen Integration gestellt und von einer allein auf Zwang gegründeten zu einer durch angemessene Anerkennung kompensierten Arbeit gewandelt.[72] Unter Berufung auf die Entstehungsgeschichte hat das BVerfG auch die in § 10 Abs. 1 S. 3 Nr. 4 JGG als Erziehungsmaßregel vorgesehene Weisung, Arbeitsleistungen zu erbringen[73] sowie die in § 56b Abs. 2 Nr. 3 StGB ermöglichte Bewährungsauflage, gemeinnützige Leistungen zu erbringen[74] als vom Verbot der Zwangsarbeit und des Arbeitszwangs nicht erfasst angesehen. Von ihm erfasst soll dagegen nach gelegentlich vertretener Auffassung die Einführung eines allgemeinen Dienstes für junge Bürger sein.[75] **1081**

Lösungsskizze zum Fall 18 (Rn 1013): I. Es gibt nicht einfach den *Beruf* des Arztes, sondern zum einen den Beruf des selbstständig tätigen und zum anderen den des unselbstständig tätigen Arztes. Als Oberarzt an einer Universitätsklinik hatte A den Beruf des unselbstständig tätigen Arztes, als Vertragsarzt will er dagegen den Beruf des selbstständig tätigen Arztes ausüben. – II. 1. Die Ablehnung der beantragten Zulassung als Vertragsarzt wäre ein *Eingriff* in die Berufswahlfreiheit, wenn sie A die Ausübung des Berufs des selbstständig tätigen Arztes verwehren würde. Der Beruf des selbstständig tätigen Arztes umfasst aber nicht nur die Tätigkeit als Vertragsarzt, sondern auch die als Arzt, der privatversicherte Patienten behandelt. Diese letztere Tätigkeit kann A auch ohne Vertragsarztzulassung ausüben; die Ausübung des Berufs des selbstständig tätigen Arztes wird ihm daher nicht verwehrt, sondern nur beschränkt. Es liegt kein Eingriff in die Berufswahl-, sondern einer in die Berufsausübungsfreiheit vor. – 2. Angesichts der wenn nicht überhaupt Unmöglichkeit, dann doch **1082**

---

69 BVerwGE 22, 26/29.
70 E 22, 380/383; 92, 91/109.
71 *Gusy*, JuS 1989, 710/713.
72 E 98, 169/199 ff; BVerfG, NJW 2002, 2023.
73 E 74, 102/122; dazu *Gusy*, JuS 1989, 710.
74 E 83, 119/125 ff.
75 Vgl *Köhler*, ZRP 1995, 140.

Schwierigkeit, sich wirtschaftlich als ein Arzt zu behaupten, der allein privatversicherte Patienten behandelt, kommt diese Berufsausübungsregelung einer Berufswahlregelung aber sehr nahe. Geregelt wird keine objektive, sondern eine *subjektive Zulassungsvoraussetzung* zur vertragsärztlichen Ausübung des Berufs des selbstständig tätigen Arztes, weil das Lebensalter eine persönliche Eigenschaft ist. Die Intensität des Eingriffs in die Berufsausübungsfreiheit von A ähnelt also der Intensität eines Eingriffs in seine Berufswahlfreiheit auf der Stufe einer subjektiven Zulassungsbeschränkung. – III. Die Zulassungsverordnung kann als materielles Gesetz den Eingriff *verfassungsrechtlich rechtfertigen*, wenn auch die Schranken-Schranke des Verhältnismäßigkeitsgrundsatzes gewahrt ist. 1. Der Eingriff dient dem *legitimen Zweck*, die Kosten der gesetzlichen Krankenversicherung, die erfahrungsgemäß mit der Zahl der zugelassenen Vertragsärzte steigen, zu begrenzen. – 2. Dafür ist eine Zulassungssperre eher für ältere als für jüngere Ärzte deshalb *geeignet*, weil von Ärzten, die erst nach Vollendung des 55. Lebensjahrs als Vertragsärzte zugelassen werden und ihre Tätigkeit mit Vollendung des 68. Lebensjahrs schon wieder beenden müssen, eine kostenbewusste Mitwirkung in der gesetzlichen Krankenversicherung besonders wenig zu erwarten ist. – 3. Die Zulassungssperre ist auch *erforderlich*, weil mildere, aber für die Personengruppe der bereits 56 Jahre alten Ärzte gleich wirksame Berufsregelungen nicht ersichtlich sind. – 4. Eine Berufsausübungsregelung mit ähnlicher Wirkung wie eine subjektiv zulassungsbeschränkende Berufswahlregelung bedarf wie diese der Rechtfertigung durch einen Zweck von *hinreichendem Gewicht*. Die Sicherung der finanziellen Stabilität und damit der Funktionsfähigkeit der gesetzlichen Krankenversicherung ist ein Gemeinwohlbelang von überragender Bedeutung. A ist durch die Ablehnung der Vertragsarztzulassung nicht in Art. 12 Abs. 1 verletzt.

1083 **Literatur:** *R. Breuer*, Freiheit des Berufs, Hdb. StR³ VIII, § 170; *B.-O. Bryde*, Artikel 12 Grundgesetz – Freiheit des Berufs und Grundrecht der Arbeit, NJW 1984, 2177; *O. Depenheuer*, Freiheit des Berufs und Grundfreiheiten der Arbeit, in: FS 50 Jahre BVerfG, 2001, Bd. II, S. 241; *F. Hufen*, Berufsfreiheit – Erinnerung an ein Grundrecht, NJW 1994, 2913; *A.-B. Kaiser*, Das Apotheken-Urteil des BVerfG nach 50 Jahren, Jura 2008, 844; *S. Langer*, Strukturfragen der Berufsfreiheit, JuS 1993, 203; *R. A. Lorz*, Die Erhöhung der verfassungsrechtlichen Kontrolldichte gegenüber berufsrechtlichen Einschränkungen der Berufsfreiheit, NJW 2002, 169; *T. Mann/E.-M. Worthmann*, Berufsfreiheit (Art. 12 GG) – Strukturen und Problemkonstellationen, JuS 2013, 385; *J. Pietzcker*, Artikel 12 Grundgesetz – Freiheit des Berufs und Grundrecht der Arbeit, NVwZ 1984, 550; *R. Pitschas*, Berufsfreiheit und Berufslenkung, 1983; *H. P. Schneider*, Berufsfreiheit, Hdb. GR V, § 113; *R. Waltermann*, Freiheit der Arbeitsplatzwahl (Art. 12 Abs. 1 GG) – Grundrecht der Arbeitnehmer, DVBl. 1989, 699.

§ 22 Unverletzlichkeit der Wohnung (Art. 13)

1084 **Fall 19: Die Betretungsbefugnis zur Überwachung einer Abgabepflicht**

Das Absatzfondsgesetz begründet für Betriebe der Landwirtschaft eine Abgabepflicht zur Förderung des Absatzes und der Verwertung landwirtschaftlicher Erzeugnisse. § 11 Abs. 1 verpflichtet die Abgabepflichtigen, der zuständigen Behörde auf Verlangen unverzüglich die Auskünfte zu erteilen, die zur Durchführung der durch das Gesetz übertragenen Aufgaben erforderlich sind. § 11 Abs. 2 ermächtigt die von den zuständigen Behörden mit der Einholung von Auskünften beauftragten Personen, Grundstücke und Geschäftsräume des

Auskunftspflichtigen zu betreten, dort Besichtigungen vorzunehmen und in die geschäftlichen Unterlagen des Auskunftspflichtigen Einsicht zu nehmen. Ist § 11 Abs. 2 des Absatzfondsgesetzes mit Art. 13 vereinbar? **Rn 1108**

I. Überblick

Der Schutzbereich dieses Grundrechts wird in Abs. 1 nur mit dem Begriff der Wohnung umrissen. Abs. 2–5 und 7 enthalten Eingriffsermächtigungen, wobei Abs. 2, 4 und 5 Spezialfälle von Abs. 7 sind und Abs. 3 über Abs. 7 hinausgeht. Abs. 6 ist eine organisationsrechtliche Bestimmung. Art. 13 ist ein Abwehrrecht gegen die öffentliche Gewalt. Er gibt also dem Mieter kein Abwehrrecht gegen den Vermieter und enthält auch kein Leistungsrecht gegen die öffentliche Gewalt auf Versorgung mit einer Wohnung, wie es einige Landesverfassungen kennen (vgl Art. 106 Abs. 1 bay Verf; Art. 28 Abs. 1 berl Verf; Art. 14 Abs. 1 brem Verf). **1085**

II. Schutzbereich

Nach seiner geschichtlichen Entwicklung[1] steht das Grundrecht der Unverletzlichkeit der Wohnung im Zusammenhang mit der freien Entfaltung der Persönlichkeit. Es soll dem Einzelnen einen „elementaren Lebensraum"[2] und darin das Recht gewährleisten, „in Ruhe gelassen zu werden"[3]. Wohnung bedeutet von daher „räumliche Privatsphäre"[4]. Indem Art. 13 ausdrücklich gegen das technische Eindringen schützt, stellt er klar, dass er für diese Eingriffe in das allgemeine Persönlichkeitsrecht lex specialis zu Art. 2 Abs. 1 iVm Art. 1 Abs. 1 ist.[5] **1086**

Fraglich ist, wo die *Grenzen* des Schutzbereichs zu ziehen sind. Eine Möglichkeit bestünde in der Anknüpfung an unterverfassungsrechtliche Begriffsverständnisse. So ist im *Strafrecht* neben der Wohnung ieS und den Geschäftsräumen auch das befriedete Besitztum iS eines eingehegten Teils der Erdoberfläche geschützt (§ 123 Abs 1 StGB). Der eingefriedete Acker hat aber mit der Privatsphäre des Bauern nichts zu tun. Als *zivilrechtlicher* Anknüpfungspunkt kommt zwar offensichtlich nicht das Eigentum in Betracht, weil dann alle Mieter ohne den Grundrechtsschutz des Art. 13 wären, wohl aber der unmittelbare Besitz (§§ 854 ff BGB)[6] und gelegentlich sogar die Besitzdienerschaft (§ 855 BGB). **1087**

Unterverfassungsrechtliche Bestimmungen können einen ersten Anhaltspunkt bieten, aber nicht den Schutzbereich abschließend definieren. Dies muss wie immer aus dem *Schutzzweck* des Grundrechts und dem *Gesamtzusammenhang der Verfassung* geschehen. Entscheidend für die räumliche Privatsphäre ist danach zum einen der nach außen erkennbare Wille des Einzelnen zur bloß privaten Zugänglichkeit von Räumen **1088**

---

1 Dazu *Berkemann*, AK, Art. 13 Rn 1 ff; *Herdegen*, BK, Art. 13 Rn 4 ff.
2 E 42, 212/219; 51, 97/110.
3 E 27, 1/6; 103, 142/150.
4 E 65, 1/40.
5 E 109, 279/325.
6 So *Gentz*, S. 46 f.

und Örtlichkeiten und zum anderen die soziale Anerkennung dieser individuellen Bestimmung der räumlichen Privatsphäre.[7]

1089 **Beispiele:** Ohne Weiteres Wohnung im verfassungsrechtlichen Sinn sind daher neben den Wohnräumen ieS: Keller, Garage, Innenhof, Vorgarten (BGH, NJW 1997, 2189), Campingwagen, Zelt, Jacht usw. Auch dem gekündigten Mieter, der trotz abgelaufener Kündigungsfrist die Wohnung noch innehat, wird der Schutz des Art. 13 zugebilligt (E 89, 1/12; *Ziekow/Guckelberger*, FH, Art. 13 Rn 44). Darüber hinaus können der Verschlag, in dem der Nichtsesshafte während des Winters im Gemeindewald wohnt, und unter bestimmten Voraussetzungen die von Hausbesetzern okkupierte Wohnung (aA *Papier*, MD, Art. 13 Rn 12) unter Art. 13 fallen. – Für den durch das Internet erschlossenen „virtuellen Raum" wird eine analoge Anwendung des Art. 13 diskutiert (vgl *Rux*, JZ 2007, 285/293).

1090 Umstritten ist, ob *Betriebs- und Geschäftsräume* zum Schutzbereich der Unverletzlichkeit der Wohnung gehören. Der Zusammenhang des Art. 13 mit der Privatheit könnte zunächst dafür sprechen, diese Räume auszuklammern und Wohnung auf den Schutz des Einzelnen für sich und im Kreis seiner Familie zu beschränken. Dagegen spricht aber die in Art. 12 und 14 zum Ausdruck kommende Bedeutung, die Arbeit, Beruf und Gewerbe für die menschliche Selbstverwirklichung haben. Das BVerfG hat daher zu Recht die Betriebs- und Geschäftsräume in den Schutzbereich des Art. 13 einbezogen.[8] Der Schutz besteht auch, wenn der Inhaber des Hausrechts sie der Öffentlichkeit zugänglich gemacht hat;[9] denn auch wer seine Geschäftsräume öffentlich zugänglich macht, gibt damit nicht sein Recht auf, die Zugänglichkeit für Personen, die die Räume nicht funktionsgemäß betreten wollen, zu beschränken.[10] Einzelne Angestellte können sich nur auf Art. 13 berufen, soweit ihnen Räume als Rückzugsorte zugewiesen sind, in denen sich Privatheit entfaltet.[11]

III. Eingriffe

1091 Die Beeinträchtigung besteht in einem körperlichen oder sich technischer Hilfsmittel bedienenden unkörperlichen Eindringen in die Wohnung und dortigen Verbleiben durch die staatliche Gewalt. Sie wird durch die Speicherung und Verwendung der gewonnenen Informationen sowie durch deren Weitergabe an andere Stellen fortgesetzt; die Verwendung der gewonnenen Informationen zu einem anderen Zweck ist dagegen ein eigenständiger Eingriff.[12] Abs. 2–7 differenzieren dabei nach für die Unverletzlichkeit der Wohnung typischen Gefährdungslagen.

---

7 *Berkemann*, AK, Art. 13 Rn 32 ff.
8 E 32, 54/68 ff; 76, 83/88; 96, 44/51; 120, 274/309.
9 E 97, 228/265; BVerwGE 121, 345/348; unklar BVerfG, NJW 2003, 2669.
10 *Figgener*, Behördliche Betretungsrechte und Nachschaubefugnisse, 2000, S. 39; *Mittag*, NVwZ 2004, 649/650; *Voßkuhle*, DVBl. 1994, 611/613.
11 BVerfG, NJW 2018, 2395 Rn 38 f; NJW 2021, 1452 Rn 50.
12 E 109, 279/327, 374 f.

1. Durchsuchungen

Unter einer *Durchsuchung* (Art. 13 Abs. 2) versteht das BVerfG „das ziel- und zweckgerichtete Suchen staatlicher Organe nach Personen oder Sachen oder zur Ermittlung eines Sachverhalts, um etwas aufzuspüren, was der Inhaber der Wohnung von sich aus nicht offen legen oder herausgeben will"[13]. Darunter würde auch die Besichtigung einer Hotelküche durch einen Bediensteten der Gewerbeaufsicht fallen, der durch Suche nach Schmutz, Schimmel und Schaben ermitteln will, ob die hygienischen Verhältnisse ausreichend oder, was der Hotelier natürlich nicht offenlegen will, ungenügend sind. Dass dergleichen Besichtigungen und Überprüfungen keine Durchsuchungen sind, ist aber seit jeher unstreitig. Die Definition des BVerfG ist daher hinsichtlich des Bezugs der Finalitätskriterien zu präzisieren: Entscheidend ist, dass der Inhaber der Wohnung die Personen oder Sachen in der Wohnung hat, auch um sie dort vor beliebigen Dritten zu verbergen. Wird die Wohnung betreten, um nach solchen Personen oder Sachen zu suchen, handelt es sich um eine Durchsuchung. Eine solche Person kann auch der Inhaber der Wohnung selbst sein, wenn er sich in ihr verbirgt, um etwa eine Abschiebung zu verhindern.[14] Weitere Suchhandlungen in der Wohnung sind für eine Durchsuchung weder erforderlich[15] noch hinreichend. Werden etwa Schränke der Hotelküche auf der Suche nach Schimmel geöffnet, so handelt es sich nicht um eine Durchsuchung, da der Inhaber den Schimmel nicht in seiner Wohnung hat, um ihn dort zu verbergen – auch wenn es ihm lieber wäre, dass er verborgen bliebe. | 1092

Beispiele: Unter Art. 13 Abs. 2 fallen nicht nur strafprozessuale, sondern auch administrative Durchsuchungen, zB des Gerichtsvollziehers nach § 758 ZPO (E 51, 97; 76, 83; vgl dazu *Behr*, NJW 1992, 2125) und § 33 Abs. 2 FGG (BVerfG, NJW 2000, 943 f), der Finanzbehörden nach der Abgabenordnung (E 57, 346), der Polizeibehörden nach den Polizeigesetzen (BVerwGE 28, 285). Nicht mehr zur Durchsuchung gehört die Beschlagnahme oder Sicherstellung der aufgespürten Sachen (E 113, 29/45). | 1093

2. Lauschangriffe

Der Einsatz technischer Mittel, von dem Abs. 3–5 handeln, wird üblicherweise als Lauschangriff bezeichnet. Abs. 3 handelt vom großen Lauschangriff zum Zweck der Strafverfolgung, der sich allein technischer Mittel zur akustischen Überwachung bedient, dh eines Richt- oder installierten Mikrofons (Wanze). Abs. 4 handelt vom großen Lauschangriff zum Zweck der Gefahrenabwehr, der sich sowohl akustischer als auch optischer und sonstiger technischer Mittel bedient, dh auch der Video- und Infrarotkamera, des Peilsenders und des Bewegungsmelders. Der kleine Lauschangriff des Abs. 5 zielt anders als der große nicht auf das Eindringen in die Wohnung, sondern auf den Schutz eingesetzter Personen, zB des als Dealer in die Szene eingeschleusten V-Manns. | 1094

---

13   E 76, 83/89.
14   OVG Hamburg, NVwZ-RR 2021, 322/323 (= JK 11/2021).
15   Missverständlich E 76, 83/89.

3. Sonstige Eingriffe

1095 Die sonstigen *Eingriffe und Beschränkungen* (Art. 13 Abs. 7) umfassen das Betreten, Besichtigen, Verweilen zu anderen Zwecken als dem der Durchsuchung. Da das unkörperliche Eindringen durch technische Mittel in Abs. 2–5 eigens geregelt wird, ist diese Regelung auch abschließend. Ein Einsatz akustischer und optischer technischer Mittel, der nicht unter Abs. 2–5 fällt, fällt also auch nicht unter die sonstigen Eingriffe und Beschränkungen.

1096 Fraglich ist, ob Art. 13 auch gegen *substanzielle Eingriffe* schützt, mit denen die räumliche Privatsphäre der eigenen Verfügung oder Nutzung ganz oder teilweise entzogen wird; dann würden auch die Räumung wegen Brand-, Einsturz- oder Seuchengefahr, die Beschlagnahme und der Abriss einen Eingriff in die Wohnungsfreiheit darstellen.[16] Damit wird aber das Spezifische der Wohnungsfreiheit verkannt und ihr Anwendungsbereich überdehnt.[17] Eingriffe in die Substanz sind an Art. 14 zu messen; das Institut der Enteignung ist lex specialis für die Entziehung von Wohnraum.[18] Die Abrissverfügung beeinträchtigt daher Art. 13 nicht. Gegen Wohnraumbewirtschaftungsmaßnahmen (vgl Abs. 7 „Behebung der Raumnot") schützt Art. 13 allerdings insoweit, als die Privatheit durch Zwangsbelegungen beeinträchtigt wird.[19]

IV. Verfassungsrechtliche Rechtfertigung

1. Durchsuchungen

1097 Durchsuchungen sind unter den Voraussetzungen des Art. 13 Abs. 2 verfassungsrechtlich zulässig. Durchsuchung ist ein Spezialfall der Eingriffe und Beschränkungen, von denen Art. 13 Abs. 7 handelt.[20] Durchsuchungen dürfen grundsätzlich nur in der gesetzlich vorgeschriebenen *Form*, dh durch den *Richter* angeordnet werden. Zwischen richterlicher und nicht-richterlicher Durchsuchungsanordnung besteht ein Regel-Ausnahme-Verhältnis.[21] Die Gerichte müssen daher organisatorisch gewährleisten, dass Richter erreichbar sind.[22] Ausnahmsweise sind bei Gefahr im Verzug auch andere gesetzlich vorgesehene Organe (Staatsanwaltschaft und Polizei) befugt, Durchsuchungen anzuordnen. Gefahr im Verzug bedeutet eine konkrete Gefahr, nicht schon die bloße Möglichkeit eines Beweismittelverlusts,[23] und liegt nur dann vor, „wenn die vorherige Einholung der richterlichen Anordnung den Erfolg der Durchsuchung gefährden würde"[24]. Der Begriff „Gefahr im Verzug" unterliegt unbeschränkter richterlicher Kontrolle; die Strafverfolgungsbehörden haben für das Gericht zu do-

---

16 So *Berkemann*, AK, Art. 13 Rn 64; vgl auch E 89, 1/12.
17 Vgl *Gentz*, S. 96 ff.
18 AA abwM E 49, 228/238.
19 *Kloepfer*, VerfR II, § 66 Rn 17; offen gelassen von E 8, 95/98.
20 Vgl BVerwGE 28, 285/286 f; 47, 31/35 ff.
21 E 139, 245 Rn 70 ff.
22 E 103, 142/156; BVerfG, NJW 2019, 1428 Rn 56 f.
23 E 103, 142/155.
24 E 51, 97/111.

kumentieren und vor Gericht zu begründen, warum sie eine Durchsuchung angeordnet haben.[25]

Sieht das Gesetz, das zur Durchsuchung ermächtigt, auch in Fällen fehlender Gefahr im Verzuge keine richterliche Anordnung vor, ergibt sich deren Erforderlichkeit unmittelbar aus Abs. 2; die gesetzliche Regelung wird also durch die im Verfassungstext enthaltene Verfahrensvorschrift *ergänzt*.[26]   **1098**

Art. 13 Abs. 2 normiert nicht, aus welchen *inhaltlichen* Gründen der Richter die Durchsuchung anordnen darf. Diese ergeben sich aus den einfachen Gesetzen, die die Voraussetzungen für die Durchsuchung festlegen müssen. Verfassungsrechtlich ist allerdings wegen des erheblichen Eingriffs in die persönliche Lebenssphäre eine sorgfältige Verhältnismäßigkeitsprüfung angezeigt.   **1099**

Beispiele: Die strafprozessuale Durchsuchung muss in einem angemessenen Verhältnis zu der Schwere der Straftat und der Stärke des Tatverdachts stehen (BVerfG, NJW 2015, 1585 Rn 23). Sie setzt einen auf konkreten Tatsachen beruhenden Verdacht einer Straftat und nicht nur vage Vermutungen voraus (BVerfG, NJW 2014, 1650 Rn 17). Sie muss zudem versprechen, geeignete Beweismittel zu erbringen, zur Ermittlung und Verfolgung der Straftat erforderlich sein sowie in angemessenem Verhältnis zur Schwere der Straftat und zur Stärke des Tatverdachts stehen. Dabei sind auch die Grundrechte Dritter zu berücksichtigen, etwa der Mandanten bei der Durchsuchung einer Rechtsanwaltskanzlei (E 113, 29/46 ff; BVerfG, NJW 2009, 2518 Rn 65). Der richterliche Durchsuchungsbeschluss dient dazu, die Durchführung der Maßnahme kontrollierbar zu gestalten. Er muss hinreichend bestimmt sein, dh den Tatzeitraum benennen sowie Rahmen, Grenze und Ziel der Durchsuchung definieren (vgl E 42, 212/220; 103, 142/151 f; 115, 166/197; NJW 2017, 2016/2017), und verliert spätestens nach Ablauf eines halben Jahres seine den Eingriff in das Grundrecht rechtfertigende Kraft (E 96, 44/52 ff). Zum Beweisverwertungsverbot vgl Rn 1105 f.   **1100**

2. Lauschangriffe

Abs. 3 lässt den großen Lauschangriff zum Zweck der *Strafverfolgung* durch Gesetz unter bestimmten materiellen und formellen Voraussetzungen zu: Es müssen bestimmte Tatsachen den Verdacht begründen, dass jemand eine bestimmte besonders schwere Straftat begangen hat; die Erforschung des Sachverhalts auf andere Weise muss unverhältnismäßig erschwert oder aussichtslos sein; es muss eine richterliche Anordnung ergehen. Darüber hinaus hat das BVerfG aus Art. 1 Abs. 1 und dem Grundsatz der Verhältnismäßigkeit weitere Voraussetzungen für die Rechtfertigung des großen Lauschangriffs abgeleitet: Er muss unterbleiben oder jedenfalls abgebrochen werden, wenn Informationen aus dem Kernbereich privater Lebensgestaltung erhoben werden; Aufzeichnungen darüber müssen gelöscht und dürfen nicht verwertet werden.[27]   **1101**

Der große (Abs. 4) und der kleine (Abs. 5) Lauschangriff zum Zweck der *Gefahrenbekämpfung* stehen unter strengeren Rechtfertigungsvoraussetzungen als vor der Änderung von Art. 13 im Jahr 1998; sie sind nur noch zur Gefahrenabwehr, nicht mehr   **1102**

---

25   E 103, 142/160; dazu *Lepsius*, Jura 2002, 259.
26   E 51, 97/114 f.
27   E 109, 279/315 ff; BVerfG, NJW 2007, 2753 Rn 39, 44, 58, 64; krit *Lepsius*, Jura 2005, 433, 586.

zur Verhütung von Gefahren zulässig. Durch die Änderung und Ergänzung von Art. 13 hat der damalige Abs. 3 und heutige Abs. 7 trotz gleich bleibenden Wortlauts eine andere systematische Stellung und damit auch eine andere Bedeutung gewonnen; die „Eingriffe und Beschränkungen … zur Verhütung dringender Gefahren für die öffentliche Sicherheit und Ordnung", von denen Abs. 7 handelt, schließen die Lauschangriffe nicht mehr ein, seit diese in Abs. 3 und 4 speziell geregelt sind. Die Polizeigesetze, die Lauschangriffe zur vorbeugenden Bekämpfung von Straftaten zulassen, sind mit dem neuen Art. 13 daher unvereinbar.[28] Strenger als vor der Änderung von Art. 13 sind die Rechtfertigungsvoraussetzungen für die Lauschangriffe zur Gefahrenabwehr auch insofern, als sie einen Richtervorbehalt enthalten und eine richterliche Anordnung oder, wenn Gefahr im Verzug ist, eine nachträgliche richterliche Entscheidung verlangen.

3. Sonstige Eingriffe

1103 Sie sind unter den Voraussetzungen des Art. 13 Abs. 7 verfassungsrechtlich zulässig. Aus dem Vergleich der Wortlaute (Abs. 2: „in den Gesetzen", Abs. 7: „auf Grund eines Gesetzes") ergibt sich, dass Eingriffe und Beschränkungen gem. Abs. 7 weitergehend als Durchsuchungen gem. Abs. 2 in Rechtsverordnungen und Satzungen geregelt werden können. Für die Eingriffsermächtigungen des ersten Halbsatzes ist zwar im Gegensatz zu denen des zweiten Halbsatzes eine gesetzliche Grundlage nicht ausdrücklich gefordert, doch versteht sich dieses Erfordernis im Rechtsstaat von selbst. Lediglich die Anforderungen an die Bestimmtheit der gesetzlichen Grundlage sind beim ersten Halbsatz geringer als beim zweiten Halbsatz.[29] Im Übrigen hat der Gesetzgeber auch hier eine Fülle gesetzlicher Regelungen getroffen, die von der Exekutive beachtet werden müssen. Ein Gesetz iSd zweiten Halbsatzes ist die Generalermächtigung; sie ist aber in verfassungskonformer Auslegung dahin zu verschärfen, dass eine dringende Gefahr Voraussetzung der Befugnis zum polizeilichen Einschreiten ist.[30]

1104 **Beispiele:** Eine gemeine Gefahr bezieht sich auf eine unbestimmte Zahl von Personen und Sachen und kommt in ihrer Bedeutung einer Lebensgefahr nahe. Zu denken ist an Überschwemmungen, Lawinenkatastrophen, Erdbeben usw. Ein Eingriff zur Abwehr einer Lebensgefahr für einzelne Personen ist die (zeitweise) Unterbringung eines Unfallverletzten in einer Wohnung. Dringende Gefahr bedeutet angesichts der in Abs. 7 aufgeführten Beispielsfälle, dass Rechtsgüter von besonderem Gewicht gefährdet sein müssen (vgl BVerwGE 47, 31/40; *Papier*, MD, Art. 13 Rn 129 ff will auch auf die zeitliche Nähe und die Wahrscheinlichkeit des Schadenseintritts abstellen).

1105 Umstritten sind Eingriffsqualität und verfassungsrechtliche Rechtfertigung der *Betretungs- und Besichtigungsbefugnisse* von Ordnungsbehörden.[31] Das BVerfG[32] will die Geschäfts- und Betriebsräume im Hinblick auf ihre mindere Schutzbedürftigkeit von den Anforderungen des Abs. 7 ausnehmen und die Betretungs- und Besichtigungsbe-

---

28 *Kingreen/Poscher*, Polizei- und Ordnungsrecht, 10. Aufl. 2018, § 13 Rn 132.
29 *Jarass*, JP, Art. 13 Rn 35 f; aA *Papier*, MD, Art. 13 Rn 121.
30 BVerwGE 47, 31/40.
31 Vgl *Herdegen*, BK, Art. 13 Rn 71 f.
32 E 32, 54/75 ff; 97, 228/266; BVerfG, NJW 2008, 2426/2427.

fugnisse wie Eingriffe in Art. 2 Abs. 1 nur unter den Grundsatz der Verhältnismäßigkeit stellen:

– Eine besondere gesetzliche Vorschrift muss zum Betreten und Besichtigen der
  Räume ermächtigen;
– das Betreten und Besichtigen der Räume muss einem erlaubten Zweck dienen und
  für dessen Erreichung erforderlich sein;
– das Gesetz muss den Zweck des Betretens, den Gegenstand und den Umfang der
  Besichtigung deutlich erkennen lassen;
– das Betreten und Besichtigen der Räume ist nur in den Zeiten statthaft, zu denen
  die Räume normalerweise für die geschäftliche oder betriebliche Nutzung zur
  Verfügung stehen.

Das BVerwG hat noch eine Informationspflicht der betretenden und besichtigenden
Beamten gegenüber dem Inhaber des Hausrechts hinzugefügt.[33]

Diese Rechtsprechung ist *inkonsequent*: Wenn die Geschäfts- und Betriebsräume dem   **1106**
Schutzbereich unterfallen, sind auch Eingriffe nur nach Maßgabe der Abs. 2 und 7
verfassungsrechtlich zulässig.[34] Auch die genannten Betretungs- und Besichtigungsbefugnisse müssen dann den Erfordernissen der Abs. 2 und 7 genügen.[35]

4. Weitere Eingriffsrechtfertigungen

Einen Gesetzesvorbehalt enthält noch Art. 17a Abs. 2 für „Gesetze, die der Verteidi-   **1107**
gung einschließlich des Schutzes der Zivilbevölkerung dienen".

Lösungsskizze zum Fall 19 (Rn 1084): I. Der *Schutzbereich* des Art. 13 Abs. 1 ist nur   **1108**
teilweise einschlägig: Grundstücke sind keine Wohnung. Geschäftsräume fallen zwar
grundsätzlich in den Schutzbereich; das gilt aber nicht für die der Öffentlichkeit umfassend
zugänglichen Geschäftsräume für die Zeit ihrer öffentlichen Zugänglichkeit. – II. Ein Eingriff liegt bei jedem Eindringen in die Wohnung durch die staatliche Gewalt vor. Darunter
fällt auch die Betretungsbefugnis einer Behörde. Die Rechtsprechung des BVerfG, die die
Befugnis zum Betreten eines Geschäftsraums nicht als Eingriff iSd Art. 13 Abs. 7 ansieht
ist als inkonsequent abzulehnen. – III. Die *verfassungsrechtliche Rechtfertigung* richtet sich
nicht nach Art. 13 Abs. 2, da die Betretungsbefugnis keine Durchsuchung darstellt, sondern
nach Art. 13 Abs. 7.

Zweck der Betretungsbefugnis ist, einen ordnungsgemäßen Vollzug des Absatzfondsgesetzes sicherzustellen. Dieser ist dadurch gefährdet, dass der Abgabepflicht nicht oder nicht
vollständig nachgekommen wird. Dies ist ein Rechtsverstoß und damit besteht eine Gefahr
für die öffentliche Sicherheit; sie ist aber keine mit den in Art. 13 Abs. 7 aufgeführten Beispielsfällen auf eine Stufe zu stellende dringende Gefahr. Ein Eingriff in den Schutzbereich
der Unverletzlichkeit der Wohnung wird durch § 11 Abs. 2 des Absatzfondsgesetzes nicht
gerechtfertigt. Soweit durch diese Bestimmung nicht der Öffentlichkeit umfassend zugängliche Geschäftsräume erfasst sind, ist sie verfassungswidrig. – IV. Es kommt eine *verfassungskonforme Auslegung* des § 11 Abs. 2 des Absatzfondsgesetzes in Betracht. Dieser hat
einen verfassungsmäßigen (Grundstücke und Geschäftsräume, soweit sie der Öffentlichke[it]

---

33 BVerwGE 78, 251/255 f; dazu *Kunig*, DVBl. 1988, 578.
34 Krit auch *Hermes*, JZ 2005, 461; *Lübbe-Wolff*, DVBl. 1993, 762.
35 *Voßkuhle*, DVBl. 1994, 611/616 f; *Ennuschat*, AöR 2002, 252/287 f; *Schoch*, Jura 2010, 22/30.

umfassend zugänglich sind) und einen verfassungswidrigen (Geschäftsräume, soweit sie der der Öffentlichkeit gar nicht oder nur kontrolliert zugänglich sind) Anwendungsbereich. Eine Aufrechterhaltung seiner Geltung unter Beschränkung auf den verfassungsmäßigen Anwendungsbereich bestimmt den normativen Gehalt der Vorschrift nicht grundlegend neu. Der Begriff „Geschäftsräume" kann und muss daher verfassungskonform als „der Öffentlichkeit umfassend zugängliche Geschäftsräume" interpretiert werden.

1109   **Literatur:** *F. Braun*, Der so genannte „Lauschangriff" im präventivpolizeilichen Bereich, NVwZ 2000, 375; *J. Ennuschat*, Behördliche Nachschau in Geschäftsräume und die Unverletzlichkeit der Wohnung gem. Art. 13 GG, AöR 2002, 252; *M. Gentz*, Die Unverletzlichkeit der Wohnung, 1968; *C. Gusy*, Lauschangriff und Grundgesetz, JuS 2004, 457; *O. Lepsius*, Die Unverletzlichkeit der Wohnung bei Gefahr im Verzug, Jura 2002, 259; *J. Ruthig*, Die Unverletzlichkeit der Wohnung (Art. 13 GG nF), JuS 1998, 506; *F. Schoch*, Die Unverletzlichkeit der Wohnung nach Art. 13 GG, Jura 2010, 22; *A. Voßkuhle*, Behördliche Betretungs- und Nachschaurechte, DVBl. 1994, 611; *H. Wißmann*, Grundfälle zu Art. 13 GG, JuS 2007, 324, 426.

§ 23   Eigentumsgarantie (Art. 14, 15)

1110   **Fall 20: Die Buchshecke als Naturdenkmal**

Die Einfahrt des schlossartigen Landhauses des E ist von einer selten hohen und sehr schönen Buchshecke flankiert. Vorfahren von E haben sie nicht nur aus ästhetischen, sondern auch aus wirtschaftlichen Gründen gepflanzt: Der langsam wachsende Buchs hat ein außerordentlich festes Holz, das schon immer für die Herstellung mancher Produkte unentbehrlich und entsprechend teuer war. Inzwischen ist der Preis für Buchsholz weiter erheblich gestiegen. E, der in finanziellen Schwierigkeiten und der Buchshecke außerdem überdrüssig ist, will das Holz abschlagen lassen und verkaufen. Die für Natur- und Landschaftsschutz zuständige Behörde erfährt von diesem Vorhaben und setzt die Buchshecke als Naturdenkmal fest. Damit ist das Verbot des Abholzens verbunden (vgl zB §§ 22, 34 Abs. 3 nw LG). Die Zahlung einer Entschädigung lehnt die Behörde ab. Wie ist die Rechtslage nach Art. 14? **Rn 1176**

I.   Überblick

1111   Art. 14 schützt das Eigentum und mit dem Erbrecht zugleich seinen Übergang. Er soll „dem Träger des Grundrechts einen Freiheitsraum im vermögensrechtlichen Bereich […] sichern und ihm dadurch eine eigenverantwortliche Gestaltung seines Lebens […] ermöglichen"[1]. Die Eigentumsgarantie steht damit in engem Zusammenhang mit der persönlichen Freiheit[2], begründet aber auch soziale Macht und Ausschließlichkeitsrechte, die ein wesentliches Element gesellschaftlicher Ungleichheit sind, welche das Erbrecht in die Zukunft verlängert.[3] Daher betont das Grundgesetz auch die Sozialbindung des Eigentums, das nicht nur berechtigt, sondern auch verpflichtet (Art. 14 Abs. 2 S. 1) und nicht nur dem Grundrechtsträger, sondern zugleich

---

1   E 102, 1/15.
2   E 24, 367/389.
3   AbwM E 138, 136/252.

dem Wohle der Allgemeinheit dienen soll (Art. 14 Abs. 2 S. 2). Unter den Voraussetzungen von Art. 15 ist sogar eine Sozialisierung zulässig. Ein weiterer wichtiger Unterschied zu den anderen Freiheitsrechten besteht darin, dass Art. 14 Abs. 3 die Enteignung, also den Entzug des Eigentums, nur gegen eine angemessene Entschädigung zulässt, weil die vermögensrechtlichen Grundlagen der Freiheit anders als die Freiheit selbst finanziell kompensationsfähig sind. Er enthält damit nicht nur eine *Bestandsgarantie* für das grundrechtliche Schutzgut, sondern auch eine *Wertgarantie*, die für den Verlust des Eigentums entschädigt.

Art. 14 Abs. 1 ist eine Herausforderung für die Bestimmung des *Schutzbereichs* der Eigentumsgarantie, weil er in S. 1 das Eigentum verfassungsrechtlich schützt, in S. 2 aber festlegt, dass dessen Inhalt durch die (einfachen!) Gesetze bestimmt wird. Das Grundrecht zeichnet sich durch eine besonders *intensive Normprägung* aus. Während sich zB die Ehe immerhin als soziales Gebilde ohne Rückgriff auf Normen beschreiben lässt (vgl Rn 836 ff), bestimmt sich das Eigentum allein durch die normative Zuordnung von Gütern und Rechten zu Personen. Weil aber Art. 14 Abs. 1 das Eigentum zugleich verfassungsrechtlich garantiert und diese Garantie nicht zur freien Disposition des den Inhalt ausgestaltenden Gesetzgebers stehen darf, wird er auch als *Institutsgarantie* des Eigentums verstanden, die das Eigentum als privatnütziges Institut garantiert (Rn 1172 f). **1112**

Das Zusammenspiel von verfassungsrechtlicher Eigentumsgarantie in Art. 14 Abs. 1 S. 1 und einfachgesetzlicher Ausgestaltungsnotwendigkeit nach Art. 14 Abs. 1 S. 2 prägt auch die Prüfung des *Eingriffs*. Denn die Bestimmung des Inhalts kann nicht zugleich Eingriff in das Eigentum sein. Damit ist die Unterscheidung zwischen Inhalt und Schranken des Eigentums angesprochen. Anders als bei den anderen ausgestaltungsbedürftigen Grundrechten (Rn 164 ff, 343 ff) erfasst die Ausgestaltungsbefugnis und -pflicht des Gesetzgebers nicht nur das Schutzgut selbst, sondern auch seine Sozialpflichtigkeit (Art. 14 Abs. 2). **1113**

Art. 14 benennt zwei Eingriffsformen mit unterschiedlichen Anforderungen an die *verfassungsrechtliche Rechtfertigung*: Enteignungen, also der Entzug des Eigentums, sind nur nach Maßgabe von Art. 14 Abs. 3 S. 1-3 zulässig. Alle Eingriffe, die nicht Enteignungen sind, sind Inhalts- und Schrankenbestimmungen iSv Art. 14 Abs. 1 S. 2, die verhältnismäßig sein müssen, aber idR entschädigungslos hinzunehmen sind. **1114**

Aufgrund der Entschädigungspflichtigkeit von Enteignungen (Art. 14 Abs. 3 S. 2–3) ist das Eigentumsgrundrecht mit dem Recht der staatlichen Entschädigungsleistungen (Staatshaftungsrecht) verknüpft. Art. 14 Abs. 3 S. 2 und 3 sind aber selbst keine Anspruchsgrundlagen für Entschädigungen, sondern besagen nur, dass eine Enteignung ohne Entschädigung verfassungswidrig ist. Die Entschädigungsansprüche folgen vielmehr aus dem einfachen Gesetzesrecht und subsidiär aus den gewohnheitsrechtlich anerkannten Rechtsinstituten des enteignenden und enteignungsgleichen Eingriffs. Daher sind auch in Prüfungsarbeiten stets zwei Konstellationen zu unterscheiden: Entweder wird gefragt, ob eine staatliche Maßnahme die Eigentumsgarantie verletzt; darum geht es in diesem Kapitel. Oder es ist zu prüfen, ob Entschädigungsansprüche aufgrund von Eigentumsbeeinträchtigungen bestehen; diese Frage ist Gegenstand der Lehrbücher zum Staatshaftungsrecht. **1115**

Das *europäische Unionsrecht* schützt die Eigentumsgarantie in Art. 17 GRCh, der die Freiheitsgarantie ebenfalls mit der Sozialpflichtigkeit des Eigentums verknüpft. Das Unionsrecht betont zudem in Art. 345 AEUV die Zuständigkeit der Mitgliedstaaten, über die Zuordnung des Eigentums in private oder öffentliche Trägerschaft zu bestimmen.[4] In der *EMRK* (Art. 1 1. ZP) wird die Sozialbindung des Eigentums weniger deutlich betont, was – trotz der Einräumung nationaler Prärogativen für die Bestimmung des gerechten Ausgleichs durch den EGMR – zu di- **1116**

---

4 *Kingreen*, in: Calliess/Ruffert, EUV/AEUV, 6. Aufl. 2021, Art. 345 AEUV Rn 10.

vergierenden Verhältnismäßigkeitsbeurteilungen von Eigentumsbeschränkungen geführt hat.[5] Für das Eigentum ausländischer Investoren gelten ferner häufig *Investitionsschutzabkommen*. Sie sehen einen Schutz vor Enteignungen sowie vor Maßnahmen mit enteignungsgleicher Wirkung vor und verlangen eine faire und gerechte Behandlung des Investors. Anders als im nationalen Recht und in den menschenrechtlichen Garantien wird der Schutz regelmäßig durch Entschädigungszahlungen gewährleistet („dulde und liquidiere"), über die internationale Schiedsgerichte entscheiden. Mangels einer vereinheitlichenden Rechtsprechungsinstanz und aufgrund der unterschiedlichen völkervertraglichen Rechtsgrundlagen werden die Anforderungen an eine Entschädigungspflicht nicht einheitlich interpretiert.[6]

II. Schutzbereich

1. Begriff des Eigentums

1117 Eigentum sind „alle vermögenswerten Rechte, [...] die dem Berechtigten von der Rechtsordnung in der Weise zugeordnet sind, dass er die damit verbundenen Befugnisse nach eigenverantwortlicher Entscheidung zu seinem privaten Nutzen ausüben darf"[7]. In dieser Definition kommt die in Art. 14 Abs. 1 S. 2 vorausgesetzte Rechtsabhängigkeit des Eigentums zum Ausdruck. Paradigmatischer Bezugspunkt ist das Sacheigentum des *bürgerlichen Rechts*, das in den §§ 903 ff BGB das Eigentum und die Befugnisse des Eigentümers garantiert. Der verfassungsrechtliche Eigentumsbegriff geht aber über das hinaus, was das einfache Recht als Eigentum bezeichnet. Hierin liegt der eigentliche Kern der der Inhaltsbestimmung nach Art. 14 Abs. 1 S. 2 vorangestellten Gewährleistung des Eigentums in Art. 14 Abs. 1 S. 1: Zwar wird das verfassungsrechtliche Eigentum nach Art. 14 Abs. 1 S. 2 durch das Sacheigentum des bürgerlichen Rechts geprägt, aber nach Art. 14 Abs. 1 S. 1 nicht abschließend definiert. Es gibt damit ein vom Sacheigentum des bürgerlichen Rechts unabhängiges Eigentum[8], das alle vermögenswerten Rechtspositionen erfasst, die für Persönlichkeitsentfaltung und Existenzsicherung funktional die gleiche Bedeutung wie Sacheigentum haben.

1118 **Beispiele:** Durch Art. 14 Abs. 1 S. 1 geschützt sind daher auch privatrechtliche Forderungen, Anwartschaften (E 153, 158 Rn 46), das Vorkaufsrecht (E 83, 201/209 f), Wertpapiere (E 100, 289/301 f; 105, 17/30) und selbst das Nutzungsrecht einer Internet-Domain (BVerfG, NJW 2005, 589/589), obwohl es sich dabei zivilrechtlich jeweils nicht um Eigentum handelt. Auch das Besitzrecht des Mieters bezieht das BVerfG (E 89, 1/6; *Dederer*, BK, Art 14 Rn 99 ff) in den verfassungsrechtlichen Eigentumsbegriff ein, obwohl das bürgerliche Recht Besitz (§§ 854 ff BGB) und Eigentum (§§ 903 ff BGB) unterscheidet. Für Art. 14 Abs. 1 S. 1 sei maßgebend, dass „ein vermögenswertes Recht dem Berechtigten ebenso ausschließlich wie Sacheigentum zur privaten Nutzung und zur eigenen Verfügung zugeordnet ist". Das privatrechtliche Sacheigentum ist damit zwar der argumentative Bezugspunkt des verfassungsrechtlichen Eigentumsbegriffs, aber nicht seine Grenze. Das BVerfG entwickelt den verfassungsrechtlichen Eigentumsbegriff über die Funktion des privatrechtlichen Sacheigentums fort: Der Mieter sei

---

5   Einerseits BVerfG, NVwZ 2007, 808 Rn 4, 39; andererseits EGMR, NJW 2012, 3629 (Herrmann/Deutschland); dazu *Michl*, JZ 2013, 504.
6   *Ludwigs*, NVwZ 2016, 1/5 ff; *Krajewski/Ceyssens*, AVR 2007, 180; *Thiel*, DÖV 2017, 237 ff.
7   E 83, 201/208 f; 89, 1/6; 97, 350/371.
8   *Hufen*, StR II, § 38 Rn 11.

auf Wohnraum „zur Befriedigung elementarer Lebensbedürfnisse sowie zur Freiheitssicherung und Entfaltung seiner Persönlichkeit" ebenso angewiesen wie ein Eigentümer; daher stelle das Besitzrecht „eine privatrechtliche Rechtsposition dar, die dem Mieter wie Sacheigentum zugeordnet ist". Zum Eigentum an Datenbanken und Datensammlungen s. Rn 168.

Die funktional begründete Ausweitung des verfassungsrechtlichen gegenüber dem privatrechtlichen Eigentum („wie Sacheigentum") ermöglicht auch den Schutz *öffentlich-rechtlicher Rechtspositionen*. Das BVerfG bezieht sie in den Eigentumsbegriff ein, „wenn es sich um vermögenswerte Rechtspositionen handelt, die nach Art eines Ausschließlichkeitsrechts dem Rechtsträger als privatnützig zugeordnet sind, auf nicht unerheblichen Eigenleistungen" des Rechtsträgers beruhen und „seiner Existenzsicherung dienen"[9]. Geschützt sind daher nach Meinung des BVerfG durch eigene Beitragsleistungen begründete sozialversicherungsrechtliche Anwartschaften, weil die wirtschaftliche Existenz weniger durch privates Sachvermögen als vielmehr durch den Arbeitsertrag und die daran anknüpfende, solidarisch getragene Altersversorgung gesichert werde.[10] Das leuchtet zwar insbesondere bei rentenversicherungsrechtlichen Anwartschaften grundsätzlich ein, lässt sich aber nur mit Abstrichen durchhalten. Denn im Gegensatz zum Sacheigentum kann der Anwartschaftsberechtigte nicht frei über die Anwartschaft verfügen, kann also seine Rechte nicht „nach eigenverantwortlicher Entscheidung zu seinem privaten Nutzen ausüben"[11], sondern erst, wenn sich ein bestimmtes Risiko (Alter, Erwerbsunfähigkeit) realisiert. Stirbt er, bevor sich das Risiko realisiert, wird daher die Anwartschaft nicht vererbt – beim zivilrechtlichen Privateigentum wäre das im Hinblick auf das ebenfalls durch Art. 14 Abs. 1 S. 1 geschützte Erbrecht unvorstellbar.[12] Allenfalls ließen sich insoweit die mit den Anwartschaften verbundenen Rentenansprüche des Partners als funktionales Teiläquivalent verstehen. Das BVerfG fordert bei den öffentlich-rechtlichen Positionen ferner, dass die Ansprüche vorwiegend auf eigener Leistung beruhen müssen. Daher sind etwa steuerfinanzierte sozialrechtliche Leistungsansprüche (Arbeitslosengeld II, Sozialhilfe) ebenso wenig geschützt[13] wie öffentlich-rechtliche Genehmigungen[14]. Auch hier besteht ein Unterschied zum privatrechtlichen Eigentum, bei dem nicht gefordert wird, dass es durch Eigenleistungen erworben sein muss.[15]

Art. 14 Abs. 1 gewährleistet mit dem Eigentum konkretisierbare Bestandteile des Vermögens. Das *Vermögen* als solches, dh die Zusammenfassung aller individuell zugeordneten Vermögenswerte, ist nicht geschützt.[16] Das ist wichtig für Abgabenlasten, die jeweils nicht auf einen konkreten Vermögenswert zugreifen, sondern aus dem Vermögen insgesamt beglichen werden müssen. Art. 14 Abs. 1 S. 1 schützt daher grundsätzlich nicht vor der Belastung durch Abgaben. Der 2. Senat des BVerfG hat dies zwar für die Einkommensteuer vereinzelt anders gesehen, weil diese an konkre-

1119

1120

---

9   E 97, 271/284.
10 E 100, 1/32.
11 E 123, 186/258.
12 *Depenheuer*, Hdb. GR V, § 111 Rn 69; *Kingreen*, Jura 2016, 390/393.
13 Vgl E 53, 257/291 f; 116, 96/121 f; 128, 90/101.
14 BVerfG, NVwZ 2009, 1426/1428; E 143, 246 Rn 232 (= JK 5/2017); *Wieland*, DR, Art. 14 Rn 77; aA *Axer*, EH, Art. 14 Rn 62.
15 Krit daher *Dederer*, BK, Art. 14 Rn 15; *Wieland*, DR, Art. 14 Rn 75.
16 E 4, 7/17; 96, 375/397; 123, 186/258 f.

te hinzu erworbene Vermögenswerte anknüpfe.[17] Doch auch die Einkommensteuer wird insgesamt aus dem Vermögen bestritten. Ohnehin würde der Schutz dem Steuerpflichtigen nur etwas einbringen, wenn man Art. 14 Abs. 1 S. 1 eine prozentuale Grenze der Steuerlast entnehmen könnte,[18] wie dies der 2. Senat des BVerfG mit dem „Halbteilungsgrundsatz"[19] einmal angenommen, dann aber zurecht wieder verworfen hat.[20]

1121 Den gleichen Problemhintergrund hat die Diskussion über den Schutz des *eingerichteten und ausgeübten Gewerbebetriebs*. Dabei geht es um die Frage, ob über die einzelnen Vermögensgüter des Unternehmens hinaus auch das Unternehmen selbst geschützt wird. Anders als BGH und BVerwG[21] ist das BVerfG[22] tendenziell skeptisch, und zwar aus dem gleichen Grund, wie bei der Frage des allgemeinen Vermögensschutzes: Das Unternehmen stellt mit seinen materiellen und immateriellen Wertbestandteilen keinen individualisierbaren Vermögensgegenstand dar. Tatsächliche Begebenheiten (Geschäftsverbindungen, Kundenstamm) und günstige Umweltbedingungen (etwa die strategisch gute Lage einer Gaststätte an einer vielbefahrenen Bundesstraße) sind zwar für die Bewertung des Bestands der Vermögensgegenstände eines Unternehmens von Bedeutung. Als zukünftige Erwerbschancen schützt sie Art. 14 Abs. 1 S. 1 aber nicht unabhängig von diesen das Unternehmen ausmachenden konkreten Vermögensgegenständen. Vielmehr greift insoweit der Schutz durch die den Erwerb und nicht das Erworbene schützende Berufsfreiheit (Art. 12 Abs. 1), s. Rn 1021.

1122 **Beispiel:** Der Vertragsarzt und der Erbe einer Arztpraxis, deren Nachbesetzung durch die Kassenärztliche Vereinigung abgelehnt wird, muss nach § 103 Abs. 3a S. 13 SGB V mit dem Verkehrswert der Arztpraxis (der namentlich den Patientenstamm umfasst) entschädigt werden. Das folgt aber nicht aus Art. 14 Abs. 1, sondern aus Art. 12 Abs. 1. Der Verlust des Patientenstamms betrifft nicht den Bestand des Eigentums, sondern den zukünftigen Erwerb, der allein durch Art. 12 Abs. 1 geschützt wird. Der aus Art. 12 Abs. 1 folgende Entschädigungsanspruch kann dann aber als öffentlich-rechtlicher Anspruch, der überwiegend auf eigener Leistung (Rn 1119) beruht, Gegenstand der Eigentumsgarantie sein sowie unter das Erbrecht fallen.

2. Umfang des Eigentumsschutzes

1123 **a)** Geschützt ist der vorhandene *Bestand* des Eigentums. Hierzu zählen nicht bloße Umsatz-, Erwerbs- und Gewinnchancen, -hoffnungen, -erwartungen und -aussichten.[23] Es gilt die Faustformel: Art. 14 schützt das Erworbene, das Ergebnis einer Betätigung; den Erwerb, die Betätigung selbst schützt dagegen Art. 12.[24] Obwohl das Eigentum „geronnenes Vertrauen" ist, sind vermögenswerte Positionen nur insoweit geschützt, als der Eigentümer von Rechts wegen auf ihren Bestand vertrauen kann. Das

---

17 E 115, 97/110 ff; zust *F. Kirchhof*, Hdb. GR III, § 59 Rn 48 ff; krit *Wernsmann*, NJW 2006, 1169.
18 *Volkmann*, StR II, § 17 Rn 19.
19 Vgl E 93, 121/138; krit abwM 147 ff.
20 E 115, 97/114.
21 BGHZ 111, 349/356; BVerwGE 81, 49/54.
22 E 51, 193/221 f.
23 E 78, 205/211 f; 105, 252/277; 128, 90/101.
24 E 88, 366/377; 121, 317/345; 126, 112/135 f; aA *Kloepfer*, VerfR II, § 72 Rn 61.

Vertrauen in das Ausbleiben rechtlich möglichen und zulässigen Staatshandelns ist hier so wenig wie bei anderen Grundrechten geschützt.[25]

Beispiele: Vom Eigentumsschutz nicht umfasst ist die Erwartung, dass ein landwirtschaftliches Grundstück Bauland wird (BGHZ 62, 96) oder dass von einer nicht an das Grundgesetz gebundenen Staatsgewalt entzogene Eigentumspositionen wieder eingeräumt oder entschädigt werden (E 102, 254/297). Der Betriebsinhaber wird nicht in seinem Vertrauen darauf geschützt, dass eine widerrufliche Konzession oder Genehmigung nicht widerrufen (BVerwGE 62, 224) oder dass ein im Übrigen zulässiger Anschluss- und Benutzungszwang nicht eingeführt wird (BVerwGE 62, 224; BGHZ 40, 355; 54, 293; vgl aber auch BGHZ 77, 179). Auch Beeinträchtigungen durch Straßenarbeiten muss der an der Straße gelegene Gewerbebetrieb wie jeder Anlieger hinnehmen, es sei denn, die Straßenarbeiten würden rechtswidrig verzögert oder die Beeinträchtigungen wären von ganz unerwartbarer außergewöhnlicher Schwere (BGHZ 57, 359/361 f). | **1124**

b) Anders als beim Fahrniseigentum ist beim Grundstückseigentum auch seine *Nutzung* und die entgeltliche vertragliche Überlassung zur Nutzung durch andere[26] geschützt. Die unterschiedliche verfassungsrechtliche Behandlung von Fahrnis- und Grundstückseigentum hat wohl zwei Gründe: Zum einen werden bei fast jeder Freiheitsausübung bewegliche Sachen genutzt; jede Freiheitsbeschränkung wäre dann immer auch ein Eingriff in das Eigentum. Zum anderen sind traditionell lediglich für Grundstücke Nutzungsrechte als selbstständige dingliche Rechte wie etwa die Grunddienstbarkeit ausgestaltet. | **1125**

Beispiele: Die Lektüre der gekauften Zeitung ist Ausübung nicht der Eigentumsfreiheit, sondern der Freiheit, sich aus allgemein zugänglichen Quellen ungehindert zu unterrichten (Art. 5 Abs. 1 S. 1). Auch das Autofahren wird nicht von Art. 14, sondern von der allgemeinen Handlungsfreiheit des Art. 2 Abs. 1 geschützt; Geschwindigkeitsbeschränkungen (*Jarass*, JP, Art. 14 Rn 4) sowie lokale Verkehrsverbote für Kraftfahrzeuge mit schlechten Abgaswerten sind daher allein an Art. 2 Abs. 1 zu messen (BVerwGE 161, 201/212 f); anders wäre es aber bei Nutzungsbeschränkungen, die den vermögensrechtlichen Bestand betreffen, insbesondere ein umfassendes Nutzungsverbot. – Hingegen schützt Art. 14 Abs. 1 S. 1 stets auch die Nutzung eines Grundstücks und damit auch der darauf erbauten Gebäude. Daher nehmen nach E 143, 246 Rn 233 ff (= JK 5/2017) auch die beim Atomausstiegsgesetz zugewiesenen Reststrommengen an der durch Art. 14 Abs. 1 S. 1 geschützten Nutzung der kerntechnischen Anlagen teil, obwohl sie selbst kein Eigentum sind. | **1126**

c) Art. 14 hat zudem eine *Verfahrens- und Rechtsschutzdimension*: Geschützt ist auch das Recht des Eigentümers, seine Eigentümerinteressen im Verwaltungs- und im Gerichtsverfahren effektiv zu vertreten und gegenüber anderen Privatrechtssubjekten verfolgen und durchsetzen zu können. | **1127**

Beispiele: In seiner prozeduralen Ausprägung verpflichtet Art. 14 Abs. 1 S. 1 eine Gemeinde dazu, bei der Terminierung einer Zwangsversteigerung auf den Gesundheitszustand der Eigentümerin Rücksicht zu nehmen (E 46, 325/335 f). Unmittelbar aus Art. 14 Abs. 1 S. 1 (und nicht aus Art. 19 Abs. 4) leitet das BVerfG auch einen Anspruch auf Rechtsschutz ab: Grundsätzlich kann und muss sich ein Eigentümer vor den Verwaltungsgerichten gegen eine Enteignung zur Wehr setzen (Rn 1137). Maßnahmen, die die Enteignung vorbereiten, sind hingegen noch keine Enteignung und können daher grundsätzlich auch noch nicht mit Rechtsmitteln angegriffen | **1128**

---

25 Vgl *Bryde/Wallrabenstein*, MüK, Art. 14 Rn 45.
26 E 79, 292/304; 101, 54/75; BVerfG, NJW 2019, 3054 Rn 53.

werden. Beruht aber eine Enteignung auf verbindlichen behördlichen Vorentscheidungen, müssen auch diese gerichtlich am Maßstab von Art. 14 Abs. 3 überprüfbar sein. Andernfalls müssten betroffene Eigentümer Eingriffe in ihr Grundrecht aufgrund behördlicher (Vor-)Entscheidungen hinnehmen, gegen die sie sich später nicht mehr gerichtlich zur Wehr setzen können (E 134, 242 Rn 221 = JK 5/2014).

3. Erbrecht

1129 Das Recht des Erblassers, sein Vermögen an den zu vererben, an den er es vererben möchte (Testierfreiheit), fällt eigentlich als Verfügung über das das Vermögen bildende Eigentum ebenso unter dessen Schutz, wie das Recht des Erben am ererbten Vermögen bzw Eigentum. Das Erbrecht verdankt seine besondere Erwähnung lediglich der *Tradition*: Schon die Weimarer Reichsverfassung hatte es neben dem Eigentum erwähnt, sogar in einem eigenen Artikel (Art. 154 neben Art. 151).

III. Eingriffe und Ausgestaltungen

1130 Art. 14 unterscheidet zwischen Inhalts- und Schrankenbestimmungen (Abs. 1 S. 2) auf der einen und Enteignungen (Abs. 3) auf der anderen Seite. Während Enteignungen stets Eingriffe sind, kann sich ebenso wie bei den anderen ausgestaltungsbedürftigen Grundrechten die Frage der Abgrenzung zwischen Eingriff und Ausgestaltung stellen (Rn 164 ff, 343 ff). Art. 14 Abs. 1 S. 2 unterscheidet begrifflich zwischen Inhaltsbestimmungen, die das Eigentum ausgestalten, und Schrankenbestimmungen, die in das durch die Inhaltsbestimmungen konstituierte Eigentum eingreifen.[27] Die Abgrenzung zwischen Inhalts- und Schrankenbestimmungen erfolgte meist nach ihrer zeitlichen Wirkung (Rn 170): Eine Maßnahme, die den Inhalt des Eigentums für die Zukunft neu bestimmt, schränkt das in der Vergangenheit begründete Eigentum ein.[28] Aber aus dieser Unterscheidung folgten weder dogmatische noch praktische Konsequenzen,[29] weil stets in der Vergangenheit begründetes und zukünftiges Eigentum zugleich betroffen sind. Dass bestehendes Eigentum stärkeren Schutz verdienen kann als zukünftiges, ist Folge des rechtsstaatlichen Vertrauensschutzes (Rn 438), liegt aber nicht in der Unterscheidung zwischen Inhalts- und Schrankenbestimmungen begründet.[30]

1131 Aber auch die anderen ausgestaltungsbedürftigen Grundrechten zugrundeliegende Unterscheidung nach den internen oder externen Zwecken, die mit einer Regelung im Bereich des Eigentums verfolgt werden (Rn 164 ff, 343 ff), ist bei der Eigentumsgarantie weder weiterführend noch notwendig. Ausgestaltungen des Eigentums sind nicht nur solche Regelungen, die die Privatnützigkeit des Eigentums (Art. 14 Abs. 1 S. 1) betreffen, sondern auch solche, die die Sozialpflichtigkeit des Eigentums

---

27 *Wendt*, SA, Art. 14 Rn 55 ff.
28 *Stern*, StR IV/1, S. 2234 f; grds ebenso, aber differenzierend zwischen bisherigen Eigentümern und späteren Erwerbern *Sachs*, VerfR II, Kap 26 Rn 25 ff; krit *Jasper*, DÖV 2014, 872/878.
29 E 58, 300/336: „lediglich eine Frage der Gesetzestechnik"; *Papier/Shirvani*, MD, Art. 14 Rn 415 ff; *Jasper*, DÖV 2014, 872/873.
30 Vgl *Bryde/Wallrabenstein*, MüK, Art. 14 Rn 88.

(Art. 14 Abs. 2) konkretisieren. Sie sollen nicht nur private Eigentumsrechte konstitu-ieren, sondern auch die spezifische Macht- und Verantwortungsposition, die sich ins-besondere mit dem Grundeigentum verbinden kann, durch Pflichten des Eigentümers einhegen, wie das etwa durch das öffentliche Bau- oder Denkmalschutzrecht ge-schieht. Diese sozialen Bindungen der Freiheit werden bei den anderen ausgestal-tungsbedürftigen Freiheitsrechten als grundrechtsexterne Zwecksetzungen verstanden und sind dort daher Eingriffe. Bei der Eigentumsgarantie sind Privatnützigkeit und Sozialbindung gleichermaßen Bestandteil des Regelungsauftrags des Gesetzgebers. Daher erübrigt sich insoweit die Unterscheidung zwischen grundrechtsinternen und -externen Zwecken und damit auch zwischen Inhalts- und Schrankenbestimmungen. Sie ist auch nicht erforderlich, weil sich die Anforderungen an ihre Rechtfertigung nicht kategorial, sondern nur graduell nach dem Verhältnis zwischen der Privatnüt-zigkeit und der notwendigen Sozialbindung der konkreten Eigentumsposition unter-scheiden (Rn 1160 ff).

Wie bei der Bestimmung des Inhalts und der Schranken des Eigentums ist der Gesetz-geber auch beim Erbrecht berechtigt und verpflichtet, nicht nur die Privatnützigkeit, sondern auch die Sozialbindung des Erbes zu regeln. Dabei sind die Möglichkeiten des Gesetzgebers zur Einschränkung des Erbrechts weitergehend als beim Eigentum, weil sie an einen Vermögensübergang anknüpfen.[31] Eingriffe in das Erbrecht können hingegen keine Enteignung darstellen. Eine Enteignung kann nur bereits erworbene als Eigentum geschützte Positionen betreffen.[32] Im Übrigen gilt die folgende Darstel-lung aber auch für das Erbrecht. **1132**

Lösungstechnischer Hinweis: Der Prüfungspunkt „Eingriff/Ausgestaltung" hat bei der Ei-gentumsgarantie nur die Funktion, die Maßnahme und ihre Auswirkungen auf den Grund-rechtsträger zu benennen. Die kategoriale Unterscheidung zwischen Enteignungen auf der einen und Inhalts- und Schrankenbestimmungen auf der anderen Seite kommt hingegen ebenso erst bei der Prüfung der verfassungsrechtlichen Rechtfertigung zum Tragen (*Lang/Wilms*, StR II, Rn 1003) wie die Frage der zulässigen Ausgestaltung des Verhältnisses zwischen Pri-vatnützigkeit und Sozialbindung. **1133**

IV. Verfassungsrechtliche Rechtfertigung

1. Abgrenzungen

a) Inhalts- und Schrankenbestimmungen iSv Art. 14 Abs. 1 S. 2 und Enteignungen (Art. 14 Abs. 3) müssen voneinander abgegrenzt werden, weil die Rechtfertigungsan-forderungen unterschiedlich sind. Die Abgrenzung ist mit dem staatshaftungsrechtli-chen Entschädigungsrecht verbunden, weil nur Art. 14 Abs. 3 S. 2, nicht aber Art. 14 Abs. 1 S. 2 eine Entschädigung fordert. Anders als für die Frage der Verfassungsmä-ßigkeit von Eingriffen in das Eigentum, sind für die Entschädigungsansprüche gemäß Art. 14 Abs. 3 S. 4 die Zivilgerichte zuständig, die die Eigentumsdogmatik bis zum *Nassauskiesungsbeschluss* des BVerfG[33] geprägt haben. **1134**

---

31 E 112, 332/348.
32 *Bryde/Wallrabenstein*, MüK, Art. 14 Rn 80.
33 E 58, 300.

1135 Der BGH hatte Enteignungen auf der einen und Inhalts- und Schrankenbestimmungen auf der anderen Seite zunächst nach der Intensität der Beeinträchtigung abgegrenzt. Als Enteignungen galten solche Eingriffe, die über die Sozialbindung des Eigentums hinausgingen und daher nicht mehr entschädigungslos hingenommen werden konnten. Für dieses Umschlagen von der Inhalts- und Schrankenbestimmung in eine Enteignung war die *Sonderopfertheorie* maßgebend. Enteignung war danach eine „Belastung, der die betroffenen Einzelnen oder Gruppen im Vergleich zu anderen ungleich, besonders trifft und sie zu einem besonderen, den übrigen nicht zugemuteten Opfer für die Allgemeinheit zwingt"[34]. Das Sonderopfer wurde durch die Rechtswidrigkeit des Eigentumseingriffs zwar indiziert; es kam auf sie aber letztlich nicht an: Denn die Enteignungsentschädigung nach Art. 14 Abs. 3 wurde schließlich durch an sich rechtmäßige Eingriffe ausgelöst, die den Eigentümer aber über Gebühr trafen. Für rechtswidrige Eingriffe wurde auf das Institut des sog **enteignungsgleichen Eingriffs** zurückgegriffen. Wenn der Staat schon für rechtmäßige Sonderopfer entschädigen müsse, dann müsse das erst recht für rechtswidrige Maßnahmen gelten. Daher wurde auch die Entschädigung wegen enteignungsgleichen Eingriffs unmittelbar auf Art. 14 Abs. 3 gestützt. Enteignung iSv Art. 14 Abs. 3 war schließlich auch der **enteignende Eingriff**, der die unzumutbaren – meist atypischen und unvorhergesehenen – Nebenfolgen eines an sich rechtmäßigen Eingriffs erfasste.[35] Der BGH subsumierte also alle als Sonderopfer zu qualifizierenden Eigentumseingriffe unabhängig von ihrer Rechtmäßigkeit und ihrer Finalität unter Art. 14 Abs. 3 und unterwarf sie als Enteignung einer Entschädigungspflicht. Art. 14 Abs. 3 (und nicht etwa die einschlägigen Fachgesetze) wurde zur verfassungsunmittelbaren Anspruchsgrundlage für alle diese Entschädigungsansprüche.

1136 Das Problem der Sonderopferformel des BGH bestand darin, dass der Umschlagpunkt zur Enteignung im Einzelfall schwer zu bestimmen war.[36] Das war auch für den Gesetzgeber misslich, der nach Art. 14 Abs. 3 zwar für Enteignungen, nicht aber für Inhalts- und Schrankenbestimmungen (Art. 14 Abs. 1 S. 2) Entschädigungsregelungen vorsehen muss. Er behalf sich daher mit sog salvatorischen Entschädigungsklauseln: „Stellen Maßnahmen aufgrund dieses Gesetzes eine Enteignung dar, ist eine angemessene Entschädigung in Geld zu leisten." Schon diese Formulierung zeigt, dass nicht der Gesetzgeber, sondern die Zivilgerichte über das Bestehen von Entschädigungsansprüchen entschieden. Das Problem wurde noch dadurch verschärft, dass die Betroffenen letztlich frei entscheiden konnten, ob sie vor den Verwaltungsgerichten die Rechtmäßigkeit des Eigentumseingriffs angriffen (sog Primärrechtsschutz) oder vor den Zivilgerichten gleich auf Entschädigung wegen der unverhältnismäßigen Beeinträchtigung ihres Eigentums klagten (Sekundärrechtsschutz), was zur Regel wurde (sog „Dulde und liquidiere").

1137 Das BVerfG hat daher die Kriterien für die Abgrenzung zwischen Art. 14 Abs. 3 und Art. 14 Abs. 1 S. 2 im *Nassauskiesungs-Beschluss* grundlegend verändert. Hintergrund waren aus seiner Sicht zwei Kompetenzüberschreitungen des BGH:[37]

---

34 BGHZ 6, 270/280.
35 BGHZ 99, 24/27.
36 Vgl BGHZ 99, 24/27.
37 E 58, 300/318 ff; vgl bereits E 52, 1/27 f.

– Allein der Gesetzgeber bestimmt über Inhalt und Schranken des Eigentums und damit auch über Entschädigungsansprüche. Damit ist es unvereinbar, wenn die Zivilgerichte solche Ansprüche unmittelbar auf Art. 14 Abs. 3 stützen[38] und im Rahmen der Abgrenzung zur entschädigungslos hinzunehmenden Inhalts- und Schrankenbestimmungen auf die nur schwach konturierte Sonderopfertheorie zurückgreifen. Daraus folgt, dass Enteignungen, für die keine gesetzlichen Entschädigungsregelungen vorgesehen sind, schon aus diesem Grunde verfassungswidrig sind und nicht mehr dadurch verfassungsgemäß werden können, dass unmittelbar auf Art. 14 Abs. 3 gestützte kompensatorische Entschädigungsansprüche zugesprochen werden. Die Zivilgerichte sind daher nur dafür zuständig, über die „Höhe der Entschädigung" (Art. 14 Abs. 3 S. 4) zu befinden, nicht aber über die Existenz eines Entschädigungstatbestandes. Zu diesem Zweck muss der Enteignungsbegriff formaler und damit vorhersehbarer definiert werden, damit der Gesetzgeber überhaupt abschätzen kann, in welchen Fällen er Entschädigungsbestimmungen vorsehen muss. Das BVerfG löst das durch ein die Grenzen klar definierendes Trennungsmodell, das Übergänge von der Inhalts- und Schrankenbestimmung zur Enteignung und zurück strikt ausschließt (Rn 1139 ff).

– Allein das BVerfG hat das Verwerfungsmonopol für formelle Parlamentsgesetze. Ein Zivilgericht, das ein solches Gesetz für verfassungswidrig hält (etwa wegen des Fehlens einer Entschädigungsregelung), muss dieses dem BVerfG nach Art. 100 Abs. 1 vorlegen und kann nicht unter Hinweis auf die Verfassungswidrigkeit unmittelbar nach Art. 14 Abs. 3 eine Entschädigung gewähren. Das wahrt zugleich die Haushaltshoheit des parlamentarischen Gesetzgebers. Aus diesem Grunde kann der Betroffene kein Wahlrecht mehr zwischen einer Anfechtung im verwaltungsgerichtlichen Primärrechtsschutz und der Geltendmachung einer Entschädigung im zivilgerichtlichen Sekundärrechtsschutz haben; einen rechtswidrigen Eingriff muss er anfechten, er kann ihn also nicht bestandskräftig werden lassen und dann auf Entschädigung klagen (kein „Dulde und liquidiere").[39]

b) Die Konzeption des BVerfG bedingt, dass die Enteignung auf der einen Seite und Inhalts- und Schrankenbestimmungen auf der anderen Seite begrifflich streng voneinander getrennt werden müssen; zwischen beiden gibt es keine Übergänge etwa in dem Sinne, dass eine besonders intensiv eingreifende Inhalts- und Schrankenbestimmung in eine Enteignung umschlüge. Die Abgrenzung muss dabei vom Begriff der Enteignung her erfolgen. Denn das BVerfG hat, um in der Entschädigungsfrage Rechtssicherheit zu schaffen, nur die Enteignung begrifflich formalisiert. Alle Maßnahmen, die nicht Enteignung sind, unterfallen daher als nicht näher definierte Inhalts- und Schrankenbestimmungen Art. 14 Abs. 1 S. 2: **1138**

aa) Enteignung ist die vollständige oder teilweise individuelle Entziehung konkreter subjektiver Eigentumspositionen durch einen final darauf gerichteten Rechtsakt (Gesetz oder Maßnahme der Verwaltung) zur Erfüllung bestimmter öffentlicher Aufgaben[40]. Die Enteignung unterscheidet sich somit durch vier Merkmale von den Inhalts- und Schrankenbestimmungen: Sie ist *konkret* statt abstrakt, trifft *individuell* **1139**

---

38 *Lege*, Jura 2011, 826/829.
39 Vgl *Maurer/Waldhoff*, Allg. VwR, § 27 Rn 31.
40 Vgl E 102, 1/15f; 104, 1/9; *Bryde/Wallrabenstein*, MüK, Art. 14 Rn 93.

statt generell, belässt das Eigentum dem Eigentümer nicht, sondern *entzieht* es ihm und dient durch die Beschaffung des Gegenstands öffentlichen Aufgaben. Entscheidend ist damit, ob sich die privatrechtliche Eigentumszuordnung durch die öffentlich-rechtliche Maßnahme verändert hat, nicht hingegen wie intensiv sie wirkt oder ob sie ein Sonderopfer bewirkt. Inhalts- und Schrankenbestimmungen können daher im Einzelfall intensiver belasten als eine Enteignung; dies kann aber hingenommen werden, weil es auch Inhalts- und Schrankenbestimmungen gibt, die nur verhältnismäßig sind, wenn sie mit einer Entschädigungsregelung verknüpft sind (zu diesen ausgleichspflichtigen Inhalts- und Schrankenbestimmungen s. Rn 1165).

1140 Vorausgesetzt wird zunächst eine *Entziehung des Eigentums*. Bei einer Enteignung wird dem Eigentümer sein Eigentum also nicht, wie bei den Inhalts- und Schrankenbestimmungen, belassen. Bei einer teilweisen Entziehung ist die Abgrenzung schwierig. Denn aus dem Vollrecht wird nur ein Teil herausgelöst, der Rest bleibt unberührt. Insoweit ist entscheidend, ob der herausgelöste Teil rechtlich selbstständig ist, was man etwa bei der Einziehung eines Grundstücksteils oder dessen Belastung mit einer Dienstbarkeit (Beispiel: Wegerecht) bejahen kann. Hingegen ist das Verbot bestimmter Nutzungen des Eigentumsgegenstandes regelmäßig nicht rechtlich vom Eigentum abtrennbar und daher keine Enteignung.

1141 **Beispiele:** Obwohl sie den Betroffenen intensiver belasten mögen als die Teilentziehung eines kleines Teils eines Grundstücks, sind daher weder umwelt- oder naturschutzrechtliche Nutzungsbeschränkungen (Rn 1176) noch die Regelungen über die polizei- und ordnungsrechtliche Zustandsverantwortlichkeit (E 102, 1/15 f) noch der Ausschluss des Kündigungsrechts bei der Vermietung von Kleingärten (E 52, 1/27 f) Enteignungen.

1142 Die Voraussetzung der *finalen* Entziehung bringt zum Ausdruck, dass Enteignungen nur solche Maßnahmen sind, die bewusst darauf abzielen, eigentumsrechtliche Positionen ganz oder teilweise zu entziehen. Deshalb fallen die o.g. faktischen staatlichen Eingriffe, die das Eigentum zufällig oder versehentlich betreffen, nicht unter Art. 14 Abs. 3. Für daraus resultierende Schäden sind nach wie vor die Institute des enteignenden bzw. enteignungsgleichen Eingriffs (Rn 1167 ff) bedeutsam.

1143 Die Enteignung setzt ferner eine *individuelle* Entziehung voraus, dh sie muss sich auf einen konkreten Vermögensgegenstand beziehen im Gegensatz zur abstrakt-generellen Festlegung von Inhalt und Schranken des Eigentums durch die Inhalts- und Schrankenbestimmungen. Die Voraussetzung der individuellen Entziehung unterscheidet die Enteignung auch von der Vergesellschaftung nach Art. 15. Diese wirkt abstrakt und generell, ist also eine strukturelle Enteignung, die allerdings nur in Bezug auf Grund und Boden, Naturschätze und Produktionsmittel zulässig ist (Rn 1174 f).

1144 **Beispiel:** Die gesetzliche Verpflichtung, von Druckwerken jeweils Pflichtexemplare an Bibliotheken abzugeben, ist eine Inhalts- und Schrankenbestimmung, keine Enteignung. Zwar kann dieser Verpflichtung nur durch Einreichung eines bestimmten Buches nachgekommen werden. Doch hat der Autor die Freiheit, zu entscheiden, welches Exemplar er abgibt. Das Gesetz schränkt also die konkrete Rechtsposition noch nicht ein, sondern begründet die abstrakte, jeden Verleger treffende Verpflichtung zur Abgabe eines frei wählbaren Exemplars (E 58, 137/ 144 f).

Schließlich ist die Enteignung eine Maßnahme der *Güterbeschaffung*.[41] Der enteignete Gegenstand wird zur Erfüllung der öffentlichen Aufgaben benötigt. Historisches Vorbild ist die Enteignung etwa für den Eisenbahnbau zur Zeit der Industrialisierung. Maßnahmen, die nicht der Güterbeschaffung, sondern dem Schutz der Gemeinschaft vor Gefahren dienen, die *von* dem Eigentum ausgehen, sind Inhalts- und Schrankenbestimmungen. Für die Inhalts- und Schrankenbestimmung ist kennzeichnend, dass der verfolgte Gemeinwohlbelang mit dem Gebrauch der betreffenden Eigentumsposition durch den Eigentümer zusammenhängt. **1145**

Beispiele: Die Befristung von Laufzeiten von Kernkraftwerken (E 143, 246 Rn 14 ff = JK 5/2017) und die Zerstörung gefährlicher Objekte (etwa: Tötung eines seuchenkranken Tieres, *Ossenbühl/Cornils*, Staatshaftungsrecht, 6. Aufl. 2013, S. 239 f) stellen daher Inhalts- und Schrankenbestimmungen dar, weil der Staat die dem Eigentum unterliegenden Gegenstände nicht für öffentliche Zwecke benötigt. Keine Enteignung ist auch die Baulandumlegung; sie entzieht zwar Eigentum, aber nicht für öffentliche Zwecke, sondern zum Ausgleich privater Interessen (E 104, 1/10). Entsprechendes gilt für die Pflicht zur Abgabe landwirtschaftlicher Höfe als Voraussetzung für die Begründung eines Rentenanspruchs (E 149, 86 Rn 77). Auch die strafrechtliche Einziehung ist keine Enteignung, weil sie einen gemeinwohlschädlichen Gebrauch verhindert, aber nicht die Erfüllung einer öffentlichen Aufgabe ermöglichen soll (E 110, 1/24 f). **1146**

bb) Alle Eigentumseingriffe, die keine Enteignung sind, fallen als **Inhalts- und Schrankenbestimmungen** unter Art. 14 Abs. 1 S. 2. Das sind alle gesetzlichen Bestimmungen, die Rechte und Pflichten des Eigentümers festlegen bzw. zu entsprechenden Festlegungen durch die Exekutive ermächtigen. Inhalts- und Schrankenbestimmung ist daher selbstverständlich nicht nur die Norm selbst, sondern auch deren Vollzug durch die Verwaltung. **1147**

Es gibt aber auch eigentumsbeeinträchtigende Maßnahmen und Realakte der Verwaltung, die keinen Gesetzesvollzug darstellen. So wie normative Beschränkungen des Eigentums können eigentumsbelastende Realakte rechtmäßig oder rechtswidrig sein: Die Feuerwehrleiter fällt während des Löscheinsatzes auf das Nachbargrundstück; Polizisten stellen den Einsatzwagen während der Mittagspause in den Carport des Nachbarn. Auf der Grundlage der binären Eingriffsdogmatik des BVerfG können beide nur unter Art. 14 Abs. 1 S. 2 fallen: Die Rechtsordnung ist eben auch insoweit Inhalts- und Schrankenbestimmung als sie diese Eingriffe nicht verhindert. **1148**

2. Enteignung

Maßstab für die verfassungsrechtliche Rechtfertigung von Enteignungen ist Art. 14 Abs. 3 S. 1–3, der einen qualifizierten Gesetzesvorbehalt (Rn 373) enthält, dh er verlangt nicht nur eine gesetzliche Grundlage für den Eingriff, sondern stellt zusätzliche qualifizierte Anforderungen an die gesetzliche Eingriffsermächtigung. **1149**

a) Eine Enteignung muss gem. Art. 14 Abs. 3 S. 2 entweder durch **Gesetz** (Legalenteignung) oder auf Grund eines Gesetzes (Administrativenteignung) erfolgen. Dabei folgt aus der Wesentlichkeitslehre (vgl Rn 365 ff), dass es „allein dem parlamen- **1150**

---

41 E 143, 246 Rn 242 ff (= JK 5/2017); *Osterloh*, Liber Amicorum Landau, 2016, S. 127 ff.

tarisch-demokratischen Gesetzgeber ... vorbehalten (ist), die eine Enteignung legiti-mierenden Gemeinwohlaufgaben zu bestimmen"[42], und allein er „festzulegen (hat), für welche Vorhaben unter welchen Voraussetzungen und für welche Zwecke eine Enteignung zulässig sein soll"[43].

1151 Art. 14 Abs. 3 S. 2 erstreckt den Parlamentsvorbehalt ausdrücklich auch auf die Re-gelung der Entschädigung. Diese sog **Junktimklausel** hat eine Warnfunktion:[44] Der enteignende Gesetzgeber wird sich aufgrund seiner Verpflichtung zur gesetzlichen Regelung der finanziellen Folgen der Enteignung für den Staatshaushalt bewusst. Er muss daher vorhersehen können, wann eine Enteignung vorliegt und wann nicht. Die Junktimklausel steht mithin in einem konzeptionellen Zusammenhang mit dem for-malen Enteignungsbegriff: Sie kann nämlich nur dann sinnvoll angewandt werden, wenn bei Erlass des enteignenden Gesetzes verlässlich feststeht, dass es Enteignun-gen enthält bzw. zu solchen ermächtigt. Ein Enteignungsgesetz ohne Entschädigungs-regelung ist verfassungswidrig;[45] die gem. Art. 14 Abs. 3 S. 4 angerufenen Gerichte können eine fehlende Entschädigungsregelung weder durch Analogie ergänzen, noch aus Art. 14 unmittelbar ableiten, sondern müssen das verfassungswidrige Enteig-nungsgesetz nach Art. 100 Abs. 1 dem BVerfG vorlegen (Rn 1137).

1152 Die Junktimklausel *gilt nicht für vorkonstitutionelle Gesetze*[46] und lässt zu, dass der Gesetzgeber für die Durchführung des Enteignungsverfahrens und die Regelung der Enteignungsentschädigung auf ein allgemeines Enteignungsgesetz verweist.[47] Ob auch sog salvatorische Entschädigungsklauseln, die eine Entschädigung für den offen gelassenen Fall vorsehen, dass das Gesetz enteignende Wirkung haben sollte, mit der Junktimklausel vereinbar sind, hat das BVerfG dahinstehen lassen.[48] Dem Zweck der Junktimklausel ist aber nur dann genügt, wenn das Gesetz sich nicht mit salvatori-schen Klauseln begnügt, sondern die Tatbestände regelt, bei deren Vorliegen die Rechtsfolge der Entschädigung eintreten soll.[49]

1153 **b)** Legitimer Zweck einer Enteignung ist gem. Art. 14 Abs. 3 S. 1 nur das **Wohl der Allgemeinheit**. Die Beurteilung, wie diese Gemeinwohlziele beschaffen sein müssen, überlässt die Vorschrift weitgehend dem Gesetzgeber, der grundsätzlich alle öffentlichen Ziele verfolgen darf, die ihm das Grundgesetz nicht verbietet (Rn 398).[50] Nicht durch das Gemeinwohl gedeckt sind Enteignungen allein aus fiskalischen Gründen[51] oder allein zur Förderung privater Interessen[52].

1154 **Beispiele:** Eine Enteignung dient nicht allein der Förderung privater Interessen, wenn sie pri-vates Gewinnerzielungs- und Innovationspotenzial mehrt und dadurch der Erhaltung oder Ver-

42 E 56, 249/261.
43 E 74, 264/285.
44 E 46, 268/287.
45 E 24, 367/418.
46 E 4, 229/237; 46, 268/288.
47 E 56, 249/263 f; vgl *Bryde/Wallrabenstein*, MüK, Art. 14 Rn 134.
48 E 58, 300/346.
49 BVerwGE 84, 361/365; vgl *Detterbeck*, DÖV 1994, 273; *Pietzcker*, JuS 1991, 369; aA BGHZ 99, 24/ 28; 105, 15/16 f.
50 BVerfG, NVwZ 2017, 949 Rn 35; *Ogorek*, DÖV 2018, 465/468 ff.
51 E 38, 175/180; BVerfG, NJW 1999, 1176.
52 AbwM E 56, 266/284 ff.

besserung der Wirtschaftsstruktur oder der Bekämpfung der Arbeitslosigkeit dient. Dabei verlangt das BVerfG vom Gesetzgeber, die entsprechenden strukturpolitischen Gemeinwohlaspekte ausdrücklich und differenziert als Enteignungszwecke zu bezeichnen (E 74, 264/287 ff, vgl bereits E 66, 248/257); zudem muss durch gesetzliche Vorgaben gesichert sein, dass das Gemeinwohl durch den Privaten, zu dessen Gunsten die Enteignung erfolgt. dauerhaft gefördert wird (E 134, 242 Rn 179 = JK 5/2014; BVerfG, NVwZ 2017, 399 Rn 25).

c) Die Enteignung muss zur Förderung des Gemeinwohls **geeignet** und **erforderlich** sein. Hierbei ist zwischen Eignung und Erforderlichkeit des Vorhabens für die Förderung des Gemeinwohls und der Eignung und Erforderlichkeit der Enteignung für das Vorhaben zu unterschieden. Während sich für Letztere keine Besonderheiten ergeben, lässt sich die Erforderlichkeit des Vorhabens nicht im strengen Sinn fordern, da das Gemeinwohl regelmäßig durch eine Vielzahl unterschiedlicher Vorhaben gefördert werden kann, ohne dass sich eines als zwingend ausweisen ließe – meist wird sich nicht zeigen lassen, dass das Gemeinwohl nur durch eine Straße oder Eisenbahnlinie genau an dieser Stelle gefördert werden kann. Das BVerfG verlangt aber über die Geeignetheit des Vorhabens hinaus, dass es vernünftigerweise in dem Sinn geboten ist, dass es einen „substantiellen Beitrag zur Erreichung des Gemeinwohlziels leistet"[53].   **1155**

Beispiel: Die Enteignung ist nicht erforderlich, wenn der freihändige Erwerb zumutbar ist, wenn das Vorhaben auch auf einem öffentlichen Grundstück verwirklicht werden kann oder wenn statt der vollständigen auch die teilweise Entziehung, zB eine dingliche Belastung, ausreicht. Weil die Administrativenteignung mehr Rechtsschutzmöglichkeiten bietet als die Legalenteignung, ist sie das mildere Mittel; die Legalenteignung ist daher nur zulässig, wenn eine Administrativenteignung „mit erheblichen Nachteilen für das Gemeinwohl verbunden wäre denen nur durch eine gesetzliche Regelung begegnet werden kann" (E 95, 1/22). Wenn der Enteignungszweck nachträglich entfällt, hat der ehemalige Eigentümer einen Anspruch auf Rückübereignung (E 38, 175/179 ff; BVerwG, NVwZ 1987, 49).   **1156**

d) Die Bestimmung der Enteignungsentschädigung muss schließlich gem. Art. 14 Abs. 3 S. 3 unter **gerechter Abwägung** der Interessen der Allgemeinheit und der Beteiligten erfolgen. Dieses Abwägungsgebot richtet sich wieder an Gesetzgebung und Verwaltung; das Gesetz muss jedenfalls einen Entschädigungsrahmen festsetzen, der dem Abwägungsgebot genügt, und die Verwaltung muss ihn dem Abwägungsgebot entsprechend ausfüllen. Daneben richtet sich das Abwägungsgebot auch an die gem. Art. 14 Abs. 3 S. 4 im Streitfall entscheidenden ordentlichen Gerichte. Es erlaubt nicht eine bloß nominelle Entschädigung, verlangt andererseits aber auch nicht die Entschädigung zum vollen Verkehrswert.[54] Dazwischen ist die Entschädigung daran zu orientieren, wieweit das enteignete Eigentum eigener Arbeit und Leistung und wieweit es staatlichen Vorkehrungen oder einfach Zufällen zu verdanken ist.[55]   **1157**

Die *Verletzung* der Gemeinwohlbindung führt ebenso wie die der Junktimklausel zur Verfassungswidrigkeit der Enteignung und dazu, dass der Enteignete keine Entschädigung erhalten kann, sondern sich gegen die Enteignung selbst wehren muss. Für die Verletzung des Abwägungsgebots durch das die Legalenteignung durchführende oder   **1158**

53 E 134, 242 Rn 184 = JK 5/2014.
54 E 24, 367/421; 46, 268/285; BGHZ 67, 190/192.
55 Vgl *Papier/Shirvani*, MD, Art. 14 Rn 714 ff.

das zur Administrativenteignung ermächtigende Gesetz muss konsequent dasselbe gelten, während die Verletzung durch die Verwaltung im Streitfall von den Gerichten korrigiert werden kann, indem eine höhere Entschädigung zugesprochen wird.

3. Inhalts- und Schrankenbestimmungen

1159 a) Inhalts- und Schrankenbestimmungen erfolgen „durch die **Gesetze**". Obwohl bei Art. 14 anders als bei den anderen Grundrechten nicht von Schranken auf Grund Gesetzes die Rede ist, gilt auch hier, dass der Gesetzgeber nicht nur selbst Inhalt und Schranken bestimmen, sondern auch die Verwaltung dazu ermächtigen kann. Gewohnheitsrecht genügt auch hier nicht.[56]

1160 b) Für Inhalts- und Schrankenbestimmungen gelten die eigentumsspezifischen Maßstäbe der **Privatnützigkeit und Sozialbindung**. Der den Inhalt des Eigentums ausgestaltende Gesetzgeber darf nicht nur die Privatnützigkeit des Eigentums nicht unangemessen verkürzen, er darf auch die Sozialbindung nicht übermäßig vernachlässigen und ist dementsprechend verpflichtet, „die Interessen der Beteiligten in einen gerechten Ausgleich und ein ausgewogenes Verhältnis zu bringen"[57]. Den Gestaltungsspielraum des Gesetzgebers[58] schränkt das BVerfG durch die im Rahmen der Verhältnismäßigkeit ieS entwickelten einzelgrundrechtspezifischen Vorgaben (Rn 416 ff) ein:

1161 aa) Der Gesetzgeber muss die **Eigenart des vermögenswerten Guts oder Rechts** beachten. Unter diesem Gesichtspunkt werden Inhalts- und Schrankenbestimmungen gerechtfertigt, die um der Sozialbindung willen notwendig sind.

1162 Beispiele: „Die Tatsache, dass der Grund und Boden unvermehrbar und unentbehrlich ist, verbietet es, seine Nutzung dem unübersehbaren Spiel der freien Kräfte und dem Belieben des Einzelnen vollständig zu überlassen; eine gerechte Rechts- und Gesellschaftsordnung zwingt vielmehr dazu, die Interessen der Allgemeinheit beim Boden in weit stärkerem Maße zur Geltung zu bringen als bei anderen Vermögensgütern" (E 21, 73/82 f; 52, 1/32 f). – Der BGH hat mit der Lehre von der Situationsgebundenheit des Eigentums für die Beurteilung der Zulässigkeit entschädigungsloser Verbote bestimmter Eigentumsverwendungen einen ähnlichen Gesichtspunkt fruchtbar gemacht und gefragt, ob der vernünftige und einsichtige Eigentümer von sich aus mit Rücksicht auf die natürliche Situation die verbotene Verwendung überhaupt ins Auge fassen würde (BGHZ 23, 30/35; 80, 111/116; 90, 4/15).

1163 bb) Der Gesetzgeber muss die **Bedeutung des vermögenswerten Guts oder Rechts für den Eigentümer** beachten. Unter diesem Gesichtspunkt kann sowohl die personale wie die soziale Funktion des Eigentums bedeutsam und nach der Geeignetheit und Erforderlichkeit von Inhalts- und Schrankenbestimmungen in der einen wie in der anderen Richtung gefragt werden.

1164 Beispiele: „Soweit es um die Funktion des Eigentums als Element der Sicherung der persönlichen Freiheit des Einzelnen geht, genießt dieses einen besonders ausgeprägten Schutz" (E 101, 54/75). Hieraus folgert das BVerfG, dass der Gesetzgeber beim Verbot der Veräußerung von

---

56 Vgl *Jarass*, JP, Vorb. vor Art. 1 Rn 42; *Wieland*, DR, Art. 14 Rn 90; aA *Papier/Shirvani*, MD, Art. 14 Rn 418.
57 E 101, 239/259; 112, 93/109.
58 E 8, 71/80; 53, 257/293.

Eigentum, die ein elementarer Bestandteil der Eigentumsfreiheit sei, und bei Eingriffen in diejenigen vermögenswerten Güter und Rechte, die durch eigene Arbeit und Leistung erworben worden sind, einen eingeschränkteren Gestaltungsspielraum hat (vgl *v. Brünneck*, JZ 1991, 992/994). – „Dagegen ist die Gestaltungsfreiheit des Gesetzgebers umso größer, je stärker der soziale Bezug des Eigentumsobjekts ist" (E 101, 54/76). Das gilt namentlich für das Eigentum an Produktionsmitteln, das Macht über Dritte verleiht (*Jarass*, JP, Art. 14 Rn 42). Die Mitbestimmung der Arbeitnehmer nach dem Mitbestimmungsgesetz von 1976 fällt in diesen „Bereich, den das Grundgesetz in Art. 14 Abs. 1 S. 2 der Gestaltung durch den Gesetzgeber öffnet" (E 50, 290/347). Auch sind Eigentumsbeschränkungen legitim, die den Zugang aller zur freien Natur sichern; deshalb durften Skipistensperrungen beseitigt werden, um Tourengehern den Zugang zu präparierten Pisten zu ermöglichen (BayVerfGH, BayVBl. 2016, 671/673 ff = JK 12/2016). – Der Gesetzgeber ist auch zu unterschiedlicher Behandlung von Sacheigentum und geistigem Eigentum und von Verfügungsrecht und Verwaltungsrecht des Urhebers verpflichtet (E 79, 29/41). – Die polizei- und ordnungsrechtliche Zustandsverantwortlichkeit kann unzumutbar sein, wenn die Gefahr, um deren Abwehr es geht, aus Natur-, der Allgemeinheit oder Dritten zuzurechnenden Ereignissen herrührt und ihre Beseitigung den wesentlichen Teil des Vermögens des Pflichtigen aufzehren würde (E 102, 1/20 ff; vgl *Lepsius*, JZ 2001, 22). Verhältnismäßig sind hingegen Mietpreisbeschränkungen, die nicht auf Dauer zu Verlusten der Vermieter oder zur Substanzgefährdung der Mietsache führen (BVerfG, NJW 2019, 3054 Rn 69 ff).

cc) Der Gesetzgeber muss den Eingriff uU durch **finanzielle Entschädigung** ausgleichen.[59] Bei diesen sog ausgleichspflichtigen Inhalts- und Schrankenbestimmungen schlägt die Bestands- in die Wertgarantie um: Das Eigentum wird zwar, anders als bei der Enteignung, nicht entzogen, aber so intensiv beeinträchtigt, dass es in seinem Wert ausgeglichen werden muss. Die Intensitätsgrenze zieht das BVerfG zum einen da, wo in den Ertrag eigener Arbeit und Leistung eingegriffen, zum andern da, wo der Gleichheitssatz verletzt wird. Die Nähe zur Sonderopfer- und Intensitätsschwelle beim enteignenden und enteignungsgleichen Eingriff ist augenfällig, und viele lange als enteignende Eingriffe beurteilte Sachverhalte werden inzwischen auch als ausgleichspflichtige Inhalts- und Schrankenbestimmungen verstanden. Allerdings betont das BVerfG, dass die Herbeiführung der Angemessenheit des Eingriffs durch eine finanzielle Entschädigungsregelung ultima ratio gegenüber der Verringerung der Intensität des Eingriffs durch andere Maßnahmen bleiben muss, soweit sich mit diesen kein unverhältnismäßiger Aufwand verbindet. Salvatorische Entschädigungsregelungen, die den Vorrang bestandserhaltender Ausgleichsmaßnahmen nicht spezifizieren, genügen den verfassungsrechtlichen Anforderungen nicht.[60] Hier bringt sich der Vorrang der Bestands- vor der Wertgarantie zum Ausdruck.

1165

Beispiele: Ein Pressegesetz bestimmte, dass Verleger von jedem Druckwerk ohne Unterschied ein Belegstück unentgeltlich an eine Bibliothek abliefern mussten (vgl Rn 1144). Die Pflicht zur unentgeltlichen Ablieferung galt somit auch für mit großem Aufwand und in kleiner Auflage hergestellte, teure Druckwerke. Dadurch sah das BVerfG besonders intensiv gerade den Verleger getroffen, der es „durch seine private Initiative und Risikobereitschaft ... möglich (macht), künstlerisch, wissenschaftlich und literarisch exklusives Schaffen ... der Öffentlichkeit zu erschließen", und erklärte die Vorschrift für teilweise verfassungswidrig (E 58, 137/ 150). Außerdem hielt das BVerfG diese Regelung für einen Verstoß gegen den „im Rahmen

1166

---

59 Vgl *Bryde/Wallrabenstein*, MüK, Art. 14 Rn 113; krit *Ossenbühl*, in: FS Friauf, 1996, S. 391.
60 E 100, 226/243 ff; BVerfG, NVwZ 2012, 429 Rn 41.

des Art. 14 Abs. 1 S. 2 GG zu beachtenden Gleichheitssatz", weil die unterschiedslos unentgeltliche Ablieferungspflicht zur „Belastung von erheblich unterschiedlicher Intensität" führe (ebd). Es könnte gefragt werden, ob hier nicht schon eine Enteignung vorliegt; das BVerfG verneint dies, denn die einschlägige Bestimmung begründet „in genereller und abstrakter Weise eine Naturalleistungspflicht in Form einer Abgabe", und das „Eigentum am Druckwerk ist schon bei seiner Entstehung mit der Verpflichtung zur Ablieferung eines Exemplars belastet" (E 58, 137/144). – Als Ausgleichsleistungen zur Herstellung der Verhältnismäßigkeit kommen die Entschädigungsbestimmungen der Natur- und Denkmalschutzgesetze in Betracht, wenn der Erhalt der Natur oder des Denkmals nicht möglich ist (E 100, 226/244 ff; BVerwG, LKV 2016, 514/515). Einen Ausgleichsanspruch hat das BVerfG (E 143, 246 Rn 371, 376 = JK 5/2017) auch den Kernkraftwerksbetreibern im Hinblick auf die erratischen Entscheidungen über den Atomausstieg in den Jahren 2010 und 2011 zugestanden: Art. 14 Abs. 1 schütze „unter bestimmten Voraussetzungen berechtigtes Vertrauen in den Bestand der Rechtslage als Grundlage von Investitionen in das Eigentum und seine Nutzbarkeit". Nachdem erst 2010 die Entscheidung für eine Verlängerung der Laufzeiten getroffen worden, durften sich die Kraftwerkbetreiber „zu Investitionen in ihre Anlagen ermutigt fühlen und mussten nicht damit rechnen, dass der Gesetzgeber noch in derselben Legislaturperiode von der energiepolitischen Grundsatzentscheidung wieder Abstand nehmen würde". Für diese frustrierten Investitionen hätte eine Entschädigung gewährt werden müssen.

1167 Staatshaftungsrechtlich können sich auch soweit der Gesetzgeber keine Ausgleichspflicht vorgesehen hat, Entschädigungsansprüche ergeben, wenn sich der Einzelne gegen die Beeinträchtigung des Eigentums nicht rechtzeitig zur Wehr setzen kann. Das ist der Fall bei **enteignenden Eingriffen**, also solchen *Realakten*, die als unbeabsichtigte Nebenfolge *rechtmäßigen* Verwaltungshandelns für den Gesetzgeber nicht vorhersehbar und dadurch auch nicht regelbar waren, und bei **enteignungsgleichen Eingriffen**, die als *rechtwidrige* Maßnahmen sogleich vollzogen worden sind. Der vom BVerfG für diese Fälle angeführte verwaltungsrechtliche Folgenbeseitigungsanspruch richtet sich nur auf die Wiederherstellung des status quo ante, die überhaupt unmöglich sein kann und jedenfalls für zwischenzeitlich erlittene Nachteile keine Entschädigung bietet. Hier zumindest müssen also enteignender und enteignungsgleicher Eingriff ihre Bedeutung behalten.[61] Ein Entschädigungsanspruch setzt voraus, dass der Eingriff Unmittelbarkeit besitzt, ein Sonderopfer abverlangt und von hinreichender Intensität ist. Unmittelbarkeit bedeutet, dass die Beeinträchtigung des Eigentums entweder eine unmittelbare Folge einer hoheitlich gesetzten Ursache oder eine typische Aktualisierung einer hoheitlich geschaffenen Gefahrenlage oder ein Ergebnis ist, das einem hoheitlichen Verantwortungszusammenhang wertend zuzurechnen ist.[62] Sonderopfer bedeutet, dass zu Lasten einzelner Eigentümer die allgemeine, durch Inhalts- und Schrankenbestimmungen gezogene Opfergrenze überschritten wird, was im Fall des enteignungsgleichen Eingriffs durch seine Rechtswidrigkeit indiziert ist. Hinreichende Intensität bedeutet, dass das Eigentum, wenn schon nicht entzogen, dann schwer, unerträglich, unzumutbar beschränkt wird.

1168 **Beispiele:** Enteignende Eingriffe sind die Verursachung eines Waldbrands durch Schießübungen der Bundeswehr (BGHZ 37, 44), die Vernichtung einer Aussaat durch von einer städtischen Mülldeponie angelockte Vögel (BGH, NJW 1980, 770) und die Beschädigung eines Kraftfahrzeugs aufgrund kriminalpolizeilicher Ermittlungsmaßnahmen (BGH, NVwZ-RR

---

61 Vgl *Ossenbühl/Cornils*, Staatshaftungsrecht, 6. Aufl. 2013, S. 223 f, 270.
62 Vgl BGHZ 92, 34/41 f.

2011, 556). – Enteignungsgleiche Eingriffe sind der Abriss eines Hauses ohne gesetzlichen Grundlage (BGHZ 13, 88) und die Bauverzögerung wegen ungerechtfertigter Änderungswünsche der Baugenehmigungsbehörde (BGHZ 76, 35).

Beide Entschädigungsinstitute gelten als Ausprägungen des neben Art. 14 Abs. 3 stehenden, einstmals in §§ 74, 75 Einl. ALR positivierten, richterrechtlich entfalteten, heute gewohnheitsrechtlich anerkannten Gedankens der Aufopferung.[63] Soweit der Gesetzgeber Belastungen des Eigentums nicht vorhersehen kann und dem Eigentümer gegen unmittelbar belastende Realakte auch kein Primärrechtsschutz möglich ist, greifen die gegen die frühere BGH-Rechtsprechung (s. Rn 1137) geltend gemachten Bedenken nicht. Die Fortgeltung der nur gewohnheitsrechtlich anerkannten Institute des enteignenden und des enteignungsgleichen Eingriffs wird allerdings insgesamt als unklar und unbefriedigend empfunden. Die Reform durch das Staatshaftungsgesetz von 1981 war jedoch mit den Kompetenzbestimmungen des Grundgesetzes unvereinbar und ist gescheitert.[64] Seit 1994 hat der Bund gem. Art. 74 Abs. 1 Nr. 25 die konkurrierende Gesetzgebungskompetenz für die Staatshaftung, von der er aber noch keinen Gebrauch gemacht hat. **1169**

dd) Der Gesetzgeber muss den Eingriff uU durch **Härteklauseln und Übergangsregelungen** abfedern.[65] Hierzu ist nicht nur auf die Verhältnismäßigkeit ieS, die Zumutbarkeit für den Eigentümer, sondern auch auf den rechtsstaatlichen Vertrauensschutz zu verweisen, der „für die vermögenswerten Güter im Eigentumsgrundrecht eine eigene Ausprägung und verfassungsrechtliche Ordnung erfahren" hat.[66] Das BVerfG sieht Übergangsregelungen besonders bei der Neuordnung eines ganzen Rechtsgebiets[67] sowie dann als erforderlich an, „wenn von einer nach früherem Recht möglichen Nutzungsbefugnis bereits Gebrauch gemacht worden ist und diese entzogen wird"[68]. **1170**

Beispiele: Durch eine Änderung des Atomgesetzes wird das Ziel verfolgt, die Nutzung der Kernenergie zur gewerblichen Erzeugung von Elektrizität geordnet und sicher zu beenden. Es sollen keine neuen Betriebsgenehmigungen mehr erteilt werden. Für die vorhandenen, in Betrieb befindlichen Kernenergieanlagen werden Restlaufzeiten bestimmt. Dadurch werden einerseits Inhalt und Schranken des Eigentums an Kernenergieanlagen für die Zukunft neu bestimmt und andererseits das Vertrauen auf den Bestand erworbenen Eigentums grundsätzlich gewahrt (E 143, 246 Rn 335 ff = JK 5/2017; *Koch*, NJW 2000, 1529; dagegen für Enteignung *Schmidt-Preuß*, NJW 2000, 1524). – Unzumutbar ist eine denkmalschutzrechtliche Regelung, die eine Beseitigung eines geschützten Baudenkmals auch dann ausschließt, wenn für es keinerlei sinnvolle Nutzungsmöglichkeit mehr besteht, und die keine Ausnahme- und Ausgleichsregelungen enthält (E 100, 226/243). **1171**

---

63 BGHZ 91, 20/27 f; 102, 350/357; vgl *Bryde*, MüK, Art. 14 Rn 98 f; *Hendler*, DVBl. 1983, 873/881; *Ossenbühl*, NJW 1983, 1.
64 E 61, 149.
65 *Bryde/Wallrabenstein*, MüK, Art. 14 Rn 109 f; *Classen*, StR II, § 12 Rn 72.
66 E 76, 220/244; 95, 64/82; 143, 246 Rn 372 (= JK 5/2017).
67 E 70, 191/201 f; 83, 201/211 ff.
68 E 58, 300/338; BVerfG, NJW 1998, 367; krit *Kube*, Jura 1999, 465.

V. Die Institutsgarantie als Schranken-Schranke

1172 Als Schranken-Schranke setzt die Institutsgarantie des Art. 14 Abs. 1 S. 1 den ansonsten verfassungsrechtlich gerechtfertigten Inhalts- und Schrankenbestimmungen sowie der Enteignung *letzte Grenzen*. Über sie darf sich auch keine Eigentumsdefinition hinwegsetzen. Ihre Bedeutung in der Rechtsprechung des BVerfG ist gering, weil das Netz der übrigen Anforderungen verfassungsrechtlicher Rechtfertigung dicht genug ist.

1173 Die Institutsgarantie sichert einen „Grundbestand von Normen", die ein Rechtsinstitut ausformen, das den Namen des Eigentums verdient.[69] Um den *Namen des Eigentums* zu verdienen, muss das Rechtsinstitut „Privatnützigkeit", dh die Zuordnung zu einem Rechtsträger, der zugleich Nutznießer ist, und dessen grundsätzliche Verfügungsbefugnis über den Eigentumsgegenstand gewährleisten.[70] Insofern soll Art. 14 Abs. 1 S. 1 eine „grundlegende Wertentscheidung des Grundgesetzes zu Gunsten des Privateigentums"[71] enthalten. Verwehrt ist aber nur, „dass solche Sachbereiche der Privatrechtsordnung entzogen werden, die zum elementaren Bestand grundrechtlich geschützter Betätigung im vermögensrechtlichen Bereich gehören"[72]. Unter einem wirtschaftspolitisch neutralen Grundgesetz darf Art. 14 dem Gesetzgeber auch nicht mehr an absoluten Bindungen auferlegen.

VI. Vergesellschaftung

1174 Die Vergesellschaftung des Art. 15 ist ein *Eingriff* in das Eigentum, der sich sowohl von den Inhalts- und Schrankenbestimmungen als auch von der Enteignung unterscheidet: Anders als die Inhalts- und Schrankenbestimmungen belässt sie das Eigentum dem Eigentümer nicht, sondern entzieht es ihm; anders als die Enteignung ist sie nicht konkret und individuell, sondern abstrakt und generell. Sie ist strukturelle Enteignung.

1175 Art. 15 lässt sie nur bei *Grund und Boden, Naturschätzen und Produktionsmitteln* zu. Mit Produktionsmitteln sind allgemein Unternehmen gemeint. Art. 15 erfasst damit sowohl Unternehmen, die Güter erzeugen, als auch solche, die Dienstleistungen erbringen, wie Banken, Versicherungen und Wohnungsunternehmen.[73] Bei anderen vermögenswerten Gütern und Rechten ist nicht die strukturelle Enteignung der Vergesellschaftung, sondern nur eine konkrete und individuelle Enteignung zulässig. Die Entschädigungsregelung ist die des Art. 14 Abs. 3 S. 3 und 4. Sie soll als „Sozialisierungsbremse"[74], nicht aber als Ausschluss der Sozialisierung wirken. Auch daraus folgt, dass das Abwägungsgebot des Art. 14 Abs. 3 S. 3 keine Entschädigung nach dem Verkehrswert verlangen kann. Ob vergesellschaftet wird, ist in die gesetzgeberi-

---

69 E 24, 367/389.
70 E 91, 294/308.
71 E 21, 150/155.
72 E 24, 367/389.
73 *Jarass*, JP, Art. 15 Rn 2; *Manssen*, StR II, Rn 785; *ders.*, ZfIR 2020, 733/735; *Peters*, DÖV 2012, 64/66; aA *Durner*, MD, Art. 15 Rn 39; *Gröpl*, StudK, Art. 15 Rn 11.
74 *Bryde*, MüK, Art. 15 Rn 25.

sche Entscheidung gestellt. An den Verhältnismäßigkeitsgrundsatz ist der Gesetzgeber hier nicht gebunden;[75] von der Pflicht zur verhältnismäßigen Berücksichtigung der Eigentümerinteressen des Art. 14 ist er deswegen befreit, weil Art. 15 gegenüber Art. 14 zur eigenen Grundgesetzbestimmung verselbstständigt ist. Nur dies wird auch der Entstehung der Bestimmung gerecht: Die SPD hat dem Grundgesetz nicht zuletzt deswegen zugestimmt, weil es ihr in Art. 15 die Möglichkeit eröffnete, bei entsprechender Mehrheit im Parlament eine grundlegende Umgestaltung der Wirtschaftsordnung vorzunehmen.[76]

Lösungsskizze zum Fall 20 (Rn 1110): I. Die Buchshecke steht im zivilrechtlichen Eigentum von E (§ 94 BGB) und fällt insofern unter den *Eigentumsbegriff* von Art. 14 Abs. 1 S. 1. Es fragt sich aber, ob das Abschlagenlassen und Verkaufen der Buchshecke als Nutzung vom Schutzbereich des Eigentums umfasst ist. Sieht man das Eigentum an Naturdenkmälern als durch das naturschutz- oder landschaftsgesetzliche Beseitigungs- und Veränderungsverbot definiert, dann könnte die fragliche Nutzung aus dem Schutzbereich von Art. 14 Abs. 1 S. 1 herausfallen. Die durch die Naturschutz- und Landschaftsgesetze eingeführten Beseitigungs- und Veränderungsverbote sind jedoch neueren Datums und haben hier einen schon vorhandenen Bestand vorgefunden. Das Eigentum an der Buchshecke ist also nicht etwa durch die genannten Gesetze lediglich definiert. – II. Die mit dem Verbot des Abholzens verbundene Festsetzung der Buchshecke als Naturdenkmal durch die zuständige Behörde ist ein *Eingriff*. – III. Diese Beschränkung könnte *verfassungsrechtlich gerechtfertigt* werden. 1. Dazu kommt es zunächst darauf an, ob eine Enteignung oder eine Inhalts- und Schrankenbestimmung vorliegt. Gegen eine *Enteignung* spricht hier, dass E sowohl das Grundstück, dessen wesentlicher Bestandteil die Buchshecke ist, als auch diese selbst behalten darf, sogar muss; damit entfällt eine vollständige Entziehung. Auch eine teilweise Entziehung scheidet aus; denn das Eigentum selbst soll E ganz erhalten bleiben, nur sein Eigentümerbelieben, seine Eigentümerbefugnisse sollen verkürzt werden (vgl auch BGH, DVBl. 1957, 861). Beim Verbot, die Buchshecke abholzen zu lassen und zu verkaufen, handelt es sich mithin um eine *Inhalts- und Schrankenbestimmung* des Eigentums. 2. Verhältnismäßigkeit der Inhalts- und Schrankenbestimmung. Zu den Beseitigungs- und Veränderungsverboten der Naturschutz- und Landschafts*gesetze* lässt sich vertreten, dass sie um der Eigenart des vermögenswerten Guts willen überhaupt geboten sind: Eine für die Gefährdung der Natur sensible Zeit hat erkannt, dass die nur knapp vorhandenen und kaum vermehrbaren Naturschönheiten nicht entbehrt werden können. Naturschönheiten dürfen dem freien Spiel der Kräfte und Belieben des Einzelnen nicht vollständig überlassen werden. Zwar kann bei einem Verbot der Veräußerung besondere Behutsamkeit verlangt werden, weil das Veräußern ein elementarer Bestandteil der Eigentumsfreiheit ist. Als Naturschönheit, an der viele Freude haben, stehen diese Eigentumsobjekte jedoch in einem sozialen Bezug und haben eine soziale Funktion. Da die Naturschutz- und Landschaftsgesetze auch einen Ausgleich von Eingriffen durch finanzielle Entschädigung vorsehen, sind sie insgesamt verfassungsrechtlich gerechtfertigt. 3. Auch der *Vollzug* der einschlägigen Gesetze lässt keinen Rechtsfehler erkennen. Den Eingriff hier nur bei finanzieller Entschädigung zuzulassen, besteht kein Anlass, weil die Buchshecke zwar auch aus wirtschaftlichen Gründen angepflanzt worden war, ihren Wert aber nicht durch Arbeit und Leistung gewonnen hat (aA *Lege*, Jura 2011, 826/839). Sie zu behalten, belastet E auch nicht wirtschaftlich unzumutbar.

1176

---

75 *Bryde*, MüK, Art. 15 Rn 13; *Rittstieg* AK, Art. 14/15 Rn 250; aA *Schliesky*, BK, Art. 15 Rn 55; *Sieckmann*, FH, Art. 15 Rn 28 ff; diff *Durner*, MD, Art. 15 Rn 85.
76 Vgl *Bryde*, MüK, Art. 15 Rn 1.

1177 **Literatur:** Zu Art. 14 allgemein: *O. Depenheuer*, Eigentum, Hdb. GR V, § 111; *R. Hendler*, Zur Inhalts- und Schrankenbestimmung des Eigentums, in: FS Maurer, 2000, S. 127; *H. D. Jarass*, Inhalts- und Schrankenbestimmung oder Enteignung?, NJW 2000, 2841; *C. Jasper*, Von Inhalten, Schranken und wichtigen Weichenstellungen: Die Eigentumsgarantie des Art. 14 GG in der allgemeinen Grundrechte-Eingriffs-Dogmatik, DÖV 2014, 872; *H. Jochum/W. Durner*, Grundfälle zu Art. 14 GG, JuS 2005, 220, 320, 412; *T. Kingreen*, Die Eigentumsgarantie (Art. 14 GG), Jura 2016, 390; *J. Lege*, Das Eigentumsgrundrecht aus Art. 14 GG, Jura 2011, 507, 826; *L. Osterloh*, Nassauskiesung und kein Ende?, in: Bouffier/Horn/Poseck/Radtke/Safferling (Hrsg.), Grundgesetz und Europa. Liber Amicorum für Herbert Landau zum Ausscheiden aus dem Bundesverfassungsgericht, 2016, 117; *H.-J. Papier*, Der Stand des verfassungsrechtlichen Eigentumsschutzes, in: Depenheuer (Hrsg.), Eigentum, 2005, S. 93; *F. Shirvani*, Eigentumsschutz und Grundrechtskollision, DÖV 2014, 173. – Speziell zu Enteignung, enteignendem und enteignungsgleichem Eingriff: *A. v. Arnauld*, Enteignender und enteignungsgleicher Eingriff heute, VerwArch 2002, 394; *M. Baldus/B. Grzeszick/S. Wienhues*, Staatshaftungsrecht, 5. Aufl. 2018; *C. Külpmann*, Enteignende Eingriffe, 2000; *F. Ossenbühl/M. Cornils*, Staatshaftungsrecht, 6. Aufl. 2013; *J. Rozek*, Die Unterscheidung von Eigentumsbindung und Enteignung, 1998. – Speziell zu Art. 15 GG: *F. Thiel*, Art. 15 GG – obsolet?, DÖV 2019, 497.

Anhang: Aufbauschema

1178 Das nachfolgende Aufbauschema ist maßgebend, wenn nach der Verfassungsmäßigkeit eines Eingriffs in das Eigentum gefragt wird. Art. 14 ist demgegenüber keine Anspruchsgrundlage für Entschädigungsansprüche; diese folgen allein aus den einfachrechtlichen Entschädigungsgesetzen. Die Eigentumsgarantie kann grundsätzlich nach den allgemeinen, für Freiheitsrechte empfohlenen Prüfungsschemata geprüft werden (Rn 469 ff). Allerdings enthält das Grundrecht spezielle Anforderungen an die Rechtfertigung von Eingriffen, die damit zusammenhängen, dass es – anders als die anderen Freiheitsrechte – nicht nur als Bestandsgarantie wirkt, sondern auch eine Wertgarantie enthält (Rn 1111).

1179 **Aufbauschema V: Eigentum, Art. 14**

    I. Schutzbereich

  II. Eingriffe

 III. Verfassungsrechtliche Rechtfertigung

Abgrenzung: Der Prüfungsmaßstab hängt davon ab, ob der Eingriff eine Enteignung oder Inhalts- und Schrankenbestimmung darstellt:
– Enteignung: Vollständige oder teilweise individuelle Entziehung konkreter subjektiver Vermögenspositionen durch einen final darauf gerichteten Rechtsakt zur Erfüllung bestimmter öffentlicher Aufgaben.
– Inhalts- und Schrankenbestimmung: alle das Eigentum verkürzenden Maßnahmen, die keine Enteignung sind.

Rechtfertigungsanforderungen:
1. Enteignung
  a) Eingriffsermächtigung: Art. 14 Abs. 3 S. 2
    Gesetzlich geregelt werden müssen nicht nur die Eingriffsvoraussetzungen (allgemeiner Parlamentsvorbehalt), sondern auch die Entschädigung (**Junktimklausel**).

b) **Verfassungsmäßigkeit des eingreifenden Gesetzes**
aa) **Formelle Verfassungsmäßigkeit**
bb) **Materielle Verfassungsmäßigkeit**
(1) **Grundsatz der Verhältnismäßigkeit:**
    – Legitimes Ziel: Wohl der Allgemeinheit, Art. 14 Abs. 3 S. 1
    – Geeignetheit
    – Erforderlichkeit
    – Angemessenheit: Gerechte Abwägung, Art. 14 Abs. 3 S. 3
(2) **Wahrung der Institutsgarantie**
c) **Verfassungsmäßigkeit eines Einzelaktes (= Administrativenteignung)**
2. **Inhalts- und Schrankenbestimmungen**
  a) **Eingriffsermächtigung: Art. 14 Abs. 1 S. 2**
  b) **Verfassungsmäßigkeit des eingreifenden Gesetzes**
    aa) **Formelle Verfassungsmäßigkeit**
    bb) **Materielle Verfassungsmäßigkeit**
    (1) **Grundsatz der Verhältnismäßigkeit** mit besonderen Anforderungen im Rahmen der Angemessenheit: Interessenausgleich zwischen Eigentümerinteressen (Art. 14 Abs. 1) und Allgemeininteressen (Art. 14 Abs. 2), dabei sind zu berücksichtigen:
      – Eigenart des vermögenswerten Rechts
      – Bedeutung der vermögenswerten Position (Präponderanz der personalen oder der sozialen Funktion des Eigentums?)
      – Übergangsregelungen/Härteklauseln
      – Ggfs finanzielle Entschädigung (sog ausgleichspflichtige Inhalts- und Schrankenbestimmung) bei intensiven Beeinträchtigungen (= Eingriff in den Ertrag eigener Leistung/Arbeit oder Auferlegung eines gleichheitswidrigen Sonderopfers, für den Fall, dass keine Entschädigung gewährt würde).
    (2) **Institutsgarantie**
  c) **Verfassungsmäßigkeit eines Einzelaktes**

§ 24   Schutz vor Ausbürgerung und Auslieferung und das Asylrecht (Art. 16, 16a)

Fall 21: Die bosnische Muslimin   1180

B ist Bosnierin muslimischen Glaubens. Im November 1991 reiste sie über Frankreich in das Bundesgebiet ein. Im Laufe des Jahres 1992 griff der Bürgerkrieg im ehemaligen Jugoslawien auch auf Bosnien-Herzegowina über. Den bosnischen Serben gelang es, mehr als die Hälfte des Landes unter ihre Herrschaft zu bringen. In den von ihnen beherrschten Gebieten errichteten sie Gefangenenlager, in denen es zu systematischen Misshandlungen, Folterungen, Vergewaltigungen und außergerichtlichen Hinrichtungen vor allem gefangener Muslime kam. Das administrative und wirtschaftliche System in Bosnien-Herzegowina brach vollständig zusammen. In dieser Situation stellt B einen Asylantrag. Hat sie Anspruch auf politisches Asyl? **Rn 1223**

I. Überblick

1181 Art. 16 und 16a enthalten drei Verbürgungen:
- den Schutz Deutscher vor Ausbürgerung,
- den Schutz Deutscher vor Auslieferung und
- das Recht Jedermanns auf politisches Asyl.

Der sachliche Zusammenhang dieser drei Verbürgungen besteht darin, dass ihnen die Anknüpfung an ein status- oder territorialrechtliches Band zwischen der Bundesrepublik Deutschland und einem Einzelnen gemeinsam ist. Dieser kann das eine Mal als Deutscher oder deutscher Staatsangehöriger, das andere Mal als politisch verfolgter Ausländer Rechte geltend machen, und zwar auf Aufrechterhaltung des personenrechtlichen Status (Art. 16 Abs. 1) und auf Einreise und Aufenthalt auf deutschem Territorium (Art. 16 Abs. 2 und Art. 16a). Dabei sind der Schutz vor Ausbürgerung und das Recht auf politisches Asyl Grundrechte, der Schutz vor Auslieferung ist grundrechtsdogmatisch Schranken-Schranke zu Art. 11 (vgl Rn 1006).

1182 Die Unterscheidung der Begriffe des Deutschen und des deutschen Staatsangehörigen von dem Begriff des Ausländers kennzeichnet verschieden geartete Rechtsbeziehungen. Sie beruhen auf zwei gegenläufigen Prinzipien moderner Staatlichkeit, der Personalhoheit und der Gebietshoheit. Inhalt des ersten Prinzips ist die Zuordnung von Personen zu einem Staat, der ihnen Schutz bietet und von ihnen Gehorsam verlangt und beides selbst dann, wenn sie das Staatsgebiet verlassen. Gebietshoheit meint die grundsätzlich alleinige, dh andere Staaten ausschließende Herrschaftsausübung auf einem Teil der Erdoberfläche über alle dort befindlichen Personen und Sachen. Beide Prinzipien sind Ausdruck staatlicher Souveränität. Staatsangehöriger eines Staates ist, wer dessen Personalhoheit unterliegt, Fremder oder Ausländer hingegen, wer zwar der Gebietshoheit eines Aufenthaltsstaates unterliegt, nicht aber dessen Personalhoheit, sondern keinem Staat (sog Staatenloser) oder einem anderen, dem sog Heimatstaat, durch ein solches personales Band verbunden ist.

1183 Die Verbürgungen des Art. 16 und 16a hängen auch historisch miteinander zusammen. Das Entziehungsverbot des Art. 16 Abs. 1 S. 1 reagiert auf die vorwiegend rassistisch motivierte Ausbürgerungspraxis im nationalsozialistischen Deutschland. Auch das Asylrecht des Grundgesetzes ging ursprünglich auf Erfahrungen im und mit dem Dritten Reich zurück, weil damals rassisch bzw politisch verfolgte Deutsche, wenn überhaupt, so nur unter erheblichen Schwierigkeiten im Ausland Schutz finden konnten und weil mit der Schaffung eines vorbehaltlosen Asylgrundrechts Menschen, die sich in einer ähnlichen politischen Lage in anderen Staaten befinden, geholfen werden sollte. Nur das Auslieferungsverbot, wie es heute in Art. 16 Abs. 2 normiert ist, wurde schon Ende des 19. Jahrhunderts als wesentlicher Bestandteil des Reichsbürgerrechts und eigentlich in die Reichsverfassung gehörig bezeichnet.[1] Es war seit 1871 aber nur einfach-gesetzlich verankert, erst 1919 wurde es in die Verfassung aufgenommen (Art. 112 Abs. 3 WRV).

1184 Das Asylgrundrecht ist heute weitgehend durch das Unionsrecht überlagert. Die Qualifikationsrichtlinie (RL 2011/95/EU) regelt in Art. 9 und 10 die unionsrechtlichen beachtlichen Fluchtgründe, die die Genfer Flüchtlingskonvention für die EU konkretisieren. Die Richtlinie enthält zwar in Art. 3 ein Günstigkeitsprinzip, nach dem ein weitergehender Schutz durch die Mitgliedstaaten zulässig sein soll – aber nur, soweit dies mit den Regelungszielen der Richtlinie vereinbar ist. Nach dem EuGH widerspricht es jedoch den Regelungszielen, wenn Mitgliedstaaten Personen einen Flüchtlingsstatus zuerkennen, die davon nach Art. 12 der Richtlinie ausgeschlossen sind (anderweitiger Schutz, Kriegsverbrechen, schwere Straftaten, Men-

---

1 Vgl *Laband*, Das Staatsrecht des Deutschen Reiches, 5. Aufl. 1911, 1. Bd., S. 155.

schenrechtsverletzungen). Ihnen könne nur ein andersartiger Schutz zugesprochen werden.[2] Da Art. 16a aber auf keinen andersartigen Schutz zielt,[3] kommt ihm allenfalls noch marginale Bedeutung zu. Über Art. 12 der Richtlinie hinaus kann er aus unionsrechtlichen Gründen keinen Schutz vermitteln und im Übrigen orientiert er sich wie das Unionsrecht inhaltlich an der Genfer Flüchtlingskonvention (Rn 1198).[4]

II. Schutz vor Ausbürgerung (Art. 16 Abs. 1)

1. Schutzbereich

Art. 16 Abs. 1 S. 1 schützt vor dem Entzug der deutschen Staatsangehörigkeit; Art. 16 Abs. 1 S. 2 nennt die Voraussetzungen, unter denen gesetzlich festgelegte Tatbestände den Verlust der deutschen Staatsangehörigkeit vorsehen dürfen. Berechtigt sind hieraus nur deutsche Staatsangehörige (vgl Rn 192), nicht auch Status-Deutsche.[5]   **1185**

2. Eingriffe

Art. 16 Abs. 1 kennt die Entziehung gem. Satz 1 und den Verlust gem. Satz 2. Satz 2   **1186**
kennt weiter den Verlust mit Willen des Betroffenen und den Verlust gegen den Willen des Betroffenen. Klärungsbedürftig ist das Verhältnis zwischen der Entziehung gem. Satz 1 und dem Verlust gegen den Willen des Betroffenen gem. Satz 2. Denn mit dem Begriff der Entziehung verbindet sich sowohl die Folge des Verlusts als auch das Merkmal der mangelnden Freiwilligkeit; aber wegen der unterschiedlichen Rechtsfolgen müssen die Entziehung gem. Satz 1 und der Verlust gegen den Willen des Betroffenen gem. Satz 2 unterschiedliche Tatbestände bezeichnen. Der Verfassunggeber[6] hatte in der Tat drei Tatbestandsgruppen vor Augen:

– den Verlust mit Willen des Betroffenen, heute besonders durch Entlassung, Verzicht und Erklärung (vgl § 17 Nr. 1, 3 und 6 StAG),
– die überkommenen Tatbestände des Verlusts gegen den Willen des Betroffenen, besonders bei Erwerb einer ausländischen Staatsangehörigkeit, ursprünglich durch Eheschließung (vgl § 17 Nr. 6 RuStAG aF), heute auf Antrag oder durch Adoption (§ 17 Nr. 2 und 4 StAG),
– die willkürliche Entziehung der Staatsangehörigkeit, besonders die Ausbürgerung und Aberkennung der Staatsangehörigkeit aus politischen Gründen.

Diese dreifache Unterscheidung kommt im Wortlaut von Art. 16 Abs. 1 nur unzureichend zum Ausdruck, was zu einer Fülle von Abgrenzungsvorschlägen geführt hat.[7] Um zwischen dem Verlust gegen den Willen des Betroffenen gem. Satz 2 und der Entziehung gem. Satz 1 tatbestandlich deutlicher zu unterscheiden, wird dem Verlust   **1187**

2 EuGH, EU:C:2010:661, Rn 115 ff – Deutschland/B.
3 BVerwGE 139, 272/294 f.
4 Eingehend *Gärditz*, MD, Art. 16a Rn 130 ff, Rn 153 ff.
5 BVerwGE 8, 340/343; *Wittreck*, DR, Art. 16 Rn 42; aA *Becker*, MKS, Art. 16 Rn 57.
6 Vgl JöR 1951, 159 ff.
7 *Schmalenbach*, Hdb. GR V, § 122 Rn 26 ff.

als weiteres Merkmal die zumutbare Beeinflussbarkeit beigelegt.[8] Damit ist besonders der historisch im Hintergrund des Grundrechts stehende Entzug aufgrund von ethnischer Herkunft oder politischer Überzeugung eine verfassungswidrige Entziehung. Die ethnische Herkunft ist nicht beeinflussbar, die Änderung politischer Überzeugung nicht zumutbar.

1188 Umstritten ist, ob die *Rücknahme einer fehlerhaften Einbürgerung* eine Entziehung im definierten Sinne und damit unzulässig ist. Dafür spricht zwar, dass die bloß fehlerhafte, aber nicht nichtige Einbürgerung gem. § 43 VwVfG verbindlich ist, also eine Rechtsposition begründet, die nur noch entzogen werden kann.[9] Aber die Rücknahme kann, „wenn der Verwaltungsakt durch arglistige Täuschung, Drohung oder Bestechung oder durch vorsätzlich unrichtige oder unvollständige Angaben, die wesentlich für seinen Erlass gewesen sind" (§ 35 Abs. 1 StAG), nicht als willkürliche Entziehung angesehen werden, da sie die Funktion der Staatsangehörigkeit als verlässliche Grundlage gleichberechtigter Zugehörigkeit nicht beeinträchtigt. In solchen Fällen ist die Rücknahme zulässig.[10] Fällt rückwirkend die deutsche Staatsangehörigkeit eines Kindes aufgrund erfolgreicher Vaterschaftsanfechtung weg, stellt auch dies keine unzulässige Entziehung dar.[11] Aufgrund des biologischen Charakters des Verlustgrundes kann er nicht für willkürliche Rücknahmen missbraucht werden, vor denen der Entziehungstatbestand schützt.[12]

3. Verfassungsrechtliche Rechtfertigung

1189 Art. 16 Abs. 1 S. 1 verbietet die Entziehung der Staatsangehörigkeit vorbehaltlos. Sie ist daher stets verfassungswidrig.

1190 **Beispiel:** Die zuständige Behörde konnte nach § 1600 Abs. 1 Nr. 5 BGB aF die von einem deutschen Staatsangehörigen anerkannte Vaterschaft anfechten, wenn durch die Anerkennung rechtliche Voraussetzungen für den erlaubten Aufenthalt eines Beteiligten geschaffen wurden (§ 1600 Abs. 3 BGB). Durch die Anfechtung verlor das Kind die deutsche Staatsangehörigkeit. Es lag eine verfassungswidrige Entziehung der Staatsangehörigkeit nach Art. 16 Abs. 1 S. 1 vor, weil das Kind die Entziehung nicht beeinflussen konnte und ihm auch nicht Beeinflussungsmöglichkeiten Dritter zugerechnet werden konnten (E 135, 48 Rn 29 ff = JK 6/2014).

1191 Der Verlust der Staatsangehörigkeit steht dagegen unter einem Gesetzesvorbehalt. Für den Fall, dass der Verlust gegen den Willen des Betroffenen erfolgt, ist der Gesetzesvorbehalt dadurch qualifiziert, dass der Verlust nicht zur Staatenlosigkeit des Betroffenen führen darf.

1192 **Beispiele:** Der automatische Verlust der deutschen Staatsbürgerschaft des Kindes bei erfolgreicher Anfechtung der durch einen Deutschen anerkannten Vaterschaft verstößt gegen den Gesetzesvorbehalt in Art. 16 Abs. 1 S. 2, denn weder das Staatsangehörigkeitsrecht noch die fami-

---

8 E 116, 24/44 f; 135, 48 Rn 29 ff (= JK 6/2014).
9 *Lübbe-Wolff*, Jura 1996, 57/62.
10 E 116, 24/36 ff; vgl auch *Kämmerer*, BK, Art. 16 Rn 87 ff; *Zimmermann/Tams*, FH, Art. 16 Rn 48 f; krit *Wittreck*, DR, Art. 16 Rn 54.
11 E 116, 24/44 f.
12 BVerfG, NJW 2007, 425 Rn 20; BVerwGE 162, 17/28. Zur Verfassungswidrigkeit der Rücknahme aufgrund eines nachträglich eingeführten Verlustgrundes E 135, 48 Rn 38 ff.

lienrechtlichen Vorschriften zur Anfechtung durch den Vater regeln die Auswirkungen auf die Staatsangehörigkeit des Kindes (BVerfG, NZFam 2019, 813/816). Der Verlust gem. §§ 17 Nr. 1, 18–24 StAG (Entlassung) ist zulässig, weil er mit Willen erfolgt. Der Verlust gem. §§ 17 Nr. 2, 25 StAG (Erwerb einer ausländischen Staatsangehörigkeit) ist zulässig, weil er zwar gegen den Willen des Betroffenen erfolgt, aber nicht zu dessen Staatenlosigkeit führt; denn der Verlust tritt erst mit rechtswirksamem Erwerb der ausländischen Staatsangehörigkeit ein (BVerfG, NVwZ 2007, 441).

III. Auslieferungsverbot (Art. 16 Abs. 2)

1. Schutzbereich

Art. 16 Abs. 2 schützt den Bürger davor, „gegen seinen Willen aus der ihm vertrauten Rechtsordnung entfernt (zu) werden"[13]. Berechtigt sind – anders als bei Art. 16 Abs. 1 (vgl Rn 1185) – alle Deutschen (vgl Rn 192 f). Unionsbürger sind nur berechtigt, soweit das Unionsrecht dies fordert (Rn 200).   **1193**

2. Eingriff

Auslieferung bedeutet die – notfalls zwangsweise – Entfernung eines Deutschen aus dem Hoheitsbereich der Bundesrepublik Deutschland, verbunden mit der Überführung in den Bereich einer Macht auf deren Ersuchen. Eine derartige Macht ist auch, wie sich aus Art. 16 Abs. 2 S. 2 ergibt, ein internationaler Gerichtshof. Unter die Auslieferung fällt auch die sog *Durchlieferung*, wenn ein Deutscher von einem Staat an einen anderen unter Durchquerung der Bundesrepublik Deutschland ausgeliefert wird; weder ist die Weitergabe an den Bestimmungsstaat noch die Rückführung an den übergebenden Staat erlaubt.[14]   **1194**

Von der Auslieferung zu unterscheiden ist die *Ausweisung* eines Deutschen. Darunter versteht man das ohne Ersuchen eines anderen Staates an einen Deutschen ergehende Gebot, die Bundesrepublik egal wohin zu verlassen. Gegen die Ausweisung und deren Vollzug, die sog *Abschiebung*, schützt aber Art. 11 (vgl Rn 1006).   **1195**

Schwierig ist der Fall der sog *Rücklieferung* zu beurteilen. Darunter versteht man die Auslieferung eines Deutschen ins Ausland, nachdem dieser zuvor nur vorläufig auf Grund einer Rückführungszusage aus dem Ausland in die Bundesrepublik Deutschland verbracht worden ist. Das BVerfG[15] hat hierin keine verbotene Auslieferung gesehen, weil die Rücklieferung nur wieder den Zustand herstellt, der schon vor der vorläufigen Verbringung in das Bundesgebiet bestanden hat, sich also per saldo die Lage des Betroffenen nicht verschlechtert hat. Diese Erwägung hat jedoch vor der strikten Anordnung des Art. 16 Abs. 2, wonach ein Deutscher niemals gegen seinen Willen einer anderen Macht zugeführt werden darf, keinen Bestand[16]. Danach ist schon die   **1196**

---

13   E 113, 273/293.
14   E 10, 136/139.
15   E 29, 183/193 f.
16   Vgl *Kämmerer*, BK, Art. 16 Rn 128; *Wittreck*, DR, Art. 16 Rn 66; aA *Zimmermann/Tams*, FH, Art. 16 Rn 89.

Abgabe einer Rücklieferungszusicherung verboten, und ihr darf, falls sie doch abgegeben worden ist, nicht nachgekommen werden (auch wenn sich die Bundesrepublik Deutschland dadurch möglicherweise nach völkerrechtlichen Grundsätzen haftbar macht).

3. Verfassungsrechtliche Rechtfertigung

1197 Das Auslieferungsverbot steht unter dem *qualifizierten Gesetzesvorbehalt* des Art. 16 Abs. 2 S. 2. Das Gesetz darf Auslieferungen nur an einen Mitgliedstaat der Europäischen Union oder an einen internationalen Gerichtshof, zB den Internationalen Strafgerichtshof (IStGH), und nur dann zulassen, wenn für den Ausgelieferten dort rechtsstaatliche Grundsätze, wie richterliche Unabhängigkeit, rechtliches Gehör, faires Verfahren und Unschuldsvermutung, gewährleistet sind. Nach dem BVerfG[17] darf eine Auslieferung auch bei maßgeblichem Inlandsbezug der vorgeworfenen Straftat nicht erfolgen.

IV. Asylrecht (Art. 16a)

1. Schutzbereich

1198 Der *Begriff des politisch Verfolgten* in Art. 16a Abs. 1 wird ausgehend von der Genfer Flüchtlingskonvention vom 28.6.1951[18] definiert. Politisch verfolgt ist, wer „wegen seiner Rasse, Religion, Nationalität, Zugehörigkeit zu einer sozialen Gruppe oder wegen seiner politischen Überzeugung Verfolgungsmaßnahmen mit Gefahr für Leib und Leben oder Beschränkungen seiner persönlichen Freiheit ausgesetzt ist oder solche Verfolgungsmaßnahmen begründet befürchtet"[19]. Politisch verfolgt ist aber auch, wer „aufgrund unabänderlicher persönlicher Merkmale anders ist, als er nach Ansicht des Verfolgers zu sein hat"[20]; daher schützt Art. 16a Abs. 1 etwa auch, wer wegen seiner sexuellen Orientierung verfolgt wird. Zur Sicherung dieses materiellen Gehalts hat Art. 16a Abs. 1 auch *verfahrensrechtliche* Bedeutung. Daraus folgt etwa bei Auslieferungsersuchen, dass die zuständigen Stellen die Voraussetzungen von Art. 16a Abs. 1 selbstständig prüfen müssen, wenn die Entscheidung im Asylverfahren noch nicht gefallen ist.[21]

1199 **a) Verfolgung** ist Beeinträchtigung von Rechtsgütern, die den Betroffenen in eine ausweglose Lage bringt.[22] Sie kann alle Lebensbereiche beeinträchtigen, auch den religiösen, den kulturellen und den wirtschaftlichen.[23] Soweit die Beeinträchtigungen Leben, Leib oder persönliche Freiheit nicht gezielt verletzen oder gefährden und auch soweit sie andere Rechtsgüter betreffen, sind sie nur bei menschenwürdeverletzender

---

17 E 113, 273/302 f, 331, 342 f; zur Notwendigkeit der Einzelfallabwägung auch bei erheblichem Auslandsbezug BVerfG, NJW 2016, 1714 Rn 16; NStZ-RR 2017, 55/56 f.
18 BGBl. 1953 II, 559; vgl auch E 94, 115/134 f.
19 BVerwGE 67, 184/186; krit *Selk*, NVwZ 1990, 1133/1135.
20 BVerwGE 79, 143/146.
21 BVerfG, NVwZ 2015, 1204 Rn 12 f.
22 E 74, 51/64.
23 *Jarass*, JP, Art. 16a Rn 7.

Intensität Verfolgung iSv Art. 16a Abs. 1.[24] Bei „Nachteilen, die jemand auf Grund der allgemeinen Zustände in seinem Heimatstaat zu erleiden hat, wie Hunger, Naturkatastrophen, aber auch bei den allgemeinen Auswirkungen von Unruhen, Revolutionen und Kriegen", liegt Verfolgung nicht vor.[25]

Beispiele: Die Beeinträchtigung der beruflichen Betätigung begründet Verfolgung nur dann, **1200** wenn das Existenzminimum nicht mehr gewährleistet ist (BVerwGE 88, 367/374); Ähnlich hatte das BVerfG Beeinträchtigungen der Religionsfreiheit nur dann als Verfolgung erachtet, wenn das „religiöse Existenzminimum", dh die Religionsausübung im häuslich-privaten Bereich nicht mehr gewährleistet ist (E 76, 143/158 ff; 81, 58/66; vgl auch BVerwGE 120, 17/20 f). Unter dem Eindruck der Rechtsprechung des EuGH, der auch die Unterdrückung der öffentlichen Glaubensbetätigung für asylrelevant erachtet (EuGH, EU:C: 2012:518, Rn 62 f), hat das Gericht seine Rechtsprechung angepasst (BVerfG, NVwZ 2020, 950 Rn 26 f).

Verfolgungsfurcht setzt *Verfolgungsgefahr* voraus. Diese ist gegeben, wenn dem **1201** Asylsuchenden politische Verfolgung mit überwiegender Wahrscheinlichkeit droht, sodass ihm der Aufenthalt in seinem Heimatstaat nicht zumutbar ist.[26] Für Vorverfolgte, bei denen schon vor Verlassen des Heimatstaats eine Verfolgung stattgefunden oder unmittelbar gedroht hat, ist der Wahrscheinlichkeitsmaßstab herabgestuft; bei der Rückkehr muss ein Wiederaufleben der ursprünglichen Verfolgung oder eine gleichartige Verfolgung mit hinreichender Wahrscheinlichkeit ausgeschlossen sein.[27] Bei dem, der sich selbst dem Schutz seines Heimatstaats unterstellt, ist davon auszugehen, dass ihm dort keine Verfolgung (mehr) droht.[28]

Der Betroffene befindet sich dann nicht (mehr) in auswegloser Lage, wenn er eine **1202** Fluchtalternative hat. Eine sog *inländische Fluchtalternative* besteht, wenn der Betroffene nicht überall in seinem Heimatland schutzlos ist, sondern in verfolgungsfreie Landesteile ausweichen kann. Das BVerfG spricht in diesem Zusammenhang von einem „mehrgesichtigen Staat", der in verschiedenen Landesteilen unterschiedliche politische Zwecke verfolgt und unterschiedliche Kultur- und Rechtsordnungen zulässt.[29] Entsprechend ist nicht mehr verfolgt, wem die Rückkehr in sein Heimatland[30] oder nur schon in bestimmte Gegenden seines Heimatlandes wegen zwischenzeitlich eingetretener Änderungen der dortigen politischen Lage zugemutet werden kann;[31] das soll selbst dann gelten, wenn dort keine staatliche Friedensordnung mehr besteht.[32] An einer zumutbaren Fluchtalternative fehlt es aber dann, wenn der Betroffene dort existenziell gefährdet ist, weil er auf Dauer ein Leben am Rand des wirtschaftlichen Existenzminimums zu erwarten hat.[33]

Auch bei einer sog *ausländischen Fluchtalternative* ist die Situation des Betroffenen **1203** nicht (mehr) ausweglos. Eine solche besteht, wenn der Betroffene in einem anderen

---

24 E 54, 341/357; 76, 143/158; BVerwGE 30, 321/324.
25 E 80, 315/335.
26 E 76, 143/167; BVerwGE 89, 162/169.
27 E 54, 341/356 ff; BVerwGE 104, 97/99 ff.
28 Vgl BVerwGE 89, 231/233 ff.
29 E 80, 315/342 f; vgl auch E 81, 58/65 f.
30 BVerwGE 124, 276/281 ff.
31 BVerwGE 85, 139/146; 112, 345/347 f.
32 BVerwGE 108, 84/90.
33 E 80, 315/344; 81, 58/65 f; BVerwGE 105, 211 f; 131, 186/190.

Staat Aufnahme und Schutz vor Verfolgung gefunden hat. Objektive Sicherheit[34] vor Verfolgung ist besonders dann gegeben, wenn die Flucht im Drittstaat ihr Ende gefunden hat.[35] Entsprechend der inländischen Fluchtalternative muss der Betroffene im Drittstaat auch vor einer Existenzbedrohung durch Obdachlosigkeit, Mittellosigkeit, Krankheit und Hunger sicher sein.[36]

1204   **b)** Die Verfolgung muss **gegenwärtig** oder gegenwärtig zu befürchten sein. Dies ist nicht der Fall, wenn jemand erst mehrere Jahre nach erlittener, aber beendeter Verfolgung seinen Heimatstaat[37] oder einen von diesem beherrschten Drittstaat[38] verlässt oder in seinen inzwischen verfolgungsfreien Heimatstaat zurückkehren kann.[39] Ihren Anlass kann die Verfolgung oder Verfolgungsfurcht aber auch in sog Nachfluchtgründen haben, dh in nach Verlassen des Heimatstaates eingetretenen Handlungen, Vorgängen oder Ereignissen wie zB in einem Putsch oder einer Revolution im Heimatstaat, im Beitritt zu einer Exilorganisation oder in der Stellung eines Asylantrags durch den Asylbewerber.

1205   Dabei schränkt die Rechtsprechung ein: Grundsätzlich verlange das Asylrecht den kausalen Zusammenhang zwischen Verfolgung und Flucht. Danach könne das bloße illegale Verlassen des Heimatstaates allein keinen Asylanspruch begründen.[40] Nach der Flucht einsetzende Verfolgung oder Verfolgungsfurcht könne das Asylrecht allerdings dann begründen, wenn sie durch sog *objektive Nachfluchttatbestände*, dh durch „Vorgänge oder Ereignisse im Heimatland" oder sonstige vom Betroffenen nicht selbst herbeigeführte Umstände ausgelöst werde.[41] Sog *subjektive* oder selbstgeschaffene Nachfluchttatbestände seien dagegen grundsätzlich unbeachtlich; etwas anderes gelte nur, wenn sie „sich als Ausdruck und Fortführung einer schon während des Aufenthalts im Heimatstaat vorhandenen und erkennbar betätigten festen Überzeugung darstellen"[42] oder Folge einer zum Nachfluchtverhalten drängenden, zumindest latenten Gefährdungslage im Heimatstaat sind[43] oder wenn Verfolgung unter Verletzung der Menschenwürde drohe.[44] Bei unbeachtlichen subjektiven Nachfluchtgründen kommt allerdings Abschiebungsschutz nach § 60 Abs. 1 AufenthG in Betracht.[45]

1206   **c)** Die Verfolgung muss eine **eigene** sein. Dass jemand einer Gruppe zugehört, die Verfolgungsmaßnahmen ausgesetzt ist, begründet eigene politische Verfolgung, wenn alle Gruppenangehörigen dasselbe asylerhebliche Merkmal teilen, sich in einer nach Ort und Zeit vergleichbaren Lage befinden und wenn jeder angesichts einer hinreichenden Vielzahl von Verfolgungsschlägen (sog Verfolgungsdichte) oder eines staatlichen Verfolgungsprogramms befürchten muss, jederzeit selbst Opfer der Ver-

---

34 BVerwGE 77, 150/152.
35 BVerwGE 79, 347/351; 84, 115/121; vgl auch § 27 Abs. 3 AsylG.
36 BVerwGE 78, 332/345 f; 88, 226/232.
37 BVerwGE 87, 52/53 f.
38 BVerwGE 89, 171/175 f.
39 E 54, 341/360.
40 BVerwGE 81, 41/46.
41 E 74, 51/64 f; BVerwGE 88, 92/94 f.
42 E 74, 51/64 ff; BVerwGE 77, 258/261; zust. *Wittreck*, DR, Art. 16a Rn 80; vgl auch § 28 AsylG.
43 BVerwGE 81, 170/172 f; DVBl. 1992, 1543.
44 BVerwGE 90, 127/132 f.
45 E 74, 51/66 f.

folgungsmaßnahmen zu werden.[46] Familiäre Verbundenheit mit einem Verfolgten begründet als solche noch keine eigene Verfolgung.[47] Allerdings ist bei Ehegatten und minderjährigen Kindern, nicht aber bei anderen Verwandten anerkannt, dass sie gewissermaßen stellvertretend politisch verfolgt werden können; daraus resultiert eine widerlegliche Vermutung für eigene politische Verfolgung.[48] Daher räumt § 26 AsylG Ehegatten, Lebenspartnern und minderjährigen Kindern von Asylberechtigten unter bestimmten Voraussetzungen die Rechtsstellung von Asylberechtigten ein.

Beispiel: Eine kleine Minderheit, wie die Jeziden in der Türkei, wird mit solcher Härte, Ausdauer und Unnachsichtigkeit verfolgt, dass jeder Angehörige dieser Minderheit sich ständig der Gefährdung an Leib, Leben oder persönlicher Freiheit ausgesetzt sieht (E 83, 216/232; BVerwGE 88, 367/371 ff).   **1207**

d) Die Verfolgung muss eine **politische** sein, obwohl die Asylgewährung selbst nicht aus politischen, sondern humanitären Gründen erfolgt.[49] Die politische Verfolgung ist objektiv zu bestimmen; sie hängt mit „Auseinandersetzungen um die Gestaltung und Eigenart der allgemeinen Ordnung des Zusammenlebens von Menschen und Menschengruppen" zusammen und geht von einem „Träger überlegener, in der Regel hoheitlicher Macht" aus.[50]   **1208**

Schwierig ist besonders die Zuordnung von *strafrechtlicher* zu politischer Verfolgung. Zum sog politischen Strafrecht (zB Hochverrat, Sabotage) gilt, dass eine staatliche Verfolgung von Handlungen, die aus politischer Überzeugung begangen werden, grundsätzlich politische Verfolgung selbst dann ist, wenn der Staat nur gewaltsame Angriffe auf die Integrität seines Territoriums oder seiner Ordnung abwehrt. Sie ist es nach der Rechtsprechung nicht, wenn ein Staat politischen Terrorismus bekämpft und sich dabei auf die eigentlichen Taten, Täter und Förderer und auf eine gewissermaßen normale Intensität der Bekämpfung beschränkt.[51] Auch eine Verfolgung wegen Tatbeständen, die nicht dem politischen Strafrecht zugehören, kann politische Verfolgung sein; es kommt darauf an, ob nur der gewissermaßen normale kriminelle Gehalt der Tat geahndet wird oder ob die Sanktion an asylrelevante Eigenschaften, besonders an die politische Überzeugung des Täters anknüpft und auf sie abzielt[52] oder härter ist als die im Verfolgerstaat sonst bei ähnlichen, nichtpolitischen Straftaten verhängte Sanktion (sog Politmalus).[53]   **1209**

Da Art. 16a Abs. 1 eine politische Verfolgung verlangt, bietet er nicht ohne weiteres Schutz gegen *Folter* und *Todesstrafe*, die nicht im Zusammenhang mit politischer Verfolgung stehen. Die Folter stellt aber dann politische Verfolgung dar, wenn sie wegen eines der in Rn 1198 genannten Merkmale eingesetzt oder verschärft wird.[54] Außerdem kommt eine Abschiebung des Asylbewerbers in einen Staat, in dem ihm   **1210**

---

46 E 83, 216/231; BVerwGE 125, 243/249.
47 BVerwGE 65, 244/245.
48 BVerwGE 75, 304/312 f; 79, 244/246.
49 E 54, 341/357.
50 E 80, 315/333 f; BVerfG, NVwZ 2000, 1165/1166.
51 E 80, 315/339 f; 81, 142/149 ff; BVerwGE 111, 334/339.
52 Vgl BVerwGE 80, 136/140; *Wittreck*, DR, Art. 16a Rn 65; *Davy*, AK, Art. 16a Rn 27.
53 E 80, 315/338; 81, 142/150.
54 E 81, 142/151; BVerwG, DVBl. 1993, 325/326.

Folter droht, wegen der Bindung der deutschen Staatsorgane an Art. 1 Abs. 1 nicht in Betracht.[55] Auch bei drohender Todesstrafe ist eine Abschiebung wegen Art. 2 Abs. 2 S. 1 und Art. 102 regelmäßig unzulässig (Rn 549).

1211 e) Politische Verfolgung ist grundsätzlich **staatlich**,[56] dh sie wird von staatlichen Bediensteten ausgeübt. Nur vereinzelte Exzesstaten solcher Personen stellen allerdings keine staatliche politische Verfolgung dar.[57] Darüber hinaus kann politische Verfolgung auch in Verfolgungshandlungen durch Dritte bestehen, die dem Staat zuzurechnen sind (sog mittelbare staatliche Verfolgung). Verfolgungshandlungen Dritter sind dem Staat dann zuzurechnen, wenn er Einzelne oder Gruppen zu Verfolgungsmaßnahmen anregt oder derartige Handlungen unterstützt oder tatenlos hinnimmt und damit den Betroffenen den erforderlichen Schutz versagt, weil er hierzu nicht willens oder im einzelnen Fall nicht in der Lage ist.[58]

1212 Dem Staat können Verfolgungshandlungen Dritter nicht mehr zugerechnet werden, wenn die Schutzgewährung seine *Kräfte übersteigt*.[59] Grundlagen der Zurechnung von Drittverfolgungen sind nämlich das staatliche Gewaltmonopol iS einer überlegenen Hoheitsmacht und das damit korrespondierende Schutzmonopol, das eine Garantenstellung begründet, die der Staat für und gegen jedermann durch Einsatz seiner Sicherheits- und Ordnungskräfte zum Schutz vor (politisch motivierten) Übergriffen wahrnehmen muss.[60] Diese Garantenstellung und der Zurechnungsgrund entfallen, wenn der Staat zur Verhinderung solcher Übergriffe prinzipiell und auf Dauer und nicht nur im einzelnen Fall und zeitweise[61] nicht in der Lage ist, weil, zB wegen eines Bürgerkriegs, er das Gesetz des Handelns an andere Kräfte verloren hat und seine staatlichen Sicherheits- und Ordnungsvorstellungen insoweit nicht mehr durchzusetzen vermag. Dann kommt aber eine unmittelbare politische Verfolgung durch die Gruppe oder Bürgerkriegspartei in Betracht, die den Staat aus seiner überlegenen Position verdrängt und zumindest in einem Kernterritorium ein Herrschaftsgefüge von gewisser Stabilität errichtet hat (sog quasistaatliche Verfolgung).[62] Dieser Wechsel des Zurechnungssubjekts setzt weder voraus, dass der Konkurrent um die überlegene Staatsgewalt völkerrechtlich anerkannt worden noch dass der Bürgerkrieg beendet ist.[63]

1213 Auch in einem Bürgerkrieg, in dem die Bürgerkriegspartei oder -parteien *kein Herrschaftsgefüge* von gewisser Stabilität errichtet hat bzw haben, kann es politische Verfolgung geben. Zwar hat das Asylrecht nicht die Aufgabe, vor den allgemeinen Unglücksfolgen zu bewahren, die sich aus Krieg, Bürgerkrieg und sonstigen Unruhen ergeben.[64] Daraus folgt aber nicht, dass Bürgerkriegsverhältnisse das Entstehen eines Asylanspruchs durchweg ausschließen. Die Möglichkeit einer politischen Verfolgung ist vielmehr dann gegeben, wenn die Maßnahmen gegen den Bürgerkriegsgegner

---

55 BVerwGE 67, 184/194; *Frowein/Kühner*, ZaöRV 1983, 537/560 ff; vgl auch § 60 Abs. 2 AufenthG.
56 E 54, 341/356 ff; 80, 315/334; BVerwGE 95, 42/44 ff.
57 E 80, 315/352; BVerfG, DVBl. 2003, 1261 f.
58 E 54, 341/358; 80, 315/336; BVerwGE 67, 317/319.
59 E 80, 315/336.
60 *Rothkegel*, UC, Art. 16a Rn 72 ff.
61 BVerwGE 70, 232/236 f; 72, 269/271 f.
62 BVerwGE 101, 328/333; 104, 254/258.
63 BVerfG, NVwZ 2000, 1165; BVerwGE 114, 16/21 ff.
64 E 80, 315/335.

nicht alle Betroffenen gleichmäßig, sondern Einzelne und bestimmte Gruppen in Abhängigkeit von asylerheblichen Gesichtspunkten stärker treffen.[65] Dies ist besonders dann der Fall, wenn die staatlichen Kräfte im Bürgerkrieg auf die physische Vernichtung von auf der Gegenseite stehenden oder ihr zugerechneten und nach asylerheblichen Merkmalen bestimmten Personen zielen, obwohl diese keinen Widerstand mehr leisten wollen oder können und an dem militärischen Geschehen nicht oder nicht mehr beteiligt sind; vollends, wenn die Handlungen der staatlichen Kräfte in die gezielte physische Vernichtung oder Zerstörung der ethnischen, kulturellen oder religiösen Identität des gesamten aufständischen Bevölkerungsteils umschlagen (sog Gegenterror).[66] Diese Maßstäbe für die staatlichen Kräfte im Bürgerkrieg gelten unter dem Gesichtspunkt der quasistaatlichen Verfolgung auch für den Bürgerkriegsgegner.

f) Als **Schutzbereichsbegrenzung** wirkt Art. 16a Abs. 2 S. 1: Wer aus einem Mitgliedstaat der Europäischen Gemeinschaften, heute: Union, einreist, dem ist von Verfassung wegen die Berufung auf Art. 16a Abs. 1 verwehrt.[67] Dagegen handelt es sich bei Art. 16a Abs. 2 S. 2 um einen Gesetzesvorbehalt; hier wird der Gesetzgeber ermächtigt, andere Staaten zu bestimmen, in denen die in S. 1 festgelegten Voraussetzungen vorliegen.[68] Die Mitgliedstaaten und die anderen Staaten werden unter dem Begriff der sog sicheren Drittstaaten zusammengefasst. Da sämtliche an Deutschland angrenzende Staaten zu den sicheren Drittstaaten gehören,[69] ist eine Anerkennung nach Art. 16a bei einer Einreise auf dem Landweg grundsätzlich ausgeschlossen. Allerdings kann eine Überstellung eines Asylsuchenden in einen sicheren Drittstaat im Einzelfall ausnahmsweise ausgeschlossen sein, wenn Erkenntnisse über rechtliche oder tatsächliche Defizite des Asylsystems im Drittstaat vorliegen.[70] Sofern sich kein sicherer Drittstaat zur Aufnahme bereitfindet, weil die Einreiseroute nicht nachweisbar ist, greift für politische Flüchtlinge jedoch der Abschiebungsschutz gem. § 60 Abs. 1 AufenthG.

214

2. Eingriffe

Als Eingriffe stellen sich alle aufenthaltsverweigernden und -beendenden Maßnahmen gegenüber den vom Asylrecht geschützten politisch Verfolgten dar. Daher liegt wie in der Abweisung eines Asylsuchenden an der Grenze[71] und in der Verweigerung eines für die Einreise gegebenenfalls erforderlichen Sichtvermerks durch eine deutsche Auslandsvertretung und auch in dem Verbot, Asylsuchende ohne Sichtvermerk auf dem Luftweg in die Bundesrepublik Deutschland zu befördern, ein Eingriff.[72] Die gelegentlich vom BVerwG geäußerte Auffassung,[73] Ausländer seien aus Art. 16a

1215

65 BVerwGE 72, 269/277.
66 E 80, 315/340; 81, 142/152; BVerwG, NVwZ 1993, 191 f.
67 E 94, 49/85.
68 E 94, 49/89.
69 Vgl § 26a AsylG iVm Anlage I.
70 So jedenfalls im Rahmen der Güterabwägung im Verfahren der einstweiligen Anordnung BVerfG, NVwZ 2009, 1281 Rn 2 f; 2010, 318 Rn 2.
71 BVerfG, NVwZ 1992, 973; BVerwGE 105, 28/32.
72 *Becker*, MKS, Art. 16a Rn 125; *Kloepfer*, VerfR II, § 73 Rn 115; *Wittreck*, DR, Art. 16a Rn 92; vgl aber BVerwG, NVwZ 2000, 448.
73 BVerwGE 69, 323/325 ff.

Abs. 1 erst dann berechtigt, wenn sie das Staatsgebiet der Bundesrepublik Deutschland erreicht haben, widerspricht Art. 1 Abs. 3 (vgl Rn 269 f). Kein Eingriff in das Asylgrundrecht ist die Vorenthaltung von Hilfeleistungen, Unterbringung und Versorgung,[74] denn Art. 16a Abs. 1 enthält ein Recht des status negativus, nicht des status positivus.[75] Die Vorenthaltung kann aber eine Verletzung von internationalen Menschenrechten oder sonstigen einfach-gesetzlichen Positionen sein.[76]

3. Verfassungsrechtliche Rechtfertigung

1216 a) Art. 16a Abs. 2 S. 2 und Abs. 3 S. 1 enthalten qualifizierte **Gesetzesvorbehalte**. Art. 16a Abs. 2 S. 2 verwehrt die Berufung auf Art. 16a den Personen, die aus einem nicht den Europäischen Gemeinschaften, heute: Union, angehörenden sog sicheren Drittstaat einreisen, dh aus einem Staat, für den ein Gesetz, das der Zustimmung des Bundesrates bedarf, feststellt, dass in ihm die Anwendung der Genfer Flüchtlingskonvention (vgl Rn 1198) und der EMRK (Rn 71 ff) sichergestellt ist. Art. 16a Abs. 3 S. 1 enthält auf den ersten Blick dieselbe Rechtsfolge, wenn er bei gesetzlich bestimmten sog sicheren Herkunftsstaaten die Vermutung fehlender politischer Verfolgung anordnet. Doch kann diese Vermutung gem. Abs. 3 S. 2 durch einen Vortrag von Tatsachen über individuelle politische Verfolgung entkräftet werden.[77] Die eigentliche Bedeutung des Abs. 3 liegt in den prozessualen Rechtsfolgen des Abs. 4.

1217 b) Art. 16a Abs. 2 S. 3 und Abs. 4 enthalten **Beschränkungen des gerichtlichen Rechtsschutzes** bei der Asylgewährung und sind daher Spezialregelungen zu Art. 19 Abs. 4 S. 1. Bei der Einreise aus einem sog *sicheren Drittstaat* wird durch Art. 16a Abs. 2 S. 3 der vorläufige Rechtsschutz gegen aufenthaltsbeendende einschließlich einreiseverhindernder[78] Maßnahmen ausgeschaltet. Dies gilt nach Wortlaut, Systematik und Sinn der Vorschrift auch dann, wenn der Einzelne sich nicht auf das Asylgrundrecht beruft, sondern die drohende Verletzung der Menschenwürde geltend macht.[79]

1218 Auch bei der Einreise aus einem sog *sicheren Heimatstaat* und in anderen Fällen offensichtlicher Unbegründetheit eines Asylantrags geht es um sowohl aufenthaltsbeendende als auch einreiseverhindernde Maßnahmen.[80] Die Anforderungen an die Erlangung vorläufigen Rechtsschutzes werden durch Art. 16a Abs. 4 zwar insofern nicht verschärft, als es wie bisher darauf ankommt, ob das Bundesamt für Migration und Flüchtlinge den Asylantrag zu Recht als offensichtlich unbegründet abgelehnt hat. Aber eine Verschärfung liegt darin, dass das Verwaltungsgericht nicht mehr nach der Richtigkeit des Offensichtlichkeitsurteils, sondern nur noch danach fragt, ob an der Richtigkeit ernstliche Zweifel bestehen.[81] Auch sonst ermächtigt der Gesetzesvorbe-

---

74 BVerwGE 71, 139/141.
75 Vgl *Rottmann*, Staat 1984, 337/346 ff; *Zimmermann/Tams*, FH, Art. 16a Rn 41 ff; *Gärditz*, MD, Art. 16a Rn 185; aA *Wittreck*, DR, Art. 16a Rn 122 ff.
76 Vgl BVerwGE 111, 200.
77 E 94, 115/145 ff.
78 E 94, 49/101.
79 So wohl auch E 94, 49, wo auf die Berufung der Verfassungsbeschwerden auf die Menschenwürde nicht eingegangen wird.
80 E 94, 166/192.
81 E 94, 166/190.

halt, den Prüfungsumfang der Verwaltungsgerichte einzuschränken und verspätetes Vorbringen für nicht berücksichtigungsfähig zu erklären. Eine Beschränkung des verfassungsgerichtlichen Eilrechtsschutzes ergibt sich daraus aber nicht.[32] Verfassungswidrig ist die Vollziehung einer Eilentscheidung vor Zustellung ihrer Begründung.[83]

c) Der **Vorbehalt völkerrechtlicher Verträge** gem. Art. 16a Abs. 5 soll bestimmte völkerrechtliche Bindungen der Bundesrepublik Deutschland bezüglich der Zuständigkeitsregelungen für die Prüfung von Asylbegehren einschließlich der gegenseitigen Anerkennung von Asylentscheidungen selbst dann ermöglichen, wenn dies nach den bisher dargestellten Schutzbereichsbegrenzungen und Eingriffsrechtfertigungen nicht zulässig sein sollte; auf die unionsrechtliche Harmonisierung des Asylrechts gem. Art. 78 AEUV findet er keine Anwendung.[84] Da derartige völkerrechtliche Bindungen nur durch ein Zustimmungsgesetz gem. Art. 59 Abs. 2 innerstaatlich wirksam werden, handelt es sich um einen qualifizierten Gesetzesvorbehalt.[85] **1219**

d) Darüber hinaus kann das Grundrecht nur nach **Art. 18** verwirkt werden; die von Art. 16a Abs. 2–5 nicht gedeckte, auf eine Verwirkung hinauslaufende, aber nicht als Verwirkung ausgestaltete Einreiseverhinderung nach § 18 Abs. 2 Nr. 3 AsylG sowie die Ausweisung und Abschiebung von Asylberechtigten nach §§ 56 Abs. 1, 60 Abs. 8 AufenthG sind daher verfassungswidrig.[86] Nicht angängig ist es, diesen verfassungstextlichen Befund durch die Annahme kollidierenden Verfassungsrechts zu unterlaufen. So beruft die Rechtsprechung sich für die Rechtfertigung auf das Sicherheitsinteresse des Staates und der Allgemeinheit und Art. 26 Abs. 1.[87] Im Schrifttum wird diesem Sicherheitsinteresse gelegentlich sogar eine „Kapazitätsschranke" entnommen.[88] Grundrechte unterliegen jedoch keiner Bewirtschaftung nach vorhandenen Kapazitäten. **1220**

e) Ob Art. 16a in vollem Umfang **verfassungsmäßig** ist, war umstritten,[89] wurde aber vom BVerfG bejaht.[90] Problematisch ist Art. 16a zum einen, weil der Schutz der Menschenwürde die Abschiebung eines Asylbewerbers in einen Staat, in dem ihm Folter (vgl Rn 1210) oder die Abschiebung in einen anderen, ihn mit Folter bedrohenden Staat (sog Kettenabschiebung) droht, verbietet und weder in allen Mitgliedstaaten der Europäischen Union noch in anderen Drittstaaten iSv Art. 16a Abs. 2 S. 1 Kettenabschiebungen schlechterdings auszuschließen sind. Hierzu spricht das BVerfG vom „Konzept normativer Vergewisserung"; der verfassungsändernde Gesetzgeber habe sich daran orientiert und orientieren dürfen, dass in den fraglichen Staaten von Rechts wegen Kettenabschiebungen ausgeschlossen sind. Wo in den fraglichen Staaten allerdings die Sicherstellung der Anwendung des Flüchtlingsabkommens und der Men- **1221**

---

82 AbwM E 94, 223/233; *Rozek*, DVBl. 1997, 517/526; aA E 94, 166/218 f; *Tomuschat*, EuGRZ 1996, 381/385.

83 *Zimmermann/Tams*, FH, Art. 16a, Rn 227 f.

84 *Wittreck*, DR, Art. 16a Rn 118; *Zimmermann/Tams*, FH, Art. 16a Rn 237.

85 *Becker*, MKS, Art. 16a Rn 230.

86 *Renner*, ZAR 2003, 52/55 f; aA *Zimmermann/Tams*, FH, Art. 16a Rn 130 f.

87 BVerfG, DVBl. 2001, 66; BVerwGE 139, 272/293.

88 *Randelzhofer*, Hdb. StR³ VII, § 153 Rn 62.

89 Vgl einerseits *Brenner*, Staat 1993, 493; *Schoch*, DVBl. 1993, 1161; andererseits *Pieroth/Schlink*, in: FS Mahrenholz, 1994, S. 669; auch *Voßkuhle*, DÖV 1994, 53.

90 E 94, 49.

schenrechtskonvention ausnahmsweise durch Umstände gefährdet sei, die im Konzept der normativen Vergewisserung nicht hätten berücksichtigt werden können, bleibe die Bundesrepublik Deutschland zur Gewährung von Schutz verpflichtet.[91]

1222 Problematisch ist zum anderen die Einhaltung des *Art. 20 Abs. 2 und 3* durch Art. 16a. Zwar ist die Rechtsschutzgarantie des Art. 19 Abs. 4 einer Einschränkung durch verfassungsändernde Gesetze nicht entzogen,[92] doch verlangen die Gewaltenteilung und die Bindung der vollziehenden Gewalt an Gesetz und Recht einen Grundstandard an effektivem Rechtsschutz, der nach dem Abhör-Urteil des BVerfG zwar nicht notwendig gerichtlicher Rechtsschutz, aber irgendeine Art „unabhängiger Kontrolle" sein muss.[93] Das Problem bei Art. 16a Abs. 2 S. 3 ist, dass eine entsprechende Kontrolle durch deutsche Gerichte oder andere unabhängige Instanzen verwehrt wird; das BVerfG lässt wieder die normative Vergewisserung betreffend die Sicherstellung der Anwendung des Flüchtlingsabkommens und der Menschenrechtskonvention in den fraglichen Staaten genügen.[94] Treffen allerdings die Befürchtungen des Betroffenen zu und erweist sich zB der Drittstaat als nicht sicher, indem er ihn in den Verfolgerstaat abschiebt, ist die politische Verfolgung irreparabel. Die Verfassungsänderung hat das Asylrecht zu einem „Grundrecht zweiter Klasse" gemacht.[95]

1223 **Lösungsskizze zum Fall 21 (Rn 1180):** I. Der Schutzbereich des Art. 16a Abs. 1 setzt voraus, dass B politisch verfolgt ist. B befürchtet begründet Beeinträchtigungen von Leib und Leben wegen ihrer Religion und Volkszugehörigkeit. Sie hat keine inländische Fluchtalternative, weil ihr bei der katastrophalen Versorgungslage in Bosnien-Herzegowina ein Leben am Rande des Existenzminimums droht, und keine ausländische Fluchtalternative, weil sie in keinem anderen Staat Aufnahme und Schutz vor Verfolgung gefunden hat. Die Verfolgungsgefahr ist gegenwärtig, weil sich die Verhältnisse in Bosnien-Herzegowina geändert haben und damit ein beachtlicher objektiver Nachfluchttatbestand gegeben ist. Der B droht eigene Verfolgung. Dies ergibt sich aus der Situation der Muslime in Bosnien-Herzegowina insgesamt (sog Einzelverfolgung wegen Gruppenangehörigkeit). B befindet sich nach Ort, Zeit und Wiederholungsträchtigkeit in einer vergleichbaren Lage mit den in den Lagern der bosnischen Serben gefangenen Muslimen. Angesichts der großen Zahl intensiver Menschenrechtsverletzungen an Mitgliedern der muslimischen Bevölkerungsgruppe besteht für B nicht nur die theoretische, sondern die reale Möglichkeit, selbst Opfer von schwersten Misshandlungen zu werden. B befürchtet auch politische Verfolgung. Zwar geht die Verfolgung der Muslime weder aktiv vom bosnischen Staat aus (sog unmittelbare staatliche Verfolgung) noch ist dieser auf absehbare Zeit in der Lage, seinen Bürgern Schutz vor Übergriffen zu gewähren. Daher scheidet auch eine sog mittelbare staatliche Verfolgung aus. Es liegt aber eine sog quasistaatliche Verfolgung durch die bosnischen Serben vor, die faktisch die Staatsgewalt in Bosnien-Herzegowina innehaben; denn diesen ist es gelungen, auf dem Territorium des Staates Bosnien-Herzegowina eine selbstständige Herrschaftsordnung zu etablieren, die es ihnen möglich macht, staatsähnliche Herrschaftsgewalt auszuüben. Dass die Verfolgungshandlungen im Rahmen eines Bürgerkriegs begangen wurden, ist hier unschädlich, denn Bürgerkriegsverhältnisse schließen das Entstehen eines Asylbegehrens jedenfalls dann nicht aus, wenn die Handlungen quasistaatlicher Kräfte in die gezielte physi-

---

91 E 94, 49/99 f.
92 E 30, 1/25; 94, 49/103.
93 Vgl E 30, 1/27 ff; *Schlink*, Staat 1973, 85/98 ff.
94 E 94, 49/104.
95 *Tomuschat*, EuGRZ 1996, 381/386.

sche Vernichtung oder Zerstörung der ethnischen oder religiösen Identität einer bestimmten Bevölkerungsgruppe umschlagen. Das kann angesichts der sog ethnischen Säuberungen in Bosnien-Herzegowina angenommen werden. – II. Der B den Asylanspruch zu versagen, wäre ein Eingriff, der verfassungsrechtlich nicht gerechtfertigt wäre. Insbesondere greift Art. 16a Abs. 2 nicht ein; denn diese Regelung gilt nur für die Fälle, in denen der Betroffene nach dem 30.6.1993 eingereist ist (BVerfG, NVwZ-Beilage 2/1993, 12).

Literatur: Allgemein: *A. Meßmann/T. Kornblum*, Grundfälle zu Art. 16, 16a GG, JuS 2009, 688, 810. – **Zu II. und III.:** *R. Grawert*, Staatsvolk und Staatsangehörigkeit, Hdb. StR³ II, § 16; *A. Leupold*, Einführung in das Staatsangehörigkeitsrecht, JuS 2006, 126; *G. Lübbe-Wolff*, Entziehung und Verlust der deutschen Staatsangehörigkeit – Art. 16 I GG, Jura 1996, 57; *K. Schmalenbach*, Verbot der Auslieferung und des Entzugs der Staatsangehörigkeit Hdb. GR V, § 122; *F. E. Schnapp/M. Neupert*, Grundfragen des Staatsangehörigkeitsrechts, Jura 2004, 167; *A. Uhle*, Auslieferung und Grundgesetz, NJW 2001, 1889; *A. Zimmermann*, Die Auslieferung Deutscher an Staaten der Europäischen Union und internationale Strafgerichtshöfe, JZ 2001, 233. – **Zu IV.:** *S. Fontana*, Verfassungsrechtliche Fragen der aktuellen Asyl- und Flüchtlingspolitik im unions- und völkerrechtlichen Kontext, NVwZ 2016, 735; *A. Funke*, Das Flüchtlingsrecht zwischen Menschenrecht, Hilfspflicht und Verantwortung, JZ 2017, 533 *K. Hailbronner*, Asylrecht, Hdb. GR V, § 123; *M. Hong*, Asylgrundrecht und Refoulementverbot, 2008; *C. Langenfeld*, Asyl und Migration unter dem Grundgesetz, NVwZ 2019, 677 *F. Moll*, Das Asylgrundrecht bei staatlicher und frauenspezifischer Verfolgung, 2007; *A. Randelzhofer*, Asylrecht, Hdb. StR³ VII, § 153.

1224

§ 25 Petitionsrecht (Art. 17)

Fall 22: Der abgewiesene Lehramtsanwärter (nach E 2, 225)   **1225**

L wendet sich mit einem Brief an den Kultusminister des Bundeslandes B. Darin führt er aus, dass er die Zurückweisung seines Antrages auf Einstellung in den Schuldienst durch die zuständige Abteilung des Kultusministeriums für rechtswidrig halte und eine Klage erwäge. Zuvor wolle er jedoch dem Minister Gelegenheit bieten, selbst dem Recht zur Geltung zu verhelfen. Daraufhin erhält er folgende Antwort eines Ministerialbeamten: „Der Herr Minister hat Ihre Eingabe vom … zur Kenntnis genommen, sieht sich jedoch nicht veranlasst, auf Ihre Vorstellungen hin eine Verfügung zu treffen." Wird dadurch Art. 17 verletzt? **Rn 1238**

I. Überblick

Das Petitionsrecht ist ein altes Grundrecht. Mit ihm wird dem Einzelnen allein oder „in Gemeinschaft mit anderen" (sog Sammelpetition) ein formloser Rechtsbehelf garantiert. Art. 17 ist nicht nur ein Abwehrrecht; er beinhaltet einen Anspruch auf sachliche Bescheidung der Petition und stellt insofern ein Teilhaberecht dar (vgl Rn 177). Das Petitionsrecht hat große praktische Bedeutung; so gingen beim Deutschen Bundestag im Jahr 2015 ca. 13.000 Eingaben ein.[1] Die Befugnisse des Petitionsausschusses des Deutschen Bundestages sind in einem auf Grund des Art. 45c ergangenen Gesetz besonders geregelt.   **1226**

---

1 Vgl BT-Drucks. 18/8370, S. 7.

II. Schutzbereich

1. Petitionsbegriff

1227 Petitionen iSd Art. 17 werden als „Bitten und Beschwerden" umschrieben. Bitten richten sich auf künftiges, Beschwerden gegen vergangenes Verhalten. Grundrechtlich garantiert ist nur die schriftliche Petition (anders zB Art. 16 hessVerf), wobei, jedenfalls soweit die zuständige Stelle ein elektronisches Einreichungsverfahren vorsieht, dies dem verfassungsrechtlichen Schriftlichkeitserfordernis genügt, das in erster Linie der administrativen Nachvollziehbarkeit und Petitionsklarheit dient.[2]

Wortlaut und Systematik führen zu folgenden Abgrenzungen: reine Meinungsäußerungen werden ausschließlich von Art. 5 Abs. 1 S. 1 Hs. 1 geschützt; für Bitten um Zugang zu allgemein zugänglichen staatlichen Informationsquellen ist Art. 5 Abs. 1 S. 1 Hs. 2 speziell; förmliche Rechtsbehelfe und Rechtsmittel fallen unter Art. 19 Abs. 4. Aus dem Sinn und Zweck des Art. 17 ist schließlich zu folgern, dass anonyme Eingaben keine Petitionen sind.[3]

1228 **Beispiele:** Petitionen sind nicht nur die herkömmlicherweise unterschiedenen drei Typen der formlosen Rechtsbehelfe, nämlich Gegenvorstellung (Bitte an die handelnde Behörde, die beanstandete Maßnahme zu überprüfen und ggfs zu korrigieren), Aufsichtsbeschwerde (entsprechende Bitte an die übergeordnete Behörde) und Dienstaufsichtsbeschwerde (Beschwerde an einen Dienstvorgesetzten über das Verhalten eines Bediensteten), sondern alle Bitten und Beschwerden bezüglich der Ausübung öffentlicher Gewalt.

2. Adressaten der Petition

1229 Die Petition muss an die zuständige Stelle oder an die Volksvertretung gerichtet sein. Zur *Volksvertretung* zählen nicht nur der Deutsche Bundestag und die Landtage bzw Bürgerschaften, sondern auch die Vertretungskörperschaften in den Kreisen und Gemeinden (vgl Art. 28 Abs. 1 S. 2).[4] Die *Zuständigkeit* der Stelle wird nach allgemeiner Meinung nicht streng organisationsrechtlich verstanden: So muss der Instanzenzug nicht gewahrt werden.[5] Bei Petitionen an die sachlich unzuständige Stelle fordert Art. 17 die Weiterleitung oder immerhin eine Mitteilung an die zuständige Stelle.[6]

3. Inhaltliche Zulässigkeitsvoraussetzungen

1230 Nach der Rechtsprechung des BVerfG soll eine Petition unzulässig sein, wenn mit ihr „etwas gesetzlich Verbotenes gefordert wird" oder sie „beleidigenden, herausfordernden oder erpresserischen Inhalt hat"[7]. Hierbei wird die rechtliche Bewertung des Verhaltens des Petenten mit der rechtlichen Bewertung des Verhaltens, das er von der an-

---

2 *Guckelberger*, NVwZ 2017, 1462 f.
3 *Brenner*, MKS, Art. 17 Rn 32; *Jarass*, JP, Art. 17 Rn 4; *Kloepfer*, VerfR II, § 76 Rn 19; aA *Krings*, FH, Art. 17 Rn 41; *Stern*, StR IV/2, S. 305.
4 BVerwGE 168, 109 Rn 16.
5 E 2, 225/229.
6 BVerwG, DÖV 1976, 315; aA *Krings*, FH, Art. 17 Rn 57.
7 E 2, 225/229.

geschriebenen Stelle verlangt, vermengt:[8] Einerseits wird ein *rechtlich verbotenes Verhalten* nicht dadurch zulässig, dass es sich als Petition ausgibt. Nicht von Art. 17 geschützt ist daher eine Petition, die gegen Strafgesetze verstößt. Die Auslegung der Strafgesetze muss allerdings die objektiv-rechtliche Bedeutung des Art. 17 berücksichtigen.

Beispiel: Beleidigende Äußerungen können durch die Wahrnehmung berechtigter Interessen (§ 193 StGB) gerechtfertigt sein. Da Petitionen nicht auf die Geltendmachung von Individualinteressen beschränkt sind, sondern auch ein allgemeines Anliegen verfolgen dürfen, muss auch die Wahrnehmung von Interessen der Allgemeinheit nach § 193 StGB gerechtfertigt sein (vgl auch OLG Düsseldorf, NJW 1972, 650). **1231**

Andererseits sind Petitionen, die etwas *rechtlich Verbotenes verlangen*, nicht unzulässig. Es kann gerade ein sinnvoller Inhalt der Petition sein, eine Rechtsänderung anzuregen. Für die Zulässigkeit derartiger Petitionen spricht auch die Überlegung, dass gerichtliche Klagen, die viel strengeren Zulässigkeitsvoraussetzungen unterliegen, nicht allein deshalb unzulässig sind, weil sie auf etwas rechtlich Verbotenes gerichtet sind.[9] **1232**

4. Gewährleistungen

Art. 17 ist ähnlich wie Art. 19 Abs. 4 (Rn 1242) ein jedenfalls teilweise normgeprägtes Grundrecht (Rn 282). Der Umfang seiner Gewährleistung lässt sich daher nicht nur im Hinblick auf ein natürliches Verhalten des Grundrechtsträgers bestimmen, sondern umfasst auch die Gewährleistung eines Verfahrens und einer Entscheidung. **1233**

Als natürliche Freiheit schützt Art. 17 die ungehinderte Vorbereitung und Einreichung einer Petition, wozu auch die Werbung für die Unterstützung seiner Petition durch Dritte zu zählen ist. Im Rahmen der allgemeinen Gesetze darf der Petent alle Mittel einsetzen, um die Durchschlagkraft seiner Petition zu stärken.[10] Ferner darf er nicht daran gehindert werden, die Petition bei der zuständigen Stelle einzureichen. Wenn diesem Recht nur die Pflicht entspräche, die Petition *entgegenzunehmen*, bliebe das Petitionsrecht ein wirkungsloses Instrument. Zu einem Rechtsbehelf im eigentlichen Sinn wird es erst, wenn auch eine inhaltliche Auseinandersetzung mit dem Anliegen des Einzelnen erfolgen muss. Daher ist anerkannt, dass Art. 17 einen Anspruch auf *Prüfung* und *Bescheidung* der Petition gewährt. Aus dem Bescheid muss sich „zum mindesten die Kenntnisnahme von dem Inhalt der Petition und die Art ihrer Erledigung ergeben"; eine „besondere Begründung" soll dagegen nicht erforderlich sein.[11] Im Schrifttum wird dagegen überwiegend ein Anspruch auf wenigstens knappe Begründung bejaht.[12] **1234**

Das Petitionsrecht vermittelt keinen Anspruch auf eine bestimmte inhaltliche Bescheidung der Petition. Mit Ausnahme der Mindestanforderungen an das Verfahren, **1235**

---

8 Vgl *Stein*, AK, Art. 17 Rn 23.
9 *Klein*, MD, Art. 17 Rn 55; *Kloepfer*, VerfR II, § 76 Rn 30.
10 BVerwGE 158, 208.
11 Vgl E 2, 225/230; BVerfG, NJW 1992, 3033; BVerwG, BayVBl. 1991, 152; aA OVG Bremen, JZ 1990, 965/966 f; zust *Stern*, StR IV/2, S. 315.
12 Vgl *Klein*, MD, Art. 17 Rn 90 f; *Kloepfer*, VerfR II, § 76 Rn 16; *Stettner*, BK, Art. 17 Rn 92 ff.

ist die zuständige Stelle in der Behandlung der Petition grundsätzlich frei. Wenn die zuständige Stelle aber wie der Bundestag ausgewählte Petitionen auf seiner Internetseite veröffentlicht, stellt sich die nach Ansicht des BVerfG schwierige Frage, ob Art. 17 auch Rechte hinsichtlich der Veröffentlichungspraxis, die für den Erfolg einer Petition von Bedeutung sein kann, vermittelt.[13] Richtigerweise wird man in der Einführung der öffentlichen Petition, die der Bundestag lediglich in einer auf seiner Geschäftsordnungsautonomie beruhenden Richtlinie geregelt hat, eine Ausgestaltung des Petitionsrechts sehen müssen.[14] Diese Ausgestaltung des Petitionsrechts hat auch Außenwirkung, da sie dem Bundestag Einfluss auf die öffentliche Wahrnehmung und damit auch auf den Erfolg der Petition gibt. Zu Recht ist daher die Wahrung des Gesetzesvorbehalts für das Verfahren gefordert worden.[15] Anders als das BVerwG annimmt, vermittelt diese Ausgestaltung des Petitionsrechts durch den Bundestag dem Petenten wegen ihres potentiellen Einflusses auf den Erfolg seiner Petition auch einen Anspruch auf eine grundrechtskonforme Entscheidung über die Veröffentlichung, die etwa eine diskriminierende oder die staatliche Neutralität verletzende Entscheidungspraxis ausschließt.[16]

III. Eingriffe und verfassungsrechtliche Rechtfertigung

1236 Jedes Zurückbleiben hinter den dargestellten Anforderungen stellt einen Eingriff dar. Art. 17 enthält keinen Gesetzesvorbehalt; lediglich für Sammelpetitionen von Soldaten sieht Art. 17a Abs. 1 eine Einschränkungsmöglichkeit (vgl Rn 783) vor, von der bisher nur für Beschwerden, nicht aber für Bitten durch § 1 Abs. 4 WBO Gebrauch gemacht worden ist. Das BVerfG hat eine Eingriffsrechtfertigung nur durch kollidierendes Verfassungsrecht anerkannt.

1237 **Beispiel:** Das sog Kontaktsperregesetz hat im Jahr 1977 die §§ 31–38 EGGVG eingeführt. Danach kann jedwede Verbindung von Gefangenen untereinander und mit der Außenwelt unter eng umschriebenen Voraussetzungen für einen begrenzten Zeitraum unterbrochen werden. Den darin liegenden Eingriff ua in Art. 17 hat E 49, 24/64 f mit dem „Interesse überragender Gemeinschaftswerte", nämlich dem Schutz des Lebens vor terroristischen Gewalttätern gerechtfertigt.

1238 **Lösungsskizze zum Fall 22 (Rn 1225):** I. Der *Schutzbereich* des Art. 17 ist betroffen, wenn es sich bei dem Schreiben des L um eine zulässige Petition handelt, die nicht sachlich beschieden wurde. 1. Die Bitte, der Minister möge sich des Falles annehmen und der bisherigen Entscheidung seiner Behörde abhelfen, fällt ohne weiteres unter den Begriff der Petition. L muss sich auch an die zuständige Stelle gewendet haben. Da ein Minister für die Rechtmäßigkeit des Verwaltungshandelns seiner Behörde verantwortlich ist, kann auch diese Voraussetzung bejaht werden. Nach der Rechtsprechung des BVerfG ist eine Petition dann unzulässig, wenn sie „beleidigenden, herausfordernden oder erpresserischen Inhalt hat" (E 2, 225/229). Allgemeiner gesagt darf die Petition nicht gegen – ihrerseits verfas-

---

13 BVerfG, BeckRS 2014, 48682, Rn 11.
14 *Krüper*, DÖV 2017, 800/802 ff.
15 *Guckelberger*, NVwZ 2017, 1462 f; *Krüper*, DÖV 2017, 800/807 ff; offengelassen in BVerwGE 158, 208/214 f.
16 *Krüper*, DÖV 2017, 800/802 ff.

sungsmäßige – Strafgesetze verstoßen. Da die Androhung des L, ggfs den Rechtsweg zu beschreiten, nicht als unzulässiges Druckmittel anzusehen ist, ist die Eingabe keinesfalls unzulässig. – 2. Daraus ergibt sich für L nicht nur ein Anspruch auf Entgegennahme, sondern darüber hinaus auf Prüfung und Bescheidung durch die angegangene Stelle. Der Bescheid muss nach der Rechtsprechung zwar keine Begründung enthalten, wohl aber dem Petenten gegenüber erkennen lassen, dass die Eingabe vom Adressaten zur Kenntnis genommen worden ist und was dieser zur Erledigung veranlasst hat. Dagegen wird im Schrifttum überwiegend eine, wenn auch kurze, Begründung verlangt. Hier ist dem dem L gegenüber ergangenen Bescheid zu entnehmen, dass der Minister mit der Eingabe befasst war, jedoch nichts unternehmen wird. Damit wurde den Anforderungen der Rechtsprechung, nicht aber den weitergehenden des Schrifttums genügt. – II. Nach der Rechtsprechung liegt schon kein *Eingriff* in Art. 17 vor. Nach der abweichenden Auffassung wäre ein solcher zu bejahen; da hierfür keine verfassungsrechtliche Rechtfertigung ersichtlich ist, läge auch ein Verstoß gegen Art. 17 vor.

Literatur: *H. Bauer*, Das Petitionsrecht: Eine Petitesse?, in FS Stern, 2012, S. 1211; *A. Guckelberger*, Neue Erscheinungen des Petitionsrechts – E-Petitionen und öffentliche Petitionen, DÖV 2008, 85; *W. Hoffmann-Riem*, Zum Gewährleistungsgehalt der Petitionsfreiheit, in FS Selmer, 2004, S. 93; *M. Hornig*, Die Petitionsfreiheit als Element der Staatskommunikation, 2001; *J. Krüper*, Normsetzung im Kraftfeld des Art. 17 GG, DÖV 2017, 800; *C. Langenfeld*, Das Petitionsrecht, Hdb. StR³ III, § 59; *U. F. H. Rühl*, Der Umfang der Begründungspflicht von Petitionsbescheiden, DVBl. 1993, 14. **1239**

§ 26 Rechtsschutzgarantie (Art. 19 Abs. 4)

Fall 23: Beschwerdeverfahren im Strafvollzug (nach E 40, 237) **1240**

A verbüßt eine Freiheitsstrafe in einer Justizvollzugsanstalt. Wegen eines Verstoßes gegen die Anstaltsordnung erteilt ihm der Anstaltsleiter Hausarrest. Zwei Wochen später erhebt A hiergegen Beschwerde, die der Präsident des Justizvollzugsamts zurückweist. Sein Antrag auf gerichtliche Entscheidung gem. § 23 EGGVG wird vom OLG wegen Fristversäumnis als unzulässig zurückgewiesen. Das Gericht stützt sich auf § 24 Abs. 2 EGGVG, wonach der Antrag auf gerichtliche Entscheidung erst nach vorausgegangenem Beschwerdeverfahren gestellt werden darf, sowie eine Verwaltungsvorschrift, in der das Beschwerdeverfahren zu dem Präsidenten des Justizvollzugsamts geregelt und für die Einlegung dieser Beschwerde eine Frist von einer Woche vorgeschrieben ist. Verstößt die Entscheidung des OLG gegen Art. 19 Abs. 4? **Rn 1273**

I. Überblick

Art. 19 Abs. 4 ist ein *Verfahrensgrundrecht*: Er setzt die materiellen Grund- und einfach-rechtlichen Rechte voraus und gewährleistet, dass ihre rechtliche Geltung im gerichtlichen Verfahren zu tatsächlicher Wirksamkeit gebracht wird. Seine formell-rechtliche Bedeutung entspricht der materiell-rechtlichen Bedeutung von Art. 2 Abs. 1: Wie Art. 2 Abs. 1 den Freiheitsschutz materiell lückenlos abschließt, verbürgt Art. 19 Abs. 4 den lückenlosen gerichtlichen Rechtsschutz. Art. 19 Abs. 4 steht im Zusammenhang mit dem Rechtsstaat und wird als dessen Krö- **1241** nung, als Schlussstein in dessen Gewölbe bezeichnet.[1] Das Offenstehen des Rechtswegs in zivilrechtlichen Streitigkeiten, das nicht Inhalt von Art. 19 Abs. 4 ist, folgt aus dem allgemeinen Justizgewährungsanspruch, den das BVerfG aus dem Rechtsstaatsprinzip ableitet.[2]

1242 Art. 19 Abs. 4 ist ein Grundrecht mit *normgeprägtem* Schutzbereich. Damit man Rechtswege beschreiten und Rechtsschutz erlangen kann, müssen Gerichte geschaffen, Zuständigkeiten begründet und Verfahren eingerichtet sein; Art. 19 Abs. 4 setzt Gerichtsverfassungs- und Verfahrensgesetze voraus und wird daher als institutionelle Garantie der Gerichtsbarkeit bezeichnet.[3] Zugleich kann Art. 19 Abs. 4 als verfassungsrechtliche Bestimmung aber nicht dem einfachen Recht überlassen, wie eng- oder weitherzig es Rechtswege eröffnet und Rechtsschutz ermöglicht (Rn 164 ff, 343 ff, 440 ff). Eine gewisse Unabhängigkeit vom einfachen Recht liegt darin, dass Art. 19 Abs. 4 S. 2 bei fehlender anderer Zuständigkeit, dh wenn der Gesetzgeber für eine öffentlich-rechtliche Streitigkeit bei einem Fachgericht keine Zuständigkeit begründet hat, die Zuständigkeit der ordentlichen Gerichte bestimmt. Außerdem verlangt das BVerfG „effektiven Rechtsschutz" und gibt damit dem Gesetzgeber einen Maßstab für die Eröffnung von Rechtswegen und Ermöglichung des Rechtsschutzes.

II. Schutzbereich

1. Öffentliche Gewalt

1243 Der Begriff der öffentlichen Gewalt oder der Staatsgewalt bezeichnet im Grundgesetz üblicherweise Gesetzgebung, vollziehende Gewalt und Rechtsprechung (vgl Art. 1 Abs. 1 und 3, 20 Abs. 2, 93 Abs. 1 Nr. 4a). Anders in Art. 19 Abs. 4:

1244 – Nach Ansicht des BVerfG[4] ist hier die *Rechtsprechung nicht* erfasst. Art. 19 Abs. 4 soll den Schutz *durch*, nicht *gegen* den Richter gewährleisten. Das ergibt auch der systematische Zusammenhang mit dem Grundsatz der Rechtssicherheit als Element des Rechtsstaatsprinzips: Richterliche Entscheidungen müssen um der Rechtssicherheit willen in Rechtskraft erwachsen. Dies würde vereitelt, wenn gegen sie wieder und wieder der Rechtsweg beschritten werden könnte.[5] Wenn allerdings das einfache Prozessrecht eine weitere Instanz eröffnet, so gewährleistet Art. 19 Abs. 4 auch insoweit eine wirksame gerichtliche Kontrolle.[6] Soweit ein Richter gegen den Anspruch auf rechtliches Gehör gemäß Art. 103 Abs. 1 verstößt, leitet das BVerfG zudem einen wenigstens einmaligen fachgerichtlichen Rechtschutz aus dem allgemeinen rechtsstaatlichen Justizgewährungsanspruch ab.[7]

1245 – Mit „öffentlicher Gewalt" iSv Art. 19 Abs. 4 soll auch *nicht* die *Gesetzgebung*, jedenfalls nicht die formelle Gesetzgebung gemeint sein.[8] Dies ist zwar nicht zwei-

---

1 Vgl *Dürig*, Gesammelte Schriften 1952–1983, 1984, S. 137 ff.
2 E 93, 99/107; 97, 169/185; 107, 395/401; 108, 341/347; 117, 71/122; BVerwGE 153, 282.
3 *Ibler*, FH, Art. 19 IV Rn 19 ff; krit *Schenke*, BK, Art. 19 Abs. 4 Rn 164.
4 E 49, 329/340 f; 107, 395/404 ff.
5 Ebenso *Jarass*, JP, Art. 19 Rn 45; *Ramsauer*, AK, Art. 19 Abs. 4 Rn 55 f; *Schenke*, BK, Art. 19 Abs. 4 Rn 449 ff; aA *Huber*, MKS, Art. 19 Rn 442 ff; *Ibler*, FH, Art. 19 IV Rn 91 ff; *Uhle*, Hdb. GR V, § 129 Rn 14.
6 BVerfG, NJW 2013, 3291 Rn 27 (= JK 9/2014).
7 E 107, 395/407, 411; dazu *Voßkuhle*, NJW 2003, 2193; *Dörr*, Jura 2004, 334.
8 E 24, 33/49 ff; 24, 367/401.

felsfrei, aber mit einleuchtenden systematischen Argumenten begründbar: Die gerichtliche Überprüfung von Gesetzen, dh die Normenkontrolle, ist im Grundgesetz an mehreren Stellen ausdrücklich geregelt, in Art. 93 Abs. 1 Nr. 2, Art. 93 Abs. 1 Nr. 4a und Art. 100 Abs. 1. Das Kennzeichnende dieser Vorschriften ist, dass es regelmäßig (mit Ausnahme des Art. 93 Abs. 1 Nr. 4a) nicht in der Macht des Einzelnen steht, die Normenkontrolle bei formellen Gesetzen in Gang zu setzen, und dass es außerdem nicht in der Macht der in Art. 19 Abs. 4 angesprochenen ordentlichen und Fachgerichte steht, sie durchzuführen. Dies darf nicht durch Art. 19 Abs. 4 überspielt werden, und daher muss die (Parlaments-)Gesetzgebung bei Art. 19 Abs. 4 aus dem Begriff der öffentlichen Gewalt ausgenommen werden.[9]

Die danach übrig bleibende Exekutive unterliegt der gerichtlichen Kontrolle aber *umfassend*. Ebenso umfassend wie die Exekutive durch Art. 1 Abs. 3 an die Grundrechte gebunden ist (vgl Rn 253 ff), wird sie über Art. 19 Abs. 4 auf die Einhaltung der Grundrechte kontrolliert. Die Kontrolle erfasst auch den Rechtspfleger[10] und den Staatsanwalt[11], die zwar in Nachbarschaft zur Rechtsprechung agieren, ihr aber nicht zugehören. Hingegen entzieht das BVerfG „die Korrektur etwaiger Wahlfehler einschließlich solcher, die Verletzungen subjektiver Rechte enthalten,"[12] unter Hinweis auf das spezielle Wahlprüfungsverfahren in Art. 41 dem Rechtsweg des Art. 19 Abs. 4.[13] Das Anliegen, die spezifische Rationalität einer Wahl nicht zu beeinträchtigen, kann aber bei einfach-rechtlichen Rechtsverstößen (zB fehlende Eintragung ins Wählerverzeichnis) den verwaltungsrechtlichen Rechtsschutz nicht ausschließen.[14] Bei spezifisch verfassungsrechtlichen Streitigkeiten, für die nach § 40 Abs. 1 VwGO der Verwaltungsrechtsweg nicht eröffnet ist, kommt *vor* der Wahl auch verfassungsrechtlicher Rechtsschutz in Betracht, wenn der Wahlfehler so schwerwiegend ist, dass er zur Nichtigkeit der ganzen Wahl führen könnte.[15] Aus der Zeit vor der Geltung des Grundgesetzes stammen Versuche, den Rechtsschutz zumal im sog besonderen Gewaltverhältnis und bei sog justizfreien Hoheitsakten (Regierungsakten, Gnadenakten) einzuschränken; sie haben vor Art. 19 Abs. 4 keinen Bestand.[16] Allerdings hält das BVerfG in stRspr Gnadenentscheidungen für nicht gerichtlich überprüfbar.[17] Schließlich gehört die Rechtsetzung der Exekutive in der Form von Rechtsverordnungen und Satzungen zur öffentlichen Gewalt iSv Art. 19 Abs. 4; wo das Landesrecht keine Normenkontrolle gem. § 47 VwGO vorsieht, hat verwaltungsgerichtlicher Rechtsschutz über die Feststellungsklage stattzufinden.[18]

1246

---

9 Ebenso *Hesse*, VerfR, Rn 337; *Jarass*, JP, Art. 19 Rn 43 f; aA *Ibler*, FH, Art. 19 IV Rn 82 ff; *Schenke*, BK, Art. 19 Abs. 4 Rn 428 ff; *Schmidt-Aßmann*, MD, Art. 19 Abs. 4 Rn 93 ff; *Uhle*, Hdb. GR V, § 129 Rn 14.

10 E 101, 397/407.

11 E 103, 142/156.

12 E 66, 232/234.

13 Krit *Meyer*, in: Isensee/Kirchhof, Hdb. StR³ III, § 46 Rn 98 ff; *Morlok/Bäcker*, NVwZ 2011, 1153/1159.

14 *Jarass*, JP, Art. 41 Rn 5.

15 SächsVerfGH, NVwZ 2019, 1829/1832; *Schenke*, NJW 2020, 122/124 ff.

16 Vgl *Kloepfer*, VerfR II, § 74 Rn 8; *Schenke*, BK, Art. 19 Abs. 4 Rn 394 ff, 414 ff.

17 E 25, 352/358; BVerfG, NJW 2001, 3771; anders aber für den Widerruf eines Gnadenakts E 30, 108/111.

18 E 115, 81/92 ff.

1247 Die öffentliche Gewalt, von der Art. 19 Abs. 4 spricht, meint lediglich die Hoheitsgewalt deutscher Hoheitsträger.[19] Akte supranationaler Hoheitsträger, die aufgrund einer Übertragung von Hoheitsrechten nach Art. 24 Abs. 1 in Deutschland öffentliche Gewalt ausüben, fallen nicht unter die Rechtsschutzgarantie. Einfach-rechtlich ist ein Rechtsschutz vielmehr regelmäßig durch Immunitätsklauseln in den zugrundeliegenden Abkommen ausgeschlossen, die über Art. 59 Abs. 2 S. 1 in Bundesrecht überführt werden. Das BVerfG sieht aber durch Art. 19 Abs. 4 auch ein subjektives Recht auf Sicherstellung eines effektiven Rechtsschutzes bei der Übertragung von Hoheitsrechten gewährleistet. Es wird verletzt, wenn sich auf supranationaler Ebene strukturelle Mängel bei der Gewährleistung eines wirkungsvollen Rechtschutzes zeigen. Die betroffene Grundrechtsträgerin kann sich dann gegen das Übertragungsgesetz richten. Diese über die Rechtsschutzgewährleistung gegen deutsche Hoheitsgewalt hinausgehende Ausgestaltungsgarantie (Rn 164 ff) wird vom BVerfG mit der in Art. 19 Abs. 4 verbürgten objektiven Wertentscheidung für einen wirksamen Rechtsschutz begründet,[20] die – wie auch sonst (Rn 128) – zur Begründung subjektiver Rechte herangezogen wird.

2. Rechtsverletzung

1248 Unter Rechten sind nicht etwa nur die im ersten Abschnitt des GG aufgeführten Grundrechte,[21] sondern *alle subjektiven Rechte* des öffentlichen wie des privaten Rechts zu verstehen. Art. 19 Abs. 4 setzt sie voraus und schafft sie nicht. Soweit sie sich nicht auf das Entscheidungsergebnis auswirken, erlaubt dies dem Gesetzgeber auch die Unbeachtlichkeit von Rechtsfehlern vorzusehen,[22] wie dies bei Verfahrensfehlern im Interesse der Verfahrensökonomie – etwa § 46 VwVfG – oder bei Abwägungsfehlern im Planungsrecht im Interesse der Planerhaltung – etwa § 214 Abs. 3 BauGB – häufig vorgesehen ist. Es kommt also darauf an, ob und inwieweit im sonstigen Recht ein subjektives Recht begründet ist.[23]

1249 **Beispiele:** Grundrechte des Grundgesetzes, die als einfaches Recht geltenden Grundrechte der EMRK, Rechte auf Baugenehmigung, Reisegewerbekarte, Ausbildungsförderung, soziale Grundsicherung, der öffentlich-rechtliche Folgenbeseitigungsanspruch, privatrechtliche Eigentums-, Forderungs-, Gesellschafter-, Wertpapierrechte usw.

1250 Unter Rechtsverletzung ist der *rechtswidrige Eingriff* zu verstehen. Er muss nicht wirklich erfolgt sein, damit der Rechtsweg offen steht; die Feststellung, ob er wirklich erfolgt ist, ist gerade die den Gerichten durch Art. 19 Abs. 4 zugewiesene Aufgabe. Die Rechtsverletzung muss lediglich *geltend gemacht*, dh immerhin schlüssig und plausibel vorgetragen werden.

1251 **Beispiel:** Gem. § 42 Abs. 2 VwGO sind die Anfechtungs- und Verpflichtungsklage vor dem Verwaltungsgericht nur zulässig, wenn der Kläger geltend machen kann, durch den Verwal-

---

19 E 149, 346 Rn 43; anders noch BVerfGK 8, 325 Rn 12.
20 E 149, 346 Rn 36 ff; entsprechend zu Art. 6 Abs. 1 EMRK, etwa EGMR, NJW 1999, 1173/1175 (Waite und Kennedy/Deutschland); NVwZ-RR 2016, 644/646 (Klausecker/Deutschland); zu den internationalen Bezügen eingehend *Gärditz*, EuGRZ 2018, 530 ff.
21 So *Pestalozza*, NVwZ 1999, 140.
22 BVerfG, NVwZ 2018, 573 Rn 46 f.
23 E 15, 275/281; 83, 184/194 f.

tungsakt in seinen Rechten verletzt zu sein. Hier wird genau das gefordert, was auch Art. 19 Abs. 4 voraussetzt. In § 42 Abs. 2 VwGO liegt daher kein Eingriff in Art. 19 Abs. 4.

Strukturelle Rechtsschutzprobleme werfen heimliche Überwachungsmaßnahmen auf. **1252** Aufgrund ihrer Heimlichkeit können potentiell Betroffene eine tatsächliche Betroffenheit kaum je nachweisen. Bei der nicht Art. 19 Abs. 4 unterfallenden Gesetzesverfassungsbeschwerde hat das BVerfG für die Beschwerdebefugnis daher ausreichen lassen, dass „mit einiger Wahrscheinlichkeit" von der Betroffenheit des Beschwerdeführers ausgegangen werden kann.[24] Demgegenüber hat das BVerwG die Klagebefugnis gegen strategische Telekommunikationsüberwachungen abgelehnt, wenn der Kläger den Beweis seiner Betroffenheit nicht erbringen kann. Da die Löschung der Überwachungsdaten durch die Behörde auch dem Interesse der Betroffenen gedient habe, sah das Gericht auch keinen Grund zu einer Beweislastumkehr.[25] Jedenfalls soweit das Gericht diese Wertung darauf stützt, dass es sich allenfalls um einen geringfügigen Eingriff gehandelt haben könnte und außerdem eine Kontrolle der Maßnahmen durch die parlamentarische Kontrollkommission erfolgt sei, verkennt sie die grundgesetzliche Gewährleistung des Rechtsschutzes, der weder eine Bagatellgrenze kennt, noch – jenseits von Art. 10 Abs. 2 S. 2 – durch parlamentarische Verfahren substituiert werden kann.[26]

Mit der Voraussetzung, dass der Grundrechtsberechtigte in *seinen* Rechten verletzt **1253** sein muss, ist klargestellt, dass eine *Popularklage* – Klage eines beliebigen Bürgers, der einen beliebigen Rechtsverstoß rügt – und eine *Verbandsklage* – Klage eines Verbands, der die Verletzung von Rechten seiner Mitglieder oder auch gemäß dem Verbandsanliegen die Verletzung sonstiger Rechtsnormen geltend macht – nicht von Art. 19 Abs. 4 geschützt sind.[27] Diese Klagen sind durch die Rechtsweggarantie aber auch nicht verboten. Dem Gesetzgeber steht es frei, sie allgemein oder nur für bestimmte Bereiche einzuführen.

Beispiele: Art. 55 Abs. 1 S. 1 bay VfGHG lautet: „Die Verfassungswidrigkeit einer Rechts- **1254** vorschrift des bayerischen Landesrechts kann jedermann durch Beschwerde beim Verfassungsgerichtshof geltend machen" (Popularklage) – Durch § 2 UmwRG und § 64 BNatSchG ist den vom Bund und den Ländern anerkannten Verbänden ein eigenes Klagerecht eingeräumt worden (materiell-rechtliche Verbandsklage; vgl. *Calliess*, NJW 2003, 97 ff; *Schlacke*, Überindividueller Rechtsschutz, 2008). Dagegen ist das Klagerecht der anerkannten Naturschutzverbände aus § 2 UmwRG, § 64 BNatSchG auf die Beteiligung am Verwaltungsverfahren beschränkt (verfahrensrechtliche Verbandsklage; vgl BVerwGE 87, 62/69 f).

3. Offenstehen des Rechtswegs

Mit dem Offenstehen des Rechtswegs ist der *Zugang* zum Gericht, das *Verfahren* vor **1255** dem Gericht und die *Entscheidung* durch das Gericht unter Einschluss einer wirksamen Vollstreckung seiner Entscheidungen[28] verbürgt. Dabei sind staatliche Gerichte

---

24 E 122, 63/81 f; 125, 260/305; 133, 277 Rn 81.
25 BVerwGE 149, 359/369.
26 *Gärditz*, JZ 2014, 998/1000 f.
27 Vgl BVerfG, NVwZ 2001, 1149; *Michael*, Verwaltung 2004, 35.
28 BVerfG, BayVBl. 2000, 47; zu Art. 47 GRCh auch EuGH, EU: EU:C:2019:1114, Rn 37 (Deutsche Umwelthilfe) (= JK 8/2020).

gemeint, die in ihrer organisatorischen Stellung und personellen Besetzung den Anforderungen von Art. 92 und Art. 97 genügen.[29] Das Grundgesetz schreibt vor, dass der Rechtsweg zu den in Art. 95 und Art. 96 genannten Gerichtsbarkeiten offen stehen muss, und es begründet einige Zuständigkeiten der ordentlichen Gerichtsbarkeit (Art. 14 Abs. 3 S. 4, Art. 34 S. 3, hilfsweise Art. 19 Abs. 4 S. 2). Im Übrigen ist es aber Aufgabe des Gesetzgebers, den Rechtsweg näher auszugestalten (Rn 164 ff, 343 ff).

1256 Ihre *Grenze* findet die Rechtsschutzgarantie bzw die richterliche Prüfung da, wo das Handeln der öffentlichen Gewalt *nicht normiert* ist. Gerichte kontrollieren die Rechtmäßigkeit, nicht die Zweckmäßigkeit staatlichen Handelns. Entscheidungsspielräume der Verwaltung werden nur auf die Einhaltung der rechtlichen Grenzen durch die Gerichte überprüft. Dabei sind drei Arten von Spielräumen zu unterscheiden:

1257 a) Soweit der Gesetzgeber die Verwaltung zu verfassungsmäßigen Grundrechtseingriffen ermächtigt, kann er die Wahrnehmung dieser Ermächtigung auch in das **Ermessen** der Verwaltung stellen. Soweit die Verwaltung das Ermessen fehlerfrei, dh dem Gesetzeszweck entsprechend und gleichheitsrechtskonform, ausübt, werden die Grundrechte durch den Ermessensspielraum der Verwaltung statt einer Eingriffspflicht geschont. Der Ermessensspielraum wird lediglich im Hinblick auf seine Grenze gerichtlich überprüft (vgl § 114 VwGO).

1258 b) Anderer Art sind **Beurteilungsspielräume** der Verwaltung. Sie beziehen sich auf die Beurteilung der Sachverhalte, die den Entscheidungen zugrunde gelegt werden. Diese müssen grundsätzlich durch die Gerichte vollständig überprüft werden.[30] Ausnahmen ergeben sich nur dort, wo dies den Gerichten entweder unmöglich ist[31] oder der Gesetzgeber bei besonders schwer zu beurteilenden Sachverhalten durch die Ausgestaltung des Verwaltungsverfahrens dafür gesorgt hat, dass bereits im Verwaltungsverfahren eine fachliche Beurteilung des Sachverhalts erfolgt, die derjenigen bei Gericht gleichwertig oder überlegen ist. Zum Teil wird darin eine konkludente „normative Ermächtigung" der Verwaltung gesehen. Der Begriff darf hingegen nicht dahin missverstanden werden, dass es dem Gesetzgeber freistünde, Beurteilungsspielräume einzuräumen. Soweit Sachverhalte wissenschaftlich ungeklärt sind, muss er vielmehr selbst die Entscheidung unter Ungewissheit fällen.[32] Soweit die Verwaltung über eine besondere situative oder fachliche Expertise verfügt, legitimieren sich Beurteilungsspielräume nicht durch Ermächtigungen, sondern durch die funktionellen Grenzen des gerichtlichen Verfahrens bei der Sachverhaltsermittlung.[33] Wenn Beurteilungsspielräume bestehen, überprüfen die Gerichte lediglich die Einhaltung der Verfahren, sowie die Plausibilität der Methoden, Annahmen und Ergebnisse.[34]

1259 c) Aufgrund sprachlicher, systematischer und methodischer Unbestimmtheiten kann auch das Recht für einzelne Anwendungsfälle unbestimmt sein. In diesen Fällen muss das Recht durch Rechtsfortbildung dogmatisch weiterentwickelt werden, ohne

---

29 E 11, 232/233; 49, 329/340.
30 E 129, 1/20; BVerwG, NJW 2020, 785/786 f (= JK 6/2020).
31 E 149, 407 Rn 17.
32 E 149, 407 Rn 24.
33 Vgl E 129, 1/23; 149, 407 Rn 26.
34 E 149, 407 Rn 29 f.

dass das Ergebnis dieser Rechtsfortbildung immer durch die juristischen Methoden eindeutig vorgegeben ist. Daraus resultieren **Rechtsfortbildungsspielräume**. Die Letztentscheidung über Rechtsfortbildungen ist den Gerichten zugewiesen.[35] Sie sind aufgrund ihrer spezifischen dogmatischen Expertise und ihrer institutionellen Stellung, die ihre Unabhängigkeit und über den Instanzenzug auch eine Vereinheitlichung der Rechtsfortbildung garantiert, auch unter funktionellen Gesichtspunkten besonders qualifiziert. Rechtsfortbildungen der Verwaltung unterliegen auch dort der vollen gerichtlichen Kontrolle, wo Auslegungsspielräume bestehen.[36]

Beispiele: Prüfungsentscheidungen müssen aus der Prüfungssituation heraus getroffen werden, lassen sich in späteren Verwaltungsstreitverfahren faktisch nicht wiederholen, und ihrer Wiederholbarkeit ist rechtlich auch dadurch eine Grenze gesetzt, dass Chancengleichheit die Prüfung und Bewertung eines Kandidaten im Vergleichsrahmen der Prüfung und Bewertung aller Kandidaten verlangt. Weil sich die Prüfungssituation prozessual nur begrenzt rekonstruieren lässt, ist ein prüfungsrechtlicher Beurteilungsspielraum seit Langem anerkannt. Die gerichtliche Kontrolle beschränkt sich darauf ob der Sachverhalt korrekt ermittelt wurde, keine Verfahrens- oder sonstige Rechtsfehler vorliegen und allgemein gültige Bewertungsmaßstäbe beachtet worden sind. Dort, wo unterschiedliche fachliche Auffassungen vertretbar sind, hat das BVerfG dem Prüfer den Bewertungsspielraum und dem Prüfling einen Antwortspielraum zugestanden (E 84, 34/54 f; BVerwGE 104, 203/206; vgl *Müller-Franken*, VerwArch 2001, 507). Die Auslegung prüfungsrechtlicher Rechtsbegriffe durch die Prüfer unterliegt hingegen auch dort der uneingeschränkten Kontrolle, wo sie Unbestimmtheiten aufweisen.   **1260**

III. Eingriffe und Ausgestaltungen

Als normgeprägtes Grundrecht (Rn 1242) bedarf Art. 19 Abs. 4 der *Ausgestaltung* durch den Gesetzgeber. Rechtsschutz ist eine „staatliche Leistung":[37] Es gibt daher keinen gewissermaßen natürlichen Rechtsschutz, in den durch die prozessrechtlichen Vorschriften über Partei- und Prozessfähigkeit, Anwaltszwang, Klage- und Ausschlussfristen, Bindung an Entscheidungen anderer Gerichte, Rechtskraft etc. eingegriffen würde. Gesetzliche Regelungen, die die Rechtsschutzgarantie ausgestalten, sind daher keine Eingriffe in das Grundrecht. Zur Ausgestaltung zählen dabei auch Regelungen, die der missbräuchlichen oder leichtfertigen Inanspruchnahme von Rechtsbehelfen entgegenwirken sollen.   **1261**

Beispiel: Nach § 81 Abs. 6 GWB sind Geldbußen, die in einem kartellrechtlichen Bußgeldbescheid festgesetzt werden, zu verzinsen. Das ist eine zulässige Ausgestaltung der Rechtsweggarantie, weil sie darauf abzielt, Einsprüche gegen Bußgeldbescheide zu verhindern, die nur eingelegt werden, um eine Zahlungspflicht hinauszuzögern und dann noch vor dem Ergehen einer gerichtlichen Entscheidung zurückgenommen werden (E 133, 1 Rn 71).   **1262**

Lediglich der Ausschluss des Zugangs zu den Gerichten sowie unangemessene, durch die Funktionsbedingungen von Rechtspflege und Rechtssicherheit nicht gebotene und dem Rechtsschutzsuchenden unzumutbare gesetzliche Erschwerungen des Zugangs zu den Gerichten bzw des Verfahrens vor ihnen sind unzulässige Ausgestaltungen.   **1263**

---

35   E 129, 1/21, 23; zumindest missverständlich noch E 88, 40/61.
36   *Poscher*, in: FS Wahl, 2011, 527.
37   E 101, 106/123; 133, 1 Rn 69.

1264 *Eingriffe* sind hingegen Regelungen, die einen anderen (= externen) Zweck als die Ausgestaltung des Rechtswegs verfolgen (Rn 169 ff, 343 ff).

1265 **Beispiel:** Grundsätzlich gestalten Regelungen über die mündliche Verhandlung die Rechtsschutzgarantie aus. Wenn der Gesetzgeber allerdings bei einer epidemischen Lage von nationaler Tragweite mündliche Verhandlungen verböte, so läge darin ein Eingriff, weil sich das Verbot auf den externen Zweck des Infektionsschutzes stützte. Sähe er mündliche Verhandlungen im Zuge der Digitalisierung der Rechtspflege erst ab einem bestimmten Streitwert vor, läge hingegen eine Ausgestaltung vor, weil die Regelung den internen Zweck einer Modernisierung der Rechtspflege verfolgte.

1266 Ein vielfach diskutiertes Problem stellen die materiellen und verwaltungsverfahrensrechtlichen *Präklusionsvorschriften* dar.[38] Das BVerfG sieht in ihnen Ausformungen des materiellen subjektiven Rechts, das von Art. 19 Abs. 4 nicht geschaffen, sondern vorausgesetzt wird. Gleichwohl seien die Präklusionsvorschriften am Grundrecht des Art. 19 Abs. 4 zu messen, da sich aus ihm auch „Vorwirkungen auf die Ausgestaltung des den gerichtlichen Rechtsschutzverfahren vorgelagerten Verwaltungsverfahrens" ergeben.[39]

IV. Verfassungsrechtliche Rechtfertigung

1. Ausgestaltung

1267 Soweit keine verfassungsrechtlichen Vorgaben für die Gerichtszweige bestehen (Rn 1255), überlässt Art. 19 Abs. 4 die Ausgestaltung von Gerichtsverfassung und -verfahren dem Gesetzgeber und der konkretisierenden Auslegung der Gesetze durch die Rechtsprechung. Da der Richter allein dem Gesetz unterworfen ist, kann der Rechtsweg nicht durch die Verwaltung eröffnet und verschlossen werden. Unklarheiten bei der Abgrenzung der Rechtswege dürfen aber nicht auf dem Rücken des Rechtsuchenden ausgetragen werden.[40] Der Gesetzgeber ist frei, einen mehrstufigen Instanzenzug oder nur ein einstufiges Gerichtsverfahren einzurichten; Art. 19 Abs. 4 verlangt keinen Rechtsweg in zweiter oder dritter Instanz (vgl aber Rn 1244).[41]

1268 Für die Ausgestaltung reicht es nicht aus, *dass* überhaupt Rechtsschutz besteht, sondern Art. 19 Abs. 4 wird die Vorgabe entnommen, dass der Rechtsschutz auch *effektiv* sein muss, dh er darf nicht „leerlaufen"[42]. Insoweit wirken die Rechtsschutzgarantie und die jeweiligen Grundrechte als Verfahrensrechte (vgl Rn 140) zusammen und begründen gewährleistungsspezifische Vorgaben (Rn 441 ff) für die Ausgestaltung des Rechtsschutzes:

1269 **a)** Der Rechtsschutz muss tatsächlich **zugänglich** sein. Der Schutz von Art. 19 Abs. 4 muss daher schon im Vorfeld des Gerichtsverfahrens ansetzen. Die Verwaltung muss den Betroffenen bei nicht erkennbaren Eingriffen wie dem Lauschangriff

---

38 Vgl *Schenke*, BK, Art. 19 Abs. 4 Rn 762 ff.
39 E 61, 82/110.
40 BVerfG, NJW 2017, 545 Rn 18 (= JK 8/2017), s. auch Rn 560.
41 E 4, 74/94 f; 104, 220/231 f; 107, 395/401 ff; BVerwGE 120, 87/93.
42 BVerfG, NJW 2010, 2864 Rn 25.

benachrichtigen,[43] Ausnahmen sind nur zulässig, soweit die Mitteilung den Grundrechtseingriff lediglich vertiefen würde oder der Betroffene von der Maßnahme nur zufällig erfasst wurde und anzunehmen ist, dass aufgrund der Geringfügigkeit des Eingriffs kein Interesse an der Benachrichtigung besteht.[44] Ferner muss die Verwaltung den Rechtsunkundigen rechtlich belehren[45] und bei Berufszugangsprüfungen die Leistungsbewertung substantiiert begründen (vgl Rn 1077). – Dem Rechtsschutzsuchenden muss auch der Zugang zum Gericht, wenn er ihn sich anders nicht leisten kann, durch Prozesskostenhilfe ermöglicht werden.[46] Ihm dürfen keine unangemessenen verfahrensrechtlichen Hindernisse begegnen,[47] ua keine überspannten Darlegungsanforderungen aufgebürdet werden.[48] Der Bürger muss auch zuverlässig in Erfahrung bringen können, wie die Rechtsprechung seine Rechte und Rechtsschutzaussichten sieht, und hat einen Anspruch auf Zugang zu getroffenen Entscheidungen, aus dem eine Pflicht zur Veröffentlichung von wichtigen Entscheidungen folgt.[49]

b) Weil Rechtsschutz die Kontrolle von Entscheidungen anderer bedeutet, muss er inhaltlich **umfassend** sein. Daher müssen die Gerichte die angefochtenen Rechtsakte in rechtlicher wie tatsächlicher Hinsicht vollständig nachprüfen; dabei sind sie an tatsächliche oder rechtliche Feststellungen anderer Gewalten nicht gebunden (s. aber Rn 1259 ff).[50] Die Gerichte müssen für die vollständige rechtliche und tatsächliche Prüfung auch Einsicht in die relevanten Akten der Verwaltung bekommen.[51] Art. 19 Abs. 4 garantiert effektiven Rechtsschutz grundsätzlich in der Hauptsache und nicht nur im Eilrechtsschutz, der regelmäßig keine umfassende Aufarbeitung in tatsächlicher und rechtlicher Hinsicht ermöglicht.[52] Dementsprechend darf die Überprüfung einer richterlichen oder staatsanwaltschaftlichen Anordnung nicht nur deshalb, weil sie bereits vollzogen worden ist oder sich erledigt hat, verweigert werden.[53] **1270**

c) Der Rechtsschutz muss schließlich **rechtzeitig** kommen. Es muss daher vorläufiger Rechtsschutz gewährleistet sein, wenn ohne ihn unzumutbare, anders nicht abwendbare Nachteile entstünden.[54] Die Verwaltung muss Maßnahmen unterlassen, die ohne hinreichenden Grund vollendete Tatsachen schaffen.[55] In gestuften Verwaltungsverfahren muss der Rechtsschutz ggfs. daher schon vor der abschließenden Entscheidung ansetzen, wenn bereits auf einer Vorstufe in tatsächlicher Hinsicht Festlegungen geschaffen werden, und zwar selbst dann, wenn sich mit ihnen keine rechtliche Vorfestlegung des späteren Grundrechtseingriffs verbindet.[56] – Die Gerichte **1271**

43 E 109, 279/363 f.
44 E 100, 313/397 ff; 125, 269/337; 129, 208/251; zu den Besonderheiten bei der Telekommunikationsüberwachung Rn 989.
45 Vgl abwM E 53, 30/74 f.
46 E 122, 39/49; NJW 2018, 449/450 f.
47 E 60, 253/266 ff.
48 BVerfG, NVwZ 2001, 552/552 f.
49 Vgl BVerwGE 104, 105/109.
50 E 15, 275/282; 84, 59/77; 129, 1/20; NJW 2018, 37/38 f.
51 E 101, 106/125 ff.
52 E 143, 216 Rn 25 f.
53 E 96, 27/40; 104, 220/233 ff; 110, 77/86 ff; NVwZ-RR 2015, 881/881 f; NJW 2017, 1939/1940 f.
54 E 65, 1/70 f; BVerfG, NVwZ 2004, 95.
55 E 37, 150/153; 69, 200/227 ff; 146, 294 Rn 33 ff (= JK 2/2018).
56 E 134, 242 Rn 219 ff = JK 5/2014; NVwZ 2017, 149/150; *Beier*, DÖV 2015, 309/311 ff, s. Rn 1128.

auch das BVerfG selbst,[57] müssen zudem in angemessener Frist entscheiden.[58] §§ 198 ff GVG und die §§ 97a ff BVerfGG sehen ein eigenständiges Entschädigungsverfahren bei unangemessener Prozessdauer vor, das bei abgeschlossenen Verfahren das Rechtsschutzbedürfnis für eine Verfassungsbeschwerde entfallen lässt.[59]

2. Eingriffe

1272 Art. 19 Abs. 4 enthält, sieht man von den speziellen Einschränkungsmöglichkeiten in Abs. 4 S. 3 (Rn 989 f) sowie in Art. 16a Abs. 2 S. 3 und Abs. 4 (Rn 1217) ab, keinen Gesetzesvorbehalt. Eingriffe könnten ihre verfassungsrechtliche Rechtfertigung daher allein in kollidierendem Verfassungsrecht finden. Von dieser allgemeinen Grundrechtslehre (Rn 364 ff) löst sich das BVerfG, wenn es zur Rechtfertigung eines Eingriffs in Art. 19 Abs. 4 ausreichen lässt, „nachhaltig wettbewerbsorientierte Märkte der Telekommunikation zu fördern"[60].

1273 **Lösungsskizze zum Fall 23 (Rn 1240):** I. Der *Schutzbereich* des Art. 19 Abs. 4 ist einschlägig: A will gegen eine Maßnahme der Verwaltung, die Verhängung des Hausarrests, ein Gericht anrufen, und kann eine Verletzung eines subjektiven Rechts, des Grundrechts der Freiheit der Person, geltend machen. Offenstehen des Rechtswegs bedeutet eine vollständige Nachprüfung der Verwaltungsmaßnahme in rechtlicher und tatsächlicher Hinsicht durch das Gericht. – II. Dies erfolgt nicht: Das OLG weist den Antrag auf gerichtliche Entscheidung wegen Fristversäumnis als unzulässig zurück. Es stützt sich dabei auf die Regelung des Beschwerdeverfahrens in der Verwaltungsvorschrift. Hierin liegt dann ein Eingriff, wenn der Rechtsweg nicht nur *ausgestaltet* wird. Keine Ausgestaltung des Art. 19 Abs. 4 ist eine unangemessene und unzumutbare Erschwerung des Zugangs zu den Gerichten bzw des Verfahrens durch das Gesetz oder durch eine gerichtliche Entscheidung. Eine lediglich einwöchige Beschwerdefrist mag im Strafvollzug angemessen und zumutbar sein (E 40, 237/ 258). Fragwürdig ist jedoch, dass das BVerfG auch von einer hinreichenden gesetzlichen Ausgestaltung des Rechtswegs ausgeht: Die grundlegende Entscheidung hat der Gesetzgeber in § 24 Abs. 2 EGGVG getroffen, die Verwaltungsvorschrift sei demgegenüber nur eine „untergeordnete Regelung" (E 40, 237/251). Aber die Frage der Fristen ist eine wichtige, sonst durchweg gesetzlich geregelte Frage. Das BVerfG hat denn auch weithin Ablehnung gefunden (abwM E 40, 260; *Schenke*, DÖV 1977, 27; *Schwabe*, JuS 1977, 661).

1274 **Literatur:** *C. Bickenbach*, Grundfälle zu Art. 19 IV GG, JuS 2007, 813, 910; *R. Herzog*, Verfassung und Verwaltungsgerichte – Zurück zu mehr Kontrolldichte?, NJW 1992, 2601; *H.-J. Papier*, Rechtsschutzgarantie gegen die öffentliche Gewalt, Hdb. StR³ VIII, § 177; *B. Remmert*, Die Rechtsschutzgarantie des Art. 19 IV 1 GG, Jura 2014, 906; *W.-R. Schenke*, Die Rechtsschutzgarantie des Art. 19 IV GG im Spiegel der Rechtsprechung des Bundesverfassungsgerichts, in: Wolter/Riedel/Taupitz (Hrsg.), Einwirkungen der Grundrechte auf das Zivilrecht, Öffentliche Recht und Strafrecht, 1999, S. 153; *E. Schmidt-Aßmann*, Art. 19 IV als Teil des Rechtsstaatsprinzips, NVwZ 1983, 1; *A. Uhle*, Rechtsstaatliche Prozessgrundrechte und -grundsätze, Hdb. GR V, § 129.

---

57 EGMR, No. 33379/96, Rn 36 ff (Klein/Deutschland).
58 E 93, 1/13; BVerfG, NVwZ 2011, 486/492.
59 BVerfG, JZ 2013, 145 Rn 1324.
60 E 143, 216 Rn 34.

§ 27 Widerstandsrecht (Art. 20 Abs. 4)

Fall 24: Bau einer Bunkeranlage 1275

Seit Wochen sichert die Bundespolizei mit großem Aufwand ein Gelände in der Nähe von Berlin, auf dem eine weitläufige Bunkeranlage entsteht. Die Öffentlichkeit ist darüber, was auf dem Gelände geschieht, nicht unterrichtet. Als der gerade gewählte Bundestag, der unter Parteienzersplitterung und dünnen Mehrheiten leidet und eine krisenreiche Legislatur- und Regierungsperiode verspricht, zusammentreten soll, gewinnen mehrere Bürger den Eindruck, dass sich die Bewegungen der Bundespolizeieinheiten häufen und mehren. Sie finden sich in einer Gruppe zusammen, die einen überzeugt davon, dass auf dem Gelände Bundespolizeieinheiten für eine Entmachtung von Bundestag und Bundesregierung zusammengezogen werden, die anderen im Glauben, dass der Bau einer Chemiefabrik neuen und großen Stils und besonders gefährlichen Typs vorbereitet und gesichert werde. Um ein Zeichen des Widerstands zu setzen, legen sie nachts Nagelbretter auf zwei Zufahrtsstraßen zum Gelände. Dadurch bleiben zwei Bundespolizeilastwagen liegen; auf der einen Zufahrtsstraße kommt es zu einem größeren Unfall mit erheblichem Sach- und auch Personenschaden. Vor Gericht berufen die Bürger sich auf Art. 20 Abs. 4. Zu Recht? **Rn 1280**

Das Widerstandsrecht ist im Zusammenhang mit der Notstandsgesetzgebung in das 1276 Grundgesetz eingefügt worden. Dahinter stand eine doppelte Absicht: Zum einen sollte der Schutz der Verfassungsordnung nicht nur durch die Notstandsgesetze zur Aufgabe des Staats, sondern mit dem Widerstandsrecht auch zum *Recht der Bürger* gemacht werden. Zum anderen sollte gewährleistet werden, dass der Notstands- oder Ausnahmefall als Stunde der Exekutive, der Verfassungsverkürzung und der Freiheitsbeschneidung *nicht von der Exekutive* dazu *missbraucht* wird, die Verfassungsordnung zu beseitigen.

Dass die gute Absicht ein gutes Resultat erbracht hat, muss bezweifelt werden. 1277 Art. 20 Abs. 4 will eine Situation rechtlich regeln, in der die *rechtlichen Regelungen versagen*: Die andere Abhilfe, von der Art. 20 Abs. 4 spricht, ist die Abhilfe in der rechtlich geregelten Bahnen der Verfassungs- und Rechtsordnung, und gerade ihre Unmöglichkeit ist Voraussetzung für das Widerstandsrecht. Wo die Voraussetzung des Widerstandsrechts vorliegt, da kann der Bürger in der nicht mehr funktionierenden Rechts- und Verfassungsordnung für sein Widerstandsrecht keine rechtliche Anerkennung mehr finden; wo der Bürger umgekehrt in der noch funktionierenden Rechts- und Verfassungsordnung die rechtliche Anerkennung seines Widerstandsrechts finden könnte, da fehlt dessen Voraussetzung.[1] Anders und salopp ausgedrückt: Wenn der Staatsstreich misslingt, werden die, die Widerstand geleistet haben, ohnehin gefeiert; wenn er gelingt, können die, die Widerstand geleistet haben, sich gegenüber der neuen Staatsordnung ohnehin nicht mehr auf die alte berufen. Art. 20 Abs. 4 will rechtlich regeln, was letztlich nicht rechtlich geregelt, sondern nur dem Gewissen des Einzelnen überlassen werden kann; er hat mit anderen Worten nur symbolische Funktion.[2]

---

1 Vgl E 123, 267/333.
2 *Kloepfer*, VerfR II, § 77 Rn 28 f.

1278 Art. 20 Abs. 4 will verbürgen, dass Widerstandshandlungen, mit denen der Bürger um der Verteidigung der Verfassungsordnung willen rechtliche Gebote oder Verbote überschreitet, gleichwohl als *rechtmäßig* betrachtet werden – wie auch der Staat im Notstand, den das Grundgesetz und das einfache Recht regeln, um der Verteidigung der Verfassungsordnung willen von sonst geltendem Recht suspendiert wird. Ein Eingriff in den Schutzbereich von Art. 20 Abs. 4 wäre darin zu sehen, dass die Widerstandshandlungen des Bürgers dennoch von der öffentlichen Gewalt als rechtswidrig behandelt würden. Eine verfassungsrechtliche Rechtfertigung hierfür gäbe es nicht.

1279 Das Widerstandsrecht gehört nicht zu den Elementen des Art. 20, die nach Art. 79 Abs. 3 auch im Wege einer *Verfassungsänderung* nicht mehr geändert oder aufgehoben werden dürfen. Art. 79 Abs. 3 bezieht sich auf Art. 20 nur mit den ersten drei Absätzen, mit denen er ursprünglich vorlag. Anders könnte der verfassungsändernde Gesetzgeber die Grenzen der Verfassungsänderung verschieben, die ihm in Art. 79 Abs. 3 gerade unverrückbar vorgegeben sind.[3]

1280 **Lösungsskizze zum Fall 24 (Rn 1275):** Es ist zu unterscheiden zwischen einer möglichen Rechtfertigung derer, die sich gegen den Bau von Chemiefabriken und Kernkraftwerken, und derer, die sich gegen einen Putsch der Bundespolizei wenden wollen. – I. Aktionen gegen den Bau von Kernkraftwerken, die Stationierung von Raketen, die Lagerung von chemischen oder biologischen Waffen etc. fallen von vornherein aus dem Schutzbereich von Art. 20 Abs. 4 heraus: Der Bau, die Stationierung oder die Lagerung mögen in die Grundrechte eingreifen oder sie sogar verletzen, sie haben aber mit der Beseitigung der Verfassungsordnung noch nichts gemein. Auch die Frage, ob ziviler Ungehorsam in Formen gewaltlosen oder gewaltarmen Widerstands, besonders Blockaden, gegen bestimmte energie- und militärpolitische Unternehmungen gerechtfertigt ist, ist keine Frage des Art. 20 Abs. 4, sondern der Auslegung des Nötigungstatbestandes (§ 240 StGB), seines Gewaltbegriffs und seines Verwerflichkeitskriteriums (vgl Rn 894). Vor allem diese Frage ist gemeint, wenn heute über Widerstand und Loyalität der Bürger diskutiert wird. – II. Eine Entmachtung von Bundestag und Bundesregierung würde sich dagegen durchaus gegen die Verfassungsordnung iSd Art. 20 Abs. 4 richten und sie auch nicht nur beeinträchtigen, sondern beseitigen. Denn mit der Entmachtung würde die Staatsgewalt nicht mehr vom Volk ausgehen. Ob mit dem Zusammenziehen von putschbereiten Bundespolizeieinheiten schon der Übergang vom Stadium der Vorbereitung zu dem des Versuchs erreicht ist, mag zweifelhaft sein. Außerdem kann bezweifelt werden, ob das Setzen eines Zeichens des Widerstands, das keinerlei Widerstandserfolg verspricht, als Widerstandshandlung gerechtfertigt ist. Jedenfalls ist aber, solange die putschbereiten Bundespolizeieinheiten erst zusammengezogen werden, noch andere Abhilfe möglich. So wäre das Handeln der Bürger nicht einmal dann durch Art. 20 Abs. 4 gerechtfertigt, wenn ihre Einschätzung der Lage zutreffend wäre.

1281 **Literatur:** *R. Dreier*, Widerstandsrecht im Rechtsstaat?, in: FS Scupin, 1983, S. 573; *C. Enders*, Bürgerrecht auf Ungehorsam?, Staat 1986, 351; *J. Isensee*, Das legalisierte Widerstandsrecht, 1969; *H. H. Klein*, Ziviler Ungehorsam im demokratischen Rechtsstaat, in: FS Gesellschaft für Rechtspolitik, 1984, S. 177; *U. K. Preuß*, Politische Verantwortung und Bürgerloyalität, 1984; *S. Schmahl*, Rechtsstaat und Widerstandsrecht, JöR 2007, 99.

---

3 Vgl *Hesse*, VerfR, Rn 761; *Kment*, JP, Art. 79 Rn 18.

§ 28 Berücksichtigung der hergebrachten Grundsätze des Berufsbeamtentums (Art. 33 Abs. 5)

Fall 25: Beihilfe für Beamte (nach E 58, 68)   1282

P ist Polizeiobermeister a.D. und erhält Versorgungsbezüge aus der Besoldungsgruppe A 8 Seine private Krankenversicherung erstattet ihm bei ambulanter Behandlung 30% der Aufwendungen. Nach unterverfassungsrechtlichen Vorschriften wird ihm eine Beihilfe vor weiteren 65% gewährt. P meint, gem. Art. 33 Abs. 5 steht ihm ein Beihilfeanspruch in Höhe von 70% zu, um nicht gegenüber seiner aktiven Dienstzeit schlechter gestellt zu sein. Hat er Recht? **Rn 1288**

I. Überblick

Seinem Wortlaut nach enthält Art. 33 Abs. 5 kein Grundrecht oder grundrechtsgleiches Recht, sondern einen Regelungsauftrag an den Gesetzgeber und eine institutionelle Garantie. Da BVerfG, gefolgt von der hL, vertritt aber in stRspr[1], dass Art. 33 Abs. 5 auch ein mit der Verfassungsbeschwerde durchsetzbares subjektives Recht des Beamten enthält. Da der einzelne Beamte die den Arbeitnehmern durch Art. 9 Abs. 3 garantierte Arbeitskampf- und Tarifgestaltungsmöglichkeit nicht habe, bedürfe er für die Gestaltung seiner Rechtsverhältnisse des subjektiven Rechts aus Art. 33 Abs. 5.   1283

II. Schutzbereich

Den Schutzbereich bezeichnet der Begriff des *Berufsbeamtentums*. Dessen Garantie ist aber in charakteristischer Weise *abgeschwächt*: Erstens geht es nicht um jeden einzelnen Rechtssatz überkommenen Beamtenrechts, sondern nur um die „Grundsätze". Zweitens sind diese Grundsätze nicht zu beachten, sondern nur zu „berücksichtigen", was vom Parlamentarischen Rat mit Bedacht so formuliert worden ist[2] und dem Gesetzgeber einen „weiten Spielraum des politischen Ermessens" eröffnet.[3] Drittens dürfen diese Grundsätze ausdrücklich „fortentwickelt" werden. Und viertens folgt aus der Eigenschaft des Art. 33 Abs. 5 als „Transformationsnorm" – er übernimmt früheres in geltendes Recht –, dass nur diejenigen hergebrachten Grundsätze verbindlich sind, die mit dem Grundgesetz im Übrigen vereinbar sind.[4]   1284

Das BVerfG *definiert* die hergebrachten Grundsätze des Berufsbeamtentums als „jenen Kernbestand von Strukturprinzipien …, die allgemein oder doch ganz überwiegend und während eines längeren, Tradition bildenden Zeitraums, mindestens unter der Reichsverfassung von Weimar, als verbindlich anerkannt und gewahrt worden   1285

---

1 E 8, 1/17; 107, 218/236 f; 117, 330/344; 130, 253/294 ff.
2 Vgl JöR 1951, 322 f.
3 E 76, 256/295.
4 E 3, 58/137; vgl auch Art. 123 Abs. 1.

sind"[5]. Als *wichtigste Fälle* hat das BVerfG genannt: „Pflicht zu Treue und Gehorsam gegenüber dem Dienstherrn und zu unparteiischer Amtsführung, fachliche Vorbildung, hauptberufliche Tätigkeit, lebenslängliche Anstellung, Rechtsanspruch auf Gehalt, Ruhegehalt, Witwen- und Waisenversorgung"[6]. Die hergebrachten Grundsätze des Berufsbeamtentums enthalten also objektiv-rechtliche Anforderungen an das Beamtenrecht sowie Rechte und Pflichten der einzelnen Beamten. Als grundrechtsgleiches Recht begründet Art. 33 Abs. 5 *Rechte des Beamten*. Weil zu den hergebrachten Grundsätzen des Berufsbeamtentums aber auch *Pflichten* zählen, kann Art. 33 Abs. 5 auch Eingriffe in andere Grundrechte des Beamten legitimieren.

1286 **Beispiele: (1) Rechte der Beamten.** Aus Art. 33 Abs. 5 folgt ein Anspruch auf amtsangemessene Alimentation, dh Besoldung und Versorgung (stRspr; E 71, 39/60), die ein „Minimum an Lebenskomfort" gewährleisten (E 99, 300/315), nicht aber die Gewährung von Ortszulagen einschließen müssen (E 117, 330/348 ff). Für die Amtsangemessenheit gilt das Leistungsprinzip als Korrelat der Bestenauslese nach Art. 33 Abs. 2; dieses schließt auch das Laufbahnprinzip ein, wonach für die Einstellung und das berufliche Fortkommen des Beamten Laufbahnen mit bestimmten typisierten Anforderungen bestehen. Der Beamte muss daher nur diejenigen Tätigkeiten verrichten, die seinem durch die Zugehörigkeit zu einer bestimmten Laufbahn oder Laufbahngruppe definierten Status entsprechen (BVerfG, NVwZ 2017, 871 Rn 40). Mit dem Leistungs- und Laufbahnprinzip ist es auch unvereinbar, dass für Besoldungserhöhungen nach einer Beförderung eine Wartefrist gilt (E 145, 1 Rn 18 ff) Der Höhe nach ist die Alimentation nur verfassungswidrig, wenn sie „evident unzureichend" (E 139, 64 Rn 96; 140, 240 Rn 75) ist. Insoweit hat das BVerfG fünf Parametern indizielle Bedeutung zuerkannt: deutliche Differenz zwischen der Besoldungsentwicklung und der Entwicklung der Tarifentlohnung im öffentlichen Dienst, dem Nominallohnindex, dem Verbraucherpreisindex, dem systeminternen Besoldungsvergleich (Abstandsgebot als eigenständiger Grundsatz des Berufsbeamtentums: E 145, 304 Rn 74 ff) und Quervergleich mit der Besoldung des Bundes und anderer Länder. Ist die Mehrheit dieser Parameter erfüllt, besteht eine Vermutung für eine verfassungswidrige Unteralimentation. Diese Vermutung kann durch die Berücksichtigung weiterer alimentationsrelevanter Kriterien im Rahmen einer Gesamtabwägung widerlegt oder weiter erhärtet werden (E 139, 64 Rn 116 ff; 140, 240 Rn 75 ff). Als „zweite Säule" des Alimentationsprinzips neben der materialen Evidenzkontrolle anhand der vorstehenden Kriterien fordert das BVerfG die Wahrung prozeduraler Anforderungen, zu denen es besonders eine eingehende Begründung der besoldungsrechtlichen Festsetzungen zählt (E 149, 382 Rn 20 ff). Die Versorgung muss sich am zuletzt ausgeübten Amt orientieren (E 117, 372/381 ff). Ferner gewährleistet Art. 33 Abs. 5 einen Anspruch auf eine amtsangemessene Amtsbezeichnung (E 38, 1/12) und einen Anspruch auf Fürsorge, wodurch der Dienstherr verpflichtet wird, „den Beamten gegen unberechtigte Anwürfe in Schutz zu nehmen, ihn entsprechend seiner Eignung und Leistung zu fördern, bei seinen Entscheidungen die wohlverstandenen Interessen des Beamten in gebührender Weise zu berücksichtigen" (E 43, 154/165 – Dagegen besteht kein Anspruch auf den Schutz wohlerworbener Rechte (E 3, 58/137), kein Recht am Amt im Sinn eines Rechts auf „unveränderte und ungeschmälerte Ausübung der übertragenen dienstlichen Aufgaben" (E 43, 242/282), kein Anspruch auf Beschäftigung jenseits der gesetzlich festgelegten Altersgrenze (E 71, 255/270), kein Anspruch „auf Erhaltung des Besitzstandes in Bezug auf ein einmal erreichtes Einkommen" (E 44, 249/263), kein Recht, nur durch Richterspruch oder eine Gremienentscheidung disziplinarisch aus dem Amt entfernt zu werden (E 152, 345 Rn 28 ff = JK 7/2020; aA aber E 152, 384/394 ff: Notwendigkeit eines Unparteilichkeit und Fairness sichernden Verfahrens).

---

5   E 8, 332/343; 107, 218/237; 117, 330/348 f.
6   E 9, 268/286; zum Lebenszeitprinzip E 149, 1 Rn 35.

(2) Pflichten der Beamten. Art. 33 Abs. 5 legitimiert ein statusbezogenes Streikverbot für Beamte und damit Eingriffe in Art. 9 Abs. 3 (Rn 960), und die Treuepflicht ist maßgebend für die Eignung iSv Art. 33 Abs. 2 (Rn 642).

III. Eingriffe und verfassungsrechtliche Rechtfertigung

Ein Eingriff liegt erst dann vor, wenn die Grundsätze nicht mehr berücksichtigt, dh die Strukturprinzipien nicht nur zeitgemäß fortentwickelt, sondern über Bord geworfen werden. Für diesen Eingriff gibt es dann grundsätzlich auch keine verfassungsrechtliche Rechtfertigung. Für den Alimentationsgrundsatz hat das BVerfG allerdings im Hinblick auf das Verbot der Neuverschuldung in Art. 109 Abs. 3 S. 1 die Möglichkeit einer Rechtfertigung durch kollidierendes Verfassungsrecht anerkannt, soweit die Einschränkung Teil eines Gesamtkonzepts zur Begrenzung der Verschuldung ist, das Beamte nicht in besonderer Weise belastet.[7]

1287

Lösungsskizze zum Fall 25 (Rn 1282): Es fragt sich, ob der Beihilfeanspruch des P unter die hergebrachten Grundsätze des Berufsbeamtentums fällt. Die Gewährung von Beihilfe ist ein Anwendungsfall der beamtenrechtlichen Fürsorgepflicht des Dienstherrn gegenüber dem Beamten für die Fälle von Krankheit, Geburt oder Tod in dessen Familie. Der Anspruch auf Fürsorge ist zwar selbst ein hergebrachter Grundsatz des Berufsbeamtentums (E 43, 154/165), allerdings nur in dem Umfang, wie er 1949 schon bestanden hat (vgl E 58, 68/76 f). Damals gab es aber noch kein Beihilfensystem wie heute; es ist erst später entstanden und also nicht hergebracht. Allerdings verlangt der Anspruch auf amtsangemessene Alimentation, der ein hergebrachter Grundsatz des Berufsbeamtentums ist, eine so bemessene Versorgung, dass der Beamte sich eine angemessene Krankenversicherung leisten kann (E 83, 89/101 f). Daher könnte allenfalls eine Anpassung der Versorgung, nicht aber eine Erhöhung der Beihilfe aus Art. 33 Abs. 5 verlangt werden.

1288

Literatur: *W. Höfling/C. Burkiczak,* Die Garantie der hergebrachten Grundsätze des Berufsbeamtentums unter Fortentwicklungsvorbehalt, DÖV 2007, 321; *H. Lecheler,* Der öffentliche Dienst, Hdb. StR³ V, § 110; *F. Rottmann,* Der Beamte als Staatsbürger, 1981; *B. Schlink,* Zwischen Identifikation und Distanz. Zur Stellung des Beamten im Staat und zur Gestaltung des Beamtenrechts durch das Staatsrecht, Staat 1976, 335.

1289

§ 29 Wahlrecht (Art. 38 Abs. 1 S. 1)

Fall 26: Die Wahl von Bezirksvertretungen (nach E 47, 253)

1290

Durch eine Änderung der Gemeindeordnung werden Bezirksvertretungen in den kreisfreien Städten vorgeschrieben, denen selbstständige Entscheidungsbefugnisse auf dem Gebiet der Verwaltung übertragen werden. Die Mitglieder der Bezirksvertretungen werden gleichzeitig mit den Mitgliedern des Rates gewählt. Die Sitze für die Bezirksvertretungen werden auf Grund von Listen, die die Parteien und Wählergruppen aufstellen, nach der Wahl des Rates

---

7 E 139, 64 Rn 125 ff; 145, 304 Rn 68.

auf die Parteien und Wählergruppen unter Berücksichtigung der auf sie im jeweiligen Stadtbezirk entfallenen gültigen Stimmen nach den d'Hondtschen Höchstzahlverfahren verteilt. Die Mitglieder der Bezirksvertretungen werden sodann vom Wahlleiter berufen, der die sich aus den Listen ergebende Reihenfolge der Bewerber einzuhalten hat. Bei der Nachfolge ausgeschiedener Mitglieder der Bezirksvertretungen bestimmt die zuständige Stelle der Partei oder der Wählergruppe die Reihenfolge der Sitzzuteilung. Die Vorschrift des kommunalen Wahlgesetzes, wonach die Kandidatenaufstellung durch geheime Wahlen in Mitglieder- und Vertreterversammlungen zu erfolgen hat, ist auf die Aufstellung der Listen für die Bezirksvertretungen nicht anwendbar. Verstößt diese Regelung gegen Art. 38? **Rn 1312**

I.   Überblick

1291   Art. 38 Abs. 1 S. 1 gewährleistet das aktive und passive Wahlrecht für die Wahlen zum Deutschen Bundestag und stellt mit den so genannten Wahlrechtsgrundsätzen der Allgemeinheit, Unmittelbarkeit, Freiheit, Gleichheit und Geheimheit bestimmte Anforderungen an diese Wahlen. Diese Gewährleistung steht in engem Zusammenhang mit dem Demokratieprinzip (Art. 20 Abs. 1, 2). Art. 38 Abs. 1 S. 2 normiert mit der Rechtsstellung der Abgeordneten des Deutschen Bundestages deren organschaftliche Berechtigung und ist kein grundrechtsgleiches Recht. In Art. 38 Abs. 2 findet sich die Festlegung des Beginns der Wahlberechtigung; systematisch ist dies eine Ausnahmevorschrift zur Allgemeinheit der Wahl (vgl Rn 628 ff). Gem. Art. 38 Abs. 3 bestimmt das Nähere ein Bundesgesetz. Damit ist in erster Linie auf das Bundeswahlgesetz verwiesen; erst dort ist das geltende Wahlsystem („personalisierte Verhältniswahl") normiert. Art. 38 Abs. 3 ist kein Gesetzesvorbehalt; er ermächtigt nicht zu Eingriffen in die Rechte des Art. 38 Abs. 1, sondern nur dazu, die Wahlgrundsätze form- und verfahrensmäßig handhabbar zu machen.

II.   Das unmittelbare, freie und geheime Wahlrecht

1292   Die Wahlrechtsgrundsätze der Allgemeinheit und Gleichheit sind als besondere Anforderungen der Rechtfertigung von Ungleichbehandlungen im Zusammenhang mit dem Gleichheitsgebot schon behandelt worden (vgl Rn 628 ff). Hier wird auf die Wahlrechtsgrundsätze der Unmittelbarkeit, Freiheit und Geheimheit eingegangen.

1.   Schutzbereich

1293   a)   Art. 38 Abs. 1 S. 1 gilt sowohl für das **aktive Wahlrecht** (Wahlberechtigung) als auch für das **passive Wahlrecht** (Wählbarkeit, Eligibilität). Der Schutzbereich umfasst den gesamten Wahlvorgang, von der Aufstellung der Bewerber bis zur Zuteilung der Abgeordnetensitze.[1]

1294   Dieses grundrechtsgleiche Recht betrifft direkt nur die *Wahl zum Deutschen Bundestag*. Dieselben Wahlrechtsgrundsätze sind aber gem. Art. 28 Abs. 1 S. 2 auch für die Wahlen in den Ländern, Kreisen und Gemeinden maßgeblich. Sie gelten nach allgemeiner Meinung auch als ungeschriebenes Verfassungsrecht für alle Wahlen zu

---

1   Vgl *Jarass*, JP, Art. 38 Rn 10; *Stern*, StR I, S. 304 f.

Volksvertretungen und für politische Abstimmungen, wie zB Volksentscheide, die in einigen Landesverfassungen vorgesehen sind.[2] Hiervon sind Wahlen innerhalb von Selbstverwaltungseinrichtungen zu unterscheiden, soweit die spezifische Sachaufgabe an Stelle der allgemeinen demokratischen Legitimation der Ausübung öffentlicher Gewalt im Vordergrund steht.

Beispiele: Der Schlüsselstellung, die den Hochschullehrern an den Universitäten nach „Qualifikation, Funktion, Verantwortung und Betroffenheit" zukommt, muss das Wahlrecht zu den Hochschulgremien durch eine besondere Gewichtung der Stimmen der Hochschullehrer gerecht werden (E 39, 247/254 ff). – Die Richtergesetze des Bundes und der Länder sehen für die Beteiligung der Richter an allgemeinen, sozialen und personellen Angelegenheiten als Vertretungsorgane Richter- und Präsidialräte vor. Die spezifische Sachaufgabe einer leistungsfähigen Rechtspflege durch eine unabhängige und unparteiliche Richterschaft lässt Abweichungen von den Wahlrechtsgrundsätzen des Art. 38 Abs. 1 S. 1 zu, zB dass der Wahlvorschlag für den Vorsitz des Präsidialrates mindestens einen Gerichtspräsidenten enthalten muss (E 41, 1/12 f). – Dagegen gelten die Wahlrechtsgrundsätze der Allgemeinheit und Gleichheit im Bereich der Sozialversicherung (E 30, 227/246), Personalvertretung (E 60, 162/169 ff) und Arbeitnehmerkammern (E 71, 81/94 f). **1295**

b) Die **Unmittelbarkeit der Wahl** verlangt, dass jede Stimme bestimmten oder bestimmbaren Wahlbewerbern zugerechnet wird, ohne dass nach der Stimmabgabe eine Zwischeninstanz nach ihrem Ermessen die Abgeordneten auswählt. „Nur wenn die Wähler das letzte Wort haben, haben sie auch das entscheidende Wort; nur dann wählen sie unmittelbar"[3]. Dies ist auch bei einer Listenwahl (vgl § 1 Abs. 2 BWahlG) gewährleistet, denn „der Grundsatz der unmittelbaren Wahl hindert nicht, dass die Wahl eines Bewerbers von der Mitwahl weiterer Bewerber abhängig gemacht wird"[4]. Die Unmittelbarkeit verlangt ferner, dass der Wähler erkennen kann, welche Personen sich um ein Mandat bewerben[5] und wie sich die eigene Stimmabgabe auf Erfolg oder Misserfolg der Wahlbewerber auswirken kann[6]. **1296**

c) Die **Freiheit der Wahl** bedeutet zunächst, „dass der Akt der Stimmabgabe frei von Zwang und unzulässigem Druck bleibt"[7]. Um der Freiheit von Zwang und unzulässigem Druck willen ist auch die **Geheimheit der Wahl** verbürgt; Freiheit und Geheimheit der Wahl hängen miteinander zusammen. Ein wirkungsvoller Schutz der Wahl kann sich auf die Stimmabgabe nicht beschränken, sondern muss auch die vorbereitende Willensbildung umfassen und nachträgliche Sanktionen ausschließen. Freiheit und Geheimheit der Wahl gelten demgemäß vor, bei und nach der Stimmabgabe. Inhaltlich bedeutet die Freiheit der Wahl die freie Entschließung über das Ob und das Wie der Wahl sowie die Möglichkeit hinreichender Auswahl zwischen verschiedenen Kandidaten bzw Listen. Die Geheimheit der Wahl bedeutet inhaltlich, dass niemand von einem anderen ohne dessen Willen wissen darf, wie er gewählt hat wählt oder wählen wird. **1297**

---

2 E 13, 54/91 f; 47, 253/276; 60, 162/167; BVerwGE 118, 345/347 f; einschr *Hartmann*, Volksgesetzgebung und Grundrechte, 2005, 140 ff.
3 E 7, 63/68.
4 E 7, 63/69.
5 E 47, 253/280 f; 95, 335/350; 97, 317/326.
6 E 121, 266/307.
7 E 44, 125/139; 103, 111/133.

1298 Überwiegend wird den Grundsätzen der Freiheit und Geheimheit der Wahl *unmittelbare Drittwirkung* (Rn 244x) zuerkannt: Sie sollen nicht nur gegenüber der öffentlichen Gewalt, sondern auch gegenüber nichtstaatlichen Organisationen und Einzelpersonen gelten.[8] Dies mag unter dem Gesichtspunkt der Schutzpflicht als Ausfluss einer objektiv-rechtlichen Funktion von Art. 38 Abs. 1 S. 1 verstanden werden.

1299 **Beispiele:** Die von einem privaten Arbeitgeber ausgesprochene Kündigung eines Arbeitnehmers wegen einer bestimmten Stimmabgabe bzw eine entsprechende Bevorzugung eines anderen Arbeitnehmers ist gem. §§ 134, 138 BGB nichtig. – Andererseits ist selbst massive Wahlpropaganda nichtstaatlicher Stellen, solange sie mit allgemein erlaubten Mitteln erfolgt, von Art. 5 Abs. 1 und 2 geschützt. Das gilt auch für kirchliche Aufrufe zur Wahl einer bestimmten Partei (Hirtenbriefe; vgl BVerwGE 18, 14; OVG Münster, JZ 1962, 767). – Durch §§ 108 (Wählernötigung), 108a (Wählertäuschung) und 108b (Wählerbestechung) StGB wird die Freiheit der Wahl gegenüber jedermann strafrechtlich geschützt. Wo keine Wählernötigung vorliegt, ist die Freiheit der Wahl durch Private nicht verletzt (E 66, 369/380).

1300 Das BVerfG rechnet zur Wahlfreiheit – über das bisher Gesagte hinaus – auch „ein grundsätzlich freies Wahlvorschlagsrecht für alle Wahlberechtigten"[9] sowie „eine freie Kandidatenaufstellung unter Beteiligung der Mitglieder der Parteien und Wählergruppen"[10]. Es verbindet dabei die Wahlfreiheit mit der aus der passiven Wahlgleichheit folgenden *Chancengleichheit* der Bewerber (vgl Rn 629).

1301 Weitere Anforderungen für Wahlen hat die Rspr aus Art. 38 iVm dem Demokratieprinzip abgeleitet: die *Öffentlichkeit des Wahlverfahrens* – abgesehen von der Geheimheit der Stimmabgabe[11] –, mit der sich auch eine erhebliche Hürde für die Einführung von Online-Wahlen verbindet,[12] und das Gebot, dass zwischen Wahl und Zusammentritt neu gewählter Volksvertretungen nicht mehr als *drei Monate* liegen dürfen.[13] Auch hierauf kann die Verfassungsbeschwerde gestützt werden.

1302 **d)** Im Zusammenhang mit dem Prozess der europäischen Einigung hat das BVerfG Art. 38 Abs. 1 S. 1 einen weiteren Aspekt abgewonnen. Weil Art. 38 Abs. 1 S. 1 einen „**Anspruch auf demokratische Selbstbestimmung,** auf freie und gleiche Teilhabe an der in Deutschland ausgeübten Staatsgewalt sowie auf die Einhaltung des Demokratiegebots einschließlich der Achtung der verfassungsgebenden Gewalt des Volkes"[14] begründe, schütze er die Wahlberechtigten davor, dass die demokratische Legitimation der Staatsgewalt sowie die Einflussnahme auf deren Ausübung entleert werden, indem sich Aufgaben und Befugnisse in einer das Demokratieprinzip verletzenden Weise auf die europäische Ebene verlagern.[15] Vergleichbar mit der Elfes-Konstruktion bei Art. 2 Abs. 1 (Rn 354 ff) ermöglicht dieser „Anspruch auf Demokratie" die Subjektivierung objektiven Verfassungsrechts sowie darüberhinausgehend mittelbar sogar des europäischen Unionsrechts. Art. 38 Abs. 1 S. 1 soll nämlich akti-

---

8 *Müller*, MKS, Art. 38 Rn 140; *Stern*, StR IV/2, S. 229; *Trute*, MüK, Art. 38 Rn 57.
9 E 41, 399/417.
10 E 47, 253/282.
11 E 121, 266/291; 123, 39/68.
12 Zur Einführung von Online-Wahlen und Abstimmungen *Luch/Schulz/Tischer*, BayVBl. 2015, 253 ff.
13 VerfGH NRW, NWVBl. 2009, 98.
14 E 123, 267/340; 129, 124/177; 131, 195/239; ähnlich schon E 89, 155/171 f; krit abwM E 153, 64 Rn 7 ff (= JK 11/2020).
15 E 134, 366 Rn 51 f (= JK 7/2014); 135, 317 Rn 125 (= JK 7/2014).

viert werden, wenn die Grundsätze berührt sind, die Art. 79 Abs. 3 dem verfassungsändernden Gesetzgeber entzieht, und auch bei Kompetenzüberschreitungen von Organen der Europäischen Union, die das Demokratieprinzip berühren (Rn 273).[16] Besonders betont das BVerfG, dass auch eine supranationale Einschränkung des haushaltspolitischen Spielraums des Bundestags, die die parlamentarische Repräsentation des Volkswillens rechtlich oder praktisch unmöglich macht, das Wahlrecht verletzen kann.[17] Der Bundestag dürfe daher „einem intergouvernemental oder supranational vereinbarten, nicht an strikte Vorgaben gebundenen und in seinen Auswirkungen nicht begrenzten Bürgschafts- oder Leistungsautomatismus nicht zustimmen […], der – einmal in Gang gesetzt – seiner Kontrolle und Einwirkung entzogen ist"[18]. Das aus Art 38 Abs. 1 S. 1 abgeleitete individuelle Kontrollrecht, das auch die Überprüfung der Voraussetzungen des Art. 79 Abs. 2 einschließen soll,[19] erstreckt das aus dem Wahlrecht folgende Grundrecht über die Ermöglichung demokratischer Mitwirkung hinaus auch auf die Kontrolle demokratischer Prozesse. Es stellt damit die über Art. 38 Abs. 1 S. 1 vermittelte Volkssouveränität über die Souveränität des Parlaments, selbst darüber zu entscheiden, womit es sich befasst[20] und hält sich dementsprechend für befugt, den Bundestag und andere Verfassungsorgane als Ausfluss ihrer Integrationsverantwortung zu verpflichten, Organe der Europäischen Union dazu anzuhalten, das Unionsrecht zu wahren.[21] Für Kompetenzüberschreitungen im innerstaatlichen Bereich ist das Grundrecht aber bislang nicht aktiviert worden.

2. Eingriffe

a) Eine **mittelbare Wahl** liegt vor, wenn eine fremde Willensentscheidung außer der des Bewerbers selbst zwischen den Wahlakt und das Wahlergebnis *geschaltet* ist.   **1303**

Beispiele: Bei der Listenwahl (vgl § 1 Abs. 2 BWahlG) darf die Liste nicht nachträglich aufgefüllt (E 3, 45/51) oder abgeändert werden (E 47, 253/279 ff), außer es geschieht durch freie Willensentscheidung des Gewählten selbst, zB durch Nichtannahme, späteren Rücktritt (E 3, 45/50) oder freiwilliges Ausscheiden aus der Partei (E 7, 63/72). Soweit § 48 Abs. 1 S. 2 BWahlG dagegen einen auf der Landesliste einer Partei an sich nachrückenden Bewerber von der Nachfolge auch dann ausschließt, wenn er aus der Partei ausgeschlossen worden ist, liegt ein Eingriff in die Unmittelbarkeit der Wahl vor (*Erichsen*, Jura 1983, 635/640; aA *Maurer*, StR, § 13 Rn 11).   **1304**

b) Eine **unfreie Wahl** durch unzulässigen Druck auf die Wahlentscheidung des Bürgers vonseiten eines Trägers öffentlicher Gewalt kann bei *kompetenzüberschreitendem* Verhalten gegeben sein.   **1305**

Beispiele: Der Staat darf nicht, außer im Rahmen der gesetzlich geregelten staatlichen Finanzierung, einer Partei zur Finanzierung des Wahlkampfes Steuergelder zukommen lassen. Die Kompetenz der Regierung zur Information durch Öffentlichkeitsarbeit darf nicht durch Wahlwerbung überschritten werden (vgl E 44, 125/147 ff; 63, 230/243 f).   **1306**

---

16 E 134, 366 Rn 53 (= JK 7/2014); 135, 317 Rn 125 (= JK 7/2014).
17 E 129, 124/169 ff.
18 E 135, 317 Rn 164 (= JK 7/2014).
19 E 153, 74 Rn 126 ff; krit abwM Rn 6 ff (= JK 11/2020); *Ries*, Jura 2021, 65.
20 Krit etwa *Jestaedt*, Der Staat 2009, 489/503 f; *Schönberger*, JZ 2010, 1160 ff.
21 E 154, 17 Rn 105 ff (= JK 11/2020).

1307 Darüber hinaus bestimmt sich die Unzulässigkeit des Drucks danach, ob eine inhaltliche Beeinflussung des Wählers vorliegt. Hinsichtlich des *Ob* der Wahl und damit der Frage der verfassungsrechtlichen Zulässigkeit einer Wahlpflicht ist dies umstritten. Teilweise wird von der Wahlentscheidungsfreiheit eine Wahlbeteiligungsfreiheit unterschieden, die von Art. 38 Abs. 1 S. 1 nicht geschützt sei.[22] Aber auch im Fernbleiben von der Wahl kann ein Kundtun des politischen Willens der Wählerschaft liegen. Die Einführung einer Wahlpflicht ist daher als Eingriff in die Freiheit der Wahl zu qualifizieren.[23] Hinsichtlich des *Wie* der Wahl bedeutet inhaltliche Beeinflussung die Bevorzugung einer Partei oder eines Bewerbers gegenüber anderen. Auch die hinreichende *Auswahlmöglichkeit* zwischen verschiedenen Kandidaten bzw Listen kann durch staatliche Maßnahmen beeinträchtigt werden.

1308 **Beispiele:** Ein Bürgermeister lässt eine Wahlempfehlung für eine Partei in einer von ihm herausgegebenen „Amtlichen Bekanntmachung" drucken (BVerwG, DVBl. 1993, 207) oder ruft in amtlicher Eigenschaft zur Wiederwahl eines Landrats auf (BVerwGE 104, 323/327). – Im Wahlraum hängen Plakate einiger Parteien. Selbst wenn von allen Parteien Plakate aufgehängt würden, ist ein bevorzugter Platz eines Plakats faktisch nicht zu vermeiden. Daher bestimmt § 32 Abs. 1 BWahlG, dass im Gebäude, in dem sich der Wahlraum befindet, jede Beeinflussung der Wähler durch Wort, Ton, Schrift oder Bild verboten ist.

1309 Eine **nicht geheime Wahl** liegt vor bei einer Pflicht zur Offenbarung, wie jemand wählen will, wählt oder gewählt hat. Aber auch eine staatliche Regelung, die es erlaubt, dass der Wahlakt selbst nicht geheim vorgenommen wird, beeinträchtigt die Geheimheit der Wahl.

1310 **Beispiele:** Ein Gericht erlässt einen Beweisbeschluss dahingehend, dass die Wahlentscheidung einer Person ermittelt wird (BVerwGE 49, 75/76; vgl auch BGHSt 29, 380/385 f). – Die Briefwahl (vgl § 36 BWahlG) ist solange unbedenklich, als alle geeigneten und erforderlichen Vorkehrungen zur Sicherung des Wahlgeheimnisses getroffen sind (E 21, 200/204 ff; 59, 119/127 f); besonders auch technisch anspruchsvoller wären die Vorkehrungen, die für eine digitale Stimmabgabe zu treffen wären (*Luch/Schulz/Tischer*, BayVBl. 2015, 253/254 f). – Keine Beeinträchtigung der Geheimheit der Wahl sind Unterschriftenquoren für Wahlvorschläge (vgl §§ 20 Abs. 2 und 3, 27 Abs. 1 BWahlG), da eine derartige Unterschrift nicht zwingend auf die Wahlentscheidung schließen lässt. Von der Rechtsprechung werden sie demgegenüber als Durchbrechung des Grundsatzes der geheimen Wahl angesehen und damit gerechtfertigt, dass sie zur ordnungsgemäßen Durchführung der Wahl unbedingt erforderlich sind (E 12, 135/137).

3. Verfassungsrechtliche Rechtfertigung

1311 Art. 38 Abs. 3 ermächtigt nicht zu Eingriffen (vgl Rn 1291). Gewisse Durchbrechungen der Allgemeinheit und Gleichheit sind dargestellt worden (vgl Rn 632 f). Das BVerfG hat dem Gesetzgeber bei der Entscheidung, ob mögliche Gefährdungen der Verwirklichung eines Wahlrechtsgrundsatzes zur besseren Durchsetzung eines anderen Wahlrechtsgrundsatzes in Kauf zu nehmen sind, einen Ermessensspielraum zugebilligt; nicht jeder Wahlrechtsgrundsatz könne „in voller Reinheit" verwirklicht wer-

---

22 *Merten*, in: FS Broermann, 1982, S. 301/308 ff; vgl auch *Volkmann*, FH, Art. 20 Rn 30.
23 *Butzer*, EH, Art. 38 Rn 70; *Grzeszick*, Jura 2014, 1110/1115; *Morlok*, DR, Art. 38 Rn 88; *Stern*, StR IV/2, S. 201 f.

den.[24] Sonstige verfassungsrechtliche Rechtfertigungen von Eingriffen sind nicht ersichtlich.

Lösungsskizze zum Fall 26 (Rn 1290): Art. 38 Abs. 1 S. 2 kommt hier als Maßstab offensichtlich nicht in Betracht, da es um die Wahl von Volksvertretern und nicht um die Ausübung eines Abgeordnetenmandats geht. Außerdem betrifft Art. 38 Abs. 1 S. 2 nur die Abgeordneten des Deutschen Bundestages. Dies trifft zwar auch für die Wahlrechtsgrundsätze des Art. 38 Abs. 1 S. 1 zu; doch gelten sie anerkanntermaßen auch darüber hinaus (Art. 28 Abs. 1 S. 2; ungeschriebenes Verfassungsrecht für alle Wahlen zu den Volksvertretungen und für politische Abstimmungen). Im vorliegenden Fall handelt es sich um die Wahl zu einer kommunalen Volksvertretung, für die die Wahlrechtsgrundsätze gelten:

I. *Unmittelbarkeit* der Wahl: Dieser Grundsatz verbietet, dass nach der Wahlhandlung zwischen Wähler und Wahlbewerber eine Instanz eingeschaltet wird, die nach ihrem Ermessen den Vertreter auswählt. Genau das geschieht, wenn bei der Nachfolge ausgeschiedener Mitglieder der Bezirksvertretung eine Stelle der Partei oder Wählergruppe die Reihenfolge der Sitzzuteilung bestimmt. Das ist mit der Unmittelbarkeit der Wahl nicht vereinbar (E 47, 253/280).

II. *Freiheit* der Wahl: 1. Zwar ist die Listenwahl als solche verfassungsgemäß. Staatliche Maßnahmen dürfen aber nicht die Auswahlmöglichkeit zwischen verschiedenen Listen beeinträchtigen. Die vorgeschriebene einheitliche Stimmabgabe für die Vertreter und Listen des Rates und der Bezirksvertretungen führt zu einer nicht zu rechtfertigenden „Verengung der Entschließungsfreiheit des Wählers": „Hat sich der Wähler für die Wahl eines Ratskandidaten entschlossen, so kann er nicht mehr frei entscheiden, welcher gebundenen Liste von Kandidaten für die Bezirksvertretung er seine Stimme geben will" (E 47, 253/283 f). – 2. Nach der Rechtsprechung des BVerfG ist auch die freie Kandidatenaufstellung ein Gebot der Freiheit der Wahl: „Der Gesetzgeber darf es nicht bei der Annahme bewenden lassen, eine demokratischen Grundsätzen entsprechende Kandidatenaufstellung werde auf Grund der Parteiensatzungen und tatsächlicher Übung regelmäßig auch ohne Nachweis erfolgen" (E 47, 253/283; aA OVG Münster, OVGE 22, 66/70 ff). Der Ausschluss der Anwendbarkeit der entsprechenden Vorschrift des Kommunalwahlgesetzes verstößt danach gegen die Freiheit der Wahl.

1312

Literatur: *H. H. v. Arnim*, Wahlgesetze: Entscheidungen des Parlaments in eigener Sache, JZ 2009, 813; *C. Burkiczak*, Die verfassungsrechtlichen Grundlagen der Wahl des Deutschen Bundestags, JuS 2009, 805; *B. J. Hartmann*, Eigeninteresse und Gemeinwohl bei Wahlen und Abstimmungen, AöR 2009, 1; *B. Grzeszick*, Verfassungsrechtliche Grundsätze des Wahlrechts Jura 2014, 1110; *H. Meyer*, Wahlgrundsätze, Wahlverfahren, Wahlprüfung, Hdb. StR[3] III. § 46; *A. Voßkuhle/A. K. Kaufhold*, Die Wahlrechtsgrundsätze, JuS 2013, 1078; *W. Schreiber*. Bundeswahlgesetz. Kommentar, 10. Aufl. 2017; *M. Wild*, Die Gleichheit der Wahl, 2003.

1313

---

24 E 59, 119/124; BVerwG, DVBl. 1986, 240: Allgemeinheit contra Geheimheit bei der Briefwahl; krit *Meyer*, Hdb. StR[3] III, § 46 Rn 31.

§ 30 Recht auf den gesetzlichen Richter (Art. 101 Abs. 1 S. 2)

1314

Fall 27: Der Richter in Luxemburg (nach E 147, 364)

Gegen S besteht ein Europäischer Haftbefehl, dem ein nationaler Haftbefehl eines Gerichts in Rumänien wegen des Verdachts der Begehung von Vermögens- und Urkundsdelikten in drei Fällen zugrunde liegt. Er verbüßte zunächst wegen in Deutschland begangener Straftaten eine Freiheitsstrafe, befindet sich aber mittlerweile in Auslieferungshaft.

Das OLG Hamburg erklärte die Auslieferung von S nach Rumänien für zulässig, weil die Mitgliedstaaten zur Vollstreckung eines Europäischen Haftbefehls verpflichtet seien. Eine Ausnahme hiervon sei nach der Rechtsprechung des EuGH nur bei systemischen Mängeln im Strafvollzug und bei einer „echten Gefahr" unmenschlicher oder erniedrigender Behandlung gegeben. Letztere liege jedoch nicht vor. Insbesondere hätten die rumänischen Behörden zugesichert, dass S ein minimaler persönlicher Raum einschließlich der Möbel von 3 m² bei Vollstreckung in einem geschlossenen Regime und von 2 m² im halboffenen oder offenen Regime zur Verfügung stehen werde. Es sei mit Blick auf die Funktionsfähigkeit der Strafrechtspflege innerhalb der Europäischen Union zu bedenken, dass die in Rumänien begangenen Straftaten ungesühnt blieben, wenn die Bundesrepublik Deutschland die Auslieferung ablehne. Seit 2014 hätten sich die Haftbedingungen in Rumänien durchgreifend verbessert, auch wenn die Überbelegungsquote immer noch bedenklich hoch sei und die von den rumänischen Behörden zugesicherte individuelle Haftraumgröße bei alleiniger Betrachtung der Quadratmeterzahl bei einer Vollstreckung jedenfalls in einem der offenen Vollzugsregime hinter den aus Art. 3 EMRK abgeleiteten Maßgaben des Europäischen Gerichtshofs für Menschenrechte (EGMR, Rn 71) zurückzubleiben scheine. Es gab zum Zeitpunkt der Entscheidung des OLG Hamburg keine Rechtsprechung des EuGH zu der hier entscheidungserheblichen Frage, welche Mindestanforderungen an Haftbedingungen aus Art. 4 GRCh konkret abzuleiten sind und nach welchen Maßstäben Haftbedingungen unionsgrundrechtlich zu bewerten sind. S erhebt Verfassungsbeschwerde und rügt eine Verletzung des Art. 101 Abs. 1 S. 2, weil das OLG Hamburg zur Vorlage an den EuGH verpflichtet gewesen sei. Ist die Verfassungsbeschwerde begründet? **Rn 1333**

I. Überblick

1315

Art. 101 Abs. 1 S. 2 ist ein subjektives und gem. Art. 93 Abs. 1 Nr. 4a ein grundrechtsgleiches Recht. Es verbürgt dem Einzelnen, dass nur der durch Gesetz bestimmte, nicht ein auf andere Weise bestimmter Richter über ihn Recht spricht. Damit stellt Art. 101 Abs. 1 S. 2 die Bestimmung des zuständigen Richters unter Gesetzesvorbehalt. Zugleich handelt es sich wie bei Art. 19 Abs. 4 um einen stark normgeprägten Schutzbereich: Es sind Gesetze erforderlich, die die richterliche Zuständigkeit ausgestalten. Art. 101 Abs. 1 S. 1 verbietet Ausnahmegerichte, dh Gerichte, die entweder keine gesetzliche Grundlage haben oder zwar eine gesetzliche Grundlage, aber keine abstrakt-generelle Festlegung ihrer Zuständigkeit haben.[1] Art. 101 Abs. 2 enthält einen Gesetzesvorbehalt für Gerichte für besondere Sachgebiete, zB Ehren- und Berufsgerichte.[2] Dieser Gesetzesvorbehalt wäre neben dem des Art. 101 Abs. 1 S. 2 überflüs-

---

1 E 3, 213/223.
2 E 26, 186/193; 71, 162/178.

sig, wenn er für die Errichtung von Gerichten für besondere Sachgebiete nicht ein förmliches Gesetz verlangen würde. Insgesamt ist dieser Artikel ein wichtiger Bestandteil des Rechtsstaatsprinzips des Grundgesetzes.

II. Schutzbereich

1. Gesetzliche Zuständigkeit des Richters

Dies ist das überkommene und unstreitige Verständnis der Gewährleistung: Die Zuständigkeit eines Richters für einen konkreten Fall muss im Voraus abstrakt-generell festgelegt sein; dieser muss „blindlings" auf Grund allgemeiner Merkmale an den entscheidenden Richter kommen.[3] **1316**

Richter iSd Art. 101 Abs. 1 S. 2 sind die staatlichen Richter von der untersten Instanz bis zum BVerfG[4] und die Richter des Gerichtshofs der Europäischen Union, der anders als der Internationale Strafgerichtshof[5] mit der deutschen Gerichtsbarkeit funktional verschränkt ist.[6] Zu den staatlichen Richtern gehören auch die ehren- und nebenamtlichen Richter (zB Schöffen). Gleichgültig ist auch ihr Status als Richter auf Zeit oder Lebenszeit. Nicht unter den Begriff des Richters iSd Grundgesetzes fallen private Gerichte und ihre Richter, wie zB Schiedsgerichte gem. §§ 1025 ff ZPO und Parteischiedsgerichte gem. § 14 PartG. **1317**

Die *Zuständigkeit* des Richters im konkreten Fall ergibt sich aus dem Zusammenspiel des Gerichtsverfassungsrechts und der verschiedenen Prozessgesetze: Zunächst ist sie eine Frage der Gerichtsbarkeit (zB ordentliche Gerichte oder Verwaltungsgerichte usw), dann der verschiedenen Gerichte derselben Gerichtsbarkeit (zB Amtsgericht oder Landgericht – sachliche und instanzielle Zuständigkeit – bzw Amtsgericht A oder B – örtliche Zuständigkeit –), weiter der verschiedenen Spruchkörper bzw Einzelrichter desselben Gerichts (zB I. oder II. Kammer bzw Senat), schließlich der verschiedenen Richter desselben Spruchkörpers (zB Richter A, B oder C der I. Kammer). **1318**

Nach der *Wesentlichkeitslehre* (vgl Rn 365) müssen die wesentlichen Regelungen, das sind hier die „fundamentalen Zuständigkeitsregeln"[7], in einem Parlamentsgesetz enthalten sein (vgl Rn 364 ff). Im Übrigen kann aber die Bestimmung des zuständigen Richters auch in einer Rechtsverordnung oder Satzung geregelt werden;[8] Satzungen sind die Geschäftsverteilungspläne der Gerichte,[9] die die Zuständigkeit einzelner Spruchkörper nach abstrakten Merkmalen im Voraus festlegen.[10] **1319**

---

3 E 95, 322/329.
4 Vgl *Höfling/Roth*, DÖV 1997, 67.
5 BVerfG, NJW 2011, 2569 Rn 10 f.
6 E 73, 339/366 ff; 82, 159/192; 129, 78/105 ff.
7 E 19, 52/60; 95, 322/328.
8 Vgl E 17, 294/298 ff; 27, 18/34 f.
9 Vgl *Degenhart*, SA, Art. 101 Rn 7; *Kment*, JP, Art. 101 Rn 21.
10 BVerfG, NJW 2018, 1155 Rn 17; BVerwG, NVwZ 2019, 82/84 f.

2. Unabhängigkeit und Unparteilichkeit des Richters

1320 Nach der stRspr des BVerfG wird Art. 101 Abs. 1 S. 2 nicht nur als Recht auf den gesetzlich zuständigen Richter angesehen, sondern darüber hinaus als Recht auf einen Richter und damit auf Gerichte, die in jeder Hinsicht den Anforderungen des Grundgesetzes entsprechen.[11] Die wesentlichen Anforderungen des Grundgesetzes an den Richter sind seine Unabhängigkeit gem. Art. 97 und seine Unparteilichkeit („Neutralität und Distanz des Richters gegenüber den Verfahrensbeteiligten")[12] gem. Art. 92 und dem Rechtsstaatsprinzip. Praktisch werden so diese nicht grundrechtlichen Vorschriften verfassungsbeschwerdefähig gemacht.

1321 **Beispiel:** In einem Verfahren über die Erteilung eines Erbscheins vor dem Amtsgericht als Nachlassgericht lehnte der Testamentsvollstrecker den Richter wegen Besorgnis der Befangenheit ab. Das wurde vom Amtsgericht und nach Beschwerde vom Oberlandesgericht unter Berufung auf eine Vorschrift im FGG zurückgewiesen, wonach die Ablehnung eines Richters im Verfahren der freiwilligen Gerichtsbarkeit ausgeschlossen war. Die Verfassungsbeschwerde hiergegen hatte Erfolg, weil zu einem Richter nach den rechtsstaatlichen Anforderungen des Grundgesetzes auch seine Unparteilichkeit gehört: „Deshalb muss im System der normativen Vorausbestimmung des gesetzlichen Richters Vorsorge dafür getroffen werden, dass im Einzelfall ein Richter, der nicht die Gewähr der Unparteilichkeit bietet, von der Ausübung seines Amtes ausgeschlossen ist oder abgelehnt werden kann" (E 21, 139/146).

III. Eingriffe

1322 Der Eingriff wird hier als das „Entziehen" des gesetzlichen Richters gekennzeichnet: Das bedeutet eine Verhinderung oder Beeinträchtigung der Verhandlung und Entscheidung einer Sache durch den gesetzlichen Richter. Je nach Zweig der öffentlichen Gewalt wirft das besondere Probleme auf.

1. Entziehung durch die Legislative

1323 Nicht jede Zuständigkeitsregelung durch den Gesetzgeber genügt den Anforderungen des Art. 101 Abs. 1 S. 2. Das zeigt schon Art. 101 Abs. 1 S. 1: Auch gesetzlich eingerichtete Ausnahmegerichte sind unzulässig. Entscheidend ist die vorherige abstrakt-generelle Festlegung einer einzigen Zuständigkeit. Nicht ausreichend – und damit Verstöße des Gesetzgebers gegen Art. 101 Abs. 1 S. 2 – sind die Normierung mehrerer Zuständigkeiten für eine Sache und die gesetzliche Einräumung eines Ermessens an nichtrichterliche Organe bei der Bestimmung der Zuständigkeit.

1324 **Beispiel:** Gem. §§ 7–11 und 13 Abs. 1 StPO hat die Staatsanwaltschaft die Wahl, bei welchem von mehreren örtlich zuständigen Gerichten sie Anklage erheben will (Begründung des Gerichtsstandes am Tatort, Wohnsitz oder Aufenthaltsort, Ergreifungsort und als Gerichtsstand des Zusammenhangs). Das ist nach dem Gesagten verfassungswidrig (*Roth*, S. 126; *Classen*, MKS, Art. 101 Rn 37 f; *Kunig/Saliger*, MüK, Art. 101 Rn 33). Auch die Rechtsprechung des BVerfG ist hier zu nachgiebig, wenn sie lediglich die „möglichst eindeutige" Bestimmung des

---

11 Vgl E 60, 175/214; 82, 286/298.
12 E 21, 139/146.

zuständigen Richters durch den Gesetzgeber fordert (vgl E 6, 45/50 f; 63, 77/79; 95, 322/329 f).

2. Entziehung durch die Exekutive

Hier liegen zwar die geschichtlichen Wurzeln des Rechts auf den gesetzlichen Richter,[13] nicht aber die aktuellen Probleme: Dass die Exekutive richterliche Befugnisse wahrnimmt („Kabinettsjustiz"), ist gegenwärtig nicht zu befürchten. Dass die Richter von der Exekutive ernannt werden, ist in der gewaltenteiligen Struktur des Grundgesetzes angelegt und nicht als Entziehung anzusehen.[14] Eine Entziehung wäre jedoch die Ernennung eines Richters „ad hoc und ad personam"[15]. Auch ist die Aufstellung der Geschäftsverteilungspläne der Gerichte nach dem GVG hinreichend gegenüber Einflussnahmen der Exekutive abgesichert. Das einzige in diesem Zusammenhang zu nennende Beispiel für einen Eingriff in den Art. 101 Abs. 1 S. 2 durch die Exekutive aus der Rechtsprechung des BVerfG betraf die Ausübung von Strafgerichtsbarkeit durch die Finanzämter, die ihrerseits auf einem Gesetz beruhte.[16]

1325

3. Entziehung durch die Judikative

a) Der im Einzelfall zuständige Richter könnte schon dann durch die Gerichte selbst entzogen werden, wenn bei der **Rechtsprechung** verfahrensrechtliche Bestimmungen, zB über die Zusammensetzung der Richterbank, Abstimmungsmehrheiten, Vorlagepflichten an andere Gerichte usw falsch angewandt werden. Wenn aber jeder Verstoß gegen derartige prozessrechtliche Vorschriften Art. 101 Abs. 1 S. 2 verletzen würde, käme dem BVerfG die Aufgabe einer Superrevisionsinstanz zu und würde die Kompetenz der ordentlichen und der Fachgerichte über Gebühr zurückgedrängt. Daher ist eine Differenzierung geboten. Die stRspr des BVerfG nimmt sie dahingehend vor, dass zwischen einem error in procedendo und einer „willkürlich unrichtigen" Anwendung von Verfahrensvorschriften unterschieden wird.[17] Verfassungswidrig ist aber stets die Beteiligung eines zB wegen Befangenheit ausgeschlossenen Richters[18] sowie eine Entscheidung, die die Bedeutung und Tragweite von Art. 101 Abs. 1 S. 2 grundlegend verkennt.[19]

1326

aa) In Auslegungen, die die Grenzen der verfassungskonformen Interpretation überschreiten, liegt wegen der damit verbundenen Verletzung der **Vorlagepflicht an das BVerfG** nach Art. 100 Abs. 1 S. 1 zugleich ein Verstoß gegen Art. 101 Abs. 1 S. 2.[20]

1327

Beispiel: Ein Zivilgericht nimmt nach den maßgeblichen Vorschriften der ZPO seine Zuständigkeit zur Entscheidung über eine Klage an. Im Rahmen einer Verfassungsbeschwerde gegen

1328

---

13 Vgl *Kern*, Der gesetzliche Richter, 1927.
14 Vgl *Kunig/Saliger*, MüK, Art. 101 Rn 35 f; *Kment*, JP, Art. 101 Rn 16.
15 E 82, 159/194.
16 E 22, 49/73 ff.
17 Vgl E 75, 223/234; 87, 282/284 f; *Schulze-Fielitz*, DR, Art. 101 Rn 59; krit zur Willkürformel *Classen*, MKS, Art. 101 Rn 29 ff.
18 E 30, 165/167; 63, 77/79 f.
19 E 82, 286/299; vgl Rn 1413 f.
20 E 138, 64 Rn 65 ff.

diese Entscheidung ist das BVerfG der Auffassung, das Zivilgericht sei nicht zuständig gewesen (error in procedendo). Gleichzeitig sei dem Zivilgericht aber keine Willkür vorzuwerfen. Dann liegt keine Entziehung des gesetzlichen Richters vor.

1329 **bb)** Entsprechendes gilt für das Unionsrecht: Das BVerfG prüft, ob ein letztinstanzliches Fachgericht seiner **Vorlagepflicht an den EuGH** nach Art. 267 Abs. 3 AEUV nachgekommen ist (Rn 1333). Soweit es aber um Zweifel bei der Auslegung von Unionsgrundrechten (Rn 81) geht, sieht es sich auch selbst als letztinstanzliches und damit vorlageverpflichtetes Gericht iSv Art. 267 Abs. 3 AEUV an.[21] Allerdings bliebe ein Verstoß des BVerfG gegen Art. 101 Abs. 1 S. 2 im innerstaatlichen Recht folgenlos, weil es keinen Rechtsschutz gegen das BVerfG selbst gibt. Sollte es auf Grund fehlender Vorlagebereitschaft des BVerfG zu einer Erosion der einheitlichen Geltung der Unionsgrundrechte kommen (Rn 88), könnte dieser Sackgasseneffekt dadurch verhindert werden, dass die Fachgerichte bei Grundrechtsfragen zukünftig vermehrt selbst nach Art. 267 Abs. 3 AEUV vorlegen.

1330 **b)** **Gerichtsorganisatorische** Maßnahmen von Gerichtspräsidien und Vorsitzenden von Spruchkörpern, insbesondere die von diesen zu erstellenden Geschäftsverteilungs- und Mitwirkungspläne, müssen die Zuständigkeitsverteilung schriftlich im Voraus – dh vor dem Beginn des Geschäftsjahres für dessen Dauer – nach objektiven Kriterien – dh ohne Ansehen der Person und des Einzelfalles – und vollständig regeln; Ermessensentscheidungen sind unzulässig.[22] Ausnahmsweise kommt eine nachträgliche Änderung in Betracht, wenn anders das verfassungsrechtliche Beschleunigungsgebot[23] verletzt würde.[24] Bereits die Möglichkeit der Manipulation begründet einen Verstoß gegen Art. 101 Abs. 1 S. 2.[25]

1331 **Beispiel:** Bei Spruchkörpern, die in der Besetzung von drei Mitgliedern entscheiden müssen, zB Zivilkammern und -senate, ist es ein Verstoß gegen Art. 101 Abs. 1 S. 2, wenn der Spruchkörper mehr als fünf ordentliche Mitglieder hat; denn dann ist es möglich, dass in zwei personell voneinander verschiedenen Sitzungsgruppen verhandelt und entschieden werden kann, was die Möglichkeit der Manipulation in sich birgt (E 17, 294/301). Dagegen wird eine Überbesetzung von ein oder zwei Richtern wegen der Fälle des Ausscheidens, der Krankheit, der Verhinderung, des Urlaubs und des Wechsels von Richtern als unvermeidlich hingenommen; auch dann muss aber im Voraus nach abstrakt-generellen Merkmalen bestimmt sein, welcher Richter bei welcher Sache mitwirkt (E 95, 322/331 f).

IV. Verfassungsrechtliche Rechtfertigung

1332 Art. 101 Abs. 1 S. 2 steht unter keinem Gesetzesvorbehalt. Die aufgeführten Eingriffe sind verfassungswidrig.

---

21 E 152, 216 Rn 69 (= JK 5/2020).
22 *Roth*, S. 193.
23 E 63, 45/69; *Pieroth/Hartmann*, StV 2008, 276.
24 BVerfG, NJW 2009, 1734 Rn 26.
25 Vgl E 95, 322/327.

Lösungsskizze zum Fall 27 (Rn 1314): 1333

I. Schutzbereich. Der EuGH ist gesetzlicher Richter gem. Art. 101 Abs. 1 S. 2, soweit ihm durch die Zustimmungsgesetze zu den Unionsverträgen darin enthaltene Rechtsprechungsaufgaben übertragen sind. Dazu gehört insbesondere die Kompetenz des Gerichtshofs zu Vorabentscheidungen gemäß Art. 267 AEUV. Nach dessen Abs. 3 sind letztinstanzliche mitgliedstaatliche Gerichte verpflichtet, dem EuGH Fragen der Gültigkeit und Auslegung unionsrechtlicher Vorschriften, die für den Ausgangsrechtsstreit erheblich sind, vorzulegen.

II. In den Schutzbereich des Art. 101 Abs. 1 S. 2 wird **eingegriffen**, wenn erstens eine Vorlagepflicht nach Art. 267 Abs. 3 AEUV bestand und das Fachgericht diese zweitens in offensichtlich unhaltbarer Weise verneint hat:

1. Das OLG Hamburg war zur **Vorlage verpflichtet.**

a) Es ist **Unionsrecht anwendbar**, weil die Mitgliedstaaten nach Art. 51 GRCh bei der Durchführung des Unionsrechts und damit bei der gerichtlichen Entscheidung über eine Auslieferung im Rahmen des Europäischen Haftbefehls an die Unionsgrundrechte gebunden sind (Rn 80).

b) Das OLG ist ein **zur Vorlage verpflichtetes Gericht** iSv Art. 267 Abs. 3 AEUV, wenn seine Entscheidungen im Auslieferungsverfahren nicht mehr mit Rechtsmitteln des innerstaatlichen Rechts angefochten werden können. Das war nach bisheriger Rechtsprechung des BVerfG der Fall. Das BVerfG prüft aber nunmehr auch die Unionsgrundrechte (Rn 81) und sieht sich zudem bei Auslegungszweifeln selbst zur Vorlage verpflichtet (Rn 1326). Daraus könnte man folgern, dass das OLG hier kein letztinstanzliches Gericht ist, weil das BVerfG letztinstanzlich die Vereinbarkeit der Auslieferung mit Unionsgrundrechten prüft (offen gelassen durch E 152, 216 Rn 72 f = JK 5/2020; s. auch *Wendel*, JZ 2020, 157/168 f). Eine Verletzung von Art. 101 Abs. 1 S. 2 würde dann ausscheiden und das BVerfG würde prüfen, ob die Entscheidung des OLG mit Art. 4 GRCh in Einklang steht. Eine Verletzung der Vorlagepflicht durch Fachgerichte käme dann nur noch in Betracht, soweit es um Sekundärrecht geht, weil dieses nicht der Prüfungskompetenz des BVerfG unterfällt. Allerdings wird bislang noch davon ausgegangen, dass die Verfassungsbeschwerde als außerordentlicher Rechtsbehelf kein Rechtsmittel des innerstaatlichen Rechts iSv Art. 267 Abs. 3 AEUV ist (*Schwarze/Wunderlich*, in: Schwarze, EU-Kommentar, 4. Aufl. 2019, Art. 267 AEUV Rn 44). Hält man daran trotz der neuen Rechtsprechung des BVerfG fest, wäre das OLG vorlageverpflichtet.

c) Die Frage der Vereinbarkeit der Auslieferung des S mit den Unionsgrundrechten, insbesondere mit dem in Art. 4 GRCh gewährleisteten Verbot unmenschlicher Behandlung, ist **entscheidungserheblich**, weil S nicht ausgeliefert werden dürfte, wenn dies gegen das Grundrecht verstieße.

Das OLG Hamburg hat die Frage der Vereinbarkeit mit Art. 4 GRCh daher nach der Entscheidung des BVerfG dem EuGH vorgelegt, der aus Art. 4 GRCh konkrete Anforderungen zur Prüfung der Haftbedingungen abgeleitet hat (EuGH, EU:C:2019:857, Rn 58 ff – Dorobantu).

2. Ein **Eingriff** in das Recht auf den gesetzlichen Richter gem. Art. 101 Abs. 1 S. 2 liegt darin aber nur dann, wenn die Zuständigkeitsregel des Art. 267 Abs. 3 AEUV in offensichtlich unhaltbarer Weise gehandhabt worden ist. Das BVerfG konkretisiert die Willkürgrenze wie folgt: Die Nichteinleitung eines Vorlageverfahrens nach Art. 267 AEUV verletzt Art. 101 Abs. 1 S. 2, wenn „ein letztinstanzliches Hauptsachegericht eine Vorlage trotz der – seiner Auffassung nach bestehenden – Entscheidungserheblichkeit der unionsrechtlichen Frage überhaupt nicht in Erwägung zieht, obwohl es selbst Zweifel hinsichtlich der richtigen Beantwortung der Frage hegt (grundsätzliche Verkennung der Vorlagepflicht). Gleiches gilt in den Fällen, in denen das letztinstanzliche Hauptsachegericht in seiner Entscheidung bewusst von der Rechtsprechung des Gerichtshofs zu entscheidungserheblichen Fragen abweicht und gleichwohl nicht oder nicht neuerlich vorlegt (bewusstes Abweichen ohne Vorlagebereitschaft). Liegt zu einer entscheidungserheblichen Frage des Unionsrechts einschlägige Rechtsprechung des Gerichtshofs noch nicht vor oder hat eine vorliegende Rechtsprechung die entscheidungserhebliche Frage möglicherweise noch nicht erschöpfend beantwortet oder erscheint eine Fortentwicklung der Rechtsprechung des Gerichtshofs nicht nur als entfernte Möglichkeit, wird Art. 101 Abs. 1 S. 2 nur verletzt, wenn das letztinstanzliche Hauptsachegericht den ihm in solchen Fällen notwendig zukommenden Beurteilungsrahmen in unvertretbarer Weise überschritten hat (Unvollständigkeit der Rechtsprechung)" (E 126, 286/316 f; die Prüfungsmaßstäbe der beiden Senate sind identisch: BVerfG, NJW 2014, 2489 Rn 24). Die Rechtsprechung wird auch nicht dadurch vollständig, dass andere Gerichte ohne Vorlage zu der Rechtsfrage Stellung genommen haben; jedes letztinstanzliche Gericht muss seine Vorlagepflicht eigenständig prüfen (BVerfG, NJW 2018, 606 Rn 18 = JK 8/2018).

Hier liegt der Fall einer unvollständigen Rechtsprechung des EuGH vor, weil dieser die hier entscheidungserhebliche Frage, welche Mindestanforderungen an Haftbedingungen aus Art. 4 GRCh konkret abzuleiten sind und nach welchen Maßstäben Haftbedingungen unionsgrundrechtlich zu bewerten sind, bisher nicht abschließend geklärt hat. Zwar ist davon auszugehen, dass der EGMR in den S drohenden Haftbedingungen einen Verstoß gegen Art. 3 EMRK sehen würde; dieser Mindeststandard gilt nach Art. 52 Abs. 3 S. 1 GRCh auch für die Anwendung der Unionsgrundrechte (Rn 52). Es ist aber noch ungeklärt, in welchem Umfang der EuGH die Rechtsprechung des EGMR auf die Auslegung von Art. 4 GRCh überträgt wird. Mit diesen Zusammenhängen hat sich das OLG Hamburg nicht auseinandergesetzt, sondern die Auslieferung mit der Notwendigkeit eines effektiven Strafvollzuges begründet.

III. Eine **verfassungsrechtliche Rechtfertigung** scheidet in Ermangelung eines kollidierenden Verfassungsguts aus.

Ergebnis: Durch die Nichtvorlage an den EuGH hat das OLG Hamburg Art. 101 Abs. 1 S 2 verletzt.

1334 **Literatur:** *G. Britz*, Das Grundrecht auf den gesetzlichen Richter in der Rspr des BVerfG, JA 2001, 573; *C. Degenhart*, Gerichtsorganisation, Hdb. StR[3] V, § 114; *H.-D. Horn*, Ausnahmegerichte – Anspruch auf gesetzlichen Richter, Hdb. GR V, § 132; *D. Kuch*, Recht auf den gesetzlichen Richter (Art. 101 Abs. 1 S. 2 GG), Jura 2020, 228; *T. Roth*, Das Grundrecht auf den gesetzlichen Richter, 2000; *C. Sowada*, Der gesetzliche Richter im Strafverfahren, 2002; *D. Wolff*, Willkür und Offensichtlichkeit, AöR 2016, 40.

§ 31 Anspruch auf rechtliches Gehör (Art. 103 Abs. 1)

Fall 28: Die Beschlagnahme von Diebesgut 1335

Die Staatsanwaltschaft verdächtigt den Elektrohändler H der Hehlerei; sie hat Anhaltspunkte dafür, dass er im Keller seiner Geschäftsräume Diebesgut lagert. Auf ihren Antrag ordnet der zuständige Richter die Beschlagnahme aller dort gelagerten Gegenstände an, ohne H zuvor Gelegenheit zur Stellungnahme zu geben. Verletzt diese Anordnung Art. 103 Abs. 1? **Rn 1344**

I. Überblick

Art. 103 Abs. 1 enthält ein grundrechtsgleiches Recht, das mit der Verfassungsbeschwerde 1336 gem. Art. 93 Abs. 1 Nr. 4a geltend gemacht werden kann. Der Anspruch auf rechtliches Gehör vor Gericht ist eine Ausprägung des Rechtsstaatsprinzips[1] und dient „auch der Achtung der Würde des Menschen, der in einer so schwerwiegenden Lage, wie ein Prozess sie für gewöhnlich darstellt, die Möglichkeit haben muss, sich mit tatsächlichen und rechtlichen Argumenten zu behaupten"[2]. Wie der verwandte Art. 19 Abs. 4 ist Art. 103 Abs. 1 stark normgeprägt (Rn 164 ff).

II. Schutzbereich

1. Rechtliches Gehör

Rechtliches Gehör bedeutet, sich grundsätzlich vor Erlass einer Entscheidung in tat- 1337 sächlicher und rechtlicher Hinsicht zur Sache äußern zu können. Soweit dies bei vorläufigen und Eilmaßnahmen nicht möglich ist, weil sonst der Rechtsschutz und die Rechtspflege als solche verfehlt würden, muss das rechtliche Gehör unverzüglich nachgeholt werden.[3] Rechtliches Gehör setzt voraus, dass der Betroffene vollständig über den Verfahrensstoff informiert wird und erkennen kann, worauf es dem Gericht für seine Entscheidung ankommt. Andererseits ist es mit dem bloßen Äußern-Können nicht getan: Das Gericht muss das Vorbringen auch zur Kenntnis nehmen und in Erwägung ziehen.

Daraus ergeben sich *drei Stadien* oder Verwirklichungsstufen des rechtlichen Ge- 1338 hörs:[4]

– Als *Recht auf Information* verpflichtet Art. 103 Abs. 1 das Gericht, den Beteiligten tatsächlich Kenntnis zu verschaffen über alle Äußerungen der Gegenseite,[5]

---

1 E 107, 395/409.
2 E 55, 1/6.
3 E 18, 399/404; 65, 227/233.
4 Vgl *Höfling/Burkiczak*, FH, Art. 103 Rn 41 ff; *Rüping*, BK, Art. 103 Abs. 1 Rn 49 ff; *Remmert*, MD, Art. 103 Abs. 1 Rn 62 ff.
5 E 55, 95/99; BVerfG, NJW 2006, 2248 Rn 16.

über von Amts wegen eingeführte Tatsachen und Beweismittel[6] einschließlich der Auffassungen gerichtlicher Sachverständiger,[7] und über die Rechtsauffassungen, die es selbst seiner Entscheidung zugrunde legen will und mit der die Beteiligten nicht rechnen müssen,[8]

– als *Recht auf Äußerung* fordert Art. 103 Abs. 1 hinreichende Möglichkeit zu mindestens schriftlicher Äußerung zu Tatsachen- und Rechtsfragen,[9]

– als *Recht auf Berücksichtigung* verlangt Art. 103 Abs. 1 Gegenwart, Aufnahmefähigkeit und -bereitschaft aller an der Entscheidung mitwirkenden Richter sowie grundsätzlich eine Begründung der gerichtlichen Entscheidungen, die auch auf das wesentliche Parteivorbringen eingeht.[10]

1339 Umstritten ist, ob Art. 103 Abs. 1 die Heranziehung eines *Rechtsanwalts* garantiert. Dafür spricht, dass angesichts der Kompliziertheit des Rechts die Gefahr besteht, dass einzelne Bürger ohne rechtskundigen Beistand ihr Recht gar nicht zu Gehör bringen können. Die Möglichkeit, die Hilfe eines Rechtsanwalts in Anspruch zu nehmen, gehört daher zum Recht aus Art. 103 Abs. 1.[11] Das BVerfG leitet lediglich das Recht, sich im Strafverfahren von einem Rechtsanwalt verteidigen zu lassen, aus dem Rechtsstaatsprinzip ab,[12] hat eine aus Art. 103 Abs. 1 folgende Garantie ansonsten aber abgelehnt.[13] Problematisch ist, inwieweit dem Beteiligten die von seinem Anwalt verschuldete Fristversäumnis zugerechnet und dadurch sein Anspruch auf rechtliches Gehör beschnitten werden darf. Die Rspr hält eine Zurechnung unter Hinweis auf Belange der Rechtssicherheit sehr weitgehend für zulässig.[14]

1340 Die Eigenart rechtlicher und gerichtsförmiger Entscheidungsfindung *begrenzt* nach dem Wortlaut die Reichweite des Art. 103 Abs. 1. Daraus ergibt sich namentlich, dass der Einzelne keinen Anspruch darauf hat, mit rechtlich Unerheblichem gehört zu werden. Auch verletzen die Beschränkung der Nachprüfung auf Rechtsfragen im Revisionsverfahren und Ausschluss-(Präklusions-)Vorschriften, wonach schuldhaft verspätetes Vorbringen vom Gericht nicht mehr berücksichtigt werden muss, nicht das rechtliche Gehör.[15] Dagegen begründet eine offensichtlich fehlerhafte oder missbräuchliche Anwendung einer Präklusionsvorschrift einen Verstoß gegen Art. 103 Abs. 1.[16]

2. Vor Gericht

1341 Der Anspruch auf rechtliches Gehör besteht vor jedem staatlichen Gericht (vgl Art. 92). Art. 103 Abs. 1 gilt für alle Gerichtsbarkeiten mit allen Instanzen und für alle Gerichtsverfahren. Dagegen gilt er nicht für das Verwaltungsverfahren oder das

---

6   E 15, 214/218; 101, 106/129.
7   BVerfG, NJW 1998, 2273.
8   E 84, 188/190; 98, 218/263.
9   E 86, 133/144 f; 101, 106/129.
10 Vgl E 63, 80/85 ff; 115, 166/180.
11 So auch *Nolte/Aust*, MKS, Art. 103 Rn 66.
12 E 110, 226/254.
13 E 9, 124/132; 39, 156/168.
14 Vgl E 60, 253/266; BVerwG, NJW 1988, 577 f.
15 E 60, 305/310; 75, 183/190 f.
16 E 75, 302/316 f; 81, 97/105 f.

Verfahren vor dem Rechtspfleger; allerdings wird hier ein grundsätzliches Anhörungsrecht aus dem Rechtsstaatsprinzip, dem allgemeinen Persönlichkeitsrecht oder auch der Menschenwürde abgeleitet.[17] Das Merkmal „vor Gericht" markiert im Übrigen die tatbestandliche Abgrenzung zwischen Art. 19 Abs. 4 und Art. 103 Abs. 1: Jener betrifft den Zugang zum Gericht, dieser den angemessenen Ablauf des Verfahrens.[18]

III. Eingriffe

Grundsätzlich stellt jedes Zurückbleiben hinter den dargestellten Anforderungen einen Eingriff dar. Funktion und Organisation des Rechtsschutzsystems führen allerdings dazu, in folgenden Fällen *keinen Eingriff* anzunehmen:

    1342

– wenn das Fehlen des rechtlichen Gehörs für die gerichtliche Entscheidung *unerheblich* ist bzw die gerichtliche Entscheidung auf dem fehlenden rechtlichen Gehör *nicht beruht*; das ist der Fall, wenn ausgeschlossen werden kann, dass die Gewährung des rechtlichen Gehörs zu einer anderen, für den Betroffenen günstigeren Entscheidung geführt hätte;[19]

– wenn ein zunächst unterbliebenes rechtliches Gehör in derselben Instanz oder in der Rechtsmittelinstanz[20] – nicht aber in einem neuen gerichtlichen Verfahren[21] – *nachgeholt* wird (das BVerfG spricht insoweit von *Heilung*).

IV. Verfassungsrechtliche Rechtfertigung

Art. 103 Abs. 1 enthält keinen Gesetzesvorbehalt. Eingriffe könnten ihre Rechtfertigung daher allein in kollidierendem Verfassungsrecht finden, das zB in der Rechtssicherheit und der Funktionsfähigkeit der Rechtspflege gesehen wird. Die Normgeprägtheit des Art. 103 Abs. 1 führt jedoch dazu, diesen Gesichtspunkten schon bei der Bestimmung von Schutzbereich und Eingriff Rechnung zu tragen (vgl Rn 1272). Jeder Eingriff ist daher eine Verletzung dieses grundrechtsgleichen Rechts.[22]

    1343

Lösungsskizze zum Fall 28 (Rn 1335): Art. 103 Abs. 1 gebietet, „dass einer gerichtlichen Entscheidung nur solche Tatsachen und Beweisergebnisse zugrundegelegt werden, zu denen Stellung zu nehmen den Beteiligten Gelegenheit gegeben war" (E 18, 399/404). Diesem Gebot muss grundsätzlich durch vorherige Anhörung genügt werden. Zur verfassungsmäßigen Rechtspflege gehören auch Maßnahmen der vorläufigen Beweissicherung wie hier die Beschlagnahme (vgl Art. 13 Abs. 2, 104 Abs. 3). Zu deren Eigenart gehört es aber gerade, dass sie ohne vorherige Anhörung ergehen; andernfalls würden sie ihren Zweck verfehlen, da der Betroffene Gelegenheit erhielte, die zu sichernden Beweise zu beseitigen. Art. 103

    1344

---

17 E 101, 397/404 f; *Remmert*, MD, Art. 103 Abs. 1 Rn 53.
18 E 107, 395/409; 119, 292/296; *Nolte/Aust*, MKS, Art. 103 Rn 87.
19 StRspr; E 89, 381/392 f.
20 Vgl E 5, 9/10; 73, 322/326.
21 Vgl E 42, 172/175.
22 *Höfling/Burkiczak*, FH, Art. 103 Rn 25.

> Abs. 1 verlangt in solchen Fällen, dass das rechtliche Gehör unverzüglich nach Durchführung der vorläufigen Beweissicherung gewährt wird (E 18, 399/404). H ist in seinem Anspruch auf rechtliches Gehör nicht verletzt.

1345 **Literatur:** *F.-L. Knemeyer*, Rechtliches Gehör im Gerichtsverfahren, Hdb. StR[3] VIII, § 178; *J. Mauder*, Der Anspruch auf rechtliches Gehör, 1986; *M. R. Otto*, Grundfälle zu den Justizgrundrechten: Art. 103 I GG, JuS 2012, 412; *E. Schmidt-Aßmann*, Verfahrensfehler als Verletzungen des Art. 103 Abs. 1 GG, DÖV 1987, 1029; *W. Waldner/H. Prütting/S. Weth*, Der Anspruch auf rechtliches Gehör, 2. Aufl. 2000.

§ 32 Nulla poena sine lege (Art. 103 Abs. 2)

1346 **Fall 29: Der unkollegiale Architekt (nach E 45, 346)**

In einem Landes-Architektengesetz war bestimmt, dass Verstöße von Architekten gegen ihre Berufspflichten im berufsgerichtlichen Verfahren geahndet werden. Die Berufspflichten waren in einer von der Architektenkammer auf Grund einer entsprechenden Ermächtigung im Landes-Architektengesetz erlassenen Berufsordnung festgelegt; zu ihnen zählte ua das Gebot, sich kollegial zu verhalten. Architekt A wurde auf Grund dieser Vorschriften zu einer Geldbuße verurteilt, weil er Kollegen erheblich herabgesetzt hatte, um selber Aufträge zu bekommen. Lag darin ein Verstoß gegen Art. 103 Abs. 2? **Rn 1362**

I. Überblick

1347 Das Recht auf bestimmte und nicht rückwirkende Strafgesetze („nullum crimen, nulla poena sine lege") hat eine lange Tradition.[1] Der wortgleiche § 1 StGB erhält durch Art. 103 Abs. 2 Verfassungskraft. Das grundrechtsgleiche Recht des Art. 103 Abs. 2 steht in engem sachlichen Zusammenhang mit dem Rechtsstaats- und Demokratieprinzip. Da Art. 103 Abs. 2 dem Staat bei der Verhängung von Strafen Schranken zieht, Strafen ihrerseits aber Eingriffe in Grundrechte, bei Freiheitsstrafen zB in Art. 2 Abs. 2, darstellen, handelt es sich bei Art. 103 Abs. 2 systematisch um eine Schranken-Schranke. Als eigenständige Maßstabsnorm in der Verfassungsbeschwerde wird Art. 103 Abs. 2 aber traditionell dreistufig mit eigenem Schutzbereich geprüft.[2]

II. Schutzbereich

1. Begriff der Strafbarkeit

1348 Strafbarkeit iSd Art. 103 Abs. 2 bezieht sich auf staatliche Maßnahmen, die eine missbilligende hoheitliche Reaktion auf ein rechtswidriges, schuldhaftes Verhalten darstellen und wegen dieses Verhaltens ein Übel verhängen, das dem Schuldaus-

---

1 Vgl *Schreiber*, Gesetz und Richter, 1976.
2 Vgl E 109, 133/168.

gleich dient.[3] Neben dem Kriminalstrafrecht fallen daher auch das Ordnungswidrigkeitenrecht,[4] das Disziplinar- und Standesrecht[5] unter Art. 103 Abs. 2.

Zur Strafbarkeit gehören der Straftatbestand und die Strafandrohung.[6] Die strafrechtlichen Maßregeln der Besserung und Sicherung (§§ 61 ff StGB) und die Sicherungsverwahrung verfolgen anders als die Strafen nach dem StGB ausschließlich präventive Zwecke und dienen nicht dem Schuldausgleich. Mit dieser Begründung nimmt sie das BVerfG von Art. 103 Abs. 2 aus.[7] Der EGMR unterscheidet zwar auch zwischen der unter Art. 7 EMRK fallenden Strafe und ihrem davon nicht erfassten Vollzug, ordnet aber die Sicherungsverwahrung (§ 66 Abs. 1 StGB) als Strafe ein und unterstellt sie entgegen dem BVerfG dem absoluten Rückwirkungsverbot.[8] Das BVerfG meint, mit dem allgemeinen Vertrauensschutzgebot (Art. 20 Abs. 3, s. Rn 438), das sich „einem absoluten Vertrauensschutz annähert",[9] einen im Ergebnis vergleichbaren Schutz gewährleisten zu können.[10] Keine Nebenstrafe ist die Vermögensabschöpfung. Sie bezweckt nicht die Zufügung eines Übels, sondern die kondiktionsähnliche Beseitigung eines Vorteils, dessen Verbleib den Täter zu weiteren Taten verlocken könnte.[11]

1349

Im Unterschied zu den materiellen Regeln über die Strafbarkeit fallen die formellen Regelungen der *Strafverfolgung* nicht mehr unter den Begriff der Strafbarkeit iSd Art. 103 Abs. 2. Diese Vorschrift sagt also nichts über das „wie lange" der Strafbarkeit.[12]

1350

Beispiele: Als sich in den Sechzigerjahren herausstellte, dass die Ermittlungen gegen nationalsozialistische Verbrechen noch längere Zeit beanspruchen würden, wurde im Jahr 1965 zunächst das Ruhen der Verjährung zwischen 1945 und 1949 gesetzlich festgestellt, im Jahr 1969 sodann die bis dahin geltende Verjährungsfrist von 20 Jahren für Mord auf 30 Jahre verlängert und im Jahr 1979 ganz aufgehoben. Das verstieß nach der im Schrifttum teilweise bestrittenen Auffassung des BVerfG nicht gegen Art. 103 Abs. 2, weil die Strafbarkeit für Mord gesetzlich bestimmt war, bevor die Tat begangen wurde, und zu der Strafbarkeit nicht die im Zeitpunkt der Tat geltende Verjährungsregelung gehört: Das die Strafbarkeit kennzeichnende Unwerturteil ergibt sich aus Straftatbestand und Strafandrohung, nicht aber aus den formellen Regelungen der Strafverfolgung (E 25, 269/284 ff; vgl zum entsprechenden Streit um die Verlängerung der Verjährungsfristen für SED-Unrecht BVerfG, NJW 2004, 214; *Pieroth/Kingreen*, NJ 1993, 385). – Fraglich ist die Anwendbarkeit des Art. 103 Abs. 2 bei strafrechtlichen Regelungen, deren materieller oder formeller Charakter umstritten ist, wie zB beim Strafantrag (vgl *Pieroth*, JuS 1977, 394).

1351

---

3 E 109, 133/167; 110, 1/13; 117, 71/110; BVerfG, NJW 2021, 1222 Rn 107 (= JK 9/2021).

4 E 87, 399/411; *Wolff*, Hdb. GR V, § 134 Rn 31.

5 E 60, 215/233 f; 116, 69/82 f; *Schulze-Fielitz*. DR, Art. 103 II Rn 19; aA *Wolff*, Hdb. GR V, § 134 Rn 32.

6 E 86, 288/311; 105, 135/153.

7 E 109, 133/167 ff; 128, 326/392 f; *Wolff*, Hdb. GR V, § 134 Rn 33.

8 EGMR, NJW 2010, 2495/2497 f (M./Deutschland).

9 E 133, 40 Rn 42.

10 E 128, 326/392 f.

11 BVerfG, NJW 2021, 1222 Rn 110, 117 ff (= JK 9/2021).

12 E 81, 132/135; 112, 304/315.

2. Tatprinzip

1352 Ein rechtsstaatliches Strafrecht knüpft an *Taten*, dh Handlungen, nicht an Gesinnungen an.

3. Gesetzlichkeitsprinzip

1353 Ein rechtsstaatliches Strafrecht setzt Gesetze voraus. Art. 103 Abs. 2 statuiert den Gesetzesvorbehalt für das Strafrecht. Die Strafbarkeit muss sich bereits aus dem Parlamentsgesetz ergeben.[13] Gleichwohl kann die gesetzliche Strafnorm zur Konkretisierung auf Administrativakte wie etwa eine Rechtsverordnung[14] oder Satzung[15] und auf Vorschriften der Europäischen Union[16] – auch dynamisch – verweisen. Zum einen dürfen die Vorschriften, auf die verwiesen wird, den Straftatbestand aber nur spezifizieren,[17] zum anderen darf die Auswahl der spezifizierende Tatbestände nicht ihrerseits wieder dem Verordnungsgeber überlassen bleiben.[18] Auch ein Verweis auf Verwaltungsakte soll nicht schlechthin unzulässig sein.[19]

4. Bestimmtheitsgrundsatz

1354 Ein rechtsstaatliches Strafrecht erfordert *bestimmte* Gesetze. Der Einzelne soll von vornherein wissen können, was strafrechtlich verboten und mit welcher Strafe es sanktioniert ist, damit er in der Lage ist, sein Verhalten danach einzurichten. Als spezielle Normierung reicht Art. 103 Abs. 2 weiter als der allgemeine rechtsstaatliche Bestimmtheitsgrundsatz (vgl Rn 436), schließt allerdings nicht aus, dass im Tatbestand und bei der Strafandrohung unbestimmte Rechtsbegriffe verwendet werden, die der Auslegung durch den Richter bedürfen. Die Strafvorschrift muss jedoch umso präziser sein, je schwerer die angedrohte Strafe ist;[20] Strafrahmen müssen von Strafzumessungsregeln begleitet sein.[21] Die strengen Bestimmtheitsanforderungen sind vor allem bei solchen Straftatbeständen problematisch, die durch andere gesetzliche Bestimmungen oder durch administrative Rechtsakte ausgefüllt werden (sog Blankettstraftatbestände).[22]

1355 **Beispiele:** § 15 Abs. 2 lit. a FernmG, wonach die Einrichtung, die Änderung oder das Betreiben genehmigungspflichtiger Fernmeldeanlagen unter Strafe gestellt war, soweit gegen die Bedingungen verstoßen wurde, an die die Postbehörden die Genehmigung knüpften, verstieß gegen Art. 103 Abs. 2 (E 78, 374/383 ff): Die Strafbarkeit war nicht im Gesetz hinreichend bestimmt, sondern ergab sich erst aus Ermessensentscheidungen der Exekutive. Gleiches gilt für Straftatbestände, die dynamische Verweisungen auf europäisches Sekundärrechte enthalten (E 143, 38 Rn 38 ff). – Dagegen ist der Untreuetatbestand des § 266 Abs. 1 StGB trotz seiner

---

13 E 75, 329/342; 95, 96/131; 126, 170/194.
14 E 14, 174/185; 78, 374/382.
15 E 32, 346/362.
16 E 143, 38 Rn 42 (= JK 6/2017).
17 E 22, 21/25; 75, 329/342.
18 E 143, 38 Rn 47 (= JK 6/2017).
19 Vgl zur sog Verwaltungsakzessorietät *Degenhart*, SA, Art. 103 Rn 67 f.
20 E 75, 329/342 f; 126, 170/196 f.
21 E 105, 135/156 f.
22 E 143, 38 Rn 44 ff (= JK 6/2017); *Wolff*, Hdb. GR V, § 134 Rn 63 ff.

weiten und unscharfen Formulierungen noch ausreichend bestimmt, weil er restriktiv und präzisierend ausgelegt werden kann (E 126, 170/200 f; NJW 2013, 365/366 f).

Für die Rechtsprechung folgt aus dem Erfordernis gesetzlicher Bestimmtheit das Verbot des *Gewohnheitsrechts* und der *Analogie* zulasten des Täters.[23] Es ist Sache des Gesetzgebers und nicht des Richters, Strafbarkeitslücken zu schließen.[24] Nach hM wird von der unzulässigen Analogie die zulässige extensive Interpretation unterschieden. Dabei zieht der Wortlaut der Norm der Auslegung die äußerste Grenze.[25]   **1356**

Beispiele: Der von der Rechtsprechung zu § 240 StGB (Nötigung) entwickelte sog vergeistigte Gewaltbegriff, der beim Täter keinen körperlichen Kraftaufwand und beim Opfer keine körperliche Krafteinwirkung verlangt, sondern psychischen Zwang genügen lässt, wird vom BVerfG inzwischen als Verstoß gegen das Analogieverbot angesehen (E 92, 1/14 ff; 104, 92/101 f; vgl dazu *Amelung*, NJW 1995, 2584; *Jeand'Heur*, NJ 1995, 465; aA noch E 73, 206/239 ff). – Ein Verstoß gegen das Analogieverbot liegt dann vor, wenn angenommen wird, der Begriff „Mensch" in § 131 StGB erfasse „menschenähnliche Wesen" (E 87, 209/225), die heute erfundene Parole „Ruhm und Ehre der Waffen-SS" sei der seinerzeitigen Hitler-Jugend-Parole „Blut und Ehre" zum Verwechseln ähnlich (BVerfG, NJW 2006, 3050 Rn 23) oder ein Personenkraftwagen sei eine Waffe iSd § 113 Abs. 2 S. 2 Nr. 1 StGB (BVerfG, NJW 2008, 3627 Rn 27 f). Einen Verstoß gegen das Analogieverbot erblickt der 2. Strafsenat des BGH nun auch in der strafrechtlichen Wahlfeststellung (BGH, NStZ 2014, 392 ff; dazu *Freund/Rostalski*, JZ 2015, 164).   **'357**

5.   Rückwirkungsverbot

Ein rechtsstaatliches Strafrecht umfasst das Verbot *rückwirkender* Bestrafung. Art. 103 Abs. 2 verbietet also, jemanden auf Grund eines Gesetzes zu bestrafen, das zur Zeit der Tat noch nicht in Kraft war, bzw jemanden schärfer zu bestrafen, als zur Zeit der Tat gesetzlich bestimmt war.   **1358**

Beispiele: Das Gesetz gegen Straßenraub mittels Autofallen vom 22.6.1938 trat „mit Wirkung vom 1. Januar 1936 in Kraft" (zur Abschaffung des Rückwirkungsverbots in der nationalsozialistischen Zeit vgl *E. Schmidt*, Einführung in die Geschichte der deutschen Strafrechtspflege, 3. Aufl. 1965, S. 435 f). – Ein Gericht kann dadurch gegen das Rückwirkungsverbot verstoßen, dass es ein Gesetz, das sich selbst keine Rückwirkung beilegt, gleichwohl auf Taten anwendet, die vor Inkrafttreten des Gesetzes begangen worden sind und damals überhaupt nicht oder milder strafbar waren.   **1359**

III. Eingriffe

Ein Zurückbleiben hinter den dargestellten Anforderungen bedeutet einen Eingriff in Art. 103 Abs. 2. Er kann sowohl durch die Legislative als auch durch die Judikative erfolgen.[26] Rechtsprechungsänderungen wurden bislang noch nicht wegen eines Eingriffs in das Rückwirkungsverbot für verfassungswidrig erklärt. Allerdings hat das   **1360**

---

23 E 71, 108/114 ff; 92, 1/12.
24 E 92, 1/13; 126, 170/197.
25 E 71, 108/115; 87, 209/224.
26 E 105, 135/153.

BVerfG erwogen, das Rückwirkungsverbot dann greifen zu lassen, wenn durch eine kontinuierliche Rechtsprechungslinie ein Vertrauenstatbestand begründet wurde[27] und sich die Änderung auf das strafrechtliche Unwerturteil und nicht lediglich auf geänderte tatsächliche Erkenntnisse bezieht.[28]

IV. Verfassungsrechtliche Rechtfertigung

1361   Art. 103 Abs. 2 ist vorbehaltlos gewährleistet und „einer Abwägung nicht zugänglich"[29]; Eingriffe in den Schutzbereich des Art. 103 Abs. 2 führen stets zu seiner Verletzung. Ein sich an Art. 103 Abs. 2 stoßendes politisches Strafbedürfnis kann sich nur über eine Verfassungsänderung zur Geltung bringen.[30] Das BVerfG hat die strafrechtliche Verurteilung der Mauerschützen auf anderem Weg zu rechtfertigen versucht: In dem Konflikt zwischen dem Rückwirkungsverbot des Art. 103 Abs. 2 und dem rechtsstaatlichen Gebot materieller Gerechtigkeit müsse „in dieser ganz besonderen Situation", in der die Strafbarkeit für Mord und Totschlag durch Rechtfertigungsgründe ausgeschlossen war, die als „extremes staatliches Unrecht" anzusehen seien, der strikte Schutz von Vertrauen durch Art. 103 Abs. 2 zurücktreten.[31] Die Verfassung kennt aber keine ungeschriebenen Ausnahmen für besondere Situationen.

1362   **Lösungsskizze zum Fall 29 (Rn 1346):** I. Eine berufsgerichtliche Sanktion betrifft die Strafbarkeit iSd Art. 103 Abs. 2. Es geht hier um eine Tat, die nach vorher bestehenden Vorschriften bestraft wurde. Damit scheiden Verstöße gegen das Tatprinzip und das Rückwirkungsverbot aus und sind nur das Gesetzlichkeitsprinzip und der Bestimmtheitsgrundsatz problematisch: 1. Das Landes-Architektengesetz enthielt als Tatbestand nur den „Verstoß gegen Berufspflichten"; erst die Berufsordnung konkretisierte die Berufspflichten. Es ist daher schon fraglich, ob nicht gegen den *Parlamentsvorbehalt* verstoßen wurde. Das wird von E 45, 346/353 mit der Erwägung verneint, dass das Berufsbild des Architekten im Gesetz festgelegt sei und sich aus diesem Berufsbild und den daraus zu entnehmenden Berufsaufgaben auch die Berufspflichten des Architekten ergeben. – 2. Der *Bestimmtheitsgrundsatz* wird nicht schon durch unbestimmte Rechtsbegriffe verletzt. Da die einzelnen Berufspflichten nicht vollständig aufgezählt werden können, reicht auch eine allgemeine Umschreibung aus (vgl E 66, 337/355 f; 94, 372/394). Hier lag aber noch nicht einmal das vor, sodass Art. 103 Abs. 2 verletzt war. E 45, 346/352 hat mit der Begründung, es werde von der Norm im Landes-Architektengesetz dadurch, dass sie von „Berufspflichten" spreche, ein entsprechender Pflichtenkodex „vorausgesetzt und sanktioniert", anders entschieden. – II. Der Verstoß der Norm gegen Art. 103 Abs. 2 führt zu ihrer Verfassungswidrigkeit und Nichtigkeit. A durfte unabhängig von der Frage, ob er sich kollegial verhalten hat, nicht zu der Geldbuße verurteilt werden.

---

27 BVerfGK 18, 430 Rn 20.
28 BVerfG, NJW 1990, 3140 f – Absenkung der Promillegrenze für absolute Fahruntüchtigkeit.
29 E 109, 133/172; *Höfling/Burkiczak*, FH, Art. 103 Rn 132.
30 *Pieroth*, VVDStRL 51, 1992, S. 91/104; *Schlink*, NJ 1994, 433/437.
31 E 95, 96/133; zust *Alexy*, Der Beschluss des BVerfG zu den Tötungen an der innerdeutschen Grenze vom 24. Oktober 1996, 1997, S. 25 f; krit *Nolte/Aust*, MKS, Art. 103 Rn 124 ff; *Schwill*, KritV 2002, 79.

Literatur: *R. Herzberg*, Wann ist die Strafbarkeit „gesetzlich bestimmt" (Art. 103 Abs. 2 **1363** GG)?, in: Symposium Schünemann, 2005. S. 31; *V. Krey*, Keine Strafe ohne Gesetz, 1983; *L. Kuhlen*, Zum Verhältnis von Bestimmtheitsgrundsatz und Analogieverbot, in: FS Otto, 2007, S. 89; *B. Pieroth*, Der rückwirkende Wegfall des Strafantragserfordernisses, JuS 1977, 394; *H.-A. Wolff*, Nullum crimen, nulla poena sine lege, Hdb. GR V, § 134.

§ 33   Ne bis in idem (Art. 103 Abs. 3)

Fall 30: Erweiterung der Wiederaufnahmegründe   **1364**

Aus der Mitte des Bundestags wird ein Gesetz zur Änderung der Strafprozessordnung eingebracht. Es soll § 362 StPO dahin ergänzen, dass eine Wiederaufnahme zu Ungunsten des Angeklagten auch dann zulässig ist, wenn Beweismittel beigebracht werden, die vom Angeklagten verändert oder unterdrückt worden waren. Ist die Ergänzung mit Art. 103 Abs. 3 vereinbar? **Rn 1380**

I.   Überblick

Art. 103 Abs. 3 enthält als grundrechtsgleiches Recht das Verbot der Doppelbestrafung („ne **1365** bis in idem"). Der Grundsatz ist alt, allerdings von der Inquisition bis zum Nationalsozialismus immer wieder bestritten und durchbrochen worden. Die Erfahrung der *nationalsozialistischen Durchbrechungen* hat zur Aufnahme in das Grundgesetz geführt.

Der Grundsatz gewährleistet die Rechtskraft des Strafurteils und verwirklicht *Rechtssicherheit*. **1366** Hinter die Rechtssicherheit tritt hier die materielle Gerechtigkeit zurück. Der Rechtsstaat verlangt zwar beides, Rechtssicherheit und materielle Gerechtigkeit, aber beides steht in einem Spannungsverhältnis, das manchmal nur nach entweder der einen oder der anderen Seite aufgelöst werden kann. Art. 103 Abs. 3 schützt durch die Auflösung nach der Seite der Rechtssicherheit die individuelle Freiheit: Der Einzelne wird davor bewahrt, sich nach einer rechtskräftigen strafgerichtlichen Entscheidung erneut verantworten zu müssen.

Art. 103 Abs. 3 ist insofern *normgeprägt*, als er Strafgesetze und das Institut der Rechtskraft **1367** voraussetzt. Der Verfassungsgeber wollte den Grundsatz „ne bis in idem" so in das Grundgesetz aufnehmen, wie er im Strafverfahrensrecht ausgebildet und anerkannt war.[1] Das bedeutet aber nicht, dass alle traditionellen Beschränkungen des Grundsatzes verfassungsmäßig wären. Die Aufnahme in das Grundgesetz betrifft nur den Kerngehalt des Satzes „ne bis in idem"[2]. Im Randbereich sind die traditionellen Beschränkungen daran zu überprüfen, ob sie um der materiellen Gerechtigkeit willen unerlässlich sind. – Wie Art. 103 Abs. 2 ist Art. 103 Abs. 3 systematisch eine Schranken-Schranke, die traditionell dreistufig geprüft wird (vgl Rn 1347).

---

1   Vgl *Pohlreich*, BK, Art. 103 Abs. 3 Rn 23 ff.
2   E 56, 22/34 f.

II. Schutzbereich

1. Dieselbe Tat

1368   Der Begriff derselben Tat meint den „geschichtlichen Vorgang, auf welchen Anklage und Eröffnungsbeschluss hinweisen und innerhalb dessen der Angeklagte als Täter oder Teilnehmer einen Straftatbestand verwirklicht haben soll"[3]. Die Rechtsprechung bestimmt dies danach, ob bei natürlicher Betrachtungsweise ein *einheitlicher Lebensvorgang* zu erkennen ist. Dieser sog prozessuale Tatbegriff ist nicht identisch mit dem sog materiellen Tatbegriff.[4] „Dieselbe Handlung" iSd § 52 Abs. 1 StGB kann zwei Taten iSd Art. 103 Abs. 3 darstellen, weil die Normen unterschiedliche Zwecke verfolgen: Dort geht es um die Bildung des Schuld- und Strafausspruchs, hier um die Grenzen der materiellen Rechtskraft.[5]

1369   **Beispiele:** Jemand ist durch ein rechtskräftiges Urteil wegen Beteiligung an einer kriminellen Vereinigung gem. § 129 StGB zu einer Freiheitsstrafe verurteilt worden. Später stellt sich heraus, dass er als Mitglied der kriminellen Vereinigung weitere, bisher unberücksichtigte, § 129 StGB gegenüber schwerere Straftaten begangen hat. Deretwegen kann er ohne Verstoß gegen Art. 103 Abs. 3 bestraft werden, weil verschiedene geschichtliche Vorgänge zu Grunde liegen (E 56, 22/28 ff). – Hingegen liegt dieselbe Tat vor, wenn die Einberufung zum Ersatzdienst wegen einer ein- für alle Mal getroffenen Gewissensentscheidung wiederholt nicht befolgt wird (E 23, 191/203; 78, 391/396).

1370   Nach der rechtskräftigen Verurteilung eintretende *neue Umstände* können nicht dazu führen, dass nicht mehr „dieselbe Tat" angenommen wird.

1371   **Beispiel:** Jemand hat bei einem Verkehrsunfall einen anderen verletzt und ist durch rechtskräftiges Urteil wegen fahrlässiger Körperverletzung gem. § 230 StGB zu einer Geldstrafe verurteilt worden. Später stirbt das Unfallopfer an den Folgen seiner Verletzungen. Schon die Einleitung eines neuen Strafverfahrens und erst recht die Verurteilung wegen fahrlässiger Tötung verstoßen gegen Art. 103 Abs. 3 (vgl E 56, 22/31; 65, 377/381).

2. Die allgemeinen Strafgesetze

1372   Das Merkmal „auf Grund der allgemeinen Strafgesetze" soll, wie die Entstehungsgeschichte belegt,[6] Anwendungsbereich des Art. 103 Abs. 3 auf das deutsche[7] *Kriminalstrafrecht* beschränken. Da zum Strafrecht iSd Art. 74 Abs. 1 Nr. 1 auch das Ordnungswidrigkeitenrecht zählt,[8] sprechen systematische Gründe dafür, auch Normen des Ordnungswidrigkeitenrechts zu den allgemeinen Strafgesetzen zu rechnen[9] (vgl auch Rn 1348). Dies sieht auch der EuGH grundsätzlich für Art. 50 GRCh ebenso. Er will jedoch Ausnahmen vom Doppelbestrafungsverbot zulassen, wenn die Ordnungswidrigkeitsvorschrift anderen Aspekten der Tat gilt und anderen Zwecken dient als

---

3   E 23, 191/202; 56, 22/28.
4   Vgl *Roxin*, Strafverfahrensrecht, 25. Aufl. 1998, § 20 Rn 8 ff.
5   E 56, 22/28 ff; BVerfG, NJW 2004, 279.
6   JöR 1951, 744.
7   E 12, 62/66; 75, 1/15 f; BVerfG, NJW 2012, 1202 Rn 32.
8   E 31, 142/144.
9   AA *Kloepfer*, VerfR II, § 75 Rn 105.

das Strafgesetz.[10] Der Grundsatz „ne bis in idem" kann hingegen für das Disziplinar- und Berufsstrafrecht nur aus dem Rechtsstaatsgebot und Verhältnismäßigkeitsgrundsatz abgeleitet werden.

Art. 103 Abs. 3 gilt auch nicht im Verhältnis von Kriminalstrafrecht einerseits und Disziplinar- und Berufsstrafrecht andererseits.[11] Eine mehrfache Bestrafung ist wegen des unterschiedlichen Rechtsgrunds und der unterschiedlichen Zweckbestimmung gerechtfertigt.[12] Allerdings folgen aus dem *Verhältnismäßigkeitsgrundsatz* Grenzen für das Nebeneinander von Kriminalstrafrecht einerseits und Disziplinar- und Berufsstrafrecht andererseits: Soweit dieses im Einzelfall keine gegenüber dem Kriminalstrafrecht eigenständige Funktion hat, ist seine Anwendung ein nicht erforderlicher Grundrechtseingriff. Aus dem gleichen Grund ist bei der jeweils nachfolgenden Sanktion die vorangegangene zu berücksichtigen. **1373**

Beispiel: Ein Soldat wird wegen Gehorsamsverweigerung disziplinarrechtlich von seinem Bataillonskommandeur mit Freiheitsstrafe (Arrest) und strafrechtlich vom Schöffengericht mit Freiheitsstrafe bestraft. Auf die jeweils spätere Freiheitsstrafe muss die frühere angerechnet werden (vgl E 21, 378/388; 27, 180/192 ff). **1374**

Das Verbot der Doppelbestrafung gilt ferner nicht im Verhältnis zwischen Kriminalstrafen einerseits und Ordnungs- und Beugemaßnahmen sowie Verwaltungssanktionen andererseits, wenn und soweit diese keine strafrechtliche Sanktionsfunktion haben. Eine solche Sanktionsfunktion haben aber Bußgelder aufgrund von Ordnungswidrigkeiten (Rn 1372). **1375**

Beispiel: Die Entziehung der Fahrerlaubnis ist gem. § 69 StGB als strafgerichtliche Maßnahme und gem. § 4 StVG als verwaltungsbehördliche Maßnahme zulässig. Es verstößt nicht gegen Art. 103 Abs. 3, wenn die Verwaltungsbehörde nach Ablauf der mit der strafgerichtlichen Entziehung der Fahrerlaubnis bestimmten Sperrfrist ihrerseits die Erteilung einer neuen Fahrerlaubnis wegen in diesem Zeitpunkt festzustellender fehlender Eignung versagt (E 20, 365/372). Denn die verwaltungsbehördliche Versagung ist keine strafrechtliche Sanktion, sondern eine Maßnahme der Gefahrenabwehr. **1376**

3. Einmaligkeit der Strafverfolgung

Der Wortlaut verbietet ausdrücklich nur die mehrfache Verhängung von Strafe wegen derselben Tat. Nach der geschichtlichen Entwicklung schützt der Grundsatz „ne bis in idem" aber auch die Rechtskraft des Freispruchs: Nach verurteilender wie nach freisprechender Entscheidung ist die Einleitung eines weiteren Strafverfahrens ausgeschlossen. Bei sonstigen strafprozessualen Entscheidungen kommt es darauf an, ob sie mit der Rechtskraft eines Urteils einen Vorgang vollständig erfassen und abschließend entscheiden.[13] **1377**

Beispiele: Verfahrenseinstellungen durch Staatsanwaltschaft und Gericht haben keine bzw eingeschränkte Rechtskraft; die Verwerfung der Revision durch Beschluss hat grundsätzlich volle Rechtskraft. Ein Strafbefehl, gegen den nicht rechtzeitig Einspruch erhoben worden ist, **1378**

---

10 EuGH, EU:C:2018:192, Rn 37 ff – Di Puma (= JK 11/2018).
11 E 66, 337/356 f.
12 E 32, 40/48.
13 Vgl *Pohlreich*, BK, Art. 103 Abs. 3 Rn 42 ff; aA *Höfling/Burkiczak*, FH, Art. 103 Rn 171.

steht gem. § 410 Abs. 3 StPO einem rechtskräftigen Urteils gleich. Gleichwohl hat die stRspr der Strafgerichte wegen des summarischen Charakters des Strafbefehlsverfahrens nur eine eingeschränkte Rechtskraft des Strafbefehls angenommen und eine erneute Verfolgung zugelassen, wenn sich nachträglich ein im Strafbefehl nicht gewürdigter rechtlicher Gesichtspunkt ergibt, der eine erhöhte Strafbarkeit begründet. E 65, 377/382 ff hat diese Rechtsprechung zwar nicht verworfen, aber mit einer auf Art. 3 Abs. 1 gestützten Argumentation in ihrer Tragweite erheblich eingeschränkt; danach steht die Rechtskraft des Strafbefehls einer erneuten Verfolgung entgegen, wenn ein Umstand, der die Bestrafung des Täters wegen eines schwereren Vergehens begründen würde, erst nach rechtskräftiger Erledigung des Strafbefehlsverfahrens eingetreten ist. Die Wiederaufnahme des Verfahrens ist für Strafbefehle nach § 373a StPO zulässig, wenn neue Umstände die Verurteilung wegen eines Verbrechens begründen würden.

III. Eingriffe und verfassungsrechtliche Rechtfertigung

1379   Als Eingriff in den Schutz rechtskräftiger Verurteilungen und Freisprüche kann die wiederholte Strafverfolgung wegen derselben Tat und die *Wiederaufnahme zu Ungunsten des Angeklagten* (§ 362 StPO) verstanden werden. Zur verfassungsrechtlichen Rechtfertigung dieses Eingriffs kann dann nur auf die Kollision zwischen Rechtssicherheit und materieller Gerechtigkeit verwiesen und geltend gemacht werden, dass bei Vorliegen der Wiederaufnahmegründe von § 362 StPO die Aufrechterhaltung der Rechtskraft die materielle Gerechtigkeit unerträglich beeinträchtigen würde.[14] Demgegenüber stellt die *Wiederaufnahme zu Gunsten des Angeklagten* keinen Eingriff in den Schutzbereich des Art. 103 Abs. 3 dar.

1380   **Lösungsskizze zum Fall 30 (Rn 1364):** I. Das Änderungsgesetz soll ermöglichen, dass Wiederaufnahmen zu Ungunsten des Angeklagten in weiterem Ausmaß als bisher stattfinden können. Der Umfang der Geltung des Grundsatzes „ne bis in idem" würde dadurch *beschränkt.* – II. Es fragt sich, ob diese Beschränkung noch als Teil der *immanenten Schranke,* durch welche Rspr und hL den Schutzbereich von Art. 103 Abs. 3 begrenzt sehen, verstanden werden kann. Sie gehört nicht zu dem „bei Inkrafttreten des Grundgesetzes geltenden Stand des Prozessrechts und seiner Auslegung durch die herrschende Rechtsprechung", an dem das BVerfG die immanente Schranke orientiert (E 3, 248/252). Im Schrifttum wird die Festlegung auf den damaligen Stand des Prozessrechts jedoch überwiegend abgelehnt (aA *Grünwald,* Beiheft ZStW 1974, 94/103) und eine Erweiterung des § 362 StPO unter mal mehr und mal weniger strengen Voraussetzungen für zulässig gehalten, entweder mit der Begründung, dass materiell schlechthin unerträgliche Ergebnisse vermieden werden müssten (*Schulze-Fielitz,* DR, Art. 103 III Rn 32) oder weil das Vertrauen des Angeklagten nicht schutzwürdig sei, wenn er selbst den Grund für seine erneute Verfolgung gesetzt habe (*Pohlreich,* BK, Art. 103 Abs. 3 Rn 64 ff).

1381   **Literatur:** *O. Fliedner,* Die verfassungsrechtlichen Grenzen mehrfacher staatlicher Bestrafungen aufgrund desselben Verhaltens, AöR 1974, 242; *G. Grünwald,* Die materielle Rechtskraft im Strafverfahren der Bundesrepublik Deutschland, Beiheft ZStW 1974, 94; *G. Nolte,* Ne bis in idem, Hdb. GR V, § 135; *D. Schroeder,* Die Justizgrundrechte des GG, JA 2010, 167; *H. Thomas,* Das Recht auf Einmaligkeit der Strafverfolgung, 2002.

---

14   Vgl *Kloepfer,* VerfR II, § 75 Rn 111 f; krit *Nolte/Aust,* MKS, Art. 103 Rn 222 ff.

Teil III

Verfassungsbeschwerde

§ 34   Allgemeines zur Verfassungsbeschwerde

Im Grundgesetz handelt Art. 93 Abs. 1 Nr. 4a von der Verfassungsbeschwerde. Er begründet die Zuständigkeit des BVerfG und legt die wesentlichen Voraussetzungen der Zulässigkeit fest. Einzelheiten zu Verfahren und Zulässigkeit regeln §§ 90–95 BVerfGG.   **1382**

Das Grundgesetz hat eine *starke Verfassungsgerichtsbarkeit* eingerichtet. Dadurch kann der Vorrang der Verfassung allgemein durchgesetzt werden.[1] Mit der Verfassungsbeschwerde hat das Grundgesetz den Bürgern die Möglichkeit eröffnet, speziell den Vorrang der Grundrechte durchzusetzen. Das ist in der deutschen Verfassungsgeschichte neu; die Verfassungsstreitigkeiten des Art. 19 WRV umfassten noch nicht Behelfe des Bürgers gegen den Staat. Die Verfassungsbeschwerde ist der einzige Weg, auf dem der Einzelne ein Verfahren vor dem BVerfG einleiten kann. Sie ergänzt den durch Art. 19 Abs. 4 (vgl Rn 1241 ff) garantierten Individualrechtsschutz.   **1383**

Die Verfassungsbeschwerde ist die zahlenmäßig *bedeutendste* Zuständigkeit des BVerfG. Sie macht ca. 96% aller anhängigen Verfahren aus. Derzeit werden pro Jahr ca. 5000 Verfassungsbeschwerden erhoben. Die Erfolgsquote liegt bei etwa 2%.   **1384**

Die sehr hohe Zahl von Verfassungsbeschwerden hat zur Einführung des *Annahmeverfahrens* gem. §§ 93a ff BVerfGG geführt, das das Gericht entlasten soll. Demselben Ziel dient die umstrittene[2] Vorprüfung durch die Präsidialräte gemäß der Geschäftsordnung des BVerfG. Das Annahmeverfahren verläuft folgendermaßen: Eine der von beiden Senaten berufenen Kammern prüft, ob eine Pflicht zur Annahme besteht, weil der Verfassungsbeschwerde grundsätzliche verfassungsrechtliche Bedeutung zukommt oder weil es zur Durchsetzung der Grundrechte angezeigt ist (§ 93a Abs. 2). Sie kann die Annahme durch einstimmigen Beschluss, der gem. § 93d Abs. 1 S. 3 nicht begründet werden muss, ablehnen. Sie kann der Verfassungsbeschwerde auch stattgeben, wenn diese offensichtlich begründet ist (§ 93b S. 1 iVm § 93c Abs. 1 S. 1). Hat die Kammer weder die Annahme abgelehnt noch der Verfassungsbeschwerde stattgegeben, entscheidet der Senat über die Annahme. Er nimmt die Verfassungsbeschwerde an, wenn mindestens drei Richter ihr zustimmen (§ 93d Abs. 3 S. 2). Es kann also dazu kommen, dass eine Verfassungsbeschwerde trotz Begründetheit keinen Erfolg hat, weil sie im Annahmeverfahren scheitert; dies passiert etwa in Bagatellfällen.[3] Bedenklich ist die Rspr des BVerfG, bis zur Grenze existenzieller Betroffenheit einen Bagatellfall anzunehmen.[4]   **1385**

---

1   Vgl *Kingreen*, Hdb. StR[3] XII, § 263 Rn 11 ff; *Wahl*, Staat 1981, 485.
2   Vgl *Schlink*, NJW 1984, 89.
3   Vgl *Hömig*, in: FS Jaeger, 2011, S. 767/778; *Schlaich/Korioth*, BVerfG, Rn 258 ff.
4   E 90, 22/25; BVerfG, EuGRZ 2000, 242/246; krit *Hartmann*, in: Pieroth/Silberkuhl, § 90 Rn 266.

1386 **Lösungstechnischer Hinweis:** In Übungsarbeiten ist regelmäßig auf das Annahmeverfahren nicht einzugehen, da es sich weder um eine Zulässigkeits- noch um eine Begründetheitsfrage handelt. Vielmehr hängt es von der gutachtlichen Prüfung der Zulässigkeit und der Begründetheit ab, wie die Verfassungsbeschwerde im Annahmeverfahren voraussichtlich behandelt wird. Es gehört aber auch nicht etwa in die Übungsarbeit, dass am Ende eine Prognose über die Behandlung der Verfassungsbeschwerde durch die Kammern geäußert wird.

Literatur: Vgl nach § 36.

§ 35 Zulässigkeit der Verfassungsbeschwerde

1387 **Lösungstechnischer Hinweis:** Die folgenden Zulässigkeitsvoraussetzungen sind zwar rechtlich alle wichtig: Das Nichtvorliegen jeder einzelnen macht die Verfassungsbeschwerde unzulässig. In Übungsarbeiten haben sie dagegen unterschiedliche Bedeutung. Allein die Voraussetzungen I. 1, II, III und IV sind stets zu prüfen; die Voraussetzungen I. 2, V und VI bedürfen nur dann der Prüfung, wenn der Sachverhalt entsprechenden Anlass bietet, zB den Hinweis enthält, dass der Beschwerdeführer ausländische juristische Person oder erst 16 Jahre alt ist, die Verfassungsbeschwerde per E-Mail eingelegt wurde, der Akt der öffentlichen Gewalt, der mit der Verfassungsbeschwerde angegriffen wird, schon mehr als einen Monat zurückliegt, etc.

I. Beschwerdeführer

1. Beschwerdefähigkeit

1388 Gem. § 90 Abs. 1 BVerfGG kann „jedermann" Verfassungsbeschwerde erheben. Da die Verfassungsbeschwerde die Rüge der Verletzung von Grundrechten oder grundrechtsgleichen Rechten beinhaltet, setzt die Beschwerdefähigkeit nur voraus, dass der Beschwerdeführer überhaupt in Grundrechten oder grundrechtsgleichen Rechten verletzt sein kann. Die Beschwerdefähigkeit folgt der Grundrechtsberechtigung (vgl Rn 190 ff). Die Fälle partieller Grundrechtsunfähigkeit (Ausländer bezüglich der Deutschengrundrechte; Personenmehrheiten und Organisationen bezüglich der Grundrechte, die ihrem Wesen nach auf sie nicht anwendbar sind) werden allerdings regelmäßig erst bei der Beschwerdebefugnis (vgl Rn 1398) relevant.[1]

2. Prozessfähigkeit

1389 Das BVerfGG regelt die Prozessfähigkeit nicht, sondern handelt lediglich vom Recht und der Pflicht der Beteiligten auf Hinzuziehung von Prozessbevollmächtigten (§ 22 BVerfGG). In anderen Gerichtsverfahren bedeutet Prozessfähigkeit die Fähigkeit, Prozesshandlungen selbst oder durch selbst bestimmte Bevollmächtigte vorzunehmen. Für Minderjährige und Entmündigte kann normalerweise nur der gesetzliche Vertreter oder, bei Interessenkonflikt zwischen Vertreter und Vertretenem, ein Ergän-

---

1 Vgl *Pestalozza*, S. 171, 178.

394

zungspfleger[2] oder ein Verfahrenspfleger[3] die Prozesshandlungen vornehmen oder den Bevollmächtigten bestimmen. Ist der minderjährige Beschwerdeführer als reif anzusehen und wird er insbesondere von der Rechtsordnung als reif angesehen, in dem vom Grundrecht geschützten Freiheitsbereich eigenverantwortlich zu handeln, dann kann er selbst die Prozesshandlungen vornehmen oder den Bevollmächtigten bestimmen. Das Gleiche gilt für Menschen mit psychischen Erkrankungen oder Behinderungen, die ihre Angelegenheiten nicht selbst besorgen können, in den Verfahren, in denen über ihre Betreuung entschieden wird (vgl § 275 FamFG).

Beispiel: Der 15-Jährige, der sich auf Art. 4 Abs. 1 und 2 beruft, ist unabhängig von der Mitwirkung eines gesetzlichen Vertreters prozessfähig im Hinblick auf § 5 RelKErzG (E 1, 87/89). **1390**

II. Beschwerdegegenstand

Gegenstand der Verfassungsbeschwerde kann *jeder* Akt der öffentlichen Gewalt sein, also Akte der vollziehenden Gewalt, Rechtsprechung (vgl §§ 94 Abs. 3, 95 Abs. 2 BVerfGG) und Gesetzgebung (vgl §§ 93 Abs. 3, 94 Abs. 4, 95 Abs. 3 BVerfGG). Der Umfang möglicher Beschwerdegegenstände entspricht also der Grundrechtsbindung gem. Art. 1 Abs. 3 (vgl Rn 252 ff). Der Begriff der öffentlichen Gewalt iSd Art. 19 Abs. 4 ist in der Beschränkung auf die vollziehende Gewalt enger (vgl Rn 1243 ff). **1391**

Akte der öffentlichen Gewalt umfassen nicht nur Handeln, sondern auch *Unterlassen* (vgl §§ 92, 95 Abs. 1 S. 1 BVerfGG: „Handlung oder Unterlassung").[4] Daher kann die grundrechtliche Schutzfunktion (vgl Rn 146 ff) verfassungsgerichtlich durchgesetzt werden.[5] Ferner brauchen die Akte nicht unbedingt auf Setzung einer Rechtsfolge gerichtet zu sein; auf einen *tatsächlichen* Erfolg gerichtete Akte, wie die Rüge des Vorstands einer Anwaltskammer,[6] reichen aus. **1392**

Bei *mehreren* Akten der öffentlichen Gewalt in der gleichen Sache – zB Verwaltungsakt, Widerspruchsbescheid, Urteil des Verwaltungsgerichts, Urteil des Oberverwaltungsgerichts/Verwaltungsgerichtshofs, Urteil des Bundesverwaltungsgerichts – lässt das BVerfG dem Beschwerdeführer die Wahl, ob er nur die letztinstanzliche Gerichtsentscheidung oder zusätzlich die Entscheidungen der Vorinstanzen bzw den zu Grunde liegenden Akt der vollziehenden Gewalt mit der Verfassungsbeschwerde angreifen will[7]. In jedem Fall liegt nur *eine* Verfassungsbeschwerde vor.[8] **1393**

---

2 E 72, 122/135.
3 E 99, 145/157.
4 *Stern*, StR III/1, S. 1283 ff.
5 E 77, 170/215; 79, 174/201 f; BVerfG, NVwZ 2010, 702 Rn 15; vgl *Möstl*, DÖV 1998, 1029.
6 E 18, 203/213.
7 Vgl zB E 19, 377/389; 54, 53/64 ff.
8 AA *Stelkens*, DVBl. 2004, 403.

III. Beschwerdebefugnis

1394 Gem. § 90 Abs. 1 BVerfGG ist die Verfassungsbeschwerde nur zulässig, wenn der Beschwerdeführer behauptet, in einem seiner Grundrechte oder grundrechtsgleichen Rechte verletzt zu sein. Daraus ergeben sich mehrere Voraussetzungen der Zulässigkeit, die unter dem Begriff der Beschwerdebefugnis zusammengefasst werden.

1395 **Lösungstechnischer Hinweis:** Die Beschwerdebefugnis ist in Übungsarbeiten zwar stets zu prüfen. Ihre einzelnen Elemente – Möglichkeit einer Grundrechtsverletzung, eigene, gegenwärtige und unmittelbare Beschwer – sind aber nur dann auch unter verschiedenen Gliederungspunkten in einzelnen Schritten zu prüfen, wenn sie jeweils besondere Probleme aufwerfen. Die Prüfung der Zulässigkeit einer Verfassungsbeschwerde gegen zB einen Verwaltungsakt kann einfach unter dem einen Gliederungspunkt der Beschwerdebefugnis fragen, ob die Verletzung des Beschwerdeführers in eigenen Grundrechten nicht von vornherein ausgeschlossen ist.

1. Möglichkeit einer Grundrechtsverletzung

1396 **a)** Rügefähig sind die in Art. 93 Abs. 1 Nr. 4a genannten **Grundrechte** und **grundrechtsgleichen Rechte** (Rn 472). Zu den „Grundrechten" zählt das BVerfG auch die Unionsgrundrechte.[9] Das ist, wenn man nicht allein die teleologische Auslegung für maßgeblich hält,[10] fragwürdig.[11] Die Auslegung des BVerfG widerspricht, wie es selbst einräumt, der Entstehungsgeschichte[12] und auch dem durch systematische Auslegung zu erschließenden Begriff der „Grundrechte" in Art. 93 Abs. 1 Nr. 4a. Denn die dortige Ergänzung der „Grundrechte" durch enumerativ aufgezählte „grundrechtsgleiche Rechte" wäre überflüssig, wenn sich „Grundrechte" iSv Art. 93 Abs. 1 Nr. 4a nicht nur auf den 1. Teil des GG („Die Grundrechte") bezöge, sondern generell auf Grundrechte unter Einschluss der Unionsgrundrechte und sonstiger Menschenrechtsgarantien. Dass die Einbeziehung der Unionsgrundrechte auch systematisch unstimmig ist, zeigt sich ua daran, dass das BVerfG die Erweiterung seiner Prüfungsbefugnis zunächst auf Rechtsanwendungsakte beschränkt hat. Weil die Verwerfung von Unionsrecht allein dem EuGH vorbehalten ist, hat es offengelassen, ob es auch Unionsrecht oder nationale Rechtsnormen, die zwingendes Unionsrecht umsetzen, an den Unionsgrundrechten überprüfen würde.[13]

1397 **b)** Damit eine Grundrechtsverletzung behauptet werden kann, reicht einerseits das subjektive Empfinden, im Grundrecht verletzt zu sein, nicht aus; andererseits ist es nicht Gegenstand der Zulässigkeits-, sondern erst der Begründetheitsprüfung, ob eine Verletzung wirklich vorliegt. Daher verlangt die Behauptung bei § 90 Abs. 1 BVerfGG wie bei § 42 Abs. 2 VwGO einen Vortrag, aus dem die **Möglichkeit** einer Grundrechts- bzw Rechtsverletzung hervorgeht; die Verletzung darf mit anderen Worten nicht von vornherein ausgeschlossen sein.[14]

---

9 E 152, 216 Rn 50 ff (= JK 5/2020); BVerfG, NJW 2021, 1518 Rn 41.
10 *Kühling*, NJW 2020, 275/277.
11 *Edenharter*, DÖV 2020, 349/353; *Michl*, Jura 2020, 479/483 f.
12 E 152, 216 Rn 67 (= JK 5/2020).
13 E 152, 216 Rn 51 (= JK 5/2020).
14 Vgl E 6, 445/447; 52, 303/327; 125, 39/73; *Hartmann*, JuS 2003, 897.

Die Möglichkeit einer Grundrechtsverletzung kann auf *allen Stufen* der inhaltlichen Grundrechtsprüfung scheitern, weil von vornherein der persönliche oder sachliche Schutzbereich nicht betroffen, ein Eingriff ausgeschlossen oder auch die verfassungsrechtliche Rechtfertigung offensichtlich ist.

1398

Lösungstechnischer Hinweis: In Übungsarbeiten kann es problematisch sein, welche Gesichtspunkte bei der Zulässigkeit und welche erst bei der Begründetheit zu prüfen sind. Nur eine offensichtliche und daher leicht und rasch zu begründende Ablehnung des Schutzbereichs eines Grundrechts oder des Eingriffs in den Schutzbereich eines Grundrechts sollte zur Unzulässigkeit der Verfassungsbeschwerde führen, etwa wenn ein Ausländer ein Deutschengrundrecht geltend macht (Rn 191). Wenn die Ablehnung des Schutzbereichs oder des Eingriffs eingehender Begründung bedarf, sollte diese Erörterung im Rahmen der Begründetheit erfolgen. Die Bejahung eines Eingriffs in den Schutzbereich führt fast stets zur Bejahung der Beschwerdebefugnis. Dass die verfassungsrechtliche Rechtfertigung offensichtlich ist, kommt in Übungsarbeiten kaum vor.

1399

Die Beschwerdebefugnis bzw die Beschwer wird verneint, wenn ein Verhalten der öffentlichen Gewalt *keinerlei Regelungsgehalt* und wenn es *keinerlei Außenwirkung* (sog Rechtsrelevanz) hat. Hier scheidet die Möglichkeit eines Grundrechtseingriffs und daher auch einer Grundrechtsverletzung von vornherein aus.

1400

Beispiele: Keinen Regelungsgehalt haben Meinungsäußerungen zur Rechtslage (E 37, 57/61) und Mitteilungen über den Stand der Dinge (E 33, 18/21 f). Keine Außenwirkung haben Verwaltungsvorschriften (E 41, 88/105), behördeninterne Anträge (E 20, 162/172), noch nicht verkündete Gesetze (zu noch nicht in Kraft getretenen Gesetzen vgl E 86, 390/396; 108, 370/385; 117, 126/141), bloße Entscheidungsentwürfe des Gerichts und noch nicht von allen Richtern unterzeichnete Entscheidungen (BVerfG, NJW 1985, 788).

1401

Im Übrigen kann die Möglichkeit eines *Eingriffs* unter verschiedenen Aspekten fraglich sein: Liegt überhaupt ein Eingriff vor? Trifft er gerade den Beschwerdeführer oder andere Personen? Trifft er den Beschwerdeführer gerade jetzt oder ist er schon vorbei oder steht er erst bevor? Ist es die als Eingriff zunächst erscheinende oder eine andere Maßnahme, die den Beschwerdeführer trifft? Diese Fragen prüft das BVerfG nach der Formel, ob der Beschwerdeführer „selbst, gegenwärtig und unmittelbar" beschwert bzw betroffen ist.[15] Zwar hat das BVerfG die Formel für die Verfassungsbeschwerde gegen Gesetze entwickelt, aber der Sache nach ist sie auf alle Akte der öffentlichen Gewalt anwendbar.[16] Freilich ist die eigene, gegenwärtige und unmittelbare Beschwer bei Individualakten wie einem Verwaltungsakt und einer Gerichtsentscheidung in der Regel unproblematisch. Problematisch sind sie hingegen, wenn sich die Beschwerde nicht gegen den Tenor des Individualakts, sondern lediglich gegen dessen Begründung richtet. Das BVerfG hat insoweit nur in seltenen Ausnahmefällen eine Beschwerdebefugnis anerkannt, bei denen etwa die Urteilsgründe den Beschwerdeführer durch einen Schuldvorwurf selbstständig belasten.[17] Mangels Präjudizienbindung scheidet eine gegenwärtige und unmittelbare Beschwer durch Rechtsfortbildung in den Urteilsgründen auch in solchen Rechtsgebieten regelmäßig aus, die wie das Arbeitskampfrecht weitgehend richterrechtlich geprägt sind.[18] Der Rechtspre-

1402

---

15   StRspr seit E 1, 97/101 f.
16   So auch *Pestalozza*, S. 181 f; *Schlaich/Korioth*, BVerfG, Rn 231.
17   E 74, 358/374; 82, 106/116 f.
18   E 140, 42 Rn 70.

chung folgend werden diese Voraussetzungen im Folgenden als selbstständige Aspekte der Beschwerdebefugnis dargestellt.

2. Eigene Beschwer

1403 Der Beschwerdeführer muss in *eigenen Grundrechten* betroffen sein. Während andere Prozessordnungen zulassen, dass jemand fremde Rechte im eigenen Namen geltend macht, ist bei der Verfassungsbeschwerde eine Geltendmachung fremder Grundrechte im eigenen Namen und damit auch eine sog Popularbeschwerde ausgeschlossen.[19] Dagegen ist eine Prozessstandschaft zulässig, bei der fremde Grundrechte geltend gemacht werden, wenn diese ohne die Geltendmachung um ihre Wirksamkeit gebracht würden.

1404 **Beispiele:** Personen, die nicht in einem Pflegeheim wohnen, dürfen nicht die Rechte der im Pflegeheim lebenden Pflegebedürftigen wahrnehmen (BVerfG, NVwZ 2016, 841 Rn 22 ff) und eine Verwertungsgesellschaft nicht die ihr treuhänderisch übertragenen Urheberrechte der Mitglieder, es sei denn, diese können ausschließlich durch die Verwertungsgesellschaft geltend gemacht werden (E 77, 263/269; vgl *Cornils*, AöR 2000, 45). – Dagegen gibt es Situationen, in denen Grundrechte, auch fort- und vorwirkende Verstorbener bzw Ungeborener (vgl Rn 202 ff), nur wirksam sind, wenn sie von Eltern, Kindern und ähnlich nahestehenden Personen geltend gemacht werden können; vgl zur Geltendmachung von Kindesgrundrechten durch die Eltern E 74, 244/251, von Grundrechten des entführten Vaters durch den Sohn E 46, 160.

1405 Der Beschwerdeführer ist nicht nur dann selbst betroffen, wenn er *Adressat* des Akts der öffentlichen Gewalt ist. Wenn aber der Akt an Dritte gerichtet ist, muss für eine eigene Beschwer zwischen der Grundrechtsposition des Beschwerdeführers und dem Akt eine hinreichend enge Beziehung bestehen; eine bloß „mittelbare" bzw „wirtschaftliche" Berührung soll nicht ausreichen.

1406 **Beispiele:** Adressat der Regelung der Ladenöffnungs- bzw. -schlusszeiten sind nur die Inhaber von Verkaufsstellen; selbst betroffen sind aber auch die Verbraucher (E 13, 230/232 f) und die Religionsgemeinschaften (E 125, 39/75). Durch eine Steuernorm, die von zwei Konkurrenten den einen begünstigt, kann der andere in seiner Berufsfreiheit selbst betroffen sein (E 18, 1/12 f; 43, 58/68 f). Die strafgerichtliche Verurteilung eines Minderjährigen beschwert zugleich die aus Art. 6 Abs. 2 S. 1 berechtigten Eltern (E 107, 104/115 f).

1407 Die eigene Beschwer muss nicht besonders qualifiziert sein. Die Beschwerdebefugnis verlangt also, anders als die unionsrechtliche Nichtigkeitsklage (vgl Art. 263 UAbs 4 AEUV),[20] keine „über die bloße eigene Betroffenheit hinausgehende besondere Betroffenheit, die die Beschwerdeführenden von der Allgemeinheit abheben würde."[21]

1408 **Beispiel:** Gegen ein unzureichendes Handeln des Gesetzgebers zur Bekämpfung des Klimawandels kann sich jedermann mit der Verfassungsbeschwerde wehren, auch wenn die Folgen des unzureichenden Handelns des Gesetzgebers alle Grundrechtsträger gleichermaßen betreffen (BVerfG, NJW 2021, 1723 Rn 110 = JK 9/2021). Hingegen hatten die Kläger wegen der insoweit erforderlichen qualifizierten Betroffenheit vor europäischen Gerichten keinen Erfolg (EuGH:EU:C:2021:252, Rn 37 – Armando Carvalho = JK 9/2021).

---

19 Vgl E 79, 1/14.
20 EuGH, EU:C:2021:252, Rn 37 – Armando Carvalho (= JK 9/2021).
21 BVerfG, NJW 2021, 1723 Rn 110 (= JK 9/2021); aA BVerfG, NJW 2018, 2312 Rn 47 (= JK 4/2019).

Das sog Selbstbetroffensein setzt schließlich voraus, dass das Grundrecht als subjektives Recht des Beschwerdeführers betroffen ist. Soweit das BVerfG die objektivrechtliche Funktion der Grundrechte heranzieht, um die Anwendung von Grundrechten im Privatrecht oder neben dem Abwehrrecht weitere Grundrechtsfunktionen zu begründen (vgl Rn 129), bejaht es in der Zulässigkeitsprüfung auch die Beschwerdebefugnis.[22] Die objektiv-rechtliche Funktion der Grundrechte steht nicht im Gegensatz zu ihrem subjektiv-rechtlichen Charakter, sondern dient dem BVerfG dazu, neue Anwendungsfelder und Funktionen der Grundrechte zu begründen.

1409

Beispiel: Bei der Übertragung von Hoheitsrechten verlangt die objektiv-rechtliche Funktion von Art. 19 Abs. 4, dass auch auf der supranationalen Ebene ein wirksamer Rechtsschutz besteht. Systematische Mängel dieses Schutzes kann die betroffene Grundrechtsträgerin als subjektives Recht gegen den Übertragungsvertrag geltend machen (E 149, 346 Rn 33 ff).

1410

3. Gegenwärtige Beschwer

Der Beschwerdeführer muss *schon* oder *noch* betroffen sein. Die gegenwärtige Beschwer fehlt zum einen, wenn die Beschwerdeführer „irgendwann einmal in der Zukunft (,virtuell,) von der gerügten Gesetzesbestimmung betroffen sein könnten"[23]. Es reicht nicht, dass es den Beschwerdeführern gelingt, die Verwaltung schon jetzt zu einer Feststellung über die erst in der Zukunft aktuelle Rechtslage zu provozieren.[24] Es genügt jedoch, „wenn ein Gesetz die Normadressaten bereits gegenwärtig zu später nicht mehr korrigierbaren Entscheidungen zwingt, oder schon jetzt zu Dispositionen veranlasst, die sie nach dem späteren Gesetzesvollzug nicht mehr nachholen können"[25]. Ein Antrag auf einstweilige Anordnung kann sogar ausnahmsweise schon vor der Verkündung (Art. 82 Abs. 1 S. 1) gestellt werden, wenn der Inhalt des Gesetzes feststeht, die Verkündung unmittelbar bevorsteht und die beanstandeten Vorschriften so zeitnah nach Verkündung in Kraft treten, dass zwischen Verkündung und Inkrafttreten kein effektiver Grundrechtsschutz mehr möglich wäre.[26] Bei Zustimmungsgesetzen zu völkerrechtlichen Verträgen ist die Verfassungsbeschwerde sogar schon vor der Ausfertigung durch den Bundespräsidenten zulässig, weil anderenfalls die Gefahr bestünde, dass Deutschland völkerrechtliche Verpflichtungen nur unter Verletzung seiner Verfassung erfüllen könnte.[27]

1411

Das Merkmal der Gegenwärtigkeit leistet zum anderen die Abgrenzung gegenüber vergangenen Beeinträchtigungen.[28] Allerdings fehlt die gegenwärtige Beschwer nicht bei allen vergangenen Beeinträchtigungen. Das BVerfG bejaht die Beschwerdebefugnis, wenn von einer vergangenen, sogar aufgehobenen Maßnahme weiterhin beeinträchtigende Wirkungen ausgehen,[29] wenn eine Wiederholung zu besorgen ist[30] oder

1412

---

22 Vgl E 7, 198/206 f; 35, 202/218 f.
23 E 60, 360/371.
24 E 72, 1/5 f.
25 E 65, 1/37; 75, 78/95.
26 E 131, 47/53
27 E 153, 74 Rn 94.
28 *Pestalozza*, S. 184 f.
29 E 99, 129/138.
30 E 103, 44/58 f; 116, 69/79.

allgemein mit der Erwägung, bei einem sich über Jahre hinziehenden fachgerichtlichen Verfahren noch eine verfassungsgerichtliche Klärung zu ermöglichen.[31] – Das BVerfG ist mit der Annahme gegenwärtiger Betroffenheit recht großzügig; wegen der nicht nur subjektiven, sondern auch objektiven Funktion der Verfassungsbeschwerde entscheidet es bei allgemeiner Bedeutung und nach mündlicher Verhandlung sogar über die Verfassungsbeschwerden von nach Erhebung der Verfassungsbeschwerde Verstorbenen.[32]

1413 **Beispiele:** Das Ingenieurgesetz, das den Absolventen bestimmter Ausbildungsgänge verbietet, die Bezeichnung „Ingenieur" zu führen, betrifft schon die in der Ausbildung Befindlichen gegenwärtig (E 26, 246/251). – Ein Verwaltungsakt, der gerade wegen seiner Grundrechtswidrigkeit aufgehoben worden ist, betrifft den Beschwerdeführer demgegenüber nicht mehr gegenwärtig (E 11, 336/338).

4. Unmittelbare Beschwer

1414 Die unmittelbare Beschwer fehlt, wenn nicht der angegriffene Akt selbst, sondern erst ein notwendiger oder in der Verwaltungspraxis üblicher Vollzugsakt in Grundrechte des Beschwerdeführers eingreift.[33] Zu den Vollzugsakten zählen nicht die Sanktionen des Straf- oder Ordnungswidrigkeitenrechts, da ihr Abwarten dem Betroffenen nicht zugemutet werden kann.[34] Bei Rechtsnormen fehlt die Unmittelbarkeit der Beschwer, wenn sie auf den Vollzug durch Behörden und Gerichte angelegt sind und der Vollzug selbst vor den Gerichten angegriffen werden kann.[35] Da dieser Angriff unter dem Gesichtspunkt des Rechtsschutzbedürfnisses auch geboten ist, tritt beim BVerfG der Gesichtspunkt der Unmittelbarkeit oft hinter dem des Rechtsschutzbedürfnisses zurück.

1415 **Beispiele:** Unmittelbar wirken die durch Gesetz erfolgende Änderung von Amtsbezeichnungen (E 38, 1/8), das gesetzliche Verbot, künftig einen bestimmten Beruf ohne Zulassung auszuüben (E 1, 264/270), die gesetzliche Einschränkung des Rechts von Krankenhausärzten, Privatrechnungen auszustellen (E 52, 303/327), ein Bebauungsplan, der die Bebaubarkeit eines Grundstücks wegfallen lässt (E 70, 35/52 f) oder eine öffentliche Straße festsetzt (E 79, 174/187 ff) und ein Zustimmungsgesetz nach Art. 59 Abs. 2 S. 1 zu einem völkerrechtlichen Vertrag, der anderen Vertragsstaaten ohne jede weitere Beteiligung deutscher Stellen unmittelbare Zugriffsrechte auf inländische Daten gestattet (BVerfG, NJOZ 2007, 599/600). – Hingegen fehlt es bei solchen Abgabengesetzen, die durch Gebühren- oder Beitragsbescheid vollzogen werden (Steuergesetze können allerdings auch unmittelbar wirken), bei gesetzlichen Ermächtigungen zu Rechtsverordnungen oder Satzungen (E 53, 366/388 ff; 53, 37/52 f; vgl aber E 93, 85/93) und bei der Mitwirkung deutscher Organe an der Entstehung sekundären Unionsrechts (BVerfG, NJW 1990, 974) an der Unmittelbarkeit.

---

31 E 148, 267 Rn 26 f (= JK 10/2018).
32 E 124, 300/318 f.
33 E 53, 366/389; 70, 35/50 f; 140, 42 Rn 60 ff.
34 E 81, 70/82 f.
35 E 67, 157/170; 100, 313/354; 109, 279/306 f.

IV. Rechtsschutzbedürfnis

Das prozessrechtliche Institut des Rechtsschutzbedürfnisses hat im Verfassungsbe-   **1416**
schwerdeverfahren zwei Ausprägungen erfahren: das Erfordernis der Rechtswegerschöpfung und den Grundsatz der Subsidiarität. Daneben noch von einem allgemeinen Rechtsschutzbedürfnis zu reden, ist entbehrlich;[36] die darunter gelegentlich ge-
fassten Probleme lassen sich unschwer als Probleme der Rechtswegerschöpfung oder
der Subsidiarität behandeln.

1. Rechtswegerschöpfung

§ 90 Abs. 2 S. 1 BVerfGG verlangt, gestützt auf Art. 94 Abs. 2 S. 2, die Erschöpfung   **1417**
des Rechtswegs, wenn ein Rechtsweg eingeräumt ist. Dies ist bei formellen Gesetzen
nicht der Fall, sodass das Erfordernis der Rechtswegerschöpfung insoweit grundsätzlich keine Bedeutung hat.

a) **Rechtsweg** ist der Weg, der den Einzelnen mit dem Begehren, die behauptete   **1418**
Grundrechtsverletzung zu überprüfen und auszuräumen, vor die deutschen staatlichen
Gerichte führt. Er beginnt uU bei der Verwaltung, wenn nämlich dem Gerichtsverfah-
ren das Widerspruchsverfahren vorgeschaltet ist. Er endet mit der Entscheidung, ge-
gen die kein Fachgericht mehr angerufen werden kann (möglicherweise aber noch ein
Landesverfassungsgericht oder der Europäische Gerichtshof für Menschenrechte).

Beispiele: Zum Rechtsweg zählen Normenkontrollen gem. § 47 VwGO, Verfahren des vor-   **1419**
läufigen Rechtsschutzes, zB nach §§ 80 Abs. 5, 123 VwGO, sowie solche Rechtsbehelfe, die
keinen Devolutiveffekt haben, dh zur Überprüfung nicht durch eine höhere, sondern dieselbe
Instanz führen. zB Einspruch gegen einen Strafbefehl gem. §§ 409 ff StPO, Einspruch gegen
ein Versäumnisurteil gem. § 338 ZPO und Änderungsverfahren gem. § 80 Abs. 7 VwGO. Zum
Rechtsweg zählen auch der Antrag auf Wiedereinsetzung in den vorigen Stand (E 42, 252/257;
BVerfG, BeckRS 2005, 29875 Rn 12), der Antrag auf Wiederaufnahme des Verfahrens (E 11,
61/63; BVerfG, NJW 1992, 1030 f) und die Gehörsrüge, zB gem. § 321a ZPO, § 356a StPO
und § 152a VwGO.

b) **Erschöpfung** des Rechtswegs bedeutet, dass der Beschwerdeführer alle prozes-   **1420**
sualen Möglichkeiten zur Beseitigung der behaupteten Grundrechtsverletzung in Anspruch genommen haben muss. Das bedeutet im Einzelnen:

– Der Beschwerdeführer darf die prozessualen Möglichkeiten nicht versäumt ha-   **1421**
   ben, zB dadurch, dass er ein zulässiges Rechtsmittel nicht eingelegt oder zurückgenommen[37] oder eine zulässige Rüge nicht erhoben[38] oder Beweisanträge nicht
   gestellt hat[39].

– Wenn zwar das Verfahren des vorläufigen Rechtsschutzes, aber noch nicht das   **1422**
   Hauptsacheverfahren durchgeführt ist, kann der Rechtsweg schon erschöpft sein,

---

36 Anders E 143, 267 Rn 28 (= JK 10/2018), wo ein Problem der Gegenwärtigkeit der Beschwer als Fra-
    ge des Rechtsschutzbedürfnisses behandelt wird.
37 E 1, 12/13.
38 E 83, 216/228 ff; 84, 203/208; 110, 1/12.
39 BVerfG, NJW 2005, 3769 f; *Zuck*, NVwZ 2006, 1119.

nämlich der Rechtsweg des Eilverfahrens. Wenn der Beschwerdeführer die Versagung gerade des vorläufigen Rechtsschutzes rügt, hat er mit der letztinstanzlichen Versagung des vorläufigen Rechtsschutzes den Rechtsweg erschöpft und kann Verfassungsbeschwerde erheben[40]. Anders verhält es sich, wenn die Grundrechtsverletzung noch im Hauptsacheverfahren ausgeräumt werden kann[41].

2. Subsidiarität

1423 Mit dem Grundsatz der Subsidiarität geht das BVerfG über das Erfordernis der Rechtswegerschöpfung hinaus. Weil das BVerfG auf einen in tatsächlicher und rechtlicher Hinsicht aufbereiteten Fall treffen soll,[42] sind vor einer Verfassungsbeschwerde gegen Gesetze, gegen die unmittelbar nur verfassungsgerichtlicher Rechtsschutz statthaft ist (s. auch Rn 1414 f), alle auch nur mittelbaren Möglichkeiten, fachgerichtlichen Rechtsschutzes auszuschöpfen.[43] Daher muss ein Beschwerdeführer den Vollzug eines die Grundrechte verletzenden Gesetzes abwarten oder herbeiführen und dagegen die Gerichte anrufen, wenn das Gesetz auslegungsbedürftige und -fähige Rechtsbegriffe enthält, von deren Auslegung und Anwendung es maßgeblich abhängt, inwieweit er tatsächlich und rechtlich beschwert ist. Wenn die Beurteilung des Gesetzes aber nur verfassungsrechtliche Fragen aufwirft, ist eine vorangehende fachgerichtliche Entscheidung nicht erforderlich.[44]

1424 **Beispiele:** Bevor gegen ein Ausnahmen zulassendes Gesetz Verfassungsbeschwerde mit der Behauptung der Verletzung von Grundrechten erhoben werden kann, muss zunächst eine verwaltungsgerichtliche Verpflichtungsklage (§ 42 Abs. 1 VwGO) auf Erlass eines Ausnahme-Verwaltungsaktes erhoben werden (E 78, 58/69; BVerfG, DVBl. 2000, 622). – Wenn der sachliche oder persönliche Anwendungsbereich einer Norm noch nicht geklärt ist, muss ein Beschwerdeführer zunächst eine negative Feststellungklage mit dem Ziel der Feststellung erheben, dass er nicht in den Anwendungsbereich der Norm fällt und daher kein feststellungfähiges Rechtsverhältnis iSv § 43 Abs. 1 VwGO besteht (BVerfG, NVwZ-RR 2016, 1/2 f; *Barczak*, DVBl 2019, 1040/1042 f).

3. Durchbrechungen der Rechtswegerschöpfung und der Subsidiarität

1425 Eine sog *Vorabentscheidung* kann gem. § 90 Abs. 2 S. 2 BVerfGG getroffen werden, wenn die Verfassungsbeschwerde von allgemeiner Bedeutung ist oder wenn dem Beschwerdeführer ein schwerer und unabwendbarer Nachteil entstünde, falls er zunächst auf den Rechtsweg verwiesen würde. Sinn einer solchen Vorabentscheidung ist es, dem Beschwerdeführer den an sich vorgesehenen Rechtsweg zu ersparen. Das setzt voraus, dass der Rechtsweg tatsächlich noch offen steht bzw bereits beschritten ist.

1426 **Beispiele:** Ob die Fortgeltung der Mietpreisbindung in den neuen Ländern und Ost-Berlin mit Art. 14 vereinbar ist, hat weit reichende Auswirkungen für Vermieter und Mieter und ist deshalb von allgemeiner Bedeutung (E 91, 294/306). – Einer politischen Partei wird die Einräumung von Rundfunksendezeiten für die Ausstrahlung von Wahlpropaganda kurz vor einer

---

40 E 80, 40/45.
41 E 77, 381/400 f; 104, 65/70 f.
42 E 79, 1/20; 88, 384/400.
43 E 112, 50/60; krit *Hartmann*, in: Pieroth/Silberkuhl, § 90 Rn 236 ff.
44 E 150, 309 Rn 44; vgl bereits E 97, 157/166; BVerfG, NVwZ 2005, 79.

Wahl verweigert. Hier ist der Verwaltungsrechtsweg und in diesem Rahmen die Möglichkeit einstweiligen Rechtsschutzes gegeben. Selbst dieser kommt aber möglicherweise zu spät, so dass der Partei der schwere und unabwendbare Nachteil entstünde, dass sie vor der Wahl nicht in gleicher Weise wie die anderen Parteien (vgl § 5 PartG) Rundfunksendezeit in Anspruch nehmen konnte (E 7, 99/105; 14, 121/130 f). – Droht zwar bei Verweis auf den Rechtsweg in der Hauptsache ein schwerer und unabwendbarer Nachteil, ist aber der Rechtsweg im Verfahren des vorläufigen Rechtsschutzes gegeben, dann ist er auch zu beschreiten (E 86, 382/388 f).

Darüber hinaus lässt das BVerfG Durchbrechungen der Rechtswegerschöpfung und der Subsidiarität zu, wenn dem Beschwerdeführer die Erschöpfung des Rechtswegs bzw das Bemühen um sonstige Abhilfe unzumutbar ist. Es stellt aber „strenge Anforderungen" [45]an die Unzumutbarkeit.   **1427**

Beispiele: Die Erschöpfung des Rechtswegs ist unzumutbar, wenn der Misserfolg eines verwaltungsgerichtlichen Verfahrens von vornherein feststeht, weil die Norm der Verwaltung keinen Ermessens- oder Beurteilungsspielraum einräumt bzw generell von einer vorgeschalteten fachgerichtlichen Prüfung keine verbesserten Entscheidungsgrundlagen für die verfassungsrechtliche Prüfung zu erwarten sind (BVerfG, NVwZ 2020, 1424 Rn 18 = JK 8/2021). Sie ist ferner unzumutbar, wenn dem Begehren des Beschwerdeführers eine gefestigte höchstrichterliche Rechtsprechung entgegensteht (E 84, 59/72), wenn das BVerfG in einem früheren vergleichbaren Fall die Notwendigkeit fachgerichtlichen Rechtsschutzes verneint hat (E 150, 309 Rn 51), wenn das Fachgericht den Beschwerdeführer falsch darüber belehrt hat, dass kein Rechtsmittel gegeben sei (E 19, 253/256 f) oder wenn ein Rechtsbehelf nur vereinzelt als zulässig angesehen wird (E 85, 80/86). Zumutbar ist dagegen der Gebrauch eines Rechtsmittels, dessen Zulässigkeit umstritten ist (E 70, 180/185; *Hartmann*, JuS 2007, 657). Auch persönliche Gründe wie das hohe Alter eines Beschwerdeführers ändern nichts an der Zumutbarkeit (BVerfG, NVwZ 2020, 1824). – Immer wieder hat das BVerfG erfolglose Studienbewerber, die die mangelnde Nutzung vorhandener Kapazitäten nur im Verfahren des vorläufigen Rechtsschutzes gerügt hatten, mit dem Argument zur Verfassungsbeschwerde zugelassen, dass „anderenfalls vorhandene Kapazitäten in erheblichem Umfang für längere Dauer ungenutzt geblieben wären" und dass dies objektiv nicht vertretbar und daher auch subjektiv nicht zumutbar sei (E 51, 130/143).   **1428**

V.   Beschwerdehindernis der Rechtskraft

Entscheidungen des BVerfG erwachsen wie die anderer Gerichte in materieller Rechtskraft. Dieser allgemeine prozessrechtliche Grundsatz liegt auch der Regelung des § 41 BVerfGG zu Grunde. Die *materielle Rechtskraft* bedeutet, dass über dasselbe Begehren desselben Beschwerdeführers bei gleicher Rechts- und Sachlage nicht erneut entschieden werden darf. Die materielle Rechtskraft bezieht sich nur auf den Tenor, nicht auf die Entscheidungsgründe, die aber zur Auslegung des Tenors herangezogen werden dürfen; sie gilt für Kammer- ebenso wie für Senatsentscheidungen.[46]   **1429**

Beispiel: Eine Verfassungsbeschwerde gegen ein Urteil wird von einer Kammer des BVerfG nicht zur Entscheidung angenommen, weil sie keine hinreichende Aussicht auf Erfolg habe. Die erneute Verfassungsbeschwerde des A gegen dasselbe Urteil mit dem Antrag, „dass der zu-   **1430**

---

45 E 79, 1/24.

46 Vgl *Rixen*, NVwZ 2000, 1364.

ständige Senat über die Sache entscheiden möge", ist wegen des Beschwerdehindernisses der Rechtskraft unzulässig.

VI. Ordnungsmäßigkeit der Beschwerde

1. Form

1431 Gem. § 23 Abs. 1 S. 1 BVerfGG ist die Verfassungsbeschwerde schriftlich einzureichen. Dafür reichen Telegramm,[47] Telefax,[48] nicht aber E-Mail[49]. Die Verfassungsbeschwerde ist auch zu begründen (§ 23 Abs. 1 S. 2 BVerfGG). Gem. § 92 BVerfGG sind in der Begründung das Recht, das verletzt sein soll, und die Handlung oder Unterlassung des Organs oder der Behörde, durch die der Beschwerdeführer sich verletzt fühlt, zu bezeichnen, das Recht zwar nicht mit der Artikel-, Absatz- und Satznummer des Grundgesetzes, aber dem Inhalt nach,[50] und die Handlung oder Unterlassung unter Vorlage oder Mitteilung des wesentlichen Inhalts.[51]

2. Frist

1432 Gem. § 93 Abs. 1 S. 1 BVerfGG ist die Verfassungsbeschwerde *binnen eines Monats* zu erheben. Der Normalfall dieser Fristbestimmung betrifft letztinstanzliche Gerichtsentscheidungen, da der Rechtsweg zunächst zu erschöpfen ist. Bei Hoheitsakten, gegen die ein Rechtsweg nicht offen steht – das sind in erster Linie formelle Gesetze –, ist die Verfassungsbeschwerde gem. § 93 Abs. 3 BVerfGG *binnen eines Jahres* zu erheben. Die Frist beginnt bei Gesetzen mit deren Inkrafttreten zu laufen, bei rückwirkenden Gesetzen in sinngemäßer Fortentwicklung des Wortlauts allerdings erst mit der Verkündung.[52] Bei Gesetzesänderungen beginnt die Frist nicht neu zu laufen, wenn die Norm inhaltlich unverändert bleibt oder nur redaktionell angepasst wird; wenn sich durch eine Gesetzesänderung auch nur mittelbar ein neuer Inhalt ergibt, kann aber sogar bei einer im Wortlaut unveränderten Norm die Frist erneut zu laufen beginnen.[53] Verfassungsbeschwerden gegen ein Unterlassen des Gesetzgebers unterliegen der Frist des § 93 Abs 3 BVerfGG nur dann nicht, wenn der Gesetzgeber gänzlich untätig geblieben ist; hat er hingegen eine nach Meinung des Beschwerdeführers nur unzureichende Regelung getroffen, richtet sich die Verfassungsbeschwerde gegen diese unzureichende Regelung, für die die Frist des § 93 Abs. 3 BVerfGG gilt.[54] Bei unverschuldeter Versäumung der Monatsfrist ist gem. § 93 Abs. 2 BVerfGG Wiedereinsetzung in den vorigen Stand möglich; dabei wird von einem Rechtsanwalt eine gesteigerte Aufmerksamkeit verlangt.[55]

---

47   E 32, 365/368.
48   BVerfG, NJW 2007, 2838.
49   BVerfG, BeckRS 2010, 51299; *Klein/Sennekamp*, NJW 2007, 954; aA *Hartmann*, NJW 2006, 1390.
50   E 59, 98/101; 147, 364.
51   E 93, 266/288.
52   E 1, 415/416 f.
53   BVerfG, NVwZ 2020, 1424 Rn 12 (= JK 8/2021).
54   BVerfG, NVwZ 2018, 1635 Rn 8.
55   BVerfG, NJW 2001, 3534 f.

3. Rücknahme

Eingelegte Verfassungsbeschwerden können zurückgenommen werden. Allerdings kann die Rücknahme unwirksam sein, sodass über die Beschwerde gleichwohl entschieden wird. Das BVerfG nimmt dies wegen der objektiven Funktion der Verfassungsbeschwerde dann an, wenn die Beschwerde von allgemeiner Bedeutung ist und über sie deswegen mündlich verhandelt wurde.[56]

1433

Literatur: Vgl nach § 36.

§ 36 Begründetheit der Verfassungsbeschwerde

I. Maßstab

Gem. Art. 93 Abs. 1 Nr. 4a ist die Verfassungsbeschwerde begründet, wenn ein Grundrecht oder ein grundrechtsgleiches Recht verletzt ist. Maßstab sind danach die im Zweiten Teil dieses Lehrbuchs behandelten *Grundrechte und grundrechtsgleichen Rechte* sowie *die Unionsgrundrechte*.

1434

Lösungstechnischer Hinweis: Im Gutachten zur Begründetheit der Verfassungsbeschwerde folgt die Prüfung einer Grundrechtsverletzung im Aufbau der im Ersten Teil dargelegten Struktur, die auch der Darstellung im Zweiten Teil zu Grunde liegt (vgl auch die Schemata Rn 469 f, 671 und 1178 f).

1435

Die Grundrechtsverletzung kann sich dabei auch aus *sonstigem Verfassungsrecht des Bundes* ergeben. Dem Gesetzesvorbehalt ist grundsätzlich nur genügt, wenn das zu einem Grundrechtseingriff ermächtigende Gesetz der verfassungsmäßigen Ordnung entspricht (Rn 354 ff).

1436

Beispiele: Eine Verletzung des Art. 12 Abs. 1 kann darin liegen, dass gegen das Rechtsstaatsgebot (E 9, 83/87 f), die Kompetenzordnung (E 13, 181/190) oder Art. 72 Abs. 2 (E 13, 237/239) verstoßen worden ist.

1437

Soweit die verfassungsrechtliche Zulässigkeit eines Eingriffs in den Schutzbereich eines Grundrechts oder grundrechtsgleichen Rechts nur durch *kollidierendes Verfassungsrecht* (Rn 364x ff) gerechtfertigt werden kann, gilt das Gleiche. Auch gegen das kollidierende Verfassungsrecht, das nicht nur in einem Grundrecht oder grundrechtsgleichen Recht, sondern zB im Rechtsstaats- und Sozialstaatsgebot bestehen kann, darf nicht verstoßen werden. Die Kollisionslösung, die der Gesetzgeber trifft, muss wiederum den Kompetenz- und Verfahrensvorschriften des Grundgesetzes Rechnung tragen.

1438

Ist eine Verfassungsbeschwerde erst einmal zulässig, nimmt das BVerfG über das bisher Gesagte hinaus eine *umfassende Prüfungsbefugnis* in Anspruch. Diese erstreckt sich über das als verletzt gerügte Grundrecht hinaus auf andere Grundrechte einschließlich der Grundrechte Dritter[1] und auch auf sonstiges Verfassungsrecht, ob-

1439

---

56 E 98, 218/242 f; vgl *Menzel*, JuS 1999, 339.

1 E 42, 312/325 f; vgl auch E 70, 138/162; krit *Kube*, DVBl. 2005, 721.

wohl die Verfassungsbeschwerde unter Berufung allein auf diese anderen Grundrechte oder dieses sonstige Verfassungsrecht nicht zulässig gewesen wäre.[2] Sie bezieht auch nicht nur die vom Gesetzgeber zur Eingriffsrechtfertigung erwogenen, sondern auch andere den Eingriff möglicherweise rechtfertigende Gesichtspunkte ein.[3] Das weitet die Verfassungsbeschwerde vom Mittel des subjektiven Rechtsschutzes zum Mittel des objektiven Rechtsschutzes, allerdings auf subjektive Initiative hin, und entspricht dem doppelfunktionalen Verständnis der Verfassungsbeschwerde durch das BVerfG: „Die Verfassungsbeschwerde ist nicht nur ein Rechtsbehelf zur Sicherung und Durchsetzung grundgesetzlich garantierter individueller Rechtspositionen, sondern in gleicher Weise ein ‚spezifisches Rechtsschutzmittel des objektiven Verfassungsrechts'".[4]

II. Einschränkung des Prüfungsumfangs auf die Verletzung spezifischen Verfassungsrechts

1. Problem

1440 Wenn also die Verletzung jeglichen Verfassungsrechts eine Grundrechtsverletzung bedeutet und die Verfassungsbeschwerde begründet macht, müsste das eigentlich auch für den in Art. 20 Abs. 3 verbürgten *Vorrang des Gesetzes* gelten, wonach das Handeln der Verwaltung und der Gerichte nicht gegen Gesetze verstoßen darf. Also müssten Gesetzesverstöße als Grundrechtsverletzungen qualifiziert werden.

1441 **Beispiele:** Die Verurteilung zu einer Freiheitsstrafe ist ein Eingriff in die Freiheit der Person, der nur durch förmliches Gesetz gerechtfertigt werden kann (Art. 2 Abs. 2 S. 2, Art. 104 Abs. 1); beruht sie auf falscher Auslegung und Anwendung des Strafgesetzbuchs, dann liegt ein Verstoß gegen den Vorrang des Gesetzes vor und müsste eigentlich eine Grundrechtsverletzung angenommen werden. Ein zivilgerichtliches Urteil, das jemanden unter falscher Anwendung des BGB zur Übereignung verurteilt oder jemandes Scheidung ausspricht, verletzt entsprechend sein Eigentums- bzw Ehegrundrecht. Ein fehlerhaftes Versammlungsverbot bzw die es bestätigenden gerichtlichen Entscheidungen, letztlich die den Rechtsweg erschöpfende Entscheidung des OVG oder BVerwG, verletzen entsprechend die Versammlungsfreiheit.

1442 In der Konsequenz dieses Befundes könnten Verfassungsbeschwerden Verstöße gegen einfaches Gesetzesrecht vor das BVerfG bringen. Damit würde dieses zur „Superrevisionsinstanz" über allen anderen Gerichten. Es wäre gezwungen, jede Auslegung und Anwendung des einfachen Rechts zu überprüfen. Gerade das kann aber *nicht Aufgabe des BVerfG* sein, das gem. Art. 93 Abs. 1 Nr. 4a Verstöße gegen die Grundrechte und grundrechtsgleichen Rechte überprüfen soll. Die Aufgabe der anderen obersten Bundesgerichte, für die Rechtsgebiete ihrer Zuständigkeit, vorbehaltlich besonderer verfassungsrechtlicher Überprüfung, letzte Instanz zu sein, würde zunichte gemacht. Das BVerfG wäre im Übrigen auch tatsächlich völlig überfordert.

---

2 Vgl *Müller-Franken*, DÖV 1999, 590.
3 *Cremer*, NVwZ 2004, 668; krit *Wernsmann*, NVwZ 2000, 1360; *Möllers*, NJW 2005, 1973/1977.
4 E 45, 63/74; ähnlich E 124, 235/242; 126, 1/17; vgl zur Doppelfunktion und zur umfassenden Prüfungsbefugnis zust *Görisch/Hartmann*, NVwZ 2007, 1010; *Schlaich/Korioth*, BVerfG, Rn 272 ff; krit zur Doppelfunktion *Schlink*, NJW 1984, 89/92 f; *Wagner*, NJW 1998, 2638; krit zur umfassenden Prüfungsbefugnis *Rinken*, AK, Art. 93 Rn 63 f.

2. Lösung

Das BVerfG muss seine Überprüfung gerichtlicher Entscheidungen *beschränken*. Es **1443**
und das Schrifttum haben dazu verschiedene Formeln und Begriffe entwickelt.

Am Anfang der Rechtsprechung des BVerfG steht die den *Begriff des spezifischen* **1444**
Verfassungsrechts einführende sog Heck'sche Formel. Nach ihr ist die Gestaltung des
Verfahrens, die Feststellung und Würdigung des Sachverhalts und die Auslegung und
Anwendung des einfachen Rechts allein Sache der anderen Gerichte und der Über-
prüfung durch das BVerfG entzogen. „Nur bei einer Verletzung von ‚spezifischem
Verfassungsrecht' durch die Gerichte kann das BVerfG auf Verfassungsbeschwerden
hin eingreifen"[5]. Den anderen Gerichten sollen ihre klassischen Aufgaben belassen
bleiben; das BVerfG will ihre Arbeit nicht ersetzen, sondern ergänzen.

Nun liegt das Problem gerade darin, dass die Grenze zwischen dem einfachen Recht, **1445**
dessen sich die anderen Gerichte annehmen sollen, und dem Verfassungsrecht, dessen
Hüter das BVerfG ist, nicht vorgegeben ist. Also wurde versucht, das Spezifische
beim Begriff des spezifischen Verfassungsrechts so zu fassen, dass die nicht vorgege-
bene Grenze doch noch einigermaßen verlässlich gezogen werden kann. Keiner der
entsprechenden Versuche kann völlig überzeugen; das Problem des Prüfungsumfangs
und seiner Einschränkung ist nun einmal derart, dass eine glatte Lösung nicht gelin-
gen kann. Die entwickelten Formen und Begriffe werden denn auch nebeneinander
angewandt; was der eine nicht fasst, kann sich unter einem anderen als überprüfungs-
bedürftig erweisen. Letztlich gilt, dass das *BVerfG überprüft, was es überprüfen will,*
und was es nicht überprüfen will, nicht überprüft.

a) Nach der sog **Schumann'schen Formel** bestimmt sich eine Verletzung spezifi- **1446**
schen Verfassungsrechts dadurch, dass „der angefochtene Richterspruch eine Rechtsfolge annimmt, die der einfache Gesetzgeber nicht als Norm erlassen dürfte"[6]. Daran
überzeugt, dass die Grenzen des materiellen Verfassungsrechts, die dem Gesetzgeber
gesetzt sind, auch vom Richter nicht übertreten werden dürfen. Aber damit erfasst die
Schumann'sche Formel nur einen, freilich wichtigen Aspekt des für den Richter verbindlichen Verfassungsrechts. Denn der Richter ist von Verfassung wegen enger begrenzt als der Gesetzgeber; er hat nicht nur die Verfassung über sich, sondern gem.
Art. 20 Abs. 3 auch das Gesetz. Der Richter darf nicht alles, was der Gesetzgeber
dürfte.

Beispiele: Ein Beamter wird vom Disziplinargericht verurteilt, weil er in seiner Freizeit für **1447**
eine Sekte geworben hat (vgl BVerwGE 30, 29). Da ein Gesetz, das Werbung für Sekten durch
Beamte in deren Freizeit verböte, gegen Art. 4 Abs. 1 und 2 verstieße, liegt eine spezifische
Grundrechtsverletzung vor. – Ein Gesetz, das Beamten im Dienst das Zeigen religiöser Symbole verböte, wäre mit Art. 4 Abs. 1 und 2 vereinbar; ein Beamter kann wegen des Zeigens aber
nur dann vom Disziplinargericht verurteilt werden, wenn das Gesetz auch wirklich erlassen ist
(E 108, 282/309 ff).

b) Gerade dieser Bindung des Richters an das Gesetz sucht eine weitere Bestim- **1448**
mung des Spezifischen beim Begriff des spezifischen Verfassungsrechts dadurch

---

5   E 18, 85/92.
6   *Schumann*, S. 207; ebenso *Korioth*, in: FS 50 Jahre BVerfG, 2001, Bd. I, S. 55/81.

Rechnung zu tragen, dass sie auf die Grenze zwischen zulässiger richterlicher Rechts-findung[7] und -fortbildung und **unzulässiger richterlicher Rechtsfortbildung** abstellt. Aber eine klare, in Rechtsprechung und Schrifttum allgemein anerkannte Grenze zwischen zulässiger und unzulässiger richterlicher Rechtsfortbildung gibt es nicht. Die einschlägige Rechtsprechung des BVerfG ist denn auch wenig konsistent und lässt Gespür weniger für die Methode als vielmehr für die Besonderheit des jeweiligen Problems erkennen.

1449   **Beispiele:** Der Rechtsprechung der Zivilgerichte, die bei immateriellen Schäden im offenen Widerspruch zum Wortsinn des alten § 253 BGB Entschädigung in Geld zusprach, wurde attestiert, sie sei „auf einem zivilrechtlich zumindest diskutablen, jedenfalls den Regeln zivil-rechtlicher Hermeneutik nicht offensichtlich widersprechenden Weg gewonnen" worden (E 34, 269/291). – Bei anderer Gelegenheit betont das BVerfG, dass „der mögliche Wortsinn des Gesetzes … die äußerste Grenze zulässiger richterlicher Interpretation" markiert (E 71, 108/115); hier ging es um die Auslegung von Straf- und Bußgeldvorschriften. – Bei wieder anderer Gelegenheit sieht das BVerfG die Bindung des Richters an das Gesetz dadurch verletzt, dass sich seine Entscheidung „mit keiner der anerkannten Auslegungsmethoden begründen" lässt (E 113, 88/104) oder „in krassen Widerspruch zu den zur Anwendung gebrachten Normen" setzt (E 128, 193/209). – Zur Ausweitung der Protokollberichtigung durch die Strafgerichte konnte sich das BVerfG nicht einig werden (E 122, 248/257 ff; vgl *Möllers*, JZ 2009, 668). Engere Grenzen zieht es im Hinblick auf Art. 100 Abs. 1, wenn ein Fachgericht „die Möglichkeit einer verfassungskonformen Auslegung in unvertretbarer Weise bejaht" (E 138, 64 Rn 76) und dann, wenn die mit der Rechtsfortbildung verbundenen grundrechtlichen Belastungen der einen Partei, die grundrechtlich geschützten Interessen der anderen Partei überwiegen (E 138, 377 Rn 42 ff; krit *Neuner*, JZ 2016, 435/437 ff).

1450   c)   Die beständigste Formel zur Bestimmung des Spezifischen beim Begriff des spezifischen Verfassungsrechts lenkt die Kontrolle des BVerfG darauf, „ob bei Auslegung und Anwendung einfachen Rechts der Einfluss der Grundrechte grundlegend verkannt ist"[8]. Eine **grundlegende Verkennung des Einflusses der Grundrechte** oder allgemein des Verfassungsrechts liegt vor, wenn die einschlägige Verfassungs-norm

– übersehen oder
– grundsätzlich falsch angewendet

worden ist und die gerichtliche Entscheidung darauf beruht.

1451   Die *grundsätzlich falsche Anwendung* kann sich darin zeigen, dass

– der Umfang eines grundrechtlichen Schutzbereichs,
– die Voraussetzungen des Vorliegens eines Eingriffs,
– die Anforderungen an die Rechtfertigung, besonders die Verhältnismäßigkeit eines Eingriffs, oder
– der Schutzzweck einer grundrechtlichen Schutzpflicht

grundsätzlich falsch gesehen wurden.[9]

---

7   Zur schöpferischen Rechtsfortbildung als verfassungsrechtlich vorgesehene Funktion der Rechtspre-chung E 34, 269/287 f; 138, 377 Rn 39.
8   E 89, 276/285.
9   E 85, 248/258; 89, 276/286; 95, 96/128.

Ob eine gerichtliche Entscheidung eine solche falsche Anwendung bzw Sicht erkennen lässt, hängt entscheidend von der *Sorgfalt der Überprüfung* ab. Auch hier fehlt eine klare, in Rechtsprechung und Schrifttum allgemein anerkannte Linie. Das BVerfG stellt programmatisch auf die „Intensität der Grundrechtsbeeinträchtigung" ab; je einschneidender eine gerichtliche Entscheidung grundrechtliche Freiheit und deren Betätigung verkürze, „desto eingehender muss die verfassungsgerichtliche Prüfung sein"[10]. Ob eine Grundrechtsbeeinträchtigung mehr oder weniger intensiv ist, ist aber wieder offen für unterschiedliche, gegensätzliche Einschätzungen. Immerhin gilt, dass das BVerfG bei strafrechtlichen Entscheidungen[11] und Eingriffen in Kommunikationsgrundrechte besonders eingehend prüft; im Schutzbereich dieser Grundrechte misst es Eingriffen großes Gewicht zu, und außerdem stoßen hier Freiheitsbetätigungen auch besonders konfliktträchtig und öffentlich wahrnehmbar aufeinander. **1452**

Beispiele: Bei der Kontrolle in die Meinungsfreiheit eingreifender strafgerichtlicher Entscheidungen bekennt das BVerfG sich ausdrücklich „auch im Einzelnen" zur Überprüfung der „Feststellung und Würdigung des Tatbestandes sowie der Auslegung und Anwendung einfachen Rechts" (E 43, 130/136; 82, 43/50 f); fast ebenso weitgehend äußert es sich zur Kontrolle in die Meinungsfreiheit (E 82, 272/280 f, 85, 1/13; 86, 1/10) und die Kunstfreiheit (E 119, 1/22) eingreifender zivilgerichtlicher Entscheidungen. – Aber auch die Trennung eines Kindes von seinen Eltern gegen deren Willen verlangt, weil der „stärkste vorstellbare Eingriff in das Elternrecht", dass auch einzelne Auslegungsfehler nicht außer Betracht bleiben (E 60, 79/91). **1453**

d) Manchmal verletzt eine gerichtliche Entscheidung die Professionalität, die von jedem Richter gleichermaßen verlangt werden kann, so drastisch, dass das BVerfG **Willkür** attestiert: Willkür bei der Gestaltung des Verfahrens, bei der Feststellung und Würdigung des Sachverhalts und bei der Auslegung und Anwendung des einfachen Rechts. Diese Willkür begründet nach BVerfG ebenfalls eine Verletzung spezifischen Verfassungsrechts.[12] **1454**

Beispiele: Eine Verletzung von Art. 101 Abs. 1 S. 2, dh ein Entzug des gesetzlichen Richters, setzt die „willkürliche Anwendung" der einschlägigen Verfahrensnormen voraus (vgl Rn 1227 ff). – Wenn das Vorbringen eines Prozessbeteiligten „nicht mehr verständlich" „schlechthin unhaltbar" oder „offensichtlich sachwidrig" gewürdigt oder die Rechtslage „in krasser Weise" verkannt wird, stellt dies einen spezifischen Verstoß gegen Art. 3 Abs. 1 dar (E 57, 39/42; BVerfG, EuGRZ 1999, 494; NJW 2001, 1125). – Ein Strafurteil, das auf einer „schlechthin unhaltbaren und damit objektiv willkürlichen Auslegung der angewendeten Strafnorm" beruht, begründet eine spezifische Verletzung des Art. 103 Abs. 2 (E 64, 389/396 f). **1455**

Lösungstechnischer Hinweis: Die Frage einer spezifischen Verfassungsrechtsverletzung betrifft den Umfang der verfassungsrechtlichen Kontrolle und wird vom BVerfG zumeist eingangs der Begründetheit der Verfassungsbeschwerde geprüft. Ist eine spezifische Verfassungsrechtsverletzung offensichtlich nicht gegeben, wird dies schon bei der Zulässigkeitsprüfung berücksichtigt; es fehlt dann die Möglichkeit einer Grundrechtsverletzung (vgl Rn 1395 ff). Im Übrigen empfiehlt sich, in Übungsarbeiten von einer „Vermutung der vollständigen Grundrechtsprüfung" (*Alleweldt*, S. 169 ff) auszugehen, ein großzügiges Verständnis des Prüfungsumfangs des BVerfG zugrunde zu legen und zumal die im Fall angesprochenen oder angedeuteten grundrechtlichen Probleme nicht etwa unter Berufung darauf, es könne sich nicht um die **1456**

---

10   E 61, 1/6; 75, 302/314.
11   Vgl E 126, 170/199 f.
12   Krit *v. Lindeiner*, Willkür im Rechtsstaat?, 2002; *N. Weiß*, Objektive Willkür, 2000.

Verletzung spezifischen Verfassungsrechts, sondern allenfalls um eine Verletzung einfachen Rechts handeln, zu umgehen. Nur wenn die Fallgestaltung oder Aufgabenstellung einen entsprechenden Anhaltspunkt bietet, ist die Frage der Einschränkung des Prüfungsumfangs auf die spezifische Grundrechtsverletzung eingehend zu erörtern, zweckmäßig in Abarbeitung der genannten vier Kriterien.

1457   **Literatur:** *E. Benda/E. Klein/O. Klein*, Verfassungsprozessrecht, 4. Aufl. 2020; *C. Gusy*, Die Verfassungsbeschwerde, in: FS 50 Jahre BVerfG, 2001, Bd. I, S. 641; *P. Häberle*, Die Verfassungsbeschwerde im System der bundesdeutschen Verfassungsgerichtsbarkeit, JöR 1997, 89; *C. Hillgruber/C. Goos*, Verfassungsprozessrecht, 5. Aufl. 2020; *S. Kempny*, Mittelbare Rechtssatzverfassungsbeschwerde und unmittelbare Grundrechtsverletzung, Der Staat 2014, 577; *W. Löwer*, Zuständigkeit und Verfahren des Bundesverfassungsgerichts, Hdb. StR³ III, § 70; *G. Lübbe-Wolff*, Substantiierung und Subsidiarität der Verfassungsbeschwerde, EuGRZ 2004, 669; *C. Pestalozza*, Verfassungsprozessrecht. Die Verfassungsgerichtsbarkeit des Bundes und der Länder, 3. Aufl. 1991; *B. Pieroth/P. Silberkuhl* (Hrsg.), Die Verfassungsbeschwerde, 2008; *G. Robbers*, Verfassungsprozessuale Probleme in der öffentlich-rechtlichen Arbeit, 2. Aufl. 2005; *M. Sachs*, Verfassungsprozessrecht, 4. Aufl. 2016; *A. Scherzberg/M. Mayer*, Die Zulässigkeit der Verfassungsbeschwerde, Jura 2004, 373, 513; *dies.*, Die Begründetheit der Verfassungsbeschwerde bei der Rüge von Freiheitsverletzungen, Jura 2004, 663; *T.M. Spranger*, Die Verfassungsbeschwerde im Korsett des Prozessrechts, AöR 2002, 27; *R. Zuck*, Das Recht der Verfassungsbeschwerde, 5. Aufl. 2017. – **Kommentare zum BVerfGG:** *C. Burkiczak/F.-W. Dollinger/F. Schorkopf*, 2021; *H. Lechner/R. Zuck*, 8. Aufl. 2019; *C. Lenz/R. Hansel*, 2. Aufl. 2015; *T. Maunz/B. Schmidt-Bleibtreu/F. Klein/H. Bethge* (Loseblatt), Stand: Februar 2019; *C. Walter/B. Grünewald*, BeckOK BVerfGG, 8. Ed. 2020. – **Zur Verletzung spezifischen Verfassungsrechts:** *R. Alexy/P. Kunig/W. Heun/G. Hermes*, Verfassungsrecht und einfaches Recht – Verfassungsgerichtsbarkeit und Fachgerichtsbarkeit, VVDStRL 61, 2002, S. 7, 34, 80, 119; *R. Alleweldt*, Bundesverfassungsgericht und Fachgerichtsbarkeit, 2006; *M. Düwel*, Kontrollbefugnisse des Bundesverfassungsgerichts bei Verfassungsbeschwerden gegen gerichtliche Entscheidungen, 2000; *H.-J. Papier*, Verhältnis des Bundesverfassungsgerichts zu den Fachgerichtsbarkeiten, DVBl. 2009, 473; *B. Pieroth/T. Aubel*, Die Rechtsprechung des Bundesverfassungsgerichts zu den Grenzen richterlicher Entscheidungsfindung, JZ 2003, 504; *H. Roth* (Hrsg.), Symposium „50 Jahre Schumannsche Formel", 2014; *E. Schumann*, Verfassungs- und Menschenrechtsbeschwerde gegen richterliche Entscheidungen, 1963.

Sachverzeichnis

Die Angaben beziehen sich auf die Randnummern.

Universität *s. Hochschule*
Unmittelbare Geltung des EU-Rechts 72,
 79, 81 ff, 265 f
Unmittelbarkeit der Wahl 1291 f, 1296,
 1303 f
Unparteilichkeit, richterliche 1320
Unschuldsvermutung 583
Unterbringung
– Menschen mit psychischen Erkrankun-
 gen 580, 582
Untermaßverbot 340 f, 460, 462 ff
Unterrichtung, ungehinderte
 s. Informationsfreiheit
Unterschriftenquoren 1310
Untersuchungshaft 583, 988

Verbandsdisziplin 934
Verbandsklage 1253 f
Verein 225, 227, 916 f
Vereinigung 916 ff, 944 ff
Vereinigungsfreiheit 137, 199, 913 ff
Vereinigungsverbot 776
Vereinsautonomie 922
Vereinsverbot
– Umfang 949
Verfahren, gerichtliches 1255, 1272
Verfahrensbeschleunigung 583
Verfahrensgestaltung 560
Verfahrensrechte 4, 113, 177 f, 1077
 s. auch Status positivus
Verfassungsbeschwerde 42, 359 f, 363,
 508, 522, 694, 1301, 1382 ff
– bei Verletzung der EMRK 71c, 94
– Subsidiarität 1423
Verfassungsfeindlichkeit 642
Verfassungsgerichtsbarkeit 1383
Verfassungskonforme Auslegung 9 ff,
 770, 775, 822
Verfassungsmäßige Ordnung 357 ff, 363,
 503, 527 f, 946
Verfassungsrechtliche Rechtfertigung von
 Eingriffen 12 f, 278, 300 f, 322, 350,
 351, 370, 372, 379, 382 f, 394, 599
Verfassungsrechtsverletzung, spezifische
 1443 ff
Verfassungsschutz 758, 985
Verfolgerstaat 1199
Verfolgung, politische 1198 f
Vergesellschaftung 1174 ff
Verhältnismäßigkeit ieS 406 ff, 462, 602,
 1059, 1068, 1170

Verhältnismäßigkeitsgrundsatz 46, 340 f,
 391 ff, 445 f, 851, 1056 ff, 1336
 *s. auch Geeignetheit des Eingriffs; Erfor-
 derlichkeit des Eingriffs*
Vermögen 1120
Vermögenswerte subjektiv-öffentliche
 Rechte 1119
Vermummung 896
Versammlung 883 ff
– in geschlossenen Räumen 882, 898,
 906 ff
– öffentliche 899
– unfriedliche 890 ff
– unter freiem Himmel 882, 898, 903 ff
– virtuelle 889
– Zurechenbarkeit des Verhaltens einzelner
 Teilnehmer 895
Versammlungsfreiheit 199, 320, 882 ff
Verschlüsselung 979 f
Verteilungsprinzip
– rechtsstaatliches 278
Verteilungsprinzip, rechtsstaatliches 440
Vertragsarzt 560, 1082
Vertragsfreiheit 506
Vertrauensschutz 196 f, 438, 1170
Verwahrlosung, drohende 850 f
Verwaltung
– Beurteilungsspielraum 1258
– Bindung an den Verhältnismäßigkeits-
 grundsatz 394 ff
– Bindung an grundrechtliche Gesetzesvor-
 behalte 352
– Ermessen 1257
– Ermessensspielraum 661, 1258
– erwerbswirtschaftliche Betätigung 258 f
– Gestaltungsspielraum 1258
– Grundrechtsbindung 253, 255
– Selbstbindung 662 ff
– Widerspruchsverfahren 1418
Verwaltungsmonopol 1033
Verwaltungsprivatrecht 258 f
Verwaltungssanktionen 1375 f
Verwertungsverbot 1098
Verwirkung von Grundrechten 1220
Videoüberwachung 516
Völkerrecht 44, 229, 363, 1219
– allgemeine Grundsätze 59
– als Auslegungshilfe 68
– unmittelbare Anwendbarkeit 66
Völkerverständigung 947
Volksverhetzung 773